"十三五"国家重点出版物出版规划项目

● 姚 辉 著

# 民法学方法论研究

中国当代法学家文库

Contemporary Chinese Jurists' Library

中国人民大学出版社
·北京·

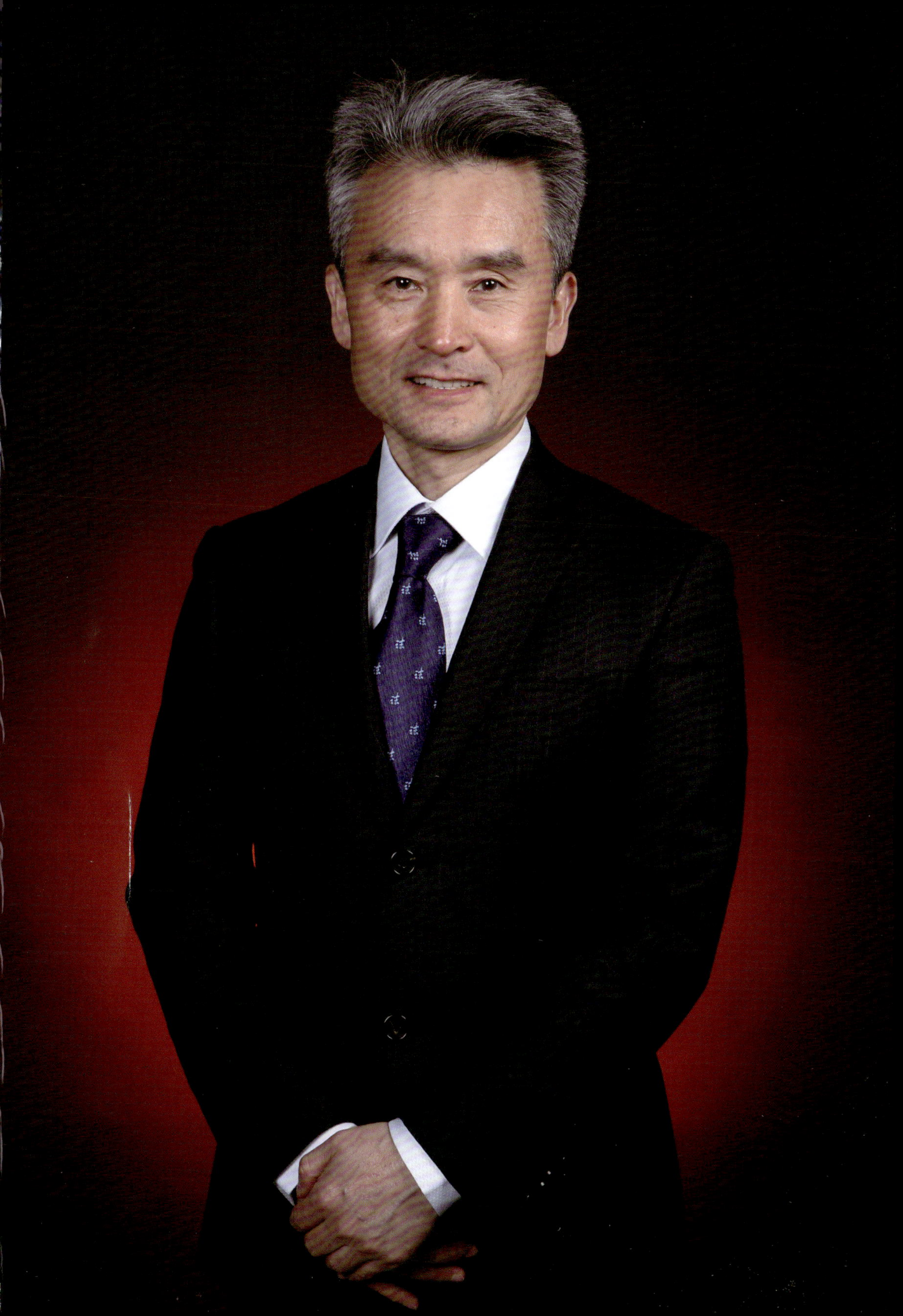

# 复杂是由简单来支撑的

## （代前言）

  法学研究的永恒主题是寻求将价值共识客观化的方法，以保证法的普适性及其安定性，进而契合时代主题。从古希腊学者对法律进行系统化思考以来，法学方法论一直是西方法哲学思考的一个重要议题。不过，时下流行的"法学方法论"（Methodenlehre der Rechtswissenschaft）这一术语却是来源于德国法学界，更确切地说，主要来源于德国民法学者为试图跨越自身学科的藩篱而进行的更广泛意义上的抽象研究。如果沿着这条线索再往上追溯一点，从古罗马法对逻辑三段论的使用到萨维尼对罗马法进行的体系化研究，再到后来百花齐放、百家争鸣的各种学派，方法论与民法学研究可谓如影随形、相辅相成，并深深影响到整个法学方法论的研究走向，以至于时至今日，人们仍然可以说，民法学方法论是整个法学方法论的基础和根源。

  法学对方法论的探索冲动显然与法学这门学科的自身属性相关，因为法学既是一门规范性学科，同时也是一门价值性学科。法学必须解释、理解以及创造规范意义。法学的这一属性也就意味着，一方面法学要以规范和价值为研究对象，是一种理解性的社会科学；另一方面，法学又是一个有关裁判的实用学科，要以规范的有效适用为目的，要求将法律规范所负荷的价值以可靠且可以理解的方式予以实现，这种内在驱动强力助推了方法论的持续发展。有种说法认为，学科的独立，系于方法的独立。此言虽然未尽全面，却也道出部分实情。无疑，方法论

I

的自觉确是一个学科走向成熟并寻求深化的标志之一。

从广义上说，法学方法论一般包含三个面相。第一个立足于法学的本质属性和学科特点，集中讨论法律解释、法律适用、法律续造及法律论证等问题，以此方法区别于其他学科。国内学者一般也是在这个层次上理解和使用法学方法，并且形成了广泛的共识，即法学要以文本或规范为中心，或者依循其教义，或者探究其内涵价值，并且辅之以建立在社会成员共识之上的判断和衡量标准，施展特定的方法和步骤对法律现象作出研判，以期实现公平和公正的法治目标。这个意义上的方法往往又被称为法律方法。第二个指的是将法学本身作为现象而进行研究的方法，这种方法旨在以特定目的来构建法学的概念和理论体系，作为"方法的方法"，至少在表面上体现出与经验科学相对立的特性。在用语习惯上，以上两种一般被笼统地称为法学方法。第三个则指的是法学论文的论证方法，包括法学研究所应遵循的一套规则、手段、范式和技巧。这种方法属于研究方法的范畴，近些年来在几乎所有的法学硕士或法学博士的学位论文的绪言部分都能看到的诸如文义分析法、历史分析法、比较分析法、实证分析法，以及后来更为时尚的自其他学科移植而来的手段，比如社会学方法、法的经济分析之类，均属此列。本书对于这个层面的方法不予涉及。

就法律方法和法学方法而言，研究者往往并不加以严格区分，即使是所谓纯法学方法的探索，也并不局限于对法律运用的方法的讨论。随着学科的发展，这之间的区别已经为人察觉，人们对二者作出了明确的区分。对于法律方法的理解一般仅仅指法律续造，局限于法律适用的过程，即司法阶段。按照更为狭义的解释，法律方法就是法律解释学，而且这种法律方法首先在民法中大行其道。这种着眼于法律适用的法律方法，施展法言法语，运用来自法律家经验的解释方法，完成法律实务上的妥当处理，体现出一种技术流的追求旨趣。而法学方法则站在超实在法的立场，试图深入法律之内在的根本，探究法律存在的终极哲学。二者虽然在抽象领域泾渭分明，甚至在法律思维方式上扞格不入，但是具体到应用层面则还是不免存在相互影响甚至功能交叉，特别是在面对疑难法律问题之时。运用法律方法的结果大多会为法学方法提供研究动力，以至于即使在理论法学界也广泛

兴起了案例研究的潮流，特别是法院对重大疑难或者社会关注案件的判决，往往成为法理学、法哲学、法经济学、法社会学甚或法史学等法学理论研究的鲜活素材。

法律方法和法学方法的区分无疑将会继续并且长期存在下去。本课题在接纳这种区别论的基础上，试图进行一种解构和杂糅。本书的叙述在方法上并不严格恪守前述法律方法和法学方法的界限，具体到讨论的内容上，也并不刻意划分法律制定和法律适用的阶段。事实上，立法是否存在这样一种理想的、"完善的"法律，本身就是催生这项研究的动力之所在。传统的法学方法论往往将立法与司法截然分开，其原因更多的是建立在权力分立原则基础上的一种理想主义的主体标准，根据立法和司法主体之不同，划分为对应的法学方法论和法律方法论，其更深层次的原因是对立法者理性能力的盲目自信以及对于法官自由裁量权的排斥。以概念法学为代表的近现代法学理论及其追随者甚至设想能够将法律体系的所有原则、规则和概念像门捷列夫元素周期表一般精确排列，以至于当现代科技足以令人工智能进入社会生活时，所谓"电脑判案"立即就在司法审判当中得到无尽遐想。按照这样一种理想主义所刻画的未来，法官将会由一台电脑胜任，这头输入事实证据和法律条文，那头就会打印出司法判决。最终，司法裁判的过程变得像工业化生产一样，全部或大部由机器来完成，机械化的生产将取代人工的操作和人脑的思考。

然而这样的一天真的会到来吗？制定法实证主义者显然过多关注于在逻辑建构的世界中寻求完美，却忽略了社会现实对法律生活的制约作用。以民法典为中心建立起来的所谓"封闭完美的私法体系"，时常在变幻莫测的社会生活面前显得捉襟见肘，甚至丧失其构建者原本预期的效用。实质性的价值取向和形式层面的法律条文之间的乖张背离，其程度远远超乎法律人的想象。当现实之光照进法律生活，人们很快发现民法典已经日趋无法满足现实需要。制定法实证主义者原本希望通过理性法典的制定建构一个完整有序的法律及社会秩序，但面对这种由社会背景发生根本性变迁所造成的法律与现实的隔阂，立法者和司法者都会不得不放弃一厢情愿的美梦。正因为如此，大陆法系19世纪的制定法实证主义以及伴随而生的法典化运动，在19世纪末20世纪初，基于其与现实社会生活之间

的断裂，招致来自欧洲大陆利益法学、科学法学以及自由法运动的猛烈批判。大陆法系被迫以某种背离传统的方式转而对现实生活的变化作出回应。这或许是一种不得已，但却是一种最为必要的回应。

话说回来，在以立法为终极目标的时代里，民法理论的研究终究绕不出立法的主题，这使学者们在民法学的研究上更愿意以对策性的制度研究为重点，立法论一度成为引领法学的时尚，而一些基础理论的研究和实证倾向的思考则往往受到忽视。这种发展模式在特定的历史时代背景下具有一定的合理性与必要性，然而必须明确的一点在于，法学理论的作用固然在于为规范的生成奠定基础，为制度的构建提供平台，为价值的遵循树立指向，这是由法学的规范与价值属性所决定的。但是，法学绝不单单是一门关涉理论的学问，法学还具有实践性，归根到底是一门以解决现实社会的诉愿纷争为目的的实用性学科。

民法作为市民社会的基本法，其功能旨在通过对市民社会成员之间的权利、义务、责任以及风险的分配来确定他们之间的法律关系和法律地位，进而实现市民社会私法秩序的构建。由立法行为形成的制定法固然可以为人们提供一种确定的行为规范，使人们对行为的法律效果有一个基本的预期，但这并不能阻止社会交往中各种利益的冲突与碰撞。毕竟较之于理想的法典所预设的行为模式，真正的社会交往要更加现实，也更加复杂。因此，民法功能的实现不能仅依靠一种"纸面上的法律"（law in paper），更需要的是一种"行动中的法律"（law in action），只有在具体的民事纠纷裁判中，互相冲突的各方利益才得以平衡，市民社会成员的法律关系也才能得以落实。裁判的过程在实质上涉及"由法源到个案正义"的推进，如何最终实现正义，则依靠法官对法源的选择和运用。法官固然应当适用立法者的成文法律规范进行裁判，但在成文法律规范出现漏洞时（这种漏洞不仅包括法律条文的欠缺，还包括既有规范的适用与个案正义的实现南辕北辙），法官可以以其他法源为依据进行规则的创设和法的续造。从这个角度出发，裁判本身就涉及方法的问题。进而，民法功能的真正实现也最终要靠法官对民法的适用来完成。从这个层面上来说，民法更多的意义在于其裁判规范的性质。质言之，我们需要将关注的焦点由立法文本的制定转向立法文本的适用以及司法裁判的运行。

因此，法律方法和法学方法的区别既不是绝对的，也不排除以其他标准对"法学方法论"的内涵进行分类，如果从反应性和前瞻性的新视角出发对法学方法论的理解进一步细化，可将法学方法论重新拆解组合为如下两大部分：其一，获得法律的方法（实质意义上的立法）；其二，法律适用的方法（法律解释的方法）。后者又可进一步细分为：（1）法律解释的方法；（2）价值判断和利益衡量的方法。相应的是民法学界对立法论和解释论的区分，立法论是围绕着如何设计出合理的民法规范或者如何改进既有的民法规范而从事的研究，其目的在于指导或者影响民事立法；解释论则是通过解释既存的民法规范而促进其理解和适用。两种理论分类融合的意义在于，面对司法能动的法律现实，根据法律的适用阶段对法学方法论进行分类的做法，可以将"法官法"（包括法律内的续造和超越的法律续造）从传统的三阶段理论（法律解释、法律内的续造、超越的法律续造）中抽取出来，列入法源的行列；与之相联，法律渊源理论中的法官法的法律渊源地位问题也需要结合法律实践重新评估。在法律的获得和法律的适用之后得出的司法案例不仅是连接理论和实践，还是贯通法律获得和法律适用的桥梁。这些思考直接构成本书的逻辑基础。

本书的题目非常限定地使用了"民法学方法论"这样一个表达，这大致符合坊间的约定俗成并且沿用了课题申报时的特定提法。但其实我内心很怀疑是否存在一种"民法学"的"方法论"。尽管如前所述，法律方法尤其是其中的法律解释学自其诞生以来确实首先是在民法之中大行其道，我在书中也简单探寻了是否存在一种为法律人所独有的方法；但是，无论是法学方法论抑或法律方法论，作为一种体系化的科学思维方式，其内容一定是建基在作为整体科学范畴（如果是的话）的法学以及法律之上的，是法律学而不仅仅只是某个实体法的规范抽象和功能提升。事实上，就中国而言，法学方法论或者法教义学的最初倡导者和一直以来的热心实践者，并不是主要出现在民法、刑法这样的部门法学科，而是更多地活跃于诸如法理学之类的理论法学领域。从未来的发展看，也许可以期待每一个部门法都会产生自己独特的方法论，我们或许真的会迎来诸如民法学方法论、刑法学方法论、社会法学方法论，乃至婚姻法学方法论、行政法学方法论、诉讼

法学方法论……林林总总、五彩缤纷的花样时代。但是即使到了那个时候，难道真会出现法理意义上的方法论和实体法上的方法论，甚或不同部门法之间的方法论的截然不同吗？实话说我对此深表怀疑。就本书而言，虽然打的是方法论研究的旗号，其实不过是做了一个民法学视野下的方法论观察，我所谓的民法学方法论，准确地说只不过是法学方法论在民法当中的实践。

  本书的源起要追溯到一个终极性的提问：法学究竟是不是一门科学，以及，在司法论的视域下，如何看待裁判中出现的法律以外的判断因素？带着这样的疑惑，我从法律适用的几个基本命题出发，以"科学的""体系化"的法律的寻找为目标，途中穿越体系的内外部关系及其效应以及法律条文的鉴别和适用，一直走到价值判断和利益衡量。作为一项关于法律适用的研究，这本书坚持了从实务切入的导向，将纠纷、判例、疑难以及学术争鸣夹杂在了可能原本会被认为是抽象玄虚的理论阐述当中。我自己认为这是天经地义的，这本身就很"方法论"。法学是一门实践的科学，其征服的力量不是靠赖于概念、学说的不明觉厉，而是来自活生生的恩怨情仇，来自现世的拍案惊奇。就像这篇代前言的标题所声称的，看似复杂的理论迷宫，其实是由一个个简单的单元构成的。我不希望讲了一堆大道理之后，还是判不好一个具体的案子，因此更愿意展示理论覆盖下的现实考量。所以这本书在结构上很难用传统的体例去评价，它不系统，也不完整，看上去更像是用些零零散散的思想碎片，拼就了一幅方法论的马赛克（mosaic）。

  知易行难。这场学术之旅实在是一次曲折艰难的冒险，经常令我绝望到想要放弃。写作的过程像是珀涅罗珀的织物，织了又拆，拆了再织，饶是如此，最后的出版也还是带着无尽的缺漏和遗憾。研究是场苦行，试探人类理性的有限性和世界的无限复杂性之间的对抗，当然足以彰显人类作为思考动物的优越感，但如果不是将探索本身作为目的话，结局可能恰恰相反。好多年前我在一篇文章的最后曾经搬出康德语录来为自己的无能做辩解，这么长的时间过去了，当年身陷法学迷宫不得解脱的迷惘竟然丝毫未曾消减，此刻耳边隐约响起的，依旧还是康德的那句老话：

    知识有所欠缺，才能给信仰留出地方。

# 目 录

**第一章　法律适用的基本命题** ………………………………… 1
　第一节　从终点开始 ……………………………………………… 1
　　　本体论：法律是什么 ………………………………………… 1
　　　法律科学化的困境 …………………………………………… 4
　　　法学理论的规范性 …………………………………………… 9
　　　法学方法的科学性 …………………………………………… 13
　第二节　是否存在法律人所独有的方法 ………………………… 15
　　　对法律方法实在性的质疑 …………………………………… 16
　　　法律方法论的特征 …………………………………………… 22
　第三节　是否存在"公正"的裁判 ……………………………… 25
　　　立法论与解释论 ……………………………………………… 26
　　　法律方法论在法律适用中的作用 …………………………… 28
　　　法律方法论的法律发现功能 ………………………………… 32
　第四节　社科法学 v. 法教义学 ………………………………… 42
　　　法学上的原教旨主义 ………………………………………… 42
　　　法教义学的功能 ……………………………………………… 46

社科法学对法教义学的批判及其回应 ………………………………… 50
　　　法教义学的未来 ……………………………………………………… 53

**第二章 民法的体系** …………………………………………………………… 55
　第一节　体系与体系思维 ……………………………………………………… 55
　　　体系和体系化 ………………………………………………………… 55
　　　体系思维 ……………………………………………………………… 57
　　　法学方法与法律思维 ………………………………………………… 63
　第二节　体系中的概念 ………………………………………………………… 66
　　　概念之于体系 ………………………………………………………… 66
　　　荣誉权：一个关于概念的标本 ……………………………………… 69
　　　个人信息范畴的界定：概念如何产生 ……………………………… 87
　第三节　体系化的基础与路径 ………………………………………………… 94
　　　体系化的理性主义基础 ……………………………………………… 94
　　　体系化的路径分野与趋同 …………………………………………… 98
　第四节　民法典中的体系弱化 ………………………………………………… 108
　　　法典中的体系弱化因素 ……………………………………………… 108
　　　剪不断理还乱的"债" ……………………………………………… 111

**第三章 体系的外部效应** ……………………………………………………… 121
　第一节　宪法基本权利与人格权 ……………………………………………… 122
　　　基本权利的双重性质 ………………………………………………… 123
　　　基本权利在私法体系上的展开 ……………………………………… 127
　　　一般人格权 …………………………………………………………… 133
　第二节　行政权力与民事权利 ………………………………………………… 136
　　　公法和私法 …………………………………………………………… 136
　　　公权力介入私人关系的理由与界限 ………………………………… 139
　　　夫妻财产契约中的物权变动 ………………………………………… 159
　第三节　民刑交叉案件的裁判规则：以合同效力为例 ……………………… 171

问题的由来 ································· 171
　　　民法与刑法 ································· 173
　　　涉犯罪合同的效力 ····························· 176

第四章　体系的内部效应 ····························· 182
　第一节　民商关系 ································· 182
　　　渐行渐远? ································· 183
　　　以外观主义为视角的一个观察 ··················· 185
　　　何去何从 ··································· 189
　第二节　人格权法的体系定位 ······················· 191
　　　民法体系化中的人格权编 ······················· 191
　　　人格权请求权与民事责任体系 ··················· 192
　　　人格权请求权的体系价值 ······················· 199
　第三节　基本原则的体系效应 ······················· 206
　　　以公平原则为例 ······························· 206
　　　以绿色原则为例 ······························· 217
　第四节　民事责任这个筐 ··························· 231
　　　责任的缘起 ··································· 231
　　　"权利救济"抑或"民事责任" ··················· 237
　第五节　物权行为这个梗 ··························· 240
　　　任督二脉 ····································· 240
　　　物权行为独立性 ······························· 242
　　　物权行为无因性 ······························· 245
　　　"无权处分"这道题 ··························· 248
　　　争议未有穷期 ································· 250

第五章　民事法律渊源 ······························· 252
　第一节　法典化的反思 ····························· 252
　　　作为法学方法的法源学说 ······················· 252

　　　　体系的终结抑或开端⋯⋯⋯⋯⋯⋯⋯⋯⋯⋯⋯⋯⋯⋯⋯⋯ 254
　　　　民法典何以保持开放性⋯⋯⋯⋯⋯⋯⋯⋯⋯⋯⋯⋯⋯⋯⋯ 257
　　第二节　制定法实证主义下的民法法源⋯⋯⋯⋯⋯⋯⋯⋯⋯⋯ 259
　　　　制定法实证主义与民法典⋯⋯⋯⋯⋯⋯⋯⋯⋯⋯⋯⋯⋯⋯ 259
　　　　民法典与社会现实生活的断裂⋯⋯⋯⋯⋯⋯⋯⋯⋯⋯⋯⋯ 260
　　　　对制定法实证主义的批判与方法论的转向⋯⋯⋯⋯⋯⋯⋯ 261
　　　　方法论视域下思考维度的转换⋯⋯⋯⋯⋯⋯⋯⋯⋯⋯⋯⋯ 263
　　第三节　以民法的适用为坐标原点的法源论⋯⋯⋯⋯⋯⋯⋯⋯ 266
　　　　法源与"法"：对法或法律的另一种解读⋯⋯⋯⋯⋯⋯⋯ 268
　　　　形式主义与功能主义⋯⋯⋯⋯⋯⋯⋯⋯⋯⋯⋯⋯⋯⋯⋯⋯ 272
　　　　立法权由立法者向法官让渡的法社会学分析⋯⋯⋯⋯⋯⋯ 280
　　第四节　习惯作为法源⋯⋯⋯⋯⋯⋯⋯⋯⋯⋯⋯⋯⋯⋯⋯⋯⋯ 281
　　　　习惯与习惯法⋯⋯⋯⋯⋯⋯⋯⋯⋯⋯⋯⋯⋯⋯⋯⋯⋯⋯⋯ 282
　　　　作为大前提的习惯⋯⋯⋯⋯⋯⋯⋯⋯⋯⋯⋯⋯⋯⋯⋯⋯⋯ 285
　　第五节　司法解释的生命力⋯⋯⋯⋯⋯⋯⋯⋯⋯⋯⋯⋯⋯⋯⋯ 286
　　　　中国特色的法源⋯⋯⋯⋯⋯⋯⋯⋯⋯⋯⋯⋯⋯⋯⋯⋯⋯⋯ 286
　　　　司法解释对立法的促进：以隐私权规则创制为线索⋯⋯⋯ 289
　　　　借题发挥：路在何方⋯⋯⋯⋯⋯⋯⋯⋯⋯⋯⋯⋯⋯⋯⋯⋯ 294
　　　　附论：民事指导性案例的方法论功能⋯⋯⋯⋯⋯⋯⋯⋯⋯ 296
　　第六节　题外话：学说的价值⋯⋯⋯⋯⋯⋯⋯⋯⋯⋯⋯⋯⋯⋯ 309
　　　　法律的神经⋯⋯⋯⋯⋯⋯⋯⋯⋯⋯⋯⋯⋯⋯⋯⋯⋯⋯⋯⋯ 309
　　　　"同命不同价"背后的法理⋯⋯⋯⋯⋯⋯⋯⋯⋯⋯⋯⋯⋯ 311

第六章　民法规范类型⋯⋯⋯⋯⋯⋯⋯⋯⋯⋯⋯⋯⋯⋯⋯⋯⋯⋯ 314
　　第一节　类型化的基础与意义⋯⋯⋯⋯⋯⋯⋯⋯⋯⋯⋯⋯⋯⋯ 314
　　　　民法规范类型化的基础⋯⋯⋯⋯⋯⋯⋯⋯⋯⋯⋯⋯⋯⋯⋯ 314
　　　　民法规范的类型化方法⋯⋯⋯⋯⋯⋯⋯⋯⋯⋯⋯⋯⋯⋯⋯ 315
　　　　民法规范类型化的意义⋯⋯⋯⋯⋯⋯⋯⋯⋯⋯⋯⋯⋯⋯⋯ 318

比较法上的类型化理论 ································ 320
　第二节　民法规范类型化 ····································· 328
　　　简单规范 ··················································· 330
　　　复杂规范 ··················································· 331
　第三节　效力性强制性规范认定：
　　　以《合同法》第 52 条为切入 ······················· 342
　　　判例的展开 ················································ 342
　　　《合同法》第 52 条之规范目的 ····················· 343
　　　效力性强制性规范的判定 ······························ 345

# 第七章　法律适用及漏洞填补 ································ 354
　第一节　法律事实的形成与认定 ···························· 354
　　　什么是法律事实 ·········································· 357
　　　法律事实的形成 ·········································· 362
　　　法律事实的认定 ·········································· 365
　　　夫妻共同债务的认定 ···································· 371
　第二节　法律解释的民法面向 ······························· 378
　　　法律解释的本体论 ······································· 378
　　　法律解释与民事审判 ···································· 382
　　　意思表示的解释规则及其路径 ······················· 384
　第三节　法律漏洞填补的实证考察 ························ 407
　　　法律漏洞 ··················································· 407
　　　情事变更 ··················································· 411
　　　"买卖型担保"是什么担保 ···························· 419
　　　非典型担保的裁判规则 ································· 432

# 第八章　民法中的价值判断 ·································· 453
　第一节　作为方法论的价值判断 ···························· 454
　　　价值判断的价值 ·········································· 454

  价值判断的成因 ………………………………………………… 456
  价值判断的表现形式 …………………………………………… 457
  民法价值体系的独立性 ………………………………………… 465
 第二节 价值判断规则 …………………………………………… 469
  人类对实体价值标准的探索历程 ……………………………… 470
  价值判断规则形成的思想基础 ………………………………… 474
  价值判断规则架构 ……………………………………………… 478
 第三节 价值传递路径：一般条款 ……………………………… 489
  一般条款及不确定概念 ………………………………………… 489
  具有价值满足能力的一般条款 ………………………………… 492
  公序良俗在体系整合中的作用 ………………………………… 494
 第四节 价值判断的辅助技术 …………………………………… 503
  法律渊源识别 …………………………………………………… 504
  解释的方法 ……………………………………………………… 507
  价值判断的适用步骤 …………………………………………… 507
 第五节 标本与分析 ……………………………………………… 512
  利益衡量论 ……………………………………………………… 512
  谁的"避风港" ………………………………………………… 528
  以物如何抵债 …………………………………………………… 534
  "借名"的窘迫 ………………………………………………… 553
  职业打假行为的裁判路径 ……………………………………… 575

徘徊在研究的边缘——后记 ………………………………………… 600

# 第一章 法律适用的基本命题

## 第一节 从终点开始

以法教义学的立场来看，法律无非就是一个以科学的方法予以固定的体系。因此，在讨论具体的民法学方法之前，必须先明确两个关键词：科学和体系。按理说，所谓科学化和体系化，正是方法论追求的目标，是其希望抵达的终点。然而，法律的科学性，乃至法学本身是否够得上一门"科学"，以及法律能否成其为一个体系化的存在，并非无可争议。也因此，目标反而成为问题本身，这些前提性概念厘清，是进入研究之前必须先完成的功课。

### 本体论：法律是什么

"法律或法是什么"是法理学、法哲学以及法学方法论中永远的追问。自然法学强调法是一种具有普遍性的理性，实证主义法学强调法是一种主权者的命令，历史法学认为法是一种民族精神，社会法学则将法律的多种含义统一在社会

控制（social control）的观念之下。① 可见，在不同的语境之下，法或法律本来就有不同的含义和用法。与其在定义的迷宫里徘徊迷茫，不如直接走向本体论的出口。

所谓本体论，大抵可以定义为研究事物自身本质逻辑的理论，法律本体论的研究同样如此，其主要聚焦于探讨法律自身本质逻辑为何。虽然在研究样态和成果形式上五花八门，但是本体论者所追问的根本问题，不外乎法律是什么、法律从何而来、法律又会走向何方。这些"灵魂拷问"原本应是哲学的工作，事实上早期对法律本体论的研究，也确实多以哲学的模式展开。② 直到19世纪之后，法哲学开始从哲学中分离，上述问题才由法学家进行专门研究。③ 然而迄今为止，法学界对关于法学的自身存在（being）的研究仍难谓充分，本体论话题仍然历久弥新。

所谓大道至简。如果说对学科中最为一般和本原问题的探讨反而最能反映该学科的研究水平，那么对法律的本体论进行返璞归真的探讨，可以说是观察法学研究水平的一大维度。如何以本体论的方法去探讨一般性的法或者法律的概念和原则，首先需要明确法律（学）在本质上是否属于一门科学，进而方能决定能否以研究科学的方法对之进行探索。

之所以将本体论的源头引向科学，是因为就现代人文社会学科而言，能否具有"科学"的本质，已然成为该学科是否正当化的标志。若某一学科被贴以"不科学"抑或"伪科学"的标签，那么该学科也难以在学术圈之内占据一席之地。④ 这话听上去有点科学"沙文主义"，然而似乎又是冷酷的现实。不过，究竟"科学"是什么，一门学科具有怎样的条件才能步入科学之门，又实在是一个很难回答的问题。若按照逻辑经验主义的解释，真正的科学只能建立在"经验"

---

① 参见［美］罗斯科·庞德：《法理学》（第一卷），余履雪译，北京，法律出版社2007年版，第15页。
② 无论是柏拉图、亚里士多德还是康德、黑格尔等传统法哲学家对于法律本体论的研究，还是更早的如阿那克西曼德、赫拉克利特等古希腊哲学家，对法律本体论的研究都充满着哲学的色彩。详细论述，参见李红勃：《法律的本体论依据》，载《政法论丛》2004年第5期。
③ 参见［德］N. 霍恩：《法律科学与法哲学导论》，罗莉译，北京，法律出版社2005年版，第46页。
④ 参见［美］阿尔弗雷德·S. 艾克纳主编：《经济学为什么还不是一门科学？》，苏通、康以同等译，北京，北京大学出版社1990年版，第22页。

第一章 法律适用的基本命题

的基础之上，必须借助观察、实验等实证性的方法，并由此归纳出相应的知识体系。这种概念下的"科学"不仅可以为事物之间的因果关系提供论证，同时亦可以为人们预测相关的社会现象提供准则。[1] 然而，在这种严格的标准下，难以使"科学"的概念真正成为一种可以解释不同学科的研究范式与研究意向的普适性概念，而且，所有的学科研究都以此为准则也极不现实。这也就无怪乎以美国科学哲学家费耶阿本德为代表的"无政府主义"科学观要提出以下观点："科学和非科学的分离不仅是人为的，而且也不利于知识的进步。如果我们想理解自然，如果我们想主宰我们的自然环境，那么，我们必须利用一切思想、一切方法而不是对它们作狭隘的挑选。断言科学以外无知识只不过是一个最便宜不过的童话。"[2] 换言之，科学只不过是人们已经发展起来的众多思想形态中的一种，作为方法，科学不是绝对的、唯一的，甚至也不是最好的。

　　法学作为一门社会学科，自然也受到对科学标准争论的影响。德国学者拉德布鲁赫曾在其著作《法学导论》中引证德国作家洛高的诗句来说明德国学界对法学科学性的质疑："正确的法律理念，是否已为人所知，这实在大可质疑。以我全部的意念看，似乎事实一直不然，这就是说：两可之事，难以为科学之事。"[3] 按照此种观点，法学由于不能给人们提供确定性的结论，属于"两可"性的学问，自然就难以进入科学的领域。在这种视域之下，法学不仅仅失去了"科学"的本质，更重要的是它几乎被认为是学科研究中只求主观性而无任何确定的规则、方法而言的异类。与之相反，在另一些学者眼里，法律是由概念、原则和规则组成的逻辑严密的封闭的完整体系。可以通过缜密的逻辑推理从概念、原则中推导出正确的案例判决。譬如，兰德尔的古典正统思想（classical orthodoxy）作为英美法系的形式主义之典型就坚持认为："法律，被认为是一种科学，是由一些原则或者学说所组成的。真正的法律人，就是要精通这些原则和学说，从而将

---

[1] 参见［美］阿尔弗雷德·S.艾克纳主编：《经济学为什么还不是一门科学？》，苏通、康以同等译，北京，北京大学出版社1990年版，第22页。

[2] ［美］保罗·费耶阿本德：《反对方法——无政府主义知识论纲要》，上海，上海译文出版社1992年版，第266页。

[3] ［德］拉德布鲁赫：《法学导论》，北京，中国大百科全书出版社1997年版，第168页。

它们轻松并且准确地适用于纷繁复杂的人类事务；如果法律不能成为一门科学，那么大学就要顾及其自身的尊严，谢绝教授法律。如果法律不能成为一门科学，它就是一门手艺活，因此最好的学习途径就是给法律执业者当学徒。而如果法律成为一门科学，那么毫无疑问，它将是最伟大也是最深奥的一门科学，需要最开明的学术研究机构为它带来智慧之光。"[1] 尽管这些言论的背后有着兰德尔时代法律作为一门匠学不受人尊重的原因，但是也淋漓尽致地展示了一种"法律科学观"。兰德尔坚持将法律作为独立的、中性的规范体系，并且仅在正义、利益等价值判断已被吸收于原则之中时才有条件地认可可接受性因素，强调判决必须出自规则的逻辑推理，而规则必须出自概念、原则的逻辑推理。同时，这就强调了司法裁判者在裁判过程中，必须遵循三段论的推理形式，不能任意地创设法律规则。法律形式主义者对法律的适用，被马克斯·韦伯生动地描述为："现代的法官是自动售货机，投进去的是诉状和诉讼费，吐出来的是判决和从法典上抄下来的理由。"[2]

## 法律科学化的困境

### "科学"与"法学"

卡尔·恩吉施在其《法律思维导论》的第一章"导论"中开篇就说到道："假如法律者浏览一下自己周围的精神和文化科学，法学也归于其中，那么，他必定会带着羡慕和忧虑发现，大多数科学可能比他自己的科学对于门外汉来说，允许特别考虑到更多的兴趣、理解和信赖。"[3] 确实，当我们吹嘘法学的科学性或者争辩法学究竟是不是一门科学的问题时，往往会出现学者所指出的这样的场景，即如果我们贸然向自然科学工作者追问诸如数学、物理学等学科是否具有科学性时，多半会遭人侧目，但当我们面对法学是否具有科学性的追问时，回答却

---

[1] Langdell C C, *Cases on Contracts*. Boston: Little Brown, 1871., viii-ix.
[2] [美]刘易斯·A. 科塞：《社会学思想名家》，石人译，北京，中国社会科学出版社1990年版，第253页。转引自胡铭、王震：《法官裁判思维中的法律形式主义与法律现实主义》，载《浙江学刊》2015年第4期。
[3] [德]卡尔·恩吉施：《法律思维导论》，郑永流译，北京，法律出版社2004年版，第1页。

## 第一章　法律适用的基本命题

往往不那么有底气。① 这一颇具画面感的描述，也恰恰昭示了法学这门科学的某些"非科学"的特质。当然，造成这种现象的一个很重要原因其实在于，当我们讨论科学时，论说者心中的"科学"究竟是什么。如果所谓科学的判断标准仅仅是指自然科学的话，作为社会科学的法学，确实很难走进所谓"科学"的殿堂。事实上，在质疑或否认法学是一门科学时，论者主要都是从自然科学的认定标准入手展开，具体而言包括以下几个方面。

首先，批评者认为法学在研究方法上并非如自然科学一般是立足于经验的。在自然科学中，科学是以对客观世界的观察、测量、计算为基础，并立足于经验的角度对问题进行观察和解答，其首要任务是获取相应的数据，进而依靠实验数据的支撑才能够证明结论的正当性与必然性。② 法学则不然，法学推理无法像自然科学一般通过获取实验数据，而是通过演绎与归纳等方法完成，其研究结果无法保证百分之百的准确性，也难言具有确定性。③ 在法学的科学性争论最为激烈的 19 世纪，支持法学具有科学性的学者曾试图论证法学也可以建立在经验之上。如德国学者波斯特在 1867 年出版名为《法的自然规律》的著作，力图使法学像自然科学一样建立在经验的基础上，以获得支配各种法律制度或法的一般发展过程的规律。④ 再如，尽管现代侵权法理论的发展已经极大地丰富了对于人在行为时的过错的判断方法，但是，对于一个本质上是主观心理状态的现象，人的经验在此仍然显得一筹莫展。虽然过错的判断标准从主观标准日渐向客观标准靠近，但是对于客观过错的证明同样存在着困难。过错证明的发展轨迹从主观过错到客观过错，再到过错推定，包括"客观过失学说"在法律上的采纳，与其说是人类经验的增加，毋宁是侵权行为法的职能从制裁、抑止向补救转化的表现，目的无

---

① 参见王硕：《法学，一门永远"在路上"的科学——读耶林〈法律是一门科学吗？〉》，载《福建法学》2011 年第 4 期。

② 参见胡玉鸿：《法学是一门科学吗》，载《江苏社会科学》2003 年第 4 期。

③ 当然，也有学者坚持，法学作为社会科学也应当接受经验证据的进一步检验。实验方法作为一种总结经验并用经验证据论证或反驳命题的方法，在包括法学的社会科学内的各类实证科学中都得到普遍使用，法学实验方法包括人工可控实验、自然实验、田野实验等。参见刘庄：《法学中的实验方法》，载《中国法律评论》2018 年第 6 期。

④ 参见张世明：《再思耶林之问：法学是一门科学吗？》，载《法治研究》2019 年第 3 期。

非是要回应社会对受害人提供补救的需要。这一系列为便宜过错证明的方法的出现，只是一次次在显现过错证明之不易。原因就在于，与自然科学领域的定义不会直接引起有关人们的行为及其利益的变化不同。①作为法学概念的过错是一个评价性概念，只有将其本质理解为主观的东西，才能获得合理的说明。只是根据判断标准、方法的不同，才有所谓主客观过错的区分问题，而在现代社会，客观过错占据了主导地位。在这样的大趋势下，有些国家的学说用主观过错的语汇行客观判断之实，反倒使本就纷繁复杂的主客观过错更显盘根错节。

其次，在自然科学的研究中，主观价值判断应当是尽量予以避免的，亦即自然科学的研究乃价值中立的，"科学本身不能建立在价值判断之上"②。但法学研究方法则不同，价值判断是法学研究中绕不开的问题。不管承认抑或不承认，法律制度本身就是规范化的产物，不论何种法律规范，都带有强烈的应然色彩，是一种应然的判断而非客观描述。③"法学只有在涉及价值的立场框架中才可能被理解。"④在法学研究中，即使价值判断不是其主要目的，也是难以回避的重要手段，虽有法学实证主义者倡导"价值无涉"的理念，但这并不现实，因为剥离了价值取向的纯粹"律学"，毋宁就是对现状的维护。⑤甚至可以说，无论古今，"每一项法律规范都是一种价值判断，这构成了法律思想史上一个富有魅力、令人神往的永恒主题"⑥。也正是因为法学研究离不开价值判断，因此主观要素就必须被纳入考量，但正如上文关于侵权法当中的过错的判断所描述的，主观要素根本无法以经验进行推导，这也就导致了法学研究的客观性缺失，也使之不符合自然科学研究的基本要求。

最后，自然科学的研究对象具有确定性，而且得出的结论是可验证的，但法

---

① 参见舒国滢等：《法学方法论》，北京，中国政法大学出版社2018年版，第59页。
② [德]卡尔·拉伦茨：《法学方法论》，陈爱娥译，北京，商务印书馆2015年版，第316页。
③ 参见陈瑞华：《论法学研究方法》，北京，北京大学出版社2009年版，第30页。
④ [德] G.拉德布鲁赫：《法哲学》，王朴译，北京，法律出版社2005年版，第4页。
⑤ 耶林便毫直白地指出，这种极端实证化的思想犹如法律机器中毫无思想可言的齿轮，这对法学研究必将产生严重的危害。这种实证主义者确实没有资格主张"科学"的名号。参见[德]冯·耶林：《法学是一门科学吗？（上）》，李君韬译，载《比较法研究》2008年第1期。
⑥ 黄文艺：《法学是一门什么样的科学》，载《法制与社会发展》2001年第3期。

学的研究对象却总在变化，研究结论也不一定可以被反复验证。详言之，自然科学的研究对象是大千世界的万物自然，这些事物本身在诸如物理、数学等学科创立前就已经存在，它们在人类的认知中只是被发现而非被创造，因此具有客观性，不会因为人的意志而发生改变，这也决定了依照实验得出的结论是唯一且可验证的。法学则与之相反，法学研究的对象是人与人之间的社会关系，其不仅会受到人们主观意志的支配，而且繁复多变。① 法据以作为研究内容的实证法本身就飘忽不定，由此衍生出的法学研究就无法用设定好的场景来进行法学研究的实验，也无法对法学研究的资料进行准确量化；加之法学研究的题材关涉人的动机与目的等复杂内容，由此使法学研究的结论常常不具有可重复性，难以经受住时间的考验。② 研究对象的不确定性和由此导致的结论的不可重复性，也是基尔希曼等法学家对法学不属于科学的评判中的重要论据之一。

上述质疑对法学的科学化之路提出了巨大挑战，如果将自然科学意义上的"科学化"设定为法学的发展目标，那么确实很难说法学已经达到了上述"科学"标准。然而，主张法学是一门科学的人们断然不会完全认同上述标准，他们始终坚持，虽然法学不具有自然科学的某些属性，但法学自身同样具有系统理性的科学方法。③ 换言之，在何种意义上使用"科学"这一概念，决定了法律究竟是不是一门科学。甚至，即使以"科学"标准来衡量，法学的科学性在某些学者看来也毫不逊色。比如按照一种观点，法教义学就满足了很多对科学来说典型的条件：它是主体间的，创造了普遍化，并使较简单的理论优越于复杂理论。另外，在法学理论中理论和数据之间的差别，有着如同在经验科学中的同样重要性。此外，科学理论的模式，也可有成效地用于法学。④

---

① 基尔希曼的概括极为经典：既然法学只关注偶然，它自己也就变成了一种"偶然"，立法者的三个更正词就可以使所有的文献成为废纸。参见［德］冯·基尔希曼：《作为科学的法学的无价值性——在柏林法学会的演讲》，赵阳译，载《比较法研究》2004 年第 1 期。
② 参见张世明：《再思耶林之问：法学是一门科学吗？》，载《法治研究》2019 年第 3 期。
③ ［德］卡尔·拉伦茨：《论作为科学的法学的不可或缺性——1966 年 4 月 20 日在柏林法学会的演讲》，赵阳译，载《比较法研究》2005 年第 3 期。
④ 参见［德］乌尔弗里德·诺依曼：《法律论证学》，张青波译，北京，法律出版社 2014 年版，第 117 页。

尽管诸如概念法学、价值法学、社会法学、历史法学等众多法学理论的存在及其仍在流播，也许真的会成为法学还不是一门科学的明证。[①] 但是这并不意味着法学在科学化的道路上自暴自弃，相反，尝试的成功或者失败，激发的是对于法律科学性的更深层次反思。尽管人们对"科学"二字所作出的定义千差万别，但科学的重要特征之一便是"透过现象看本质"，即揭示出复杂多变的现象背后的规律，这也正是法律人念兹在兹的目标。就算法学是一门时刻处于变化中的学问，但法学研究者仍然一直孜孜以求对法学本质规律的探寻，从这个意义上讲，法律研究已然成为近代科学理性的真实体现。

**法学"科学化"的条件**

可见，法学是否成其为一门科学，主要在于我们对"科学"的定义以及"科学"在该定义下的包容性问题。显然，法学可以作为一门科学的条件是，必须把"科学"作为一个普适性的概念，用于指称人类的一种专门性的研究，而不能仅仅以"自然科学"作为"科学"的唯一存在方式作为判断标准，法学不排斥科学；但是必须反对武断的"科学主义"。

在欧洲语言的传统里，"科学"一词是从希腊文译为拉丁文的，拉丁文的scientia之本义则是"有组织的知识体系（organized body of knowledge）"[②]。按照另一种认为"科学"一词最初起源于法文的考据，该词也仅仅是"知识"的同义词而已。在1976年出版的《法国大百科全书》中，"科学"词条下的解释是："科学：通过揭示现象之中规律所取得的全部知识，以及作为这些知识之基础的认识论。"[③] "从最广义上来讲，即从词源学和历史学的角度来看，科学只不过是'知识'。从最严格的意义上来讲，科学只是某种类型的知识。"[④] 以这种"科学"的定义来衡量的话，法学在人类历史几千年的发展过程中，业已形成了较为完整

---

① 参见《权利冲突与权利顺位：民商事案件中的利益衡量与裁判方法》（谈话录），载《人民司法（应用）》2016年第25期。
② 《余英时文集 第一卷：史学、史家与时代》，桂林，广西师范大学出版社2004年版，第137页。
③ 转引自王馥郁主编：《社会科学方法论导论》，北京，燕山出版社1993年版，第8~9页。
④ ［美］德怀特·沃尔多：《政治学：传统、学科、专业、科学、事业》，载［美］格林斯坦、波尔斯比编：《政治学手册精选》（上），竺乾威等译，北京，商务印书馆1996年版，第1页。

的知识体系，浩若烟海的法律典籍，汗牛充栋的学说文献，以及体系完备的制度架构，使得法学足以堪当"科学"。事实上，法国的《拉鲁斯大百科全书》对此也有明确的回答："法学确实不折不扣地是一门科学。按照法学的研究对象而言，它是对各种法律事件及其相互关系和分类等方面实践的认识；按照法学的应用方法来看，又是十分严谨的论述和仔细的分析，是演绎方法和归纳程序同时兼用（旨在摆脱大量法律条文背后的各种原理原则的影响）；按照法学的实践或教育目的而言，是要起到协调社会生活的作用，或者起到教育公民们懂得各种法律的目的。"[①]

按照这个解释标准来看，法学是否是一门科学，主要取决于三个标准，即法学研究是否有特定的研究对象，是否有特定的研究方法，是否具有特定的社会功能。[②] 法学作为一门发展了千年的社会学科，自然满足上述标准。但是，如果将"科学"的目标视作一种价值追求，那么人文社会科学如何才能具有真正意义上的"科学"的资格呢？有学者认为，人文社会科学必须正视其本身存在的问题，至少达到三个方面的标准：理论的规范性、理论的精确性及理论的可检验性。[③] 具体到法学而言，则至少需要具备两个标准：法学方法的科学性与法学理论的规范性。

## 法学理论的规范性

一般认为，科学研究主要由三个方面的内容所构成：理论基础、资料搜集与资料分析，分别对应着科学的"逻辑预期"、"实际观察"与"可能模式"三个方面的内容。[④] 其中，理论基础无疑占有核心地位，构成了学科成其为科学的主要特质，并且指导着资料搜集和资料分析活动。在社会科学的实践中，理论会形成一种前见，从而影响经验性的实践活动，这也就是福柯的所谓"知识/权力观"。

---

[①] 转引自潘念之主编：《法学总论》，北京，知识出版社1981年版，第42页。
[②] 参见胡玉鸿：《法学方法论导论》，济南，山东人民出版社2002年版，第24～25页。
[③] 参见钟明：《横向智慧——系统方法论新论》，南京，江苏科学技术出版社2000年版，第199页。
[④] 参见［美］艾尔·巴比：《社会研究方法》（上），北京，华夏出版社2000年版，第35页。

理论先于观察，或许这才是理论的力量所在。"概念先行"的话语体系建设反映出理论与意识形态的统领作用，理论抑或概念可以通过动员、通过意义的合法化过程，下传到社会组织、社会群体或者个体层面，获得民众的赞同，进而形成全社会的"思想共识"及其行动。① 与具体的社会存在不同，理论是一种抽象的构造，它形成了研究者由此进行分析社会问题的基本框架，并以此检验、评判着人们观察、归纳的真伪。任何学科的研究都以理论作为主要特质，法学研究也概莫能外。但是，无论何时总会存在这样的质疑：法学理论与法律实践严重脱节，理论对实践"无用"。其实，理论与实践分分合合乃是常事，因为理论自有其独立特征，但与实践也是时刻保持互动。② 法学作为一门研究人在法律中的实际形式与法律期望的科学研究形式，其同样主要是通过理论的陈述来回应社会的问题。

**何谓法学理论**

从字面含义看，法学理论系指描述法学中一般性规律的系统化知识体系，有着特定的逻辑体系和论证规则。作为一项理论，法学理论具有抽象性自不待言，但法学理论与其他理论所不同的是，其本身源于实践，又作用于实践，这决定了其独具实践品格，并与现实生活密不可分。"法学理论本身能否有效地对法律实践问题予以回应，决定了法学理论是否具有生命力。"③ 法学理论的实践品格，决定了其与其他社会科学理论既有共性，又有特性。

首先，法学理论与其他社科理论一般，具有高度抽象性、普适性和可验证性。法学理论的抽象性，表明其主要在于阐释法律实践的一般特点和基本逻辑结构，而不仅是展现实践一隅，这也是其区别于法律实践的主要特征。法学理论的普适性，是指其作为人类社会生活核心价值的抽象，具备普遍适用的价

---

① 参见周怡：《新时代治国理政中的"概念先行"——文化社会学视角的思考》，载《社会科学》2017年第12期。

② 参见于晓青：《法学理论的实践向度——理论与实践难题的探索》，载《苏州大学学报（哲学社会科学版）》2012年第2期。

③ 学者指出，我国传统法学理论的思维范式源于知识论思想传统的合法性，但这一范式受到了后现代思潮的挑战，若要充分回应这一挑战，就需在认识论上予以转变，将人从单纯的法律认识主体转化为法律实践主体。参见葛洪义：《法学研究中的认识论问题》，载《法学研究》2001年第2期。

值。正所谓"人类社会只要存在，作为类的'人'就一定具有人类学、生物学上的共性，也分享大致差不多的核心价值"[1]。法学理论也不例外，虽然前近有论者以"本土资源论"质疑法学理论的普适性，但这并不妨碍法学理论于不同时代、不同民族和不同地域间发挥着共同的作用。[2] 此外，虽遭到不少质疑，但是法学理论仍在一定范围内具有可检验性，换言之，人们可以预期通过特定方法产生的结论，而不论借此方法推理的主体是谁。人们应当可以相信，他人运用同样的方法就特定问题推出的结论与自己运用该方法推出的结论是相似的。[3]

其次，法学理论相较于社科理论，其实践面向更为凸显，这又表现为以下三个方面。其一，法学理论的产生本来就是基于实践的需求。最早的法学理论大抵可以追溯到罗马法时期，彼时，法学理论的产生便有特定目的，即为了对罗马法进行评注释义，法学原初目标就是阐释制定法以及裁判规则的特征，这也决定了法学理论的规范性特质。[4] 其二，法学理论对实践活动具有指引作用。按理说，先后于不同时间颁布的法律在概念和规则上应当前后融贯，以形成有效的法体系以方便适用，但现实往往并非如此。[5] 这也就决定，针对一项法律规则可能会形成多套解释结论，此时就需要运用法学理论对方案进行选择，以指引解释方向。其三，法学理论除指引司法外，还具有司法创制功能，能够填补实践漏洞。与其他社科理论多是描述学科的一般规律不同，法学理论的规范性内涵，使它具有充当具体裁判规则的资格，从而为司法实践提供裁判基准。[6] 以民法为例，虽然我国未将法学理论作为正式法源进行规定，但诸如物权行为理论、情事变更理论、

---

[1] 谢鸿飞：《民法典的生活世界、价值体系》，载《清华法学》2014年第6期。

[2] 参见苏力：《变法，法治建设及其本土资源》，载《中外法学》1995年第5期；苏力：《问题意识：什么问题以及谁的问题？》，载《武汉大学学报（哲学社会科学版）》2017年第1期。

[3] 参见王利明：《法学方法论》，北京，中国人民大学出版社2012年版，第32页。

[4] 参见雷磊：《实践法学思维的三个层面》，载《浙江社会科学》2011年第7期。

[5] 有学者就指出，以我国为例，长期以来的经验主义立法思维，导致严重形式体系融贯性缺陷。参见朱广新：《超越经验主义立法：编纂民法典》，载《中外法学》2014年第4期；熊丙万：《法律的形式与功能——以"知假买假"案为分析范例》，载《中外法学》2017年第2期。

[6] 参见于晓青：《法学理论的实践向度——理论与实践难题的探索》，载《苏州大学学报（哲学社会科学版）》2012年第2期。

违约方解除合同理论等,皆在特殊时期为司法提供了重要参考,有效填补了法律漏洞。

可见,法学理论作为社科理论的一种,分享着社科理论的共性,同时作为一门实践科学,法学理论又具有一些其他社科理论不具备的独特品格。法学理论乃是构建于丰富的实践之上,但同时也有所取舍,其并非纯粹对社会现实的客观描述,当然,尽可能地排除个体前见对于法学理论抽象过程的影响,也是增强法学理论的大众接受性的目标之一。

**法学理论规范性的构成要素**

法学理论除了应当具有上述各种特质以外,其规范性还要求必须具有一定的形式要件,即构成要素。法学作为科学理论的要素主要包括基本假设、概念、现象范围、特定理论、问题、检验方法和价值观念等方面。[1]

"基本假设"是学科研究的逻辑起点,任何一门涉及人的行为的社会科学,往往都以假设作为证成的逻辑起点。譬如民法学理论中最为常见的"理性人"标准。假设中往往蕴含着研究者的人文主义立场。自从黑格尔将两个活动领域的人群区分为市民和公民之后,市民社会的人像开始引起更为广泛的关注。黑格尔认为,市民社会是一个充满着个人之间的冲突的私人的自我中心主义的领域,"市民社会是个人私利的战场,是一切人反对一切人的战场,同样,市民社会也是私人利益跟特殊公共事务冲突的舞台,并且是它们二者共同跟国家的最高观点和制度冲突的舞台"[2]。事实上,现实生活中的人都是经济人,"由于他管理产业的方式目的在于使生产物的价值达到最大程度,他所盘算的只是他自己的利益"[3]。他们也是现实的人,他们不仅仅具有自然性存在、伦理性存在属性,而且有社会性、经济性存在的属性。

法学理论规范性构成要素的其他各项,按照学者的归纳解释,大体包括如下

---

[1] 参见[美]A.斯齐曼斯基等:《社会学:阶级、意识和矛盾》,转引自胡玉鸿:《法学方法论导论》,济南,山东人民出版社2002年版,第40页。

[2] [德]黑格尔:《法哲学原理》,范扬、张企泰译,北京,商务印书馆1961年版,第195页。

[3] [英]亚当·斯密:《国民财富的性质和原因的研究》(下卷),郭大力、王亚南译,北京,商务印书馆1974年版,第27页。

诸多方面：(1) 概念。"概念"是在对事物的外部特征加以列举后所得出的抽象定义，法学理论的构造作为一种科学的研究活动，必须借助于概念得以实现。学术共同体的形成、法学理论的深化也离不开对概念的提炼与发展。(2) 现象范围。"现象范围"涉及法学学科与其他不同学科的研究领域，领域的界定，依赖于研究者试图解决的问题的深度与广度。(3) 特定理论。"特定理论"是根据科学的方法在概念与概念之间进行推理、归纳，建立因果关系。(4) 问题。"问题"则是指主体为达到目的需要解决而尚未解决的矛盾，任何理性认识的形成，都是从问题开始，并逐步展开其理论的，对问题的抽象程度、抽象方式的不同，会形成不同的学科理论。(5) 检验方法。"检验方法"主要是通过何种方式来判定理论的科学性程度，运用科学的法学方法论得到的法学理论，其正确与否也需要接受经验和逻辑的检验。(6) 价值观念。"价值观念"是反映法学研究者主观研究目的的思想观念。[①] 法学研究是规范研究，牵涉其中的主观研究价值不可或缺，否则，法学研究也将沦为无意义、无目的的研究。[②]

总之，法学理论的规范性作为法学科学性的逻辑标准，不仅是一种观念、知识或者思想的堆砌，而是立足于逻辑、经验的角度，形成的一个相对完整的解释系统。要使法学成为一门科学，就必须立足于法学理论的特性、结构，适用通行的科学标准来进行理论的论证和推导。因此，在遵守科学的基本规则，运用科学的法学方法论，建构逻辑相对严谨的法学理论体系的情形下，法学无疑是一门科学。但是，可以理解的是，通过法学方法论所获得的结论，其可靠性以及精确性，绝不可能达到像数学上的证明那样精确的程度。

## 法学方法的科学性

在宽泛的意义上，科学可以理解为一种系统化、体系化的知识。从另一个角度理解，科学也代表着对一种研究方法的描述，亦即表达着人们如何观察世界、

---

[①②] 参见胡玉鸿：《法学是一门科学吗》，载《江苏社会科学》2003年第4期。

分析问题，等等。从该意义上而言，科学也可以成为评价各项研究活动是否妥当的标准。法学研究作为社会科学研究，也应当遵循科学研究所具有的研究方法。所谓法学方法论，在概念内涵上不无争议，有观点认为"法学方法论"中的"法学"是指法教义学，因此法学方法论主要是指法教义学的方法论。[1] 也有观点认为，如果将法学方法理解为法教义学方法，将难以揭示法律职业的特性和内容，法学方法应当包含法律适用方法，以法律方法而非法学方法进行称谓，将更贴切地反映法学研究向具有实践理性品格的学问和法律职业技艺的转变。[2]

上述争议，恰恰体现了法学方法论一体两面的特点：一方面，法学方法论是法学上旨在实现对法律规范进行理性的、可控制的解释、续造和补充的思想路径。另一方面，通过这些思想路径，应能使一项法律在理性的考量当中获得尽可能多的确定性，并使法律的解释以及漏洞的填补得以在理性的论辩之中进行。[3] 法学方法作为社科方法的一种，应当具有社科方法的特性，亦即也应当以经验为基础，通过价值中立的理论抽象，对经验进行分析，从而得出妥当的结论。其实，法学方法不仅具有社科方法的一般特性，其理论与实践紧密结合的特质，极大丰富了法学方法的科学性。法学方法的科学性体现在理论研究、实践应用和知识传播等诸多方面。

首先，在理论研究方面，法学方法通过经验化的研究并设定特定的研究视角，以辅助于理论研究正确认识法学问题的本质，建立相应的法学理论。以法教义学为例，法教义学系以本国立法条文和司法案例中的法规范构成的实定法秩序为基础，通过体系化解释，形成的法的知识与理论体系。[4] 但法教义学绝非一味屈从于现行法，本书后文将会详述，法教义学同样是以实践检验的批判精神为内核的，法学研究者的这种批判精神不仅面向实体法，也要面向研究者自身对于实

---

[1] 参见王夏昊：《法学方法论的概念及其地位》，载《清华法学》2008 年第 1 期。
[2] 参见姜福东：《为什么不是"法学方法"——与王夏昊先生商榷》，载《浙江社会科学》2008 年第 10 期。
[3] 参见[德]齐佩利乌斯：《法学方法论》，金振豹译，中文版序，北京，法律出版社 2009 年版，第 2 页。
[4] 参见凌斌：《什么是法教义学：一个法哲学追问》，载《中外法学》2015 年第 1 期。

体法律规范的理解与认识。如耶林所言，丧失了批判精神的极端实证法学丧失了被称作"科学"的资格，法学的科学性，其实就是以批判精神为内核的、动态的范畴，也正是在这种不断的怀疑、追问和批判当中，法学研究才不至于为实证主义所侵蚀，法学方法的科学性才得以保持。① 法教义学就是通过在体系内对现行法进行批判，使知识和理论体系更加完善的科学化法学方法的典型。②

其次，在实践应用方面，法学方法对于司法实践中处理特定案件，具有指引和评价作用。如前述关于法学的科学性中的论断一般，法学作为一门实践学科，其产生和发展都具有鲜明的实践导向，法学方法不仅能够对司法活动提供指引，而且在特定情况下，还发挥着漏洞填补等作用。法官运用法律方法解释与续造法律，也是法学方法尤其是民法学方法持续发展的主要动力。③

最后，法学方法的科学性还需要通过法学教育来传承。简言之，法学方法通过整理法的经验事实并使之体系化，同时通过批判和解释建构吸纳实践精华，形成了一套良好的知识体系。此种知识体系的传播，还需要依赖科学化的法律教育手段。④ 体现在教学上，法学方法论有助于法律学人形成系统的观察和分析问题的思维，并引导研究者突破个人的主观局限性，以相对客观规范的方式来对法学问题进行分析，同时又为价值判断留出充分空间，从而推动民法方法的持续发展。

## 第二节 是否存在法律人所独有的方法

是否存在某种法律人所独有的法律方法？若有，其存在依据又是什么？这关

---

① 参见王硕：《法学，一门永远"在路上"的科学——读耶林〈法律是一门科学吗?〉》，载《福建法学》2011年第4期。

② 法教义学与法哲学的重要区别，就在于其对现行法的批判是体系内的批判，法哲学则是超越了现行法，系以哲学的方式反思、讨论法律的根本问题或根本难题。参见王夏昊：《从法教义学到法理学——兼论法理学的特性、作用与功能局限》，载《华东政法大学学报》2019年第3期。

③ 参见许德风：《法教义学的运用》，载《中外法学》2013年第5期。

④ 参见汤文平：《民法教义学与法学方法的系统观》，载《法学》2015年第7期。

系到法律方法自身的性质。有学者对相关观点考察后以为,从发生学角度看,法律方法作为一个知识类型的出现,与对法律的客观性、确定性的认识是分不开的。为了保证法律的确定性,应当将自然科学的假定和方法套用在法学中,将法律视作为一个由逻辑概念建构的自给自足体系。相反,另一种观点认为法律方法乃是虚构之物,司法裁判与其是追求法律真理,追求对法律的正确理解和适用,不如说是法官根据特定场域的权力话语所作的策略选择和使选择的权力话语合法化的法律技术。① 以上两种观点都偏执于一端,未免失却中允,多数人在反思"科学至上主义"之后仍坚持法律的确定性、维护法治信仰的立场,肯定法律人独有的法律方法,并认为通过运用法律方法可以保证法律理解及其适用结果的确信。

## 对法律方法实在性的质疑

一般认为,法律方法是将实定法适用于特定的个案之中,并获得一个正当的法律决定所适用或者遵守的独立自足的知识体系。法律方法自罗马法时期虽已开始了其漫长的演进历程,但是,"近代法律方法学说,至少在德语区,发端于弗里德里希·卡尔·冯·萨维尼"②。早期萨维尼将实在法和制定法等同起来,秉持的是一种"制定法实证主义",即认为所有的法都是由国家立法者所创造的制定法,制定法是完备客观的,应用者完全不需要自己对制定法添加任何东西。③ 其功用是去认识预设的法,特别是制定法,把法看成是一个预设的、封闭的、自主的知识体系,这个体系为一切案件准备好了答案。④ 在此基础上,萨维尼的制定法实证主义方法论经由概念法学、利益法学、评价法学的洗礼,逐渐发展成为

---

① 参见焦宝乾、陈金钊:《中国法律方法论研究学术报告(2005年度)》,载《山东大学学报(哲学社会科学版)》2006年第1期。
② [德]阿图尔·考夫曼、温弗里德·哈斯默尔主编:《当代法哲学和法律理论导论》,郑永流译,北京,法律出版社2002年版,第156页。
③ 参见朱虎:《萨维尼的法学方法论述评》,载《环球法律评论》2010年第1期。
④ 参见郑永流:《法学方法抑或法律方法》,载《法哲学与法社会学论丛》(六),第20~34页。

开放的法教义学方法论体系。法教义学以特定国家现行有效的法律为出发点和研究对象,旨在为具体案件的解决寻找法律上的正当答案,其研究方法是法律人独有的"法学方法",即体系的、分析的评价方法,这种特殊的方法不仅构成了法教义学的核心,也刻画了法律决定的"性格"[1]。然而,在法律方法发展的历程中,伴随其始终的就是对于是否存在这种为法律人特有的法律方法的质疑,质疑者认为,由于法律本身的固有性质,法律方法不可能具有客观性和自足性,无法形成逻辑圆满的法律体系,难以为法律思考提供确信。具体来说,主要有以下几种理由。

第一,对于法律思维可否保障其结论确信的怀疑。换言之,法律并不存在一项行之有效的判断标准,以据此将各个法律规则连接成为融会贯通的逻辑体系。诚如霍姆斯的名言,法律的生命在于经验,而非逻辑,法律的各个规则之间的排列组合并无一定的逻辑标准一以贯之,更多的是根据经验来确定的。面对同一法律规范,具有不同生活经历、道德想象和先见的人会产生截然不同的理解。尤其是在法律涉入价值评判时,有关价值冲突问题的论争将会一直持续下去,无法自拔,直到出现下面三种结果:其一,无穷地递归(无限倒退),以至于无法确立任何论证的根基;其二,在相互支持的论点(论据)之间进行循环论证;其三,在某个主观选择的点上断然终止论证过程,比如通过宗教信仰、政治意识形态或其他形式的"教义"来结束论证的链条。[2]

第二,以司法三段论为基础的法律方法日益失去解释力和说服力。法学(法律)方法论作为保障法官依法公正裁判的工具,必然以司法三段论为基础而展开,从这个意义上讲,法学方法论也必然要以司法三段论作为讨论的起点。[3] 司法三段论以法律规定的构成要件为大前提,具体的案件事实构成小前提,只要小前提能够满足大前提的事实要件,即可采用涵摄的方法推导出相应的法律效果。

---

[1] [德]阿图尔·考夫曼、温弗里德·哈斯默尔主编:《当代法哲学和法律理论导论》,郑永流译,北京,法律出版社2002年版,第4页。转引自王夏昊:《法学方法论的概念及其地位》,载《清华法学》2008年第1期。

[2] 参见[德]罗伯特·阿列克西:《法律论证理论》,舒国滢译,北京,中国法制出版社2002年版,代译序,第1~2页。

[3] 参见王利明:《法学方法论》,北京,中国人民大学出版社2012年版,第69页。

这种演绎推理的方法来自自然科学，套用自然科学方法来解释法律适用的过程，将一切非知识性的价值判断内容排除在法律适用过程之外。因而其突出优势在于，在法律规范和法律事实二分格局下，法律适用之操作过程极为清楚，并且由于法律推理乃直接自既定规则出发，无须触及那些具有不确定性的价值判断如正义等问题，可以消除法官的恣意裁判，从而保障了判决的客观性和确定性。① 然而，早有学者指出，"法律发现实质上表现为一种互动的复杂结构，包括创造性的、辩证的、或许还有动议性的因素，任何情况下都不会仅仅只有形式逻辑的因素，法官从来都不是仅仅依据法律引出其裁判，而是始终以一种确定的先入之见，即由传统和情境确定的成见来形成其判断"②，以形式逻辑为根基的司法三段论对此难以做出解释。司法三段论当中的法律的自足性和客观性是通过仅仅在形式层面分析法律来保证的，而形式指的是法律内在的东西，当适用法律的结果取决于与法律外部现实世界有关的事实时，其自足性和客观性就受到了威胁，因为这些事实可能有争议，或者是与创造或解释规则有关的社会事实或伦理事实。③ 更为重要的是，规范和事实之间不具有涵摄关系，不可通约，导致三段论的演绎推理过程出现逻辑断裂。逻辑学将涵摄推论理解为"将外延较窄的概念划归外延较宽的概念之下，易言之，将前者涵摄于后者之下"的一种推演，但是，涵摄前提必须是同一性质的事物之间的关系，不同性质的事物之间不具有逻辑推论的前提。然而，作为法律适用基础的涵摄推论，并不是将外延较窄的概念涵摄于较宽的概念之下，毋宁是事实涵摄于法律规范的构成要件之下。④ 按照通常的说法，案件事实是对已经发生的实际情况的描述，表现为描述性语句，具有价值中立性，对其只能做真与假的判断和认定，无法做出善恶好坏的价值判断；而法律规则乃是一种规范性表达，表现为应然的命令或者要求，属于价值判断问题，对其无法做真与假的认定。

---

① 参见焦宝乾：《当代法律方法论的转型》，载《法制与社会发展》2004年第1期。
② ［德］考夫曼：《后现代法哲学——告别演讲》，米健译，北京，法律出版社2000年版，第21~22页。转引自焦宝乾：《当代法律方法论的转型》，载《法制与社会发展》2004年第1期。
③ 参见［美］波斯纳：《法理学问题》，苏力译，北京，中国政法大学出版社2001年版，第51页。
④ 参见［德］卡尔·拉伦茨：《法学方法论》，陈爱娥译，北京，商务印书馆2015年版，第152页。

第一章 法律适用的基本命题

第三，法官作为社会成员的个性差异，使得法律方法的客观实在性无从保证。在司法裁判过程中，司法裁判与其说是追求法律真理，追求对法律的正确理解和适用，毋宁是法官根据特定场域的权力话语所作的策略选择和使选择的权力话语合法化的法律技术。① 在面对一个案件时，法官极有可能并非按照法律方法所提供的操作程序那样，先从实定法体系中寻找可以涵摄案件事实的大前提，然后根据三段论法推导出结论，而是根据自己的前见得出结论，然后再去寻找可以支持该结论的合法依据。正如法律现实主义代表人物弗兰克所论证的那样，法律规则并不是裁判法官判决的基础，因为私法判决是由情绪、直觉的预感、偏见、脾气以及其他非理性因素决定的；人们之所以要求在法律中寻求无法实现的确定性，因为他们还没有根除那种孩子似的对一个权威性的父亲的需要，并无意识地试图在法律中寻找其童年时代认为父亲所具有的稳定性、可靠性、确定性和万无一失性的替代物。② 法律方法论尽管给我们提供了许多有用的方法，但是这些方法还很难成为一种类似于尺牍范本大全的东西，使得法官仅凭法律方法就足以找到现成的答案。③

概而言之，以上质疑认为唯有自然科学方法方具有自足性和客观性，而法律方法并不具有自然科学的属性，故而无法形成一套独立自足的方法知识体系。自18世纪特别是启蒙运动以来，因自然科学取得了巨大进步，其研究方法和范式也被其他学科所模仿，中间经过哲学内部的实证主义方法与自然科学的实证主义方法达成的"合谋"，社会学科的研究之中更是大量地引入了自然科学的研究方法，科学主义在各个学科领域大行其道，法学亦不能置身度外④，全面引入了自然科学的研究方法。科学主义在方法论层面坚持实然与应然、事实与价值的二元划分，相互之间不可通约，认为唯有实然层面的事实问题方可被认识，故将应然

---

① 参见唐烈英：《司法过程的逻辑与法律技术》，载《社会科学研究》2005年第3期。
② See Frank, "Are Judges Human?" 80 U. Pa. L. Rev 17, 233 (1971). 转引自［美］博登海默：《法理学、法律哲学与法律方法》，邓正来译，北京，中国政法大学出版社1998年版，第153~154页。
③ 参见梁迎修：《法律方法的功能及其局限》，转引自焦宝乾：《法律方法的性质与特征》，载《浙江社会科学》2008年第1期。
④ 参见林来梵、翟国强：《有关社会科学方法论的反思——来自法学立场的发言》，载《浙江社会科学》2006年第5期。

层面的价值问题归入不可知的范畴。对于法律的认识决定了法律方法论的走向，秉承"科学至上主义"的法学家们认为，法学同自然科学一样都有自身的客观规律，其任务就是按照自然科学的方法来发现法律运行和发展的规律，以构建一个"自给自足的逻辑体系"为一切法律问题提供确信的答案。这种信念的集大成者，便是盛行于19世纪的概念法学，概念主义法学是从这样一个假设出发的，即实在法律制度是"无缺陷"的，因此只要通过适当的逻辑分析，便能从现存的实在法制度中得出正确的判决[①]，而此时的法律思维亦是失去价值指引的"方法论的盲目飞行"。

伴随着科学主义方法论在解释法律过程中表现出的无力感，精神科学派开始兴起，他们反对将自然科学方法适用于包括法学在内的人文社会科学，为法律方法论突破科学主义认识论的桎梏提供了契机。精神科学派认为，社会行为具有一种"意义性"（Meaningfulness），它不是由观察者设想或设计的，而只是作为一种社会现象的行为本身，正是这种意义性使得其他人能够理解该行为，其旨在说明人的行为和那些人的行为相关联的意义、意向、理由和目的，以及与此相关的规则和规范等。[②] 法学乃是一种"理解"的学问，法律文字是以日常语言或借助于日常语言而发展出来的术语写成的，这些用语除了数字、姓名及特定技术性用语外，都具有意义的选择空间；法律方法论的功能不是像自然科学方法那样得出一个确定唯一的答案，而是"在诸多说明可能性中，基于各种考量，选择某种适当的理解"[③]。与数学上的证明或逻辑上的连锁推论不同，理解的程序不是以直线或单向的方式进行，毋宁是以对向交流的步骤来开展，开展程序则以各步骤的相互理解为目标。[④] 通过诠释获得的命题虽然不能通过自然科学领域的事后检验方式来判断其真假，但是仍可依据其价值判断结论能否被普遍接受来验证正当性。相应的，根植于科学主义的司法三段论亦开始遭受质疑，"法律适用的本质

---

[①] 参见魏建国：《大陆法系方法论的科学主义误区与人文主义转向》，载《法学评论》2011年第1期。
[②] 参见焦宝乾：《当代法律方法论的转型——从司法三段论到法律论证》，载《法制与社会发展》2004年第1期。
[③] ［德］卡尔·拉伦茨：《法学方法论》，陈爱娥译，北京，商务印书馆2015年版，第85页。
[④] 参见［德］卡尔·拉伦茨：《法学方法论》，陈爱娥译，北京，商务印书馆2015年版，第88页。

特征被区分为判决和论证,一方面,具体的判决发生在论证之前,另一方面,需要对判决进行证立"①。对此,阿列克西提出了证立规则,并将其区分为内在证立规则和外在证立规则:内在证立规则考察的是判决是否从判决理由里详述的前提中符合逻辑地产生;外在证立规则是对内部证成所使用的各个前提之正确性的证立。②

上述质疑意见还提到了前见,认为法官在裁判之前先有了结论,然后再为结论的合法性寻找规范依据,这种批判其实一直伴随着法律方法研究的始终。"这种分析对人之理性的力量充满着根深蒂固的怀疑和不信任"③,放弃了法律方法在法律适用过程中发挥的仍属可能范围内的理性控制,将其视作法官恣意裁量的结果。实际上,先前理解乃是一种长期学习过程的成果,这个过程包括法学养成过程,也包括其后借着职业活动或职业外的经验取得的知识,特别是与社会的事实及脉络有关的知识。④先前理解对于理解者适用法律的结果是否具有可接受性虽然具有举足轻重的影响,却并非像法律现实主义者所认为的那样直接决定法律适用的结果,其实对法律的先前理解非但不会阻碍适切理解法律,反而构成对法律理解的起点。在伽达默尔看来,在理解过程中存在着两种经验世界:一种是文本在其中被描摹的;另一种是解释者所处的。理解的目的是将这两者调和沟通。通过解释者的前理解,文本在解释过程中变成了各人不同的东西;文本又能反过来改变解释者的观点。⑤易言之,对法律的理解不是一蹴而就的,也不是对于理解者先前理解的再现,而是一个循环往复的过程,在此过程中通过两种世界的对话,理解者不断地修正自己的先前理解,以形成对法律的正当性确信,最终作出可接受的裁判结果。

---

① [德]阿图尔·考夫曼、温弗里德·哈斯默尔主编:《当代法哲学和法律理论导论》,郑永流译,北京,法律出版社 2002 年版,第 504 页。
② 参见[德]阿列克西:《法律论证理论》,北京,中国法制出版社 2002 年版,第 274、285 页。
③ [美]博登海默:《法理学、法律哲学与法律方法》,邓正来译,北京,中国政法大学出版社 1998 年版,第 156 页。
④ 参见[德]卡尔·拉伦茨:《法学方法论》,陈爱娥译,北京,商务印书馆 2015 年版,第 88 页。
⑤ 参见郑永流:《出释入造——法律诠释学及其与法律解释学之间的关系》,载《法学研究》2002 年第 3 期。

相应的，法律方法论的目的并不在于"法学的形式逻辑"，亦非"解题技巧的提示"，即通过列举一些确定的规则，法律人只要严格适用即可确保法律的正确适用；相较而言，法律方法论的特征是以诠释学的眼光对法律作自我反省，在可能的理性范围内，发掘出运用在法学中的方法即思考形式，对法律适用提供方向上的指引，审查思考过程中是否遗漏重要的观点，强制解释者说明解释过程，并对之作出诠释学上的判断。[①] 比如，法律虽然没有对法官适用法律过程中的解释方法作出规定，但法官并不能直接依据自己对法律的先前理解来适用法律，而是要依据文义解释、体系解释、历史解释和目的解释的顺序依次尝试对法律规范进行解释，唯有在穷尽所有解释方法仍不能获得可接受的结果时，方能进行法律漏洞的补充。在此过程中，法律方法不仅能够对法律解释进行指引和约束，不断地修正理解者的先前理解，还可事后验证法律适用结果的正当性，这正是法律方法的存在依据。在法律遵从和法官的前见之间，法官既不能将其完全个人的正义感、也不能将到法庭寻求法律帮助的某一方的正义感作为判决的基础。如果法官由于其正义感所见不同而在个案中对法律适用的结果不满意，则其虽然可以试图通过利用法律解释的操作空间和回归一般法律原则来达到一个适宜的个案结果，但是如果这条路从方法上行不通，就必须仍然适用法律。总之，法官绝对不可以其个人价值感代替法律群体的评价。[②]

## 法律方法论的特征

学科的对象决定了其自身的存在与发展，法律方法论乃是以法规范及其适用为研究对象，法规范的特征也就决定了法律方法论的存在价值及其任务。依一般理解，法规范乃是人类据以决定其彼此间的行为模式，以及衡量其行止规则的整体。[③] 以法规范为研究对象的法律方法论必然地受制于特定国家现行有效的法

---

[①] 参见［德］卡尔·拉伦茨：《法学方法论》，陈爱娥译，北京，商务印书馆2015年版，第121～122页。

[②] 参见［德］N.霍恩：《法律科学与法哲学导论》，罗莉译，北京，法律出版社2005年版，第306页。

[③] 参见［德］卡尔·拉伦茨：《法学方法论》，陈爱娥译，北京，商务印书馆2015年版，第72页。

律。除了适用相同的法源，法律方法还要求遵循相同的法律推理或法律论证的方法论规则；在共同的内容和目的下，采用相同的思维方式，即体系的、分析的、评价的方式。①

**规范性视角**

法律方法从法律内在的、应然的视角，关切法律的规范效力，强调规范内容的正当性及其对于规范对象的拘束力。一个规范，只要是由一个合法的权力机关，按照大家认可的制定程序创立出来，并且与整个法律体系和谐一致，那就是有效的。② 根据法律规范之意旨，如果其目的在于要求行为人为或者不为一定的行为，则其性质属于行为规范；如果其目的在于约束裁判机关，则为裁判规范。法律方法对法规范的判断，不是真与假的判断，而是合理与不合理、有效与无效、正确与不正确、公正与不公正的判断，即使在涉及实践时，也总是"应然的问题"，即什么应做、什么不应做或什么允许去做、什么不允许去做的问题。③

**体系性思维**

为了能够对法律结果进行有效的验证，亦即增进法律的合理化程度，法学在方法上乃试图将现代的科学方法引入法律学及法律实务，其具体的表现为模仿自然科学的方法将法律规范概念化、体系化。④ 福柯在他的《词与物：人文科学考古学》中曾明确地指出："体系在由自己通过描述详细地并置起来的要素之中，选择了一些特殊的要素。这些要素确定了优先的和实际上独一无二的结构，人们探讨了与这个结构相关的一组同一性或差异性。任何无关于这些要素中的一个要素的差异性，将被视作无关紧要的。"⑤ 体系显现出了其一致性和协调性的特点。法规范作为体系，将各个规范按照一定的标准排列组合在一起，以保证他们互不

---

① 参见王夏昊：《法学方法论的概念及其地位》，载《清华法学》2008 年第 1 期。
② 参见郑永流：《法的有效性与有效的法——分析框架的建构和经验实证的描述》，载《法制与社会发展》2002 年第 2 期。
③ 参见舒国滢：《法学是一门什么样的学问》，载《清华法学》2013 年第 1 期。
④ 参见黄茂荣：《法学方法与现代民法》，北京，中国政法大学出版社 2001 年版，第 406 页。
⑤ [法] 米歇尔·福柯：《词与物：人文科学考古学》，莫伟民译，上海，上海三联书店 2001 年版，第 185 页。

矛盾地协调发挥作用。法哲学家施塔姆勒曾言：一旦有人适用一部法典的一个条文，他就是在适用整个法典。① 体系在法律科学上的贡献表现在立法上运用法律概念创造法律规范，在司法适用上运用体系思维弥补法律漏洞，使得法律的续造仍然处于法律体系之中，而无体系违反现象。

**"理解"的学问**

随着以概念法学为代表的科学主义在法学中的衰落，人们开始承认法律的局限性。无论法律制定得多么周详，也毕竟只是一套形诸文字并由概念和规则交织复合而成的逻辑系统（或准逻辑系统），繁复庞杂的社会事实不可能与之天然吻合，在立法过程中被立法者浑然不觉的法律自身的漏洞、歧义、模棱两可、含糊不清，无论其潜伏期有多长，迟早会在司法过程中暴露出来。② 不同的理解者在面对法律时，往往会因不同的前见而产生不同的理解，面对法规范表达所包含的意义选择空间，法律方法的任务就是指引或约束理解者通过解释来理解法律语言表达及其规范性意义。简言之，法律是一种阐释性概念。③ 近代以来，西方法治国家逐渐发展出一整套独立自治的法律解释技术，法律解释从而开始与西方原有的神学解释、语文解释、历史解释等解释传统相分离，而逐步发展为一个专门学科，解释学亦被纳入认识论或知识论的范围，法律解释学成为一种实现法律真理的科学方法论。④

**实践取向**

法律是关于人的社会实践的规范，法学理论无非是对于司法实践的一般阐释，法律方法论亦是一门实践性的学科，以法律适用于具体的案件为主要面向。因为法律解释的任务在于确定该法律规定对特定之法律事实是否有意义，故而，真正的法律问题唯在追求一个对具体案件既公正且衡平的裁判时才发生，在这

---

① 参见〔德〕卡尔·恩吉施：《法律思维导论》，郑永流译，北京，法律出版社2004年版，第73页。
② 参见桑本谦：《法律解释的困境》，载《法学研究》2004年第5期。
③ 参见〔美〕德沃金：《法律帝国》，李常青译，徐宗英校，北京，中国大百科全书出版社1996年版，第364页。
④ 参见王彬：《法律解释的认识论困境及其消解》，载《海南大学学报人文社会科学版》2012年第1期。

里，解释问题与生活事实的评价问题相互渗入对方，从而在依不确定的法律概念所做的裁判内，事实问题与法律问题在此限度内合而为一。① 其实，在罗马法上，所谓"法学"事实上是指"法的领域的实践智慧"，即追求正义之事、避免不正义之事的技艺；而精于此道者才配称为法学家，故而，罗马法学家首先是法律实务家。② 之后，罗马法学历经注释法学派的复兴，继之接受自然科学方法的洗礼，发展成了概念法学，旨在依据形式逻辑人为创造理论化的法学体系，一切实践问题只需通过司法三段论式的演绎推理即可获得解决，事实证明，脱离实践的概念法学之路是行不通的。原因在于，法律的宿命在于解决现实的纠纷，而现实的生活是繁复多变的，法律总会疏漏不周，妄图用一个放之四海而皆准的一般规律来解决所有现实问题必然会遭遇挫折。与其寄望于一个"封闭完美的法律体系"一劳永逸地解决所有法律问题，不如从实践出发，根据法律方法的指引，通过解释、甄别和权衡来理解法规范的意义脉络和评价案件事实问题，从而获得可接受的法律结果。

## 第三节　是否存在"公正"的裁判

"规范拘束"与"个案正义"之间的两难是法学方法论永恒的难题。③ 民法学方法，从法律适用的角度说，也就是在私法领域将法律规范适用于需要裁判的"案件"的方法，即适用法律过程中对法律进行解释的方法以及法院发展法律的方法。自20世纪以来，法学方法本身也发生了很大的变化。在最近几十年中更爆发了持续而热烈的讨论，争论的主要焦点在于：究竟能不能对案件作出公平的裁判及在裁判时能不能采用法律以外的评价标准。毕竟，法现象是具体的、活生生的、瞬息万变的；每时每刻都在具体的社会与历史条件下，在不断地发展运动

---

① 参见黄茂荣：《法学方法与现代民法》，北京，中国政法大学出版社2001年版，第247页。
② 参见舒国滢：《法学是一门什么样的学问》，载《清华法学》2013年第1期。
③ 参见黄舒芃：《变迁社会中的法学方法》，台北，元照出版公司2009年版，第44页。

中创造和丰富自己。

## 立法论与解释论

在法学发展的初期尚不区分实定法与应然层面的法，研究"实际存在的由人制定的法应当是什么"的立法科学自然不会存在。在《学说汇纂》的开始部分，有一段罗马法学家乌尔比安关于自然法的叙述，"自然法是自然界传授给所有动物的法律，这种法律不是人类所特有的，一切动物，不论是天空的、地上的或海里的，都具有这种法律。男女之间的结合，我们称之为婚姻，这种结合是基于自然法而产生的"。乌尔比安显然将制约低级动物和人类物种本身的比喻意义上的法，混同于实定法意义上的法，亦即将实定法本身与导致其存在的理由排列在一起。① 这种混同状态一直持续到约翰·奥斯丁所在的时代，布莱克斯通在其所著的《英国法释义》中依然认为，如果人类法与上帝法背道而驰，则人类法没有任何的效力，而且所有有效的法，其强制力都来自神法渊源。② 约翰·奥斯丁认为，将应然法与实证法混淆的做法可能助长人们借助上帝法的名目抵制对自己不利的法律，其本身便是怂恿无政府主义，对明智良好的规则所造成的敌意以及损害，远远超过了对愚蠢恶劣的规则所造成的敌意以及损害，这种做法不仅是幼稚的，而且是有害的。③ 鉴于混淆实定法与应然法所带来的危害，约翰·奥斯丁主张在独立而自足存在的实在法与应然存在的法之间划出明确的界限，前者并不考虑法律的好坏，主要关注实在法的适用，属于法理学关注的范围；后者的作用在于确定衡量实在法的标准以及实在法为得到认可而必须依赖其上的原则，属于立法学的范围，构成伦理学的一个分支。④

---

① 参见［美］约翰·奥斯丁：《法理学的范围》，刘星译，北京，中国法制出版社2002年版，第201页。
② 参见［美］约翰·奥斯丁：《法理学的范围》，刘星译，北京，中国法制出版社2002年版，第208～209页。
③ 参见［美］约翰·奥斯丁：《法理学的范围》，刘星译，北京，中国法制出版社2002年版，第210～211页。
④ 参见［美］约翰·奥斯丁：《法理学的范围》，刘星译，北京，中国法制出版社2002年版，第8页。

第一章 法律适用的基本命题

从权力区分的观点看,国家之立法机关享有立法的权限,甚至认为其权限是独占的,所谓独占主要是相对于其他国家机关之独占,如行政机关、司法机关。① 而法院的权力仅及于法律适用,无权作出立法上的价值判断,即依据立法机关已制定的法律对个别案件进行裁判,原则上仅对所审理案件的当事人发生法律效力,否则,就有僭越立法权的嫌疑,典型如德国基本法明确规定司法裁判受"法律及法"的拘束。之所以将司法机关的权力限于适用法律,因为公平正义的一个基本要求是,构成一个法律纠纷的有关事实应该依据这些事实产生时现行有效的法律来裁定,而不应当根据事后制定的法律——在导致此一纠纷的交易或事件发生之时,该法律必不为当事人所知——来裁定。② 而立法与司法的一个重要差别就是效力指向不同,司法机关所作出的所有决定都是面向既已发生事实发生效力,具有回顾性,如果允许其制定新的法律来调整已发生事项,有可能损害社会预期;而立法机关所制定之法律具有前瞻性,其仅对法律将来的事项发生效力,人们可以根据实在法之预期效力有所趋避。

虽然立法和司法的划分不仅深植于国家政治体制,而且在法学理论中取得了根深蒂固的地位,但是并不能机械地将二者割裂开来。即使提出区分立法科学与实在法的约翰·奥斯丁也认为,两者的关系依然是盘根错节的,传达神的命令的"标记"的性质,既是立法科学的首要目标,也是邻近的法学科学(法律适用)的相应而又重要的研究对象。③ 在法律适用过程中,当出现法律漏洞时,法官因不能以法律没有规定拒绝裁判,唯有创设新的规则来裁判案件,此时已经超出了法律适用的范畴,实质上发挥了立法的功能。对于法官造法的行为,无论对其态度如何,都必须将其当作既成的事实予以接受。类似的,立法也开始以法律适用为着眼点来制定"法律","几乎全部的立法问题和程序,考虑的是一种反向推论"。这时,推论在哪里均非决定性的,但正确的是,在法律创制和法律适用之

---

① 参见黄茂荣:《法学方法与现代民法》,北京,中国政法大学出版社2001年版,第3~4页。
② 参见[美]博登海默:《法理学、法律哲学与法律方法》,邓正来译,北京,中国政法大学出版社1998年版,第417页。
③ 参见[美]约翰·奥斯丁:《法理学的范围》,刘星译,北京,中国法制出版社2002年版,第8页。

间存在着一种显著的"互补性"①。

## 法律方法论在法律适用中的作用

约翰·奥斯丁区分立法学与法律适用的初衷之一便是将立法学排除在法学之外,让法学成为纯粹的法律适用的学问。虽然约翰·奥斯丁所代表的分析法学遭受了许多批评,但不得不说,其将法学等同于法律适用的做法抓住了法学的核心。真正创造和实现法律秩序统一的人不是立法者而是法律适用者,法律适用者将决定什么是法律秩序的统一性。② 法律作为一种具有强制力的行为规范,如要实现对社会的控制,其惯常只能提供一个行为框架,法律如要对人们的生活产生现实的意义,以实现对人们行为的持续控制,唯有关注具体的应然规范。而确立具体的法律应然判断,将涉及由特殊的职业法律适用者通过法院判决或行政行为的方式来确立;其中,最重要的方式便是法院适用法律后获得的判决,在那里,法律思维亦可十足地呈现出来。③ 因为在法实证分析主义者看来,立法不是科学而是政治的任务,而法律适用则是完全不同的形式,法官依据现行有效的大体圆满合理的法律规范,通过演绎推理的司法三段论,适用于具体案件事实当中,从而得出一个法律结果,法官在此过程中的作用是消极被动的,其仅将案件事实涵摄到法律规范当中,即可得出相应的法律结果,并不进行积极的造法工作,这是传统的法律方法论认识基础,因而法律方法论也主要集中于法律适用领域,萨维尼早期的方法论认识也属此列。

萨维尼在其知识体系中给与了方法论举足轻重的地位,在其看来,学术研究的成就不仅仅取决于天赋与勤奋,它还更多地取决于第三种因素,那就是方法,

---

① K.A. 莫尔瑙:《法律制定与法律适用之间的互补性》,载 K.A. 舍恩博格主编:《法哲学中的真理和言论与思想的一致——赫尔曼·科伦那六十华诞纪念》,1987 年,第 286 页以下。转引自[德]阿图尔·考夫曼、温弗里德·哈斯默尔主编:《当代法哲学和法律理论导论》,郑永流译,北京,法律出版社 2001 年版,第 156 页。

② 参见李龙、刘诚:《论法律渊源——以法学方法和法律方法为视角》,载《法律科学》2005 年第 2 期。

③ 参见[德]卡尔·恩吉施:《法律思维导论》,郑永流译,北京,法律出版社 2004 年版,第 44~47 页。

即智力的运用方向。① 自萨维尼提出法律解释理论的基本框架以来，西方传统法律解释学就被纳入认识论或知识论的范围，法律解释学成为一种实现法律真理的科学方法论②，在一定程度上，萨维尼的法律方法研究奠定了现代法律方法论的基础。早期萨维尼将实在法和制定法等同起来，秉持的是一种"制定法实证主义"，即认为所有的法都是由国家立法者所创造的制定法，制定法是完备客观的，应用者完全不需要自己对制定法添加任何东西③，因为对法律漏洞的弥补完善是立法者的职责。萨维尼将法律解释理解成"存在于法律中的思想之重构"，不论此种思想是清晰的还是晦暗不明的，只要它能够通过法律表现自身。④ 萨维尼还确立了法律解释的四种要素，即语法要素、逻辑要素、历史要素和体系要素，但不允许扩大解释和限缩解释。原因在于，他认为这两种解释是根据制定法的目的或者基础来进行的，此种基础并非表现为规则，成为制定法的内容，而是必须由解释者以模拟的方式去探求，但这种探求充满了任意性，这两种解释是对于制定法的添加⑤，超出了司法者的立场，权威的解释标准必须是立法者的意志。

可以看出，萨维尼所秉持的乃是一种客观主义解释立场，否定了解释者的主观意图对法律解释的影响，以维护实在法的安定性和权威性。这种理论完全消解了解释者在历史中形成的先见，而肯定了人的理性能力的普遍性，根据这一论断，解释者凭借无差别的理性能力完全能够进入认识的"澄明之境"，客观无误地对认识对象进行精确反映，法律解释也不掺杂解释者的任何主观因素。⑥ 正如霍姆斯所说："我们要问的不是作者的含义，而是在这些词使用的环境中，在一个普通的说英语者口中，这些词会具有什么含义。"⑦ 客观主义解释理论植根于

---

① 参见[德]萨维尼：《萨维尼法学方法论讲义与格林笔记》，杨代雄译，北京，法律出版社2008年版，第67页。
② 参见王彬：《法律解释的认识论困境及其消解》，载《海南大学学报人文社会科学版》2012年第1期。
③ 参见朱虎：《萨维尼的法学方法论述评》，载《环球法律评论》2010年第1期。
④ 参见[德]萨维尼：《萨维尼法学方法论讲义与格林笔记》，杨代雄译，北京，法律出版社2008年版，第67页。
⑤ 参见朱虎：《萨维尼的法学方法论述评》，载《环球法律评论》2010年第1期。
⑥ 参见王彬：《法律解释的认识论困境及其消解》，载《海南大学学报人文社会科学版》2012年第1期。
⑦ [美]波斯纳：《法理学问题》，苏力译，北京，中国政法大学出版社2001年版，第330页。

自然科学方法论，强调主体与客体的二元划分，一切认识对象均可独立于主体而客观存在，主体可以依靠理性真实客观地反映和认识客体。同时，这种解释理论排除了解释者的主观恣意，维护了现代国家权力分立的政治原则，契合了法律的安定性和可预期性要求，具有天然的正当性和合理性。作为解释者对法律文本的意思的理解和说明，法律解释内含着对法律确定性的要求，如果解释者可以主观任意地解释和适用法律，法律的确定性、法治的价值就无从谈起，法律解释也就不具有目的正当性。① 美国的汉密尔顿虽认为法律的解释权应属法院，但也不无忧虑地提及"如法庭以主观意志代替客观判断，同样可以造成以一己的意志代替立法机关原意的情况。这也就无异于主张根本不应设立独立于立法机关以外的法官了"②。这种客观解释理论拒绝承认法官的造法功能，也就将法律方法论限定在了法律适用领域。

所谓"公平"，一直是个扑朔迷离的问题。③ "概念法学"也不过是一种标签，没有人真正坚持纯粹的概念法学或"法条主义"，即使是德国概念法学派的代表性人物普赫塔也并没有拒绝一切现实的思考。问题的实质其实在于对待法律、法官的裁判能力以及自由裁判权的态度：是否相信立法者会制定出符合法律原本精神的规则；是否相信法官会在一般理性的支配下作出公正的裁量。④ 法官与立法者一样，都必须去界定生活中存在的各种相对立、相冲突的利益，但不同的是，法官不可以放任而为，而是必须受到制定法中所包含的价值判断的拘束。⑤ 在"法官受制定法拘束"这个原则下，法官裁判案件的基本问题就在于：法官应该以何种方式正确地探知制定法的价值判断。⑥

---

① 参见张志铭：《法律解释学》，北京，中国人民大学出版社2015年版，第38页。
② [美]汉密尔顿等：《联邦党人文集》，程逢如译，北京，商务印书馆1980年版，第394页。转引自焦宝乾：《论法律解释的目标》，载《法律方法》第4卷，济南，山东人民出版社2005年版。
③ 参见徐国栋：《民法哲学》，北京，中国法制出版社2009年版，第392页。
④ 参见许德风：《论法教义学与价值判断》，注释35，载《中外法学》2008年第2期。
⑤ 例如，宪法之所以能够成为"法律的法律"，取得整个法律体系的中心地位，不仅仅是因为宪法是包括民法在内的整个法律规范体系的依据，更因为其是整个价值体系的集中地。
⑥ 参见吴从周：《概念法学、利益法学与价值法学：探索一部民法方法论的演变史》，台北，元照出版社2007年版，第89～90页。

## 第一章 法律适用的基本命题

价值法学或曰评价法学一向被认为是作为对概念法学和利益法学进行立场折中的理论应运而生。说白了，利益法学所主张的利益衡量实际上就是一种价值衡量，是对于何种利益居于优先顺位的判断，实质就是一种价值评价。价值法学派以隐藏于法概念后面的价值为基础展开对"法律概念"与"法律原则"之关系的探讨，并提出以法律原则为纽带的体系理论。这种体系理论的主要特点在于"活化法律体系"，使法律不因体系化而僵化。"它不但具有开放性，以便将来随着人类日新月异的社会生活而演进，而且具有动态性，以配合人类各色各样的社会生活而调整。"①

对于价值法学（评价法学）的正当性，在今日已经几无争议，但是其也带来了一些新的问题。尽管价值法学认为法律规范中的价值判断在某种程度上可以起到影响判决结论的作用，但是在此种情形下，如何从法律规范中获得基本价值判断，成为一项悬而未决的难题。② 在许多案件中，法官的价值判断可能会取代立法者的价值判断，而且，可能无法依照有效的客观标准对这些价值判断做事后的审查。事实上，对于这些标准为何，法学家也是众说纷纭。因此，这种意义上的价值（评价）法学也有矫枉过正之嫌，因为其忽略了一个重要的问题，即在司法者对于立法者的评价无从认识的情况下，应当如何进行裁判。换言之，能否完全依赖法官的自由裁量来进行判断呢？价值（评价）法学在摆脱了法条主义的束缚的同时也带来了更多的思考空间，我们应当认识到在适用法律的过程中，主观因素是不可能完全被排除的。可能正因为如此，拉伦茨的法学方法论才不局限于单纯对法律规范的思考，他也强调考察事实本身，他认为的价值判断正当化以在"规范与事实之间往返流转"为必要，致力于寻找可以对价值判断进行审查的客观标准，以循序渐进地实现法规范普遍安定性与价值判断客观化的协调。因此，拉伦茨的理论也被称为评价法学的现代轨迹或者新评价法学。

---

① 黄茂荣：《法学方法与现代民法》，北京，中国政法大学出版社2001年版，第453~454页。
② 参见顾祝轩：《制造"拉伦茨神话"：德国法学方法论史》，北京，法律出版社2011年版，第109页。

## 法律方法论的法律发现功能

伴随着对于自然科学方法论中主体与客体二元划分基础的反思，精神科学、社会学以及哲学解释学开始渗透至法学领域，逐渐打破了二元划分和对立的认识论基础，逐渐承认解释者在法律解释中的能动作用。以对自然科学主义的反思和批判为契机，客观解释立场向主观解释立场的转变为法律解释提供了全新的视角。认知者并非不掺杂任何主观成分去认识具有纯客观性的对象，毋宁是借前理解才成为可能，人总是带着既得的经验和知识或"合法的偏见"进行理解和解释。① 而解释的目标亦非仅仅获取法律语言的客观含义，而是要解释者主动去探寻法律所内含的意义脉络和评价关联。法官造法的禁令也很快被证明没有可行性，这不仅由于法律的不完善性，还因为每一种解释都意味着对法律的支配，解释者是作为主体参与到解释游戏中的。② 法律解释具有明显的创造性和价值取向性的特征，因为任何一种解释都是创造，而且是解释者根据自己的价值取向对法律的意义进行取舍后所进行的创造。③ 从法律方法论角度来看，解释论的主流开始从客观主义逐渐转向主观主义。"主观主义"突出法官是社会生活共同体中的成员，法官不仅是法律的宣示者，更是法律的参与者与创造者，因而其"造法"的权限应受到尊重。实际上，分辨法律注释学与法律解释学的标志，恰恰是因为在法律解释中，法官并不是被动的执法者，而是有血有肉并有着自己个性与创造能力的法律主体。④ 引起这种转向的主要原因是形式主义的概念法学导致了一直在扩大的法的意义空洞化，人们想借助于法律解释方法的转变，重新给意义空洞、抽象的法律概念添加意义。⑤

---

① 参见焦宝乾：《论法律解释的目标》，载《法律方法》第4卷，济南，山东人民出版社2005年版。
② 参见［德］阿图尔·考夫曼、温弗里德·哈斯默尔主编：《当代法哲学和法律理论导论》，郑永流译，北京，法律出版社2001年版，第162页。
③ 参见魏胜强：《法律解释的限度》，载《河南财经政法大学学报》2012年第5期。
④ 参见胡玉鸿：《作为方法的法律解释》，载《法商研究》2004年第2期。
⑤ 参见［德］阿图尔·考夫曼、温弗里德·哈斯默尔主编：《当代法哲学和法律理论导论》，郑永流译，北京，法律出版社2001年版，第164页。

**法律方法的转向**

其实，即使早期的萨维尼也并非纯正的客观主义解释论者，他虽然拒绝扩大解释和限缩解释，却令人惊讶地允许类推解释，并对此辩解道：类比是实证法律心甘情愿的补充。① 但是，这并不能掩盖其弥补法律漏洞的实质。一般认为，只要解释能够回答法律问题，即使是通过扩大解释，那么，制定法也可远离漏洞；相反，类比却已经有了法律补充的功能，它没有排除漏洞，而是关闭了漏洞。② 晚期的萨维尼终究离开了他的"方法学说"立场，这意味着法律不再优先，扩大的和限缩的解释被允许，目的解释不再遭受严厉的指责，基于法律和"一般法律思想"的解释，也许不再是解释，而是法官对之无权的法律续造。③ 德国联邦最高法院在其对平等对待性别和分权不可能一致的意见书中解释道，法官"发现其使命，必要时逾越制定法去发现法律"之时，"不是通过纯阐释（即对法律基本原则的阐释）来发现法律，而是通过合目的性的观点的意志行为去创立法律"④。可以看出，法律创造的一个鲜明特点是法律调整着自己的创造。在凯尔森看来，法律秩序是由一个不同等级的规范体系所形成的，这个体系的最顶端是他命名的"基础规范"，"基础规范并不是由造法机关适用法律程序创造的。……它之所以有效力是因为它是被预定为有效力的；而它所以是被预定为有效力的，是因为如果没有这一预定，个人的行为就无法被解释为一个法律行为，尤其是创造规范的行为"⑤。一直秉持实证主义法学理念的凯尔森最终也求助于一个先验性的概念，并把实在法规体系中的最高端——宪法的效力来源归结为基础规范。

**法律续造的正当性基础**

法律续造的正当性基础当然首先来自宪法。宪法之所以能够成为"法律的法

---

① 参见［德］阿图尔·考夫曼、温弗里德·哈斯默尔主编：《当代法哲学和法律理论导论》，郑永流译，北京，法律出版社2001年版，第161页。
② 参见［德］卡尔·恩吉施：《法律思维导论》，郑永流译，北京，法律出版社2004年版，第171页。
③ 参见［德］阿图尔·考夫曼、温弗里德·哈斯默尔主编：《当代法哲学和法律理论导论》，郑永流译，北京，法律出版社2001年版，第161页。
④ ［德］卡尔·恩吉施：《法律思维导论》，郑永流译，北京，法律出版社2004年版，第196~197页。
⑤ ［奥］凯尔森：《法与国家的一般理论》，北京，中国大百科全书出版社1996年版，第132页。

律"，取得整个法律体系的中心地位，不仅仅是因为宪法是整个规范的依据，其更是整个价值体系的集中地。德·库皮斯指出："宪法吸收了民法典的基本原则，使它们免于受到普通法律立法者任性的干预，这是对这些原则的稳定性的重大的贡献。"[①] 同时，这些被吸收的价值和原则获得了最高的法律位阶，对于包括民法在内的整个法律体系有着控制作用。宪法将一个社会的基本价值蕴含其中，并辐射至各个部门法领域，达致整个法律的价值和谐。宪法和民法通过各自不同的方式守护这个社会的基本价值。例如法国最高行政法院就认为法国现行宪法的序言具有宪法价值，所有宪法价值条文被称为"合宪性体系"，所有法律都必须与该体系保持一致。宪法基本权利对私法的影响主要是通过民事立法的方式使基本价值体系在民法规范中得到反映，但是由于立法本身的局限性，仍然可能出现民法对基本价值体系贯彻不彻底的情形，此时，基本权利产生效力主要是通过法官对民法的解释和续造，将基本权利这一客观价值秩序注入私法体系。由于宪法上的基本价值决定直接拘束立法机关及司法机关，因而立法机关之立法权的性质，由过去之专属的立法权转变为当今之优先的立法权，从而使司法机关取得对于立法机关制定之法律的补充权，在必要时针对所处理的个案的规范需要，建构出一个立法机关所未制定的规范，并将之适用于个案。[②]

**法律续造中的安定性**

*对法律安定性的理解*

法律续造不可避免地会遭遇到来自法律对于安定性的要求的挑战。尽管法律解释和法律续造的目的都旨在在既有的立法价值体系内为个案寻找合理妥当的规范基础，且都不可避免地带入了解释者的意义评价因素，但这并不能否认二者在法律方法上的区别。法律解释尚在法律语言文义范围之内，属于解释者在法律意义范围之内的选择。而法律续造假定存在着广泛的法律漏洞，并主张解释者对此应推测立法者的评价加以补充，无法推测这种评价时就以社会上占支配地位的评

---

① [意]德·库皮斯《现阶段的民法》（1970），载《民法研究与问题》，米兰，1974年版，第6页，转引自[意]那塔利诺·伊尔蒂：《解法典的时代》，薛军译，载徐国栋主编：《罗马法与现代民法》第四卷（2003年号），北京，中国人民大学出版社2004年版，第103页。

② 参见黄茂荣：《法学方法与现代民法》，北京，法律出版社2007年版，第676～677页。

## 第一章 法律适用的基本命题

价及自己的评价进行补充。① 法官进行法律续造的根本动力在于，法官不仅要依法裁判以满足合法性的要求，还要追求个案正义来为判决提供正当化基础，依法裁判与个案正义两个目标之间并非每每和谐无碍，而是时常出现冲突。理论家们关心的问题远不止于判决是否有法律依据，更让他们感兴趣的是，判决的法律依据能否经得起道德哲学关于正当性标准的检验，以及标准本身能否经得起进一步的追问，尤其是，当不同判决方案所依据的正当性标准发生冲突时，又如何根据更高的正当性标准来决定取舍。② 法官在寻找更高的正当性标准的过程中，有可能借着个案正义之名将自己的偏见任意注入法律规范之中，法律续造也就"成为法律职业者之间争夺符号的产物，是法官在司法实践中进行权力争夺的策略性选择"③，最为重要的是，此过程还会冲击法律的安定性和客观性价值。安定性和客观性是法律的基本属性，也是法治的基本要求，法律的解释以及续造也必然内含着对于安定性和客观性的要求，如果法官可以任意地解释乃至续造法律，法律的安定性将无从谈起，也会损害法律解释以及续造的正当性根基。拉德布鲁赫就曾经指出，给法律观点之间的争议做出一个结论，比给它一个正义的且合目的性的结论更重要；法律规则的存在比它的正义性与合目的性更重要；正义和合目的性是法律的第二大任务，而第一大任务是所有人共同认可的法的安定性，也就是秩序与安宁。④ 他认为，法的安定性、正义和合目的性构成了法治国应予实现的基本价值，其中法的安定性相比其他两个价值具有优先性，这也就是著名的"拉德布鲁赫公式"。为了顾及法律的安定性要求，关于法律漏洞的认定、法律续造的程序、限度以及价值评价等因素必须纳入法律方法的视野下考量，以平衡法律续造与法律安定性之间的冲突。

---

① 参见刘国：《目的解释之真谛——目的解释方法中的"目的"辨考》，载《浙江社会科学》2012年第1期。

② 参见桑本谦：《法律论证：一个关于司法过程的理论神话——以王斌余案检验阿列克西法律论证理论》，载《中国法学》2007年第3期。

③ ［法］布迪厄：《法律的力量——迈向司法场域的社会学》，强世功译，载《北大法律评论》第2卷第2辑。转引自焦宝乾：《法律解释的目标》，载《法律方法》第4卷，济南，山东人民出版社2005年版。

④ 参见［德］G.拉德布鲁赫：《法哲学》，王朴译，北京，法律出版社2005年版，第74页。

不同的解释理论对于安定性和客观性的理解和要求各不相同,法律方法首先需要解决法律安定性的标准问题。多数人认为"客观性"与"安定性"同义,按照传统的形式主义法学的观点,理解和适用法律的过程是一个机械的、纯客观反映的过程,在这一过程中不需要也不应该掺杂自由裁量、主观选择的因素,意味着法律相对于所适用的对象总是存在唯一正确且妥当的答案。① 这种看法乃是将自然科学方法套用在法学的结果,抹杀了自然科学与人文社会科学之间的差别。狄尔泰认为,自然科学与个人的经验或体验相分离,旨在描述外在事物,关注的是特别中的一般;与自然科学不同,人文社会科学涉及个人的经验或体验,涉及对人的内在心性的理解,关注的是一般中的个体,不存在一种普遍的主体,只存在历史的个人;但是,意义的理想性不可归入某个先验的主体,而是从生命的历史实在性中产生,正是因为生命自身在可理解的统一性中展现自身和造就自身,个别的个人的统一性方可被理解,即"生命本身理解自身"②。解释者在解释法律的过程中势必会掺入自身的主观理解,虽然无法获得自然科学意义上的客观性,但应极力避免滑向恣意解释。

波斯纳曾对客观性作出了独到的分析,对于理解法解释中的客观性具有重要的借鉴意义,波斯纳认为,客观性是与非个人性以及确定性相联系的,符合实实在在的"就在那里"的特征,可以从三种意义上理解客观性,即本体论的(客观被理解为与外部实体相符)、科学的(可复制的、汇聚性的)和交谈式的客观性。在大多数法律案件中,第一种客观不可能获得。第二种客观要求调查者虽然没有共同的意识形态或者其他偏见,但还是肯定对某一问题达成一致意见,主要适用于(自然)科学命题却也不限于此,在法律适用中,虽然有时能够获得,可是限于法解释及续造本身的性质、法律职业的态度和制约因素等,在大多数情况都无法获得科学的客观性。第三种乃是交谈意义上的客观,本质上是合乎情理,就是不任性、不个人化和不政治化,既非完全地不确定,也不要求本体论意义上或科

---

① 参见张志铭:《法律解释学》,北京,中国人民大学出版社2015年版,第39页。
② [德]汉斯·格奥尔格·伽达默尔:《真理与方法:哲学诠释学的基本特征》,洪汉鼎译,上海,上海译文出版社2005年版,第281~291页。

学意义上的确定,而是只要有说服力,尽管不必然是令人信服的解释,并且伴有这种解释就可以修改答案;当法院和立法机构在文化和政治上的同质性越高,获得交谈式客观性的可能性就越大。① 交谈意义上的客观性超越了主观客观的绝对对立,既兼顾了法解释"意义理解"的主观性一面,防止将自然科学方法套用在法解释时带来的僵化与偏执,又能通过"说服力""合乎情理"等要求突出法解释以及续造的客观性和非个人性的一面,避免法官在恣意解释以及续造法律时有损法的安定性。法官的行为更多被认为是具有一定自由裁量权的法官运用合理的价值评价,为具体案件作出合理的裁决,"法律命题的可接受性取决于证立的质量"②。波斯纳的匠心独具之处在于,当面对疑难法律问题时,他把分析确定性和客观性的视角从追求答案的唯一正确,转向关注获得答案的过程和理由的合乎情理。③ 而法律方法对法律续造的关注亦不在于法律续造的结果,而在于提供验证法律结果的方法,来保障法解释以及续造的客观性。

**法律安定性的实现方法**

法律安定性的实现,很大程度上取决于裁决结果的妥当性,为此衍生出诸多方法和理论。其中,关于验证法律结果的方法,阿列克西所提出的法律论证理论无疑是奠基之论,《法律论证理论》一书亦被奉为圭臬。该理论的核心在于,依据理性的辩论规则设计司法程序能够为司法决策提供正当性基础,借此来走出"明希豪森三重困境"。在他看来,"某个规范或具体的命令,一旦满足了论辩规则所确定的标准,就可以被称为是公正的"④。就法律结论的证成问题,阿列克西将其区分为内部证成和外部证成,内部证成处理的是"判断是否从为了证立而引述的前提中逻辑地推导出来",外部证成的对象是这个前提的正确性问题。任何一个法律结论,无论是法律解释还是法律续造,都是可普遍化原则的具体化,内部证成规则要求:(1)欲证立法律判断,必须至少引入一个普遍性的规范,此

---

① 参见[美]波斯纳:《法理学问题》,苏力译,北京,中国政法大学出版社2001年版,第9、42页。
② 参见杨洪:《司法论证中的逻辑结构和可能——以阿列克西法律论证理论为例》,载《法学》2016年第4期。
③ 参见张志铭:《法律解释学》,北京,中国人民大学出版社2015年版,第40页。
④ [德]阿列克西:《法律论证理论》,舒国滢译,北京,中国法制出版社2002年版,第22页。

处并不要求普遍性规范的形态,既可以是实证法规范,也可以是没有实证法规范或者不能从中引申出来时主动续造的规范;(2) 法律判断必须至少从一个普遍性的规范连同其他命题逻辑性地推导出来;(3) 当普遍性的规范有多种具体化可能或者对进一步的证立步骤产生怀疑时,需要提出某个规则,对该问题做出决定;(4) 当案件事实和法律结果较为复杂时,需要尽可能多地展开逻辑推导步骤,以使某些表达达到无人再争论的程度,即它们完全切合有争议的案件;(5) 当推导步骤非常少但跨度很大时,其规范性内涵便不易被展现出来,容易受到不特定化的攻击,故而"应最大可能地陈述逻辑展开的步骤"①。

在许多情形,初始的普遍性规范并不是实在法规范,而是由法官通过法律续造所得,法律方法的价值旨在通过充分暴露法官续造法律的过程来论证其自身的正当性,而这正是外部证成的使命。外部证成的对象可以分为三类:(1) 实在法规则;(2) 经验命题;(3) 既非实在法规则,亦非实在法规则的前提。不同的规则对应了不同的证立方法,对某个规则的证立,一般通过指出它符合该法秩序之有效标准。在按照某个法秩序的有效标准对某个规范进行证立的过程中,可能需要对那些界定有效标准的规则进行解释说明。用较为粗略的分法,可以将外部证成规则和论述的形式分为六组:(1) 解释的规则和形式;(2) 教义学论证的规则和形式;(3) 判例适用之规则和形式;(4) 普遍实践论证的规则和形式;(5) 经验论证的规则和形式;(6) 所谓特殊的法律论述形式。② 外部证成理论的首要任务,便是对这六组中概括在一起的论述形式进行逻辑分析,审视判断它们之间相互连接的必要性和可能性。从法律论证本身的角度而言,其并非追求绝对的确定性,"法律论辩是一个特案情形,因为在法律商谈过程中的'正确性诉求'并不关心何为绝对正确的,而关注于在一定的框架下和在一个普遍有效的法秩序下的正确"③。

---

① [德] 阿列克西:《法律论证理论》,舒国滢译,北京,中国法制出版社 2002 年版,第 276~282 页。
② 参见 [德] 阿列克西:《法律论证理论》,舒国滢译,北京,中国法制出版社 2002 年版,第 273 页以下。
③ 杨洪:《司法论证中的逻辑结构和可能——以阿列克西法律论证理论为例》,载《法学》2016 年第 4 期。

阿列克西的《法律论证理论》经译介到国内后迅速引起了广泛关注，被视为法律论证理论的重要理论资源。当然，其中也不乏来自社科法学立场的批评：其一，司法的首要目的不是寻求正义，而是解决纠纷，并且需要考虑其带来的社会成本问题，权力介入显然比法律论证理论更为有效，也更为低耗，法律论证理论忽略了司法过程中的交易成本和权力运作，仅是一个理论神话，无实践意义；其二，交流不足以消除道德分歧，阿列克西的法律论证理论本身缺乏前提基础，难以成立，因为道德分歧取决于辩论者的先前理解和利益关联，就改变人们的道德信仰而言，权力的运作、煽情的演说、宗教式的沉思、洗脑式的教育以及其他格式塔式的转换（比如催眠术）都是远比论证更为有效的手段。[1] 对此也有论者指出，上述批评意见用完全的外部性立场来消解司法裁判的规范性立场，用经验验证与权力决断来取代价值论证与正当性证明，陷入了"整体性错误"：其一，司法是一种"规范性"操作，其合理基础在于其产出的裁判约束力的正当性，而非权力的事实性，而正当性建立在充分说明理论的基础上；其二，法律论证理论就是从论辩程序入手，建构一套确保真实意思与共识可能的理性论辩规则，来约束法官的权力决断，以及将裁判理由进行充分说明论证，将非理性的"司法专断"限定在尽可能小的范围内，达成司法裁判的证立目标。原因在于，在论证理论中，共识在逻辑上并不是存在于论证前既定的情形，而是论证的结果。这样的真理是存在于认识过程的，它不代表一种"主客体"的关系，而是一种"主体间"的关系。[2] 相对于阿列克西对法律论证理论的纯理论建构，没有借此分析评价过一个司法案例而言，我国已经有学者尝试通过案例的形式将其用于法律原则的具体化过程，来解决依据法律原则裁判案件所带来的不确定性问题。[3]

对于法的安定性和具体的妥当性的关系，总体上也许恰如日本学者加藤一郎

---

[1] 参见桑本谦：《法律论证：一个关于司法过程的理论神话——以王斌余案检验阿列克西法律论证理论》，载《中国法学》2007年第3期。

[2] 参见雷磊：《法律论证何以可能？——与桑本谦先生商榷法律论证理论的基本问题》，载《政法论坛》2008年第4期。

[3] 详见彭诚信：《从法律原则到个案规范——阿列克西原则理论的民法应用》，载《法学研究》2014年第4期。

所总结的：以往的资本主义社会为了确保预测的可能性，过分强调了法的安定性，并认为在公平的处理中应该相当程度地回避具体的不适宜。然而，法原来的目的是实现具体的正义，必须尊重的是具体的妥当性。法的安定性也无绝对的价值，只不过是在每个具体场合中都需要考虑的一个事由而已。①

**裁判能不能采用法律以外的评价标准**

裁判能不能采用法律以外的评价标准？② 这个话题肯定要从概念法学——更确切地说——从对于概念法学的批判说起。民事法律规范的适用，必须针对个案依价值判断予以具体化。法律规则背后有其潜在的文化、理念和价值，亦有其镶嵌于特定时空下的社会、政治、经济的要求。作为法律文本的法条，当其在法律适用的三段论演绎中出现时，不过仅仅只是"法源"而已，真正作为大前提的是相互联系的规范整体。法官在具体案件中依据的裁判规范，其实是结合自己的智识、前见、体系化法律思维以及客观情势而形成的综合判断。依托于逻辑演绎和概念涵摄的方法缝合案件事实与法律体系虽然是法官的重要工作，但依法裁判绝不意味着法官只是机械地遵守事先设定的规则。法官受法律拘束只是意味着限制了法官在裁判中可以考虑的法律上相关的理由，然而法官对于理由类型及其权重的判断依然拥有裁量的空间。③ 几乎可以认为，所有规范性的概念都是必须具体化或予以价值补充的概念，无论是立法抑或法律运作，都不只是一个纯然技术性的、仅靠形式理性化即能解决的问题。"貌似一种极富操作性的'以事实为根据，以法律为准绳'的司法运作，事实上亦体现着多向度的价值冲突、博弈和协调。"④

---

① 参见段匡：《利益衡量论的生成与展开——日本民法解释学的若干探讨》，载王文杰主编：《法学方法论》，北京，清华大学出版社2004年版，第47页。

② 此处所提出的"裁判能不能采用法律以外的评价标准"以及本节关于"究竟能不能对案件作出'公正'的裁判"的疑问，来源于哈特与德沃金等人对于法官在判案时是否应当以法律作为唯一标准、裁判是否存在唯一的正确答案的争论。详情可参见［英］哈特：《法律的概念》，许家馨、李冠宜译，北京，法律出版社2018年版；［美］德沃金：《认真对待权利》，信春鹰、吴玉章译，上海，上海三联书店2008年版。

③ 参见王云清、陈林林：《依法裁判的法理意义及其方法论展开》，载《中国法律评论》2020年第2期。

④ 姚俊廷：《在"事实"与"价值"之间——马克斯·韦伯学术方法的法理学启示》载《北方法学》2009年第5期。

## 第一章　法律适用的基本命题

肇始于对传统解释学的批判，当代哲学解释获得了长足发展，以施莱尔马赫、狄尔泰、伽达默尔、海德格尔等人为代表的哲学家对解释学的发展做出了重大贡献，其中以伽达默尔提出的"视域融合"理论对传统以自然科学方法为基础的解释学造成最具颠覆性的批判，为法解释提供了全新的视角。伽达默尔在《真理与方法》一书中详细描述了解释的过程和原理。在他看来，历史性是人类存在的基本前提，文本和解释者都不能超越历史来解释，而只能处于历史之中，易言之，"历史并不隶属于我们，而是我们隶属于历史"。伽达默尔的哲学诠释学本质上就是关于理解的理论。他认为，无论什么样的理解总是以先见（"前理解"）为立足点，都必须从先见开始[1]，而先见正是历史形塑的结果，解释者因处于历史中而无法逃避先见的影响，但其并不必然属于阻碍获得正确理解的因素，而是需要经过文本的刺激来帮助解释者甄别借之进行理解的真先见和导致误解的假先见（或者说是偏见）。然后，解释者要在尊重文本的基础上，以开放的态度带着对于文本完全性的意义预期进入文本的历史视域，去"倾听"理解文本的意义。通过文本和解释者之间循环往复的互动和对话，最终实现解释者和文本视域的融合，获得对于文本的一致性意见。伽达默尔关于精神科学解释学的论述揭示了以下几点：第一，解释活动是解释者与文本的互动过程；第二，视域融合的境界，并不能轻而易举，一蹴而就，而是一个循环往复的艰辛过程；第三，解释活动的历史性意味着，任何解释都处在历史之中，都受到传统制约，都不具有终极性。[2] 不过，在迄今为止对法律解释的认识上，（视域）融合说主要还是一种智识领域的"先锋派"，一种借鉴其他学科成果和术语分析法律解释问题的粗糙理论形态，尽管能给人以启示，却也留下了许多疑惑，比如立法者、解释者和文本在法解释中各自起的作用又是什么[3]，还需更多的、深入细致的研究。

---

[1]　参见顾祝轩：《合同本体解释论：认识科学视野下的私法类型思维》，北京，法律出版社2008年版，第85页。
[2]　参见高鸿钧：《伽达默尔的解释学与中国的法律解释》，载《政法论坛》2015年第2期。
[3]　参见张志铭：《法律解释学》，北京，中国人民大学出版社2015年版，第38页。

## 第四节　社科法学 v. 法教义学

从知识谱系来看，法教义学所代表的是一种"法学内"规范视角的研究进路，与本书语境下的"法律方法"同义；而社科法学则是从"法学外"经验科学视角对法学问题展开研究，与前述作为法律方法对应面的"法学方法"具有更大的亲缘性。

### 法学上的原教旨主义

法教义学一词来自德文"Rechtsdogmatik"，中文则有法释义学、法律信条论、法律教义学等多种译法。虽然即使在其概念产生地德国也尚存争议[①]，但一般认为，所谓法教义学指的是运用法律自身的原理，按照逻辑的要求，以原则、规则、概念等基本要素制定、编纂和发展法律以及通过适当的解释规则运用和阐释法律的做法。[②] Dogmatik 一词具有信仰的味道，容易让人将其与神学产生联想，而之所以会出现教义学，据称也是因为对圣经的解释在历史的发展过程中义出多门，分歧频出。为了使信仰不至走偏，主流统治的教会机构遂制定了一些解释圣经与信仰的基本方针，作为神职人员解释的根据。[③] 为此，要求对圣经文本的合理性和正当性深信不疑，由此决定，教义学也因而是一种信仰性的、规定性的解释方法。正如王泽鉴先生一语道破的："法教义学是一门将现行实在法秩序作为坚定信奉而不加怀疑的前提，并以此为出发点开展体系化与解释工作的规范科学。"[④] 这也正

---

[①] 参见白斌：《论法教义学：源流、特征及其功能》，载《环球法律评论》2010年第3期。
[②] 参见许德风：《论法教义学与价值判断——以民法方法为重点》，载《中外法学》2008年第2期；王利明：《法学方法论》，北京，中国人民大学出版社2012年版，第43页。
[③] 参见颜厥安：《法与实践理性》，北京，中国政法大学出版社2003年版，第149~150页。
[④] 王泽鉴：《人格权法——法释义学、比较法、案例研究》，北京，北京大学出版社2013年版，第11页。

是学者们在考据教义学的思考方法的源头时都将其指向神学的原因。教义学中的"教义"之说确实与经院主义的研究方法有关,主张对文本的含义进行忠实的诠释,然后用于所欲解决的具体问题上。事实上也是这样,在12世纪早期,这种方法在法律和神学两个领域都有广泛的应用,其预先假定某些书籍的绝对权威性,认为这些书籍包含着一种综合、全面的体系。[①]

一如对圣经的解释态度,法律解释学亦被归属为一种独断型解释学。其前提是文献中的意义是早已固定和清楚明了的,无须重新加以探究。[②] 后来法教义学受到西方实证分析主义法学的影响,后者为其提供了方法论基础,将实在法视作封闭而自主自足的概念体系,其目的在于认识和应用实在法。

法教义学自被介绍到我国以来越来越受到重视,除了法理学界的研究之外,法教义学还结合部门法出现了"宪法教义学"、"刑法教义学"和"民法教义学"等诸多研究领域,并涌现了许多优秀的研究成果。尽管如此,法教义学也并不因此成为一个具体的学科或部门法,而是对实在法的研究所运用的一种特殊的方法,也就是体系地、分析评价地揭示实在法律规范的内容[③],亦即德语语境下的"法律方法"。

尽管有关法教义学的研究已经卷帙浩繁,但是学界对法教义学的意见并未达成一致,甚至,尝试对法教义学进行定义在今天仍然是困难的,一个初学者往往会在完全相互对立的阐述中发现双方各自都标榜自己为"法教义学",由此被弄得满头雾水。传统认为,法教义学是多种活动的混合体,具有三方面的使命:其一,法律概念的逻辑分析;其二,将这种分析概括成一个体系;其三,将这种分析的结果用于司法裁判结果的证立。相应地,法教义学亦具有三个维度:其一,描述—经验的维度,主要包括对法官审判实务的诊断与描述和对立法者实际意图的澄清;其二,逻辑—分析的维度,不仅包括对法律概念的分析,还有对不同规范和原则所构成的逻辑体系的考察;其三,规范—实践的维度,指的是在面向具

---

① 参见许德风:《法教义学的应用》,载《中外法学》2013年第5期。
② 参见董邦俊:《教义学的发展、功能与内涵之刑法学揭示》,载《环球法律评论》2014年第4期。
③ 参见王夏昊:《法学方法论的概念及其地位》,载《清华法学》2008年第1期。

体案件时，对法律的解释适用或者出现漏洞时的法律续造及其证立，或者是立足于实证法对法院裁判实践的批评反思。① 尽管法教义学没有脱离描述—经验维度的研究，但其并不是经验科学，而是站在规范性的立场上来认识法律、分析法律以及为法律实践提供规范性标准。这就涉及法教义学的立场问题，按照通说，法教义学乃是将现行实在法秩序作为其坚定信奉而不加怀疑的前提，以此为出发点开展体系化与解释的工作。② 正是这种对于现行实在法秩序的认同，决定了对于法教义学的共识基础，也正是因为如此，即便对于法教义学的认识存在分歧，争论的各方仍然能够共处于法教义学的知识谱系之中。

法教义学性格中的"教义"品格要求秉持和信仰。法教义学的一个基本特性，就是尽量不触碰既有实在法的权威性和有效性。③ 也许正是因为法教义学坚定而信赖地将实在法秩序当作合法性的应然规范，所以不免招致许多批评。德国法学家魏德士说，法教义学似乎是法学家用来抵制某些新观点和价值观的工具，这些新观点和价值观对现行法律规范提出了质疑并希望进行修改。④ 在回应这种批评之前，应该弄清楚法教义学以之为前提的实在法秩序的范围。实在法秩序是一国实定法规范的总和，法教义学并非对任何立法条文或司法案例都不加怀疑，而是对作为法规范总和的实定法秩序抱有坚定信念，这意味着，如果一个立法条文或司法案例中包含的法规范与整个实定法秩序的规范体系发生冲突，法教义学就必须对这一法规范给予批判。⑤ 这是法教义学的使命特征所决定的，为了将实在法秩序概括成一个圆融自洽的法律体系，其势必需要批判乃至清除违背体系的个别规范。举例言之，我国《担保法》第41条规定当事人签订抵押合同的，应当办理抵押物登记，抵押合同自登记之日起生效。该条款混淆了债权性抵押合同与物权性的抵押权的生效条件，使得本可依据合同法的生效条件发生

---

① 参见[德]阿列克西：《法律论证理论》，舒国滢译，北京，中国法制出版社2002年版，第310～313页。

② 参见白斌：《论法教义学：源流、特征及其功能》，载《环球法律评论》2010年第3期。

③ 参见孙海波：《"同案同判"与司法的本质——为依法裁判立场再辩护》，载《中国法律评论》2020年第2期。

④ 参见[德]伯恩·魏德士：《法理学》，丁晓春、吴越译，北京，法律出版社2003年版，第141页。

⑤ 参见凌斌：《什么是法教义学——一个法哲学的追问》，载《中外法学》2015年第1期。

效力的抵押合同，却要受制于抵押物的登记行为，不免有造成抵押权人利益受损之虞。2007年《物权法》第15条规定：当事人之间订立有关设立、变更、转让和消灭不动产物权的合同，除法律另有规定或者合同另有约定外，自合同成立时生效；未办理物权登记的，不影响合同效力。此项规范显然与《担保法》第41条相冲突。虽然《担保法》并未在《物权法》出台之后宣告废止，但是该法第41条因违背了立基于物债区分理论的民法规范体系，肯定要受到法教义学的批评，并且在法律适用中被否定其效力，排除在实在法秩序之外。可以看出，法教义学对实在法秩序的认可态度并不排除其批判能力，只是其批判标准并非来自现行法秩序之外的道德伦理或其他标准，而是从现行法的原则和立法本意出发，这样做的一个最大好处就在于，"获得了绝大多数法律人确信的法教义学命题有能力使法律实践者不必每一个案件都重新从头开始论证工作，而可以采纳已经经过检验并获得确信的法教义学命题或者解答方式作为论证当然的前提和路径"①。

　　需要指出的是，法教义学的第一大特点是尊崇实证法进而生发出自身的"实证性"。此处的实证法绝非仅指制定法。② 故此，在中国，法教义学所认可的实在法秩序不仅包括如上所说的《物权法》《担保法》等制定法规范，还包括习惯和司法解释等具有法律拘束力的法规范。我国《民法总则》第10条规定：处理民事纠纷，应当依照法律；法律没有规定的，可以适用习惯，因而已经以立法的形式承认了习惯在实在法秩序中的法源地位，为习惯进入实在法体系铺平了道路。有问题的是，大陆法系成文法国家一般认为，判例仅仅针对个案具有法律效力，拒绝承认其具有普遍的规范效力，下级法院没有遵循包括最高法院在内的上级法院的既有裁判的义务。但这并不能否认最高法院的判例在实在法秩序中的作用，其实，长期以来，最高人民法院所制定与颁布的案例对于下级法院的案件审理活动一直有着重要的指导作用和现实的影响力③，实际上发挥着"近似判例"

---

① 白斌：《论法教义学：源流、特征及其功能》，载《环球法律评论》2010年第3期。
② 参见汤文平：《民法教义学与法学方法的系统观》，载《法学》2017年第5期。
③ 参见雷磊：《指导性案例法源地位再反思》，载《法学研究》2015年第1期。

的作用,如案件请示批复制度其实就是有实无名的判例制度,案例选编公告制度则被认为是心照不宣的判例制度,案例指导制度更是欲言又止的判例制度等。① 显然,最高人民法院的裁判在具有"个案既判力"的效力之余,应当也存在"依然在很重要的范围内形成和发展"成为习惯法的可能,具有"习惯法效力"(在英美法系即先例的效力)②。换言之,法教义学可以通过梳理和评析司法案例中的法规范要素,充实和完善实在法体系。例如,在著名的"荷花女"案中③,在实在法并未对侵犯死者名誉进行规定的情况下,法官判决对死者的名誉权予以保护,并予以充分说理,在当时不仅弥补了法律漏洞,对于完善实在法秩序也起到了关键作用。

**法教义学的功能**

**司法中心主义**

对一国实在法秩序的总体性确信立场决定了法教义学的规范性立场,其规范立场也就决定了其司法中心主义的特征,指导司法实践成为其出发点和落脚点。一方面,法律教义学提供了一套用以指导司法实践的教义学体系;另一方面,它还提供了一套将教义学体系适用到具体案件的方法论,包括通常而言的法律发现、法律解释、法律推理与法律论证。④ 王泽鉴先生总结了法教义学在法律适用中的五项功能:第一,稳定性功能,使实务上经常出现的问题获得较为稳定的解决办法;第二,进步功能,"法教义学在制度化的方式下运作,因此能将人、事、

---

① 参见魏胜强:《为判例制度正名——关于构建我国判例制度的思考》,载《法律科学》2011年第3期。
② 曹士兵:《最高人民法院裁判、司法解释的法律地位》,载《中国法学》2006年第3期。
③ 天津市中级人民法院作为一审法院审理此案,认为被告侵害原告陈秀琴名誉权的行为成立;同时认为"公民死亡后名誉权仍应受法律保护。原告陈秀琴系已故吉文贞之母,在其女儿及本人的名誉权受到侵害的情况下,有权提起诉讼,请求保护"。一审判决后被告提起上诉。二审法院在确认侵害名誉成立的前提下,认可了原被告之间达成的调解协议。在案件审理过程中,由于对此类侵权行为法律尚无明确规定,天津市高级人民法院特地向最高人民法院请示,最高人民法院于1989年4月12日复函:"吉文贞(艺名'荷花女')死后,其名誉权应依法保护,其母陈秀琴亦有权向人民法院提起诉讼。"参见《陈秀琴诉魏锡林、〈今晚报〉社侵害名誉权案》,载《中华人民共和国最高人民法院公报》1990年第2期。
④ 参见陈坤:《法教义学的要旨、作用与发展》,载《甘肃政法学院学报》2013年第3期。

时的因素尽可能地掌握，这可以有效地促使法教义学对相关问题的讨论，能以更精致的方式研讨和思考，而不须每次都从头开始，为法学和法律制度的有效进步创造了条件"[1]；第三，减轻论证负担功能，法教义学已将规范的正当性价值内化在概念体系中，法官在适用法律时可以直接援用已被广为接受的概念及其逻辑体系，无须另外论证其实质正当性，简化了论证负担；第四，技术功能，法教义学可以将庞杂的法规范通过概念化和体系化的方法简化为一个融会贯通的法律体系，逻辑的契合和体系的和谐有助于法律的学习和传递法学咨询；第五，修正和更新功能，为合理规范新的法律问题，适应社会需要及实践正义，法教义学需经常反省、修正和突破既有的法律体系，从事法的发现。[2] 阿列克西还提出了法教义学的控制功能，透过法教义学体系可以更精确、更广泛地检验法学论述和司法裁判中各规范语句之间是否彼此逻辑相容或体系和谐；由于法教义学往往已将过去的案例列入考虑，因而也可预测性地处理未来可能发生的案例。[3]

以上诸种功能乃法教义学体系化品格的不同表现，所以不可割裂视之，而应注重其所具有的内在联系。体系化是形式理性的必然要求，体系化的目的就在于探寻不同阶段、不同地域获得的全部经验和知识的逻辑联系，予以整合，使其以一个整体的方式呈现出来，并得以统一适用。在概念法学盛行的阶段，法教义学借鉴概念法学的体系效应，使得法规范之间可以相互配合，此后的发展更进一步使法教义学即使在规范缺失的情况下，也可以通过体系解释的方法弥补法律的漏洞，从而在体系框架之内实现法律的动态发展。法律的这种发展并不脱离人们对法律的既定预期，从而有助于维护法律秩序的稳定，保持法律的可预期性，在司法中发挥减轻论证负担、稳定、控制、自我修正和更新等功能。

另外，法教义体系可以通过逻辑工具的运用，从中找到对所有法律纠纷的解决之道。在这个过程中，法律适用变成了一种技术，只要依循法律内在的逻辑秩

---

[1] 颜厥安：《法与实践理性》，北京，中国政法大学出版社 2003 年版，第 154~155 页。
[2] 参见王泽鉴：《法律思维与民法实例》，北京，中国政法大学出版社 2001 年版，第 211 页。
[3] 参见颜厥安：《法与实践理性》，北京，中国政法大学出版社 2003 年版，第 155 页。

序，任何一个裁判者都能得出同样的结果，增强了法律适用中的刚性。因为，"逻辑是不会让步妥协的，稍加破坏就会全部垮台"①。这样的司法裁判过程只是一个纯粹的机械过程，无须考虑伦理道德、社会评价、政策考量等方面的因素，这种高度技术性的操作为法官抵制法律外因素的干扰提供了方法论层面的保障。在我国，司法裁判遭到社会舆情绑架的情形屡见不鲜，为了防止发生以舆情取代法律判断的现象，必须严格限制现行法秩序之外的各种因素进入法律解释和适用的过程，法律的解释适用必须立足于法秩序本身，严格以实在法秩序为司法裁判论证的边界。而这种思路与法教义学的立场和方法不谋而合。

**体系化品格对立法的指引**

法教义学的体系化品格不仅可以服务于司法实践，其对于立法的指引作用也不可忽视。中国的民法经历了一个所谓"改批发为零售""分段组装"的过程，即总的方向和任务是制定民法典，但是根据需要则先制定单行法，成熟一个制定一个。② 不同的单行立法因指导思想以及认识水平的不同，欠缺从整个法律体系角度全面考虑问题的能力，只是追求单行法内部的自圆其说，忽略了单行法之间的体系衔接。这也造就了当下中国的民法"体系"其实是建立在立法碎片化基础上的单行法的集合体，而法律基本规则的混乱、繁简失当、轻重失衡、制度缺失与制度重复这些问题还都存在。③ 法典编纂之所以被视为是对法学的最高贡献，原因就在于，法典不同于法律汇编，它将各项民事法律制度依内在的结构组织和编排起来，构成一个体系。④ 在中国民法法典化的过程当中，法教义学的体系化思想和方法自然不可忽视。如前所述，法教义学与成文化的实定法尤其是民法典紧密勾连，两者之间呈现紧密的相辅相成。法教义学实证主义的倾向与实践性的特征满足了民法典施行的需要，其在构建具体规则体系上作用巨大，借助法教义

---

① 谢鸿飞：《法律与历史：体系化法史学与法律历史社会学》，北京，北京大学出版社2012年版，第308页。

② 参见赵中孚、刘运宏：《民法通则的制定及其对现今民法典编纂的启示》，载《法学杂志》2006年第11期。

③ 参见孙宪忠：《防止立法碎片化尽快出台民法典》，载《中国政法大学学报》2013年第1期。

④ 参见刘敏：《论法教义学的体系化功能——以民法为中心》，载《西南政法大学学报》2014年第1期。

学，立法者可以较为准确地在法秩序的界限内设计和发展既有规则，以应对现实生活中出现的实定法未能预见的新情况。当然，与此同时，实定法秩序是法教义学的前见，法律规范的完整程度和体系化程度则直接决定了法教义学适用的难度。作为一种内容完整、体系严密的成文法，民法典亦可谓法教义学最合适的适用对象。①

**法律共同体的形成促进**

法教义学服务于法的适用和法律判断活动，其作为一种法律方法和研究立场被所有的法律人所共享，为法律人之间进行沟通和合作提供了前提基础。尤其是法教义学在吸收概念法学成果的基础上，建构的法学范畴和概念术语使得法律规则更加容易被传授和理解，这一套"法言法语"为学术研究和司法实践提供了沟通平台和语言工具，有助于法律职业共同体共同法律思维的形成。法教义学的语言，也因此成为法学家和法律实践者之间的共同母语，学术和实践的互动得以借此充分实现，若没有这种"法言法语"，则法律人群体便会处于失语状态，基本没法沟通。②有学者总结了法教义学所提供的"法言法语"的特征：第一，规范性，法律实践是法规范的操作，意味着法教义学是关于法规范的知识，其所提供的各种概念术语只是对法规范进行沟通的手段；第二，包容性，沟通是关于法规范的理性沟通，必然要讲法律规范背后的道理，即使是法哲学、法经济学等外部视角所提供的论据支持，法教义学也不应排斥；第三，不可替代性，虽然法经济学、法哲学等法学外视角的观察对法律的说理具有价值，但必须被转译为法教义学的语言进行沟通，"法言法语"起到了法律的"母语"的作用；第四，体系性，法教义学要求各种术语之间无矛盾，将规范背后的意旨串联起来理解③，举例言之，当提到"物权行为"时，必须放在大陆法系物债二分的体系之下才能准确全面地理解其含义。于法学而言，教义学就是其"纪律"与"法度"。法教义学不仅塑造了法律人的沟通平台和语言工具，还规定了法律职业共同体内部的沟通和论辩规

---

① 参见蒋言：《民法典编纂背景下的法教义学：定位与进路》，载《烟台大学学报（哲学社会科学版）》2018年第4期。

②③ 参见纪海龙：《法教义学：力量与弱点》，载《交大法学》2015年第2期。

则，有助于提升职业共同体内部的认同感和凝聚力，促进法律职业共同体的形成。

**社科法学对法教义学的批判及其回应**

　　一百多年前，霍姆斯大法官曾预言，对于法律的理性研究，现在可能属于严格恪守法条的研究者，而将来必定属于那些既掌握统计学知识又精通经济学的法律研究者。① 与其说这是两个学科更迭之间的断言，不如说是两种研究视角的竞争，前者属于"法学内的法学"，后者属于"法学外的法学"。在一百多年后的中国法学研究格局下，"法学外的法学"以社科法学之名与"法学内的法学"即法教义学发生了一场旷日持久的冲撞。

　　这一争论从整体上看呈现了一种对立的态势：法教义学者主张应当重视对于实在法的解释和研究，认为这可以使思考和推理更加规范，从而使得司法判决更加稳定和具可预测性；与之相对，社科法学者则认为对法教义学不应抱有太高的期望，应当重视司法实践中后果导向式的思维，即先有结论后再找法律和运用修辞来正当化这一结论。② 对于法教义学固守实定法的宗旨，有学者非常实在地批评道："法教义学的最大弱点不是不适用，而是不长知识，无法以简单的统一规则系统来解说复杂问题，其中还隐含了对语词和概念的迷恋，一种柏拉图主义倾向。"③ 毋庸讳言，法教义学所存在的这种对自足性虚妄和对概念逻辑的迷恋，的确存在忽略法律背后价值的倾向。其实，耶林早已指出，法教义学单单凭借逻辑分析和逻辑推论的手段绝不可能获得任何新的规范性内涵，使用概念法学之表面上的逻辑程式证立那些不能从制定法引申出来的裁判和规范，就意味着掩盖对一个逻辑上实际有说服力的证立所必需的规范性前提。④ 以上批评的根源在于，

---

　　① 参见孙海波：《法教义学与社科法学之争的方法论反省——以法学和司法的互动关系为重点》，载《东方法学》2015年第4期。
　　② 参见孙海波：《法教义学与社科法学之争的方法论反省——以法学和司法的互动关系为重点》，载《东方法学》2015年第4期；王彬：《司法裁决中的"顺推法"与"逆推法"》，载《法制与社会发展》2014年第1期。
　　③ 朱苏力：《中国法学研究格局的流变》，载《法商研究》2014年第5期。
　　④ 参见［德］阿列克西：《法律论证理论》，舒国滢译，北京，中国法制出版社2002年版，第314页。

法教义学固守其体系自足性，无法实现实在法规范与社会现实的沟通，从而将特定的价值判断通过法律技术操作引入法律实践中来。无论是一般性地提炼类型与制度还是在具体个案中建构个案规范，都必须最终完成中国法律实践自身的正当化论证，必须将特定的价值判断通过法律技术操作予以妥善实现，这是中国法教义学获得成熟的最终保障。① 为了避免法走向僵化、保守以及脱离生活，法教义学应该对法学外的学科研究成果保持开放性，将其内化于法教义学体系中来，增进其知识存量。

法教义学的故步自封在实践中最典型的表现就是，虽然可以快速、高效、稳定地处理大量常规案件，但是面对疑难案件往往捉襟见肘，疲于应对。相对于简单案件、常规案件而言，疑难案件要么是由于法律规定出现了语义模糊，要么是由于对待决案件缺乏相应的法律规定，此外还可能是由于对待决案件存在着多个相互冲突的法律理由，因而无法直接通过演绎推理获致妥当的判决。② 虽然疑难案件多是偶发的、稀少的，但无论是法学研究还是法律实践，疑难案件多会成为关注的焦点，也是推动法律进步的重要原因，故此，法教义学不得不重视疑难案件的处理。朱苏力教授曾对法教义学处理疑难案件的能力表示过强烈的质疑，"我质疑以个体法官思考根据的法条主义（主要是法教义学和法律论证推理）在难办案件中的排他有效性，在难办案件中，法官无论怎样决定都必须首先作出一连串政治性判断"③。以预约合同的效力以及赔偿范围为例，关于预约合同的讨论在学界存在了较长时间，从概念到效力都有争议，2012 年最高人民法院颁行《买卖合同司法解释》，在其第 2 条承认了预约合同的效力，"一方不履行订立买卖合同的义务，对方请求其承担预约合同违约责任或者要求解除预约合同并主张损害赔偿的，人民法院应予支持。"但是该条并未对承担预约合同违约责任的具体方式作出进一步的明确规定，这就带来一方违反预约合同，另一方可否主张强制订立本约的疑惑。支持强制订立本约方认为，《合同法》第 107 条明确规定违

---

① 参见王旭：《中国法教义学的挑战与应对》，载《江苏行政学院学报》2015 年第 3 期。
② 参见孙海波：《在"规范拘束"与"个案正义"之间——论法教义学视野下的价值判断》，载《法学论坛》2014 年第 1 期。
③ 朱苏力：《法条主义、民意与难办案件》，载《中外法学》2009 年第 1 期。

约责任的承担方式包括继续履行，预约作为一个独立的合同，应该允许非违约方要求强制签订本约，否则难以表现出预约合同作为独立合同的效力；反对方则认为，强制订立本约属于《合同法》第110条所规定的不适于强制履行事项。但是，实践中并非没有强制缔约的可能，并且许多预约合同条款已经十分成熟，强制签订本约实质上表现为强制履行本约，比如实际过户商品房，认为订立本约属于不适于强制履行事项的理由似有不足；然而如果允许强制订立本约，又有可能架空《商品房买卖合同司法解释》第2条禁止开发商在取得预售许可之前签订本约的效力性规定，违反了法律体系解释。可见，无论是否支持强制订立本约，各方均能从实在法中找到规范基础，从而陷入体系中的自我循环和演绎，难以从法教义学寻找到出路。

如果仍然将法教义学视作超然物外的自给自足的概念体系，完全地隔离于法学外的世界，在实在法秩序内秉持中立的态度，从而完全拒绝价值判断，那么，社科法学的批评确有其理。在法学外的社会情境以及价值判断渗入法律解释、推理和论证已经成为不争事实的情况下，必须承认，在法律制定和应用的各个环节，法教义学与价值判断都是相互关联、共同作用的。比如法律成文法常常使用的一般条款多带有价值判断的因素、模糊冲突的法律规则需要运用价值判断予以补充、法律规则设计和体例安排中价值判断也会优于法教义学来考虑、司法适用中的寻找法律规范大前提也需要借助于价值判断。[①] 法教义学对此绝不能视而不见，毋宁要清晰地理解和把握各种实践理性和道德哲学的立场，但绝不是固定性地主张某一种道德理论、坚持某一种特定的理论立场，而应当在具体的实践"情境"中对各种实践理性和道德哲学理论进行权衡，再作出选择[②]，来自其他话语场域的论证能否被整合进法律完全取决于特定法律文化的法律素材和方法论构造。[③]

因此，即使在疑难案件中，亦不能因法外价值判断的介入导致无法得出自然科学意义上唯一确定的法律结果，而将法教义学处理疑难案件的作用一笔抹杀。

---

① 参见许德风：《论法教义学与价值判断——以民法方法为重点》，载《中外法学》2008年第2期。
② 参见白斌：《论法教义学：源流、特征及其功能》，载《环球法律评论》2010年第3期。
③ 参见［德］Ralf Poscher：《裁判理论的普遍谬误：为法教义学辩护》，隋愿译，载《清华法学》2012年第4期。

相反，在疑难案件中会加剧法学外的价值判断与法教义学之间的紧张关系，法官如果固守法教义学会有损于个案正义，相反，若脱离教义学寻求于法外价值判断则会走向法律虚无主义，得出法律裁判无非是政治、舆情等法外价值裁判的装饰的结论，动摇法的安定性根基。依据阿列克西的法律论证理论，法律适用可以分为法律结果以及对于该结果正当性的法律论证，在疑难案件中，法教义学虽然不能保证获得唯一正确的答案，但是对于任何一个法律结果都需要法律论证其正当性，裁判的教义学属性正是体现在法律论证的过程中，在此意义上，疑难案件和简单案件并没有什么区别可言。德国的 Ralf Poscher 教授对于法教义学在疑难案件中的作用进行了归纳：第一，在法律不确定的情况下，一项可能的判决结果如要进入法律论证场域需要获得法教义学上的有效论证支持，并非每一项政治的或者道德的可能决定都能进入法律论证场域；第二，基于先前裁决的存在和法律论证场域的一致性要求，对于各种判决可能的抉择的法律论证需要交由法教义学来考量；第三，在法律论证场域中，由于法教义学的职业标准偏好，即便没有先例的限制，法律裁决依然也会受到法教义学的指导；第四，即使以上功能全部失效，因裁判是在法律论证场域内作出的裁决，由此既天然地服从该场域在论证和裁决上的路径依赖效应，又天然地对该场域作出承诺。①

## 法教义学的未来

在法教义学与社科法学的论争过程中，社科法学对法教义学的批判确实暴露出了法教义学已经存在的问题，比如法教义学对社会生活变化的回应不足、正当性证明不充分等。社科法学与法教义学有着不同的研究前设和侧重点，其学术功能、目标和任务也不相同，于此情形下，任何单方面强调某种进路的特殊重要性并否定其他进路的正当性，企图用一种类型的知识"包打天下"无疑都是错误的。②

---

① 参见［德］Ralf Poscher：《裁判理论的普遍谬误：为法教义学辩护》，隋愿译，载《清华法学》2012 年第 4 期。

② 参见谢海定：《法学研究进路的分化与合作——基于社科法学与法教义学的考察》，载《法商研究》2014 年第 5 期。

但是，也应该清醒地认识到，法教义学引进中国时间不长，法教义学的发展程度以及面临的问题与其发源地不可同日而语。因此，中国的法教义学体系所面临的问题并不是因长期的发展适用所带来的僵化，而是尚未建立起完善的法教义学体系，其本应发挥的为法律实践提供稳定预期、约束自由裁量权、实现法治的功能尚未得到充分发挥，以至于在某种程度上批判已经先于批判的对象存在。

法教义学与社科法学各自的特点决定了其相互之间无法替代，两者之中的任何一个也都不可能成为中国民法研究的唯一范式。未来中国的法教义学应该立足于中国的实在法，提升法律解释能力和体系化水准，大力发展学术通说，为法教义学的解释运用提供理论基础，在此共识基础上，理论和实践才能进一步自我提升。同时，法教义学还应保持足够的开放性，法教义学的规范性闭合与认知性开放必须巧妙地整合在一起。卢曼的系统理论在论及法教义学对法律系统实施的操控时就指出，法律系统的运行是一项以"输入"为重点的信息处理过程。法律系统在接受系统外部信息时，具有认知上的开放性，即通过"小心谨慎"地接收外部信息并对其不断作出加工的方式，根据"条件程式"区分信息类型，并在赋予其法律属性的基础上重新构筑法律事实。[①] 法教义学的修正机制中的重要环节就在于，要加强与法社会学、法经济学、法哲学等法学外学科的沟通，积极并且善于吸收这些学科的研究成果，在进行法律评价的基础上根据相应的方法论标准，将这些与社会生活或道德哲学相关的素材概念化或者类型化，以"法言法语"的形式内化于法教义学体系中，使得法教义学体系获得法学外经验世界的支持。

---

[①] 参见顾祝轩：《民法系统论思维：从法律体系转向法律系统》，北京，法律出版社2012年版，第70页。

# 第二章　民法的体系

## 第一节　体系与体系思维

**体系和体系化**

"体系"的理论及其发展在很大程度上要归功于博物学的分类法，该学科在对植物和动物的分类之后，还力求找寻到相互之间的关系，并使其构成一个整体，这种分类被认为是提供了基于科学线索之有序划分方案的最辉煌典范。不过，"在古代世界，对体系性安排的胃口从来就不强烈。现代人对它的欣赏或许追溯到中世纪的经院哲学，这种哲学花了大量时间思考逻辑学家所称的划分（division）"①。当然，体系化的人文社科源头肯定在于哲学，传统民法的体系化努力就一直没有超出康德的哲学框架。② 在康德看来，所谓体系就是"一个理念

---

① ［英］詹姆斯·布莱斯：《法学的方法》，杨贝译，载《法哲学与法社会学论丛》（六），北京，中国政法大学出版社 2003 年版。

② 参见梁展欣：《民法史的观察》，北京，人民法院出版社 2017 年版，第 174 页。

之下各种知识（Erkenntnis）的统一"或者"依据原则所编排的知识的整体"①。从更大的范围来看，康德的"科学"概念被广泛接受，使得"（内在）体系"成为判断"科学"（Wissenschaft）、判断一切学科之"科学性"（Wissenschaftlichkeit）的准绳，因而推动了一场广泛的"哲学、科学革新运动"，其中包含了法律学科。这场声势浩大的法学革新运动核心，即在于法学的重新体系化。这一体系化运动自然也席卷了私法领域。② 到今天，体系已经成为在各个学科中都普遍存在的一个概念，诸如知识体系、教育体系、学科体系、价值体系，等等，不一而足，在这个知识爆炸的时代里，似乎无论什么结构性事物都可以后缀以"体系"一词，以表示其足以堪当独立完备且相互关联的实体存在。

在方法论的意义上，体系是指对于知识予以加工处理的一种结果或者产物。对现实问题的处理方案会积累成为知识，这些知识经过分析、比较和归纳之后会显示出相互之间的内在关联以及这些关联形态所具有的作用和功能。根据特定的目的调整这些知识之间的关系并将其组织起来，可以使之产生特定的功能。这种依据特定的目的设定所期待的功能，并将知识或者事物根据其关系组织起来的方法，即是所谓的体系化。其任务是将任何时点已经获得的知识以整体的方式全部表现出来；将整体中的各个部分用逻辑予以联系。③ "取向于目的，设定所期功能，将知识和事务根据其存在上之关系、作用组织起来的方法，便是体系化。"④

在法学中，由于其研究对象涉及纷繁复杂的社会生活，决定了其规范形式和内容形态不一，因而对于体系的渴求更加突出，根据卢曼（Luhmann）和图伊布纳（Teubner）广受瞩目的法律自创生系统理论，整个社会就是一个系统，它只包含沟通（communication），且包含了所有沟通，在其中又可以划分出一系列子系统，如法律系统、政治系统、经济系统和伦理系统等等。⑤ 通过体系的建构将

---

① Claus-Wilhelm Canaris, Systim-denken und Systembegriff in der Jurisprudenz, S. 11, Fn. 3 und Fn. 4; 转引自朱岩：《社会基础变迁与民法双重体系建构》，载《中国社会科学》2010 年第 6 期。
② 参见金可可：《论支配权概念——以德国民法学为背景》，载《中国法学》2006 年第 2 期。
③ 参见梁迎修：《方法论视野中的法律体系与体系思维》，载《政法论坛》2008 年第 1 期。
④ 黄茂荣：《法学方法与现代民法》，北京，中国政法大学出版社 2001 年版，第 458 页。
⑤ 参见［德］卢曼：《法社会学》，宾凯、赵春燕译，上海，上海人民出版社 2013 年版，第 79 页以下。转引自汤文平：《民法教义学与法学方法的系统观》，载《法学》2017 年第 5 期。

这些繁杂的内容组合成一个有机联系的整体，以有利于法律的检索和使用。这种体系化的渴求是在社会发展到一定阶段之后才产生的一种强烈需求。

体系化的价值和重要性就在于，在体系化的知识架构中，系统的认知起点、知识脉络、理论框架和构造逻辑制约着作为其内在成分的各种专业术语，虽然各自的名称和功能相异，但又会相互接轨和关联，从而产生"牵一发而动全身"的整体效应。不全盘把握这些脉络，就无法准确理解整个制度的内涵。[1] 而在具体的法律适用层面，依形式逻辑的规则建构的抽象、一般概念式的体系，乃是许多法律，特别是民法典的体系基础。借着将抽象程度较低的概念涵摄于"较高等"概念之下，最后可以将大量的法律素材归结到少数"最高"概念上。此种体系不仅可以保障最大可能的概观性，同时亦可保障法的安定性，因为设若这种体系是"完整的"，则于体系范畴内，法律问题仅借逻辑的思考操作即可解决。[2]

体系究竟是一种法学方法，还是法律思维？体系与方法究竟是一种什么样的关系？福柯曾明确地剖析了体系与方法之间的细微差别，"体系如同'算术中的试错规则'：它是作出决定的结果，但它必须完全协调一致；反之，方法则是'对依据某些便利或相似性而联系在一起的对象或事实所作的任意排列，人们是通过一个可应用于所有那些对象的一般观念，来表达这一点的，而不把这个基本观念或原则视作绝对的或不变的，或如此普遍，以至于它没有任何例外……方法与体系的差异，只在于由作者赋予其原则的想法，这个想法认为原则在方法中是可变物，而在体系中是绝对物'。"[3] 在法律体系与法律方法之间，这个差别同样存在。

## 体系思维

体系思维在大陆法系尤为常见，也成为法学追求的一个目标。"合理化的要

---

[1] 参见常鹏翱：《论现实存在与物权行为的无关联性——对相关学理争辩的再辨析》，载《法学》2015年第1期。

[2] 参见[德]卡尔·拉伦茨：《法学方法论》，陈爱娥译，北京，商务印书馆2003年版，第317页。

[3] [法]米歇尔·福柯：《词与物：人文科学考古学》，莫伟民译，上海，上海三联书店2001年版，第190~191页。

求以及法律伦理的要求为法律学利用体系思维将法律规范体系化的发生背景，盖以可以理解的方式将公平正义实现到人间，为当今法律学所追求的目标。"① 体系具有价值的一贯性、考量的整体性、存在的统一性、适用的平等性、检索的便宜性等优势。现代法律"由于必须调整更为复杂的社会，所以是一个更宏大、更庞大的结构体。但与罗马法相比，它少一些匀称和一致，而多一些烦琐和造作"②。"自十九世纪末以来，封闭的法律体系为一切案件准备好了一个唯一正确的答案这一传统法律观，由于法律自身的缺陷和法律功能的扩展，相继遭到来自诸如心理学、社会学、法律现实主义、语言学、新修辞学、经济学、诠释学、后现代主义等方向的思考的批判和补充而被基本放弃"③。尽管遭到诸多指责，但是体系仍然成为法律发现和创造过程中一个无法回避的选择，体系思维也是法律训练中不可或缺的一项专业训练手段。"分类体系是一个社会诸多因素的合作的产物，是一个特定知识型的产物，从这种不同中，我们感到差别的结果不应当是一种简单的褒贬，而应当是'震惊'和对世界的新理解。"④ 就法律适用而言，体系性思考属于法律工作的基本形式。此种思考的目标是将众多规范与事实问题安排进一个秩序里，由此创造出一个统一体。根据体系性法律思考可以发展一般性的法律原则，借此可使法秩序避免矛盾、确保法安定性与法律上的平等。⑤

**体系思维的缘起**

体系思维的缘起及盛行与概念法学的兴起密切相关。"概念法学作为资本主义经济的法律的分析，理论上是最现实的实质性现象。"⑥ 概念法学的目标就在于通过创设一个全面的法律概念系统，把这些概念通过理论的抽象精炼成为各种

---

① 黄茂荣：《法学方法与现代民法》，北京，中国政法大学出版社 2001 年版，第 405 页。
② [英] 詹姆斯·布莱斯：《法学的方法》，杨贝译，载《法哲学与法社会学论丛》（六），北京，中国政法大学出版社 2003 年版。
③ 郑永流：《法学方法抑或法律方法》，载《法哲学与法社会学论丛》（六），北京，中国政法大学出版社 2003 年版。
④ [法] 米歇尔·福柯：《词与物：人文科学考古学》，莫伟民译，上海，上海三联书店 2001 年版，前言。
⑤ 参见陈爱娥：《法体系的意义与功能——借镜德国法学理论而为说明》，载《法治研究》2019 年第 5 期。
⑥ [日] 川岛武宜：《现代化与法》，申政武等译，北京，中国政法大学出版社 2004 年修订版，第 27 页。

絶対的实体性概念,作为严格规范结构中演绎推理的可靠和恒久不变的支柱。①概念法学的最大贡献在于为人们对行为后果提供可预期性,满足人们对于法律秩序安定性的需求。

尽管在萨维尼的学说中已经包含了概念法学的萌芽,但概念法学的产生和盛行必须归功于萨维尼的两大弟子普赫塔(Georg Friedrich Puchta,1789—1846)和温德沙伊德(Bernhard Windscheid,1817—892),尤其是前者。普赫塔是概念法学的代表人物,其概念法学的体系观是在理性主义指导之下,通过一个抽象性的基本概念演绎扩展建立起整个体系。他通过对罗马法的研究,将罗马法分解成为一个由概念、规则、原则层层相因而构成的体系,根据普赫塔的见解,法学的使命在于将法规范体系化排列,以至于能够向下直至各个细节。② 普赫塔的体系是一个纯粹按照形式逻辑的标准所构成的体系,并不关心规范背后的评价。温德沙伊德通过对学说汇纂教科书的研究编写"成功地建立了普赫塔所熟悉的概念金字塔"③。温德沙伊德认为"从对与其规范相衔接的法律概念的完整理解可以表明法的真正体系"④。"把法律概念完全包括,就可以产生出规范之间内部配套的法的真正体系。"⑤ 概念法学发展到极致会认为概念创造了法律秩序并产生了法律规则,概念法学派认为,在法律秩序形成以前,法律概念就以一种潜意识的形式存在于人脑之中。在概念体系、规范体系、法律体系逐层上推形成了一个完整

---

① 参见[美]博登海默:《法理学、法律哲学与法律方法》,北京,中国政法大学出版社1999年版,第489页。
② 参见[德]阿·劳夫斯:《德国法发展》(注12),第217页,转引自[德]米夏埃尔·马丁内克:《伯恩哈德·温德沙伊德(1817—1892)——一位伟大的德国法学家的生平与作品》,田士永译,载《法哲学与法社会学论丛》(六),北京,中国政法大学出版社2003年版,第483页。
③ [德]于·奥伯:《纯洁化》(注2),第43页,转引自[德]米夏埃尔·马丁内克:《伯恩哈德·温德沙伊德(1817—1892)——一位伟大的德国法学家的生平与作品》,田士永译,载《法哲学与法社会学论丛(六)》,北京,中国政法大学出版社2003年版,第484页。
④ [德]伯·温德沙伊德:《学说汇纂教科书》(注19),第1卷第21节,转引自[德]米夏埃尔·马丁内克:《伯恩哈德·温德沙伊德(1817—1892)——一位伟大的德国法学家的生平与作品》,田士永译,载《法哲学与法社会学论丛》(六),北京,中国政法大学出版社2003年版,第466页。
⑤ [德]伯·温德沙伊德:《学说汇纂教科书》(注19),第1卷第24节,转引自[德]米夏埃尔·马丁内克:《伯恩哈德·温德沙伊德(1817—1892)——一位伟大的德国法学家的生平与作品》,田士永译,载《法哲学与法社会学论丛》(六),北京,中国政法大学出版社2003年版,第484页。

封闭、自足的法律体系。

体系思维的兴起很大程度上还缘于法学家使法律成为科学的冲动,"法学坚固本质的价值始于对实在法律体系所提供的材料的处理,始于为使古老习惯与人们不断变化的需求保持一致而对之进行的塑造"①。在法学科学化的思潮中,理性主义成为其哲学基础。"唯理性是法学成为科学的保障"②。在后来的发展中,体系思维的思想逐渐脱离其哲学起源,进而发展成一个独立的私法理论,法学家们借助逻辑演绎的工具,从理性法的基本原理中推导出个别的法律规定,构建出了一个分类清晰、体系完备的大厦。在这个恢宏的法律大厦里面,建筑师并不关注法律与社会现实的联系,而更多的将其精力投入概念的精确和逻辑的联系上。民法教义学的目标就在于,以科学方法尤其是体系思维(systematischen Denkens)有序和稳固地重构现行私法。③

体系的作用最初也许仅仅在于为人们检索法律规范并进行适用提供便利,概念法学最大的特色是引入了形式逻辑中的归纳演绎方式,从而创建出一个抽象概念体系,并且期待从这种体系中获得解决问题的明确方案。这些努力极大地提升了人们对于体系化的期待,也有力地助推了有关体系思维的研究。

**体系思维与法律的科学化**

体系性思考是现代科学的基础。尽管对法律的科学化仍然存在诸多争议,如基尔希曼即提出了作为科学的法学的无价值性这一命题,他在柏林法学会的演讲中认为:"法学尽管是一门科学,却不像其他科学那样能够并且应当对现实以及人们的生活产生影响;另一方面也可以理解为:法学作为'科学'从理论上说是无价值的,它并非'科学',不符合'科学'一词的真正定义。"④然而法律的科

---

① [英]詹姆斯·布莱斯:《法学的方法》,杨贝译,载《法哲学与法社会学论丛》(六),北京,中国政法大学出版社2003年版。

② [瑞士]菲利普·马斯托拉蒂:《法律思维》,载《法哲学与法社会学论丛》(六),高家伟译,北京,中国政法大学出版社2003年版。

③ 参见[德]尼尔斯·扬森:《民法教义学的目标:以科学方法有序而稳固地重构现行私法》,朱晓喆、沈小军译,载《苏州大学学报》(法学版)2016年第1期。

④ [德]J. H. 冯·基尔希曼:《作为科学的法学的无价值性——在柏林法学会的演讲》,赵阳译,载《比较法研究》2004年第1期。

学化已经成为近代理性精神的体现,并成为现代法学发展的一种基本趋势。威廉·冯特(Willhelm Wundt)曾把法学视为所有科学中的一种本土精神,是"所有科学中的最复杂的科学"[①]。但是也"只有在德语中法律学科被称为科学,这在传统上归因于艺术理论,法学家因此享有历史的声望和职业的社会重要性"[②]。"德意志共同法早已被司法化、体系化和法学化,而且现存的汇纂仅仅是以实证主义法律形式再现法,只是目前要进行的法典编纂的范例和模型。所以人们不应做单纯的汇编工作,而应系统地整理制定法、习惯法、法学和实践,使之具有制定法形式。这项工作是一项法学的、系统的,甚至可以说是艺术性的任务。"[③]

"科学性表现为存在一种可以用来证明或者推翻命题的程式。"[④] 法律科学化的进路至少有两种选择。一种进路基于法律现实主义立场,强调经验对于法律科学形成的作用,系实证法学的进路,这种方式源自19世纪中叶在西方兴起的实证法学运动,这个运动的奠基人是法国哲学家奥古斯特·孔德,值得一提的是,孔德还是一个对数学研究非常有造诣的数学家。实证主义法学反对形而上学的思辨方式,不承认任何先验的终极原理,强调应该将理论建立在经验材料之上,通过逻辑上的归纳,建构法学理论。同时,分析实证主义很注意借鉴社会学方法,就是所谓的社会学实证主义,这个学派主要对法律制度变迁的社会因素进行分析,对影响法律制度产生和适用的各种社会力量进行描述和评析;实证主义对于法律体系的认识还有一个著名的"渊源命题",该命题认为规范的效力来源于上位法,层层相叠,由此形成一个位阶清晰、层次分明的法律体系,但是对于究竟什么才是法律体系中的最高有效规范,不同的学者也仍然存在着认识分歧。如凯尔森就认为是基础规范,有的学者则认为是宪法规范。

另一种进路是基于法律逻辑理想主义的立场,强调逻辑对于法律科学的作

---

[①] [德]拉德布鲁赫:《法学导论》,北京,中国大百科全书出版社1997年版,第174页。
[②] [瑞士]菲利普·马斯托拉蒂:《法律思维》,载《法哲学与法社会学论丛》(六),高家伟译,北京,中国政法大学出版社2003年版。
[③] 转引自[德]霍尔斯特·海因里希·雅可布斯:《十九世纪德国民法科学与立法》,王娜译,北京,法律出版社2003年版,第125页。
[④] [瑞士]菲利普·马斯托拉蒂:《法律思维》,载《法哲学与法社会学论丛》(六),高家伟译,北京,中国政法大学出版社2003年版。

用，通过逻辑的推演形成一个圆融自洽的体系。逻辑在法律科学化的进程中发挥着举足轻重的作用。法学的科学化通过价值无涉的形式逻辑建立起来。这种逻辑体系奠定了其法律科学之基础。"其体系的概念，便以'将所有的法律规定加以分析，抽象化后纳入一个在逻辑上位阶分明，且没有矛盾，以及原则上没有漏洞之规范体系为其特征，该体系要求任何可能的生活事实在逻辑上皆必须能够涵摄于体系之规范下，否则，便不受法律之规范'。"①

体系化借助逻辑工具实现法律的科学化是一种对数学的模仿。这倒也并不奇怪，近代思想与知识的本质是数学的。② 数学代表了人类抽象思维方面的最高形式，在人类社会的历史进程和文化发展过程中发挥了重大的作用，成为探索和思考宇宙、自然与人的本质的最有利的思维工具。培根（Bacon）说："数学是打开科学大门的钥匙。"马克思也曾说过："一门科学，只有当它成功地运用数学时，才算达到真正完善的地步。"笛卡尔正是用建立在数学运用基础上的思想训练方法完全取代了亚里士多德主义，从而构成了新时代科学的思想和方法基础。而归纳和演绎正是逻辑学的两个基本工具，但数学运用得更为抽象、更为彻底，因此罗素说："逻辑是数学的少年时代，数学是逻辑的成年时代。"法学力求往科学化靠近，无法通过数学的方式，就只能借助逻辑的工具，"法按形式的逻辑操作，形成一个体系"③。德国人乌尔里克·克卢格（Ulrich Klug）和澳大利亚的伊尔玛·塔曼鲁（Ilmar Tammelo）都建构了一种以大量运用数学符号为特点的法律逻辑体系。④

通过学说汇纂派的不懈努力，德国将其法律秩序完全建立在罗马法的制度基础之上，并发展出一系列制度、概念和原则，形成了一个完整的理论体系。这个完备体系的一个重大作用是可以通过逻辑工具的运用，能够从中找到对所有法律纠纷的解决之道。在这个过程中，法律适用就变成了一个类似于算数的技术，只

---

① 黄茂荣：《法学方法与现代民法》，北京，中国政法大学出版社2001年版，第422页。
② See Martin Heidegger, *Basic Writings* 254 (David Farrell Krell ed., Harper&Row1977).
③ [日] 川岛武宜：《现代化与法》，申政武等译，北京，中国政法大学出版社2004年修订版，第27页。
④ Ulrich Klug , Juristische Logik, 3rd ed. (Berlin, 1966), Ilmar Tammelo, Outlines of Modern Legal Logic (Wiesbaden, 1969). 转引自 [美] 博登海默：《法理学、法律哲学与法律方法》，北京，中国政法大学出版社1999年版，第127页。

要依循着法律内的逻辑秩序，任何一个裁判者都能得出同样一个结果。这个过程只是一个纯粹的机械过程，而无须考虑伦理道德、社会评价、政策考量等方面的因素，法律这种高度技术性的特征使得其与自然科学可以比肩而立，尽管这种比肩而立仅仅是无数概念法学家所追求但永远无法达到的一个梦想。法国学者就认为："对法不可能实现任何严格的系统化，这实际上也决定了法不可能构成符号化的代数公式。"① 学说汇纂派对于德国民法典最大的贡献还是在于通过设定一系列精确无误的概念，使得其在技术上达到了一种前所未有的高度。

然而这种模仿并未得到多少好评，哈特就认为："法律科学在方法和概念上对数学进行错误的模仿，以致全部的法律推理成了纯数学计算，并于其中通过逻辑推演获取法律概念的内涵。"② 卡纳利斯也认为，逻辑学上的公理式演绎的体系，并不适用于法学。③ 而反体系化的学者如恩吉施认为，法学不可能达到数学那样严格的"公理式"体系。因为将属于特定法秩序的一大堆概念还原为类似公理的基本概念将会数量过多，而且这些概念本身并不能构成一个封闭完结的概念群。不过，恩吉施只是反对公理式演绎的方法，但并没有放弃体系思想，恩吉施的体系是"由若干彼此有意义地相互结合之法律指导原则所构成的体系，其运用某些概念及分类观点，惟并未主张彼等具有一般有效性或完足性"。"只有当法秩序的基本思想及主要价值决定彼此协调一致，法学就应该将此等一致性显示出来，并由此得出应有的结论——在这个意义上，必须体系地从事法学研究。"④

## 法学方法与法律思维

如前所述，法律思维简单来说就是依法律进行推演的一种思维模式。如果再

---

① ［法］雅克·盖斯旦：《法国民法总论》，北京，法律出版社 2004 年版，第 33 页，不过该学者也认识到"数学的权威仍然促使法学家们思考如何在法律推理中运用数学推理，以便使法律推理更具说服力，更加简便，更加可靠。(p.30)"。

② ［英］哈特：《耶林的概念天国与现代分析法学》，陈林林译，载邓正来主编：《西方法律哲学家研究年刊》(2006 创刊号)。

③ 参见［德］卡尔·拉伦茨：《法学方法论》，陈爱娥译，北京，商务印书馆 2003 年版，第 46 页。

④ ［德］卡尔·拉伦茨：《法学方法论》，陈爱娥译，北京，商务印书馆 2003 年版，第 46 页。

加细分可从广义和狭义层面进行解释。广义的法律思维是指在任何法治社会中，人们依照法律规范进行自身行为的思维方式，此理解虽具有主体上的广泛性，但因忽视了个体的差异性，较难形成共识，故不足以成为法学研究的对象。狭义的法律思维，亦即学界研究的主要内容，主要是指裁判者在司法过程中，依据法律（包括具体的实在法规定、一般法律原则以及法律之抽象精神等）对具体案件作出裁判的思维方式。这样的定义带有强烈的专业属性，"法律方法（法律思维）毋宁在于为人们如何寻找法律答案（或者说是最佳答案）提供一种思考的路径"①。"适用法律时违背思维法则就是对法律的不正确适用。"② 也正是在这个意义上，法律思维和法学方法具有天然的耦合性。

就法律思维和法学方法的关系而言，按照学界已有的归纳，大致可以说，法律思维是运用法律的方法，法学方法则是研究法律和法律运用的方法；法律思维重视知识和理性的运用，法学方法则重视价值和意志的实现；法律思维的运用是一种"技术"活动，法学方法的运用则是一种人文活动。③ "法律方法（法律思维）的运用是一种'技术'活动，它重视逻辑，讲究程序模式，寻求个案处理，解决本体（客观世界）问题，法学方法的运用则是一种人文活动（法学是人学、人文科学），它重视思辨，讲究对程序模式的证立，寻求整体的融合，解决对本体的认知问题。"④

法律思维和法学方法共性在于都注重形式逻辑的运用，这其中，"司法三段论"就是两者逻辑光环的共同体现。值得注意的是，此处的"法律"除实在法之外，还包括法治理念、法律价值、法治目的等。⑤ 作为一种思维方式，法律思维并不仅仅旨在提供一种单纯适用法律的范式，而在于帮助法律人形成一套完整的思维体系，其中既包含具体的逻辑推演方法，也包含背后的价值判断和文化内

---

① [美]卡多佐：《法律的成长、法律科学的悖论》，董炯、彭冰译，北京，中国法制出版社2002年版，第53页。
② [德]乌尔里希·克鲁格：《法律逻辑》，雷磊译，北京，法律出版社2016年版，第212页。
③ 参见戚渊：《法律方法与法学方法》，载《政法论坛》2009年第2期。
④ 戚渊：《法律方法与法学方法》，载《政法论坛》2009年第2期。
⑤ 参见陈金钊：《法学意义上的法治思维》，载《国家检察官学院学报》2017年第1期。

涵。因此,"当法律思维作为思维方式,它的一端便连接着法律的形而上层面,联系着法律和法律人的文化内蕴、品格和精神需求;当法律思维作为思维方法时,它的另一端便连接着法律的形而下层面,它在对解释、推理、论证等法律方法的探索中使法律为人们的生活提供了更为理性的安排"[1]。

尽管法律思维包含上述价值判断和文化内涵,但是相较于法学方法,法律思维更注重于其程序价值,而法学方法则更着眼于对规则设计背后的立法价值和利益冲突的考量,尤其注重立法价值的引入和体系的协调。具体而言,法律思维中的价值观念主要体现在裁判者在个案中的对案件事实的认定与逻辑推演之中,其运用必须建立在一定的法律制度之下,遵循一定的实体法规定,裁判者不能僭越实定法的规定而凭空适用其个人的价值判断,以至于说,即使存在所谓的"恶法",在法律思维的运用下,裁判者也只能依据"恶法"的规范进行法律适用,哪怕得出的法律效果可能是非正义的。而法学方法则旨在于寻找法律所追求的永恒价值与真理,在存在"恶法"之际,自然法学派即主张"恶法非法",不应依"恶法"进行理解适用,而应站在良法善治的角度去解释和适用法律。

不过,虽然法律思维和法学思维存在价值维度上的不同,但法律思维与法学方法并不是完全割裂的。"对法治思维(法律思维)和法治方式的理解、解释和运用应该与法律方法论结合起来,以避免出现背离法治精神的误读。其实,法律思维的核心是掌握法律方法,而法律方法的核心内容是建立在方法论研究基础上的法律思维规则。"[2] 法学方法的存在能够检验法律思维的正当性,并及时纠正法律思维在机械适用中所带来的不公平结果,上述"恶法"存在的场景下,"恶法非法"的法学方法能够剥离"恶法亦法"的机械法律思维,促使法律适用的结果体现法律公平正义的本质精神。

同时,法律思维和法学方法也能够相互促进、交融共生。一方面,法学方法的进步可以促进法律思维的发展。法经济学、实证分析等法学方法的引入,能够为法律思维在个案中的适用提供更充分的论证理由,并使法学方法视角下的法律

---

[1] 谌洪果:《法律思维:一种思维方式上的检讨》,载《法律科学》2003年第2期。
[2] 陈金钊:《对"法治思维和法治方式"的诠释》,载《国家检察官学院学报》2013年第2期。

适用更具有实现方法所追求的法律价值与精神的能力。另一方面，法律思维的实践演进也可以推动法学方法的发展。"一般而言，法学方法无论是实证分析方法还是价值评价方法，都只是对法律实际生活进行理论抽象和学理解释的方式，其提供的产品是理论性的而不是实践性的。"① 法学方法作为抽象层面的上层建筑，并非缥缈的空中楼阁，而需要坚实的下层基础进行支撑，因此无法脱离法律思维适用的实践经验。可以说，法学方法系从法律思维在具体个案中的运用经验总结升华而来。法律发现规则、推理规则、解释规则、论证规则等具体法律思维方式的不断进步，可以给法学方法的发展提供源源不断的新视角素材，便于法学方法紧扣时代的潮流进行革新。

## 第二节 体系中的概念

### 概念之于体系

作为完整的法律体系，应当具备基本概念、规则和原则，从而构建起一个具有内在有机联系的整体。民法里的概念，经过漫长的萃取提炼和时间考验，已经成为特定学科或部门的专门用语，非受过专门训练者甚至无法搞清其真实含义。② 这些专业术语是构成民法体系的材料，其所具有的高度抽象性使得民法的体系化成为可能。它们像连缀一件华服的珠片，在民法学的架构里熠熠闪烁。

由于法律主要是由法律专业人士运作的，所以必须在专门性、技术性知识的基础上加以运用。因为毋庸讳言，法律的简明性反过来会招致其意义的暧昧性的弱点。③ 毕竟，法理不同于直白的常识判断，民法典也并不是一份只要照着念就能解决问题的权利使用说明书。一般看来，法现象是由事实、价值以及逻辑这三

---

① 黄竹胜：《法律方法与法学的实践回应能力》，载《法学论坛》2003年第1期。

② 举个最简单的例子，民法里的"法人"概念，在日常生活世界就经常被等同于自然人。将"法定代表人"当作"法人"的做法，已经以讹传讹几乎成为一种通识。

③ 参见［日］大木雅夫：《比较法》，范愉译，北京，法律出版社1999年版，第184页。

## 第二章 民法的体系

种要素构成的①,法现象的内部结构决定其意义,研究法现象应从认识现象的整体入手而不是偏执于构成整体的某个要素。然而,这丝毫不意味着可以忽视"要素"的意义。换言之,法现象内部各个要素都是有意义的,问题在于,这种意义不是法现象的意义而是要素本身的意义。只有当各个要素按照不同的形式组合为一个整体时,现象的意义才能够被充分地予以展示。要素本身只有在处于与其他要素的关系中才能发挥自己的优势并作为现象这一整体的部分起作用。因而,研究单个概念的意义并不能解释与解决法学方法本身,只能是针对逐个概念的单体解释,而无助于法学方法的研究,只有将各个要素按照一定的形式组合成为一个整体,法学方法的意义才能够予以展现。

存在于体系中的概念的目的和重大作用就在于,将大量彼此不同,而且本身极度复杂的生活实践,以简捷明了的方式予以归类,用清晰易辨的要素加以阐述,并赋予其中法律意义上"相同"者同样的法律效果,这也正是法律的任务所在。② 当然,概念绝非纯观念的产物,其中间杂特定社会和发展时期的历史流变、法文化传承、制度土壤以及政治经济环境等诸多因素。中国民法学界曾经围绕诸如"债"、"物权行为"、"民事责任"乃至"人格权"、"人格权请求权"等概念的使用而产生的争鸣即为例证。必须面对的现实是,在概念、术语等的采用上,我们已经难以逃脱来自域外法的各种基本概念所编织的体系,因为我们既有的立法及各种教科书对此已经全盘加以接受。按照一种较为极端的说法,所谓创造新体系,也只能是运用这些概念作出新的编排而已。③ 然而,也正是这些过于专门的术语的存在,可能会令民法与社会现实生活的距离加大,造成一般人理解和运用民法的困难。尤其是,在中国这样一个在近代才逐步接受以西方话语为主体的法学理论和法治系统的国家,民众对法律意识甚至概念的陌生,使得法律文本与现实理解的衔接经常呈现难解的吊诡,法律明明规定了,可老百姓偏偏看不出来。这种尴尬无论在立法还是在司法中都有所体现。仅举一例,"建筑物区分

---

① 参见[日]北川善太郎:《日本民法体系》,李毅多等译,北京,科学出版社1995年版,第3页以下。
② 参见[德]卡尔·拉伦茨:《法学方法论》,陈爱娥译,北京,商务印书馆2003年版,第319页。
③ 参见杨振山:《民法典制定中的几个重大问题》,载《政法论坛》2003年第1期。

所有权"是物权法中一个虽属新创但绝不生僻的概念,也是法学里通用的术语,但可能是担心老百姓不明就里,在立法机关公布的草案里,"建筑物区分所有权"前面画蛇添足地冠上了一个"业主的"前缀;于是,国际通行的"建筑物区分所有权"概念,从此又有了"业主的建筑物区分所有权"这样一个独具中国特色的版本。且不说在学理上建筑物区分所有并非仅仅关乎"业主"之权,单单从构词角度来看,如此累赘拖沓的概念,实在也很难让人将其与科学性、逻辑性挂上钩。

如前所述,普赫塔在对萨维尼的观点进行充分吸收的基础上,将严格的概念形式主义推到了支配的地位,构建了其所谓"概念金字塔"。在普赫塔的观点里,法律同样也是来源于民族精神,它的形成和发展是一个无形的过程。他将民族界定为"一般未经训练养成之理解的表明现象,此等理解无法掌握非具体可见者"[①]。事实上,法的系统性正是源于其民族精神的体现,法律制度应当有一个"灵魂"作为其指导性原则,赋予它们一个统一性的或者说系统性的表达,并从这些一般性的原理中推导出其他的原理,这就是"概念金字塔"之谓。可见,无论是萨维尼还是普赫塔,均承认法学家才是发现法律的主导者。普赫塔对他的"概念金字塔"是这样论证的:"法律家应该透过所有——参与其中的——中间环节向上与向下追寻概念的来源,质言之,应该清楚地向上一直追溯每个法的来源,直至得到法的概念,再从这个最高的法的概念向下推到直达个别(主观的)权利为止。"[②] 借助定义式的概念作为媒介,对法律制度进行体系性或者说统一性的处理,并以系统的方式进行表达,将能够推导出其他原理的一般原理作为起点,以之为最高点的公理体系推导出各具体的法律条文。他所依据的其实是后期历史法学派提倡的理性法理论的演绎方法,即不从各种法律、命题以及判例中概括、抽象出概念,而是从概念中演绎出教条式的命题和判例。[③]

---

[①] [德]弗朗茨·维亚克尔:《近代私法史》(下),陈爱娥、黄建辉译,北京,三联书店2006年版,第386页。

[②] [德]弗朗茨·维亚克尔:《近代私法史》(下),陈爱娥、黄建辉译,北京,三联书店2006年版,第4页。

[③] 参见何勤华:《历史法学派述评》,载《法制与社会发展》1996年第2期。

## 第二章 民法的体系

在法学方法论中，法律规范的适用涉及的核心问题往往就是特定案件能否被毫无疑义地涵摄于特定法律规范所包含的概念之下；而法律适用的焦点也往往表现为概念之内涵和外延的争议。① 在以下的部分，我试图通过对中国民法中"荣誉权"概念的考据及其在法律适用上所遭遇的问题的讨论，以及在《民法典（草案）》中略显"模糊"的"个人信息"的表达，来详细观察一个法律中的概念应当如何建立其与生活世界的对应关系，以及如何达到其在体系化的民法当中的逻辑自洽，进而，如何方能因此实现其在体系当中应当尽到的涵摄功能。

### 荣誉权：一个关于概念的标本

荣誉应当受到保护，乃是一项达成广泛共识的价值判断结果，自不待言；但将荣誉利益上升为一项法定人格权而加以民法层面的保护，则始于1986年颁布的《中华人民共和国民法通则》第102条的规定，即"公民、法人享有荣誉权，禁止非法剥夺公民、法人的荣誉称号"。这一规定体现了立法者对特殊肯定性评价须上升为权利的坚决态度。但是从学理上来看，由于荣誉权与名誉权存在着词义上一目了然的近似，二者在内容、构成和救济方式上有着千丝万缕的联系并难以简单区分和判别，致使荣誉权这项对来自国家、社会的特定机关、组织所授予的肯定性评价的保护和支配的权利一直饱受争议。这就不难解释，在几次民法典编纂活动中，对中国民法是否有必要赋予荣誉权以独立的民事权利地位，以及由此而衍生出的荣誉权性质问题等，学术界一直存在争论。②

**无根之果**

《民法通则》的立法历史和背景资料表明，我国民法中荣誉权的出现与发展在一定意义上着实属于"无心插柳柳成荫"。这首先表现在立法的进程与学理的迈步并不统一，就历史资料来看，荣誉权在立法上的构建远快于荣誉权理论的成

---

① 参见舒国滢等：《法学方法论》，北京，中国政法大学出版社2018年版，第57页。
② 类似理论争论可参见：张新宝：《名誉权的法律保护》，北京，中国政法大学出版社1997年版，第44页；唐启光：《荣誉权质疑》，载《华东政法大学学报》2004年第2期；欧世龙、尹琴荣：《荣誉权之否定》，载《社会纵横》2004年第6期。

熟。1982年5月1日由全国人大常委会法制委员会民法起草小组拟定的《民法草案》（第4稿）中第一次将荣誉利益上升为法律上的权利。相比于第3稿，第4稿在"第16条 公民的民事权利"，在名誉权受法律保护后增加了公民享有荣誉权的规定，同时增加了第41条，规定了法人的人格权益（其中包括名誉和荣誉），第431条有关荣誉权侵害的救济条款。[1] 立法机关通过对这3条内容的整理和扩张形成了《民法通则》第102条和第120条，包括荣誉权的内容和救济条款。但是和荣誉权在立法上的迅速确立相违和的是，时任全国人大常委会副委员长王汉斌在《关于〈中华人民共和国民法通则（草案）〉的说明》中对"民法通则的基本原则和调整范围"的论述仅提及了名誉权、肖像权、生命健康权和法人的名称权和名誉权，并未提及荣誉权。同一时期，我国法学界也并未对荣誉权理论形成系统性的论述，比如作为对90年代民法理论成就予以总结的《新中国民法学研究综述》中，就没有提到有关荣誉权的研究成果，而仅有名誉权的相关文献的罗列。[2] 在该阶段的教科书中，对荣誉权也大多仅做简单提及。譬如在全国高校第一本民法学统编教材《民法原理》一书的民事权利能力部分，就仅将荣誉权列举为民事主体依法享有的民事权利之一种。[3] 类似的处理也可见《民法教程》一书的民法的基本原则部分。[4]

《民法通则》前并无荣誉权的理论积淀却横生了荣誉和名誉并举的立法模式，很显然《民法通则》对荣誉权的规定并非我国荣誉权理论研究发展的自然结果。如果将这一判断作为预设立场，则荣誉权之所以给人以"空中楼阁"之感的最大可能就是，当时立法所构建的荣誉权，实际是来源于对当时为数不多的比较法立法例之一的苏维埃民法的继受。这种推测并非一家之言，早就有学者指出，我国民法将荣誉权独立于名誉权的立法模式是源于将苏联民法中的"荣誉"和"名誉"移植到中国语境中的一次无心插柳。[5] 当然，更大的背景则是1949年彻底废

---

[1] 参见扈纪华：《民法总则起草历程》，北京，法律出版社2017年版，第405页。
[2] 参见《法学研究》编辑部编著：《新中国民法学研究综述》，北京，中国社会科学出版社1990年版。
[3] 参见佟柔：《民法原理》，北京，法律出版社1983年版，第41页。
[4] 参见王作堂：《民法教程》，北京，北京大学出版社1983年版，第37页。
[5] 参见欧世龙、尹琴荣：《荣誉权之否定》，载《社会纵横》2004年第6期。

除国民党伪法统包括民国民法之后,苏联民法对中国民法从立法到司法乃至理论研究的深刻影响。在长达 60 多年间,人们已经把相沿成习的中国民法中苏联的民法思想、传统和规则,当成确定不移的民法范例。①

然而遗憾的是,在这场近乎全盘接受的移植当中,有关"荣誉"概念的继受却不折不扣是一个望文生义的误读。据笔者对苏联民法教科书的译著的理解可以发现,不论是"荣誉"的概念,还是其判断标准和侵权救济方式,苏联民法上所谓的"荣誉权"实际就是我国民法中的"名誉权"。1922 年 11 月 22 日颁行的《苏维埃民法》第 13 节民事权利的分类中提及受某种不正确报道而被触犯荣誉的人,得以请求公开撤回这一报道来获得救济。②《苏联民法》一书则更为细致地探讨了荣誉权和尊严权,并指出荣誉是指对个人的一定的社会评价,是指个人的客观社会属性,关于荣誉的观念是在公民和法律组织进行社会活动和互相交往的过程中形成的。个人的荣誉是根据客观表现,即行为、工作、观点和对社会生活种种现象的评价加以形成和判断的。对荣誉侵权的救济则主要是通过"辟谣"的方法加以实现的。③ 不难发现,苏联民法上"荣誉"的概念与我国当下所称"荣誉"的概念大相径庭。

除了错误继受苏联民法中对荣誉的独特理解之外,立法机关增加荣誉权,并采取与名誉权并列的立法形式可能也与当下民法理论研究风格息息相关。自中华人民共和国成立以来,法律研究在一段时期内确实存在忽视公法与私法的划分进而忽视民法的地位和作用的倾向④,这在《民法通则》及改革开放初期制定的一些法律的规范内容上均有所体现。荣誉不仅象征着行政机关对个人的认可,且与一定的精神利益和物质利益相关,这也可以解释当时的立法机关将荣誉权规范写入《民法通则》的动机。然而通过以下对比较法上的荣誉权制度以及 honour 词

---

① 对于这段历史的更详尽叙述,可参见杨立新:《编纂民法典必须肃清前苏联民法的影响》,载《法制与社会发展》2016 年第 2 期。

② 参见 [苏] 布拉都西编:《苏维埃民法》,中国人民大学民法教研室译,北京,中国人民大学出版社 1954 年版,第 62~64 页。

③ 参见 [苏] 斯米尔诺夫·B. T.:《苏联民法上卷》,黄良平、丁文琪译,北京,中国人民大学出版社 1987 年版,第 184~187 页。

④ 参见杨立新:《当代中国民法学术的自闭与开放》,载《法学研究》2011 年第 5 期。

源的考察可以发现，在私法上建立独立于名誉权的荣誉权制度实属我国民事立法的"独创"。

**桃李之辩**

我们忍不住把考察的目光投向域外，延伸至遥远的古代，去探究荣誉、荣誉权在民事立法和学说上的渊源。通过对罗马法、欧洲大陆法系、英美法系有关荣誉的实体法和民事理论的勘查，可以发现，荣誉作为典型的身份利益在逐渐脱离其身份属性的同时也逐渐与现代民法分离而式微。与此同时，名誉作为固有的人格利益则被不断强化。更有趣的是，与学界动辄援引且言之凿凿的"比较法"依据不同的是，即使近现代西方国家的民法典和民法理论中使用了"right to honour"这一语词，实际上很可能也跟我们望文生义所理解的"荣誉权"大相径庭，西方语境中的"honour"，其实拥有包括"reputation"在内的多重含义。

**荣誉权的前世今生**

目光首先移向罗马法。可以发现在法律层面，鲜有存在的荣誉权制度与罗马法上荣誉与名誉同义存有一定的联系。罗马法中可作"荣誉"含义理解的词有"honorarium"和"existimatio"两种。Jus honorarium，也即狭义层面的荣誉权，实际上指的是被选举权，是可被选举为荣誉性质的官吏或被选任为元老院议员的权利。而外国人、居民也可通过一定的法定手续被"奖赏""恩赐"为罗马市民。[①]"existimatio"则既可以作荣誉也可以作名誉的理解。[②] 在这里必须指出的是，由于在罗马法上，身份是人格的要素或基础，人格由身份构成，二者均带有身份意味[③]，因而其实质上并不存在与现代相近似的名誉权制度。即使罗马法看似也保护现代法意义上的名誉利益，但是这种保护实际上是实现身份上的调整，进而为统治者达到社会控制的目的。[④] 还有的研究指出，罗马法上的荣誉实际上与权利能力有着紧密的关系，且其并非是显赫的声望，而是指名誉上没有缺

---

① 参见周枏：《罗马法原论》上册，北京，商务印书馆2016年版，第118~120页。
② 参见徐国栋：《"人身关系"流变考（上）》，载《法学》2002年第6期。
③④ 参见徐国栋：《人格权制度历史沿革》，载《法制与社会发展》2008年第1期。

陷（不存在减损的事实状态），因为只有名誉上无损失者才得以享有罗马法上全部公权和私权[①]，不同的"名誉减损"（existimationis minutio）会引起罗马市民所拥有的权利能力的不同。[②]

应当指出的是，尽管罗马法时期不存在现代民法意义上的名誉权理论和制度，更不存在现代中国民法中的荣誉权制度，然而罗马法的荣誉与名誉在词源和制度上的实质合一，对后世西方国家的人格权立法和理论却有着深远的影响。就域外民法典和民事立法的规定来看，"right to honour"大多未形成单独的权利表达抑或制度，且包含"right to honour"的规定也未有保护特殊的肯定性名誉（所谓"荣誉"）的含义。在几乎所有的情形当中，荣誉和名誉看上去都更像是近义词之间的互用。譬如，《荷兰民法典》第106条规定，受害人遭受身体伤害、荣誉或名誉的损害或者其人身遭受了其他侵害的，有权要求财产损害以外损害的赔偿。尽管该条文中出现了honour和reputation并列的情形，然而从侵权形态、侵权主体等考察，该国规定的荣誉权侵害与我国语境中"荣誉称号被剥夺"根本不是一码事。[③] 将"荣誉"与其他人格利益并列的情形还有《蒙古国民法典》第7条将荣誉与尊严并提[④]、《芬兰侵权法》将荣誉与自由和私人生活并列。[⑤] 但前者可能只是为了表达内部化尊严和外部化客观评价的统一；而后者大概率指向名

---

[①] 参见周枏：《罗马法原论》上册，北京，商务印书馆2016年版，第135页。

[②] 名誉减损共有不能作证（intestabilis）、丧廉耻（infamia）、污名（turpitudo，也称事实上的丧廉耻——infamia facti）三种形态。不同的名誉减损有着不同的后果，包括实际上剥夺行为能力（不能为法律行为作证）、丧失选举权和被选举权以及丧失担任与诚实信用有关职务的资格等。参见周枏：《罗马法原论》上册，北京，商务印书馆2016年版，第135～137页。

[③] 《荷兰民法典》第6编第10节（损害赔偿的法定义务）第106条1规定：有下列情形之一的，受害人有权要求财产损害以外其他损害的公平赔偿：a. 该责任人有加害的故意；b. 受害人遭受身体伤害、荣誉或名誉的损害或者其人身遭受了其他侵害；c. 对死者未分居的配偶或者二等以内血亲对死者的怀念造成伤害，但以该伤害在死者在世的情形下会产生他对荣誉或名誉损害的赔偿请求权为条件。参见《荷兰民法典》，王卫国译，北京，法律出版社2006年版。

[④] 《蒙古国民法典》第7条规定，名誉、荣誉、商誉受到侵害的公民和法人，有权要求否定损害其名誉、荣誉的言论并消除此等诽谤造成的损害。散布本条第1款规定的言论者，如果不能证明这些言论符合事实，应赔偿由此造成的损害。法院依本法典规定的根据和程序，确定由于侵害名誉、荣誉、商誉造成的损害额以及损害赔偿的措施。参见《蒙古国民法典》，吴振平译，北京，中国法制出版社2002年版，第4页。

[⑤] 《芬兰侵权法》第5章第6条规定，本法关于对人身损害的条款适用于对自由、荣誉和私人生活造成痛苦或其他相等的损害。

誉权制度。又如《奥地利民法典》虽然使用了"in honour"作为第 1330 条的标题，但从其内容上来看无疑当属名誉权制度的范围。①

在英美法系中，目前在私法上尚未形成对"荣誉称号""荣誉证书"等特殊肯定奖励的单独规则。普通法系多是通过几种特殊侵权对名誉利益进行保护，包括故意造成的精神损害（Intentional Infliction of Emotional Distress）、过失引起的精神损害（Negligent Infliction of Emotional Distress）和诽谤（Defamation，书面诽谤和口头诽谤）。② 一言以蔽之，英美法系的理论中似乎从未抽象出 right to honour 这一权利。

right to honour 的理论剖白

除去上述立法例上的情形之外，通过对典型大陆法系国家（地区）中的法国、德国、俄罗斯、日本及我国台湾地区民法中有关人格权理论代表性译著的考察，就词语的使用上，仅法国民法明确使用"荣誉权"（le droit a l'honneur），但与我国荣誉权理论独立于名誉权理论不同的是，法国民法学术论证中仍多将"荣誉权"与"名誉权"并举，内容上也基本是围绕名誉权展开。例如 Toullier 就曾在其著作《法国民法》（1838 年）中指出，民事法律应当让社会中的每一位成员享受未受毁损的荣誉权和名誉权。类似的论述也可见于 Boistel、Roguin、Perreau 等人的著作。③ 不过，在法国人格权理论发展的过程中，对 right to honour

---

① 《奥地利民法典》第 1330 条（an der Ehre，英文 in honour）规定：因书面诽谤或口头诽谤而遭受实际损害或实际损失者有权主张赔偿责任。上述条文可以适用于明知某事实不真实而散布有损他人信用、经营或财产之虞事实者。此时，受害人可以要求加害人公开消除影响。但是，具有合法原因在不知情的情况下私下传播某一事实的人可以不承担责任。参见《奥地利民法典》，戴永盛译，中国政法大学出版社 2016 年版。

② See Coleman v. MacLennan，78 Kan. 711，98 P. 281 (1908)；New York Times Co. v. Sullivan，376 U. S. 254 (1964)；Garrison v. Louisiana，379 U. S. 64，78 (1964)；Cf. Time, Inc. v. Hill，385 U. S. 374，411 (1967)，etc.

③ Boistel 在《自然法基础教程》（1870 年）中提及，所谓名誉权（le droit a lareputation）或荣誉权（le droit a l'honneur），是指当自然人发育和发展到拥有其特性的程度时，他们享有的要求行为人抑制其名誉侵权行为或者侮辱行为的权利；Roguin 在《法律规范》（1889 年）中提及，权利主体享有的第二种人格权包括荣誉权（le droit a son honneur），行为人不得恶意中伤他人、不得毁损他人的名誉等；Perreau《人格权》（1909 年）中提及，他人对其所享有的第一种人格权是名誉权（le droit a l'honneur），其作为最古老的权利发源自《十二铜表法》。详见张民安：《法国人格权法（上）》，北京，清华大学出版社 2016 年版，第 99~105、259~280、298~301 页。

也出现过超越现代名誉权概念的不同理解。Beaussire 在《法律原则》(1888 年)中就提及，名誉权在性质上应属于财产权，因为法律关系主体所获得和占有的名誉在性质上属于一种财产。当法律关系主体拥有受敬重（consi-deration）和荣誉（honneur）时，他们从受敬重和名誉当中所获得的利益属于无形利益，并且可以为家庭成员或后代带来无形利益。① 可以说，在 Beaussire 的叙述中，荣誉权并非人人均能享有，这一点与我国民法语境中的"荣誉"显得颇为相似，但若从其所述荣誉权的内容上来看，则又相差甚远。再看另一个国家俄罗斯，俄罗斯民法理论与苏联民法理论相同，也是以俄语上的"荣誉"作为名誉权的同义语词，这点已为译著所察觉。俄罗斯的民法理论细分了所谓的名誉（荣誉）与尊严，认为名誉（荣誉）是指对公民所固有的具有社会意义的品质和道德品质的社会评价，而尊严则是公民对这些品质的自我评价。② 此外，德国、日本和我国台湾地区民法理论也均未发展出单独的荣誉权制度，甚至都并未出现对特殊名誉保护的讨论。日本民法理论中并未单独将特殊荣誉称号作为名誉权保护客体的一项分类。③ 在我国台湾地区的民法理论中，名誉权属于特殊人格权的范畴，而荣誉权则不是。④

honour 的多重含义

通过对 right to honour 语词在域外立法和学术文献中出现的形式和内容的研究，可以发现一个现象，即在人格权保护层面会出现大量的 honour 和 reputation 混用的情况，并且各历史时期、各法域也未对特殊的肯定性评价形成有别于名誉权的私法保护规则。除荣誉权带有明显的身份和公法性质外，恐怕荣誉（honour）语词与名誉（reputation）语词的含义重叠也是至今未发展出单一荣誉权制度的一

---

① 详见张民安：《法国人格权法（上）》，北京，清华大学出版社 2016 年版，第 280~291 页。
② 参见[俄] E. A. 苏哈诺夫：《俄罗斯民法》（第 2 册），黄道秀等译，北京，中国政法大学出版社，第 725~730 页。
③ 日本侵权法层面上的名誉是指：(1) 每个人因其自身的品性、德行、名声、信用等，所应该得到世人的相应评价；(2) 名誉感情，指受害人的社会评价客观上并未降低但受到了名誉情感侵害；(3) 社会地位，譬如在职业上具有一定社会地位的人对其社会信用的重视。参见[日] 五十岚清：《人格权法》，[日] 铃木贤、葛敏译，北京，北京大学出版社 2009 年版，名誉权部分。
④ 参见史尚宽：《民法总论》，北京，中国政法大学出版社 2000 年版，第 126 页。

大原因。

剖析 honour 的语言含义的理解,离不开对 dignity、reputation 和 fame 等相关概念的意义追索。具体而言,对 honour 和 reputation 含义的理解离不开对近义词的词源及词义的比较,针对 honour 一词的含义与词源,从含义流变历史的角度考察有多种见解。第一种观点认为,欧洲法上的 honour 和 dignity 两词,均来源于罗马法上对人的评价——dignitas,其与 fama 和 corpus 一并构成可能引起罗马法上的 actio iniuriarum(对于造成他人精神损害的法律诉讼)的原因。honour 与 dignity 的不同在于,前者多强调自我认知的主观意义上的不同,与人的不同社会等级、地位、身份相联系;而后者则出现较晚,是人作为社会平等的一员所普遍享有的不可剥夺的基本人格需求,其强调的是人格的平等性。[1] 第二种理解认为 honour 和 reputation 来自同一根源 dignity,并被视作"个人良好品行"的主客观评价的价值而须加以保护。这一观点有意大利民法学上 honour 和 reputation 的含义流变的历史加以支持。传统上认为 honour,也称 subjective honour,指的是主观上的意识和感觉,也就是一个人拥有的对自己品质的感受;而 reputation,或称 objective honour,指的是社会或者第三方对该特定主体的尊重,更类似于声誉。以 honour 和 reputation 的二分化为基础衍生了对 dignity 的不同理解。一是认为,尊严是主观的并应基于个人对可能影响其社会价值的人格特征的认证;二是认为,尊严是客观的并可扩展至个人通过其行为表达出的所有品质。晚近也有学者对上述机械的二分化视角进行了批判,认为这样可能造成对无意识能力者和低名誉者的保护不足,因而他们提出,尊严应当以统一的人格平等概念为基础。[2] 这种说法在一定程度上佐证了《蒙古国民法典》将 honour 和 dignity 并列的立法形式。第三种说法认为,现代西方语言中对 honour 和 reputation 的混用可追溯至罗马法中 existimatio 一词的双重含义。作为名誉/荣誉理解的 existimatio 是个人所享有的社会评价上的尊重,是法律或习俗认可的尊严未

---

[1] 参见满洪杰:《荣誉权——一个巴别塔式的谬误?——"Right to Honour"的比较法考察》,载《法律科学》2012 年第 4 期。

[2] See Helmut Koziol, Alexander Warzilek, *The Protection of Personality Rights Against Invasions by Mass Media*, Vienna: Springer-Verlag 2005, pp. 86 – 187.

被减少的状态,同时它又成为其他权利的基础并可为增加或减少,因而可以构成一种身份。①

尽管对 honour 一词来源的理解上存在差异,但上述三种观点均指出该词在西方语言流变过程中所存在的多层次的含义,是对 honour 一词不同角度的阐述。这些观点都精准地指出了 honour 所拥有的主观意识和感受。根据牛津学习者词典的说明,就现代语言学上的 honour、dignity、reputation 和 fame 的含义追索而言,除 reputation 和 fame 来源于同一词根 reputatio(n)外,honour 和 dignity 的来源并不相同,前者来源于拉丁文上的 honos,而后者为 dignitas。尽管这四者的来源并不相同,但是从词语所蕴含的意义上来看,honour 的确被赋予了更为丰富甚至包容其他词语内涵的含义。详言之,honour 不仅拥有受尊重(be respect for somebody)、高尚的行为、名誉与他人的尊重以及特殊奖励(award)等含义,也与一些特殊称谓、特殊荣誉相关。dignity 主要强调的是对自我价值的认同,也有态度和受尊重的事实的含义。reputation 则主要指的是客观的社会评价,多根据过去发生的事情来作出。而 fame 由于和 reputation 拥有同一词根,其基本含义大致相同。

显然,仅就含义和词源而言,西方语言中的 honour 在一定程度上包含了 reputation 的词义,在特定语境下甚至也包括中国语境中特殊荣誉、奖励(award)的意思。但如果据此认为中国民法中的荣誉和荣誉权就是 honour 和 right to honour,则无疑是偏颇的误解,正如有学者之前所形容的,这是一个"巴别塔式的谬误"②。

**体系化的对待与展开**

*跳出论争*

无论从纵向还是横向来说,中国民法中的荣誉权都确实在历史范围和世界范围内堪称独树一帜。个中缘由,除源自前述对于苏联民法的错误理解外,

---

① 参见徐国栋:《人格权制度历史沿革》,载《法制与社会发展》2008 年第 1 期。
② 满洪杰:《荣誉权——一个巴别塔式的谬误?——"Right to Honour"的比较法考察》,载《法律科学》2012 年第 4 期。

honour 的多重含义导致 honour 和 reputation 的含义重叠可能也是荣誉权制度多年独立的一大助力。不仅如此，过往的学术讨论之所以并不能一锤定音地将荣誉权制度排除在我国民法理论之外，其另一大原因可能就在于，既往的研究重心多纠缠于荣誉权的性质以及荣誉权与名誉权的比较，缺乏对实证层面的考据和对民法的社会功能的理解。在既往的研究中，否定说的观点主要立足于荣誉权取得的非普遍性和荣誉权性质的非独立性[①]；肯定说则缠绕于荣誉权与名誉权之区别，认为两者的取得方式不同、主体范围不同、消灭方式不同，并且名誉是社会对公民的品行、生活作风、才干、声望等方面的评价，而荣誉则是国家机关或社会组织对某一特定公民授予的一种特殊名誉，诸如此类。可以发现，否定说和肯定说的代表性观点在论证中均或多或少地采纳了对方的核心观点，如否定说认为荣誉权确是一种特殊的精神利益而肯定说也认可荣誉权的获得主体是有限的，论者都在论证逻辑上出现了让步，降低了结论的可靠性。

所以，既往讨论的弱点之一是对荣誉权独立与否的论证多落足于理论层面的论证而忽略了实证层面的考据[②]，这就难免陷入"性质决定去留"的单向逻辑。尽管该逻辑本身并无大碍，但讨论者在进行论证时多已在脑海里作出价值判断并导致了"去留决定论证"的思维悖论，因此不免每每出现论据偏颇、力度不足的情形。在刨除历史的遗留和比较法引进的影响后，再论中国民法中荣誉权的去留问题，就必须回到最基础的法条规范——例如民法典各分编草案人格权编第1031条——的内容以及司法实践的类型化分析上，也即只有通过规范和实证分析确定荣誉权的内容和侵权形态，才能展开判断荣誉权是否有必要保留于民法典

---

[①] 否定说的典型论证如：荣誉并非人人都可能享有，也并非人人都必须具有，它是一种并不具有普遍意义的特殊人格或精神利益，因此不应以具有普遍意义的民事权利形式加以确认和保护，参见张新宝：《名誉权的法律保护》，北京，中国政法大学出版社1997年版，第44页；荣誉获得者的身份，显然与亲属伦理关系无涉，只有通常身份之名，而无民法上身份之实固有性作为人格生而有之的题中之意，参见姚明斌：《褪去权利的外衣——"荣誉权"三思》，载《中国政法大学学报》2009年第6期。

[②] 据笔者观察，目前仅满洪杰文《荣誉权作为独立人格利益之质疑——基于案例的实证分析》有着较为坚实的实证基础。

之中的论证。

既往讨论的弱点之二在于,偏重强调公、私法分离,往往在私法理论上得出结论后,就止步私法理论,而不考虑荣誉权制度可能包含的调整社会秩序的作用。这种论证会导致肯定说和否定说不在一个层面上进行交锋,从而不能激发思想交锋而夯实论证基础。可以说,完全抛开实践纠纷形态以及立法机关对荣誉权的态度来展开对荣誉权去与留的线性化讨论,不可能达到证成和证伪的效果。既然中国民法中出现荣誉权既不是因为历史传统,也不是因为比较法上的借鉴,那么,判断中国民法典是否应当保留荣誉权规范,就仍然需要先回归到相关条文的规范性分析和实践纠纷本身上来。

**荣誉权的内容和侵权形态的类型化**

根据民法典各分编草案人格权编（2019年12月16日稿）第1031条第1款和第2款的内容,荣誉权的内容主要包括如下几方面：实体方面,权利人享有保持自己的荣誉称号不受非法剥夺以及保持自己的荣誉不受诋毁和贬损的权利；程序方面,权利人对于自己的荣誉享有要求记载以及在记载错误时要求更正的权利。相较于《民法通则》第102条的内容,权利人得以要求记载和更正的权利属于民法典草案当中增加了的内容。但是,由于荣誉颁发主体和荣誉内容多种多样,类如广为人知的事迹与竞赛证书等形态,实践中针对"荣誉权"的侵权形态表现远较上述荣誉权规范内容更为复杂。不仅如此,荣誉权内容本身存在的逻辑上的不完满也增加了荣誉权纠纷的处理难度,譬如上述规范设计仅规定了消极的不受非法剥夺荣誉的权利,但并未规定积极的获得荣誉的权利,仅规定了精神利益的侵害,却忽略了与此精神利益紧密联系的经济利益的保护,而实际上这些规范中所未包含的内容在司法实践中均有体现。

考察自《民法通则》生效以来的荣誉权纠纷司法实践,涉及荣誉权纠纷的侵权形态大致可有如下几方面的类型：其一,荣誉权取得类。这一类型的案件与原告是否应当取得实体荣誉有关,既包括原告请求获得某种荣誉,也包括原告请求

保持特定荣誉不受非法剥夺。前者如明某诉深圳市公安交通管理局龙岗大队荣誉权纠纷案。① 后者则如张某读不服安福县人民政府取消其荣誉证书案。② 对于此类案情，法院多认为国家机关以及接受国家机关委托的其他组织授予、撤销荣誉称号的行为属于行政行为，不属于民事案件受理范围。其二，荣誉相关利益侵害类。由于荣誉相关利益的性质较为复杂，这一类型的案件在实践中存在多种样态，包括受到诋毁和贬损所致的精神利益侵害、津贴和奖金等减损所导致的经济利益侵害以及荣誉证书和奖杯被侵占或毁损所导致的荣誉标志物侵害等。精神利益侵害的典型案例如葛某生、宋某保诉洪某快名誉权、荣誉权纠纷案。③ 经济利益侵害的典型案例如四川新兴电气研究所诉成都国光电气总公司电子仪表厂等荣誉权纠纷案等。④ 荣誉标志物侵害的典型案例如何某桃诉垣曲县华峰乡人民政府荣誉权、返还原物纠纷案⑤等。此类案件中通常还会掺杂对有关身份、事迹是否属着荣誉的判断，而在多数案件里，法院肯定了由权利人提起的荣誉相关利益侵害的救济请求。其三，荣誉称号记载与更正类。在这一类型的案件中，并不存

---

① 在该案中，原告应被告所传达的《关于加强宣传报道的通知》一年内独立在新闻单位发稿200多篇。按照文件的规定，80篇以上者即可报立三等功，并给予2000元人民币的奖励，但是原告并未评上三等功，也未获奖励，因而起诉要求为其报立三等功，恢复荣誉未果，双方发生纠纷，参见明某诉深圳市公安交通管理局龙岗大队荣誉权纠纷案，案号（2002）深中法民终字第3753号。

② 在该案中，原告任村党委书记期间，由于开展植树造林活动取得显著成绩，根据《安府发（1989）3号文件》规定被授予一级造林绿化荣誉资格。后原告因在任职期间受到警告处分，根据《安府办字（1997）41号通知》第6条规定被撤销荣誉证书，并因此与被告发生荣誉权纠纷，参见张某读不服安福县人民政府取消其荣誉证书案，案号（2000）安行初字第13号。

③ 在该案中，被告撰写《小学课本〈狼牙山五壮士〉有多处不实》《"狼牙山五壮士"的细节分歧》中以细节否定英雄，引导读者对"狼牙山五壮士"这一英雄人物群体的事迹和精神产生怀疑，从而贬损、丑化了葛振林、宋学义的名誉和荣誉。参见葛某生、宋某保诉洪某快名誉权、荣誉权纠纷案，案号（2016）京02民终6271、6272号。

④ 在该案中，两被告以非法串通并采取欺骗性手段，通过成果鉴定，获得了本应由原告获得的1994年国家级新产品和国家级优秀节能产品推荐证书，进而使其遭受经济利益的损失。参见四川新兴电气研究所诉成都国光电气总公司电子仪表厂、成都国光电器总公司专利权、科学技术成果权、荣誉权、名誉权纠纷案，案号（1996）成经初字第689号。

⑤ 在该案中，根据中宣电（2005）59号《关于做好颁发中国人民抗日战争胜利60周年纪念章工作的通知》，原告伯父符合资格得以享受此荣誉章，但由于被告民政所工作人员的失误，致使原告伯父直到2010年12月23日才得到此荣誉章。参见何某桃诉垣曲县华峰乡人民政府荣誉权、返还原物纠纷案，案号（2015）垣民初字第466号。

在原告是否应当获得荣誉的争议,案件争议围绕着荣誉的外部形式,此类纠纷的重点往往与登记错误的后果相关,进而产生纠纷。该类案件十分罕见,就笔者考察,典型案例仅发现一例——贾某与锦州市教育委员会的荣誉权纠纷。① 尽管目前此类纠纷并不多见,但随个人信息产业的进步与发展,可以想见在可预期的未来,类似纠纷数量会有所增多。

*游走在"公/私法"的边界*

可以发现,就荣誉权纠纷而言,法院似乎总是游走在"公/私法"的界限上,特别是在与荣誉的获得与撤销有关的纠纷当中,从而显现出荣誉权与传统民事权利体系的不兼容。从荣誉的本质角度切入,荣誉权之所以展现出"似是而非"的性质,是荣誉权主体范围的双重限制所致。荣誉权制度语境中的"荣誉"指的是,公民或法人享有因自己的突出贡献或特殊劳动成果而获得的光荣称号或其他类型的荣誉②,也只有获得荣誉的公民或法人才是荣誉权的主体。然而对何谓"荣誉"这一问题却存在不同的判断。通常认为,荣誉是指对社会作出重大贡献并受到有关政府机关及社会组织表彰而所授予的美名与称号。③ 学者的研究指出,就荣誉的概念共有评价说和奖励说两种观点:评价说认为荣誉是一种正面的、积极的社会评价;而奖励说则将荣誉限定为获得的光荣称号和其他奖励。④ 评价说体现了荣誉的基本性质,而奖励说体现了荣誉的外部表现形式,荣誉权概念上的荣誉不仅须以特定的正面评价为内涵和本质,也须体现为机关、团体等组织的奖励。这一理解目下已为司法实践所普遍接受。⑤

正面评价和外部形式构成了荣誉本身的双重限制,而这个特点构成了荣誉权

---

① 在该案中,原告系市级"优秀学生干部",但在高考报名中被被告工作人员登记为"三好学生",丧失了享受加分的待遇,并因此未被重点院校录取。法院认为,被告工作人员的过错行为,致使原告在报考大学的录取中未能享受市级"优秀学生干部"降分投档的待遇,丧失了可能被重点大学录取的机会,支持了原告的诉讼请求。案情参见赵宏伟:《女大学生告倒教委:辽宁省首例侵害学生荣誉权案始末》,载《法制天地》2001年第2期。

② 参见王利明主编:《中华人民共和国民法总则详解》,北京,中国法制出版社2017年版,第450页。

③ 参见《中华人民共和国民法通则(案例注释版)》,北京,中国法制出版社2014年版,第115页。

④ 参见杨立新:《人格权法》,北京,法律出版社2011年版,第556~557页。

⑤ 单纯以事迹、经历、身份作为荣誉的案件通常不为法院所认可,参见满洪杰:《荣誉权作为独立人格利益之质疑——基于案例的实证分析》,载《法商研究》2012年第5期。

主体范围受限①和荣誉权不兼容于传统民事权利体系的根本原因。从内部限制上来说，构成荣誉的肯定评价必然与宽泛而模糊的名誉评价在一定范围内产生重叠。并且由于荣誉的授予旨在弘扬社会所认可的价值观，荣誉所体现的积极评价须为社会公众的评价所认同和包容。例如在"狼牙山五壮士名誉纠纷案"的判决中，法院即指出，"狼牙山五壮士"英勇抗敌的基本事实和舍生取义的伟大精神，赢得了全国人民高度认同和广泛赞扬，这是"五壮士"获得"狼牙山五壮士"崇高名誉和荣誉的基础。②而从外部限制上来说，荣誉权取得的前提是国家机关和社会组织的授予，因为所授予荣誉的机关和组织须能够评定社会通常的积极标准，这种授予显然不纯粹是私法（权）属性的。因而，尽管有学者认为出于社会分工的细化、价值标准的多元，荣誉评定权将逐步解除垄断，荣誉也因而成为一种兼跨公私法域的社会现象。③但是笔者认为，从荣誉的稀缺性角度来理解，不宜扩张荣誉评定主体的范围。即使荣誉可以由一些社会组织颁布，且这些社会组织从法律性质上来说属于私法人，仍然必须强调这些社会组织必须有一定的公共职能，纯粹的私主体，无权评定荣誉。因此，调整荣誉权法律关系就不免需要深入对行政法律关系和社会法律关系的判断中，这也就不难理解为何上述许多纠纷的判决在民事层面给人以怪异之感。

进一步考察前述侵权形态类型可以发现，荣誉权作为立法"强加"给民法的权利，可以在内容上逐层剥离出不同的荣誉利益，并将这些利益划分至不同的保障机制。根据民法典各分编草案第 810 条的规范内容以及司法实践中存在的荣誉权侵权形态来看，显然，对荣誉利益的保护应当由行政法、个人信息保护或由名誉权规范来分别承担。

---

① 补充来讲，荣誉权主体范围受限与主体是否单一无关。譬如，获得国家级新产品证书和国家级优秀节能产品推荐证书的某电子仪表厂为荣誉权主体，而在全国职工法律知识竞赛中获得一级个人优秀奖的无锡锅厂技术科学法小组集体也得以构成荣誉权主体，参见鞠某等诉郭某荣以集体名义获得的荣誉应归全体成员享有荣誉权纠纷案与四川新兴电气研究所与成都国光电气总公司电子仪表厂、成都国光电器总公司侵犯专利权、科学技术成果权、荣誉权、名誉权纠纷案。

② 参见葛某生、宋某保诉洪某快名誉权、荣誉权纠纷案判决部分，案号（2016）京 02 民终 6271、6272 号。

③ 参见姚明斌：《褪去权利的外衣——"荣誉权"三思》，载《中国政法大学学报》2009 年第 6 期。

**荣誉权人利益的多重救济途径**

荣誉权制度之所以会给人以叠床架屋之感，根本原因在于荣誉的获取并非来源于私法的利益安排，因而在私法上对荣誉利益进行调整就会体现出"心虚"之感。自《民法通则》生效以来就从未形成独立于名誉权、个人信息权保护的荣誉权规则这一事实，则进一步加剧了这种感觉。就荣誉权相关条文和实践纠纷来看，荣誉权人的利益至少在以下三方面存在不同部门法救济竞合的情况。

其一，荣誉获取利益。荣誉权不是民事主体的固有权利，也不是每一个民事主体都可以取得的必然权利，只有实际获得某项荣誉，才能成为荣誉权的主体。荣誉的获得不属于民法范畴，这已得到了私法理论的认同，因而民法荣誉权规范并不保护荣誉的获得，而只保护荣誉权的维持。[1] 但就消极意义上的荣誉获得利益（非法剥夺荣誉，指的是非由相应行政机构或社会团体依荣誉取消的特定程序加以剥夺[2]）来说，则在理论上和司法实践中均承认应予以救济。可是，由于剥夺荣誉的主体只能是有权剥夺机构，因为只有特定机构的剥夺行为才产生公信力，而一般民事主体即使宣称其取消了他人的荣誉，也不会产生荣誉丧失的法律效果。至于对荣誉标志物的毁灭，则并不构成对荣誉的剥夺。由此可见，至少在荣誉的非法剥夺的救济上，应当以公法作为救济的主要途径。[3]

其二，荣誉记载利益。根据民法典各分编草案人格权编第1031条第2款的设计，荣誉权人可以要求记载或更正被错误登记的荣誉称号。问题在于，荣誉记载利益实际上并非民法所保护的利益，或者说并非人格利益，因为记载错误并不会引起荣誉丧失的法律效果，譬如在上文所述的贾某与锦州市教育委员会的荣誉权纠纷中，原告没有丧失市级"优秀三好学生"这一荣誉，其未能享受高考加分的待遇，所受到侵害的并非荣誉记载利益，而是类似荣誉津贴的物质利益和未予录取的精神利益，而后者应当根据荣誉颁发机构和荣誉权人之间存在的基础关系来处理。除荣誉权规范外，当荣誉信息记载错误时，也可以考虑由个人信息保护

---

[1] 参见杨立新：《人格权法》，北京，法律出版社2011年版，第560页。
[2] 参见司马静：《论荣誉权》，载《现代法学》1992年第2期。
[3] 在实践中，法院也有作出类似判决的先例，参见张某读不服安福县人民政府取消其荣誉证书案判决主文部分。

的法律规范提供救济。根据 2017 年公布的《个人信息保护法（草案）》第 15 条、第 30 条和第 38 条的规定，个人信息权人得以请求信息处理主体对错误信息进行更改，若该信息处理主体发现储存的信息不正确的，应当主动予以变更。[①] 这些规范，无疑同样适用于荣誉信息记载错误的情形。

其三，荣誉权相关的精神性利益和物质性利益。尽管草案第 1031 条第 1 款规定了不得诋毁、贬损他人的荣誉，也就是荣誉权人的精神利益不受他人的侵害，但实际上诋毁、贬损他人的荣誉无论在内涵和外延上都与侵害他人名誉权的行为完全吻合。在几乎所有的荣誉权纠纷当中，即使当事人并不享有相应的"荣誉"，讼争的行为也都因为其"诋毁、贬损"的表现已经对受害人名誉造成了损害。

此外，荣誉权人获取荣誉嘉奖后除获得精神鼓励外，也可以带来附随的物质性利益。譬如，获得世界冠军的称号属于荣誉，但随世界冠军而得到的奖章、奖金、奖品等，则是荣誉所包含的物质利益和精神利益。[②] 即使不通过荣誉权救济规范，这种附随于荣誉获取的物质利益也可以根据取得荣誉时存在的不同法律关系获取应有的救济。详言之，若荣誉是由政府机构所授予的，那么外部主体与政府机构之间就构成了具体行政关系，而内部主体与政府机构就构成了内部管理关系；若荣誉是由社会组织所授予的，那么荣誉权利人与社会组织在财产关系上则形成了合同关系，处理有关荣誉相关物质利益纠纷时，应当根据取得荣誉的这些基础法律关系的性质进行。正如学者所指出的，相关物质利益救济的法理逻辑应属基于劳动合同主张债法上的请求权，或者通过劳动行政部门的相关申诉途径谋求权益之恢复和保障。[③] 就对荣誉标志物的侵害而言，也可以按照具有人身意义的特定纪念物品的侵害规则予以处理。最高人民法院《精神损害赔偿司法解释》第 4 条就规定具有人格象征意义的特定纪念物品，因侵权行为永久性灭失或者毁损的，物品所有人可以请求精神损害赔偿。当前，财产人格化的趋势逐渐受到民

---

① 参见《个人信息保护法（草案）》第 15 条、第 30 条、第 38 条内容。
② 参见李丽峰、李岩：《人格权：从传统走向现代——理论与实务的双重视角》，北京，中国法制出版社 2007 版，第 178 页。
③ 参见姚明斌：《褪去权利的外衣——"荣誉权"三思》，载《中国政法大学学报》2009 年第 6 期。

法发展的认可,即使不单独规定荣誉权规范,实践中出现的不少荣誉标志物的毁损、侵占的纠纷①,也都可以为民法典中规范侵害具有人身意义的财产的规则所解决。

市民社会里形形色色的各种利益需要得到法律的维护,但具体何种利益才能被赋予"法律之力"而上升为权利,则须考察利益本身的重要性、既有权利体系的包容性、民法的社会功能、现存民法体系的稳定性与协调性以及纠纷出现的频率等因素来综合考量。所谓的"荣誉"利益固然需要得到保护,但是否建构、如何建构以及如何运用法律制度来进行保护,则必须慎重对待,进行进一步研究。

如前所述,民法典规定荣誉权可能引起的不良后果是引发救济的公私混同和既有权利体系的叠床架屋。若荣誉权纠纷的处理涉及荣誉的获得或撤销,则会出现民事裁判涉足行政行为的情形,导致公私法界限不明的暧昧情况;若荣誉权纠纷的处理涉及荣誉登记利益、精神利益和经济利益时,本就可以根据荣誉利益所取得的基础关系的不同而进行区别论证,何必再在其上叠加荣誉权法律关系?西方国家残存的"荣誉头衔"相关的法律制度或许也从侧面证明了荣誉权本不应当进入民法。② 当然,尽管荣誉权的出现并未得到民事理论的充分论证,甚至很大可能是来自20世纪80年代公法影响的背景下对苏联民法的错误理解,但是我们无意否认,自《民法通则》颁行以来,我国荣誉权规范的存在客观上已经超过了30年的历史,并已成为《民法总则》第110条所确定的一项民事权利。可以说在形成了一定的路径依赖后,要大刀阔斧地对现在的制度进行一刀切似的改革,也并不现实。特别是考虑到与荣誉权有关的相关规范在民法典编纂过程中历经几次草案中却并没有出现实质性的变化,贸然取消荣誉权规范,不仅与立法机关的期待不符;也可能破坏立法的稳定性。尤其在社会公众普遍法律素养不高的情况

---

① 参见王竹、张敏:《论侵害特定纪念物品精神损害赔偿的适用范围——从"人格象征意义说"到"身份象征意义说"》,载《现代法治研究》2018年第3期。

② 例如,在英国《头衔剥夺法》(Titles Deprivation Act)的规定中,允许国王成立包括两名成员的枢密院委员会,其职权是收集证据并报告在战争中曾叛国的贵族或王子的姓名。若该报告在40天内未经参议院和众议院的反对,那么就会被提交给国王,而报告中的贵族就会被剥夺爵位以及与爵位相关的特权。类似以宪法性法律规范"荣誉头衔"的法案还有挪威《贵族法》(the Nobility Law)。该法案废除了挪威当时存在的所有贵族头衔以及头衔所带来的特权,但保留了贵族向挪威议会提出维持贵族头衔的权利。

下，在民法典的人格权编当中取消荣誉权的规范，可能会产生"荣誉利益不再受到民法保护"的反向思维，从而激起大众的反对并增加普法的成本。类似的是否调整既有立法术语与结构的斟酌情形，在民法典的立法过程中并不罕见。譬如，在推行土地三权分置时，曾出现修改"土地承包经营权"概念的方案。这一方案的反对观点当即指出，由于该概念已存在30多年，并得到了权利主体（农民群体）的拥护，权利人对此概念的内涵较为清晰，若将其重新命名则可能引发权利主体的不安。①

因此，折中路径可能是一种更为合理的解决之道。在民法理论高度发展的当今，民事理论必须跳脱私法的固有逻辑并接纳其他学科对民法学理论的辖制、辐射。同时必须要考虑到民法典除调整平等主体之间的人身和财产关系外，还肩负着维护社会正义和社会秩序、尊重社会公众的法感情以及引导社会公众的法信仰等政治性使命。②若一味地以权利思维定式对问题进行思考，则可能忽略社会背景所产生的影响和制约，也可能阻挡社会主张的融入，难以实现当代民法典所应具有的开放性和时代性。③若仅在私权协调、逻辑自恰的层面对荣誉权制度进行审视，则现有荣誉权人的利益救济确实可以通过其他渠道完成，所谓荣誉权从概念到规则都大大存疑。但是如果据此就完全取消荣誉权制度，又不免在一定程度上降低了对公民获取社会荣誉的激励，可能会弱化民法典所拥有的彰显社会正义、宣传并引导践行核心价值观的功能。因而，从荣誉的本质及荣誉权侵权的类型出发，沿着尊重传统权利体系、协调受众预期、包容不同法域救济方式的折中逻辑，相较于直接删除或完全采用民法典各分编草案人格权编第1031条的规范这样极端的方式，更为妥帖的方案可能是保留规范并在解释论上对其进行调整，在法教义学上将其内容严格限定为对荣誉权人精神利益的保护，即"任何组织或者个人不得非法剥夺他人的荣誉称号，不得诋毁、贬损他人的荣誉"。而同时在

---

① "改变土地承包经营权的做法会引发农民们的不安……因为农民原来的土地承包经营权本身就包括经营权，现在立法要重新创设一个新的经营权，那农民自然要问，他们享有的承包经营权中的经营权为什么没有了！"孙宪忠：《推进土地三权分置经营模式的立法研究》，载《中国社会科学》2016年第7期。

② 参见石佳友：《民法典的"政治性使命"》，载《山东法官培训学院学报》2018年第1期。

③ 参见梅夏英：《民法权利思维的局限与社会公共维度的解释展开》，载《法学家》2019年第1期。

人格权救济的意义上剔除与荣誉的获得和撤销以及侵害荣誉相关物质利益和荣誉标志物的内容，这样可以避免与现有民事权利体系的重叠和可能引发的跨越公私法界限的窘迫。与此同时，在法律适用层面上须细化应受保护的荣誉类型，探索和完善除人格权外的各类其他保护机制，以此实现更为切实和周全的荣誉保护机制。

## 个人信息范畴的界定：概念如何产生

在个人信息数据治理体系下，传统的民刑部门法关注的重心在于规制侵犯个人信息的不法行为，通过制裁与规制的方式宣告个人信息本身所具有的权利属性。然而就目前而言，《个人信息保护法》尚未出台，理论界对个人信息范畴界定的争议至今尚未有定论。

在《个人信息保护法》规范缺位的前提下，首先需要思考的问题就在于如何对个人信息范畴予以准确界定。尽管《民法总则》第111条规定："自然人的个人信息受法律保护。任何组织和个人需要获取他人个人信息的，应当依法取得并确保信息安全，不得非法收集、使用、加工、传输他人个人信息，不得非法买卖、提供或者公开他人个人信息。"但是上述法律条文对个人信息的内涵与外延并未加以详细规定。一方面前置法规范长期缺位，另一方面侵犯个人信息的违法乃至犯罪行为却愈演愈烈。现实的情势迫使后置法不得不提早加以介入，先于前置法对个人信息予以界定，这一点在刑法规制上表现得最为明显。2013年，最高人民法院、最高人民检察院、公安部出台的《关于依法惩处公民个人信息犯罪活动的通知》中提到，公民的个人信息包括公民的姓名、年龄、有效证件号码、婚姻状况、工作单位、学历、履历、家庭住址、电话号码等能识别公民个人身份或者涉及公民个人隐私的信息、数据资料。根据该司法解释，事实上是将公民个人信息分为两类：一类是能够识别公民个人身份的信息或数据资料；另一类是涉及公民个人隐私的信息或者数据资料。

2016年颁布的《网络安全法》无疑是对日益严峻的数据安全及个人信息保

护的立法回应，其中，第76条第5项明确规定："个人信息，是指以电子或者其他方式记录的能够单独或者与其他信息结合识别自然人个人身份的各种信息，包括但不限于自然人的姓名、出生日期、身份证件号码、个人生物识别信息、住址、电话号码等。"从该法律规定看，目前关于个人信息的内容除包括公民个人基本信息外，还包括个人终端设备信息以及个人互联网使用信息。2017年6月1号施行的《最高人民法院、最高人民检察院关于办理侵犯公民个人信息刑事案件适用法律问题的解释》第1条明确规定，刑法第253条之一规定的"公民个人信息"，是指以电子或者其他方式记录的能够单独或者与其他信息结合识别特定自然人身份或者反映特定自然人活动情况的各种信息，包括姓名、身份证件号码、通信通讯联系方式、住址、账号密码、财产状况、行动轨迹等。

因此，基于以上法律法规及其解释，在专门性的公民个人信息保护法尚未出台之际，对公民个人信息本身的界定事实上已经基本达成共识，即公民个人信息至少具有如下三个方面的特质：其一，可记录性；公民的个人信息能够通过书面化、电子化以及其他方式记录在册。其二，可识别性；公民的个人信息能够独立地表征出信息主体，或者与其他信息相互结合后，能够借以识别出信息主体的身份。其三，特定性；公民的个人信息属于非群体性、非普适性的要素，其最终所指向的应是特定的信息主体。在上述三种特质中，可识别性应当被视为公民个人信息的核心特征。学理上通常倾向于认为，依据识别方式的不同，个人信息主体的识别可分为直接识别与间接识别。身份证号码、肖像、指纹这类信息对应唯一的自然人，可以直接识别出信息主体。与之相对，诸如工作地址、职业、学历等信息则有可能对应多个自然人，不能或难以单独据以识别出信息主体，必须与其他信息结合才能完成。我们可以看到在类似《关于办理侵犯公民个人信息刑事案件适用法律问题的司法解释》（2017年）之类的法律文件当中，也同样是区分了直接识别与间接识别两种识别方式，并明确例举出姓名、身份证号码、通信通讯联系方式、住址、账号密码、财产状态、行动轨迹等判断要素。

**个人信息保护与隐私权理论**

个人信息保护自讨论伊始就与隐私权缠绵悱恻。在很长时间里，个人信息保

护在大陆法系和以美国为代表的英美法系中不约而同都是依托隐私权进行的。这是因为个人信息与隐私权在概念上的相似以及尚未形成完整保护体系而又有现实的保护需要，因而在理论和实体法上须依托隐私权进行保护。①

作为一个已经被普遍接受的概念，隐私权是指自然人享有的私人生活安宁与私人信息秘密依法受到保护，不被他人非法侵扰、知悉、搜集、利用和公开的一种人格权。隐私权中的私人信息秘密与个人信息保护不谋而合。隐私权理论在美国的发展也体现了隐私权和个人信息权益内容的相似性。据学者考察，在美国，隐私权概念最早由 Warren 和 Brandeis 在侵权行为法领域提出。② 过后又以此为基础引申出三种类型，包括物理空间性隐私权（保护个人的领土安宁免受其不希望的人或物的侵扰）、自治性隐私权（个人享有的不受任何干扰的情况下独立作出关于自己的重要决定的权利），以及信息性隐私权（个人对其自身信息的处理进行控制的权利）。③ 个人信息保护主要就是依托第三种隐私权理论所搭建的法律框架进行的。

但是与前述世界上多数国家立法例所秉持的"大隐私权理论"不同的是，个人信息权益理论体系在中国的发展显然是独立于隐私权理论进行的。这其中显然包含了中国学者就此领域所展开的独立思考。个人信息保护之所以得以独立于隐私权保护，在中国学者看来，不仅是因为为个人信息提供保护的框架与隐私权保护的框架所实现的目的、特点均不相同，还因为隐私权和个人信息权益即使存在着高度的相似性④，但是二者在性质和法律属性上仍然存在着较大的差异。就学者总结，相较于隐私权作为完全的精神性人格权，个人信息权益在性质上属于集

---

① 参见王利明：《论个人信息权的法律保护———以个人信息权与隐私权的界分为中心》，载《现代法学》2013 年第 6 期。
② See Warren and Brandeis, "*The Right to Privacy*", *Harvard Law Review*, Vol. IV 1890.
③ 参见李媛：《大数据时代个人信息保护研究》，西南政法大学 2016 年博士学位论文。
④ 但是即使如此很多人也不得不承认，个人信息权益和隐私权在客体上具有高度的重合性，这是因为个人信息是指与特定个人相关联的、反映个体特征的具有可识别性的信息，包括姓名、性别、工作、财产、健康等方面的信息。此外，个人信息和隐私一样更多地涉及人格。个人信息权益和隐私权在主体上均为自然人，两者也都体现了个人对其私人生活的自主决定，并且在侵害行为和侵害后果上也存在一定的竞合性。

人格利益与财产利益于一体的综合性权利。在大数据信息时代的社会背景下，人与人的商业化交互行为日益频繁，对个人信息的收集、分析和利用不仅可以提升信息产业的服务质量，拓展信息产业的服务类型，同时也可以提升个人的产品使用体验。更重要的是，相比较于消极的防御性的隐私权，个人信息权益享有被商业化利用的可能性更大，个人信息权益人可以主动地将其所支配的个人信息许可给产业从业者使用。即便就具体的权利/权益客体而言，隐私和个人信息也存在一些不同。固然，二者均包括可识别特定个体的信息，但是隐私强调的是"私密性"，却并不要求这些私密信息直接指向特定个人。譬如自然人浏览色情网站的记录当然属于隐私，但浏览记录并不当然地指向该特定自然人。[1] 而个人信息注重的是"识别性"，《国家标准：信息安全技术个人信息安全规范》就以"识别"作为个人信息定义的关键，其将以电子或者其他方式记录的能够单独或者与其他信息结合识别特定自然人身份或者反映特定自然人活动情况的各种信息定义为个人信息[2]，而这一定义也为《民法典（草案）》所吸收。[3] 就形态而言，隐私不限于信息的形态，它还可以以个人活动、个人私生活等方式体现，且并不需要记载下来。而个人信息必须以固定化的传递方式表现出来，因此，个人信息通常需要予以记载，或者以数字化的形式表现出来。[4] 也就是说，个人信息概念侧重于"识别"，即通过个人信息将个人"识别出来"。

与隐私权理论不同的是，基于个人信息权益理论的法律保障机制所面临的不

---

[1] 参见王利明：《论个人信息的法律保护——以个人信息权与隐私权的界分为中心》，载《现代法学》2013年第4期。

[2] 参见《国家标准：信息安全技术个人信息安全规范》3.1 个人信息 personal information 以电子或者其他方式记录的能够单独或者与其他信息结合识别特定自然人身份或者反映特定自然人活动情况的各种信息。
注1：个人信息包括姓名、出生日期、身份证件号码、个人生物识别信息、住址、通信通讯联系方式、通信记录和内容、账号密码、财产信息、征信信息、行踪轨迹、住宿信息、健康生理信息、交易信息等。
注2：关于个人信息的判定方法和类型可参见附录 A。

[3] 《民法典（草案）》（2019年12月22日版）第1034条规定：自然人的个人信息受法律保护。个人信息是以电子或者其他方式记录的能够单独或者与其他信息结合识别特定自然人的各种信息，包括自然人的姓名、出生日期、身份证件号码、生物识别信息、住址、电话号码、电子邮箱地址、行踪信息等。个人信息中的私密信息，同时适用隐私权保护的有关规定。

[4] See Philip Coppel, *Information Rights*, London: Sweet & Maxwell, 2004, p. 257.

仅仅是公民与公民之间的利益平衡，还须平衡公民、信息产业和社会治理三方面的利益。因而，可能以精神利益保护为主的隐私权理论并非个人信息保护的最好模板。这一点突出表现在隐私权救济在个人信息权益侵害上的鞭长莫及。目前对隐私权的救济主要以精神损害赔偿为主，并且隐私权救济的法律指向主要还是个体权利，而较少或并不主要涉及公共利益或公共安全。个人信息权益侵害则可能呈现大规模、针对多数人的形态，同时，这种集合性的个人信息权益侵害对单个的受害人来说造成的结果又可能是非常轻微的，以基于个体考量而为判断的隐私权保护模式可能会显得不敷应用。因而当前隐私权理论和法律保障框架并不能直接嫁接到个人信息保护中。

**个人信息保护与财产权理论**

除隐私权理论外，一些学者也在试图依托财产权理论对个人信息进行保护。固然，信息主体对自己个人信息的商业价值享有权益的基础，源于其对自己姓名、肖像等直接个人信息享有的人格权。[①] 但出于信息时代社会生活的实际需要，应当对个人信息中商业使用价值的财产权诉求予以充分考虑。[②] 此外，信息隐私的商品化有利于信息模型的市场化，加入市场自身的调节比政府的调控更为有效和可取。[③]

然而财产权的理论也并未很好地为个人信息保护框架提出解释。从个人信息权益的内容和特征来看，其充其量只能作为无形财产权，并会导致个人信息权益的内容过于模糊。[④] 与传统的财产不同，个人信息本身并不具有竞争性，并不稀缺，似乎也不需要以创设财产权制度的方式，来限制人们对个人信息的使用。[⑤]

---

① 参见刘德良：《论个人信息的财产权保护》，北京，人民法院出版社 2008 年版，第 10 页。
② 参见刘德良：《个人信息的财产权保护》，载《法学研究》2007 年第 3 期。
③ 参见张民安主编：《信息性隐私权研究——信息性隐私权的产生、发展、适用范围和争议》，广州，中山大学出版社 2014 年版，第 259~260 页。
④ 参见齐爱民：《论信息财产的法律保护与大陆法系财产权体系之建立——兼论物权法、知识产权法与信息财产法之关系》，载《学术论坛》2009 年第 2 期，第 148 页。
⑤ See Samuelson P., "Privacy as Intellectual Property", *Stanford Law Review*, Vol. 52, issue. 5, 2000, p. 1138; Radin M. J., "Property Evolving in Cyberspace", *Journal of Law and Commerce*, Vol. 15, issue. 2, 1996, p. 515.

同时，由于各方面原因所致，当前的信息市场并不透明，消费者对其自身的需求和信息业者对信息的需求之认知程度并不准确，因而一味以财产化的保护模式来处理两者之间的关系，有可能使得在收集、处理与传输个人信息方面有更大影响力的一方获得倾斜性的优势，而这种倾斜优势又与个人信息权益保护制度的初衷相违背。此外，基于个人信息所具有的独特社会属性，故对个人信息的财产化应当受到一定的限制，因为将其赋予财产权益可能会导致个人信息利用率的下降，从而影响社会的整体发展。

对上述个人信息财产权反驳论进行批评的观点主要集中于这些理论并不能很好地顺应当前个人信息保护实践的现实。但不可否认的是，个人信息财产权理论认识到了个人信息所具有的使用价值，尤其是在经济领域能够创造经济价值的客观属性。

**个人信息理论与个人信息自决权理论**

相较于隐私权理论在美国的盛行，一般人格权理论则是德国个人信息保护的框架。随当下社会个人信息保护的变化，德国在一般人格权基础上发展出了个人信息自决权。[①] 在"人口普查案"中，德国联邦宪法法院以德国《基本法》第1条第1款和第2条第1款的一般人格权为出发点，通过"自我决定"理念引出：个人有权决定何时以及在何种程度上公开自己的个人生活事务。[②] 个人信息自决权意味着信息主体对其个人信息拥有一种可支配权。在个人信息自决权的框架下，所有具有识别性的信息均是个人信息，因而不存在不重要的或和人格利益无关的个人信息。但与隐私权通常为私法权利不同，个人信息自决权是宪法层面的基本权利，对该权利的保护应扩展至对抗公权力机关。提出个人信息自决权理论主要是为了保护信息主体不被自动化处理中的合法权益。[③] 个人信息自决权理论

---

[①] 参见〔德〕德霍尔斯特·埃曼：《德国民法中的一般人格权制度——论非道德行为到侵权行为的转变》，邵建东等译，载梁慧星主编：《民商法论丛》（第23卷），香港，金桥文化出版有限公司2002年版，第443页以下。

[②] 参见杨芳：《隐私权保护与个人信息保护法——对个人信息保护立法潮流的反思》，北京，法律出版社2016年版，第55页。

[③] 参见杨芳：《个人信息自决权理论及其检讨——兼论个人信息保护法之客体》，载《比较法研究》2015年第6期。

由仅针对自动化处理个人信息扩张到非自动化处理,并成为德国个人信息保护领域的主流理论,且在德国《联邦数据保护法》中得到了贯彻。①

个人信息自决权理论的缺陷在于其试图通过"个人决定"概念将个人信息权益与绝对权体系相互融合,但是正如研究者所指出的,无论如何进行定义,个人信息除与隐私重叠的部分,确实是多处于社会公共领域,并且由于信息本就是在交流中产生效益的产物,若将个人信息完全纳入个人的支配则不可能实现信息社会的发展。实际上,个人信息自决权的主张者即使把个人信息自决权表述为一种建立在个人信息之上的支配权,保护绝对权也并不意味着保护绝对的自由意志。并且在信息技术上,个人信息无法归宿于任何一个个体。广泛的自决权实际上一直为传统的法秩序所拒绝。法官们通常会进行利益衡量,然后才进入判断是否存在侵权行为的问题。②

**个人信息权益的框架性构想**

通过对隐私权、财产权以及个人信息自决权理论的梳理可以发现,这些理论似乎都不能完美地解释个人信息权益为何应当受到保护、应当受到何种保护。这可能是因为个人信息的概念是如此广泛,而其中不同类别的个人信息应当受到的法律保护的程度不甚相同。以至于目前的私法理论无法为个人信息权益提供逻辑自洽的权利体系,因而或许当前对个人信息权益保护采取把握整体、区分类别的思考是最为合适的。不仅如此,个人信息权益的框架性构想也能够更好地处理加强个人信息保护和促进个人信息利用因素的相互权衡。

菲肯切尔教授在其《债法》一书中提出的"框架性权利"或许是当前描述个人信息权益的最佳理论构造。框架性权利是指,有一些法律地位,它们被归属于确定主体的权利范围,但却并不像前述绝对权具有确定易辨的清晰性,而是显示出某种模糊性,虽然客观法赋予了它们明确的地位,但它们并不能原则上排除他人的一切侵害。人们可将这些法律地位称为框架权,从而与那些绝对受保护的法益相区分。③ 简

---

① 参见任龙龙:《大数据时代的个人信息民法保护》,对外经济贸易大学 2017 年博士学位论文。
② 参见杨芳:《个人信息自决权理论及其检讨——兼论个人信息保护法之客体》,载《比较法研究》2015 年第 6 期。
③ 参见于飞:《论德国侵权法中的框架权》,载《比较法研究》2012 年第 2 期。

单来说，框架性权利的特性首先是内容的不确定性和边界的模糊性。譬如一般人格权的保护范围即不明确，也无法设立一个明确规则。可以说，框架性权利尽管采用"权利"这一概念，但在事实上只是一个描述性的指称。[①] 框架性权利的真正意义就在于，它为不具有权利意义的利益综合体给予了不同强度的法律保护。

当然，反对者也可以称框架性权利的概念仅仅只是为个人信息客体和个人信息权利内容不明蒙上了一层遮羞布，实际上与上述的其他权利理论并无任何区别。但框架性权利的概念正视了个人信息权益内容不明的事实，并且由于其内容未明，因而在判断是否侵害框架性权利时（特别是对框架性权利中的边缘内容）就不能简单地通过概念定义的方式，而是需通过利益衡量的方式来进行。此外，当发生权益侵害竞合时，应当首先适用有明文规定的侵权规则。

## 第三节 体系化的基础与路径

法律的体系化是法治国家的共同选择，尽管不同法系的国家选择的路径不同，但都将法律的体系化作为一个追求目标。将体系化设定为一个目标，其理论基础可以在一定程度上由韦伯的形式理性和实质理性理论得到阐释。

**体系化的理性主义基础**

理性主义认为客观世界的基本结构是一个有序的体系，科学研究的任务就是发现理性的秩序，自笛卡尔以来的理性主义者都试图建构自己的宏观体系，以便把世界纳入一种理性的结构之中[②]，在理性主义者看来，凭借理性就可以发现一

---

[①] 参见薛军：《揭开一般人格权的面纱——兼论比较法研究中的体系意识》，载《比较法研究》2008年第5期。

[②] 参见［英］约翰·科廷汉：《理性主义者》，江怡译，沈阳，辽宁教育出版社1998年版，第7页。

个放之四海而皆准的伦理标准。如斯多葛学派以"自然"作为其理论体系的核心概念,在他们看来,自然的实质就是理性,因此自然法就是理性法,理性应该成为法律和正义的基础。

**形式理性**

理性主义对法律重要影响之一就是形式理性。对于形式理性,人们至今还是借鉴马克斯·韦伯的理论框架进行解释。韦伯把"合理性"区分为"实质合理性"和"形式合理性"两种,所谓实质合理性,是指立足于某一信念、理想的合理性,为达此目的可牺牲一切,实质合理性讲求实质的平等,对全体社会成员的需求给予同等的满足,保证其权利和义务分配上的实际平等;所谓形式合理性则指一种纯形式的、客观的、不包含价值判断的合理性,主要表现为手段和程序的可计算性、形式的合逻辑性。① 在韦伯看来,所谓形式法律,是指来源于罗马法中的形式主义审判原则的法律体系,由一整套形式化的、意义明确的法规条文组成,把每个当事人都以形式上的"法人"对待并使之在法律上具有平等地位,形式法律只依据法律条文对确凿无疑的法律事实作出解释和判定,而不考虑其他伦理的、政治的、经济的实质正义的原则,同时还要排除一切宗教礼仪、情感和巫术的因素。② 马克斯·韦伯还总结了"形式法"的四个特征:第一,它是由一套形式化的、意义明确的法规条文组成,而不是由宗教命令、伦理规范和风俗习惯来完成。因此,它是由代议制的立法机关依据立法程序自觉制定的。第二,这些法规条文已经体系化了,经过分析得出的法律判断以整合的方式构成逻辑清晰的、内在一贯的、至少在理论上是非常严密的法规体系。一切可预见的实际情况都必须在逻辑上被包含在其中。因此,法能够像技术合理性的机器一样运行,从而保证个人和群体在这一体系内获得相对最大限度的自由,并且极大地提高预判行为的法律后果的可能性。程序变成了以固定的,不可逾越的"游戏规则"为限制的、特殊类型的和平竞争。第三,构成这些法规的法律概念是语义明确的、经得起逻辑分析的。第四,这些法规能用理智加以控制,摆脱了神秘的方法和手

---

①② 参见董茂云:《法典法、判例法与中国的法典化道路》,载《比较法研究》1997年第4期。

段，诸如宗教仪式，巫术方法等。此外，这种法律还有实体法与程序法、法律问题与法律事实、立法工作和司法工作分开等特点。①

上述理论体现在司法上，便是试图实现法律适用的机械主义和形式主义。在形式主义下，一切皆以其特有的概念和逻辑为出发点在自己的体系下而展开，拒绝其他任何因素嵌入。而这些特征无疑是法治主义的基石，它表达了法治国家的基本价值：所有人在法律统治下的自由与平等，对私有财产的保护和自由处分。② 体系化代表的是一种通过逻辑清晰、前后一致的方式和至少在理论上是完美无缺的规则体系，将所有分析得出的命题综合起来。③ 在韦伯看来，"法律的一般理性化和系统化以及在法律程序中具体的可预见性是经济活动存在，尤其是资本主义活动的最重要的条件。没有法律的保障，这一切是不可想象的。而形式理性的法律类型恰恰就具有'纯形式的确定性'"④。

韦伯的理论得到后世学者的广泛追随，如 D. M. 特鲁伯克就指出："法律思维的理性建立在超越具体问题的合理性之上，形式上达到那么一种程度，法律具体规范和原则被有意识地建造在法学思维的特殊模式里。那种富有极高的逻辑系统性，因而只有从预先设定的法律规范和原则的特定逻辑演绎程序里，才能得出对具体问题的判断。"⑤ 不过也有学者对此提出了批评，如庞德认为，人们过去认为可以发现一个确定的、永恒的原则体系。从这个体系出发，通过纯粹的逻辑运算，一个包罗万象甚至连每个细节都完美无缺的法律体系可以被推导出来。立法者的任务就是用法典的形式推广这个推论。他们还认为可以通过理性而一劳永逸地发现这些原则，因为这些原则只不过是抽象的人生的表现而已，也是抽象的

---

① 参见严存生：《法之合理性问题》，载《法律科学》1995 年第 4 期。
② 参见［德］罗伯特·霍恩：《百年民法典》，申卫星译，载《民商法纵论》，北京，中国法制出版社 2000 年版，第 26、23 页。
③ 参见［德］马克斯·韦伯：《论经济与社会中的法律》，张乃根译，北京，中国大百科全书出版社 1998 年版，第 61 页。
④ ［德］马克斯·韦伯：《论经济与社会中的法律》，张乃根译，北京，中国大百科全书出版社 1998 年版，第 62 页。
⑤ ［美］艾伦·沃森：《民法法系的演变及形成》，李静冰、姚新华译，北京，中国政法大学出版社 1992 年版，第 130 页。

个人行为内在的理性原则。可是，这种法理学方法已经是昔日黄花了。[①] 尼尔·麦考密克也对法律合理性问题有过专门论述。他说："我们在构筑我们的法律制度和执行这些制度的程序中都需要高度的合理性。法律推理不仅是由实践合理性所支配，而且是实践合理性的一种形式。我们不应当低估合理性在法律推理中的广泛运用。但我们应当认识到即使在这种情况下也有一些限度，即经验的判断不能超出为何可以用法律的逻辑解释的理由。在法律和法律程序中，合理性是首要的优点。"[②] 麦考密克还强调了价值合理性问题，尤其是实质合理性与形式合理性兼容的问题，他并且认为这种形式理性应该贯彻到从法律制定到法律运作的全过程。

**实质理性**

按照韦伯的界定，实质理性具有价值的性质，是关于不同价值之间的逻辑关系的判断。与之相对的形式理性主要被归结为手段和程序的可计算性，是一种客观理性；实质理性则基本上属于目的和后果的价值，是一种主观的合理性。就法律的制定和施行而言，形式理性体现为法律本身符合形式法治的要求；而所谓实质理性则主要指立法者将其主观认定的社会公认的实体价值固定于法律规范之中，并在司法当中根据主观的社会正义价值标准来解决纠纷。[③]

必须明确的一点在于，法学理论的作用在于为规范的生成奠定基础，为制度的构建提供平台，为价值的遵循树立指向，这是由法学的规范与价值属性所决定的。法学不单单只是一门关涉理论的学问，更为重要的在于法学还具有实践性，其归根到底是要以解决现实社会的诉愿纷争为目的的实用性学科。按照一位德国学者的说法，"制定法（Gesetz）并不等同于法律规范（Rechtsnorm），只有在法院对法律的适用当中，法律规范才获得更加明晰的形象，适用法律并不仅仅只是推导出结论，而是还要构建法律变得更为精确的价值评判"[④]。由于在理论逻辑

---

① 参见[美]罗斯科·庞德：《普通法的精神》，夏登峻译，北京，法律出版社2001年版，第101页。
② [英]尼尔·麦考密克、[奥]魏因·贝格尔：《制度法论》，周叶谦译，北京，中国政法大学出版社1994年版，第248页。
③ 参见[德]马克斯·韦伯：《经济与社会》（下卷），林荣远译，北京，商务印书馆1997年版，第15、16页。
④ [德]迪特尔·施瓦布：《民法导论》，郑冲译，北京，法律出版社2006年版，第15页。

上强调制定法法源的唯一性，法官的实际裁判思维及过程往往有一种被异化的危险。即对于案件事实，法官依据"先见"可能已经形成了某种价值上的倾向，对案件裁判已经达成了某种结果意义上的认知，而在进行涵摄的过程中，法官通过求助于可以达到此种倾向或认知的法律规范来对案件进行说明和论证。这种裁判的过程在实际上使得制定法法源的裁判依据意义仅仅流于形式。在笔者看来，裁判思维的异化、利益衡量的滥用，其原因或多或少可归结于严格刻板的"依法裁判"，这正是极端形式主义的后果之一。制定法实证主义的主要目的之一曾在于防止法官擅用造法权对案件径行裁判，但如果走向极致，却也非常容易变成制定法实证主义下法官径行裁判的变种。而所谓裁判，无非是希冀获得一种最利于实现理性和正义的解决方法，并不是只为获得立法者的成文法律规范在其文本实现上的满足。因此，裁判的过程在实质上涉及"由规范到个案正义"的推进。如果我们将民法典视为体系化的最高形态，那么，体系化思维下的民法规范，也就应当从这种实质理性的范畴加以界定和理解。

## 体系化的路径分野与趋同

在方法论意义上，体系化是指遵循特定的目的，通过调整知识之间的内在关联并将其组织起来，从而使之具有特定功能的方法。① 体系化是形式理性的必然要求，并被视为科学的象征，其对于知识的掌握和利用发挥着重要作用。② 体系化的目的多在于通过形式化的语言表达出人们在不同时期所获得的经验和知识的逻辑联系，并使其成为一个整体，故一般认为，法典是体系化的杰出代表。③ 虽

---

① 参见杨代雄：《萨维尼法学方法论中的体系化方法》，载《法制与社会发展》2006年第6期。

② 体系化的主要作用有二：其一，体系化通过实现对既有知识的整理，可以总结过去，以便于知识的传承、记忆和利用。当面临亟待解决的问题时，依托既有体系能够迅捷地寻得所需知识。其二，体系化有助于催生新知。通过对既有知识的体系化梳理，可以发现既有知识的缺失，从而有意识地加以克服与解决。体系化蕴含着创新的契机。详细论述，参见梁迎修：《方法论视野中的法律体系与体系思维》，载《政法论坛》2008年第1期。

③ 参见王利明：《民法典编纂与中国民法学体系的发展》，载《法学家》2019年第3期；孙宪忠：《我国民法立法的体系化与科学化问题》，载《清华法学》2012年第6期。

然法典恰恰可以对所有在其生活范围、法律领域内发生的问题均加以规制,审判实务也被要求对相关领域所有实际发生的问题,必须根据法律寻获答案。[①] 但是,实现体系化的途径并不是只有法典化一条路。英美法系诸多国家的成功实践也表明,通过对法官作出的判例进行系统化、抽象化和集体化的整理,并以重述的方式加以表达,从而为往后的裁判提供指引,同样可以达致体系化的效果。但是,当法律的形式理性已经成为法治现代化的一个重要标志时,即使两大法系追寻理性的方式各不相同,但殊途终究同归,两大法系追求体系化的目标在根本上是一致的,即通过知识的整理形成体系,从而为司法实践、法学教育和法学研究提供助益。

**大陆法系的法典化之潮**

法典化是体系化永恒的目标,但法典不是立法者主观臆断的产物,而是法律科学长期发展的结果。[②] 大陆法系的法典化的发端可以追溯到古罗马时期。形成于公元前5世纪的《十二铜表法》被视为编纂成文法的起点,发展到古罗马帝国中期,被称为法典的各式各样的法律汇编开始出现,再往后,法典编纂的风气在优士丁尼皇帝时期达到顶峰。6世纪初,著名的《优士丁尼法典》正式颁布,该法典将庞杂的法律规范用概念、原则和规则全面、系统地加以表述,在理论上统一了罗马法,巩固了罗马法典编纂的传统。[③]《优士丁尼法典》更为深远的影响在于,中世纪以后的欧洲法典化运动,多是以罗马法为渊源和基础展开,罗马法的法律思想和法律体系,也逐渐被欧洲各国所接受。

从17世纪开始,体系化精神被着重强调的《法学阶梯》和规则内容更为丰富的《学说汇纂》开始成为各国整合和阐述本国法的重要理论基础。[④] 19世纪

---

[①] 参见陈爱娥:《法体系的意义与功能——借镜德国法学理论而为说明》,载《法治研究》2019年第5期。

[②] 参见王利明:《民法典编纂与中国民法学体系的发展》,载《法学家》2019年第3期。

[③] 参见董茂云:《法典法、判例法与中国的法典化之路》,载《比较法研究》1997年第4期。

[④]《法学阶梯》正文分为五编,分别为对物权、对人债权、亲属权、遗产及程序。正文之前有一包括七节内容的"导论",用以论述法律的一般理论。《学说汇纂》主要是将"导论"部分予以扩展,使之成为"一般理论",亦即后世所津津乐道的总则编。详细论述,参见朱庆育:《民法总论》,2版,北京,北京大学出版社2016年版,第31~32页。

初，作为现代法典代表作的《法国民法典》面世，其体系架构来源于《法学阶梯》，同时，其规则内容大量借鉴于《学说汇纂》。① 《法国民法典》的重要参与者波塔利斯对法典化的精髓进行了阐述，其认为法典是建立在事物的真正本质上的最高智慧、正义和理性，同时具有实用性，能够充分体现民族性，还能对判例、学理、习惯等其他法律渊源保持开放性。② 从《法国民法典》开始，大陆法系国家掀起了一阵法典化之潮。

1814 年，受《法国民法典》的影响，德国学者蒂堡开始倡导用一部共同的德国民法典取代难以容忍的多种多样的德意志法律，蒂堡表示，德国民法典应当如《法国民法典》一般具有简明性与融贯性，以便各邦人民栖息于同一法律之下，以此奠定德意志国家统一的基础。但彼时，蒂堡的法典化思想遭到了以萨维尼为代表的历史法学派的强烈反对，这使得法典的编纂被延后了几十年，直至1896 年，对后世法典的体例构造产生深远影响的《德国民法典》才得以问世。③ 《德国民法典》并未承继《法国民法典》的体例安排，其虽同样受到《法学阶梯》的影响，但更主要是承继了《学说汇纂》的精神，突破性地规定了总分体例，该体例对我国的单行法立法和法典化进程产生了重要影响。④ 另一受《法国民法典》影响较大的是《瑞士民法典》。《瑞士民法典》作为欧陆国家民法典的又一杰出代表，其在体例上未采用总分体例，而是明确以通俗化为追求。另外，《瑞士民法典》开创了世界私法史上民商合一立法模式的先河，该种体例安排同样对后世各国民商立法体例产生了重大影响。⑤

---

① 参见麻昌华、覃有土：《论我国民法典的体系结构》，载《法学》2004 年第 2 期。

② 参见石佳友：《法典化的智慧——波塔利斯、法哲学与中国民法法典化》，载《中国人民大学学报》2015 年第 6 期。

③ 萨维尼认为法典这种法律形式的局限性和不周延性，无法涵盖所有的社会生活和预见未来一切可能发生的事情，而且当时的社会条件要编纂法典也尚不成熟。参见封丽霞：《世界民法典编纂史上的三次论战——"法典化"与"非法典化"思想之根源与比较》，载《法制与社会发展》2002 年第 4 期。

④ 很大程度上，我国的单行法立法和民法典编纂都是受到德国民法典总分体例的影响。参见孙宪忠：《中国民法继受潘德克顿法学：引进、衰落和复兴》，载《中国社会科学》2008 年第 2 期。朱庆育：《民法总论》，2 版，北京，北京大学出版社 2016 年版，第 24 页。

⑤ 详细论述，参见殷安军：《瑞士法上民商合一立法模式的形成——兼评"单一法典"理念》，载《中外法学》2014 年第 6 期。

除欧洲大陆外,《法国民法典》还成为拉丁美洲国家起草民法典的"典范"。拉美国家与殖民时期引入的法律制度存在密切的关系,亦即对法国民法典的概念语言和体例大体熟悉,这使拉美国家具有丰富的法典化知识储备。① 诸如《智利民法典》《阿根廷民法典》《巴西民法典》等几部颇有参考价值和影响力的法典,都受到《法国民法典》的影响,在 19 世纪相继颁布。拉美国家的法典化浪潮,与大西洋彼岸的欧洲大陆可谓遥相呼应。

**普通法系的体系化思维**

首先应当指出的是,对于英美法系国家的法体系,似乎总存在一个根深蒂固的误解,即认为它们注重经验却不强调逻辑。尤其是霍姆斯那句广为流传的名言"法律的生命不在于逻辑而在于经验",更是为英美法系缺乏体系而追求经验的思维方式提供了注脚。但事实上,霍姆斯的观点仅在于指出司法三段论所依赖的法律原则的内容和形式将随着社会变迁而进化,这种与时俱进的法律原则需要从经验中汲取,而不可能单纯靠逻辑推演,霍姆斯的上述态度,不仅不能说明英美法系不注重逻辑推理的重要性,反而恰恰说明,其同样崇尚形式理性思维,讲求逻辑体系的一致性,只是与大陆法系追求逻辑性和体系性的途径不同而已。②

比较法上的研究表明,普通法系国家的法学家们同样认识到体系化对法律构造和适用的优越之处,故也将体系化作为法律发展的终极目标之一。但与大陆法系不同,由于在普通法传统中法律由先例和类推所支配,因此英美法系国家的体系思维无法体现在法典之中,而只能从判例中获取不断重复的基本概念和制度,以提炼出新的基本概念和规则、原则。③ 同时,与大陆法国家法律体系主要由立法者发展不同,普通法国家的法体系主要由裁判者进行创制与发展,"法官造法"

---

① 参见 [秘鲁] 玛丽亚·路易莎·穆里约:《大陆法系法典编纂的演变:迈向解法典化与法典的重构》,许中缘、周林刚译,载《清华法学》2006 年第 2 期。

② 参见武宏志:《论霍姆斯的"逻辑"和"经验"》,载《政法论丛》2016 年第 6 期;张芝梅:《法律中的逻辑与经验——对霍姆斯的一个命题的解读》,载《福建师范大学学报(哲学社会科学版)》2004 年第 1 期。

③ 参见董茂云:《法典法、判例法与中国的法典化之路》,载《比较法研究》1997 年第 4 期。

成为英美法系独有的法律现象。此外,普通法系国家的法律渊源与大陆法系类似,成文法、习惯和法理同样包含在内,但是与大陆法系不同之处在于,如果这些法律渊源未经裁判者在个案中进行适用,则诸如成文法等就仅仅只能作为法律渊源,而非现实中的法律。[1]

普通法系国家的前述特征决定了普通体系无法如大陆法系那般以法典化的形式表达体系化的成果,但在普通法系的发展过程中,法典化的尝试却一直存在。在英国,以边沁、梅兰特为代表的学者曾经倡导对传统判例法体系进行改造,从而达致法典化的目标。事实上,英国也在一定程度上也进行了法典化的实践,诸如18世纪末与19世纪初,英国立法机关决定先对所有的成文法进行汇编,其后再根据一定的技术使之成为法典。但在现实操作上,受制于政治阻力、法典化理论的欠缺以及法官作用的影响,英国法典化的进程十分缓慢,最终无果而终。[2]此种尝试虽未能在普通法传统深厚的英国最终形成一部法典,但此后英国也认识到制定法相较于判例法的诸多优势,故陆续以制定法形式确立了诸如《票据法》《合伙法》等小型法律,此外,边沁的思想还深深影响了英国以外的普通法国家。[3]

在美国,1820年至1850年间,深受边沁思想的影响,各州也曾掀起一场狂热的法典化运动。1824年,以《法国民法典》为模板的《路易斯安那州法典》颁布,此后,以菲德尔为代表的学者通过制宪会议授权,于20年间相继编纂出《政治法典》、《民事诉讼法典》、《刑法典》、《刑事诉讼法典》以及《民法典》等多部法典,这些法典在美国西部的一些州得到了承认并予以适用。[4]但是,美国编纂法典的主要目的在于对判例法中某些不合时宜的规则进行修正,其毋宁说还是对判例法发展出的规则的整理,加上法典化运动缺乏政治力量的大力推动

---

[1] 关于英美法系中成文法与判例法关系的详细论述,可参见李洪海:《"水和油"抑或"水与乳":论英国普通法与制定法的关系》,载《中外法学》2011年第2期。

[2] 参见许中缘:《论普通法系国家法典的编纂》,载《比较法研究》2006年第5期。

[3] 参见徐国栋:《边沁的法典编纂思想与实践——以其〈民法典原理〉为中心》,载《浙江社会科学》2009年第1期。

[4] 关于美国法典化进程的详细描述,可参见许中缘:《论普通法系国家法典的编纂》,载《比较法研究》2006年第5期。

以及该种运动与美国民众的普遍情感不相容（觉得法典是欧洲殖民主义的产物），美国的法典化运动最终遭遇挫折，在全国范围内适用的法典至今仍无法面世。

美国法学家们深刻认识到本国法典土壤的缺失，但体系化的尝试仍在继续。随着时间的推移，美国的各类法律法规和各种判例已经数量繁多且复杂到使人难以完全掌握，如果按照此趋势继续下去，将使司法、法学研究和法学教学都成为困难。故从1923年开始，以律师为主体的美国法律协会开始以颇具特色的撰写"重述"的方式，整理大量的判例法，并使之系统化，以求实现体系化的目标。重述以不同法律部门为专题进行，如合同法、侵权法、证券法、信托法等，重述的撰写者根据各个专题全面收集相关的判例，并从中抽象出一般的规则，编纂成法律条文，形成一种系统结构，可以说，美国的法律重述基本涵盖了除家庭和继承法之外的美国私法的全部重要领域。[①] 当然，这种从特殊抽象到一般的做法，能够达致前述体系化功能中包含的整理、认可和预测功能，但是难以实现体系化更为重要的功能，即实现对法律的改进或使之现代化。[②] 也正因为如此，各类"重述"虽然对美国的法律实践发挥了重要影响，但其在美国司法实践中的地位，仍然无法与法典在大陆法中的地位相提并论。

**体系化的最高形式**

殊途同归

通过前述对大陆法系和英美法系体系化尝试的分析，我们会发现两大法系在体系化路径上存在较大差异。上述差异的造成，既与两大法系迥异的历史传统和现实国情有关，也与其政治制度、司法制度相匹配。简言之，每个国家和民族的政治制度、法制的长期实践以及民众的接受度不同，都将会导致其体系化进程不

---

[①] 参见刘承韪：《契约法理论的历史嬗递与现代发展——以英美契约法为核心的考察》，载《中外法学》2011年第4期。

[②] 重述创立伊始，美国法学会所秉承的法律重述的理念便是，通过尽力去探寻隐藏在普通法内部的基本法律原则，并用精确科学的语言表达出来以加强法律的统一适用。该种实证主义的思想，一定程度上也造成了重述的法律改进功能缺失。参见朱雅妮：《法律重述：概念、理念与国际化》，载《湖南师范大学社会科学学报》2012年第5期。

尽相同。学者的研究已经表明，政治的阻力是法典失败的主要原因，同时，普通法系的法典化实践也显示，司法机关对法典化的抵制和民众对法典化的感情接受度，都会对各国的体系化路径产生较大影响。①

但是，随着时代的发展，两大法系在体系路径上的区分已经不再泾渭分明，相反，在比较法视野下进行详细考察，其实会发现两大法系在体系化问题上呈现出互相借鉴、吸收和融合的趋势。

首先，在英美法系国家，虽然法典编纂工作往往无果而终，但法典化尝试并非毫无作用，各国均在法典化的过程中认识到成文法所独具的功用，如实现法制的统一、保持法律的稳定性等，这使得英美法系国家开始认识和借鉴成文法模式。相应的，各国开始陆续增加成文法的数量，如在美国，除了《路易斯安那州法典》之外，还有5个州相继制定了民法典，另外所有的州都制定了刑法典，大部分州制定了刑事诉讼法典。② 颇具代表性的《路易斯安那州法典》更是体现出大陆法系法典的诸多特征，其也被认为是两大法系融合趋势的重要例证。可以说，不断增加的成文法，正对传统的英美法系国家的法体系起着重要的更新作用。

其次，在大陆法系国家，众所周知，判例法已经逐渐被认可为一种法律渊源③；传统观念中一直为英美法系独有的"法官造法"已经得到大陆法系理论与实践的承认④；更重要的是，在一些主要的大陆法系国家，传统的基本法典之外已经出现了大量的单行法规，呈现出所谓的解法典化趋势。⑤ 以上现象均表明，传统的大陆法系国家也正在吸纳英美判例法体系的精华，探求引入判例作为法源的可能性，以解决法典的刚性与现实的脱节。大陆法系与英美法系在判例问题上

---

① 参见许中缘：《论普通法系国家法典的编纂》，载《比较法研究》2006年第5期。
② 参见刘兆兴：《比较法视野下的法典编纂与解法典化》，载《环球法律评论》2008年第1期。
③ 参见何然：《司法判例制度论要》，载《中外法学》2014年第1期。其实，我国最高人民法院公布的"指导性案例"类似于判例，也颇具法源的色彩。详细论述，可参见姚辉：《民事指导性案例的方法论功能》，载《国家检察官学院学报》2012年第1期。
④ 如德国普通法院依据《德国民法典》第242条的规定发展出情事变更原则的适用，我国同样如此，详细论述，可参见本书"漏洞填补"部分。
⑤ 参见陆青：《论中国民法中的"解法典化"现象》，载《中外法学》2014年第6期。

的界限，已经越来越不那么分明。

可见，两大法系在认识到各自的不足之后，都开始向中间区域靠近，以求相互借鉴和学习彼此的优势制度。成文法国家开始放松体系，保持体系的开放性，通过个案发现新的法理和规则，判例法国家也开始将历史沉淀下来的合理要素形成法律原则并通过向后的约束力，不断将该原则予以巩固。两大法系虽然以不同的形式实现法律的体系化，但殊途同归，二者追求体系化的目标始终一致。当然，目前两大法系的差异仍然存在，英美法系的制定法更多的是一种法律的汇编，而非大陆法系结构严谨的法典编纂，其多是起到便利裁判的作用，而不具有法典的诸多其他特质。①

**法典是体系化的有效手段**

如前述分析所表明的，英美法系的成功实践已经证明体系化的方法绝不仅限于法典化，通过对判例法进行系统整理并以撰写重述方式进行表达的手段，同样可以部分实现体系化的目标。但是，法典化作为体系化的灵魂，仍然具有诸如重述等体系化形式无可比拟的优势，尤其是法典所具有的内容的完备性、体系的完整性、调整范围的宽泛性、价值的指导性等特征，都决定了其必然在民事法律渊源体系中具有中心地位。②

萨维尼曾把法律的发展精辟地概括为三个阶段：第一阶段是自然法或习惯法阶段，这些法律存在于民族的共同意识之中；第二阶段是学术法阶段，此时法律通过法学家的意识体现出来；第三阶段是法典编纂阶段。③ 该种理论乃是通过观察自然演化发展的国家所得出的经验性结论，但对于一个法律移植的输入国而言，在急学先用的年代，前两个阶段往往是被刻意省略的，而直接进入第三阶段即法典编纂。此种跨越式发展模式往往难以在短时间内完全领会输出国的法律体系，同时也极易产生水土不服的问题，该问题在我国混合继受两大法系的过程中

---

① 参见张文秀：《两大法系战后的发展趋势及其借鉴意义》，载《国家检察官学院学报》2006年第1期。

② 参见王利明：《论法典中心主义与我国民事立法的体系化》，载《云南大学学报（法学版）》2009年第2期。

③ 参见史大晓：《萨维尼的遗产》，载《华东政法大学学报》2012年第1期。

显得格外明显。① 就我国而言，在形成民法典的过程中，需要面临体系重构的过程，在此过程中，法典编纂与体系化是无法截然两分的，此论断可以从如下角度得到阐释。

首先，编纂民法典对我国民法外在和内在体系的建构具有重要意义。一般而言，民法典体系主要包括外部体系和内部体系两方面，外部体系又称形式体系或者逻辑体系，系指篇章节、基本制度的安排等，形式体系主要解决逻辑编排问题；内部体系又称实质体系或者价值体系，指代贯穿于各法律制度中的内在价值体系，通常表现为民法的原则、精神、理念。② 民法典的编纂，有助于总结我国多年来民事立法和司法实践经验，从而构建科学合理的外在逻辑体系，消除不同法律规则的逻辑抵牾。③ 在内在价值体系上，民法典编纂能够克服传统大陆法系"重物轻人"的特征，彰显民法的"人文关怀"精神，尤其是将人格权独立成编的做法，有助于充分强调对人的保护。④ 另外，民法典编纂也将对民事法律适用和民法学研究产生重要影响，以我国民法典独立成编的侵权责任编和人格权编为例，该种做法打破了传统大陆法系侵权责任被置于债编之中，同时不单独规定人格权编的模式，此种体系安排必将影响到民法学体系的构建。⑤

---

① 中华人民共和国成立后，由于承继历史源流的缺失，我国的民法学主要以继受德国的潘德克顿法学、苏联法学和日本法学为主，在过程上，大致经历了照搬苏联民法到学习日本、我国台湾地区民法制度再到借鉴德国、法国民法的过程。参见王利明、朱岩：《繁荣发展中的中国民法学》，载《中国法学》2007 年第 1 期。与此同时，混合继受所带来的"概念之争"和解释的难题，给我国的立法、学术研究和学术交流都带来了负面影响，此问题的典型例证是对"优先权"制度的混合移植，不仅造成了学者讨论该制度时的各说各话，还给我国物权法立法带来了负面影响。关于此问题的讨论，参见孙新强：《我国法律移植中的败笔——优先权》，载《中国法学》2011 年第 1 期。另外，关于我国的混合继受影响学术讨论的例证，还可参见王轶：《对中国民法学学术路向的初步思考》，载《法制与社会发展》2006 年第 1 期。

② 参见朱岩：《社会基础变迁与民法双重体系建构》，载《中国社会科学》2010 年第 6 期。

③ 例如，《合同法》关于买卖合同涉及所有权的规则是"交付时所有权转移"，但是《担保法》《城市房地产管理法》等法律以及相关司法解释中，又都出现了不动产合同不登记不生效、动产合同不交付不生效的规则，民法典的编纂，有助于解决上述体系紊乱。参见孙宪忠：《我国民法立法的体系化与科学化问题》，载《清华法学》2012 年第 6 期。

④ 参见王利明：《人文关怀与人格权独立成编》，载《重庆大学学报（社会科学版）》2016 年第 1 期。

⑤ 参见王利明：《民法典编纂与中国民法学体系的发展》，载《法学家》2019 年第 3 期。

其次，法典编纂有助于对现有法律进行科学化和体系化的整理，从而统一概念与术语，整合私法体系，以方便法律实践与法学知识传播。如学者所言，民法典的编纂本身就是一门科学，民法典的编纂肯定要产生大量专有概念和术语，最后形成的法典，必然是一个具有技术化的体系。① 现阶段，受制于浓厚的经验主义立法思维，民法单行法不仅在内外体系两方面皆存在严重缺陷，而且种类繁多、数量巨大的司法解释，已对民事法律构成严重解构之势。法典化的根本目的，就在于形成一致的概念术语和体系化，从而超越经验主义的立法范式，消除单行法以及司法解释之间的矛盾和冲突。② 毕竟，如果不是出于体系化的目的，只需要法律汇编即可，而无须法典编纂，因为法律汇编同样有助于法律的体系化。但正是由于法律汇编欠缺规则和价值的体系性，本质上不是法典化，无法发挥体系之中的规范的协同效应和联动效应，这才有了法典化的需求，体系化的法典与法律汇编相比具有明显的优越性。③ 就大陆法系国家而言，法典化还可以达到整合整个私法体系的功能，即使民法典无法包罗万象，但是通过链接条款，民法典对于法典外的私法规范仍然发挥着体系调节作用，特别私法尽管有其特殊性，也必须遵守民法典中的基本原则和制度，接受民法典的体系约束。④

最后，也是最为重要的，民法典的制定在完善法体系的同时，还具有更为深远的政治意义。我国民法学界从政治高度看待民法法典化的意识由来已久，民法典作为政治活动的过程和成果，一方面宣示和表达了政治层面的价值观念，另一方面也是实现国家治理能力和治理体系现代化的重大举措，对于全面推进依法治国尤其具有指标性价值。⑤ 中华人民共和国成立以来，曾先后在1954年、1962年、1979年和2002年四次尝试民法典编纂工作，但都因多种原因所限而中途搁

---

① 参见孙宪忠：《制定民法典的主要难题》，载《法学》2003年第5期。
② 参见朱广新：《超越经验主义立法：编纂民法典》，载《中外法学》2014年第6期。
③ 参见王利明：《民法法典化与法律汇编之异同》，载《社会科学家》2019年第11期。
④ 参见谢鸿飞：《民法典与特别民法关系的建构》，载《中国社会科学》2013年第12期；易继明：《历史视域中的私法统一与民法典的未来》，载《中国社会科学》2014年第5期。
⑤ 参见韩强：《民法典的政治与政策解读》，载《浙江社会科学》2008年第12期；石佳友：《民法典的"政治性使命"》，载《山东法官培训学院学报》2018年第1期。

置，除社会经济条件限制、理论准备不足外，更为重要的原因是彼时并未有强大的政治推力。[①] 直到2014年党的十八届四中全会召开，全会通过的《中共中央关于全面推进依法治国若干重大问题的决定》明确要求"加强市场法律制度建设，编纂民法典"。2015年，第十二届全国人大常委会通过了调整后的五年立法规划，明确将编纂民法典列为一类项目，要求民法典编纂必须在五年内完成。正是基于最高决策层的政治推动，本次的民法典编纂工作与以往几次相比具有更加坚定的基础。[②] 同时，政治推动还会对民法典的内在价值体例与外在逻辑体系产生重要影响，从而形成政治理念和法律秩序的互动，我国民法典将人格权法独立成编的尝试，便是典型例证。

综上，民法典的制定能够起到重构我国私法体系、统一概念与术语以及促进政治理念与法律秩序统一的作用。但一部兼具政治性、体系性和民族性的民法典仍不足够，虽然我国当下尚不存在严格意义上的解法典化现象，但以特别法和司法解释排除法典适用的现象仍可能存在，因此，脱胎于社会经济高速发展期的我国民法典也应尽可能保持其开放性，增加法典的"抗衰老能力"，防止法典一出台就落后于社会价值变迁的"规律"。

## 第四节　民法典中的体系弱化

### 法典中的体系弱化因素

尽管在近现代法典的编纂工作中，体系化一直是立法者所追求的主要目标，

---

[①] 如全国人民代表大会法律委员会委员张鸣起所言：一部民法典最终是否能顺利地制定出台，与最高决策层的政治决心有着密切的关系，与以往我国任何一次民法典制定活动相比，本次民法典的编纂活动都体现了最高的政治意志。参见张鸣起：《〈中华人民共和国民法总则〉的制定》，载《中国法学》2017年第2期。

[②] 其实，不仅是我国，从大陆法系的代表德国、法国和日本等国家编纂民法典的历史经验看，政治因素无疑都对一国民法典的编纂起到了决定性的作用。详细论述，参见戴孟勇：《论政治因素对编纂民法典的影响》，载《云南社会科学》2018年第1期。

但体系化仍然面临一些体系弱化因素,这些因素的存在使得法典编纂有时不得不以牺牲体系性为代价。在优帝时期,优士丁尼在判断某一法律文件是否可以冠以"法典"之名时,就没有以体系化的因素作为标准。[①] 斯奇巴尼就在体系化目标之外提出了法典应该追求的一个更高的目标,即制定一部适用于所有民事关系——人身关系、家庭关系、个人或组织的财产关系的民法典的工作似乎更加重要。"因为民法典能够引导人们建立一个平等的共同体。"[②] 显然,这种说法更钟情于建立一个平等共同体的目标。

以工具论的立场看来,体系化始终是作为一种实现价值目标的工具,而不能作为一个终极目标,因此在贯彻法政策和法价值方面,有时要以牺牲体系为代价。以优士丁尼的诸法典为例,其可以划分为法律全书式结构和法律教科书式结构,前者包括优士丁尼《法典》和《学说汇纂》,后者仅指《法学阶梯》。两种不同的结构对于体系化的要求也是不同的。前者在体系化的程度上就没有后者要求严格,因为,如果前一结构"必须同时满足其他条件(如全面、完整)时,它可以在一定程度上牺牲体系化的程度。法律的适用当然需要体系化的支持,但是这种只具有较低的体系化程度的法律文本将不构成对法律适用的障碍,因为可以推定法律家的心中自有'体系'的存在。但对于后者而言,它必须将体系化的特征直接写在文本之上,这种要求相当严格,以至于当与其他方面的要求发生冲突时,体系化的因素必须成为优先满足的目标"[③]。

从认识论角度观察,人们对于体系的发现也有一个过程,而且会随着时间的推移而不断深化或变异。"将法律材料科学地整理并体系化对于法典编纂非常必要,它们常常不是存在于技术和社会变革之初,而是以认识并经历了与其紧密联系的矛盾情况为前提。……因此,对法律调整的材料进行科学的整理和体系化的时间并非在新发展的最初,而是在其中叶,甚至在糟糕的情况下,也可能在其最

---

① 参见薛军:《优士丁尼法典编撰中"法典"的概念》,载徐国栋主编:《罗马法与现代民法》(第2卷),北京,中国法制出版社2001年版,第61页。

② [意] 桑德罗·斯奇巴尼:《法典化及其立法手段》,丁玫译,载《中外法学》2002年第1期。

③ 薛军:《优士丁尼法典编撰中"法典"的概念》,载徐国栋主编:《罗马法与现代民法》(第2卷),北京,中国法制出版社2001年版,第53～58页。

后。某些特定领域首先得到发展,要研究这些特殊领域必须回到其基本结构并且对其进行体系化的整理。"① 另外,体系也并非凭空而来,而是根植于一个民族或一个国家固有的历史、文化、社会观念等综合培养的土壤。对于体系的认识,根据人们的立场不同,由局部到整体、由特殊到普遍,其间,引起体系变动的因素无所不在。这种认识论也可以解释为什么德国放弃了自身的日耳曼法传统而转投罗马法;在对罗马法的继受过程中,最终放弃法国法体系,而选择了学说汇纂体系。体系并未如法律科学化的目标所设定那样具有唯一性和恒定性,而是表现出一种多元性和竞争性,同一株"罗马法"之花却可以结出不同的体系之果,类似的情形在亚洲(比如日本)也有同样发生。法国民法典、德国民法典、瑞士民法典、荷兰民法典等法典中体现的各种流派逐一登上历史舞台,各领一时风骚,也为尚未开创体系典范的国家提供了众多可选择的典范。

如前所述,对于中国是否需要一部民法典、制定民法典的时机是否成熟、条件是否具备一类问题,虽有学者曾表示怀疑甚至反对,但在十八届四中全会决定"编纂民法典"之后已经有了定论。而对于究竟应当制定一部怎样的民法典等问题的讨论,虽然达成了许多重要的共识,但不同学者仍提出了差异较大的设计方案,并围绕其展开了激烈的论战。其中最富代表性的有三种观点,即"松散式、邦联式"的思路②;提倡"回到罗马法"的理想主义的思路③和主张以《德国民法典》为基础的现实主义的思路。④ 然而就同样倡导以《德国民法典》为基础的学者之间,在民法典分则的设立编排上也曾有分歧,主要争议点包括人格权法是否独立成编,侵权责任法是否独立成编,是否有必要规定独立的债法总则编等。最终,根据民法典的立法规划,立法机关明确将侵权责任法独立成编,不设债法总则编。

---

① Manfred Wolf:《民法的法典化》,丁晓春译,载《现代法学》2002年第3期。
② 参见江平:《制定一部开放型的民法典》,载《政法论坛》2003年第1期;江平:《中国民法典制定的宏观思考》,载《法学》2002年第2期。
③ 参见徐国栋:《民法典草案的基本结构——以民法的调整对象理论为中心》,载《法学研究》2000年第1期;徐国栋:《绿色民法典草案》,北京,社会科学文献出版社2003年版。
④ 参见梁慧星:《当前关于民法典编纂的三条思路》,载《中外法学》2001年第1期。

## 剪不断理还乱的"债"

债法总则在中国民法法典化进程中的遭遇一再提醒我们，考察民法典的体系稳定性还必须结合一国法体系的特定背景，包括法律思想和法制史、学术传承、固有观念以及立法者的决断。这个法典化进程中的体系弱化个案，耐人寻味。套用福柯的理论，法律在一定意义上无非是有关权力话语的实践。不过福柯同时也指出："在任何社会里，话语一旦产生，即刻就受到若干程序的控制、筛选、组织和再分配，这些程序的作用在于防范它的权力和危险，把握不可预料的事件。"① 这就是所谓的"排斥规则（Rules of Exclusion）"。近代以来，中国从法律制定到法学教育乃至法学研究，始终存在着这种排斥规则的运作。对"债"这类概念的舍弃，大概就是一种排斥。

历史地看，"债"的概念经历了一个漫长的演变过程，大致表现为始于人身性而终于财产性，始于责任性而终于义务性，始于私罚性而终于"公/私法性"②。在形式上，债产生于契约之债（obligatio ex contractu），到后来"私犯"（delitum）也被纳入。③ 在《十二表法》之后，人们在契约之债和私犯之债之间找到了共同的因素，即金钱在这两个领域中都能起到解除债务约束的效力。由金钱所表现的财产性在"债"之概念中占据主要地位的标志，是公元前326年颁布的关于废除债务奴隶制度的《博埃得里亚法》（Lex Poetelia）。历史学家蒂图·李维（Titus Livius）对此评价说："除了那些因犯罪而受罚的人外，任何仍在接受惩罚的人均不应受到捆缚或监禁；所欠的钱款应当用债务人的财产而不是躯体

---

① ［法］福柯：《话语的秩序》，第7页。转引自［英］谢里登：《求真意志——米歇尔·福柯的心路历程》，尚志英、许林译，上海，上海人民出版社1997年版，第160页。
② 梁展欣：《民法史的观察》，北京，人民法院出版社2017年版，第176页。
③ 参见［意］朱塞佩·格罗索：《罗马法史（校订译本）》，黄风译，北京，中国政法大学出版社2009年版，第87页。在这里，格罗索的观点与彭梵得的观点相左，前者认为债起源于契约，后者则认为系私犯；见［意］彼德罗·彭梵得：《罗马法教科书（修订译本）》，黄风译，北京，中国政法大学出版社2005年版，第216页。另可参见［意］马西莫·布鲁提：《关于债的一般理论的若干问题》，陈汉译，载费安玲主编：《学说汇纂》第2卷，北京，知识产权出版社2009年版，第40页。

来偿还。"至此,"债"被解释为单纯的财产性的关系,它的标的是给付,债务人以其财产作为担保。①

在中国固有法上,债仅具有非常狭窄的含义。古代"债""责"通用,《正字通说》曰:"责,逋财也,俗作债。"《汉书·淮阳宪王钦传》师古注:"债,谓假贷人财物,未偿者也。"自西汉《九章律》之"户律"首次有关于债的明文规定,直至唐《贞观律》专设钱、债律,债的观念一直未见扩大,仅指欠人财物。西方民法中的债的概念,是迟至清末《大清民律草案》才首次被引入的。②

中华人民共和国成立以后,民法学界关于"债"的概念的争论始于1979年前后,也即民法学说和立法的初创阶段,其时中国开始启动第三次民法起草工作,当时面临的问题是债的概念有无保留的必要,存在支持和反对的两种观点。

反对意见认为,债的概念过于抽象,民法应将各项具体的债的内容独立出来,包括合同、侵权、不当得利、无因管理等债法制度,重新安排民法的体系。具体来说,主张废弃债的概念的原因主要如下:第一,债的概念脱离中国实际。在学说上,"债"是一个外来概念,含义为债权人有权要求债务人为或者不为一定的行为。而在我国历史上,如上所述,债主要是指借钱未还,泛指一切的金钱债务,有时候也可引申为"人情债"等道德义务或情感负担,与民法上的"债的概念"大相径庭,极易造成混淆误解。第二,我国民法用"债"之语词表达obligatio是传译问题,在于日本人将obligatio翻译成债,而后为我国借用,本身具有偶然性。第三,民法的完整性和系统性主要取决于民法规范体系的内在和谐性,取决于民法学对民事立法和司法的发展是否发挥积极的指导意义,而不取决于是否适用"债"的概念。③ 第四,也是最为重要的,债的一般规则主要涉及合同,若单独设立债之专篇,难免叠床架屋;以债概括合同、不当得利、无因管理和侵权行为,而其四者在性质、特点和法律适用上个性大于共性,没有严格的科

---

① 参见[意]彼德罗·彭梵得:《罗马法教科书(修订译本)》,黄风译,北京,中国政法大学出版社2005年版,第270~271页。

② 参见王家福主编:《中国民法学·民法债权》,北京,法律出版社1991年版,第1页;张广兴:《债法总论》,北京,法律出版社1997年版,第16页。

③ 参见史际春:《关于债的概念和客体的若干问题》,载《法学研究》1985年第3期,第12~13页。

学性;债之概念的使用不影响债权、债务一般概念的使用以及民事权利义务的严肃性。①

对此,赞成意见则提出了反驳,主张我国民法应当采纳债的概念,理由主要如下:第一,债的概念与传统理解混淆的担心是没有必要的。法学概念与生活用语是不可能完全一致的;只要我们赋予其明确的内涵和外延,法学上的债与日常生活用语中的债是可以分清的,事实上,我国在立法和理论上长期使用债的概念,也没有产生什么误解和混淆。第二,要不要使用债的概念,问题的实质在于要不要对我国实际生活中存在的特定主体之间以特定给付为内容的民事法律关系作出一个总的概括,这种概括是必要的。债的概念可以把因无因管理、不当得利和侵权行为而发生的法律关系与合同关系一起用债加以概括,就与其他的民事法律关系相区别而形成相对独立的体系,这正是法律关系本身的要求。第三,如果取消债的概念,无因管理、侵权行为和不当得利等重要的民事关系将得不到调整和研究,造成民法和民法学的重大遗漏,还将带来立法技术和法学理论研究的困难,这必然影响民法的系统性和民法学的完整性。② 第四,还有学者主张在民法通则中把债的法律关系独立成章,以指导经济关系与进行现代化建设、保护公有财产和个人财产、因应商品经济发展的客观需求。③ 第五,"债权"概念作为法律思维工具具有重大价值。例如,"物权优先于债权、债权平等、债权请求权与物权请求权的区分、可分债权与不可分债权、连带债权与连带债务,等等,是我们进行法律思维的工具。如果废弃'债权'概念,我们的法官、律师将如何进行法律思维,如何分析案件和裁判案件"④?

这一争论发生之时,民法学术理论研究刚刚起步,最终以《民法通则》的颁布而告终。《民法通则》第五章"民事权利"承认了债的概念,不仅规定了合同、无因管理、不当得利、侵权责任等具体之债的内容,还规定了债的定义、按份之

---

① 参见王作堂、魏振瀛等:《民法教程》,北京,北京大学出版社1983年版,第14页。
② 参见陈庚生:《我国民法应当使用债的概念——与史际春同志商榷》,载《法学研究》1986年第2期。
③ 参见韩来璧:《民法通则中债权独立成章之管见》,载《法学》1986年第7期。
④ 梁慧星:《松散式、汇编式的民法典不适合中国国情》,载《政法论坛》2003年第1期。

债、连带之债、债的担保等制度，奠定了债的实证法基础。

**债法总则之争**

进入 21 世纪之后，中国分别启动了第四次和第五次民法典编纂工作，立法机关所提出的草案中均不包含债法总则编，仅保留合同编和侵权责任编，引发了学界对民法典是否设立债法总则编的广泛讨论。纵观两次争论，对于是否设立债法总则，大致可以分为反对论、支持论和折中论三种观点。

*反对论*

反对论的代表是立法机关，两次民法典草案均无债法总则编就是其典型表现，并且在学术界也获得了一定的支持，其主要理由如下。

第一，民法典不设立债法总则，可以避免与侵权责任编和合同编的一般规定相重复，法律适用也较为简便。"草案有《合同法》的一般规定，有侵权责任法的一般规定，以后再进一步完善有关无因管理、不当得利的规定。这样，债的有关问题基本上就解决了。"[①] 相反，"不搞债法总则，合同编较为完整，侵权责任自身已有一般规定，未规定的适当参照合同编的规定，比较实用"。"比如，《德国民法典》虽然因债法总则省去了许多重复性或援引性的规定，但在其他地方却多出了不少限制性和细分性的规定。法律适用并未因此而容易多少"[②]，所以不应迷信德国民法的概念体系。与此同时，"取消债法总则的设立，法典的抽象性在一定程度上得以缓解。因为在规定债法总则的情况下，法典就具有合同法总则、债法总则、民法典总则三层次的结构，使得法典适用与理解更加困难"[③]。

第二，债法总则应该是为各种具体之债提供共同适用的规则，但实际情况并非如此，其并未发挥作为总则的理想效用。各国债法总则的内容主要是从合同法里抽象出来的，只不过对侵权责任、无因管理、不当得利等其他债具有可适用性。"但在司法实践中，债法总则在合同之外的领域的适用却出现了'水土不服'

---

① 王胜明：《法治国家的必由之路——编纂〈中华人民共和国民法（草案）〉的几个问题》，载《政法论坛》2003 年第 1 期。

② 王胜明：《制订民法典需要研究的部分问题》，载《法学家》2003 年第 4 期。

③ 许中缘：《合同的概念与我国债法总则的存废——兼论我国民法典的体系》，载《清华法学》2010 年第 1 期。

的现象。在侵权领域,一方面,迟延履行、担保、抵销、混同等,这些制度尽管理论上存在适用的可能性,但由于各种或是法律上的限制,或是事实上的限制,其适用几乎不曾发生或是很少发生过。例如,关于债的抵销,各国法律一般都规定,因故意侵权而生之债禁止抵销。另一方面,在解决侵权纠纷时,民法典中的侵权行为法条文未规定的,债法总则也从未发挥其作为总则的漏洞填补作用。"①

第三,债法总则无法完成体系化和制度整合的功能目的。"债法体系的建立,只是基各种债的发生原因在形式上产生了相同的法律效果,即债是一方当事人依据约定或法定原因请求另一方当事人为特定行为而形成的特定当事人之间的法律关系。各种债的发生原因除了形式上产生特定的法律关系这一共同性外,在价值取向、构成要件等实质方面均有不同,因此债法总则与分则之间主要存在形式上的联系,没有或很少有实质的关联。而且债法总则的构建主要是以合同法为中心的,对于其他债的发生原因而言,适用的并不多。"②

第四,节约法律条文。"设立债法总则,内容无疑包括债的效力、类型、履行、担保和保全等,但这些内容不能取代合同法总则的存在。规定债法总则之后,又要规定合同法总则,债法总则的这些内容势必与合同法的有关内容造成重复,导致法律条文的重复。"③

第五,"为侵权责任法的独立成编提供更为完美的理论基础。随着责任与债的分离,将侵权行为作为债的发生原因之一,侵权行为责任(损害赔偿)转化为债的观念,已与现代发展了的多种民事责任形式相抵触。侵权行为的本质属性是责任而不是债。应当将侵权行为从债的体系中分离出来,使之成为与债并列的独立的民事法律制度。既然我们已经将侵权责任法定性为与债不同的内容,取消债的概念,使得这一分离在民法典体系的构建上更具有理论的说服性。"④ 比如,赔礼道歉、消除影响、恢复名誉等责任承担方式不具有财产属性,不属于债的内容,无法被债法总则所统合。

---

① 覃有土、麻昌华:《我国民法典中债法总则的存废》,载《法学杂志》2003 年第 5 期。
② 马俊驹、曹治国:《守成与创新——对制定我国民法典的几点看法》,载《法律科学》2003 年第 5 期。
③④ 许中缘:《合同的概念与我国债法总则的存废——兼论我国民法典的体系》,载《清华法学》2010 年第 1 期。

第六，物债二分是债法总则的正当性基础，但是二者的界限正在逐步模糊，设立债法总则的必要性也就大为降低。"为适应经济发展的需要，债的人身属性逐步削弱，交易关联性以及社会交易成本理论促使了涉他合同概念被广泛接受，公示技术的突破使债权和物权二元划分的界限变得模糊，侵权责任法和合同法的相互扩张导致债与责任的区别被日渐认可等原因使得债法总则的存在不再必要。"①

支持论

支持设立债法总则的观点主要存在于学者之间，其主要理由如下。

第一，债权总则编是民法典科学性和体系性的要求。"如果《民法典》不设债权总则编，合同编不可能规定债权定义，因为合同编如果规定债权定义，也就成了债权编而不是合同编。可见，取消债权总则编也就取消了债权概念。"② 在体系完整性层面，保留债法总则有利于整合债法自身的体系与提供有统领意义的框架，有利于构建财产权制度的体系与正确认识、理解并行使财产权，以及有利于完善民事权利体系与规范财产流转关系。若不设立债法总则，则各项具体债法制度就难以体系化，就不能提供一个具有统领意义的框架，规范财产流转关系的法律散乱无序，不利于对财产关系的理解，而且"债权"概念不存在相应的编章。③

第二，在法律适用便利方面，学者指出提取公因式，形成适用于各种类型的债的共同规则，可以避免不必要的重复规定，从而使民法典更为简约。"若不规定债法总则，为避免叠床架屋，则只能将原位于债法总则中的规则放置于某类债中，导致本应'适用'，然却不得不'准用'的现象。这些规则包括但不限于债权效力、债的履行、债的保全与担保、债的移转与债的消灭等方面。"④ 准用"在法学方法论性质上属于授权式类推适用，会使得实质上的债总规则对非合同

---

① 张素华：《有关债法总则存废的几个基本理论问题》，载《法学评论》2015年第2期。
② 梁慧星：《松散式、汇编式的民法典不适合中国国情》，载《政法论坛》2003年第1期。
③ 参见王利明：《债权总则在我国民法典中的地位及其体系》，载《社会科学战线》2009年第7期。
④ 崔建远：《债法总则与中国民法典的制定——兼论赔礼道歉、恢复名誉、消除影响的定位》，载《清华大学学报（哲学社会科学版）》2003年第4期。

之债丧失强制适用效力，而变为由法官在个案中自主判断是否发生类推，这种立法上的不必要的松动会导致司法上的不一致，使'同样事项，同样处理'的正义要求难以实现。该立法思路还会导致条文遗漏，这些问题可以通过设立债法总则编解决"①。

第三，债法总则可以纯化合同法规则。"现行《合同法》超越自己的范围去规定本属于民法总则的法律行为规则、代理规则和本属于债权总则的规则，是因为《民法通则》的规定太简单，不能适应市场经济发展的要求，是不得已的权宜之计。现在我们制定民法典，就应当按照逻辑和体系的要求，使现行《合同法》中属于债权总则的规定回归于债权总则编，属于民法总则的内容回归于总则编，将剔除了属于债权总则内容和属于民法总则内容后的合同法作为民法典的合同编。"②

第四，对债法各论部分进行拾遗补阙。"债权总则是比较抽象的，而且是一般规则，将合同法和侵权责任法中无法包括的内容规定在债权总则之中，就可以弥补债法各论部分规定的不足。还应当看到，虽然债的关系主要包括合同关系、侵权责任关系、无因管理关系、不当得利关系，但随着社会的发展，也产生了一些不能完全归属于前述四种法律关系的领域，这就需要通过完善债的规则以解决各个法律所不能解决的问题。""尤其是在现代社会，随着市场经济的发展和经济全球化的推进，各种交易形式层出不穷，大量的新的债的形式将会出现，如果设立了债权总则，就可以通过抽象的条款来应对社会生活，从而使新的债的形式纳入债法规范的对象，因为债权总则本身还具有发展法律的所谓造法性功能。"③

第五，债法总则具有体系整合功能。"债法总则并非固定不变的规范体系，因债的发生原因、债的种类、给付标的、债的履行情况等不同，债法总则在内容和体例上一直处于动态变动之中。在当前法律背景下，如果设立债法总则，其根本意义不在于简单地确立债的共同规范，而在于通过寻求共同规则，整合现有的

---

① 于飞：《合同法总则替代债法总则立法思路的问题及弥补——从"参照适用"的方法论性质切入》，载《苏州大学学报法学版》2018年第2期。
② 梁慧星：《松散式、汇编式的民法典不适合中国国情》，载《政法论坛》2003年第1期。
③ 王利明：《债权总则在我国民法典中的地位及其体系》，载《社会科学战线》2009年第7期。

债法体系。"① 一方面，债法总则可以解决侵权责任和合同责任的双重扩张，另一方面，债法总则的设立可解决债的一般规范和各种具体之债在法律适用上的沟通协调，从而维持个性和共性的动态平衡。②

折中立场

如上所述，民法典设置债法总则确有诸多益处，不但可以提高民法典的体系化和科学性，还能弥补合同法总则的不足之处，比如多数人之债规则、损害赔偿的共同规则等。但是，债法总则过于抽象可能会忽略具体情境，导致丰富性欠缺，从而遮蔽不同当事人千变万化的利益关系，脱离实际情况，导致僵化的弊端。对于支持论和反对论的争议，有学者对此进行了反思，尝试提出中间路。

第一，小型的债法总则。"由于我们已经有相对完整的合同法与侵权责任法，从维持法律秩序稳定性的角度来看，似乎不宜将现有的体制完全破坏。比较适宜的做法是将合同法与侵权法仍然保留为债法体系之下的两个相对独立的结构单元，在此之外增加一个规模较小的债法总则，在其中规定除了合同、侵权之外的其他债的发生根据（包括不当得利之债、无因管理之债的相对详细的规则以及单方允诺等制度），另外规定各种债的形态（连带之债、按份之债、货币之债、选择之债等）。关于债的履行、债的消灭、债权让与、债务承担等原先在合同法之中的内容，则可以放到债法总则之中予以规定。"③

第二，合同法总则作为实质上的债法总则。考虑到《民法总则》的既有体系架构和债的概念已被承认这两个前提下，民法典可以"将债法总则嵌套入合同法总则，这样一方面能够充分体现上述价值和技术意义上的合同中心主义，同时可以充分利用现行法予以装修，避免体系和规则的过大改变，还可以在大陆法系和英美法系之间取中间立场，以连接两者"④。在具体的技术路线上，立法机关可以采用删、增、改、补和排等多种方法，以达到"减编不减量，变表不变里"的

---

① 陆青：《债法总则的功能演变——从共同规范到体系整合》，载《当代法学》2014年第4期。
② 参见陆青：《债法总则的功能演变——从共同规范到体系整合》，载《当代法学》2014年第4期。
③ 薛军：《中国民法典编纂：观念、愿景与思路》，载《中国法学》2015年第4期。
④ 朱虎：《债法总则体系的基础反思和技术重整》，载《清华法学》2019年第3期。

效果。

立法机关最终确定民法典各分编不设债法总则编。不过，虽然民法典不设形式意义上的债法总则，却并不代表中国民法上没有债法总则制度。民法典合同编中的多数人债权、债权债务移转、债权保全等规定均为债权总则制度，并且在条文中采用了"债权人"和"债务人"的表达，而非"合同"当事人，表明民法典当中关于债的规范可以超出合同关系适用于其他具体之债。上述白描式的综述，除了展示一项民法制度在体系化背景下的存留轨迹，更希望可以为法典中的弱化因素保持探索的空间。

**另辟蹊径**

民法典不设债法总则所造成的最大体系悖反恐怕是不当得利和无因管理两项制度的无处安放。不当得利、无因管理是两类独立的具体之债的类型，在发生原因和法律效力方面都与合同、侵权相互平行，在前两者均单独成编的情形下，民法典同时将其像合同、侵权那样独立成编才是符合逻辑要求的做法。"不过，在内容方面，它们较合同法、侵权行为法终归相差悬殊；在条文数量上，它们与合同法、侵权行为法的毕竟不成比例。从立法技术的层面考虑，它们单独成编，不合形式美的要求。"① 可行的方法被认为是将其放置于民法典的某个分编当中。由于《民法总则》对债的发生原因规定较为简略，仅在第121条规定不当得利和第122条规定无因管理，故而尚需在民法典分则中予以补充、丰富和细化。在中国民法典分则不设置债法总则编的前提下，可以考虑的方案有两种：其一，在合同编中规定准合同一章，对不当得利、无因管理等各种债的关系作出集中规定，以实现民法典规则体系的科学性。② 其二，民法典把侵权责任编"修改为'非合同之债编'，分别规定侵权行为、无因管理、不当得利和单方允诺。这样既可区分合同和非合同之债，也扩大了侵权编的容量，结构还更为匀称，比'合同编'（室内稿）将不当得利等置于合同总则部分亦更符合逻辑"③。

---

① 崔建远：《债法总则与中国民法典的制定——兼论赔礼道歉、恢复名誉、消除影响的定位》，载《清华大学学报》2003年第4期。
② 参见王利明：《准合同与债法总则的设立》，载《法学家》2018年第11期。
③ 谢鸿飞：《民法典的外部体系效益及其扩张》，载《环球法律评论》2018年第2期。

从实际的立法来看，立法机关采纳了"准合同"的主张，在合同编第三分编规定了"准合同"，包括无因管理和不当得利两章。准合同指代与合同很类似的法律事实。"准合同所涵盖的债务类型多种多样，彼此之间的相似性并不大，其中一些准合同债务与合同债务较为相似，还有一些准合同债务与侵权债务十分相似，这些准合同债务甚至有着各种各样的名称。"① 在比较法中，准合同最早起源于罗马法，在普通法系和大陆法系均有所采纳。究其根源，准合同概念的发展是债的类型逐渐增多的结果，法律常常把那些不能归类于合同、侵权等既有具体之债的内容认定为准合同，这可以从比较法的观察得出证据。在法国，《法国民法典》没有抽象出债法总则制度，只得采用在第 1371 条规定准合同制度，以安置无因管理、不当得利等债的类型。与之相似，普通法倾向于采用判例思维，没有抽象的债法概念，同样采用准合同的概念来囊括合同、侵权之外的具体之债。相反，《德国民法典》规定了债法总则，准合同也就失去了存在的必要性。由此可知，准合同可以作为债法总则的替代措施，用来安置不当得利、无因管理等具体之债。

民法典合同编将"准合同"放在其最后部分，顺序上无因管理在先，不当得利在后，其体系上的合理性在于："先规定无因管理，是因为无因管理类似于无偿委托合同，并且存在与委托合同的可能连接，是标准的准合同，《德国民法典》即将无因管理放在委托合同之后规定，由此无因管理更接近合同，立法体系位置上也更靠近合同"；"不当得利规定在无因管理之后，从理论上而言，不当得利可以区分为给付型不当得利和非给付型不当得利，前者更接近合同，后者更接近侵权，因此不当得利具有一种补充合同和侵权的特点，同时具有一种过渡性的特点。"②

---

① 王利明：《准合同与债法总则的设立》，载《法学家》2018 年第 11 期。
② 朱虎：《债法总则体系的基础反思和技术重整》，载《清华法学》2019 年第 3 期。

# 第三章 体系的外部效应

体系化的功能通常会被直观地理解为由法典所营造的部门法内部的融会贯通和相互检索，但是实际上这仅仅是其内在机理的当然体现。作为以体系为方法的整理手段，民法的体系化过程还包括为不同部门法律之间提供一个外部沟通的机制和路径，一部成功的法典编纂，其真正特点并不在于条文的完备，尤其是对许多人们期望得到答案的问题未必作出回答，而是在于经由法典所构筑的科学体系，搭建一个法律世界沟通的平台。

法律体系因此有所谓外部体系和内部体系之分。大体说来，民法与宪法相关法的关系、民法与行政法的关系、民法与经济法的关系、民法与社会法的关系、民法与刑法的关系以及民法与诉讼和非诉讼程序法的关系等一般被视为外部关系。[1] 如果站在民商分立和知识产权法独立的立场，则民法与商法的关系、民法与知识产权法的关系等，亦在外部体系之列。至于法典总则编与其他各编的关系、民法典与既有民事立法以及民事立法未来发展的关系等，则为民法体系的内部关系。

---

[1] 参见王轶：《我国民法典编纂应处理好三组关系》，载《中国党政干部论坛》2015年第7期。因此，本书所谓外部体系和内部体系，既不同于耶林及概念法学所指的法概念层面的外部体系；也不同于自赫克以后作为法律背后的内在脉络而主张的内部体系。

## 第一节　宪法基本权利与人格权

在宪法学者看来，宪法与民法之间是根本法与部门法的关系，在价值体系和规范体系上，民法是宪法的"实施法"和"具体化法"①。抛开可能引发的争议，单从功能主义的立场看，宪法规范在民事裁判上的意义其实是一种客观存在，至少就填补民法领域的规范漏洞而言，作为法律论证工具的宪法规范就可以或者已经表现为：以制度保障性规范确认物权、以基本权利规范评价合同效力，以及对侵权责任要件进行法律续造，等等。②以下仅从宪法基本权利与人格权关系的角度做一个观察。

民法外部关系中最引人注目也最令人困惑的是人格权与宪法权利之间的纠缠。在民法学的语境当中议论人格权，其权利的私法属性似乎是一个不容置疑的前提性判断。然而放眼人格权的发展历史以及各国立法例，不论是英美法系还是大陆法系，人格权的形成和解释似乎一直都与宪法基本权利之类的公权力的主张纠结在一起，这种外部体系上的张力是法律适用过程中无法回避的。所以，人格权与基本权利及其他公法上权利之间的暧昧关系也当然引发了我国学者对前者的规范品质的反思。在过往十余年的学术讨论当中，围绕相关问题展开的探讨与学说在人格权是否应当独立成编的论争当中也颇为亮眼。《民法典（草案）》第989条规定："本编调整因人格权的享有和保护产生的民事关系。"作为人格权编的第一条，本条清晰地划清了作为民法规范的民法人格权编与宪法及其他相关法之间的关系。尽管从学术的视野判断，人格权确实可能更大程度上属于宪法权利，或者在更大程度上接近于自然权利。③但是，且不说宪法上权利在中国尚不得诉

---

① 韩大元：《宪法与民法关系在中国的演变——一种学说史的梳理》，载《清华法学》2016年第6期。
② 参见税兵：《超越民法的民法解释学》，北京，北京大学出版社2018年版，第162页以下。
③ 以德国法上的人格权制度为例。其构成上一部分为宪法人格权，主要由《基本法》第2条第1款结合第1条第1款予以调整；而另一部分为民法人格权，其或者在民法总则部分如姓名权之类集中阐述，或者放到侵权行为部分，在《民法典》第823条第1款的"其他权利"项下予以探讨。宪法人格权与民法人格权制度在各自法域并行不悖，却又通过学说与判例的互动而互相影响、互相促进；从而呈现出既跨越公法与私法同时又彼此缠绕的独特镜像，也因此成为民法学研究中一个引人入胜的领域。

讼、宪法并非有关人格权纠纷所形成的诉讼上的法律依据的现实，即使从两种权利关系的角度来看，如果两类权利规范的对象、强度、内容、目的不同，谈论宪法与民法的法律效力之差别就是没有意义的。① 在此情形下，扩充民法上的人格权规范，实定化人格权就显得具有意义。作为一种客观价值秩序，宪法上的人格权提供着将这种权利所蕴涵的价值渗透到民法的前提和可能性，但其最终实现，则仍需要民法内部的人格权制度相与衔接，这是法律体系分工的结果，也是法律调整精确的需要。

在将来的民法施行当中，如何处理民法人格权规范与宪法（基本权利）、行政法（如姓名权之登记、身份证管理）等公法之间的关系，是一个必须面对的课题。对此已经有学者提出了质疑，这些担心应当得到重视。但无论是基于权利救济的便利考虑，还是从权利关系的常态出发②，都有将人格权归之于私法上的权利并进而在民法典中为其存留一席之地的必要。同时不可否认的是，宪法上的基本权利，确实体现出其对人格权的关怀乃至辐射。而基于人格权的特别属性，其在具体适用过程中也不可避免地将会发生与其他公法秩序间关系的处理，因此，在肯认民法人格权的私法属性的同时，对于其与宪法上人格权及其他公法上人身权利的关系，不可不察。

## 基本权利的双重性质

宪法的实施主要是基本权利的实施。③ 在民法整体丧失"现实宪法"功能，变成围绕基本权利等宪法上价值在民法技术范围内具体化为民事权利义务关系的"宪法实施法"的现实背景下④，清楚认识并进而准确判定民事权利与宪法基本

---

① 参见姜峰：《民事权利与宪法权利：规范层面的解析——兼议人格权立法的相关问题》，载《浙江社会科学》2020年第2期。

② 宪法规范由于缺乏直接的司法适用性，在人格权损害救济方面的乏力表现已颇受学者诟病；现实生活中人格权的法律关系则更多地发生于平等主体私人之中，而非相互隶属的公权力机关与私人之间。

③ 参见范进学：《宪法实施：到底实施什么》，载《学习与探索》2013年第1期。

④ 参见张力：《民法典"现实宪法"功能的丧失与宪法实施法功能的展开》，载《法制与社会发展》2019年第1期。

权利之间的互动关系，在民法适用当中显得非常必要。

人们在法和权利之间所做的传统区分是：法被认为是社会生活的一种组织方式，而权利则是指由此归结出的个体的特权。前者，由其客体即社会生活的组织所决定，被界定为客观法，后者因与其主体相联系，而被称为主观权利。① 在当代德国宪法的理论与实践中，基本权利则被认为具有"主观权利"和"客观法"的双重性质。基本权利的双重性质理论为战后 K. Hesse 首倡，并受到德奥学者普遍引用，在"个人得向国家主张"的意义上，基本权利是一种"主观权利"。同时，基本权利又被认为是德国基本法所确立的"客观价值秩序"，公权力必须自觉遵守这一价值秩序，尽一切可能去创造和维持有利于基本权利实现的条件，在这种意义上，基本权利又是直接约束公权力的"客观规范"或者"客观法"②。对基本权利性质的分析可以循着不同的视角切入，如根据国家承担的是消极的不作为义务还是积极的作为义务，可将基本权利划分为防御权和受益权，依据自然状态与社会状态的区分理论可将基本权利分为公民权利、政治权利和社会权利，凡此种种，不一而足。而各种权利分类之间彼此亦呈现出范围的交错，但最具普适意义，最为根本的仍是主观权利与客观秩序的双重性质理论。③ 基本权利作为宪法中集中体现价值的部分，其性质取决于所在宪法的性质，宪法本身的效力直接决定了其组成部分的基本权利的效力。④ 就笔者观察所及，基本权利的双重性质理论与宪法自身的特性紧密相关，且暗含着某种逻辑上的内在关联。

**作为公法的宪法与主观权利**

宪法作为公法的范畴，调整两种法律关系：一是国家机关与国家机关之间的关系，另一是国家与公民之间的关系，后者主要是以确认公民的基本权利的形式

---

① 参见〔法〕雅克·盖斯旦：《法国民法总论》，陈鹏等译，北京，法律出版社 2004 年版，第 4 页。

② Robert Alexy：《作为主观权利与客观规范之基本权》，程明修译，载《宪政时代》第 24 卷第 4 期。

③ 也有学者将身份理论从主观权利部分抽出，作为与主观权利和客观秩序独立的第三重属性，参见吴庚：《基本权利的三重性质——兼论大法官关于基本权解释的理论体系》，载《"司法院"大法官释宪五十周年纪念论文集》。

④ 参见韩大元：《论基本权利效力》，载《判解研究》2003 年第 1 期。

表现出来的。在作为公法的宪法中，基本权利集中体现为"主观权利"的面向。传统宪法学理论恪守着基本权利仅作为一种"主观权利"存在，其主要的功能在于对抗国家，确保人民的自由与财产免受国家的侵犯，使人民得以享有不受国家干预的自由空间。基本权利的此种"主观属性"包含两层含义：首先，个人得直接依据宪法上的基本权利条款要求公权力主体为或者不为一定的行为；其次，个人得请求司法机关介入以实现自己的要求。① 宪法上规定的诸如言论自由、人格尊严、参政权等基本权利，如在个人与国家的法律关系之中受到国家公权力的不法侵犯时，皆可由当事人直接主张。因此，作为公法的宪法衍生出基本权利的"主观权利"面向，具备如此禀赋的基本权利并不必然要通过行政法等下位阶的公法具体化，其本身就具有可诉性。当下位阶法律未规定对于基本权利的保护时，权利人可以直接以宪法为依据，主张宪法上的基本权利。

**作为"高级法"的宪法与客观价值秩序**

从体系与逻辑的角度考量，在现代社会中，宪法对整个法律体系的影响是不可忽视的。在现代宪政制度之下，各个部门法都要符合宪法的规定，在各个部门法的法律解释方法中都包含合宪性解释方法，这就是奥地利学者凯尔森（Hans Kelsen）所谓的法律规范效力的位阶理论或金字塔理论。按照凯尔森的见解，法律位阶理论是从动态的法律秩序上来讲的，主要具有形式上的意义，是具有高一级效力的规范，或仅仅是授权规范，即规定谁有权依据一定的程序制定下级规范，很少或者不对下级规范的内容作出规定。② 宪法是法律秩序的基础规范（basic norm），维系着法律秩序的统一性。凯尔森体系中的基础规范是一个法律体系中所有规范得以具有效力的终极渊源，"不能从一个更高规范中得来自己效力的规范，我们称之为'基础'规范"。基础规范是预设的，"是构建理论体系的逻辑起点，也是实在法律体系的效力终点"③。因此，宪法作为"高级法"，高居

---

① 参见张翔：《基本权利的双重性质》，载《法学研究》2005 年第 3 期。
② 参见［奥］凯尔森：《法与国家的一般理论》，沈宗灵译，北京，中国大百科全书出版社 1996 年版，第 126 页。
③ ［奥］凯尔森：《法与国家的一般理论》，沈宗灵译，北京，中国大百科全书出版社 1996 年版，第 126 页。

于由公法与私法组成的法律体系金字塔的顶端,成为形式上法律效力的来源,这就为基本权利的"基本价值秩序"面向之产生提供了形式逻辑上的前提。

从实质与历史的层面看,自国家与社会的理想构图从简单的二元论走出以后,宪法在各国均在以不同的方式进入并改变着民法的价值中立外貌,以宪法的价值规范来统合公私法的价值,化解二者间的理念冲突,已成为各国普遍采用的方式。二战后人权运动的高涨使得那些"人之为人的根本价值"在宪法上居于极其优越的地位,某种程度上承载着超越包括宪法在内的实定法的自然法权利的价值。这便使得宪法价值化的味道愈加浓烈,也为基本价值秩序的产生提供了实质理由。苏永钦先生就认为可以通过"公私法规的合宪性控制""人权规定的第三人效力""合人权保障的法律解释"三个宪法机制分进合击,实现宪法价值的垂直整合。① 拉伦茨在谈到德国基本法和民法的关系时也曾指出:"《基本法》并不是想以少数几条内容尚需进一步确定的原则来取代现行私法制度,而是要承认和确认作为一个整体的私法制度及其根本基础,但同时又想以自己的价值准则来衡量私法制度,并将它纳入整个法律制度的一体化之中。"② 作为"高级法"的宪法衍生出基本权利的"客观法"面向:即基本权利除了是个人的权利之外,还是基本法所确立的"价值秩序"(Wertordnung),这一秩序构成立法机关建构国家各种制度的原则,也构成行政权和司法权在执行和解释法律时的上位指导原则。由于基本权利的这一性质只涉及基本权利对国家机关的规制和约束,一般不赋予个人以主观请求权,所以基本权利在这里只是"客观的法"或者"客观规范"③。基本权利作为客观价值秩序成为整个社会共同体的价值基础,这就使得基本权利的影响力得以超越"个人——国家"关系的层面,而能够笼罩社会生活的一切侧面,对法的一切领域(无论公法还是私法)都产生扩散的效力,整个社会生活都应该在基本权利这一价值基础上进行整合。"客观价值秩序"理论在"基本权利的客观面向"、"基本权利的第三人效力"、"基本权利作为组织与程序的保障"与"基本权利

---

① 参见苏永钦:《从动态法规范体系的角度看公私法的调和》,载苏永钦:《民事立法与公私法的接轨》,北京,北京大学出版社 2005 年版,第 114~115 页。
② [德]卡尔·拉伦茨:《德国民法通论》,谢怀栻等译,北京,法律出版社 2002 年版,第 115 页。
③ 张翔:《基本权利的双重性质》,载《法学研究》2005 年第 3 期。

的保障义务"等一系列理论的展开过程中,逐渐取得其内涵并丰富其意义。①

**客观价值秩序与民法**

宪法究竟是公法还是"高级法",这并不是一个非此即彼的选择,而毋宁是同一问题的不同侧面,因为宪法本身就是一体两面。我们可以说宪法是高级法,这是侧重从宪法的客观秩序的角度来考虑,基本权利的价值需要渗透进整个法律体系,就此种意义而言,基本权利是一种客观规范,是课以国家积极作为的义务,但并不同时构成一种可主张的权利,因为客观的价值秩序本身并不体现出权利的一面(非权利性),它必须透过立法、行政、司法等国家公权力的进一步实施来实现。同时,我们也可以说宪法是公法,这是侧重从"主观权利"的角度进行分析。基本权利对于当事人来说,是一种可主张的权利,当具体的公法如行政法等没有规定某个基本权利时,权利人可以直接根据宪法主张自己的权利。因此,对于基本权利的认知必须立于宪法性质的高度,明了双重性质背后不同的宪法性质决定因素。

作为宪法上基本权利之一的人格权同样具有双重属性。作为主观权利的人格权代表着宪法的公法性,是从对国家权力主张的意义而言,其适用范围仅限于公法领域;而宪法上的人格权作为一种客观价值秩序,代表着宪法的"高级法"属性,这就要求人格权所蕴含的人格尊严、人的自由与发展的基本价值贯彻到整个法律体系当中,自然包括作为私法的民法在内。至此可以明白:法院在经由判例创制一般人格权时之所以苦心孤诣大谈基本权利的双重性质,乃因为唯有基本权利作为客观价值秩序的属性才能推导出基本权利对于民法的效力问题,此时基本权利是以客观价值而非权利的面貌出现的。

## 基本权利在私法体系上的展开

在康德的权利哲学中,权利仅限于外在行为,并不具有伦理意义,也不考虑权利行使者的动机和目的,正如其在《法的形而上学原理》中所说:"严格的权

---

① 参见张嘉尹:《论"价值秩序"作为宪法学的基本概念》,载《台大法学论丛》第三十卷第五期。

利与伦理没有任何牵连,它只考虑行为外在的方面,而不考虑行为的其他动机,因为它是纯粹的权利,不掺杂任何道德律令。所以严格的权利就是那种仅仅可以被称为完全外在的权利。"[1]康德还提出了"权利的普遍法则",这条法则以"外在行为"和"自由"为关键词,阐释了权利就是"外在地要这样去行动:你的意志的自由行使,根据一条普遍法则,能够和所有其他人的自由并存"[2]。然而现代法学对基本权利的理论阐述已经将基本权利作为整个权利体系的伦理价值,基本权利是具有伦理意义的权利,具有整合整个民事法理秩序的作用。民法的"基本原理和思想也并不是近代法论强调的经济主义所能涵盖的,毋宁说它的原点是对人类自由、平等这种对基本价值的探求。而这个原点在今天不仅仍然是将趋于支离破碎的民法重新统合起来的基础,同时也是处理不断出现的新问题的出发点。因此今天'民法体系的思维方法'正是应该得到重新认识的时候"[3]。

在基本权利的分类中,自由、财产和社会经济权成为三项基本类型。当然也有分得更为细致的,如林来梵先生在他所提出的对宪法权利的学理性分类模式中,将宪法权利分为:人格权、平等权、精神自由、经济自由、人身自由、政治权利、社会权利以及获得救济的权利等八项权利。[4] 在民法中,人身权和财产权是基本的权利分类方法,尽管现代民法中出现一些人身权和财产权混合的权利类型,如知识产权中的著作权,但所有的民事权利大致能够在这种二分法中找到适当的位置。在确立了人身权和财产权这一基本分类之后,逻辑上可以对之进行再次细化的划分,人身权包括人格权和身份权,财产权包括物权和债权之外,兼具身份性的权利如知识产权、继承权也姑且作为财产权,整个民事基本权利体系可

---

[1] [德]康德:《法的形而上学原理》,沈叔平译,北京,商务印书馆1997年版,第42页。

[2] [德]康德:《法的形而上学原理》,沈叔平译,北京,商务印书馆1997年版,第41页。

[3] [日]大村敦志:《法源・解释・民法学——フランス民法总论研究》(特别参见该书第3部・补论——宪法と民法),东京,有斐阁(1995年);见教授1997年日本私法学会主题研讨中所作报告《民法学と研究对象论——フランス法の视点から》(前引《私法》杂志第60号)。转引自渠涛:《从日本民法的历史看民法在当今社会中的地位与作用》,载渠涛主编:《中日民商法研究》(第一卷),北京,法律出版社2003年版。

[4] 参见林来梵:《从宪法规范到规范宪法——规范法学的一种前言》,北京,法律出版社2001年版,第93页以下。

## 第三章 体系的外部效应

以包括人格权、身份权（亲属权）、物权、债权、继承权、知识产权，但究竟权利体系细化到什么层次又必须服从于立法技术的考量。①

王泽鉴教授认为，宪法与民法典在规范上具有两方面的关系：一方面是宪法作为民法典的效力基础，两者的关系主要在于基本权利。基本权利是一种客观的价值秩序，系立法、行政及司法机关间行使职权时所应遵循的客观规范。宪法基本权利与民法的规范关系，乃建立在此种具保护义务的客观价值秩序之上，扩散于私人间的法律关系，即通过民法来具体化或者实践宪法上的基本权利。② 另一方面是民法的规定会不会发生违宪的问题，或者民法的规定在宪法上如何来审查。在基本权的功能上，则体现了针对立法的基本权的防御功能与针对司法的基本权的保护功能。③ 基本权利对民事权利的影响是全面的。在法国，学者从分析民法典与《人权宣言》的关系入手，认为《人权宣言》所提出的人与人之间的自然权关系是最基本的关系，对这些基本关系的界定以及保护都成为民法的任务，通过民法规范具体实现之，这也就奠定了民法作为"社会基本法"的地位。④ 具体而言，民法具有规范社会生活中基本行为的作用，包括契约自由、所有权限制、一般人格权以及其他人格权均程度不一地受到这些影响。"对个人的保护权和一般人格权也是从基本权利中发展而来，并在所有权和房屋承租人的权利中得到具体化"⑤，而不能通过契约限制民事主体所享有的基本权利以及人格发展自由。

---

① 在将财产权区分为物权和债权之后，由于债法中合同法和侵权法的发达，获得了相对立的地位，债权又继续分为合同法和侵权行为法，而无因管理和不当得利则不单独列。这样就涉及财产法的立法模式，如法国者，直接以财产权作为一编，如德国者，分为债权和物权各自成编，又有如瑞士民法典将债权编单独立法，从而使债法得到空前的扩张，成为包罗整个商法的法典，还有如荷兰民法典将侵权行为法单列一编的做法为包括我国在内的越来越多的国家所接受。
② 参见王泽鉴：《法律思维与民法实例》，北京，中国政法大学出版社2001年版，第192页。
③ 王泽鉴教授2005年4月10日在浙江大学法学院举办的"基本权利与私法"学术研讨会上的发言，参见徐钢：《宪法与私法交汇点上的人权保障》，载《人权》2005年第3期。
④ 参见［日］星野英一：《民法·财产法》第5、52页，日本放送大学教育振兴会（1994年），转引自渠涛：《从日本民法的历史看民法在当今社会中的地位与作用》，载渠涛主编：《中日民商法研究》（第一卷），北京，法律出版社2003年版。
⑤ BverfG NJW 1990，309；BverfG NJW 1993，1673 und 2035. 转引自 Manfred Wolf：《民法的法典化》，丁晓春译，载《现代法学》2002年第3期。

**民事权利与基本权利**

关于宪法上的基本权利与民法中的民事权利之间在类别形态以及规范体系层面上的关系，已有宪法学者以人格权和财产权为例进行了颇有意义的比较。① 而民法学者也在规范意义上阐述了基本权利与民事权利相互影响的两个方面：其一是宪法作为民法典的效力基础，两者的关系主要在于基本权利，即通过民法典来具体化或者实践宪法上的基本权利；其二是民法的规定会不会发生违宪的问题，或者民法的规定在宪法上如何来审查；在基本权的功能上，则体现了针对立法的基本权的防御功能与针对司法的基本权的保护功能。②

探讨基本权利与民事权利的关系，首先必须意识到事实（本质）与法律（建构）的区分。基本权利代表着一些人之为人的最为重要的价值，需要通过法律予以保护，此乃事实层面的客观需要，是事物发展的本质要求。如何对这些价值进行保护，便涉及法律体系的分工，是一个法律上如何建构的问题，而后才有基本权利与民事权利的关系之探讨。建立在这一理论前提下，基本权利与民事权利的关系大致可以从以下几个方面来阐述。

首先，二者的内涵和外延不尽相同。基本权利的构成丰富多样，纵然我国理论界通说将其分为三类，也分别呈现不同品相。如有的学者认为基本权可分为：（1）消极的基本权利，包括人身自由、言论自由等；（2）积极的基本权利，包括受教育权、接受国家救济权等；（3）参政权，包括选举权、罢免权等。③ 而有的学者则认为可分为：（1）人身人格权利，包括人身自由、人格尊严权等；（2）政治权利与自由，包括选举权、出版自由等；（3）经济、社会和文化权利，包括工作权、最低生活保障权、受教育权等。④ 另外，宪法所规定的公民的各类基本权利，其彼此间在性质上是有差异的，某些宪法权利本质上仅具有国家取向，这些权利与民事权利并无任何内容上的关联；某些宪法权利

---

① 参见林来梵：《从宪法规范到规范宪法——规范宪法学的一种前言》，北京，法律出版社2001年版。
② 王泽鉴教授2005年4月10日在浙江大学法学院举办的"基本权利与私法"学术研讨会上的发言，参见徐钢：《法与私法汇交点上的人权保障》，载《人权》2005年第3期。
③ 参见王世杰、钱端升：《比较宪法》，北京，中国政法大学出版社1997年版，第61页。
④ 参见李步云：《宪法比较研究》，北京，法律出版社1998年版，第443页。

则先行确立于社会民事关系之中,而后才逐渐在与国家的关系上取得公权力的地位,人身自由和财产权可谓其典型。因此,基本权利在内容范围上明显较民事权利为宽。但从另一角度观之,由于基本权利大多是原则性、抽象性的规定,很难涵盖所有的权利类型,而民法在发展过程中形塑了许多具体的权利,如对财产权、人格权的进一步细化,并产生了支配权、请求权、形成权、抗辩权等多样的权利形态,就层次的丰富程度而言,民事权利无疑显得更加多样化。

其次,即便是在基本权利与民事权利极具关联的财产权和人格权领域内,也并不能简单地认为"民事权利是宪法上基本权利的具体化"。基本权利与民事权利的关系之探讨仍然需要区隔作为主观权利的基本权与作为客观秩序的基本权。一方面,作为主观权利的基本权仅能针对国家主张,而民事权利则是针对平等主体主张,二者的界限虽然随着20世纪以来宪法出现的受益权及其强化,以及由此引发的民法在功能上的社会化而趋于模糊,但这仅是法律功能复杂化的体现,本身并没有改变针对国家权力的主观权利与针对个人的民事权利壁垒分明的基本格局。在权利的救济上,受到公权力侵犯与受到个人的侵犯有不同的请求权基础,适用显然有别的法律原则进行保护。因此,作为主观权利的基本权利与民事权利虽同属主观性的权利,但请求对象、适用范围迥然有异。另一方面,基本权利作为客观秩序所凸显出的那些普适的重要价值则不仅仅与民事法领域对应,而且是普遍法律秩序的组成部分,这些价值的极端重要性使得它们必须脱离具体的法律关系独立存在而得以普遍适用。更为重要的是,自罗马法传承下来的法律科学推动了民法的法律概念,使得法律制度和民法体系的形成发展在法律技术层面上领先于其他法律部门。因此,宪法对民法的影响主要不是在法律技术层面上,而是通过价值判断完成。作为客观秩序的基本权利实质上就是一种强制施加给民法的一个给定的完整价值体系的判断,它需要透过民事立法、行政、司法——主要是通过立法——来实现。[①] 而民事权利则属于民法内部的法律技术,作为一种

---

① 此处所谓"行政"是指苏永钦所说的通过行政行为的手段实现私法的目的,也即管制与自治相互工具化,具体论述请参见苏永钦:《私法自治中的国家强制》,载《中外法学》2001年第1期。

价值判断的基本权利和作为法律技术手段的民事权利之间存在性质上的重大差别。

再次，基本权利与民事权利可以相互转化。转化具有两层意义：其一是指基本权利作为客观价值秩序所承载的那些重要价值需要透过部门法浸润于整套法规范体系。各个法律部门实践基本价值的方式各不相同，而民法主要是通过民事权利制度来完成此任务，然而此一过程绝非单向的自上而下；宪法的整合必然会吸收下位阶法反映的社会现实，双方在彼此的互动与流转中实现宪法价值的更新。一些基本人权，如名誉权、隐私权，在许多国家是首先在民法上被承认，然后进入宪法体系之内，产生了对抗公权力的效力。以隐私权在美国的发展为例，从最初仅仅是作为一项民事权利，发展到成为宪法第 14 条修正案中所保护的权利，从中可以清晰观察到民事权利对宪法权利的影响。①需注意的是，这种转化是价值意义上的，是权利所代表的实体价值或所保护的实体利益由于其重要程度而从民法的保护上升到宪法保护的高度，导致具体的保护方式也可能因此发生改变。其二是指基本权利的行使或满足的结果会产生一项民事权利或民事利益。著名的"齐玉苓案"是一个很好的例子。②最高人民法院对于此案所作的批复认为，加害人以侵犯姓名权的手段，侵犯了齐玉苓依据宪法规定所享有的受教育的基本权利，并造成了具体的损害后果，应承担相应的民事责任。学者们对此具文颇有争议，提出了不少见解。在笔者看来，原告齐玉苓的受教育权并未受到侵害，受侵害的应是其民事利益。因为作为基本权利的受教育权是一种典型的社会受益权，由此衍生出国家为公民提供受教育机会和受教育条件的义务，而国家通过学校的设置以及教育制度和考试制度的实施已经很好地履行了此项义务，录取通知书的发放便是证明。国家义务的履行即意味着当事人基本权利得到实现，齐玉苓因此获得一个凭录取通知书上学的机会，这属于当事人个人的期待利益或机会利益，这种期待利益或机会利益属于民法未明定化、类型化为权利的利益，加害人对其

---

① 详情请参见王希：《原则与妥协：美国宪法的精神和实践》（修订本），北京，北京大学出版社 2005 年版，第 428~429 页。

② 齐玉苓案的介绍请参见《齐玉苓诉陈晓琪等以侵犯姓名权的手段侵犯宪法保护的公民受教育的基本权利纠纷案》，载《最高人民法院公报》2001 年第 5 期。

上学机会利益的侵犯，属于一种侵犯利益的侵权行为，适用侵权法对于利益保护的相关规定即可。

最后，在探讨基本权利与民事权利的关系时，应避免引入"公权利"与"私权利"的范畴加以混搭。有一种观点认为，在宪法规定的"基本权利"中，有的是作为市民社会的个人（民法上称自然人、法人）所享有的权利，其性质属于私权；有的是作为政治生活主体的公民所享有的权利，其性质属于公权利。其所依据的理由是，公权利应指公民对国家政治事务和社会公共事务的参与所应享有的权利，如选举权、言论自由、集会结社、游行示威等；而作为市民社会一员的自然人所享有的、体现私人自由与利益的各种权利均应属于私权。[1] 这种观点固然有其道理，但会产生遮蔽效应。因为其一，在基本权利中进一步划分公权与私权的做法，将极易使得这对范畴与公法上的权利与私法上的权利这对范畴造成混淆；其二，基本权利具有双重属性，其展示了宪法作为公法与作为高级法的双重特点，而公权利和私权利的划分无疑遮蔽了宪法的双重属性这一重要性质。

## 一般人格权

### 框架式权利

就方法论而言，德国联邦宪法法院在一般人格权上所进行的是一项权利的创制，从事的是法律的续造。一如众所周知，由于德国民法典缺乏对于一般的、总括的人格利益进行总体保护的规定，因此存有法律漏洞。德国的"一般人格权"，是以《德国民法典》第823条第1款中所称的"其他权利"为载体而创建的"框架式的权利"。在这个框架中，"其他权利"的范围何以确定，其依据则是德国《基本法》"人格尊严"与"人格发展"之保护的规定。该方法既可视为对民法典第823条第1款中"其他权利"所采取的一种合宪性解释，也可视为对"其他权利"这一不确定概念的"价值补充"，无论采前者抑或后者，宪法的相关规定或精神只是起到了途径或手段的作用，其最终目的仍然是创制出一项民法

---

[1] 参见马俊驹：《论作为私法上权利的人格权》，载《法学》2005年第12期。

典中新的权利。该权利的民法属性并不会因为解释过程中引用了宪法而加以改变。

从侵权法的结构看，依照德国侵权法的一般理论，德国民法典的侵权之债的类型，可以分成三类：一是第 823 条第 1 款规定的"法定侵权"，以民法典所明确列举的权利和非权利的利益为保护的目标；二是第 823 条第 2 款规定的"违反保护他人法律之侵权"，以民法典之外的"其他法律"所保护的利益为目标；三是第 826 条规定的"背俗侵权"，这种类型不再以"民法典的列举"以及"其他法律的保护"为条件，凡在法律价值上属于"应受保护"的利益，均为"法益侵权"的保护目标。通常情况下，宪法和其他公法进入民法的通道是后两者。在一般人格权的创制过程中，联邦宪法法院引用了宪法条款，但解释的对象却并非后面二者，而是第一种"法定侵权"，这就更加证明了其所要创制和保护的是民事权利，而非宪法权利。由此可见，德国《基本法》在此仅充当了应予保护的权利的"发生器"，而"一般人格权"的概念，则充当将宪法应予保护的价值，转变为民事权利的"转换器"①。

一般人格权之所以会引发不绝如缕的争议，主要是因为其内容的不确定性。一般人格权并不能如其他民事权利般直接适用，而必须"透过利益衡量的方式"，针对具体个案进行，在个案中，其权利的具体范围才能最终确定。因此才有学者对一般人格权究竟是权利还是利益的探讨。② 正是因为一般人格权这种特殊的适用方式，使其看上去仅仅是一种尚未转化为民事权利的价值秩序意义形态，而非民事权利形态。问题是，基本权利所代表的法律价值，原本在部门法中就并不能实现全部的具体化，尤其对于人格权而言，其自身属性决定了其权利内容无法被穷尽，其范围无法被精准地确定，而这正是民法在规定了许多具体人格权后，仍需创制一般人格权的原因。事实上，利益衡量的适用也并非基本权利所独有，民法中权利冲突的适用同样需要利益衡量，不同种的利益或价值之间出现冲突时，

---

① 马俊驹等：《关于人格、人格权问题的讨论》，载马俊驹：《人格和人格权理论讲稿》，北京，法律出版社 2009 年版，第 457 页。
② 参见熊谞龙：《权利抑或法益——一般人格权本质的再讨论》，载《比较法研究》2005 年第 2 期。

取谁舍谁是所有法律所不能避免的价值判断,宪法上的基本权利和民法中的民事权利在发生冲突时都需要进行"利益衡量",其作为司法适用的方法是君临法域的,也许宪法上基本权利之间的冲突表现得尤为激烈,因此利益衡量的运用更为典型,但这只是程度上的差别,并不能由此来区分和判断基本权利和民事权利。

**民法典的规定**

一般人格权的主要功能在于对法律没有类型化为具体人格权的人格法益进行权衡救济,以适应社会经济文化的发展,充分实现现代法律以人为本的价值。就一般人格权问题,《民法总则》第109条宣示了人格权的价值基础是"人身自由、人格尊严",民法典分编草案人格权编第990条第2款则具体规定了一般人格权,这在体系上具科学性:一方面,该条在人格权编内部可以被理解为是人格权益的一般条款,具有统摄全编的功能;另一方面,在外部体系即民法典各分编尤其与总则编的关系中,该条可被理解为是对第109条宣示的价值基础的外显,贯彻了民法典内在体系和外在体系融贯的应有之义。[1] 坚持具体列举和一般人格权的兜底规定,是保持立法张力的明智之举。众所周知,人格权的巨大开放性其实也是阻碍其法定化的现实障碍,人格权实际上是与人类社会文明发展进程相应,并与一定文化传统密切相关的法律概念,是文明程度、文化传统、伦理道德和价值取向的法律表述,是一个永远开放、不能穷尽的观念和价值范畴。[2] 如何将这样一个动态的规范体系纳入相对固化而稳定的法典体系,其解决之道仍然在于开放性本身。

《民法总则》颁行前,我国立法并未对一般人格权作出规定,但鉴于实践中侵害人格尊严的纠纷大量出现,最高人民法院将一般人格权纠纷作为独立的案由,并且在实践中也形成了大量的规则。[3] 民法典人格权编通过一般人格权的规定,有效衔接了立法与现实之间的冲突,保持了人格权体系的开放性。

---

[1] 参见方新军:《内在体系外显与民法典体系融贯的实现》,载《中外法学》2017年第3期。
[2] 参见米健:《民法编纂——人格权不宜独立成编》,载《人民法院报》2004年10月15日。
[3] 参见李岩:《一般人格权的类型化分析》,载《法学》2014年第4期。

## 第二节　行政权力与民事权利

### 公法和私法

在今天的民法学所有教义的源头，民法学者都会将社会整体结构分解为政治国家与市民社会，将社会中的人分为公民与市民，其目的就在于为同一社会及其成员的双重品格（公法主体与私法主体）和双重利益（公益与私益）划出界限，进而给与之相对应的公法和私法一个恰当的定位。① 这种通过历史及社会分析的方法所探寻出的民法的社会基础，有助于从更广泛的背景上认识民法的私法本质。其现实意义不仅在于阐明民法是市场经济的基本法，同时在于预防公法、私法类别不清而导致的调整范围与方法的错位。②

---

① 作为分析工具，这种认识已经不限于民法学乃至整个法学。譬如黄宗智在阐述其关于民法的概念时就指出，民事（civil）这个词运用于法律场合时不可避免地会让人联想到比财产、债务、婚姻和继承更多的东西；这个词有政治权利的含义，如用在政治自由（civil liberties）、民权（civil rights）这类概念中，其引申的含义则是个人的人权。民法也常常和"私法"（private law）通用，更使人联想到"个人的权利"。"事实上，民法这个词还隐含以社会与个人（私）为一方，而以国家（公）为另一方这两者之间的对立，如其用在'市民社会'（civil society）这一概念时"。详见黄宗智：《清代的法律、社会与文化：民法的表达与实践》，上海，上海书店出版社 2001 年版，第 7 页。此外，黄先生还以独特的眼光比较了"私/private"这个词在英语和汉语中会引起的截然不同的联想：在英语中，"private"的意思是"个人的"，与"public/公共的"相对应。从这里派生出一系列的概念；所引起的主要是褒义的联想，是由强调个人的独立性和绝对价值的古典自由主义传统支持着的这种联想。相比之下，汉语中最接近"private"的对词"私"的内涵却大异其趣。诚然，它也是与"公"相对应的，后者大致相当于英语中的"public"；现代汉语中，也有一些诸如"私事""私有财产"等从英语概念转译过来的表达方式。但是，语义上的对等很快就截止了。汉语中的"私"立刻让人联想到的是"自私"或"自私自利"之类的表达。不仅如此，"私"还很快让人联想到不合法的事情，比如私心（自私自利的动机）、隐私（不体面的秘密）、私通（通奸或"与敌人"秘密勾结）等等。事实上，"私"常常和耻辱联系在一起，与意味着无私、公平和正义的"公"相比，它是不可取的。"大公无私"这种表达方式可能最充分地体现了"公"与"私"之间的对立。事实上，与"私"有关的意义几乎不可避免地都是贬义的，这是在一个久远的传统中将"公"作为一种道德理想来强调的结果。详见黄宗智：《近现代中国和中国研究中的文化双重性》，载《开放时代》2005 年第 4 期。

② 参见江平、张楚：《民法的本质特征是私法》，载《中国法学》1998 年第 2 期。

## 第三章 体系的外部效应

公法和私法的界分可能是直到19世纪才在广泛开展的法律编纂和法律改革实践中被普遍采用的。在此之前，虽然早在古罗马法中就已经出现了公私法的分野①，但是，由于公法一直不够发达，公法被认为一直没能达到与私法抗衡的地位。即使是于1799年建立了一套行政法院系统并被认为是在法院系统的构造上将公私法区分的最为典型的法国，这种区分也是在民法这个大体系之下进行的。但是在其后以法德为代表的法典编纂和法制改革过程中，公法和私法的划分得到了广泛运用。此后，公法与私法的划分不断演进与发展，公法与私法的概念成为大陆法系中最基本的和必要的法律概念，并且这种法律分类方法和大陆法系各国的法律文化融合在一起，成为大陆法系国家重建法律制度的基础，并将这一划分作为司法实践的基本原则，公法、私法的概念也随之演变为大陆法中基本的法律概念。

公、私法的划分建立于社会分裂为相互对峙的公、私两域的基础之上，二者因此确定不同的法律原则。私法领域主要体现对公民权利的保障，其核心原则是"法不禁止即自由"；而公法领域则主要体现对政府权力的制约，奉行"法无明文规定即禁止"的原则。从政治国家与市民社会的二分上看，市民社会先于国家并具有相对的独立性展现了私法与公法在发生史上的先后关系，早在公法产生之前，由自古罗马时代以来所形成的用以解决私人间纷争的制定法、判例、法解释学等组成的完整、协调的高度发达的私法体系，就已经发挥着调整社会生活的功能，私法自治是这一领域内的根本原则，公法在此背景下所起到的作用只是为国家与市民社会划分各自的范围并对政治国家进行直接调整，至于市民社会领域则是公法所不能直接涉及的领域。

公法与私法划分的主要目的并不在于确定两者之间孰优孰劣，即使古罗马的私法较之于公法远为发达，其私法也并没有获得凌驾于公法之上的优先地位。而近代以来公法与私法不断地互相渗透、融合以及地位的更迭，更使得不

---

① 一般认为公法和私法的划分渊源于罗马法学家乌尔比安（Ulpianus, 170-228）对罗马法体系的划分。按照乌尔比安在公元3世纪的著作《学说汇纂》中的解释："它们（指法律）有的造福于公共利益，有的造福于私人。公法见之于宗教事务，宗教机构和国家管理机构之中。"［意］彼德罗·彭梵得：《罗马法教科书》，黄风译，北京，中国政法大学出版社1992年版，第9页。

论公法优位的观点抑或私法优位的观点皆无法获得法律制度上的充分说明和支持。①

与同样作为公法的宪法和刑法不同的是，行政法表现为一个极其庞大而且结构复杂的部门。民行交叉案件在我国司法实践中也因此广泛存在，诸如涉登记、涉税以及合同法上的行政协议等问题，都不可避免地要讨论到民法与行政法之间的关系。当前，学界的主要着眼点在于解决具体纠纷，鲜有在抽象层面对二者关系进行系统性的讨论，这也使得在遇到民行交叉案件时，不同法院可能会采取不同的处理模式，导致司法裁判的统一性和权威性受到伤害。在此意义上，从理念层面探讨民行交叉案件的法律适用，仍有必要。尤其是，与民法与商法的渐行渐远不同的是，民法与行政法之间反倒大有日益交融之势。例如，在讨论行政协议问题时，行政法与民法的界限就并非泾渭分明。所谓行政协议系行政机关在法定职责范围内为实现公共利益，与民事主体达成的合意，从形式上而言，行政法律关系中行政机关与行政相对人地位具有不对等性，这使得民法上的平等主体要求难以被满足，而且行政协议中的"合意"要素掺杂着强制性，也导致其与民法上的"合同自由"原则水火不容。但其实，从实质价值的角度出发，行政协议作为一种行政行为的方式，本就是为了打破行政行为的强制性，其鼓励的平等协商精神，也契合了现代行政的发展趋势。在应然层面，行政机关在处理公法问题时若能接受私法合同的理念，或许可以更好地作出符合双方利益的选择。当然，在具体纠纷中准用民事规范时，也要结合行政协议的特点，适当地进行修正，例如关于在合同无效的把握上，只有在严重违法时才可认定行政协议无效。②

以下将通过两个案例来讨论即使不得不进入私人关系的民法领域时，作为公法主体的公权力及其代表机关的介入方式以及限度；以及，对待兼具行政（法）属性与民法属性的不动产登记制度时可能纠结的思考维度。

---

① 正如拉德布鲁赫所言："'私法'与'公法'的概念不是实证法的概念，它也不能满足任何一个实证的法律规则，当然，它可以为所有法律经验做先导，并且从一开始就为每个法律经验主张有效性。它是先验的法律概念。"［德］G. 拉德布鲁赫：《法哲学》，王朴译，北京，法律出版社 2005 年版，第 127 页。

② 详细论述参见王洪亮：《论民法典规范准用于行政协议》，载《行政管理改革》2020 年第 2 期。

## 公权力介入私人关系的理由与界限

### 两个案例
**案例一**①

2005年4月2日19时30分许,被告王某驾驶车牌号为苏AQ××××的三轮运输车,沿双望线从北向南行驶至4KM路段时,将一名60至70岁无名男子撞倒在东侧机动车道内,恰遇被告吕某驾驶车牌号为苏AAV×××的小轿车由南向北驶经该路段,从该男子身体上碾轧而过,致该男子当场死亡。2005年4月20日,高淳县公安局交巡警大队作出交通事故认定书,认定王某、吕某对此次交通事故负同等责任,被害无名男子不负事故责任。事故发生后,高淳县公安局交巡警大队于2005年4月4日在《南京日报》上刊登认尸启事,因无人认领,遂于同年4月21日将该无名男子尸体火化,骨灰暂由高淳县殡仪馆保管。王某的苏AQ××××号三轮车及吕某的苏AAV×××号小轿车均在被告天安保险江苏分公司投保了第三者责任险,责任限额分别为5万元和20万元。

原告高淳县民政局以其"作为负责救助社会流浪乞讨人员的专门机构,承担了对社会流浪乞讨人员的救助工作,工作职责中也应包括支持社会流浪乞讨人员主张权利的内容"为由,向高淳县人民法院提起诉讼,请求判令天安保险江苏分公司在第三者责任强制保险限额内赔偿原告166 331元。高淳县人民检察院作为法律监督机构,作出了宁高检民行建〔2006〕12号检察建议书,支持原告依法提起损害赔偿诉讼。

**案例二**②

2010年1月27日,被告蒋某驾驶某公司的渝CD××××号重型厢式货车行驶至水麻高速公路K13+650M段(昭通水富方向)超越行车道另一货车时,

---

① 案件来源:《最高人民法院公报》2007年第6期,第32~34页。
② 案件来源:云南省水富县人民法院(2010)水民初字第177号判决书。

车头左侧与行人无名氏（女）相撞后，左侧车轮从无名氏右脚至胸部碾压过，造成无名氏当场死亡。2010 年 2 月 12 日，昭通市公安局交通警察支队作出《道路交通事故认定书》认定：无名氏承担该起交通事故的主要责任，蒋某承担次要责任。渝 CD××××号货车为胡某和周某共同出资购买，挂靠于具有经营权的某公司，蒋某系该车驾驶员。2009 年 6 月 28 日，某公司为渝 CD××××号货车向某保险公司投保机动车交通事故责任强制保险，死亡伤残限额为 11 万元和营业用汽车保险，第三人责任保险限额为 50 万元。由于该起交通事故发生在高速公路上，受害人处于行走状态，身上无任何钱物，也无任何足以证明其身份的证明，经交警部门的同志在周边地区走访也查无此人，张贴"寻尸公示"并登报仍无人认领，后经水富县公安局技术室鉴定，该身份不明的受害人应为 38 周岁至 53 周岁之间的流浪乞讨人员。

原告水富县民政局认为，"虽然受害人的身份不明，而且其亲属也查无音讯，但她的生命健康权应当受到保护。而原告对受害人无名氏死亡后的救助属于原告的职责"。遂向水富县人民法院起诉，请求：（1）对无名氏死亡损失 301 976 元，由被告某保险公司在交强险范围内赔偿 11 万元支付给原告代为保管；（2）其余部分由被告蒋某、胡某、周某、某公司在交强险赔偿限额外共同承担 40% 的责任即 76 790 元。

### 裁判要旨

案例一

高淳县人民法院一审认为：原告高淳县民政局作为政府负责救助社会流浪乞讨人员的专门机构，与本案被害无名男子之间仅存在行政法律关系，不存在民事法律关系，故不是本案适格的民事诉讼原告，无权就该无名男子的死亡向被告王某、吕某、天安保险江苏分公司主张交通事故人身损害赔偿。据此，裁定驳回原告高淳县民政局的起诉。

原告不服，提出上诉。南京市中级人民法院二审裁定：驳回上诉，维持原裁定。

案例二

水富县人民法院经审理认为：根据国务院颁布的《城市生活无着的流浪乞讨

人员救助管理办法》第 1 条规定："为了对在城市生活无着的流浪、乞讨人员（以下简称流浪乞讨人员）实施救助，保障其基本生活权益，完善社会救助制度，制定本办法。"由此可以看出，其立法宗旨具有完善社会救助制度的功能。民政部救助职责本身就包含对无着流浪乞讨人员人身遭受损害后可以主张赔偿的权利。民政部门作为法定的救助机构代替未知名流浪乞讨人员起诉，履行的是对社会弱势群体法律方面的援助和救助职能，并不违背民事诉讼当事人地位平等原则的立法本意。因此，民政部门应是本案适格主体。原告民政局的诉讼请求符合法律规定，应予以支持。遂判令被告某保险公司在机动车交通事故强制险范围内赔偿无名氏死亡赔偿金 67 380 元，丧葬费 13 496 元，共计 80 876 元，由原告水富县民政局代为保管。

两个案件涉及的情形比较特殊，也因此可以作为极端情形来凸显讨论中所涉问题的实质。无名氏遭遇不测后，由民政局代为诉求死亡赔偿是否可行，前一案例堪为先河，而后判则似乎代表了此后的主流。面对几近相同的事实与主张，两案法官却作出了截然不同的裁判，其中立场与理由颇可玩味。而愈加发人深省的是，在前者已跻身公报案例，最高裁判机关的态度几已明确的情势下，作为反对者，诸如后判之情形却屡见不鲜，且还在数量的比较中，占尽了优势。[1] 悖逆如斯，究竟应该归咎前者的保守，还是应检讨后来者的冒进，甚值讨论。

以判旨为观察，对民政局原告资格的认同与否，成为以上两例的最大分歧所在，也是引致二者裁判结果迥异的主要原因。而倘以寻常为论，当事人适格与否，循诉讼法上之条文与原理即不难得解。[2] 只是，在如上情形中，有鉴于民政

---

[1] 据学者统计，仅在"高淳"案入选最高人民法院"公报案例"发布之后的三年内，见诸报端的此类案例便已有不下 12 件，其中"裁定驳回起诉"者仅为 1 件，而其余 11 件则皆以肇事者赔偿为结局（其中有 4 件为调解结案）。参见李友根：《指导性案例为何没有约束力：以无名氏因交通肇事致死案件中的原告资格为研究对象》，载《法制与社会发展》2010 年第 4 期。

[2] 检视已有研究，以诉讼上之原告资格为视角对此类情形展开讨论者不乏其见，亦提出了不少独到的见解与主张，为裁判实践和理论研究提供了颇具价值的参考。参见肖建国：《民政局的诉讼主体资格与当事人适格问题》，载《人民法院报》2007 年 5 月 29 日第 5 版；吉萌、庞云龙：《民政局原告资格之法理分析》，载《司法改革论评》第 8 辑等。

局的"公家"身份以及涉诉纠纷的"私人"属性，裁判立场的选择或许还需关涉另一颇具宏大意义的命题，即在私人关系中，公权力的介入，如何方为妥当？对此，先哲尝以公、私法的划分作为回应，试图借由法律性质的区分勾勒出政治国家与市民社会的彼此边界，以防止公权力对私人生活的过分侵扰。然而，以实际来看，公、私法的界分却自始也未能禁绝国家对私人领域的渗透，而且，随着"福利国家""社会本位"等理念的勃兴，当今私法对于公权力的抗拒更是日显赢弱。① 而当"风雨能进，国王除外"的说辞不复绝对，私人若欲保持其生活的相对独立，不甘臣服于国家强权，则对权力介入的合理性评判，便不得不引入更多因素加以考量。

**依法行政与解释之维**

与私权利的随性散漫不同，公权力不但聚拢了社会公共资源，而且带有强烈的扩张属性，由于权力妄动在造成公共财富浪费的同时，还极有可能引致权利侵害的后果，所以必须予以严格的限制。"国家权力只限于法律明确赋予的范围，法律无明确规定的权力，国家机关不得行使。"② 在私人领域尤是如此，"法定职权之外的事务由私人通过自治方式解决，行政权可以站在权利的边界上站岗放哨，但没有法定依据不得擅自踏进权利领地"③。是故公权力对于私人关系的介入，须以法律的授权为其理由和前提。

*法律授权的意义*

在私法的视域中，法律授权主要与责任的免除（或抗辩）相关联。从比较法的角度观察，无论其民法或侵权行为法是否直接作出规定，各国一般都承认，有法律强制规定的义务或者法定的授权，原则上都得作为一种阻却违法的事由而免除行为人的侵权责任。④ 究其理由，既有维护公共利益和公民合法权益的考虑⑤；亦不乏

---

① 如学者所言，现代民法以所有权、契约自由、过错原则受限制为基本模式突破了以契约自由和公权力不干涉的私法中心，突出反映了国家对私法领域形形色色的管制。参见陈丹：《民法社会本位：一个否定性的质疑》，载《光华法学》2009 年第 1 期。
② 蔡定剑：《国家权力界限论》，载《中国法学》1991 年第 2 期。
③ 章剑生：《现代行政法基本原则之重构》，载《中国法学》2003 年第 3 期。
④ 参见张新宝：《侵权责任构成要件》，北京，法律出版社 2009 年版，第 66 页。
⑤ 参见杨立新：《侵权法论》，北京，人民法院出版社 2011 年版，第 284 页。

对社会生活基本之赏罚（reward and punishment）[或报应（retribution）]原则的坚守，即"将符合既定秩序和违反秩序的行为，分别同所约许的利益与所威胁的不利，即认可与制裁联系起来"①。而作为法律调整中的基础逻辑，后者不仅适用于市民社会中私人互犯的场合，也应普及至政治国家内权力相侵之情境。毕竟，无论私人抑或政府，若非言明在先，缘法而为却仍要遭受责难的际遇，无疑都将令其陷入无所适从的困窘。②

实践中，公权力依法介入私人领域的情形并不少见，典型者如关涉合同效力的审批③，又如财产权益之征收、征用④，甚至包括对私人营业的直接接管等⑤，不一而足。其中，规范授权的存在，不仅为行政机关的介入行为提供了形式上的理由与依据，同时亦表明，关于权力介入的必要性与合理性（即实质上的理由），其实已经立法者历由民主程序加诸考量、肯认。是以，即便由于权力的"入侵"引发了相关利益减损的后果，有权机关亦得以凭由授权的事实免除责任的承担。⑥"适法免责"的态度并非纯粹法条形式主义的复兴，更不是对"恶法亦法"思想的颂扬；其不仅有保障公众基本行为预期的考虑，同时还包含对立法利益衡量过程与结果的基本尊重。

回到所讨论的案件，与论者可能会提出，所谓需以法律授权为前提并以之作为免责理由，乃主要是针对"侵益性"的行政行为而言的，民政局的"代诉"行

---

① [奥]凯尔森：《法与国家的一般理论》，沈宗灵译，北京，中国大百科全书出版社1996年版，第15页。

② 如《侵权责任法》第65条规定"因污染环境造成损害的，污染者应当承担侵权责任"，较之此前《民法通则》第124条的规定，明显否定了"适法免责"的立场。

③ 如《中外合资经营企业法》（已失效）第3条规定，合营各方签订的合营协议、合同、章程，应报国家对外经济贸易主管部门审查批准。

④ 如《物权法》第42条第1款规定，"为了公共利益的需要，依照法律规定的权限和程序可以征收集体所有的土地和单位、个人的房屋及其他不动产。"同时第44条前段规定，"因抢险、救灾等紧急需要，依照法律规定的权限和程序可以征用单位、个人的不动产或者动产。"

⑤ 如《商业银行法》第64条规定，"商业银行已经或者可能发生信用危机，严重影响存款人的利益时，国务院银行业监督管理机构可以对该银行实行接管。"

⑥ 当然，若希望切实达到责任免除的效果，仅有授权的事实尚未臻圆满，其仍需授权规范中关于条件、方式、范围以及程度等方面要求的满足。

为意在保护与帮助,性质上属于"授益",自可不受此限制。此说或有其道理,只是在如案情形中,因民政局胜诉后存有将赔偿金充作"公有"之可能①,恐难将其与寻常(纯粹)之"授益"行为相提并论。而即便"授益"属性可得证成,"授益行政"是否便可以游离于法律之外自在而为,亦仍待商榷。回溯行政法学理论的发展,"法律保留"的提出最初以保护相对人之权利与自由为主旨,故确曾有将其范围限制于"侵益行政"之情事。传统行政法学迄今仍坚持,只有在行政机关作出"侵害"相对人权利或者课予相对人义务等不利行政行为或称"负担行政"的情形下,才必须有法律的根据,而对相对人的"给付行政"则不需要有法律的根据,属于行政自由裁量的范畴。② 晚近以来,随着议会民主的发展以及给付行政意义的扩大,法律保留限于侵害行政的思想已经被突破。③ 当下的主流理论更倾向于认为,不仅不益于公民的损益行政行为要基于法律,有益于公民的授益行政行为更应源于法律、受制于法,只有通过法治化的正当途径作出的授益行政行为,才有可能达到预期目标。④ 尤其在现代社会中,每一种资源都具有有限性,因而决定了依申请行政行为具有双重性,即对该行为的直接相对人是授益性的,而对于其他人来说,则往往表现为侵益性。⑤ 从纳税者的角度考虑则更是如此,"在给付行政领域,国家一切动支财源的行为,均具有间接的侵益性质"⑥。因此,无论是从保护相对人的合法权益的角度,还是从保护相关各方利益的角度看,授益性行政行为也都应该有法律依据。就在关于上案情形的讨论中,便已有学者提出如下的担忧:"因为没有相应的授权,其获得赔偿后的赔偿金管理、使用都缺乏相应的管理办法和监管程序,很容易导致权

---

① 如《重庆市道路交通事故社会救助基金管理暂行办法》第13条规定,"道路交通事故未知名死者或者明确无损害赔偿权利人的道路交通事故死者丧葬费和死亡赔偿金,基金管理中心代管二年后,依法上交市财政,纳入基金,按交通事故处理专项进行管理。"另还可参见沈峥嵘等:《死亡无名流浪汉"生命健康权"该不该讨要》,载《新华日报》2006年4月12日,第B03版。
② 参见黄学贤:《行政法中的法律保留原则研究》,载《中国法学》2005年第4期。
③ 参见[德]哈特穆特·毛雷尔:《行政法学总论》,高家伟译,北京,法律出版社2000年版,第109页。
④ 参见孙丽岩:《授益行政行为研究》,北京,法律出版社2007年版,第136页。
⑤ 参见姜明安:《行政法与行政诉讼法》,北京,北京大学出版社2005年版,第255页。
⑥ 蔡茂寅:《地方自治立法权之界限》,载《月旦法学杂志》1997年第30期。

力滥用或随意处置侵吞赔偿金。"① 在缺乏明确授权的情况下，行政机关对私人领域的介入，即便满含善念与关怀，但其结果却未必即如言称（设想）的那般美好。

另需指出的是，基于规范语境与角色地位的差异，虽同是法律授权，但对于私人与对于政府，意义却不尽相同。在私法中，权利即意味着主体的利益，可享有、可抛弃。而在公法的语境内，权力授予却往往内含双重寓意：一方面给予权力行使者一定的权力，另一方面也为权力取得者设定了一种责任或义务。② 行政职权不仅表现为法律上的支配力量，而且还包含着法律上的职责，是权力与职责的统一体。作为法定职责的要求就是行政主体不得自由处分行政职权。③ "权利主体处分的是'自己的'东西，而权力主体处分的却不是自己的东西；权力运行的目的不在于权力主体的利益，而在于公共利益。由于这两点，权力不可以放弃，放弃即违背公共利益，放弃即违法。"④ 因此，在私人关系中，若公权力机关的介入已有法律授权，则实质意味着其介入不仅是可行的，同时也是必须的。行政机关负有积极作为的义务。

*法律解释的限度*

对于法律，人们总不免怀有这样的期待：希望其尽可能地详尽具体，最好可以为每一个案件的裁判都提供现成的答案。但遗憾的是，无论立法者多么高明，规章条文也不能网罗一切行为准则，不能覆盖一切具体案件。⑤ "无论一部法令在起草时经过了多么慎重周密的考虑（实际上很多法令的起草是极为粗略的），各项条款在运用到具体案件时，案件的具体情况常常引发争议——疑问似乎是不可避免的。"⑥ 于是便有了"徒法不足以自行""法无解释，不得适用"之类的箴

---

① 智敏：《法无授权不可为：全国首例民政部门替流浪者维权案终审败诉发人深思》，载《学习月刊》2007年第5期。
② 参见姚晓茹、刘建华：《从延安"黄碟案"看公权力与私权利的行使界限》，载《辽宁师范大学学报（社会科学版）》2007年第9期。
③ 参见周佑勇：《行政法基本原则研究》，武汉，武汉大学出版社2005年版，第171页。
④ 周永坤：《规范权力：权力的法理研究》，北京，法律出版社2006年版，第148页。
⑤ 参见季卫东：《法律解释的真谛（上）：探索实用法学的第三条道路》，载《中外法学》1998年第6期。
⑥ [英]布莱恩·辛普森：《法学的邀请》，范双飞译，北京，北京大学出版社2008年版，第128页。

言。而在长期的实践中，法律解释学也的确体现出某种独到的智慧和策略：借助于法律解释，司法可以巧妙地回应一些深刻的社会问题，并有助于缓解司法传统的意识形态给疑难案件判决所施加的压力。[①] 这种智慧或策略在诸如民政局"代诉"案件的审理中也能体现。在苦寻授权规范无果的情况下[②]，法官只得通过对《城市生活无着的流浪乞讨人员救助管理办法》第1条（立法目的）的解释，将"对无着流浪乞讨人员人身遭受损害后可以主张赔偿的权利"囊括于民政局"实施救助，保障其基本生活权益，完善社会救助制度"的职责之中，从而完成对民政局"有权"起诉的论证，并作出支持性的判决。

然而，"理解与误解并存于解释活动中"[③]。尤其是在如上基于立法目的而作的解释中，由于"目的"本身强烈的主观色彩，解释存有较大的不确定性，极容易成为滋长裁判恣意的原因和理由。[④] 而"法官如果对制定法目的或各种实体价值采取任意的态度，无限制地依靠司法直觉和司法能动主义，就会在法律解释适用中陷入对目的评价解释论点的误用，这也必然严重破坏法治"[⑤]。因此，在宣扬法律解释之价值的同时，如何勾勒边界，合理限制解释权的滥用，成为当下裁判理论研究中的重要议题。而从已有研究来看，可堪"边界"重任者，首非"文义"莫属。一如德国学者所言："无论如何，人们会在这一点上同意古典解释理论，即所有的解释努力都应当从法律的可能词义出发。"[⑥] 文义解释既是法律解释的起点，亦是其终点，即使是目的解释方法，也应作为文义解释的辅助方法，并最终服务于确定法律的含义，或者帮助裁判者就某个法律用语的含义达

---

① 参见桑本谦：《法律解释的困境》，载《法学研究》2004年第5期。
② 其中最为贴近的规范当属《城市生活无着的流浪乞讨人员救助管理办法》第7条，只是根据该条的规定，民政局（救助站）对城市生活无着的流浪乞讨人员的救助仅限于：（1）提供符合食品卫生要求的食物；（2）提供符合基本条件的住处；（3）对在站内突发急病的，及时送医院救治；（4）帮助与其亲属或者所在单位联系；（5）对没有交通费返回其住所地或者所在单位的，提供乘车凭证。并无代其诉求死亡赔偿金的规定。
③ 陈金钊：《法律解释的"正确性"何在?》，载《山东大学学报（哲学社会科学版）》2009年第5期。
④ 参见武兴伟：《目的解释的适用及其限制》，载《法律方法》第12卷，济南，山东人民出版社2012年版。
⑤ 张志铭：《法律解释的操作分析》，北京，中国政法大学出版社1998年版，第196页。
⑥ [德]齐佩利乌斯：《法学方法论》，北京，法律出版社2009年版，第63页。

成共识。① "目的解释法并没有解除法官遵守法律文本的义务。目的解释法的确赋予法官相当大的自由裁量权,但这并不意味着法官可以为所欲为。法官仍然要以法律文本为出发点,最后还要回到法律文本上来。"② 回顾上引案例,援引法条所述,不论"救助"抑或"保障其基本生活权益",皆须以"保障生存"为蕴意和底线,无论是从社会通用语境来看,还是依法律固有逻辑解读,恐怕都难以将对流浪者"死后"之"代为求偿"囊括其中。③

相较于域外(特别是英美)法官解释法律时的"天马行空",与论者可能会指责"以文义为界"的态度未免太过严苛,限制了司法创造力的发挥。但诚如学者所言:"我国当前的法治建设更需要的不是自由解释,而是严格解释。"④ 身处国家法治建设初期,且已逾"无法可依"的时代,法官与其苦诣"创造",莫若安分于"服从"。解释的限度应由"自由"转向"严格"。尤其是在公法领域,出于对权力"妄动"的警惕,法律解释更应坚守严格主义立场。在如何判断法律是否明确授权给行政机关以及具体内容与范围的问题上,"一种方法就是当发生疑问的时候作出不利于行政机关的解释,除非有更明确的依据,否则认为行政机关没有获得授权"⑤。

漏洞与填补

有学者认为,立法者或司法解释制定者未规定"死者没有近亲属或者无法得知

---

① 参见王利明:《法律解释学导论:以民法为视角》,北京,法律出版社 2009 年版,第 153 页。
② 蒋惠岭:《目的解释法的理论及适用(下)》,载《法律适用》2002 年第 8 期。
③ 其实,"文义"以外,法律解释还需以体系、目的等多重界限为遵守。法律解释的诸种方法在为解释操作提供指引的同时,也各在一定程度上起到了限制法律解释权滥用的功能。而方法中所蕴含的评价因素(如体系解释中的法律体系、目的解释中的立法目的或意图等)在解释活动中亦实际发挥着标准和界限的作用。然而,在以上的界限中,"文义"的地位与功能无疑是更具基础性的。其首先从根本上划定了"解释"与"创造"的边界:以文义为坚守,方能秉持"解释"的品质;若超出语义射程,即便仍冠以"解释"之名,却其实已"出释入造",不能为解释所包容。而亦只有跻身于语义射程之内(譬如,就规范"文义"产生多种不同理解时),"解释"方生以体系、目的等其他标准加以衡量、抉择的必要;若已超脱在"文义"以外,如上案中情形,则因其实已不为"解释"所容,自毋庸再以体系、目的等为考量。
④ 魏胜强:《法律解释的限度》,载《河南财经政法大学学报》2012 年第 5 期。
⑤ 王旭:《行政法解释学研究:基本原理、实践技术与中国问题》,北京,中国法制出版社 2010 年版,第 153 页。

死者的近亲属"时如何处理侵权赔偿问题，并非属于有意识地保持沉默，而是一种认识上的疏漏，应属于法律漏洞。① 现实中也确实已有不少省、市纷纷开展"地方立法"，明确赋予相关公共部门（主要是道路交通事故社会救助基金）"代诉""追偿"的权力，试图借此以弥补法律与司法解释的缺憾。② 而依此为推论，以上裁判中关于《城市生活无着的流浪乞讨人员救助管理办法》相关条文的阐释亦可被视为借由"解释"之名所做的"法律续造"，得到突破"语义射程"束缚的"特权"。

仅以形式为论，裁判当时之法律、司法解释中确无关于近亲属缺位时死亡赔偿处置之直接规定，称其为"漏洞"似无不可。然成文法终究只是对社会生活的抽象，而非具体枚举。法律规范无意、也不可能就其适用场景逐一陈列；法律主要依靠涵摄而非列举实现其对社会的调整，"只要解释足以回答的问题，那么法律就远离漏洞"③。况且，就上举案例情形，已有学者指出，我国《民事诉讼法》第108条（现第119条）第1项将具有起诉资格的原告限定为"与本案有直接利害关系的公民、法人和其他组织"，其实业已将无名氏死亡赔偿的原告资格问题涵盖其中，至为清晰，如立法者对原告资格无意作出其他扩展，则民事诉讼的原告资格只能按照该明文规定进行衡量，不存在违反计划的不圆满性。④

而关于民政局之代诉赔偿，虽历数条文、极尽解释，却也难有可堪为据者，规范上的阙如或已成事实。但作为"法律体系上违反计划之不圆满状态"⑤，法律漏洞的构成至少尚需以对"立法计划"的违背作为前提。一如学者所言："并非所有的法律漏洞都应被视为漏洞。立法对大量的事实有意识地不予规定……如果法院认为这些地方存在漏洞并对其进行补充，那么就违反了法律。"⑥ 法律漏

---

① 参见李友根：《指导性案例为何没有约束力：以无名氏因交通肇事致死案件中的原告资格为研究对象》，载《法制与社会发展》2010年第4期。

② 检索有《惠州市道路交通事故社会救助基金管理暂行办法》（2006年1月）第4条第2项，《重庆市道路交通事故社会救助基金管理暂行办法》（2010年9月）第51条，《宁波市道路交通事故社会救助基金管理试行办法》（2011年2月）第18条，《山东省道路交通事故社会救助基金管理暂行办法》（2012年7月）第6条第9项等。

③ ［德］卡尔·恩吉施：《法律思维导论》，郑永流译，北京，法律出版社2004年版，第171页。

④ 参见孔祥俊：《法律方法论》，北京，人民法院出版社2006年版，第1418页。

⑤ 黄茂荣：《法学方法与现代民法》，北京，法律出版社2007年版，第377页。

⑥ ［德］伯恩·魏德士：《法理学》，丁晓春、吴越译，北京，法律出版社2003年版，第364页。

## 第三章 体系的外部效应

洞须出于立法者无意的疏忽、未预见或情况变更所造成，苟立法者有意不为规定或有意不适用于类似情况者，则并不造成漏洞，不生补充的问题。① 至于"漏洞"究属疏忽所致，还是有意为之，则需结合立法目的（或意图）具体加以判断。毕竟，"只有当法律在特定领域中追求某种多少圆满的规整时，才有提及'漏洞'的可能"②。而在上案情形中，首先，关于《城市生活无着的流浪乞讨人员救助管理办法》的立法目的上文已有论及，其中确无授权"代诉死亡赔偿"之意；其次，在该《办法》第7条就民政局权力范围的"封闭式"列举中，亦未有"代诉赔偿"之表达。与其称其为立法者认识上的疏忽，不若辨之以造范者意味深长的沉默。"有时立法者已通过沉默表达了自己的意思，如法律条文采穷尽的列举，而只赋予列举的事实以某特定法律效果，因而允许反面解释而排斥类推适用。"③

还有一个不可忽视的事实是，如案情形出现以后，伴随着理论争议（还包括公众舆论的探讨）与裁判分歧，我国已经历了《民事诉讼法》的两次修改与《侵权责任法》的颁行，其中虽不乏关于诉讼当事人以及死亡赔偿问题的讨论与规定，却迄今未见有就无名氏死亡（或近亲属缺位时）后的诉讼问题提出立法上的回应。而《最高人民法院关于审理道路交通事故损害赔偿案件适用法律若干问题的解释》第26条第1款关于"被侵权人因道路交通事故死亡，无近亲属或者近亲属不明，未经法律授权的机关或者有关组织向人民法院起诉主张死亡赔偿金的，人民法院不予受理"的规定，则已经将司法机关的态度表露无遗。

其实，面对法律漏洞，或许学者的告诫更值重视与思考："过分的热心、对创制法律规则的迷恋可能会蒙蔽法官的慧眼，而将自己带入一个危险的领域之内。不受任何规则约束的漏洞填补极有可能完全背离其初始目的，从而'将案件当事人置于司法擅断和不负责任的危险之中'。"④ 尤其是对溢出行政而言，其法律规范的"合理意义"应该留待立法者修改法律，在法律被修改之前，解释者不

---

① 参见杨仁寿：《法学方法论》，北京，中国政法大学出版社2013年版，第191页。
② [德] 卡尔·拉伦茨：《法学方法论》，陈爱娥译，北京，商务印书馆2003年版，第251页。
③ 梁慧星：《民法解释学》，北京，中国政法大学出版社1995年版，第256页。
④ 袁明圣：《法律漏洞填补的边界》，载《江西财经大学学报》2002年第4期。

应越俎代庖,这是法治进程的代价,因为中国正在建设现代化法治,法治的最低要义就是:有可预测的全民平等遵守的规则。①

**维护公益与范围界限**

通论认为,权力干预的基础一般包括两个方面:法律授权和公共利益。行政公权力机关只有在有法律授权或者基于公共利益的目标才能实施行政行为。②"公共利益是所有行政行为的理由和界限所在。"③"个人以个体利益为行为目标,追求收益和成功;行政以公共利益为目标,为普遍利益而行动。"④ 对于私人之间的关系,只要不涉及国家利益、社会公共利益,国家原则上不进行干预。⑤ 国家利益和社会公共利益明确了民事主体自由的边界,这个边界同时也是国家可以发动公权力干预私人生活的界限。⑥

公共利益

作为权利与权力的界碑,公共利益在法律的概念体系中无疑具有举足轻重的地位。长期以来,关于究竟何为"公共",什么是"利益",自规范至学理始终众说纷纭,莫衷一是。概念内涵与外延的模糊不清,使公共利益成为"没有标明英寸与英尺的长度不定的码尺"⑦,独具远超一般法律概念的不确定性特点。而正是由于公共利益的虚幻无边,形成了公权和私权之间巨大的灰色地带,使强势的公权力恣意侵犯私权成为可能。⑧ 特别自晚近以来,公权机关借口"公益"以侵害私人的例子时而有见,其中固有主观不善、滥用职权等原因,但却也和公共利益本身的模糊抽象不无相关。"以公共利益为由强行限制公民权利,这是政府在

---

① 参见朱新力:《论行政法律解释》,载《浙江大学学报》(人文社会科学版)1999年第4期。
② 参见江必新、梁凤云:《物权法中的若干行政法问题》,载《中国法学》2007年第3期。
③ [德]汉斯·J.沃尔夫等:《行政法》(第一卷),高家伟译,北京,商务印书馆2002年版,第323~324页。
④ [法]古斯塔夫·佩泽尔:《法国行政法》(第19版),廖坤明、周洁译,北京,国家行政学院出版社2002年版,第2页。
⑤ 参见王利明:《民法总则研究》,北京,中国人民大学出版社2012年版,第15页。
⑥ 参见王轶:《民法原理与民法学方法论》,北京,法律出版社2009年版,第54页。
⑦ Friedrich Carl J, *Constitutional Government and Democracy*, Jinn and Company, 1950, p. 462.
⑧ 参见张冬云:《论公共利益的界定:兼评〈物权法(草案)〉第49条》,载《社会科学研究》2007年第2期。

第三章 体系的外部效应

行使公共权力过程中的政治思维方式,而非法律思维方式,要建设有限政府、法治政府,就应当明确公共利益的边界。"①

环顾中外立法,抽象和列举尽用②;回溯东西学说,标准与方法迭出;莫不在公共利益的界定上煞费苦心。而虽不同立法、学说对公共利益的内涵各有偏重,但对利益主体(或称"受益对象")之"多数""不确定"要求却几乎成为其共同的取向与坚守。以"不确定多数人的利益"为基本内涵,公共利益最主要、最复杂的特征就是其受益对象的不确定性。③ 换言之,要构成公共利益上所谓之"公共",其主体必是超越个体与群体、以不确定多数人为特征的集合体。④ 任何公共利益的受益人是所有的人而不是某单一或特定的利益共同体,倘若所谓的公共利益只是某些或某个特定利益主体受益,仅满足特定人的利益需求或愿望,这种"公共利益"就不可以成为社会的普遍利益,因而也就不是真正的公共利益。⑤ 而在无名氏遭遇不测的案件中,虽说或由于死亡结果的严重性,或因为无名氏(流浪汉)的特殊身份,案件总不免引发公众关切;然究其损害本身以及赔偿目的,却仍在死者(或其近亲属)。利益主体的特定、单一,足以令其远离"公共"范畴。

有学者曾指出,现行法律对公共利益的界定存在泛化的倾向,各种地方利益、部门利益,甚至私人商业利益都来扯上公共利益的大旗为其鸣锣开道,公共利益仿佛成了百物杂陈的大口袋,其涵盖范围被无限扩张。⑥ 而就在如案情形的讨论中,也有不少与论者认为,"侵犯死者权益"的行为在减损死者及其近亲属私人权益的同时,还可能因其侵权行为违背公序良俗原则而减损社会公共利益,

---

① 王景斌:《论公共利益之界定:一个公法学基石性范畴的法理学分析》,载《法制与社会发展》,2005年第1期。
② 抽象概括者如1804年《法国民法典》第545条,而具体列举者如日本《土地征用法》第3条,"列举+概括"者则有我国《信托法》第60条、我国台湾地区"土地征收条例"第3条等。
③ 参见胡鸿高:《论公共利益的法律界定:从要素解释的路径》,载《中国法学》2008年第4期。
④ 参见肖顺武:《公共利益研究:一种范式分析及其在土地征收中的运用》,北京,法律出版社2010年版,第9页。
⑤ 参见范进学:《定义"公共利益"的方法论及概念诠释》,载《法学论坛》2005年第1期。
⑥ 参见周林彬、何朝丹:《公共利益的法律界定探析:一种法律经济学的分析进路》,载《甘肃社会科学》2006年第1期。

151

如果不存在死者近亲属行使私益性诉讼实施权反射性保护社会公共利益的正当期待，公益代表人便有以自己名义行使公益性诉讼实施权的必要。[①] 笔者无意将后者与前述公共利益滥用的情形混为一谈，亦不否认人格权（特别是生命权）中的公共利益内容，而在国内现行的民事立法中，公共利益概念也确实常常与"公序良俗"的表达不分彼此；但诚如学者所言，除却一般性的标准外，公共利益的判断还应强调直接相关性的要求，"即特定的利益关系的安排，只有直接涉及到公共利益，这个时候才有公共利益的问题。不能把与公共利益间接相关的事项也都归为公共利益"[②]。特别是在法无明文规定，公权力尚需借倚公共利益才可介入私人关系的情形，出于合理规范权力的考虑，对利益"公共性"的判定则尤须以直接相关为前提。否则，任一利益或秩序皆有可能披上"公共"的外衣，成为权力滥用的庇护伞。且就上案情形而言，不可否认，生命权的侵害确会伴生公共利益损害的结果，但此种损害更多地表现为对公众情感的伤害（如对加害行为的愤慨、对受害者的怜悯以及作为人类共同体而具有的其他特殊感情）以及相应社会秩序（如交通秩序、公共安全等）的违反，前者显然难与公共利益构成直接关联；而后者在行为未触及刑事、行政法律的情势下，则仍是间接的，不足以构成公权力介入的理由。

手段与程度

公权力和国家利益并不是绝对优先的，它只是在公私利益的具体权衡中才展现其相对优先性。[③] 为实现公共利益而对私人利益所作的干预与限制必须慎之又慎，毕竟，普遍的利益不能构成踩躏权利的有力依据。[④] "一项法规，如果只想为公共利益服务，却拒绝为个人利益作任何辩护，那它也就根本不可能要求获得法之名分。"[⑤] 机械地把公共利益绝对凌驾于个体利益或者其他利益之上，不仅

---

① 参见黄忠顺：《死者权益诉讼中的当事人适格问题研究》，载《安徽大学学报》（哲学社会科学版）2013年第4期。
② 王轶：《论物权法中的"公共利益"》，载《北京规划建设》2008年第1期。
③ 参见叶传星：《在私权利、公权力和社会权力的错落处》，载《法学家》2003年第3期。
④ 参见李伟：《驱逐了德性，自我走向何方？》，载《北京市政法管理干部学院学报》2000年第3期。
⑤ [德] G.拉德布鲁赫：《法律智慧警句集》，舒国滢译，北京，中国法制出版社2001年版，第6页。

第三章 体系的外部效应

是对其他合法利益的侵犯,而且是违背公共利益正当性精神的。① "只有在公共收益明显大于个人因正常期望受挫而蒙受的损害的情形中,才能允许对私域予以必要的干预。"② 诸上道理不仅适用于为维护公共利益而做的"侵益"(限制)性行为中,同时也适用于兼予私益的"授益"公共行政上。因为,行政行为之"授益"与"侵益"其实并无绝对界限。若仅以"无害"为由,便应允行政机关借由公共利益之名进行利益输送,则无论所输送的是公共资源还是私人利益,亦不管输送的方向为私人抑或国家,其实都将有悖于制度的初衷。③

公共利益绝不是政府放任施为的理由。以公共利益为由对私人自治所施予的干预,无论侵益与否,皆应以手段与程度上之必要限度为坚守。自干预手段而论,由经验所提供的范式不外乎两种:行政机关直接介入(如征收、征用)以及提起公益诉讼。而其中,前者权力的行使主要凭政府单方之观念以决断,缺乏充分的协商、监督机制,极易出现利益误判或者权力滥用等问题,甚而引发社会矛盾,故须予以严格的限制。通常需以法律的明确授权为前提,并遵循其他规范上的限定(如程序上的要求)。至于究竟应该信任谁来代表和界定"公共利益",美国经验告诉我们,这个问题不应该由法官决定,更不应该由行政官来决定,而应该由人民代表来决定,因为他们是"公共利益"的最可靠的保障者。④ 拉德布鲁赫也曾说过:"不,这并不必然等于说,凡是对民众有益的东西都是法。恰恰相反,应该说,只有法,才是对民众有益的。"⑤ 公益诉讼的方式虽因在利益的判断中引入了司法审查的机制而颇受各国立法所推崇⑥,但法官终非民意的直接代

---

① 参见张武扬:《公共利益界定的实践性思考》,载《法学》2004年第10期。
② [英]哈耶克:《自由秩序原理》,邓正来译,北京,三联书店1997年版,第276页。
③ 在如案情形中,其实利益的输送轨迹可能有两种:一是将公共资源输送至公民个人,即运用公共行政为无名氏(若有,其实应该是其近亲属)谋求民事赔偿;二是将私人利益输送至政府(国家),即在寻觅无名氏无果时,将加害人所支付赔偿金充归公有。而无论是其中何种输送,若不加恰当限制,则实际皆难得与公共利益的内涵相符。
④ 参见张千帆:《"公共利益"的困境与出路:美国公用征收条款的宪法解释及其对中国的启示》,载《中国法学》2005年第5期。
⑤ [德] G. 拉德布鲁赫:《法哲学》,王朴译,北京,法律出版社2005年版,第225页。
⑥ 如《法国民事诉讼法》第423条规定,"在公共秩序受到损害时,检察长可以为维护公共秩序而提起诉讼";德国和日本也确定了公共利益代表人制度,检察官对于无效婚姻、禁治产案件、收养案件和亲子案件有权提起诉讼;对判决不服可以提出上诉。

表，由其对"公共利益"进行解读和界定，多少存有某种僭越的嫌疑。① 公共利益应主要由民意代表机关借由立法的形式加诸确定，只有在规范未及而社会急需时，方才允许司法通过续造的方式予以补充。而作为一种"权宜"的制度安排，裁判在面对因"公益"而起的诉讼时，自应抱以严谨、谦抑的态度，虽不至固守公益法定的立场，但仍须忠于立法的基本精神，择取更为全面的标准，谨慎以决之。而诸如上案之情形，既不属《民事诉讼法》第 55 条所明确列举之侵害类型（即环境污染、侵害众多消费者合法权益），亦不符公共利益受益者"多数""不确定"的基本精神，故不属于民事公益诉讼的范畴，不能以公益诉讼中适格当事人范围的扩大为由认可民政局为正当当事人。②

　　手段恰当的同时，政府对公共利益的追逐还需保持对程度的必要恪守。"公权力机关为了维护社会秩序和公共利益，对私权利可以进行一定范围和一定程度的干预。但是，这种干预只能以维护社会秩序和公共利益的必要为限，且不能侵犯公民最低限度的权利。"③ 维护公共利益的必要以及不侵犯公民最低限度的权利实际构成了权力为求"公益"而对私人可做干预的两大程度限制。其中，后者主要作用于为了维护公共利益而直接限制、削减个人权益的情形，强调个体对于社会的最后保留，以及"多数议决"原则下对于"少数"的起码保障与尊重。而"维护公共利益的必要"则是所有"公益"行政（不论"侵益"与否）皆应坚守的程度界限，此乃"手段与目的""成本与收益"原理在公共行政中的具体运用。它要求公权力机关为维护公共利益而对私人所作之干预在范围和程度上须与其所维护的利益相当应称。当公共利益独具重要性并波及较广时，行政机关自可在较大范围及较深程度上加以干预；而若情势与公共利益关系不大（如仅是间接关联）且影响范围有限，如案中情形，便不必兴师动众以行政直接介入或公益诉讼的方式予以干涉。公共资源的投入以及对私人利益的克减都应以实现和维护公共

---

① 参见唐忠民、温泽彬：《关于"公共利益"的界定模式》，载《现代法学》2006 年第 5 期。
② 参见肖建国：《民政局的诉讼主体资格与当事人适格问题》，载《人民法院报》2007 年 5 月 29 日，第 5 版。
③ 姜明安：《公权与私权需要平衡》，载《人民论坛》2006 年第 16 期。

利益的基本需要为限度。

另外,对公共利益的维护还应与法律体系中的部门分工相匹配。如在无名氏遭遇事故死亡的情形中,对于维护公共交通安全的诉求,以及"撞了白撞"所可能引发之恶性延续(如滋生驾驶者在相似情形下之轻率甚至侵害故意)的忧虑,有可能正是公众支持民政局等公权力机关代为诉偿的主要原因。应该说,此类担心和诉求的确需要正视,但却未构成代诉死亡赔偿的充分理由。不可否认,民事责任的追究确可在一定程度上起到维护公共利益的效果,但这毕竟是其副业,填补损害才是包括死亡赔偿在内的民事赔偿的主要功能;维护"公益"则更多为行政、刑事法律的职责所在,若后二者足以完成其使命,自无额外动以民事手段的必要。具体到上案情形,在刑法上,肇事者之行为,涉嫌过失会构成交通肇事罪,涉嫌故意或放任更可构成故意杀人罪;即使是行政法上的处罚,亦为重大之责任。故而即使民事责任的落实有所延宕,也断不会让司机掉以轻心,更不会去"撞着玩儿"①。诚如学者所言,私法不是不救济生命权,而是私法不可能单独完成对生命权的救济,私法应该认识到自身能力的有限性,构建公私法共同保护的法律模式。② 对于生命权中公共利益的维护则尤是如此。

**救助贫弱与私法自治**

"真正的契约自由要求缔约双方在实质上是平等的。"③ 现代民法的立法者意识到,自治是以平等为前提的,只有双方当事人地位平等,自治才能产生正当的结果,这里所谓的平等主要是事实上的平等,而不仅仅是规定意义上的平等。如果国家发现在某一民事生活领域中明显不存在这样的实然平等,就可以考虑以某种方式介入当事人之间的关系,对不均衡的关系结构予以矫正。④ 在黑格尔所提出的国家干预市民社会的正当性条件中,除公共利益外,即是追求实质的平

---

① 戚珊珊、高岩:《公权不得非法侵越私权:再论民政局等不能代为提起民事诉讼》,载《人民司法》2006 年第 6 期。

② 参见陈屹立、张帆:《侵权死亡赔偿的理论学说与制度设计:基于个人福利角度的分析》,载《时代法学》2010 年第 6 期。

③ [美]本杰明·N.卡多佐:《法律的成长:法律科学的悖论》,董炯、彭冰译,北京,中国法制出版社 2002 年版,第 171 页。

④ 参见杨代雄:《民法总论专题》,北京,清华大学出版社 2012 年版,第 31 页。

等,"当市民社会中出现非正义或不平等现象(例如,一个阶层对另一个或另几个阶层的支配,等等)时,国家就可以透过干预予以救济。"① 为了确保人们实质上的平等自由,国家采取积极而相当限度的介入,以帮助并保护社会的弱者。②

以促进自治为目的,私法对实质平等的追求亦应以尊重和维护意思自治为其基本界限。自治乃私法的基本原则与精神所在。"在自治与管制两极中作出偏爱自治的抉择具有恒久的合理性。"③ 在市民社会中,每个人都需要私法自治制度,只有这样他才能在自己的切身事务方面自由地作出决定,并以自己的责任处理这些事情。一个人只有具备了这种能力,他才能充分发展自己的人格,维护自己的尊严。④ 国家以公权力为弱者所提供的救助,若发生在纯粹私人的关系中,自应以保障当事人间意思自治的顺利实现为其目的与坚守;倘过分热情,突破底线,则非但不能昭显其关怀与慷慨,反而逾越了边界,构成对私人自由的侵害和威胁。

救助的前提

国家对私人的救助欲求得正当,则首先需以必要的救助前提(条件)为基础。而以制度目的出发,论及前提,则救助对象的"适格"必不可少:既以救助为名,其所助须为"羸弱";倘罔顾身份,随意施助,则枉费公共资源不说,还极有可能在原本公平的环境(关系)中,人为地酿生出另一种不平等。关于弱者,学说上多有述议,或有低收入群体论者,或有贫困群体论者,乃至民政对象论、竞争弱者论、综合特征论等等,终难一是。⑤ 不过虽然观点、标准纷纭,但作为救助对象、法律关系中的主体,所谓"弱者",其最基本的要求应该是"仍然存活着的人"。"一个被杀死的人不会遭受任何损害,这种说法似乎有些嘲讽的

---

① J. Keane, *Despotism and Democracy*, 转引自邓正来:《国家与社会:中国市民社会研究》,北京,北京大学出版社 2008 年版,第 9 页。
② 参见高伟:《私法公法化研究》,北京,社会科学文献出版社 2012 年版,第 48 页。
③ 易军:《私人自治的政治哲学之维》,载《政法论坛》2012 年第 3 期。
④ 参见[德]卡尔·拉伦茨:《德国民法通论》(上册),王晓晔等译,北京,法律出版社 2003 年版,第 54 页。
⑤ 参见陈成文:《社会学视野中的社会弱者》,载《湖南师范大学社会科学学报》1999 年第 2 期。

味道，然而这却是为欧洲各国法律所认可的事实。"① 法律只能涉及那些构成这个现实世界每一个自然人的属性问题，所以法律只能规定现世的生活。正因为此，在理性法的观念中人只能是介于出生和死亡之间的、依靠其肉体生活的自然人。② 生命权的丧失意味着自然人本人已不可能享有救济性权利，以由受害人主张损害赔偿请求权为主要救济手段的侵权法对生命权之救济力度明显捉襟见肘。③ 民政局以"对无名氏的救助"为由代其诉求赔偿的行为，明显有悖法理常识。在死亡赔偿金问题上，世界各国法律存在共识，即死亡赔偿金绝非针对死者的赔偿，而是对于受害者有关亲属的赔偿。④ 而即便无名氏流浪者因"生活无着"而可获列入民政局社会救助的对象范围，但其身份未明的近亲属（即实际的赔偿权利人）究竟是否应以公权力给予特殊救济的"弱者"（乃至是否存有近亲属）却尚属未知，此时便贸然施予救助，虽不乏"热情"，却未免有失严谨。

在对象适格的基础上，"贫弱"者的请求则是政府部门实施救助行为的另一重要前提。国家干预有一个致命的缺陷，那就是决策者与直接利益相关者分离，决策者以自己的判断替代当事人的判断。没有自身利益的参与，很难保证制定出的决策不犯错误。⑤ 而"无论一个人多么无知，但有一件事他比任何人都更有发言权，这就是自己的鞋子在什么地方夹脚"⑥。传统观点认为，权利主体乃自己利益的最佳判断者，其究竟是否受到损害、需否寻求公权力救助以及需要何种方式和程度的救助，除情况危急无法询问外，自应首先交诸需助者自己判断。"授益行政行为的产生源于当事人的申请，是否授益并不是由行为主体强加于行政相对人，获取授益的主动权完全掌握在行政相对人手中。"⑦ 而根据私法的自治原

---

① ［德］克雷斯蒂安·冯·巴尔：《欧洲比较侵权行为法》（下卷），焦美华译，张新宝审校，北京，法律出版社 2004 年版，第 70 页。
② 参见［德］汉斯·哈腾鲍尔：《民法上的人》，载《环球法律评论》2001 年第 4 期。
③ 参见张平华：《认真对待生命权的价值》，载《法学杂志》2008 年第 1 期。
④ 参见杨立新：《侵权法论》，北京，人民法院出版社 2011 年第 4 版，第 817 页。
⑤ 参见方立新、姚利红：《公私法的分野与趋同》，载何勤华主编：《公法与私法的互动》，北京，法律出版社 2012 年版，第 167 页。
⑥ ［美］约翰·杜威：《人的问题》，傅统先、邱椿译，上海，上海人民出版社 1985 年版，第 26 页。
⑦ 孙丽岩：《授益行政行为研究》，北京，法律出版社 2007 年版，第 33 页。

则，国家不介入私人间的法律关系，只在私人向国家求助的情况下，才有国家公权力的发动。① 若未经申请，如案中情形，由于缺乏对救助对象客观处境和主观需要的准确认识，行政救助便无异于一种盲目的"父爱"，既辛苦了自己，也未必能尽如救助对象之意，博得后者的好评。② 也许，正是基于这一认识，且鉴于当时特殊的立法背景，《城市生活无着的流浪乞讨人员救助管理办法》才将其立法主旨由收容强制变为了救助自愿。③

救助的限度

"因必要而要求之善事，如超过其必要限度，即不复为善事。"④ 对弱势当事人的保护是一个重要的法律问题，但由行政机关为其包办私人事务并不是正确的做法。⑤ 公权力对弱者的救助及实质公平的追求必须以相应限度为界守。

救助者，以增进对象之利益为主旨，而作为一般性的规则，在个体可能害及自身的所有场合，都应该给其留下最大限度的选择余地，因为他们自己才是自身利益的最好判断者。⑥ 是以，救助行为首先应以不得违背被助者之主观意愿及侵害其客观利益为必要。然诸如上举案例之情形，民政局未经同意便以救助对象的名义提起诉讼，代其行使诉权、决定求偿范围，甚至直接与加害者自行协商赔偿事宜，其实已构成对救助对象实体与程序上之处分权利的侵害，存在悖逆其主观意愿的极大可能。而个别地方（如重庆市）之《道路交通事故社会救助基金管理暂行办法》规定，道路交通事故中，就代未知名死者诉得之死亡赔偿金由基金管理中心代管若干年后（通常是3或5年），即上缴财政，纳入基金，则无疑是以保护之名为实际权利人的求偿权苟以更为严格的限制，甚至是剥夺了受偿主体的

---

① 参见肖厚国：《民法法典化的价值、模式与学理》，载《现代法学》2001年第2期。

② 若情况紧急来不及或无法期待被救助对象的申请（或同意）时，法律确实可以授权施助主体例外地不经同意而单方决定采取介入行为，以为维护救助对象的基本权利；但在无名者逝后之死亡赔偿的追讨，明显不属此种情形。

③ 参见刘武俊：《解读〈城市生活无着的流浪乞讨人员救助管理办法〉》，载《人大研究》2003年第11期。

④ 郑玉波：《法谚（二）》，北京，法律出版社2007年版，第14页。

⑤ 参见张国华：《行政权力干预民事关系的界限：兼论行政机关责令承担民事责任的法律制度》，载《杭州师范学院学报》（社会科学版）2003年第4期。

⑥ See Jeremy Bentham, *Theory of Legislation*, Trübner & Co., 1876, p. 63.

赔偿利益①，丧失了社会救助制度的实质意义，难符救助之名。实际上，民政局若属意救助，与其代为诉讼，莫如积极寻找"诉主"（即适格的求偿主体），再以《民事诉讼法》所规定之"支持起诉"的方式为其提供帮助，如此则既彰显了政府的关怀，亦尊重了私人的权利，可谓两全其美。

此外，对弱者的救助既以促进自治为目的，则公权力因救助而对私人关系的干预，仍还须以实现实质上的平等，维护法律关系双方充分之自治权利为限度。学者认为，公权力介入个人私生活领域必须基于正当的立法理由，那就是为私生活保留尽可能大限度的自由自主空间。如果仅仅出于对个人的控制，即使是善意的控制也未必是好事。② 正如哈耶克所言："如果人们在过于绝对的意义上理解保障的话，普遍追求保障，不但不能增加自由的机会，反而构成了对自由的最严重的威胁。"③ 若仅因为民事法律关系一方当事人处于相对弱势，即允许其不加限制地施与帮助，则无疑将使原本位处弱势者取得了强制的地位，不但侵害了另一方当事人的平等权利，更违背制度的主旨，侵蚀了私法的自治精神。

如前所述，强制地将国家力量注入私人生活，很可能会造成私人关系间的不平等，无异于敲起自由之丧钟。④ 公权力的介入固然有其必然性和正当性的基础，但是公权力的干预必须有足够的、正当的理由，而且应当遵循法律的程序才能进行。否则，其侵害的不仅仅是个人自由与私法自治，而且可能侵害到整个法律的基础和根基。⑤

**夫妻财产契约中的物权变动**

行政权力对于私（民）法上行为的影响，在民法层面上呈现出诸多样

---

① 此时，即使行政机关自始未予介入，权利人的赔偿请求权适用诉讼时效的规定，其也享有最长20年的保护，且即便时效届满，也仅是令之沦为自然债权而已，权利本身并未消灭；而按照《提存公证规则》第21条规定，赔偿之财产，若加害人缴之以提存，也需从提存之日起超过20年无人受领，才可视为无主财产，在公证处扣除必要费用后，将余额上缴国库。

② 参见叶传星：《在私权利、公权力和社会权力的错落处》，载《法学家》2003年第3期。

③ ［英］F. A. 哈耶克：《通往奴役之路》，王明毅等译，北京，中国社会科学出版社1997年版，第116页。

④ 参见陈新民：《德国公法学基础理论》（上册），济南，山东人民出版社2001年版，第321页。

⑤ 参见韩伟：《私法自治研究：基于社会变迁的视角》，济南，山东人民出版社2012年版，第143页。

态，并触发各种讨论，其中较为突出的包括但不限于行政审批之于合同成立及其效力的影响；政策措施对于法律行为效力的影响及其程度；以及与之相关的代表公权力的行政机关在民事法律关系当中的地位及其作用等。其中，民法物权变动中的登记机关的性质以及登记行为的效力判断，是可供观察的一个典型。

案　例

夫妻婚内签订《分居协议书》，协议内容包括约定将登记在夫名下的一套房屋归妻所有，后夫故去且未留遗嘱，而此时该房屋并未过户登记，夫前妻之女与妻就该房屋权属发生争议。一审裁判认为，夫妻虽约定争议房屋归妻所有，但直至夫死亡时该房屋仍登记于夫名下，故协议并未实际履行，进而根据物权登记主义原则，确认争议房屋属夫妻共同财产。二审裁判首先认定《分居协议书》之性质为婚内财产分割协议，是夫妻双方通过订立契约这一方式表征对采取夫妻约定财产制的选择；其次，由于争议属夫妻内部对财产之约定，不涉及夫妻以外的关系，故裁判优先适用婚姻法，而非物权法；最后，基于实践中各原因引致的事实物权之存在以及对意思自治理念的尊重与保护，二审认为以登记作为确认不动产权属的唯一依据实属不妥，故依法改判争议房屋属妻之个人财产。

登　记

从实践层面品读上列案例，二审裁判借由案件具体情势与最终利益诉求之差异，考量了案情的实质属性并进行法律规范的识别和适用，认为在本案中《物权法》应当保持一定的谦抑和理性，对《婚姻法》在调整家庭财产关系过程中应有的地位和作用须给予必要尊重和谦让；在妥适地选择裁判方法之基础上，延伸了物权法关于不动产物权变动规则的基本精神，面对价值判断与结果选择时，裁判内容最终摆脱了纯以简单司法三段论为代表的形式主义窠臼。若是从学理层面看，本案的理论关注点是基于对夫妻财产契约的性质认定与效力判断，分析夫妻财产制下物权变动模式之特殊性，进而认定不动产登记在夫妻财产契约中对于物权变动的效力应被适度弱化。

## 夫妻财产契约的身份属性

### 夫妻财产契约的理论前提与立法表征

夫妻财产制者,婚姻共同生活中,夫妻之财产关系之制度也。[①] 夫妻财产制亦称婚姻财产制,是对夫妻财产关系进行规定的法律制度。夫妻财产制的设立、变更与废止,夫妻婚前财产和婚后所得财产的归属、管理、使用、收益、处分,家庭生活费用的负担,夫妻债务的清偿,婚姻终止时夫妻财产的清算及分割等均为夫妻财产制度所具体规制之对象。该制度设立的缘由,在于夫妻之共同关系既非物权法之共同共有所能调整又非合同法之合伙关系所能涵摄,其身份特性使得法律在婚姻法中专设制度予以规制,从而对婚姻的财产属性加以保护,进而维系人身关系、促使婚姻和睦长久。

依照夫妻财产制的发生根据,即从法律对其规定的形式、效力、适用范围来看,夫妻财产制主要分为法定财产制与约定财产制两种类型。[②] 约定财产制度,"是相对于法定财产制而言的,指由婚姻当事人以约定的方式,选择决定夫妻财产制形式的法律制度"[③],受制于政治体制、经济模式、文化传统及社会习俗之差异,允许夫妻进行财产约定的法律体系对具体约定的自由度也不尽相同,但遵照"约定先于法定"的私法理念,约定财产制一般均具有优先于法定财产制的适用效力,而约定财产制也正是夫妻财产契约的存在前提,即只有在允许夫妻以契约的形式对财产进行配置的约定财产制的体系下,夫妻财产契约才得以具有法律上之正当性,故约定财产制是夫妻财产契约的理论基础与适用依据。

从制度演进的历程观察,夫妻财产契约应当是夫妻契约的蜕变,因为在固有观念中,夫妻契约可得对一切婚姻之事项以契约定之——毋论身份抑或财

---

[①] 参见胡长清:《中国民法亲属论》,上海,商务印书馆1936年版,第135页。

[②] 依法律规定的财产形式为标准,夫妻的全部财产可以分为法定财产、约定财产和个人特有财产三种类型,在这个意义上,各国的立法例规定了法定财产制、约定财产制和特有财产制的三种制度。但如果从夫妻对财产有无约定为标准,则夫妻的财产应分为法定财产和约定财产两类,即凡是夫妻对财产未作约定的,均依法定财产制决定财产的性质,而个人特有财产制属于法定财产制的一种类型。参见郭丽红:《冲突与平衡:婚姻法实践性问题研究》,北京,人民法院出版社2005年版,第99页。

[③] 马忆南:《婚姻家庭继承法学》,北京,北京大学出版社2007年版,第83页。

产，这种契约因极易有违公序良俗而被现代法律所摒弃，从而，仅允许基于婚姻关系且夫妻双方仅就纯粹的财产关系进行协商并订约的夫妻财产契约，便应运而生。

夫妻财产契约在我国有着较为长久的立法沿革与深刻的实践基础。半个多世纪前，《中华民国民法》的亲属编即明文规定了选择式的夫妻财产制，并且夫妻双方可以契约的形式在婚前或婚后约定之。中华人民共和国成立后，1950 年的《婚姻法》虽未明文规定夫妻财产约定制度，但在事实上仍允许夫妻通过约定的方式规范彼此的财产关系。[①] 1980 年的《婚姻法》第 13 条第 1 款规定，"婚姻关系存续期间所得财产归夫妻双方共有，但双方另有规定的除外"，如此规定是将约定财产制作为法定财产制的例外予以承认，"虽然没有形成完整规范的约定财产制规则体系，但约定财产制在夫妻财产制中作为法定财产制的必要补充地位得以确立"[②]。2001 年《婚姻法》（修正案）第 19 条规定："夫妻可以约定婚姻关系存续期间所得的财产以及婚前财产归各自所有、共同所有或部分各自所有、部分共同所有。约定应当采用书面形式。没有约定或约定不明确的，适用本法第十七条、第十八条的规定。夫妻对婚姻关系存续期间所得的财产以及婚前财产的约定，对双方具有约束力。"该条文对夫妻双方各自独立的法律人格进行明确化，正式确定了与法定财产制地位并列的夫妻约定财产制，并赋予其高于法定财产制的效力；相应的，就夫妻财产契约而言，该条文明定了该契约的对内效力，即该契约对婚姻关系中夫妻双方具有拘束力。故有学者认为，这种拘束力的最显著的表征体现于夫妻财产契约成立并生效时，就在"配偶间及其继承人间发生财产契约的物权效力，婚姻关系当事人受此物权效力的约束"[③]。

夫妻财产契约的身份属性

夫妻财产契约之所以能够就财产的使用权、收益权乃至处分权依照夫妻的约定发生物权效力，是因为夫妻财产契约具有不同于一般契约的特质。德国学者温

---

① 参见蒋月：《婚姻家庭法前沿导论》，北京，科学出版社 2007 年版，第 105 页。
② 谢育敏：《论我国夫妻约定财产制的效力》，载《求索》2004 年第 11 期。
③ 杨立新：《家事法》，北京，法律出版社 2013 年版，第 300～301 页。

## 第三章 体系的外部效应

德沙伊德认为:"所有的私法,要做的事情,有两个目标:(1)财产关系;(2)家庭关系。因此,私法的主要划分是财产法与家庭法的划分。"① 在承认身份关系与财产关系需适用不同的法律思维模式分析的前提下,应进一步认识到就财产关系而言,将其置于婚姻家庭生活与将其置于一般经济生活时也是相互有别的。

对于夫妻财产契约的性质,学理上存有以下具有代表性的观点:身份契约说、财产契约说、物权契约说以及赠与合同说。物权契约说的理论依据在于该契约多以所有权权属为核心内容,直接产生财产所有权关系的变动②,发生契约之上的物权效力,这符合物权契约即是指能够直接产生物权变动的法律行为这一概念。而赠与合同说认为,在当事人约定将一方的婚前财产约定为双方共有或归对方所有的情形下,应当视为一方对另一方的赠与③;笔者认为,且不论这两种学说的法理依据是否充分或其对于概念的把握是否精准④,仅依凭夫妻财产契约的某一特质而作出对其性质的认定,在方法论上即非妥适,因为对于一种行为性质的判断,应当建立于其整体属性与核心特质之上;同时,较之于身份契约说、财产契约说而言,物权契约说与赠与合同说在划分的位阶上也显然低于前二者,故不应当采纳这两种学说。

身份契约说的理论基础来源于日本学者以行为效力为标准对身份行为所进行

---

① 徐国栋:《再论人身关系》,载《中国法学》2002 年第 4 期。
② 参见林秀雄:《夫妻财产制之研究》,北京,中国政法大学出版社 2001 年版,第 192 页。
③ 参见杨晓林:《婚姻财产约定制下不动产物权是否需要履行物权变动形式——兼谈我国夫妻财产约定制度的完善》,载《全国律协民事专业委员会·婚姻家庭法律师事务》(第 3 辑),北京,中国法制出版社 2008 年版,第 169 页。
④ 有学者指出,其一,由于在所有权关系之外,尚有管理权关系、处分权关系、使用收益权关系、责任关系、家庭生活费负担关系及财产清算关系,夫妻财产契约属物权契约或债权契约难以判定;其二,物权行为的客体必须为特定之物,而夫妻财产契约所涉及的财产既包括现在的财产,也包括将来取得的不特定财产,这不符合物权行为的特征。对于赠与合同说,学者也指出夫妻财产约定一方面只是当事人对结婚后财产制的一种选择,并没有赠与和接受赠与的意思表示,也非附结婚条件的赠与,因为以结婚为条件的赠与是违法婚姻自由原则的;另一方面,夫妻财产约定以当事人存在夫妻身份为前提,而夫妻关系最主要的特征是共同生活,将婚前财产约定为双方共有实际上契合了夫妻这一身份法上的特征,很难说是一种无偿的赠与。参见段鲜红:《夫妻财产约定中的不动产物权变动》,载《福建金融管理干部学院学报》2010 年第 4 期。

的划分。身份行为说认为,身份行为可分为形成的、支配的、附随的三种,由于夫妻婚姻财产契约附随于婚姻这一身份关系之上,所以,将其归类为附随于身份行为之行为。① 财产行为说认为,夫妻财产契约是涉及身份关系的财产法上的法律行为,"夫妻财产制契约规定的是夫妻间的财产关系,因而本质上属于财产契约"②;史尚宽先生也认为亲属法上的行为,"不必限于亲属法上之身份行为,有为单纯的财产法上之行为者(夫妻财产契约),亦有为公法上之行为者(婚姻之撤销,请求判决离婚)"③,夫妻财产契约从其行为之方式与订立之目的看,均应当归属为财产行为,受财产法一般原理的规范与指引。

  从调整对象出发,民事法律行为分为财产行为与身份行为两大种类。之所以理论界与实务界对夫妻财产契约的性质众说纷纭,究其原因是夫妻财产契约一方面具有相当的特殊身份性——其订立主体前提并非任意普通民事主体,但是另一方面其本质内容又仍是调整财产关系,具有鲜明的财产性。笔者认为,夫妻财产契约既非单纯的身份契约,又非纯粹的财产契约,这种形式与内容的相悖,使得从法律技术层面分析,对兼具财产与人身属性的夫妻财产契约进行性质认定较为困难;此时,不妨转换思路,将认定夫妻财产契约的性质视为一种价值判断与选择,从目的论、功能论的角度出发,探究夫妻财产契约的订立意义,反推其性质。

  婚姻关系是以夫妻双方的人身属性相结合的实体,具有深刻的伦理性。夫妻间所订立的财产契约是夫妻人身关系的"从契约",双方在夫妻财产契约中所作出的约定之全部动机均来源于两者间的特殊身份关系,其最为重要的作用在于遵照夫妻双方的意思配置其财产归属,维护夫妻这一特殊的利益共同体之存续与发展。如此而言,其自然有别于一般主体之间的财产契约。一般财产契约的订立目的多为形成债权债务关系、分配双方权利义务、明定财产归属;而夫妻之间订立财产契约,不啻为对法定财产制的排除,更是对夫妻之间以及夫妻与第三人就财

---

① 参见巫昌祯:《婚姻家庭法新论》,北京,中国政法大学出版社 2002 年版,第 195 页。
② 余延满:《亲属法原论》,北京,法律出版社 2007 年版,第 289 页。
③ 史尚宽:《亲属法论》,北京,中国政法大学出版社 2000 年版,第 8 页。

产关系的昭示，是对人身结合情况下人格独立、财产独立的外化形式，其意义在于夫妻双方期望由他们自身所订立的契约来约束他们对夫妻财产的行为。基于婚姻生活的特殊性和对民事生活意思自治原则的尊重，法律在调整婚姻财产时应当肯认其约定之效力而适当排除一般的契约法则与物权规则。由此，笔者认为，从夫妻财产契约的订立意图以及功能设置分析，应当认定夫妻财产契约的性质是身份契约，其适用规则理应有别于一般财产行为契约。

**不动产登记效力的弱化**

如前所述，立法对约定财产制的确立以及夫妻财产契约的肯认，均体现出婚姻家庭法作为私法之重要一部，充分体现了意思自治、效率等私法价值，赋予了婚姻当事人极大的自主选择权以实现相关财产的自由支配。然而，作为明定物之权属、规范物之交易的《物权法》，乃以公示公信作为基本原则之一，其中有关不动产物权变动采登记生效主义为原则更是为其所一直恪守。诚如案例中的情境，当夫妻财产契约与契约内容所涉及财产关系领域成为对立面时，维护婚姻当事人按照自己的意志约定财产关系、处分财产内容以实现自身权益这一价值诉求能否对抗物权法为保护交易安全所设置的规则？简言之，在夫妻财产契约下，不动产物权变动是否还需要严守登记制度及其效果？

**不动产登记兼有民事行为和行政行为的属性**

2014年12月22日由国务院颁布的《不动产登记暂行条例》第2条对登记的解释，应当是对于登记这一概念较为准确的表述，即"不动产登记，是指不动产登记机构依法将不动产权利归属和其他法定事项记载于不动产登记簿的行为"。在我国民事立法中，《物权法》第9条对登记的效力作出了规定，即"不动产物权的设立、变更、转让和消灭，经依法登记，发生效力；未经登记，不发生效力，但法律另有规定的除外"。此外，《物权法》第10条、第12条对登记的程序性事项也进行了简单规制。

由此可见，作为大陆法系的继受者，我国立法例采取了以公示确定物权的一般标准，即不动产以登记作为公示手段，物权变动以办理登记手续为生效要件。由此，登记行为在不动产物权归属中起着至关重要的作用，直接决定着不

动产物权的变动、变更和消灭。民法学界也一直认为，登记行为应当属于民事行为，是一种对民事法律关系产生、变更或者消灭的认定，并不直接产生行政法上的效果，登记所引致的法律效果是物权的变动，登记内容的起点决定了登记行为的性质。相较于民法学界观点的较为统一，行政法学界由于对行政行为的界定存在争议而导致分析登记行为的视角大相径庭[①]，不过，无论从登记的主体包含公权力机关与行政相对人、登记行为具有社会公共事务的属性，以及登记法律后果也包括行政责任等来看，登记行为具有较为明显的行政行为特征依然是不可辩驳的。不同的部门法对于登记所关注的角度不一、焦点各异，各自折射出考察对象的某一部分的属性，摈弃其一而固守另一并非妥当之选。无论是离开民法而孤立地从行政法的角度考察；还是脱离行政法仅从民法的视域探讨，都必然导致对登记行为的片面认识而非完整印象，最终影响对登记功能的全面分析。

**不动产登记的私法自治与公法强制**

笼统而言，登记制度是现代社会所要求法律拟制的"对社会已然形成和存在的自由事实，加以确认和规范，使之纳入社会秩序要求的轨道，给以规限和保护，成为不受他人侵犯，也不敢用来侵犯他人的法定权利"[②] 的一种技术手段，其意旨多在于公示公信——不动产公示原则对于"维护物权的归属秩序（物权的享有秩序）与物权交易的安全"[③] 具有深刻意义，而不动产公信原则"以保护交易的安全为其旨趣，并以此实现交易便捷"[④]，两者的强大功能也使得公示原则自19世纪以降、不动产公信原则以《德国民法典》的规制为其端绪，为近现代大多数国家的立法例所接纳并沿用至今。然而基于登记行为所具有的民事与行政行为的双重属性，唯有以一种民、行交叉的视角考量登记的具体功能与司法适用，方能辨识出登记制度在婚姻财产契约中是否仍旧不可或缺而必须予以严守。

---

① 目前行政法学界对行政行为的界定视角存有争议，定义的角度有行为的主体、行为的目的、行政行为具备的基本特征以及行为效果。参见孙丽岩：《公法视野下的不动产物权登记》，载《甘肃政法学院学报》2013年第1期。
② 林秀雄：《夫妻财产制之研究》，北京，中国政法大学出版社2001年版。
③ 陈华彬：《民法物权论》，北京，中国法制出版社2010年版，第114页。
④ 陈华彬：《民法物权论》，北京，中国法制出版社2010年版，第126～127页。

因为在登记具有双重属性的语境下,民事行为更多侧重于保障私益,体现私法的自治性,行政行为多偏向于维护公益,强制性地对私行为进行控制、渗透;为了能以统一标准明确界分登记所体现的民事功能与行政功能,不妨以登记的法益归属作为类型化的标准从私益与公益两个维度彰显登记效能,当然,虽说私人利益并非纯粹对立于公共利益且后者必然承载着前者的部分功能,但两者所存有的差异度还是能够承担对于登记功能的区分与归类的任务。

于民事私益而言,不动产登记主要蕴含以下私法自治的价值:首先,依照物权所有人的意愿得以创设、变更以及消灭不动产物权之权利状态;《物权法》第9条第1款"不动产物权的设立、变更、转让和消灭,经依法登记,发生效力;未经登记,不发生效力,但法律另有规定的除外"与第14条"不动产物权的设立、变更、转让和消灭,依照法律规定应当登记的,自记载于不动产登记簿时发生效力"是对不动产登记效力的一般性表达,从正面看即登记行为是对于不动产物权状态的积极作用,个人通过登记行为对不动产进行权利状态的创设、变更以及消灭;从反面推定,不进行不动产登记则既无物权更无物权变动。其次,表征不动产之权利归属;从个人私益而言,个人对于不动产之权利最为凸显的法益在于其对不动产具有支配性,即"不动产登记制度即处于物权制度的光谱之下,其目的即在于申明权利人对特定不动产某种程度上的支配力,并借此向交易相对人宣示此种支配力"[1]。最后,提升交易成功之可能性;个人通过登记行为在对不动产设权、示权后,必然会给相对人产生一种确认不动产权利归属的信赖,即公示衍生出公信,在不动产交易时,这种信赖无疑可以增强相对人对交易安全的信心,从而提升交易成功的概率。上述物权所有人可得以选择登记从而实现效能即体现出不动产登记的私法自治。

与民事私益相关照对应,于行政公益而言,不动产登记以一种近乎强制的态度介入私人空间,承担以下社会责任:首先,排斥不合法的物权于法律保护之外;不动产登记通过行政手段,对物权的设立、变更、消灭进行初步审查与配

---

[1] 朱珍华:《不动产统一登记制度建构新探》,载《广西民族大学学报(哲学社会科学版)》2014年第5期。

置,"限制不符合社会公共利益要求的物权进入市场,将通过非法手段获取的不动产物权排除在市场之外"①,弥补市场信息不对称的缺陷,从而保证不动产市场的基本秩序。其次,为公示权属提供统一的市场环境;《不动产登记暂行条例》第4条第1款即明定:"国家实行不动产统一登记制度",这在为不动产权属公示提供便捷而连续稳定之程序的同时,也使得不动产物权市场得以科学化、规范化。最后,为社会提供具有公信力的不动产物权流转平台;不动产登记使得公权力介入私人交易领域,实则是以公权力的信用作为物权流转安全性的担保。当然,由于不动产物权登记为保护个人利益而背负了社会责任,所以其必然也间接地成为国家税收之依据。通过上述功能的解析,可以发现公法强制已近乎融入私法自治的领域,并共同架构出不动产登记制度的功能框架。

**不动产登记在夫妻财产契约中的谦抑性**

基于不动产登记对于各国物权制度产生深刻影响之境况,私法学界对于登记予以一以贯之的强势坚持,使得实践操作中但凡有关不动产物权均几近直接套用简单的形式逻辑,理论的偏离与实践的盲从使得登记俨然成为判断不动产物权变动的唯一标准。然而,知识普及不是认识真切的必然验证,反而可能是知其大概而不辨细节,甚至可能是共识的城堡根基于歧义的流沙②,上案所直面的两难情境就让人疑窦顿生,登记的强势地位是否应当涵摄不动产物权变动的所有情形?

笔者认为,在上案所预设的情境下,登记制度不应成为判断不动产物权变动的唯一标准,其在夫妻财产契约中的强势地位应当予以弱化。有学者已经指出,登记制度的淡化已经体现在物权判断标准的迁移之中——学者从登记制度本身入手,批判其"不是法律行为的效力之源,而是效力之门"③,认为其仅是物权人用以外化内在意志支配力的技术表征手段,是为物权本质属性服务的一种工具,是对法律行为加以确认和公示的外在手段。④ 笔者无意冒进涉足于此,仅就案论

---

① 孙丽岩:《公法视野下的不动产物权登记》,载《甘肃政法学院学报》2013年第1期。
② 参见尹田:《物权法理论评析与思考》,北京,中国人民大学出版社2008年版,第241~257页。
③ 李凤章:《登记限度论》,北京,法律出版社2007年版,第122页。
④ 参见孟俊红:《论登记制度与物权判断——以物权判断标准的迁移为视角》,载《甘肃政法学院学报》2011年第6期。

案。如若不动产登记之功能能够为其他法之价值所取代,即可越过登记之藩篱,对夫妻财产契约中的物权变动效力予以直接肯认。其一,鉴于不动产登记的公示意义在本案夫妻财产契约中之遁形,不动产物权登记的最终法益归属应当是由社会法益之实现所呈现的个人法益之彰显,在本案件中,由于夫妻财产契约的相对性,不动产所有人无意也无须以其对该不动产的控制权展示给他人作为其享有权利的唯一标志。其二,不动产登记的公信效力在本案中无须表征;本案中的争议房屋不涉及市场的流转交易且并不关乎第三人之权益,其是否登记于不动产登记簿、是否错误登记均与物权变动无涉。其三,基于夫妻财产契约的身份属性,公法强制应当抽离于私法自治;由于夫妻财产契约的特殊身份性,其更加注重的法价值是夫妻之间的意思自治,此时不动产登记的社会行政效能应适当让位于意思自治之精神;故较之于登记所承担的社会秩序功能等,夫妻得以以约定的契约调整非进入市场流转的财产归属,在本案中更加值得法律保护。

如果说上述理由的阐释是一种保守型的论证方式,那么如果能够对夫妻财产契约下的物权变动理论加以调适可谓是一种突破性的尝试。物权如何因法律行为而变动涉及对物权变动的规制。大陆法系的物权变动理论主要衍生出三种基本模式,即以德国民法为代表的物权形式主义,以瑞士民法为代表的债权形式主义,以及以法国民法为代表的债权意思主义。我国《物权法》所采用的是以债权形式主义为原则、债权意思主义为例外的物权变动理论,即原则上需要当事人之间有债权合意,还需登记或交付方能发生物权变动的效力;与此同时,立法也明确列举在部分情况下,例外地采取债权意思主义,而登记反作为物权变动的对抗要件。实质上,在上案的预设情境下,由于仅是夫妻之间的财产分配而并不涉及第三人,所以此时适用债权意思主义不仅能充分彰显其优势——快捷、便利地实现物权变动,而且回避了物权变动难以为外部所知的交易安全隐患。另外,由于债权意思主义认为债权合意的意思表示等同为物权变动的意思表示,即一个债权行为可引致债权与物权变动的双重效力,登记仅作为对抗要件,所以只要双方达成意思合致,即可以发生物权变动,非经登记不得对抗第三人,这就使得夫妻财产契约在满足夫妻内部对于财产的配置要求从而达至确认权属之目的的同时,避免

了利用夫妻财产契约的内部性而损害第三人利益的情况之发生。所以，债权意思主义是能够与夫妻财产契约这一领域完美契合的，该理论与英美法之"契据交付主义"亦有异曲同工之妙，是限定适用范围的"契据交付主义"①。

必须说明的是，我当然无意于抨击登记制度或否定登记效力，而且要强调的是，转变债权形式主义为债权意思主义也须严格限制在夫妻财产契约这一特定背景之下，而不能肆意类推。我的初衷仅仅是提出在诸如本案这类个例中，由于秩序、安全、效率等法价值可得保障与实现，故登记强势地位应适度弱化而保持一定的谦抑性，否则恐怕难以避免落入形式与教条之中，无法实现法律所追求的实质正义。

**余论：另一种解决路径**

本案或许可以另一个角度审视，从《物权法》与《继承法》的视角得出司法对策。如前所述，夫妻之间所签订的财产分割协议属约定财产制的外化表征，即该财产契约明定了夫妻双方关于争议房屋的权属——归妻所有。对于争议房屋这一不动产权属所签订的契约，根据《物权法》第15条"当事人之间订立有关设立、变更、转让和消灭不动产物权的合同，除法律另有规定或者合同另有约定外，自合同成立时生效；未办理物权登记的，不影响合同效力"的规定可知，该契约已成立并生效。此时，该契约在夫妻之间形成了这样一种债权债务关系：妻为债权人，夫为债务人，即妻对夫享有对该争议房屋的债权请求权。而夫之故去，致使该尚未履行的契约所包含的债务成为《继承法》所规制的对象。《继承法》第33条规定了继承遗产以及清偿债务的问题，即"继承遗产应当清偿被继承人依法应当缴纳的税款和债务"，所以，在分割遗产时，首先应当将该争议房屋列为债务部分，妻可直接诉求债务清偿，故该争议房屋归妻所有。

如此解决路径或可规避、搁置未登记对于不动产权利变动的影响，其思路是首先适用《合同法》相关条文及《物权法》第15条判定合同生效，认定债权债务关系成立，再适用《继承法》第33条认定争议财产属于需提前清偿的债务而不列入

---

① 按照美国法，不动产权利的变动除了让与人与受让人须缔结买卖契约外，只需作成"契据"交付给买受人，即发生不动产权利变动的效力，当事人虽可将"契据"登记，但登记是对抗要件，具有公示机能而无公信力。依英国法，不动产土地权利的变动需要的要件是契约与严格证书，严格证书相当于美国法的"契据"。参见陈华彬：《民法物权论》，北京，中国法制出版社2010年版，第106页。

遗产的分割部分，从而在无须判别不动产未登记时的物权变动情况之情境下，明确争议房屋的权属界分，从而定分止争。如此司法策略虽然也可能涉及对财产契约的性质认定以及承担婚姻关系能否直接援用《合同法》的相关法律法规之论证风险，但仅从实践的效率性、便捷性目标出发，这样的裁判思路或许也不失为一种选择。

## 第三节 民刑交叉案件的裁判规则：以合同效力为例

**问题的由来**

"民刑交叉"或"刑民交叉"；学界也有称之为"民刑交织"、"刑民交错"或者"民刑结合"[①]，单就其内涵而言，尚未形成共识。严格说来，"民刑交叉"并非规范的法律用语，一般指单一行为同时涉及民商事或是刑事法律关系，从而难以确定地适用民商事或刑事法律予以评价；或者该行为可以同时适用刑事或民商事法律予以双重评价。此类案件的处理，归纳起来主要包括刑、民程序的协调与实体责任的确定两个方面。其中，前者主要涉及诉讼模式的选择，即究竟应该"先刑后民"还是"先民后刑"，抑或"刑民并行"；后者则以民刑交叉案件的定性和类型化为出发点，确定刑民两种责任及二者之间的关系。例如，在民间借贷案件中即主要体现为构成非法集资等犯罪时，借款合同、担保合同的效力判断问题，具体而言，当签订合同一方当事人的行为涉嫌犯罪或者被确定构成犯罪时，当事人之间签订的合同的效力如何认定？可否以涉及犯罪为由当然地否定民事合同的效力？

民法和刑法的交叉融合不是两者功能的简单叠加，因此能够最大限度地发挥各自的功能，为当事人提供更为有效和细密的保护。然而，正如硬币的反正面，民刑交叉也具有两面性，同样会带来相当数量的不确定问题。实践中，民法与刑法功能相互抵触、作用相互销蚀的情况时有发生，原因很简单，民法与刑法之间的融合不是无条件的，不同的案件当中对两者的融合程度要求存在差异，结果造

---

① 姚辉：《关于民间借贷若干法律问题的思考》，载《政治与法律》2013年第12期。

成两者效用大打折扣，无法发挥应有功效。在笔者看来，民刑交叉引发的后果包括但不限于以下几个方面：一是降低了民法的救济功效。例如，因犯罪行为遭受物质损失的被害人，在刑事附带民事诉讼中主张精神损害赔偿则不会得到支持，即实务界所谓"打了不罚"。民法的救济功能被刑事处罚所弱化。二是削弱了刑法的应有力度。我国刑法当中存在着刑事案件中行为人的刑事责任在一定条件下可以转换为相应民事赔偿责任的规则①，即实务界所谓的"罚了不打"。这种先民后刑、以民代刑的做法造成的后果之一，就是刑罚的功能被贬损。民与刑之间应当以何种形式形成更好的交融，以更好地发挥各自的作用，似乎也亟待理论与实务界的进一步思考。

现有法律并未对上述情形下的规范适用作出明确规定，由此导致案件在处理上混乱不堪，不同地区、不同法院乃至同一法院的不同法官对此在法律适用上极不统一。② 尤其是在合同纠纷中，当事人一方犯罪，另一方则据此主张合同无效的情形，在审判实践中最为常见，但因没有相应的法律依据而处理结果迥异。③由于合同无效的法律后果相对简单、易于掌握和操作，同时其在对受害人的救济上（例如刑法上的追缴）并无明显不同，故而在相当长的一段时间内并未引发太大的困惑和障碍。在对被告人的行为作出法律评价时，法官受传统刑事主导观念的影响，倾向于将构成刑事犯罪事实中涉及的民事行为也一概归于无效，由此对当事人的意思自治作出完全彻底的否定，例如在涉及民间借贷合同（借款合同）及其担保合同的效力认定上，传统观点就认为，借款人在向社会公众借款时有犯罪的故意和行为，或者出借人在出借款项时有贪污受贿等犯罪

---

① 比如，《最高人民法院关于审理交通肇事刑事案件具体应用法律若干问题的解释》第2条第3项规定，对于交通肇事造成公共财产或他人财产直接损失，负事故全部或主要责任的行为人，若无能力赔偿数额在30万元以上的，构成交通肇事罪，承担刑事责任；反之若有能力赔偿，则不以犯罪论处，只需承担民事赔偿责任。

② 杜万华主编、最高人民法院民事审判第一庭编著：《最高人民法院民间借贷司法解释理解与适用》，北京，人民法院出版社2015年版，第239页。

③ 据学者统计，在《最高人民法院关于审理民间借贷案件适用法律若干问题的规定》出台前，2015年认定涉犯罪合同有效的比例仅为46%，该司法解释颁布后，2016年1至4月份，认定涉犯罪合同有效的比例上升到82%。参见林晶晶：《涉罪民间借贷合同效力研究——以民刑界分为视角》，中国人民大学2016年博士学位论文，第46页。

行为，因此所涉及的民间借贷合同只能认定无效。尤其是在刑事领域，这种观念根深蒂固，且具有很强的"诱致性传导力"①。非法集资犯罪更是此类案件中较为典型的类型。②

## 民法与刑法

意欲回答刑事判决究竟何以影响民事合同的效力，不妨先从民法价值与刑法的功能谈起。

从法律史的角度观察，在中国，尽管民法与刑法的近代转型过程充满艰辛，但是"诸法合体"的格局最终得以消解，产生了相互独立的民法和刑法，民法不

---

① 杜万华主编、最高人民法院民事审判第一庭编著：《最高人民法院民间借贷司法解释理解与适用》，北京，人民法院出版社2015年版，第238页。

② 以涉及非法集资类犯罪时合同效力的判定为例，裁判机关存在迥异的司法态度，且较多法院将涉非法集资犯罪的合同认定为无效。最高人民法院虽以公报案例的形式，在吴某军诉陈某富、王某祥及德清县中建房地产开发有限公司民间借贷、担保合同纠纷案（《最高人民法院公报》2011年第11期）中指明"民间借贷涉嫌或构成非法吸收公众存款罪，合同一方当事人可能被追究刑事责任的，并不当然影响民间借贷合同以及相对应的担保合同的效力"的裁判规则。但在最高人民法院（2014）民申字第441号民事裁定中，法院仍认为"关于黄某兴主张本案应参照本院公报案例（前述吴某军案）处理的问题，经查，黄某兴援引的本院公报案例并非是本院根据《关于案例指导工作的规定》发布的指导性案例，其主张本案应参照该案例处理没有依据"，即以公报案例并非指导性案例为由拒绝参照最高人民法院在"吴某军案"中确认的规则。裁判涉集资诈骗罪犯罪合同无效的已有判决主要集中于地方法院，且判决合同无效的理由多种多样。有认为借贷行为实为非法集资因而无效的，如浙江省湖州市德清县人民法院（2007）德民重初字第4号民事判决中认为："我国法律规定，公民与非金融企业之间的借贷属于民间借贷，只要双方当事人意思表示真实即可认定有效。但是，企业以借贷名义非法向社会集资，应当认定无效。"[二审经浙江省湖州市中级人民法院作出（2009）浙湖商终字第134号维持判决]。有认为借款合同系以合法形式掩盖非法目的因而无效的，如杭州市西湖区人民法院（2010）杭西商初字第1737号民事判决认为："陈某林取得周某、何某房产及委托书后指使王某文与田某明签订《抵押借款合同》，属于其为实现诈骗目的而实施的一种犯罪手段，系以合法形式掩盖非法目的，据此，讼争的《抵押借款合同》应认定无效。"还有认为合同系违反法律、行政法规的强制性规定无效的。如浙江省高级人民法院（2015）浙商终字第9号民事判决认为："根据衢州市衢江区人民法院作出刑事判决，金沐公司及其原法定代表人尤某权构成非法吸收公众存款罪，分别被判处罚金和有期徒刑，案涉3 700万元亦被认定为金沐公司非法吸收公众存款罪犯罪事实的一部分，故金沐公司就案涉借款与潘某峰签订《借款协议》的单个借款行为即属犯罪行为，该单个借款行为并不能从金沐公司非法吸收公众存款罪的整体犯罪行为中分离出来，故该《借款协议》违反了法律、行政法规的强制性规定，符合《中华人民共和国合同法》第五十二条第（五）项规定的无效情形，应认定为无效。"

再依附于刑法而独立发挥作用。就世界范围来看，民法和刑法之间的关系也经历了从古代的"民刑合一"到近代的"民刑分立"的过程。民法和刑法作为两大实体法，用各自独特而成熟的手段从不同侧面对社会生活进行广泛的调节，以此推动法治车轮的前行和自由社会的不断进步。

从调整社会关系的方式来看，刑事规范的基本模式为禁止，其主要目标和功能在于打击那些具有严重社会危害性的犯罪行为，从而保护国家、集体、社会以及公民个体的利益。因此，刑事法律关系就是犯罪人与国家之间的关系，而这是一种不平等的法律关系，作为公法的刑法所维护的国家和社会公共利益的特征正是如此范围宏大且内容抽象。比如，之所以规定绑架行为为犯罪行为，乃是缘于这种行为不仅侵犯了他人的人身安全和生命健康，侵害了他人自主移动场所的自由；而且还侵犯了国家的正常运转与社会的安宁秩序。这点与民法恰恰不同。以私法自治（意思自治）为基础的民法，建基于个人与个人之间关系的调整。[1] 民事规范的基本范式是授权，法律宣示民事主体依法享有的各类权利，并对权利所受到的损害提供可靠的救济，以此来保障各类主体的意思自治和契约自由。换言之，任何民事主体均拥有在法律允许的范围内完全独立自主地决定与其利益相关的任何事项，并有权根据自己的意志，通过法律行为构筑起法律关系的可能性。[2] 民法规范以尊重当事人意思自治为要素，以肯定当事人意思表示为手段，以维护当事人意思结果为目标，充分体现民事主体所享有的行为自决和行动自由，从而促进民事权益最大化。仅以民刑交叉案件中较为常见的"欺诈"为例，民法强调行为人意思受到的不当影响以及欺诈人对意思自由的违法干涉，刑法则注重欺诈中获取财产利益的意图。即前者强调对他人意思自由的不当干涉，重心既不在于获利，也不在于造成他人财产损害的意图；后者重心则在于获得财产的非法犯意或"非法占有"的意图。民法的欺诈与刑法的诈骗也就因此而被分别对待，民法

---

[1] 参见［德］卡尔·拉伦茨：《德国民法通论》（上册），王晓晔等译，北京，法律出版社2003年版，第3页。

[2] 参见［德］迪特尔·梅迪库斯：《德国民法总论》，邵建东译，北京，法律出版社2000年版，第8页。

上的欺诈在构成上更为宽松,只要存在使他人陷入错误意思表示的故意即可。①

问题在于,有的合同不仅有双方当事人,还存在具有利害关系的第三方,这里的第三人利益究竟是何种利益?为了避免因不当干预进而损害当事人或者第三方意思自治下的行动自由,这里的第三方"利益"应该是具体的而不是像刑法所保护的那种宏观抽象的利益。②因此,在涉及合同条款效力的认定方面,司法除了要通盘考虑民事合同的双方当事人利益之所在,还要对那些与该合同存在利害关系的第三人的利益予以关照。③例如,债务人为躲避执行,通过合同将其资产转移至关联企业,这种以躲避执行为目的所签订的资产转移合同就应当被认定为无效,因为这一合同直接以损害债权人利益为目的,符合《合同法》第52条第3项"以合法形式掩盖非法目的"的合同无效的情形;同样,债权人与债务人串通骗取保证人保证的,该保证合同也因符合《合同法》第52条第2项"恶意串通,损害国家、集体或者第三人利益"的规定而无效,等等。

在法不禁止的范围内,个人享有充分的行动自由,不过不得妨碍他人同样得以享有的自由。因而对合同条款效力的判断,不仅要考虑合同当事人的利益,而且还要考虑与合同存在利害关系的第三人的利益。但是,为避免不当干预进而损害私法自治下的行动自由,在对双方的合同损害第三方(国家、集体和个人)的利益而加以干预时,这里的"利益"应当是具体的利益,而非宏观、抽象的利益。以非法倒卖土地使用权罪为例,在我国刑法中,非法倒卖土地使用权罪被置于分则第三章"破坏社会主义市场经济秩序罪"第八节"扰乱市场秩序罪"之中,表明刑法所禁止者,系对市场交易秩序的违反,以保障国家对于土地使用权交易秩序的控制,维护国家和社会公共利益,其并非否定交易行为本身。总之,

---

① 根据《最高人民法院关于贯彻执行〈中华人民共和国民法通则〉若干问题的意见(试行)》第68条的规定,欺诈是"一方当事人故意告知对方虚假情况,或者故意隐瞒真实情况,诱使对方当事人作出错误意思表示"的行为。详见许德风:《欺诈的民法规制》,载《政法论坛》2020年第2期。

② 参见刘高:《民刑交叉中合同效力的认定及诉讼程序的构建——以最高人民法院相关司法解释为视角》,载《法学家》2015年第2期。

③ See Charles A. Sullivan, "The Puzzling Persistence of Unenforceable Contract Terms", 70 *Ohio State Law Journal* (2009), p.1130.

判断刑事判决对民事合同效力的影响时，需要从价值上考虑合同承载的交易行为的价值是否属于刑法所禁止或否定性评价的价值，如果合同承载的交易行为并非刑法所禁止或否定性评价的对象，则合同并不必然因犯罪行为而无效。

有意思的一个维度是，在民刑交叉案件中，有人注意到两个不同部门法在思维方式上的差异，认为刑法中的思维更加注重实质判断，而民法是形式思维，注重法律关系的分析方法[①]，在民事诉讼法中也是根据证据形式进行事实认定。但刑法与之不同，具有实质判断的性质。立法者在立法的时候，将某些具有法益侵害性的行为设置为犯罪的构成要件，因此在通常情况下，符合构成要件的行为都是具有法益侵害性的。但在个别情况下，行为虽然符合构成要件却不具有法益侵害性。此际，就需要通过实质判断将之排除在犯罪之外。上述观点是否符合民法与刑法之间区别的实际状态姑且不论，但无疑也为准确处理民刑交叉案件提供了新的视角。

### 涉犯罪合同的效力

在明确了民法价值与刑法功能及其规制手段的异同后，把握刑事判决对民事合同效力的影响，仍需明确以下几个问题。

其一，《合同法》第 52 条第 5 项中所称之"法律"是否当然包括刑法？目前，学界和实务界对涉犯罪合同的效力问题远未达成一致。实务上，认定涉犯罪合同无效的裁判依据以其违反《合同法》第 52 条第 5 款规定为主流。[②] 如前所

---

[①] 参见陈兴良：《刑民交叉案件的刑法适用》，载《法律科学》2019 年第 2 期。

[②] 除前述浙江省高级人民法院（2015）浙商终字第 9 号民事判决外，司法实践中还存在诸多以《合同法》第 52 条第 5 项为由否认涉犯罪合同效力的判决。比较典型的是吉林省高级人民法院（2009）吉民三终字第 82 号民事判决［该判决被最高人民法院（2011）民申字第 1559 号民事裁定维持］的说理："黄某福以龙福公司和该公司法定代表人的名义向杨某军借款 139 万元的行为已经触犯《中华人民共和国刑法》，构成单位合同诈骗罪，根据《中华人民共和国合同法》第五十二条第（五）项之规定，双方之间的借款合同因违反法律而无效。"其他判决诸如浙江省杭州市中级人民法院（2015）浙杭商终字第 1067 号民事判决认为："李某鸣与郑某民、戚某英之间的《抵押借款合同》，经生效刑事判决认定属于饶某非法集资的一部分，违反了国家法律、行政法规的强制性规定，应认定为无效。"类似说理还可见于江苏省泗洪县人民法院（2013）洪民初字第 2955 号民事判决书；浙江省杭州市中级人民法院（2015）浙杭商终字第 635 号民事判决书。

述，作为法律行为的合同，是私法自治的技术工具。民事主体通过订立合同设定彼此间的权利义务关系，合同之所以产生约束力，是因为缔约双方当事人基于彼此的意思自治而达成协议，共同为双方设立相互遵从的规则。① 由于人类生活中的绝大多数利益安排都需要借助与他人的合作来实现，从而合同成为市场经济条件下人类活动的最重要手段。通常情况下，私法自治确保的合同自由具有与前者同样的价值，合同当事人自愿协商的结果并不受他人观念的评判。合同双方当事人订立合同的目的是达到一定的私法效果，合同作为一种民事私法行为，其效力应当由民法认定，而不能当然地以刑法的判断代替民法的判断。须知，并不是所有的强制规范都具有民法意义。民法上所研究的强制规范只是可以"依自己的意思"加以影响或者侵害的强制规范。那些纯粹以调整公法关系为目的的规范则没有包含在其中，也没有必要包括在其中。② 刑法规范固然会对民事合同的效力产生影响，但这种影响需借助民法规则来实现，而不是刑法自身独立完成的。合同效力归根到底是一个民法问题，即使合同法上平衡公私法利益而认定合同无效，也是民法体系规则运行的结果。"恺撒的归恺撒，上帝的归上帝"，"合同"与"犯罪"二者所评价（或适用）的对象并非一致，如果仅仅因为民事合同涉及犯罪即一概认定其无效，则等于承认公法的利益和目的必须为私法所服从、所遵循、所追求。

民法有其自身的规则体系和调整方法，民事合同是否有效应由民法来衡量，刑法不能越俎代庖，只有通过《合同法》和其他法律规范相结合才能对合同效力作出正确判定。说到底，刑法规范一般不直接调整私法行为，其中的强制性规定只是对某类犯罪行为进行规制，本身并不产生私法上的效果，故刑法规范中的强制性规定不能直接援引作为确定合同效力的依据，需结合其他规范加以解释。在认定合同效力时，仍然要根据合同法有关合同效力的规定以及合同当事人是否知道或应当知道借款行为涉嫌犯罪或用于违法目的等事实，综合予以判断。③ 因

---

① 参见［德］维尔纳·弗卢梅：《法律行为论》，迟颖译，北京，法律出版社2013年版，第8页。
② 参见耿林：《强制规范与合同效力——以〈合同法〉第52条第5项为中心》，北京，中国民主法制出版社2009年版，第61页。
③ 参见姚辉：《关于民间借贷若干法律问题的思考》，载《政治与法律》2013年第12期，第7页。

此，不能认为《合同法》第52条第5项据以认定合同无效的"法律、行政法规"中的"法律"当然地包括刑事法律规范。

其二，合同一方之行为构成犯罪而另一方为不知或不应知者，是否能认定合同无效？在我国，强调涉犯罪合同之无效认定当中的当事人主观要件的做法，最早源于最高人民法院1991年《关于人民法院审理借贷案件的若干意见》第11条的规定。① 长期以来，我国司法实践中严格遵守上述司法解释的规定，统一地认为此种合同无效。如在沈某诉陆某某民间借贷纠纷案中②，法院便认为："对合同效力问题，原审法院依据原审期间公某关的上述询问笔录所印证的事实，综合陆某某与沈某某不相识、沈某明知王某某开设赌场经营非法活动而愿意在其担保下出借款项给并不认识且无正常职业的陆某某等因素、推定沈某明知陆某某是为了进行非法活动而提供借款，原审法院依照最高人民法院《关于人民法院审理借贷案件的若干意见》第十一条，判定双方的借贷关系不受法律保护，实体处理无不当。"在陈某诉周某伟民间借贷纠纷案③中，法院同样认定贷款人明知或应知借款人借款之目的是为从事赌博等违法活动之用而认定借款合同无效。

相反，如果合同的一方当事人并不知道或并不应当知道另一方的行为构成犯罪时，则合同的效力不应受到否定评价。弗卢梅认为："当多名参与法律行为的当事人之中仅有一人的行为因法律行为的实施而构成犯罪时，法律行为的实施尚不足以构成犯罪。进而言之，只有当所有参与法律行为的当事人都触犯刑法规范，或明知或能够预见到其中一人的行为触犯刑法规范，却仍然为自己的利益实施法律行为时，才能将禁止实施某一行为的刑法规范作为禁止性规范适用于该法律行为本身。"④ 比如在诈骗罪，受欺诈一方享有撤销权，合同并不因为犯罪而无效；而在赃物买卖中，如果买受人不知情，则买卖合同有效；如果买受人明

---

① 《最高人民法院关于人民法院审理借贷案件的若干意见》（已失效）第11条规定："出借人明知借款人是为了进行非法活动而借款的，其借贷关系不予保护。对双方的违法借贷行为，可按照民法通则第一百三十四条第三款及《关于贯彻执行〈中华人民共和国民法通则〉若干问题的意见（试行）》第一百六十三条、第一百六十四条的规定予以制裁。"
② 参见浙江省湖州市中级人民法院（2011）浙湖商终字第60号民事判决书。
③ 参见浙江省宁波市中级人民法院（2011）浙甬商终字第10号民事判决书。
④ [德] 维尔纳·弗卢梅：《法律行为论》，迟颖译，北京，法律出版社2013年版，第406页。

知,则合同无效,此时买受人可能构成窝赃罪。①

在"上海闽路润贸易有限公司与上海钢翼贸易有限公司买卖合同纠纷案"中②,最高人民法院便指出:在判定合同的效力时,不能仅因合同当事人一方实施了涉嫌犯罪的行为,而当然认定合同无效。此时,仍应根据《合同法》等法律、行政法规的规定对合同的效力进行审查判断,以保护合同中无过错一方当事人的合法权益,维护交易安全和交易秩序。在合同约定本身不属于无效事由的情况下,合同中一方当事人实施的涉嫌犯罪的行为并不影响合同的有效性。据此,"在没有证据证明闽路润公司明知或者参与李某实施的犯罪行为的情况下,闽路润公司与钢翼公司所订立的《购销合同》效力不受李某犯罪行为的影响。钢翼公司关于《购销合同》因李某构成犯罪而无效的主张缺乏法律依据,不予支持"。可见,合同一方当事人是否明知或参与另一方当事人实施的犯罪行为亦是判断合同效力的关键。

其三,关于公序良俗之违反及其后果。如上所述,涉犯罪合同并不必然因《合同法》第 52 条第 5 项而导致无效,对于上述观点,可能产生的最大诘问就是:即使《合同法》第 52 条第 5 项中的"法律、行政法规"不可当然解释包括刑法,难道触犯刑法的行为不构成对公序良俗的违反,从而得依《合同法》第 52 条第 4 项认定为无效?

当然,私法自治、合同自由均须以法律秩序及公序良俗的遵守为底线。但是,是否有悖法律秩序及公序良俗的判断,并非如直接套用刑法般简单。从比较法来看,合同因为直接违反法律秩序而无效属于世界通例,但不同国家规范违法合同的法律体系并不相同。在大陆法系,通常借助合同违反强制性规定与合同违背公序良俗两个规则来处理违法合同的效力问题,其中又存在二元论与一元论的区别:二元论以德国法为代表,区分违反强制性规定的合同与违背善良风俗的合

---

① 参见[德]维尔纳·弗卢梅:《法律行为论》,迟颖译,北京,法律出版社 2013 年版,第 407 页。类似的主张以及示例,参见史尚宽:《民法总论》,北京,中国政法大学出版社 2000 年版,第 332 页。
② 参见最高人民法院(2015)民申字第 956 号民事裁定书(载《最高人民法院公报》2016 年第 1 期)。

同；一元论则以法国、奥地利、瑞士、荷兰为代表，并不特意区分违反强制性规定与违背公序良俗。① 我国《合同法》第 52 条所述违法无效的情形，教义学上并未形成统一清晰的解释论导向，其中诸多概念含义抽象，这些规则与损害社会公共利益、违反法律强制性规定之间存在何种关系也尚处在混沌之中。司法实践中，不少法院基于其管制思维，习惯于判决各种不那么合乎法律规定或者道德伦理的合同无效，而其判决合同无效的理由相当随意，以至于有人认为，《合同法》第 52 条提供了过多的宣告合同无效的理由，不但诱导法院随意宣告合同无效以至于妨害私法自治，而且不利于对法律规范的精细化操作以形成比较成熟的民法规范体系。② 所以，涉犯罪合同是否有效或是否无效，需综合民法上的合同效力的判断标准、刑法规范在民事合同效力判断中的作用机制；同时厘清和判别刑民处理的不同指向、刑民概念体系差异导致的思维方式差异乃至法品格差异导致的价值判断分歧等予以认定，远非仅仅套用《合同法》第 52 条第 4 项的字面意思即可当然得出结论。

综上，涉犯罪合同的效力尤其是对于其有效的认定，与犯罪构成的判定之间存在冲突，是否定合同效力的主要原因所在，但问题在于，这种以刑法民法对于同一行为的后果的法律评价一致性的追求，其本身是缺乏充分论理支撑的。对于涉犯罪合同，不能简单认为《合同法》第 52 条第 5 项中据以认定合同无效的"法律、行政法规"当然地包括刑事法律规范，更不应简单套用《合同法》第 52 条第 4 项"公序良俗"的字面意思得出涉犯罪合同系违反公序良俗因而无效的结论，此外，合同一方当事人是否明知或参与另一方当事人实施的犯罪行为亦是判断合同效力的关键。

仅以事实为观察，犯罪行为与涉罪合同的效力之间是否存在必然因果也不无疑问。以非法吸收公众存款罪为例，非法吸收公众存款罪的具体行为由多个单笔民间借贷行为组成，该罪名惩罚的是"借贷的集合"，而非其中包含的单笔民间

---

① 参见黄忠：《违法合同效力论》，北京，法律出版社 2010 年版，第 171 页；[德]海因·克茨：《欧洲合同法》（上卷），周忠海、李居迁、宫立云译，北京，法律出版社 2001 年版，第 223～224 页。

② 参见林晶晶：《涉罪民间借贷合同效力研究——以民刑界分为视角》，中国人民大学 2016 年博士学位论文，第 52 页。

借贷。换言之，非法吸收公众存款犯罪是合法民间借贷行为经过数量的累积，导致其所有借贷行为作为一个整体最终发生质的变化，从而构成了犯罪，但其中的单笔借贷本质并未发生改变，对单个民间借贷行为进行考察，其完全具备有效合同的全部要件。[1] 如在前述吴某军诉陈某等民间借贷、担保合同纠纷案[2]中，法院便指出："单个的借款行为仅仅是引起民间借贷这一民事法律关系的民事法律事实，并不构成非法吸收公众存款的刑事法律事实，因为非法吸收公众存款的刑事法律事实是数个'向不特定人借款'行为的总和，从而从量变到质变。"

再次强调，在判断违反刑法规定对合同的效力时，需要严格区分法律对犯罪行为的评价以及法律对合同的评价。通常，刑法规范对于法律行为而言属于间接的禁止性法律。因为刑法只是适用于法律行为的实施行为，"而不能适用于那些业已实施的且已经成为规则的法律行为"。《刑法典》所规定的法律只适用于那些其行为构成犯罪的罪犯本人。[3]

---

[1] 参见刘宪权、翟寅生：《刑民交叉案件中刑事案件对民事合同效力的影响研究——以非法集资案件中的合同效力为视角》，载《政治与法律》2013年第10期。
[2] 参见《最高人民法院公报》2011年第11期"吴某军诉陈某等民间借贷、担保合同纠纷案"。
[3] 参见［德］维尔纳·弗卢梅：《法律行为论》，迟颖译，北京，法律出版社2013年版，第406页。

# 第四章　体系的内部效应

## 第一节　民商关系

　　本章将视线由民法与外部公法的关系转向民法内部制度之间、规范之间的冲突协调。民法的体系效应，既表现为不同部门法之间的外部协调和冲突化解，也表现为内在体系之间的相互检索和功能发挥；既表现在规范之间可以相互配合，还表现在规范缺失的情况下，可以通过体系解释的方法弥补法律的漏洞，从而在体系框架之内实现法律的动态发展，也使得法律的这种发展不脱离人们对法律的既定预期，有助于维护法律秩序的稳定，保持法律的可预期性。因此在这个意义上，法律的可预期性不仅仅表现为对既定法律秩序的预期，还应该表现为对法律所展现出来的价值和体系的一种预期。如果要区分的话，可能前者更多地表现为一种实然，后者更多地体现出一种应然。但此种应然与自然法中所谓的应然相比，又多了体系的保障，因此更加具有相对稳定性。

　　民法内部体系中首当其冲的制度关系处理，无疑当属民法和商法。

## 渐行渐远？

尽管商法已经从学科到部门（法）乃至裁判理念都与民法渐行渐远，但是主流民法学者的阵营，毫无疑问仍然在坚持民商合一的理念。①

长期以来，我国学术界关于民法和商法关系的争论主要体现为表现形式之争。我国一直以来所谓的"民商合一"理念是指在民法典之外不再制定商法典，商事法律关系由商事特别法予以调整，这种"民商合一"的理念突出强调了民法之于商法的基础性地位，强调了商事法律的非法典化。这种理念实际上是"重民抑商"或"以民代商"，体现在民法典法律规范的设计上就是"有民无商"，实话说，这也并不是真正意义上的民商合一。

考察现行财产法规则，事实上也不乏民商分立的现行规范存在，例如，在某一类合同中同时规定由所谓商人参与的合同关系和非商人参与的合同关系，并确立不同的规则。典型例证是《合同法》第12章"借款合同"的规定，其中，明确规定了自然人之间的借款关系和银行参与的借款关系。②再如，在某一类合同关系中仅规定由商人参与的合同关系，忽略没有商人参与的另一种关系，如《合同法》第405条规定的委托合同③；或者相反，如《合同法》第11章规定的赠与合同。④

---

① 比较有代表性的观点，参见王利明：《民商合一体例下我国民法典总则的制定》，载《法商研究》2015年第4期；王轶、关淑芳：《民法商法关系论——以民法典编纂为背景》，载《社会科学战线》2016年第4期；许中缘：《我国〈民法总则〉对民商合一体例的立法创新》，载《法学》2017年第7期。

② 2015年发布的《最高人民法院关于审理民间借贷案件适用法律若干问题的规定》第1条也明确：本规定所称的民间借贷，是指自然人、法人、其他组织之间及其相互之间进行资金融通的行为。经金融监管部门批准设立的从事贷款业务的金融机构及其分支机构，因发放贷款等相关金融业务引发的纠纷，不适用本规定。该条规定进一步将民事主体间的借款合同关系与有商主体参与的借款合同关系相区分。

③ 该条规定虽没有明确参与主体，但学者在解释中明确，当时的立法意图是"考虑到公民的委托关系大多基于人身信赖，事务简单，且争议标的不大，实在没有规定的必要，从而只规定了商事委托合同关系"。参见王利明：《中国民法典的体系》，载《现代法学》2001年第4期。

④ 值得一提的是，在民法典编纂中，民法典合同编草案也增设了一些典型的商事合同，如《民法典（草案）》（2019年12月28日征求意见稿）第761条至第769条规定的保理合同；第937条至第950条规定的物业服务合同。

有意思的是，民商关系的争拗除主要表现于财产权领域外，在以非财产的人格利益为主要调整对象的人格权法当中，竟也同样硝烟弥漫、议论纷呈。在商法与民法渐行渐远的今天，商事主体的"人格权"，例如名称权、商誉权等，与民法上人格权能否同日而语，姑且存疑。[1] 现实的一面是，人格权中的某些权利，如肖像权、姓名权、法人名称权等，其权利客体在现代社会已经被赋予了物的某些属性，能够用于交换，发挥与其他商品一样的等价交换物的作用。现如今，大量具备人格要素的自然人的肖像、姓名、声音等在权利人的授权下被广泛用于商品及广告之上，权利人也因此获取了相应收入，自不待言。商事主体的部分人格权发挥定价、交换功能的例子也是屡见不鲜。诸如商号许可和商号转让在资本市场上早已司空见惯，但商号能否单独进行转让问题，仍长期困扰着裁判者；再如作为法人最重要的权利之一的商誉权（又称法人名誉权），由于其客体之商誉体现了社会各主体对法人生产、销售、服务等多方面的综合评价[2]，对于某些行业中的法人而言，甚至构成其最重要的财产，在投融资以及收购兼并等涉股权转让实务（营业转让）中，其价值往往直接影响股权转让的价格。但在学界的相关研讨中，多数语境下的商誉，仍系以会计学概念在加以使用。虽然当下诸如人格权的商业化利用所产生的机理尚存有争议甚至非议，但部分人格权能够转让则是不争的事实，这也就决定了人格权能够产生类似财产流转的法律关系。在司法实践中，类似自然人的肖像权、姓名权以及法人名称权受到侵害的案件，当事人多能通过侵权责任法的相关规定得到救济，但仍有部分案件，基于商事主体人格权规范或者人格权商业化利用的成文法规范的混沌和缺失，导致纠纷无法完满解决。囿于成文法规范不明的约束，裁判者对该问题往往只能选择回避。类似法律适用

---

[1] 不少学者曾撰文表示，法人人格权本身就是"伪命题"，是无伦理性的法技术上的拟制，法人享有的所谓人格权实质上仍然属于财产权。参见尹田：《论法人人格权》，载《法学研究》2004年第4期；郑永宽：《法人人格权否定论》，载《现代法学》2005年第3期；邹海林：《再论人格权的民法表达》，载《比较法研究》2016年第4期。

[2] 参见梁上上：《论商誉与商誉权》，载《法学研究》1993年第5期；吴汉东：《论商誉权》，载《中国法学》2001年第3期；江帆：《商誉与商誉侵权的竞争法规制》，载《比较法研究》2005年第5期。

上的窘迫，一再呼吁作为裁判规范的法典作出安排。①

当然，即使人格权的商业化利用现象客观存在、民法典作为体系化的法律规范必须予以回应，但在民法典人格权编中对于明显属于"商事"的范畴作出安排于体系上是否合适，仍存争议。② 与此同时，由于法人人格权以及人格权的商业化利用等问题多属商事交易范畴，商法学界也历来主张应创设独立的"商事人格权"，并以"商法通则"抑或"商法典"的方式对商事人格权进行规制。但且不论商事人格权概念的创设是否有叠床架屋之嫌，仅为因应我国当下的商事审判理念和司法实务，在民法典人格权编中将人格权的商业化利用规则早日入法，以便为民事纠纷的审理提供充分指引，也不失为当务之急。

### 以外观主义为视角的一个观察

商事外观主义，是近期的学术讨论中的高频词汇。③ 所谓外观主义，严格意义上并非法律词汇，其实质上是一项利益衡量的结论，即在特定场合下，通过权

---

① 传统的人格权理论和规范，主要是基于保障人格之完整性的目的而构建的，主要强调权利对外来侵扰的消极对抗性，对权利人在人格要素的积极利用方面的需求则关注较少。而后者则恰恰是人格权商业化利用必须跨越的鸿沟。因此，以民法典人格权编的形式推动对人格权积极权能的理论和规范确认，成为进一步促进人格权商业利用发展的重要环节。参见姚辉：《人格权商业化利用的若干问题》，载《法学论坛》2011年第6期。

② 支持单独规定商事领域人格权的意见认为，人格权商品化并非侵蚀人格权的基础，而是丰富补充了人格权的基础，诸如商号权、商誉权、商事信用权与商业秘密权等，皆兼顾了精神与财产双重人格利益，故应纳入商事人格权谱系。如果民法典人格权编草案仅以自然人人格权为主线进行安排，就无法充分回应商事人格权的现实需求。参见傅穹、张建东：《商事人格权的法律位置》，载《社会科学战线》2019年第12期；相反意见则认为，鉴于我国实行民商合一的立法模式，即使立法机关应当在民法典编纂的过程中考虑商誉权保护的规范设计，但由于商誉权与其他民事权利的差异，宜在商事特别法中对此有所考量并建立相对独立的规则，从而形成对商誉的体系化保护。参见王崇敏、郑志涛：《商誉权的法律性质和立法模式探究》，载《当代法学》2018年第6期。

③ 近期有不少关于外观主义的抽象探讨，参见崔建远：《论外观主义的适用边界》，载《清华法学》2019年第5期；张雅辉：《论商法外观主义对其民法理论基础的超越》，载《中国政法大学学报》2019年第6期；郭远：《商法与民法在外观主义原则适用上的差异性》，载《商业研究》2020年第1期。也有以外观主义为论证方法对登记问题进行的微观制度研究，参见万方：《股权转让合同解除权的司法判断与法理研究》，载《中国法学》2017年第2期；李建伟、罗锦荣：《有限公司股权登记的对抗力研究》，载《法学家》2019年第4期。

衡权利人的真实意思与第三人对权利外观的信赖的利益冲突，得出后者应当优先受到保护的结论。① 这一价值判断结论，时常被学者所津津乐道，也在一些成文规则中得以确立。②

以外观主义为视角进行观察，能够管窥民事思维和商事思维的日益分裂。外观主义蕴含于诸多规范制定和规则解释之中，对盖章行为法律效力的判断，也是其中一例。从理论上而言，公司公章是指经工商行政部门登记备案的具有唯一性的印章，对外得以代表公司意志，是公司对外为意思表示的最有效的凭证之一，因此，见章即见公司的外观主义思维是印章解释体系中的核心。但也正因公章具有的强大的表征效力，实践中私刻、伪造、盗用公章的情形随之屡见不鲜，由此导致公司的真实意思与对外表征的意思不一致的情形时常发生。

依据盖章的主体是否具有代理（代表）权以及所盖印章是否为备案章，盖章行为可以分为以下四类情形。第一类是公司法定代表人或者公司的有权代理（代表）人使用公司名义对外签订合同，并加盖公司真实印章（"真人真章"）；第二类是公司法定代表人或者公司的有权代理（代表）人使用公司名义对外签订合同，但加盖的公司印章并非公司公章或合同专用章（"真人假章"）；第三类是非公司法定代表人或者有权代理（代表）人使用公司名义对外签订合同，并加盖了公司真实印章（"假人真章"）；第四类是非公司法定代表人或者有权代理（代表）人使用公司名义对外签订合同，加盖的公司印章也并非公司公章或合同专用章（"假人假章"）。

对于"真人真章"的情形，行为人具有法定代表权或者意定代理权，无论其是否在合同上签名，只要直接加盖了公司公章（包括财务专用章、合同专用章等），均应视为公司行为，此时不存在公司真实意思与表征意思不一致的情形，

---

① 类似观点，参见张勇健：《商事审判中适用外观主义原则的范围探讨》，载《法律适用》2011年第8期；崔建远：《论外观主义的适用边界》，载《清华法学》2019年第5期。

② 除诸如《物权法》第106条规定的善意取得、《合同法》第49条规定的表见代理等成文规则外，《公司法司法解释三》第25条第2款以及第26条关于隐名股东对外转让股权的规定，也体现了应优先保护善意第三人的结论。相应解读，参见胡晓静、崔志伟：《有限责任公司隐名出资法律问题研究——对〈公司法解释（三）〉的解读》，载《当代法学》2012年第4期；甘培忠、周淳：《隐名出资纠纷司法审裁若干问题探讨》，载《法律适用》2013年第3期。

如有纠纷，适用《民法总则》第 61 条第 1 款和第 2 款的规定进行处理，并无太多疑义。① 存在争议的是第二类至第四类情形，即"人"或"章"中有一个或两个虚假时，公司的真实意思就极可能与对外表现的意思不一致，此时盖章行为能否仍然对公司发生效力，存在疑问。

  民法学人考虑该问题的思维通常是，当盖章之人不具有代理（表）权或者盖章行为使用的公章与备案章不一致时，不具有代理（表）权的行为人和虚假的公章不能够代表公司真实的意思表示，此时应发生无权代理的法律后果，在公司未予追认的情况下，合同内容所发生的法律后果不能直接归属于公司承担。换言之，论者实际上是认为此时虽然发生了公司的真实意思与对外表示意思相冲突、不能两全的情况，如果要求公司受到非自身真实意思的拘束，并不公平。但在商法同人的眼中，此时要么公司将受到非属自身真实意思的拘束，要么相对人会因相信盖章之人或印章本身的信赖利益将遭受损害。但对于相对人而言，其既难以轻易辨别印章的真伪，也无法鉴别授权委托书的真假，如果要求当事人到公安部门或当事人公司核实印章或授权委托书的真假，不仅不符合商事交易追求效率的基本原则，还会大大增加交易成本。② 因此在利益衡量上，此时仅能两害相权取其轻，外观主义原则要求保护有理由信赖某特定外观的相对人一方，结果便是对于该应受保护之人而言有关的法律后果视为已经发生或继续存在，亦即只要相对人依据"真人"或"真章"的外观形成的信赖，应受到法律保护。此种价值结论具体到具体语境下，会有如下的处理后果：即如果系"真人假章"的情形，由于盖章之人为法定代表人或者有权代理人，即使在合同上盖的是假章，只要在合同书上的签字是真实的，相对人仍然可能产生信赖，如果相对人

---

  ① 当然，此时还可能存在公司法定代表人越权代表的问题，司法实践中最为常见的是越权担保，相应探讨，可参见高圣平、范佳慧：《公司法定代表人越权担保效力判断的解释基础——基于最高人民法院裁判分歧的分析和展开》，载《比较法研究》2019 年第 1 期。
  ② 参见崔建远：《合同解释语境中的印章及其意义》，载《清华法学》2018 年第 4 期，第 176 页。在江苏大都建设工程有限公司、江苏大都建设工程有限公司靖江分公司建设工程施工合同纠纷案中，最高人民法院也在说理部分认为：现实中，一个企业可能存在多枚印章，在民事交易中要求合同当事人审查对方公章与备案公章的一致性，过于严苛。参见最高人民法院（2019）最高法民申 1614 号民事裁定书。

善意且无过失，此时盖章行为应视为公司行为。① 如果系"假人真章"的情形，虽然盖章之人无代理（代表）权构成无权代理（代表），但由于加盖的是真公章，相对人也会产生信赖，如果结合其他证据（当事人是公司员工、前法定代表人、代理公司签署过其他合同），能够证明存在表见代理的情形，相应法律后果仍然可以归属于公司。② 如果系"假人假章"的情形，如果无权代理人能够使得相对人形成信赖，即使印章也属虚假，公司同样应当承担相应的法律后果。③ 至于公司因此而遭遇的损失，只能在内部关系中解决，即由公司另行向无权代理人追偿。

　　上述结论，看似外观主义运用的又一实例，但民法学者恐怕不会轻易认同。究其原因，所谓外观主义，只不过是特定情形下的利益衡量结论，如果上升为一般规则而四处套用，则当事人真实意思的重要性将大打折扣。且不论"真人假章"和"假人真章"的问题，因为这涉及对现行规则的检讨，仅在"假人假章"的情形下，对外观主义的解释与适用就应当受到严格限制。申言之，如果印章已经证实系私刻、伪造，尽管可能该章在其他合同中使用过数次，但这仍然无法形成假章就能够代表公司意思的结论。首先，从规范层面而言，使用印章者的行为

---

① 如在成都恒运投资有限公司与成都亘古土木工程有限责任公司合同纠纷案中，法院认为：虽然恒运公司、黄某强均承认协议签订时黄某强已不再担任恒运公司法定代表人、所加盖恒运公司印章系黄某强私刻，但该法定代表人变更情况未进行工商登记，该情形不能否认法定代表人及公司印章所具有的权利外观，黄某强在案涉《合作协议书》签字盖章的代表行为有效。参见最高人民法院（2019）最高法民申 3713 号民事裁定书。该观点也得到了最高人民法院的肯认，参见贺小荣主编：《最高人民法院民事审判第二庭法官会议纪要》，北京，人民法院出版社 2018 年版。

② 《全国法院民商事审判工作会议纪要》第 41 条规定，法定代表人或者其授权之人在合同上加盖法人公章的行为，表明其是以法人名义签订合同，除《公司法》第 16 条等法律对其职权有特别规定的情形外，应当由法人承担相应的法律后果。法人以法定代表人事后已无代表权、加盖的是假章、所盖之章与备案公章不一致等为由否定合同效力的，人民法院不予支持。相应观点，还可参见贺小荣主编：《最高人民法院第二巡回法庭法官会议纪要（第一辑）》，北京，人民法院出版社 2019 年版。

③ 如在株洲金塔房地产开发有限公司、吴某明民间借贷纠纷案中，法院认为，左某安、文某建在任职凌鹰山庄项目部期间，以该项目部建设等需为由，向吴某明借款，并在借据上加盖该项目部印章，无论该印章是否为私刻，结合左某安、文某建系金塔公司工作人员身份的确定性、凌鹰山庄项目的真实性等因素，左某安、文某建的借款行为具有代表金塔公司之表象，吴某明有理由相信该款项系金塔公司凌鹰山庄项目部所借。参见最高人民法院（2017）最高法民申 2929 号民事裁定书。

属于无代理权限，印章又是虚假的，相对人的信赖无从形成，表见代理的规则也就无适用空间；其次，从结果层面而言，如果将私刻、伪造的印章认定为表见代理，就等于认可甚至怂恿私刻、伪造印章并假冒他人名义的不法行为，对于被代理人而言，其在毫不知情的情况下，却可能因假人和假章遭受损害，此种随时可能面临着祸从天降的巨大危险，将导致被代理人惶惶不可终日，交易安全将荡然无存。① 毕竟，合同行为不似物权行为般具有公示性，其原则上仍然应该固守相对性原则，在特定场合突破相对性，适用外观主义保护相对人，只不过是个案判决的结论，而非普遍规则。

以外观主义的微观角度进行观察，可以深刻体会民法重真实权利和商法重权利外观以追求交易效率的思维差异。此种迥然有异的思维模式，不仅会造成对题述盖章行为法律效力的判断差异，还会造成处理无权处分、隐名代理等理论问题以及借名买房、隐名投资等实务问题的不同结果。关涉上述理论与实践问题中大量"同案不同判"情形的存在，也证实了这点判断。②

## 何去何从

民商合一还是民商分立，学界争论已久。但共识在于，无论民法学者还是商法学者，都承认商法和民法确实体现出不同的价值取向，纯粹民法问题与商法问题的处理也存在差异。根据历次中央文件的表述，无论是国务院新闻办公室发布的《中国特色社会主义法律体系》白皮书，还是全国人大常委会发布的《关于〈中华人民共和国民法总则（草案）〉的说明》，都明确采"民商合一"体例乃是对我国的立法传统的遵循，学界也将之奉为主流。在民法典编纂背景下，采"民

---

① 参见崔建远：《论外观主义的适用边界》，载《清华法学》2019年第5期。
② 当然"同案同判"的提法是否科学，也始终有质疑意见，主要观点认为应使用"类案类判"的表述更为科学合理。至于类案的判断，主要标准是争议点相似和关键事实相似，辅助标准是案由和行为后果相似。详细探讨，参见高尚：《司法类案的判断标准及其运用》，载《法律科学（西北政法大学学报）》2020年第1期。其他典型的质疑意见，可参见周少华：《同案同判：一个虚构的法治神话》，载《法学》2015年第11期。但与此同时，也有赞成意见认为，同案同判构成了现代法治的基础，应是司法所追求的重要目标。参见孙海波：《"同案同判"：并非虚构的法治神话》，载《法学家》2019年第5期。

商合一"的学者试图淡化民商关系的命题,认为民商合一还是分立,不过是立法体例问题,属于立法技术层面的探讨,而无涉价值取向。① 换句话说,在民商合一的背景下,商事规范仍然能够在民法典中通过妥当的规范配置(如增加配置混合性规范)得到有效表达。

然而现实情况是,越来越多涉及微观制度适用的司法判决提醒着人们,无论民商关系在理论层面如何言说,民法和商法在实践中似乎渐行渐远。无论是前述对于盖章行为的法律效力的判断,还是在本书未详细论及的商事代理的特殊性、违约金酌减规则的适用、合同效力的认定、格式条款的判断、可得利益的计算等问题的处理上,"同案不同判"结果的出现,早已不再是什么新鲜事。② 虽然如前所述,"同案不同判"的提法不可避免地会遭到"同案根本不存在"的质疑,但这往往表明,处于法律适用一线的裁判者们可能才最为真切地感到了商事审判思维与传统民事审判思维在价值取向上的巨大差异。③ 运用商事审判思维还是非商事审判思维看待同一问题,很可能会得出截然相反的结果,在民商合一的大背景下,这恰恰也是追求民商法"合而不同"的应有之义。

立法理念的筛选和法律制度的安排,都会致使相关的审判活动产生截然不同的效果。现实状况是,立法者其实也意识到了民商规范的不同之处,也希望在民

---

① 如有学者便指出,民商合一还是分立,属于民法问题中的立法技术问题,本身虽无真假、对错之分,但有优劣之别。我国迄今为止的民事立法,皆采用民商合一的立法体例,此次民法典编纂,如无足够充分且正当的理由,应当坚持这一法律传统。至于商法规范的特殊性,可以适当配置混合型规范予以解决。参见王轶、关淑芳:《民法商法关系论——以民法典编纂为背景》,载《社会科学战线》2016年第4期。

② 各类实证判决,不胜枚举。比如对于违约金调整问题,调抑或不调,都可以通过解释违约金的性质是属于"惩罚性违约金"(可以不调)还是"赔偿性违约金"(超过损失的30%的应当调)加以实现。不少商法学者便认为,在民商合一的体例下,《合同法》第114条的规定忽视了商事主体作为违约金债务人时的特殊性,在商事交易中,不仅商事主体通常具备较丰富的交易经验和风险识别能力,而且债权人往往遭受可得利益损失,使得损失的具体数额难以算清,故对于商事领域的违约金原则上不酌减更为妥当。可见,在个案中的审判思维不同,将导致判决结果的不同,这恰恰体现出商事审判思维的特殊性。关于商事审判思维的具体论述,参见江必新:《商事审判与非商事民事审判之比较研究》,载《法律适用》2019年第15期。

③ 王保树教授多年前便提出,商事审判具有独特的思维和理念,其相较于民事审判,不仅更讲求效益,还更追求交易的安全、迅捷和可靠,更为注重外观和信赖保护等。参见王保树:《商事审判的理念与思维》,载《山东审判》2010年第2期。

法典中兼顾商事规范的表达，以便给司法活动预留空间。本书撰写过程中公布的《民法典（草案）》合同编中诸多规则的修改与完善，都证实了立法者确实在朝前迈进，但这势必给法官提出了更高的要求。笔者也不由担心，如果将来法律解释作业不够到位，也可能造成逻辑体系上的杂糅和价值体系上的冲突，反而使得法官对条文的解释适用更具难度。放眼未来，从现实主义或者说功利主义的角度出发，民事立法应回归以人为本的传统定位，不必过分固守理想主义的"民商合一"传统，过分追求商事行为对民法要求的满足和对固有的传统法律关系的回应。与此同时，商事立法则应坚持其商事活动基本法的定位，通过单行法或者其他方式保持其价值取向的相对独立性，以期充分彰显商法理念和商法规则在市场交易中的特殊性。

## 第二节　人格权法的体系定位

### 民法体系化中的人格权编

2015年3月全国人大常委会关于民法典编纂的决定确定"两步走"的立法方案，第一步制定《民法总则》，第二步是将既有的《物权法》《合同法》《侵权责任法》《婚姻法》《继承法》作为分则中的五编予以整合，最后与《民法总则》组合而成为民法典。在2018年8月27日第十三届全国人大常务委员会第五次会议上，以全国人大常委会委员长会议的名义提交审议的"民法典各分编（草案）"中，实际内容变为六个分则编，即在原来确定的分则五编之外，增加了"人格权编"。会后所公布的民法典各分编草案（一审稿）之中，人格权编赫然位列其中，从而标志立法机关正式决定在未来的民法典之中设立独立的人格权编。

从十八届四中全会明确要"编纂民法典"，到十九大报告中提出"保护人民人身权、财产权、人格权"。民法典的制定，以及其间人格权编的加入，无疑带

有强烈的政治决断色彩。但这样的立法背景并未因此降低民法典应有的专业成色。本来，法典就是一个社会的政治、经济、文化、道德等各项元素熔炼萃取的结晶，人格权编能够趁势脱颖而出，想来也是顺理成章。至于其必要性，主张人格权法独立成编的学者们在此之前已经进行了足够充分而详尽的论证。[1]

## 人格权请求权与民事责任体系

人格权请求权为权利救济体系的一环。权利救济体系，自义务人承担的法律后果角度观之，则为民事责任体系。人格权请求权规定与否，规定在民法典的什么位置，其具体如何规定，这些问题的解决首先有赖于明晰民事责任体系的建构。早在物权法制定当时，众人对于以侵权责任为核心的民事责任体系的探讨就已经集中在物权的保护模式，也即物权请求权与侵权请求权的关系之上。由于物权请求权之产生系直接来源于物权作为绝对权、支配权的属性，因此二者关系的探讨所折射出的问题意识对于同样作为绝对权、支配权的人格权的请求权与侵权请求权的关系，以及作为物权请求权上位概念的绝对权请求权与侵权请求权关系之探讨具有重大的借鉴意义。与当时关于物权保护三种模式的争论一样[2]，人格权的保护也面临着以下三种模式的选择与取舍：人格权请求权是应当规定在人格权法部分，还是规定在侵权法部分，或者是在人格权法与侵权法中同时规定？人格权请求权的安置问题牵涉整个民法典的民事责任体系的建构，人格权请求权如何规定必须服从于这一大局。

---

[1] 参见王利明：《论人格权独立成编的理由》，载《法学评论》2017年第6期；杨立新：《对民法典规定人格权法重大争论的理性思考》，载《中国法律评论》2016年第1期。

[2] 关于物权保护的模式有三种：第一种观点主张应坚持我国目前民事立法确立的物权保护制度的框架，并在进行适度微调的基础上，用基于侵权的请求权取代物权请求权，完成保护物权的任务；第二种观点主张应回归传统民法，如德国和我国台湾地区的做法，认可独立于基于侵权请求权的物权请求权，二者结合完成对物权进行保护的使命；第三种观点主张一方面坚持我国目前民事立法对物权进行保护的做法，即保留《民法通则》所确立的侵权责任模式，另一方面还要认可独立的物权请求权，共同完成保护物权的任务。参见王轶：《物权保护制度的立法选择——兼评〈中华人民共和国物权法〉（草案）第三章》，载《中外法学》2006年第1期。

## 第四章 体系的内部效应

**请求权模式抑或责任模式**

责任与权利之救济是相应的法律概念,其关系如同一枚硬币的两面。民事责任是从义务人的角度来谈,请求权则取自权利人保护权利的角度。在民事法律关系中,原来的权利人因其权利受到侵害而取得救济权,而原来的义务人因其违反义务而依法承担民事责任。因此,关于民事责任体系的建构,从权利人的角度视之,则是一个救济性的请求权体系的建构问题。在民法中,权利与义务是从不同主体的角度来指称同一个法律关系的内容。正因为二者所指的内容重合,从避免重复规定的角度考虑,在权利的救济问题上就存在两种立法模式的选择:其一,从权利人的角度以请求权的形式规定"权利的救济";其二,从义务人的角度以责任形式规定侵权人的民事责任。如果选择请求权立法的模式,则请求权将成为实定法上的概念,并借此形成"权利——权利的救济"这一贯穿法典始终的红线,如此将更有利于展现民法典"权利法"的本质。如果选择责任立法的模式,则应当是"义务——责任"的逻辑展开,请求权则只有在学理上发挥作用。

就目前的立法而言,《民法通则》以及《民法典(草案)》采取的都是一种混合模式,即在前部各章(各编)规定各种权利,而最后则以"民事责任"("侵权责任")压阵。这种"权利——责任"的前后衔接,似乎有违"权利——权利的救济"或"义务——责任"的逻辑,显得有点不伦不类;且与民法以权利为轴心的基调不太相符。当然这仅仅是在立法技术层面上分析,其实,不管立法上采取的是请求权模式抑或责任模式,学理的任务并不会因此减轻,因为即便是采取了责任模式,责任模式的背后仍然存在着请求权及请求权体系。

**请求权体系下的人格权请求权**

以权利相互之间的关系为标准,民事权利可分为原权(又称原权利)与救济权。因权利之侵害而生之原状回复请求权及损害填补之请求权谓之救济权;与救济权相对待之原来之权利则谓之原权。[①] 就请求权的体系而言,请求权在民事权利中包含两个系统。一个是民事权利的请求权;另一个是民事权利保护的请求权。前一个系统,是指具有请求权性质的民事权利,如债权,后一个系统,是对

---

① 参见李宜琛:《民法总则》,台北,正中书局1952年版,第51页。

民事权利进行保护的请求权系统，包括原权利的保护请求权和侵权请求权。前一个民事权利保护请求权是民事权利所固有的保护请求权；后一个民事权利保护请求权则是基于权利被侵害，依照侵权行为法的规定而产生的权利保护请求权。① 人格权请求权当属民事权利保护的请求权系统中的原权利的保护请求权。通说认为，人格权在性质上为绝对权，具有不可侵犯性，人格权受侵害时，受害者有"除去请求权"，排除侵害以恢复原有的状态。为扩大对人格权的保护，尚未发生的侵害而有侵害之虞时，当事人并有"防止请求权"，以预防侵害的发生。② 其实，人格权请求权是规定在人格权法部分，还是侵权法部分，其本身的请求权内容以及与整个请求权体系的关系并不会因此发生改变，但如果在人格权法与侵权法中同时规定人格权请求权，则将会引发请求权体系的重大变动，因此，首先要予以明确的是：有无必要在人格权法和侵权法中同时规定人格权请求权，还是仅仅单独规定即可。

请求权竞合的意义在于赋予权利人不同的救济途径和不同的结果选择。例如违约损害赔偿请求权与侵权损害赔偿请求权，就其目的而言，都是赔偿权利人所造成的损失，但两种请求权的构成要件以及法律后果不同，法律因此授意权利人可以根据自身的具体情况选择适合于自己的请求权。就人格权请求权而言，其核心内容为除去请求权和防止请求权，权利的行使并不以加害人有过错为必要，而精神损害赔偿的请求也并不必然要求对方有过错，受害人精神痛苦后果的严重性是请求的主因。由此可见，在人格权法和侵权法中同时规定人格权请求权应该没有必要。

至于人格权请求权规定于人格权法还是侵权法，这并不仅仅是纯粹的立法技术或法律适用问题，其中仍然牵涉民法的一些基本理念与体系逻辑。

第一，民法典的体系效应。民法典是采取分编制定和通过的方式；但既然是制定民法典而不是制定单独的人格权法，就必须将整部民法典置于体系化思考的

---

① 参见杨立新、曹艳春：《论民事权利保护的请求权体系及其内部关系》，载《河南省政法管理干部学院学报》2005年第4期。

② 参见施启扬：《民法总则》，台北，三民书局2005年修订版，第103页。

范畴，以满足民法典其他各编各自的目的和需求，使各编之间连成一个有机整体。特别是，作为绝对权的人格权与侵权责任法的立法设计尤其紧密相关。侵权法独立成编的最大好处在于将侵害各种权利的责任形态集中加以规定，使受害人一旦遭受侵害之后可能明确其在法律上享有的各种救济手段，甚至可以在各种手段之间依法进行理性的选择。① 这也就意味着未来将继续沿着《民法通则》（不管其出现是因应一时之需，还是当时的高瞻远瞩）定下的集中规定权利救济的基调前进，事实上，《民法典》"侵权责任编"的提法也在暗示着本编的重心将放在责任的承担也即权利的救济上，对侵权行为进行分类和列举的最终目的也是更有针对性和有区分地对权利所受到的不同程度的侵害进行救济。因此，将救济方式集中规定在侵权责任编，对分则诸编所列举的权利进行一体化集中保护的模式显然更符合侵权法独立成编的意义。从体系效应的角度出发，人格权请求权作为绝对权请求权之一种，究竟是在物权请求权和侵权责任请求权之间寻找到自己的恰当位置，还是另立门户自成体系，是民法典规范设计中必须解决的问题。

第二，民事权利的自有逻辑。按照设计方案，民法典体系采纳学说汇纂模式，应以法律关系的要素来构建总则，以法律关系的内容即民事权利来展开分则。在分则关于民事权利的各编之后，应规定一个对各类民事权利加以保护的侵权责任编。② 如此，民法典体系的展开同时就是权利自身逻辑的展开。作为救济的人格权请求权应当出现在什么样的地方才符合"权利——被侵害——进行救济"的逻辑顺序，是同样必须兼顾的。

第三，民法典预设读者的巧妙折中。民法规范究竟是行为规范还是裁判规范，还是二者兼而有之？如何平衡行为规范与裁判规范？这就涉及民法典的预设读者是专业法官还是普通民众、民法典的取向是大众言说还是精英话语。法国民法典与德国民法典不同风格的形成一定程度上是民法典在读者的选择上各有侧重的体现。将民法定位为行为规范，就意味着民法典的首要目的在于对民事主体的行为模式进行塑造和指引；将民法定位为裁判规范，就意味着民法典的首要目的

---

① 参见王利明：《论侵权行为法的独立成编》，载《现代法学》2003年第4期。
② 参见王利明：《试论我国民法典体系》，载《政法论坛》（中国政法大学学报）2003年第1期。

是为法官进行裁判提供法律指引。比如，若将人格权等绝对权请求权统一规定于人格权法中，可能有助于柔化与调和民法典在读者选择上的冲突。在前面分则诸编明列各类权利及其行使的规则，便于民众清晰地了解自己所拥有的各种权利及其界限，为民众提供行为规范的指引；在侵权编中对各种权利的救济予以总括性的规定，则为法官集中提供了裁判规范上的指引，这样可以降低将人格权请求权等绝对权请求权分编规定导致救济方式分散所带来的"目光往返流转"的搜寻成本。如果换一种思维，在人格权独立成编的前提下，设计创制专门的人格权请求权体系，在丰富民法请求权体系的同时，将不得不认真对待和处理其与侵权法、侵权责任请求权的关系。

**人格权法与侵权法的关系**

和主流观点一样，我也认为侵权行为法替代不了人格权法律制度。因为侵权法不是规范权利规则的法，不具有确认和规范权利的功能。但是，同样不容否认的是，侵权法是民事权利的保护法，主要保护包括人格权在内的绝对权。由此，对人格权的侵害在性质上都是一种侵权行为，除加害人已触犯刑律构成犯罪以外，受害人的"人身权益"主要通过侵权法获得救济；除去法定权利之外，大部分人格利益（最典型者如个人隐私）的损害，是在立法缺乏规定的情况下，通过适用侵权责任法的规定实现救济。而与此同时，人格权范围的扩大，也历来被作为侵权行为法保障范围扩张的例证。毫无疑问，侵害人格权所造成的后果应当是，甚至只能是产生侵权民事责任。尤其是因侵害人格权所产生的精神损害赔偿责任，更是极大地丰富了侵权法中损害赔偿的内容。至少从这些意义上说，侵权法对于人格权的救济将会直接决定人格权法的实际存在价值。恐怕也正是在这个意义上，学者才会指出在民法典的人格权编只规定人格权的种类和具体内容，严格不涉及权利的保护问题，将人格权的保护问题放在侵权行为法（侵权责任法）编中加以规定。[①] 另外不可不注意到的是，与物权法、债法等法律规范不同，法律对于人格权的规定主要（当然并不仅仅）在于宣示权利，因此，民法典关于人格权关系的专门规定只有权利和客体，基本不涉及行为规范。所以，在民法典的

---

[①] 参见王利明主编：《中国民法典草案建议稿及说明》，北京，中国法制出版社2004年版，第321页。

制定过程中如何认识人格权与侵权法的关系，妥善处理好两者之间的关系，实在是必须认真对待的课题。

在人格权法与侵权责任法的关系问题上，存在截然不同的两种判断。

主张人格权法独立成编、单独制定的学者认为，侵权法独立成编必然在体系上要求人格权单独成编。我国已经制定了作为单行法的侵权责任法，集中规定了侵害各种民事权利的侵权责任。侵权责任法旨在保护各项民事权利，这就需要首先在民法典分则中具体规定各项民事权利，然后再集中规定侵权的民事责任，从而才能形成权利与责任的逻辑结合与体系一致。如果民法典还是仅仅规定物权、知识产权等权利而不对人格权进行体系化的规定，显然使侵权法编对人格权的保护缺乏前提和基础。如果侵权法仍然像传统大陆法那样对侵害人格权不做重点规定，则侵权法独立成编的意义就大打折扣，它也就不是一个真正意义上的完整的侵权法。并且，大陆法系民法典如德国也不完全是在总则中规定人格权，在侵权法中也有人格权的内容，因此，与其在侵权中进行反向规定，还不如集中地对人格权进行规定。[1] 有学者进一步指出，将人格权专门规定为一编，就会有更大的空间对人格权进行规定，可以清楚、明确、详细地规定各种具体人格权，不仅有助于帮助人们掌握自己究竟享有哪些人格权，他人应当如何进行尊重，同时，也能够使法官裁判案件有明确的依据，防止出现人格权列举不足，而导致法官滥用或者"向一般条款逃逸"现象的发生。因此，在制定民法典中，应当继续坚持具有中国特色的人格权法立法模式，将人格权法单独作为一编，置于民法分则之中，并且应当规定在第二编即民法分则中的第一编，以突出人格权的地位和作用，规定好人格权的具体内容，以更好地保护民事主体的人格权。[2]

持同样倾向的观点进一步认为，侵权行为法替代不了人格权制度。侵权法是民事权利的保护法，主要保护包括人格权在内的绝对权。侵权法只能使侵害某种

---

[1] 参见王利明：《我国民法典中的人格权制度的构建》，载《法学家》2003年第4期。

[2] 参见杨立新：《制定我国人格权法应当着重解决的三个问题》，载《国家检察官学院学报》2008年第3期。

权利并造成后果的人承担责任，它不应该是规范权利规则的法，即侵权行为法不具有确认和规范权利的功能。① 按照学者的系统归纳，侵权法不能够替代人格权法，主要理由在于：第一，侵权行为法的主要功能不是确认权利，而是保护权利。第二，人格权不仅受侵权法的保护，也受合同法等其他法律保护。第三，法律规定在侵害人格权以后所产生的停止侵害、排除妨害、恢复名誉、赔礼道歉等责任形式是由人格权的支配性和排他性所决定的。第四，通过人格权制度具体列举公民、法人所具体享有的各项人格权，可以起到权利宣示的作用。②

与此相反，质疑人格权法独立成编的可行性的学者们则认为，从民法典的传统看，关于人格权的法律救济属于侵权行为法的内容，但侵权行为法除具有人格权提供救济的功能外，还具有为物权、知识产权、身份权乃至债权提供法律救济的功能。因此，除非特别需要，民法典不宜在关于人格权的规定中重复侵权行为法的内容。③ 值得注意的是，即使主张单独制定人格权法的学者，在涉及人格权法与侵权法的关系时也认为，人格权法在规定权利行使的具体规则上，没有物权法和债权法那样复杂，主要涉及的问题，是人格权的保护。"涉及到人格权的保护问题，就是侵权行为法的内容了。在编制人格权法的内容时，稍有不慎，就有可能造成人格权法编与侵权行为法编的内容重复。"④ 持该观点的学者提出的解决方案是："人格权法编只规定权利的种类和具体内容，严格地不涉及权利的保护问题，将人格权的保护问题放在侵权行为法中加以规定。"⑤ 但如此一来也更令质疑者担心未来人格权法编在内容和条文数量上的单薄。

非常有意思的是，在立场不同的情况下，即使面对同样的现象和论据（比如侵权责任法已经独立成编这样一个既定事实），论者们也会各自得出完全不同的结论。显然，在这场先于立法的可行性分析过程中，言说者的主观价值判断主导了其观念的形成和发展。哈耶克曾经说过，那种关于法律先于立法的论辩对于现

---

① 参见马俊驹：《关于人格权基础理论问题的探讨》，载《法学杂志》2007年第5期。
② 参见王利明：《人格权法研究》，北京，中国人民大学出版社2005年版，第129～134页。
③ 参见柳经纬：《民法典应如何安排人格权制度》，载《河南政法管理干部学院》2004年第3期。
④⑤ 杨立新主编：《中国人格权法立法报告》，北京，知识产权出版社2005年版，第14页。

代人来说在很大程度上具有一种吊诡的性质。① 中国民法法典化进程中在这块东方热土上轰轰烈烈展开的争论，莫非真的是要给哈耶克的预言提供佐证？

## 人格权请求权的体系价值

请求权是民法上权利作用的枢纽②，从请求权角度看，民法体系也就是由一系列请求权所组成的一个请求权系统，而司法也正是循"请求权规范基础说"运作的。③

民法是私法的核心部分。然而，由于民法与市场经济的天然联系，人格平等、意志自由之类的民法理念和规范基础从一开始就被作为占有和交易财产的辅助条件而存在，从而原本作为私法同义语、以人的价值实现为终极目标的民法单纯地演变成了财产法。民法上的人格权立法直至近现代都体现出法律形式简易的特点，不仅量小，而且体系简陋，尚未发展出一套确认型规则，而是仅仅体现为一些简单的保护型规则。④ 动态地看，对人格权或者某些人格要素的最初保护都是通过侵权责任法来实现的。是否存在，以及能否设计一个符合人格权性质特点、能够单独适用于人格权保护的另一套请求权制度体系，以及如果在人格权法与侵权责任法并存的同时规定人格权请求权，会不会引发请求权体系的重大变动甚至困扰，殊可担忧。有学者早就指出："将恢复名誉、消除影响的请求权定位为人格权请求权，可以淳化侵权责任的方式，即，侵权责任的方式基本上为损害赔偿，如果把赔礼道歉视为精神损害赔偿的变态，那么，侵权责任的方式就只有损害赔偿。"⑤ 如前所述，就人格权请求权而言，其核心内容为除去请求权和防

---

① 参见[英]弗里德里希·冯·哈耶克：《法律、立法与自由》（第1卷），邓正来等译，北京，中国大百科全书出版社2000年版，第113页以下。
② 参见王泽鉴：《法律思维与民法实例》，北京，中国政法大学出版社2001年版，第64页。
③ 参见张新宝：《侵权责任法立法研究》，北京，中国人民大学出版社2009年版，第353页。
④ 参见龙卫球：《人格权立法面面观——走出理念主义与实证主义之争》，载《比较法研究》2011年第6期。
⑤ 崔建远：《债法总则与中国民法典的制定》，载《清华大学学报：哲社版》2003年第4期。

止请求权，权利的行使并不要以加害人有过错为必要，因此，作为绝对权受到侵害以后的法律救济手段，一项被称为"人格权请求权"的新型请求权类型能否在既有的物权请求权和侵权请求权之间寻找到生存空间，是人格权立法中不可回避的技术性关键。

**独立成编的教义学基础**

实体法上请求权概念的提出，其意义被学者总结为如下两点：其一，填补了权利发生争议之前其在实体法上的真空状态，因为如果只有发生诉讼、权利人才享有诉权（请求权）的话，那么如何在正常情况下要求对方履行将构成实体法上权利构造的漏洞。其二，当19世纪法典化运动方兴未艾之时，如何构建抽象的权利体系从而满足体系完备的法典化要求，构成了潘德克顿法学研究的出发点，而温德沙伊德创造性地构建实体性的请求权恰恰满足了法典化的内在需求。[1] 民事权利的逻辑构造加上法律关系的本质要求，决定了请求权在民事权利体系中的枢纽地位。就现代民法的请求权体系来看，主要包括两个系统：一个是民事权利的请求权系统，指具有请求权性质的民事权利，可以称其为"本权请求权"；另一个系统是民事权利保护的请求权系统，包括原权利的保护请求权和侵权请求权，前者是民事权利所固有的保护请求权，称为"原权请求权"，后者是基于权利被侵害依照侵权法的规定而产生的权利保护请求权，称为"次生请求权"[2]。

人格权请求权是指民事主体在其人格权的圆满状态受到妨害或者有妨害之虞时，得向加害人或者人民法院请求加害人为一定行为或者不为一定行为，以回复人格权的圆满状态或者防止妨害的权利。[3] 前已述及，根据我国学者的归纳，民事请求权的体系包括两个系统，即民事权利的请求权与民事权利保护的请求权。而后者又可区分为两个层次，即原权利的保护请求权和侵权请求权，前一个民事权利保护请求权是民事权利所固有的保护请求权，后一个民事权利保护请求权则

---

[1] 参见朱岩：《论请求权》，载《判解研究》2003年第4辑。
[2] 杨立新：《民事裁判方法》，北京，法律出版社2008年版，第33～34页。
[3] 参见杨立新、袁雪石：《论人格权请求权》，载《法学研究》2003年第6期。

## 第四章 体系的内部效应

是基于权利被侵害,依照侵权行为法的规定而产生的权利保护请求权。这种归纳贯彻了"权利——权利被侵害——权利救济"的法律逻辑,得到了学界较为一致的认同。依照请求权的这一体系,人格权请求权应当属于民事权利保护的请求权系统中的原权利的保护请求权。也就是说,在特定的人格权法律关系之中,人格权属于一种绝对性的支配权,当不特定的义务主体违反了消极的不作为义务,对权利主体的人格权造成侵害时,在权利主体与义务主体之间形成了以"请求权"为内容的"人格权救济权法律关系"①。

问题在于,物权以外的其他绝对权,由于缺少类似于物权请求权的保护方法,存在一项立法的漏洞。一方面,各种人格权受到侵害时,救济手段上要么为侵权的损害赔偿请求权或者非财产损害赔偿请求权;要么为绝对权保护的请求权,但无论如何包括了绝对权保护的侵权责任编似乎都能胜任;另一方面,有些人格法益可以许可他人使用,遇有争议,似乎比照知识产权的许可使用,由合同编来加以解决,亦无不可。因此,"主张人格权独立成编者,将不得不从人格权保护的特有请求权角度承担论证义务"②。从源头上看,我国《民法通则》第134条第1款所建构的民事责任方式体系是一个综合性的责任方式体系。而同时,以我国《物权法》为代表的一系列民事法律,又分别针对权利类型规定其保护方式。这里面至少发生了规范重叠的问题。以《物权法》第34、35条所规定的物权请求权为例,其与《民法通则》第134条第1款所列举的责任方式之间到底是何关系,尤其是在《侵权责任法》第15条第1款将上述绝大部分的责任方式直接转变为侵权责任方式,第21条又有"侵权行为危及他人人身、财产安全的,被侵权人可以请求侵权人承担停止侵害、排除妨碍、消除危险等侵权责任"这一关于防御性侵权责任请求权的单独规定的情况下,对于《侵权责任法》的上述规定与《物权法》第34、35条是何关系,前者能否适用于物权请求权等问题,引

---

① 马俊驹:《人格和人格权理论讲稿》,北京,法律出版社2009年版,第336页。
② 张谷:《多余的话:科学立法与民法典分编之编纂》,载《中德私法研究》第17卷:司法造法与法学方法,第176~186页。

发学界诸多争议。①

解铃还须系铃人。体系化所产生的问题，仍然要通过体系化的方式去解决。因为"如果不是《民法通则》在包含恢复原状与赔偿损失的损害赔偿之外，还将停止侵害、排除妨碍、消除危险、返还财产一并规定为侵权责任的承担方式，恐怕也不会有究竟是否以侵权请求权取代物权请求权、人格权请求权、知识产权请求权等绝对权保护请求权的争论"②。

人格权请求权的适用条件具有独特性，尤其是其适用不以行为人构成侵权为条件，即使在没有构成侵权的情形下，只要是妨害了人格权或者可能妨害人格权，权利人都可以行使人格权请求权。③ 针对人格权保护的特殊性，就人格权的保护设置与物权请求权相类似的人格权请求权即凸显其必要，该请求权的行使并不要求行为人的行为构成侵权，只要其可能侵害人格权，影响人格权的实现，权利人即可提出人格权请求权，且不受诉讼时效限制，显然更有利于人格权的保护，也可以使权利保护的规则更加精细化。我国民事立法中也因此形成由物权请求权、人格权请求权和知识产权请求权组成的、与侵权损害赔偿请求权相分离的绝对权请求权体系。④

近代社会演进至现代社会，民法对现实生活的回应首当其冲地体现在理念与价值上的转变，即在理念上由形式正义转向实质正义，在价值取向上由追求法的

---

① 主要有三种观点：一是侵权请求权取代物权请求权说，以魏振瀛教授为代表，可参见魏振瀛：《论民法典中的民事责任体系——我国民法典应建立新的民事责任体系》，载《中外法学》2001年第3期；魏振瀛：《侵权责任法在我国民法中的地位及其与民法其他部分的关系——兼与传统民法相关问题比较》，载《中国法学》2010年第2期。二是物权请求权排斥侵权请求权说，以崔建远教授为代表，可参见崔建远：《论物权救济模式的选择及其依据》，载《清华大学学报（哲学社会科学版）》2007年第3期。三是物权请求权与侵权请求权竞合说，以王利明教授为代表，可参见王利明：《侵权责任法研究》上卷，北京，中国人民大学出版社2010年版，第602~603页；王利明：《物权法研究（修订版）》上卷，北京，中国人民大学出版社2007年版，第215~216页。
② 王轶、关淑芳：《民法典编纂需要协调好的六个关系》，载《法学杂志》2017年第1期，第5页。
③ 参见王利明：《论人格权请求权与侵权损害赔偿请求权的分离》，载《中国法学》2019年第1期，第226页。
④ 参见王利明：《论人格权请求权与侵权损害赔偿请求权的分离》，载《中国法学》2019年第1期，第231页。

安定性转向追求法的妥当性。① 将每个个别的人作为完整的人格利益归属主体而加以规范的"人格秩序",是 20 世纪以降作为市民社会存在理由的秩序之一;它与作为市民社会存在条件的财产秩序(财产归属秩序与财产流转秩序的合称)一起,构成市民社会的根本秩序。作为财产法及家族法均无法涵括消解的独立分野的人格权法,是在民法体系中有正当地位的实质意义的民法新枝。② 相应的,民法体系内的各个领域都以此为基础,在价值理性与工具理性的双维度上发生变革。以人格权的保护为重心而确立起来的人格权制度,即是民法体系在人格权领域对社会生活的一种回应。人格权法注重事前防范、事前预防,而侵权法则注重事后救济。发挥人格权法的预防功能,正是人格权独立成编价值的体现。③

**新型的绝对权保护方式**

蜕变与升华

人格权请求权的证成所面临的最大挑战显然来自侵权请求权。当年侵权责任法之得以单独制定并成为大陆法系迄今唯一独立成编的法律单元,其中主要支撑理由并不是因为损害赔偿不是债,而是因为侵权行为的责任不限于损害赔偿。在当时的主流观点看来,侵权损害赔偿之债具有局限性,这种局限性表现为侵权行为之债无法囊括侵害人格权和知识产权所发生的赔礼道歉、恢复名誉、停止侵害等责任形式,因为这些责任形式并不是债。因此,当吸纳了停止侵害、排除妨碍、消除危险、返还原物、恢复原状、消除影响、恢复名誉和赔礼道歉等诸多损害赔偿以外的绝对权请求权救济方式为其责任形态的侵权责任法已经独立之后,再欲从中分离出独立的人格权请求权,势必要认真研究、合理安排、妥为筹划。

民法典使侵权责任编的规则聚焦于侵权损害赔偿。侵权责任编第二章由之前侵权责任法上的"责任构成和责任方式"改为"损害赔偿",第二章规定由

---

① 参见梁慧星主编:《从近代民法到现代民法》,北京,中国法制出版社 2000 年版,第 164~191 页。
② 参见[日]广中俊雄:《民法纲要》第一卷总论上,[日]东京,创文社 1989 年版,第 13、79~80、90 页。
③ 参见王利明:《论侵害人格权的诉前禁令制度》,载《财经法学》2019 年第 4 期,第 6 页。

无所不包的民事责任承担方式，改变为损害赔偿的规则。使侵权责任法限缩为"侵权损害赔偿法"，为人格权请求权留出空间。换言之，在民法典的体系中，侵权责任主要是对已经造成的实际损害的救济，而对其他侵害绝对权的行为，如妨害行为、正在进行的侵害和发生的危险等，则可以适用人格权请求权等其他绝对权请求权。

区分侵权损害赔偿请求权与人格权请求权的实益主要在两个方面：其一，人格权请求权不适用诉讼时效，而侵权损害赔偿请求权属于债权请求权，适用诉讼时效；其二，侵权损害赔偿请求权的成立通常需以加害人主观上具有过错为要件，而人格权请求权以人格权的存在和人格权遭受妨害或者有被妨害之虞为要件。这样看来，人格权请求权对于救济受害人更加有利。[①] 从这样的逻辑关系出发，人格权编只应该保留那些为人格权所独有的权利保护和救济规则，诸如非财产损害赔偿、赔礼道歉、消除影响、恢复名誉等责任形式。人格权请求权与侵权请求权的分工也因此得以明确：前者为人格权所独有，其功能主要在于预防，不要求过错甚至损害要件。

诉前禁令

《民法典（草案）》第997条规定："民事主体有证据证明行为人正在实施或者即将实施侵害其人格权的行为，不及时制止将使其合法权益受到难以弥补的损害的，有权依法向人民法院申请采取责令行为人停止有关行为的措施。"此项创设乃人格权请求权中最独到之处，也是人格权保护方法上特殊性的体现。对财产权的救济通常采用损害赔偿的保护方法即为已足，但对于人格权来说，损害赔偿并不能够对受害人所遭受的损害提供完全的救济，这正是人格权和财产权受侵害的区别之所在。由于人格利益与人的诸多伦理要素和伦理价值密切相关，其并不像财产利益那样能够作较为精确的计算，人格利益是难以事后补救的。与财产利益受侵害不同，人格利益一旦遭受侵害就覆水难收，事实上无法再通过金钱对损害予以填补。生命、身体、名誉、隐私等人格利益被侵害后的治愈是极端困难甚至是不可能的。正因为如此，针对概然性较高的侵害事先采取措施防患于未然就

---

① 参见李新天：《对人格权几个基本理论问题的认识》，载《法学评论》2009年第1期。

显得极为必要。① 这造就了人格权的保护在方法上的特殊性。

此项制度的创设将使人格权保护的时间提前、维度被扩大，保护的范围也将从实际遭受侵害的状态扩张到有损害之虞的状态。②

人格权的特殊性，是财产权的某些特性所无法相比的，例如大多数情形下其不能等到被侵害之后再请求赔偿。诉前禁令这种救济方式正是针对这种需求而产生的，相对于金钱赔偿与原状回复而言，是一种制止性的、防御性的救济手段，对于人格权的保护而言，确属必不可少。对于具有持续性的侵害行为或者是未来必然发生的侵害行为，可以适用此种请求，即要求停止持续的侵害行为或者禁止即将发生的侵害行为。对于正在发生的侵害人格权的侵权行为，或者将来必然发生的侵害，则请求禁止其继续发生作用或者产生作用。例如，对于即将发行的报刊，如果刊登了可能侵害作为人格权的名誉权的时候，就应当可以基于此而申请事前禁止。《民法通则》第120条规定，公民的姓名权、肖像权、名誉权、荣誉权受到侵害的，有权要求"停止侵害"。在以前，停止侵害这种责任形式以侵权行为正在进行或仍在延续为适用条件。所谓停止，仅指在行为已经发生、正在造成损害时令行为人停止其侵害行为，以缩小损害范围，减少损失；而在侵害人格权行为尚未实施前，权利人如欲事先阻止其不法行为则无法适用。例如，在包含有侵害他人人格权内容的新闻作品未刊登、播出之前，作品涉及的相对人请求其不要刊登播出，以阻止其传播；又如在他人欲以噪声较大的侵害健康权的设备进行施工之前，请求停止干扰、排除噪声的情形。近些年来，随着人格权理论与实务的发展，对于人格权遭受侵害时的停止侵害请求权的运用，理论和实务上都有所突破。例如《最高人民法院关于审理名誉权案件若干问题的解答》之十关于"侵害名誉权的责任承担形式"的解答是：人民法院依照《中华人民共和国民法通则》第120条和第134条的规定，可以责令侵权人停止侵害、恢复名誉、消除影响、赔礼道歉、赔偿损失。根据《最高人民法院关于贯彻执行〈中华人民共和

---

① 参见姚辉：《民法上的"停止侵害请求权"——从两个日本判例看人格权保护》，载《检察日报》，2002年6月25日。
② 参见王利明：《论侵害人格权的诉前禁令制度》，载《财经法学》2019年第4期，第15页。

国民法通则〉若干问题的意见（试行）》第 162 条规定的精神，在诉讼过程中，如果遇到有需要责令侵权行为人立即停止侵害的情况，人民法院可以根据当事人的申请，或者依人民法院的职权，先行作出停止侵害的裁定。对于这种给绝对权造成侵害的行为，受害者所负担的举证责任亦较为宽松，例如无须证明加害者在主观方面的故意或过失。但之前的上述做法均为裁判者在解释上的扩张适用，实定法规范上于法无据。民法典草案的此项规定填补了漏洞。作为一种典型的绝对权请求权，在权利人对其人格利益之圆满支配状态受到不当影响时，权利人即可通过申请诉前禁令的方式，制止不法行为的发生或者持续，从而维护权利人对其人格利益的圆满支配。不论行为人是否具有过错，也不论客观上是否造成了损害，权利人都可以直接主张作为人格权请求权的诉前禁令。

## 第三节　基本原则的体系效应

### 以公平原则为例

《民法总则》第 6 条规定："民事主体从事民事活动，应当遵循公平原则，合理确定各方的权利和义务。"较之于先前的《民法通则》，《民法总则》再次宣示公平原则，体现的是立法理念和立法技术的双重进步：从理念层面，单列公平原则更加凸显了其重要性；从技术层面，以可兹援引的立法表达充实其功能性，为裁判提供了基础与渊源。在民法的规范体系中，传统的意思自治、平等、诚实信用与公序良俗等原则均有着强烈的私法色彩，新晋的绿色原则亦是如此（下文详述）。而公平原则是为上述各项原则提供了基础保障——唯有制度的基点起源于公平正义，才有个人实现自由、社会达至平等的可能；才能最大程度地恪守诚实信用、公序良俗、节约资源以及保护环境等法治信仰和理念。

公平原本是一个道德概念，表示道德上合适的对待。对于公平原则的基本内涵，民法学界一般认为：所谓公平原则，就是民事主体应本着公平、正义的观念实施民事行为，司法机关应根据公平的观念处理民事纠纷，民事立法也应该充分体现公平的理念。[1] 民法中的公平原则是指以利益的均衡作为价值判断标准来合理分配各民事主体之间的权利义务关系。[2] 民法也应当在自己的弹性范围内对结果平等有所兼顾，这就出现了一些以追求结果公平为目的的民法制度，它们在法理念上的反映，就是公平原则。[3] 上述定义的内涵虽然各不相同，但是并不妨碍公平被普遍认为是法律中理解正义的关键。上述方家对公平原则的理解可谓各有侧重，但均肯认了公平原则符合道德的诉求，亦契合法之理念，印证了公平原则于法律，特别是于民法上所具备的独特内涵与深刻价值。

从"法乃公平正义之术"这一法谚不难看出，公平具有各部门法的普适价值。之所以在民法中将公平原则确立为基本原则，大抵也可从其民法方法论意义上探知缘由。其一，公平原则要求将公平的理念贯彻在整个民事法规范的设计当中，公平地配置各方当事人之间的权利、义务，这对民事主体而言即衍生为在从事民事活动时，需奉公平为圭臬行使权利、履行义务；其二，公平原则是从基本原则的高度衡量民事主体的民事行为，从结果的角度对符合形式正义的利益失衡情形进行纠偏，为实质正义提供制度可能；其三，公平原则作为民法基本原则，为民事法各领域提供价值导向，为民事单行法具体制度的设计与解释提供理论渊源；其四，公平原则为司法裁判提供指引，即在立法力有不逮之时，要求司法以公平原则为尺度，对民事主体的行为进行裁判，最大可能地维护当事人的合法权益，保障司法公正。

**法规范融入与功能性彰显**

公平原则的价值之一，即其将公平、正义的理念融入贯通于民事法律制度的设计中，为民事主体的各方配置权利、义务。更进一步，公平原则，特别是以法规形式确定的"公平"，意指实质平等、结果平等，而非形式平等、机会平等，这也使得公平原则与平等原则具有了明确的界分，发挥着不同的功能，是公平原

---

[1] 参见王利明：《〈中华人民共和国民法总则〉详解》，北京，中国法制出版社2017年版，第29页。
[2] 参见张新宝：《〈中华人民共和国民法总则〉释义》，北京，中国人民大学出版社2017年版，第16页。
[3] 参见梁慧星：《民法总则评注》，北京，法律出版社2017年版，第37页。

则的功能价值之表征与独立存在之理据。由于民法崇尚平等自由、意思自治，而形式上的平等未必能导出结果的正义，且追求形式平等在一定程度上易弱化实质公平，所以作为平等原则侧面的公平原则发挥着纠偏功能，为民事活动的结果作出准据与判定。民法上的情事变更制度、法律行为因显失公平而得撤销等，均为公平原则融入法律规范且彰显纠偏机制功能的典型例证。

公平正义关注的是一个族群的基本秩序或者一个社会的根本制度能否最大限度地实现其组织的基本目标，即最大限度地满足个人的合理需求和主张不会影响到社会的进步以及社会内聚性程度的提升，这是正义的基本目标，也是维系文明的社会生活所必须达到的要求。[1] 一般而言，民事法律及其所规范的民事活动应当在公平正义的框架内分配妥适的权利义务，由此，民法中的公平原则相应划分为静态公平和动态公平。其中，静态公平指民事主体自身所享有的权利义务是对等的、不偏不倚的；动态公平则指民事主体相互之间的权利义务亦应当是对等的，其在交易当中得以再次分配与调整，最终达至公平目的，这其中均等的正义生发于民事主体之间。民事主体之间均等的正义，又因为社会情事的纷繁与社会成员的芜杂而演化为分配的正义和矫正的正义。优士丁尼指出，"正义是一种恒久不变的愿望，即分配给每一位个体应得的事物"[2]。托马斯·阿奎那亦认为，"将各人应得的东西归于各人，是神管理和指导的职责""而臣民以执行者的身份去执行，将各人应得的东西归于各人"[3]。所谓分配正义，就是将公共资源或者社会财富、名位分配给自然人或者组织主体时，应当遵照主体的贡献大小为分配标准，即贡献大的应当得到更多的资源分配，贡献小的则反之，这就是比例的平等——一种由抽象的目的和普遍的数目所确定的比例，也就是公正的比例。[4] 在分配具体执行的时候，正义（分配正义）的实现又有两种形式："一种是分配的数量相等，另一种指的是分配比例相等，数量相等意思是个人所分配的东西在数

---

[1] 参见［美］博登海默：《法理学、法律哲学与法律方法》，邓正来译，北京，中国政法大学出版社2004年版，第261页。

[2] ［古罗马］优士丁尼：《法学总论——法学阶梯》，北京，商务印书馆1989年版，第5页。

[3] ［意］托马斯·阿奎那：《政治著作选》，北京，商务印书馆1963年版，第139页。

[4] 参见［古希腊］亚里士多德：《尼各马可伦理学》，北京，中国社会科学出版社1990年版，第94页。

量上相同；比值相等指的是根据一定比例和个人价值，使个人分配到相同价值的东西。"① 因此，分配正义的实质在于各得其所应得。

与分配正义相对应的则是"各失其所应失"的矫正正义。矫正正义的意旨在于将分配正义所确定的公平正义"区间"进一步调整，寻找到更为精准合理的点，且其并不受外部因素的影响，衡量的唯一尺度即是损害的大小。矫正正义是"生成在交往之中，或者是自愿的，或者是非自愿的"②，是通过外界介入的方式取消民事主体之间业已发生的分配，而进行重新矫正、调整的"再分配"之规范。例如法律行为中的显失公平规则，即是在法律的框架内，当事人一方可以请求法院或者仲裁机构对原合同予以变更或者撤销，这本身就蕴含了矫正正义的价值。这种蕴含矫正正义价值的法律规范，对于一方利用对方处于危困状态、缺乏判断能力或相应经验的不利条件而设立明显不利于对方的合同，通过撤销的手段予以救济，是公平原则的典型适用场景。再如情事变更的设计，就是意在解决合同有效成立后，因不可归责于双方当事人的事由，而使得合同的基础动摇或者丧失，若继续维持合同则会显失公平之时，突破"合同必须信守"教条的束缚，允许当事人经过再磋商，协议变更或者直接解除合同。毋需赘言，情事变更原则"既是诚实信用原则的延进，也是公平原则的实质要求"③。

由上述阐述不难看出，无论是显失公平还是情事变更等法律规范，公平正义的理念已投射并融入其中，抑或说融入了法律制度的创设之中，个中的方法论意蕴在于：法律规范服务于作为其哲学基础的道德规范，而道德规范则塑造了法律规范的样态，决定其适用范围，二者之间应当是一种内在的、本质的关联。

**为具体制度设计与解释提供正当性基础**

"原则"形成于法官的司法活动和社会公众的道德意识当中，其在"法律职

---

① ［古希腊］亚里士多德：《政治学》，北京，商务印书馆1997年版，第234页。
② ［古希腊］亚里士多德：《尼各马可伦理学》，苗力田译，北京，中国人民大学出版社2003年版，第99页。
③ 杜万华主编：《中华人民共和国民法总则实务指南》，北京，中国法制出版社2017年版，第27页。

业和公众当中不受时间限制地产生适当的思想意识"中缓慢地演进①，最后为法律所认同。未被法律条文化的"原则"是人们在特定情境中所必须予以考虑的，虽然它本身并不一定能解决现实存在的问题。从方法论的角度来看，"原则"是用来进行法律推理的权威性出发点。② 追求正义的实现，是法律的一个理念，正义所蕴含的公平、公正、公道、平等等价值内涵，是政治社会中所有价值体系追求的最高目标。法律作为一种最具权威性的价值体系和规定体系，自然也应将实现公平和正义作为自己最终的理想。公平原则作为民法的基本原则之一，发挥了立法指引、行为规范与审判准则的多重作用。

以未成年人侵权中的监护人责任为例，《民法典（草案）》第1188条与《侵权责任法》第32条规范内容几近相同，对监护人在未成年人侵权行为中应当承担的责任进行了具体设计，从该条规定所体现的侵权责任能力、替代责任法理等范畴的解释以及归责原则的抉择取舍当中，可以窥知并感悟出公平原则在具体制度运行中的作用与价值，并可由此扩张应对司法实践中的困惑与疑难。

关于未成年人侵权的监护人责任问题，首先应明定的是监护人责任的属性为替代责任，这一研判得到学界多数人的肯认，其中原因之一就是，替代责任的法律构造能体现公平原则的理念。具体来说，监护人责任的产生场景为未成年人作为行为人致人损害，倘若要求其径直赔偿，势必无法在实质上达到效果，此时作为民法重要精神之一的公平原则不免落空，所以，肯认替代责任于监护人责任问题上的适用，妥适地体现公平原则的基础品格。其次，在监护人责任的归责层面，同样要介入"公平"因素的考量，原因在于，虽然"过错"已经成为现代侵权责任法当中确定归责事由的主要考量因素，对监护人而言却是即使完全无过错亦需要替代行为人承担责任，此时可作为归责的理由，自然只能在民法基本原则里被奉为圭臬的"公平原则"之中寻求。最后，未成年人

---

① 参见［美］罗纳德·德沃金：《论规则的模式——略论法律规则与原则、政策的法律效力，批判实证主义》，潘汉典译，载《法学译丛》1982年第2期。

② 参见［美］罗·庞德：《通过法律的社会控制·法律的任务》，沈宗灵、董世忠译，北京，商务印书馆1984年版，第24页。

侵权的监护人责任承担的具体责任分配也应遵循公平原则的指引,即应当区隔责任承担与支付方式,此处不再赘述。"法律是一种阐释性的概念"①,在面对监护人责任承担的法律困境时,理应选择合适的解释路径予以协调,方能衡平被监护人、监护人和受害人多方之间的利益关系,这也是对公平原则所生发功能的具体彰显。对于公平正义的追求或成为法条设计的意旨,或成为解释论证的基点。

**公平原则的"泛滥"**

无论时代更迭、文明进步,还是科技发达、文化繁荣,都会对法律的滞后性作出一次次的放大,民法基本原则中所蕴含的价值观亦会受到上述因素的影响和挑战。较之于其他基本原则,公平原则由于与朴素正义观、内心道德标准最为接近,且其正义、平允、合理的内核具有的高度概括性,对于复杂多变的社会关系适应度更高。这在一定程度上弥合了立法与司法的时间、空间间隙,其深厚的哲学基础和法理依据亦使其成为民事规范的理论渊源和正当性基础;同时,稳定的伦理属性、灵活的适用范围亦使得该项原则在司法裁判中频频被适用,并且确实切实解决了诸多疑难案件。但是,也正是由于其高度的抽象性、模糊性和灵活多变性,此项原则以及由其衍生出的民事规范在赋予裁判者宽阔的自由裁量权的同时,也不免屡屡引发舆论和学界争议。②

虽然没有统计数据的支撑,但是,规定在《民法总则》第 6 条当中的公平原则在审判实践中享有非常高的"使用率",确是法律人可以感知到的突出现象。在侵权类案件中则具体主要适用于公平分担损失的情形之下。在处理侵权类案件

---

① [美]德沃金:《法律帝国》,李长青译,北京,中国大百科全书出版社 1996 年版,第 364 页。
② 以曾经因援引公平原则进行判决而引发社会热议的"电梯劝烟案"为例,一审判决劝烟者担责后,该案件迅速在社会舆论中引起广泛讨论。腾讯新闻、新浪新闻、上观新闻等媒体以"电梯劝烟致死案,绝非补偿 1.5 万元那么简单""电梯劝烟致死案搅动舆论深潭"为标题对该事件进行了报道,主要讨论杨某的劝烟行为到底有无过错,其是否应当为老人之死承担责任,规则意识面临挑战时如何处理,舆论对司法的影响等问题,围绕该事件的讨论已经超出法律本身。二审改判后,诸多媒体对二审判决表示赞赏,类似报道,参见史洪举:《"电梯劝烟猝死案"改判让仗义执言者更有底气说"不"》,载《人民法院报》2018 年 1 月 25 日,第 002 版;符向军:《电梯劝烟猝死案改判,让法律效果与社会效果统一》,载《工人日报》2018 年 1 月 25 日,第 003 版。

时,《侵权责任法》第 24 条是裁判者经常援引的规范。① 根据该条规定,如果损害事实已经发生,但当事人对于损害的发生又都没有过错的,可以以公平考虑作为标准,根据实际情况由当事人公平地分担损失。我国于《侵权责任法》中确认公平分担损失规则,一来是对公平原则作为民法基本原则的贯彻,二来也是立足于我国国情,希冀借助该条规范达到既有效保护当事人的合法利益,又及时地解决侵权损害赔偿纠纷,防止事态扩大和矛盾激化,促进安定团结的目的。②

在表述上,由于《侵权责任法》第 24 条仅称"受害人和行为人对损害的发生都没有过错"的,就可以根据实际情况由双方分担损失,故在解释上,不少观点认为该规则具有普遍适用性,凡是双方当事人对于损害的发生均不存在过错的,都可以适用公平责任的规定,因为公平责任乃源于对"无过错就无责任"的批判,本质在于授权法官根据"实际情况"来让无过错的行为人分担一定的损失。③ 诚然,该种解释结论确系基于文义解释和体系解释方法所得出,不可谓完全错误,但是将该结论放置于实践中观察,却会发现对规则的宽泛适用导致了诸多恶果。

仍然以曾经引发社会舆论热议的"电梯劝烟案"为例④,该案中,一审法院考虑到存在受害人死亡的事实,而行为人对此也确实没有过错,故依据公平观适

---

① 在《侵权责任法》出台前,就有学者提出应存在独立的公平责任归责原则,该类归责原则属于过错原则和无过错原则以外的第三种原则。参见孔祥俊:《论侵权行为的归责原则》,载《中国法学》1992 年第 5 期。《侵权责任法》出台后,该法第 24 条的规定被部分学者解释为确立了"公平责任归责原则"。参见沈幼伦:《侵权责任归责原则三元化之思考——对〈侵权责任法〉的解读》,载《法学》2010 年第 5 期。但多数学者认为,《侵权责任法》第 24 条的规定并非独立的归责原则,其实质上属于一种"公平分担损失"的规定。参见王利明:《我国〈侵权责任法〉归责原则体系的特色》,载《法学论坛》2010 年第 2 期;杨立新:《侵权责任法》,北京,法律出版社 2018 年版,第 69 页;郭明瑞:《关于公平责任的性质及适用》,载《甘肃社会科学》2012 年第 5 期。

② 参见杨立新:《侵权责任法》,北京,法律出版社 2018 年版,第 114 页。

③ 参见叶金强:《〈侵权责任法〉第 24 条的解释论》,载《清华法学》2011 年第 5 期。

④ 该案的基本案情是:段某立与杨某先后进入某小区电梯内,因段某立在电梯内吸烟,二人发生言语争执。段某立与杨某走出电梯后,仍有言语争执,双方被该小区物业公司的工作人员劝阻后,杨某离开,段某立同物业公司工作人员一同进入物业公司办公室。当日,段某立意识丧失约 10 分钟,经抢救无效死亡。段某立生前有病史。参见"田某某、杨某生命权、健康权、身体权纠纷案",河南省郑州市中级人民法院(2017)豫 01 民终 14848 号民事判决书。

用公平原则进行判决,在说理中,法院指出,行为人的行为虽然与受害人的死亡之间并无必然的因果关系,但受害人确实在与行为人发生言语争执后猝死,故依据《侵权责任法》第24条的规定,酌定行为人向受害人承担15 000元的补偿责任。该案一审判决作出并经媒体报道后,引发了舆论热议,公众对本案的主要聚焦点在于,在公共场所吸烟已属违法,行为人杨某作为劝烟者,劝阻吸烟的行为应得到法律鼓励,而且劝阻吸烟也是一种道德义务,让劝烟者承担责任的做法不甚可取。也许受到舆论的压力,二审法院适用《侵权责任法》第6条的规定进行了改判,在论述上,二审法院指出,"如果分担损失,让正当行使劝阻吸烟权利的公民承担补偿责任,将会挫伤公民依法维护社会公共利益的积极性,既是对社会公共利益的损害,也与民法的立法宗旨相悖",对于公平责任能否适用,二审法院则认为该原则的适用前提是行为与损害结果之间有法律上的因果关系,但本案中杨某劝阻吸烟行为与段某立死亡结果之间并无法律上的因果关系,故公平原则不应适用。

前述判决结果,基本得到了社会各界人士的认同,但法律人士的冷静思考并未止步。且不论判决结果是否正确或妥适,鉴于之前的舆情,法院之所以改判,仍难免被认为迫于压力,认为其立足点仍在于舆论压力下所需要做到的"维护社会公共利益"。虽然有学者指出,"电梯劝烟案"的二审判决聚焦于因果关系的角度认定本案不适用公平责任,具有在规范上明确公平责任构成要件需要具有因果关系要件的意义,可以为类案判决提供有效指引,从而限缩公平责任的适用范围。① 但需要注意的是,从《侵权责任法》第24条的文义看,要求公平责任的适用应当具有因果关系并无成文依据,学界也远未将此认定为通说。② 而且,该案的案情十分特殊(比如除民法问题外尚涉及劝烟等维护公益行为的性质判定),决定了该案只是特例,而不能由该案的判决进行一般性的规则的创设。③ 司法者

---

① 参见张家勇:《也论"电梯劝阻吸烟案"的法律适用》,载《法治研究》2018年第2期。
② 参见王文胜:《〈侵权责任法〉中公平责任规则的构造、表达及其反思——从"郑州电梯劝烟案"说起》,载《法治现代化研究》2018年第5期。
③ 参见孙良国:《语境约束条件下的结果妥当性——法律经济学视角中的"郑州电梯劝烟案"》,载《法治现代化研究》2018年第4期。

在适用规则时，仍然应当保持谦抑，创设性司法仅为例外，而非原则。当然，该案的指导性意义也是显著的，其先后入选了"2018年度人民法院十大民事行政案件""2018年推动法治进程十大案件"，意味着最高司法机关高度认同本案的判决结果，这也清晰地传达出裁判者旨在以个案为推动，限缩公平责任适用的努力。

除宽泛的"公平责任"条款可能导致不良后果外，夹杂着裁判者"公平观"对公平原则的不同理解，也会使得裁判者习惯于以自身的公平观进行裁判，从而造成"有损害发生就应当有人赔偿"的"和稀泥"导向，对《侵权责任法》第37条规定的安全保障义务的适用是其中一大典型。

以同样引发舆论争议的"摘杨梅坠亡案"为例。[①] 该案一审判决认为，杨梅树本身并不存在安全隐患，吴某不顾自身年龄私自上树导致了危险的产生，但旅游经营者仍应就旅游活动中正确使用相关设施、设备的方法以及可能危及旅游者人身、财产安全的其他情形，以明示的方式向旅游者作出说明或者警示，被告作为杨梅树的所有人及景区的管理者，应当意识到景区内有游客或者村民上树采摘杨梅，存在可能危及人身财产安全的情况，但其没有对采摘杨梅及攀爬杨梅树的危险性作出一定的警示告知，存在一定的过错，应承担5%的责任。该案判决同样引发舆论热议。多数舆论认为，死者私自攀爬树木采摘杨梅最终跌落身亡，完全属于"咎由自取"，如果这样的行为也获得赔偿，很可能助长"大闹大赔、小闹小赔"的不正之风。也是受到舆论压力，再审法院进行了改判，指出，"吴某作为具有完全民事行为能力的成年人，应当充分预见攀爬杨梅树采摘杨梅的危险性"，"吴某因私自爬树采摘杨梅跌落坠亡，后果令人痛惜，但行为有违村规民约和公序良俗，且村委会并未违反安全保障义务，不应承担赔偿责任"。

类似因"意外"遭受损害要求他人承担赔偿责任从而引发社会热议的案件不胜枚举，但值得庆幸的是，在不少裁判对形式上的"满意度""人情化"趋之若

---

① 该案基本案情是：吴某在红山村景区（未收取门票）私自上树采摘杨梅时不慎从树上跌落，后吴某被送至某医院治疗，并于当天转至另一医院治疗，最终因抢救无效于当天死亡。参见"李某月、李某如违反安全保障义务责任纠纷案"，广东省广州市中级人民法院（2018）粤01民终4942号民事判决书。

鸯时，亦有司法者在坚守"公平"的应有之义，典型例证包括"冰面溺亡案"[①]和"女童吃香蕉意外死亡案"[②]。在"冰面溺亡案"中，虽然受害人家属要求管理部门赔偿，但一审和二审法院均未支持诉请，法院明确指出，男子溺亡地点不属于公共场所，河道管理部门不负有侵权责任法所规定的安全保障义务。法院虽表达了对于该男子意外溺亡、家庭境遇的同情，但同时指出，裁判不能以情感或结果责任主义为导向，赔偿需要严格地按照法律规定进行判定。在"女童吃香蕉意外死亡案"中，一审和二审法院也都驳回了原告的诉求，二审法院认为，本案是意外事件，覃某不存在故意或过失侵害曾某的行为，无须承担损害赔偿责任；而且在判决说理部分表达了如下观点，即法律应当鼓励民事主体积极地展开社会交往，未成年人间无明显安全隐患的食物分享行为不能认定有过错。

上述案件之所以引发大规模的讨论，很重要的原因在于，案件都是普通百姓自身或者身边可能遇到、可能发生的生活"琐事"，极具生活场景的案例会使得普通民众自觉地将裁判与内心的道德标准、朴素的正义观进行对比，每个人似乎都有资格进行"审判"。一旦此类案件判决当中的裁判说理和论证逻辑与社会普罗大众的普遍观念相左，所谓老百姓心中的"那杆秤"就会发生倾斜。所以，当司法裁判有违大多数人的"生活常识"或"日常情理"上的判断时，立法者或者司法者无疑必须高度谨慎，进行反复斟酌与考量。考察过往判例，至少在一些案件中，裁判说理是对"公平原则"的错位使用。诚如前述，公平原则本应当是最为贴近朴素正义观、内心道德标准的民法基本原则，是最容易让裁判结果获得实质公正的法律方法，如今却在实践中有所异化，或成为具体规定向一般条款逃逸的"跳板"，或成为"吃大户"的正当化理据，导致在个案中适用效果反而并不

---

[①] 该案基本案情是：男子在北京市丰台区永定河冰面遛狗时不慎落水溺亡，其家属将北京市水务局、丰台区水务局、北京市永定河管理处、丰台区永定河管理所诉至法院，要求赔偿。参见"支某等与北京市丰台区永定河管理所等生命权、健康权、身体权纠纷案"，北京市第二中级人民法院（2019）京02民终4755号民事判决书。

[②] 该案基本案情是，苏某在菜地捡菜时将几个芭蕉给了孩童覃某，覃某父母得知时未提出异议。其后，覃某将芭蕉分给了伙伴曾某，曾某食用后出现异状，经抢救无效死亡。事后查明曾某死因为异物吸入窒息，其家属要求分食芭蕉的覃某予以赔偿。参见"蒋某某、曾某诉覃某某、苏某某生命权纠纷案"，广东省佛山市中级人民法院（2015）佛中法民一终字第1211号民事判决书。

理想，出现了通过"实质公平"的方式所获得结果反而滑向"形式公平"的诡异现象。

司法裁判不仅为个案定分止争，还承担着通过个案向社会传递正确价值导向并以此教化民众的功能。以上转述的案件裁判不啻对原先异化和错位的公平原则的澄清，昭示着真正的公平原则在司法实践中的回归——司法裁判并没有因案件中被诉请赔偿方有较好的经济承担能力就判定其无理由"买单"，也没有为了表面上的"死者为大"这一人之常情掩盖了事实上的不法行径，更没有为了追求看似各方满意的结果而判令守法者与"小恶"妥协。真正的公平原则本应如此，适用的正当理据应当是对形式公平的纠偏和调整，而最终目的是实现民事活动的实质正义。如此判决是对互帮互助、团结友善的良好道德风尚的宣传和弘扬，使得裁判发挥了引导社会价值的作用。[①]

需要指出的是，在个案中贯彻公平原则的本意，终究仅是权宜之计。虽有学者试图从解释论上达致限缩公平责任适用的目的，但对公平原则的滥用彻底进行纠偏，仍然需要对成文法进行修改，以限制《侵权责任法》第24条赋予裁判者的自由裁量权。[②] 值得关注的是，《民法典（草案）》已经意识到公平原则的泛滥，在侵权责任编中对公平原则的规定进行了修改，《民法典（草案）》第1186条的表述为受害人和行为人对损害的发生都没有过错的，依照法律的规定由双方分担损失。与《侵权责任法》第24条相比，民法典草案规定的最大变化在于删除了法官可以"根据实际情况"判断可否分担损失，同时必须依照"法律的规定"对公平责任进行适用，其很大程度上限制了法官的自由裁量权。如果该规则最终确定，就意

---

① 参见最高人民法院于2015年12月24日发布的《关于当前民事审判工作中的若干具体问题》。

② 解释论上的努力，参见曹险峰：《论公平责任的适用——以对〈侵权责任法〉第24条的解释论研读为中心》，载《法律科学（西北政法大学学报）》2012年第2期；陈本寒、陈英：《公平责任归责原则的再探讨——兼评我国〈侵权责任法〉第24条的理解与适用》，载《法学评论》2012年第2期；窦海阳：《侵权法中公平分担损失规则的司法适用》，载《法商研究》2016年第5期。另有观点指出，立法者设计《侵权责任法》第24的本意就在于将公平责任限制在"依法"的情形，亦即该规则主要适用于《侵权责任法》第32条规定的未成年人和精神病人致人损害、第33条规定的暂时丧失心智以及第87条建筑物抛掷物、坠落物损害责任等。除此之外，只有在特别需要适用该规则时方可适用。参见杨立新：《侵权责任法》，北京，法律出版社2018年版，第115页。

味着法官不能再根据自己的或来自法外认知的"公平观"来适用公平责任，而必须有其他法律的指引。更进一步，法典的体系效应告诉我们，既然公平原则在侵权责任法领域的具体规则应当受到限缩，发源于公平原则的其他规则的适用，也应在解释论上予以必要限缩。

### 以绿色原则为例

作为《民法总则》唯一新增的基本原则，"绿色原则"被广泛评价为民法总则的立法亮点和重要创举之一。此处所谓"绿色原则"，其实称谓不一，指代的是《民法总则》第9条确立的"民事主体从事民事活动，应当有利于节约资源、保护生态环境"的规定。①

《民法总则》仅以一个条文对环境保护问题做了原则性规定，观察其余单行法，无论是《环境保护法》、《水污染防治法》、《大气污染防治法》、《固体废物污染防治法》、《噪声污染防治法》还是《海洋环境保护法》，其内容多为行政性规定，并非主要调整民商事主体之间的权利义务关系。因此问题在于，于民法典总则编中规定绿色原则，意义何在？论者可能会指出，在未来的民法典各分编，包括物权编、合同编和侵权责任编之中，可以辅之以具体制度性规范落实绿色原则。但进一步的问题是，如何将污染环境与诸如合同的效力抑或其他制度挂钩，如何使物权人行使物权时能够自觉遵守绿色原则规定的节约资源的义务，又如何责令污染环境的责任人负担更重的责任，甚至承担惩罚性赔偿责任。诚如学者所

---

① 就《民法总则》第9条规定的原则，有学者称之为"环境资源保护原则"，参见尹田：《民法基本原则与调整对象立法研究》，载《法学家》2016年第5期；有学者称之为"人与自然和谐发展原则"，赵万一：《民法基本原则：民法总则中如何准确表达？》，载《中国政法大学学报》2016年第6期。在官方的文件中，将该原则称为"绿色原则"。参见李建国：《关于〈中华人民共和国民法总则〉（草案）的说明》，载《民法总则立法背景与观点全集》编写组编：《民法总则立法背景与观点全集》，北京，法律出版社2017年版，第3～10页。此后的文献，也多以绿色原则对该条规定确立的原则进行称谓。参见吕忠梅课题组：《"绿色原则"在民法典中的贯彻论纲》，载《中国法学》2018年第1期；贺剑：《绿色原则与法经济学》，载《中国法学》2019年第2期；刘长兴：《论"绿色原则"在民法典合同编的实现》，载《法律科学（西北政法大学学报）》2018年第6期。

言，在行使物权、债权、知识产权等财产权利时，如何发挥物的效能，防止和避免资源被滥用，使资源的利用达到利益最大化，使有限的资源在一定范围内得到更充分的利用；如何在传统民法制度的修正和新型的类似于排污权、碳排放权、水权等制度的创新与民事立法展开，都仍然需要进一步的考虑。[①]

但是，既然将绿色原则作为民法的基本原则规定在总则部分，就绝不仅是在简单地进行宣示，而是希冀其发挥民法基本原则所应当起到的作用。换言之，立法者希望在法典中固定利益衡量的结论，将生态环境保护理念融入民法内部价值体系，使之贯穿于物权、合同、侵权甚至婚姻家庭和继承的各个领域；同时，通过指导民法典各分编的立法，影响外部体系的解释与适用，从而限制司法者利用自由裁量权进行利益判断的空间。绿色原则入典意味着环保理念不再只是关涉环境保护的法律法规的基本原则，民事主体也不仅仅要严格执行《环境保护法》中的严格行政措施，还需要在私法之中也贯彻这一理念。当然，如何具体贯彻，首先还得回到绿色原则制定之初的学说争议之中，厘定绿色原则的功能与定位，以及立法者缘何在反对声中坚持将绿色原则入典；其后，通过立法论、司法论和法律解释三个维度，大抵可对绿色原则旨在发挥的体系效应有所认识。

**绿色原则入法之争：功能与定位**

在民法学界，较早倡议将环境保护理念纳入民法典的是徐国栋教授 2004 年撰写的《绿色民法典草案》，该草案将环境保护和节约资源理念作为民法基本原则规定于草案第 9 条，同时在草案的其他部分对诸如物权行使的环保原则等问题做了探讨。[②] 本次民法典编纂中，绿色原则最早见诸 2015 年 6 月中国法学会提交全国人大常委会法工委的《民法总则建议稿》，该建议稿第 8 条规定："民事主体从事民事活动应当节约资源和能源、保护生态和环境，促进人与自然的和谐发展。"[③]

---

[①] 参见杨立新主编：《中华人民共和国民法总则要义与案例解读》，北京，中国法制出版社 2017 年版，第 65 页。

[②] 《绿色民法典草案》第 9 条："当事人进行民事活动，应遵循节约资源、保护环境、尊重其他动物之权利的原则"。参见徐国栋主编：《绿色民法典草案》，北京，社会科学文献出版社 2004 年版，第 4 页。

[③] 中国法学会：《中华人民共和国·民法总则专家建议稿》，见中国民商法律网：http://www.civil-law.com.cn/zt/t/? id=30198，最后访问日期：2020 年 4 月 9 日。

第四章 体系的内部效应

此外,北京航空航天大学主持的《民法总则建议稿》中,亦在第10条第2款设置了保护自然资源和环境的原则,即"民事活动应当尊重自然生态保护,不得破坏自然环境和浪费自然资源"[①]。

2016年6月《民法总则(草案)》(第一次审议稿)公布,该稿借鉴了中国法学会专家建议稿的精神,于第7条规定:"民事主体从事民事活动,应当保护环境、节约资源,促进人与自然和谐发展。"在《民法总则(草案)》(第一次审议稿)征求意见的过程中,不少意见反对将绿色原则规定在"基本规定"一章,该类意见的主要顾虑有三:第一,基于法律存在着不同的分工,民法主要功能在于保护民事权益,环境保护的问题应主要由环境保护法等去解决,所以不宜确立其为民法基本原则[②];第二,绿色原则条款公法色彩浓厚,若以民法基本原则加以规定,还可能导致实践中民事活动科以不合理的环保考量[③];第三,绿色原则纯粹是一种"道德指引",并无实际意义,违反相应规定也没有法律后果。[④] 申言之,反对将绿色原则入典的主要意见是质疑该原则在民法典中的功能和定位,亦即认为倡导绿色虽然是当下共识,但是该类共识不属于私法上的共识,而应交由类似环境保护法等行政类法规固定,将绿色原则规定在民法典中,可能造成功能上的偏差,不符合民法典的私法定位。作为妥协,《民法总则(草案)》(第三次审议稿)将绿色原则从基本原则中删除,改为在第五章"民事权利"中的第133条进行规定,其表述为:"民事主体行使民事权利,应当节约资源、保护生态环境;弘扬中华优秀文化,践行社会主义核心价值观"。

但在草案第三次审议稿面向社会公开并征求意见后,部分学者和人大代表对

---

[①] 《民法总则专家建议稿——龙卫球》,http://ishare.iask.sina.com.cn/f/V0NOHskzWU.html,最后访问日期:2020年4月9日。

[②] 参见《全国人民代表大会法律委员会关于〈中华人民共和国民法总则(草案)〉修改情况的汇报》,载《民法总则立法背景与观点全集》编写组编:《民法总则立法背景与观点全集》,北京,法律出版社2017年版,第27页。

[③] 参见《李建国副委员长主持召开民法总则草案上海座谈会简报》,载《民法总则立法背景与观点全集》编写组编:《民法总则立法背景与观点全集》,北京,法律出版社2017年版,第126页。

[④] 参见尹田:《民法基本原则与调整对象立法研究》,载《法学家》2016年第5期;赵万一:《民法基本原则:民法总则中如何准确表达?》,载《中国政法大学学报》2016年第6期。

将作为基本原则的"绿色原则"降格为权利行使原则的做法并不认同，并倡议恢复"绿色原则"作为民法基本原则的定位，理由具体如下：第一，仅将绿色原则规定在民事权利一章的做法不仅大大降低了绿色发展理念在民法中的地位，而且使其内容也被大大限缩；第二，绿色原则的基本原则地位，有助于突出绿色原则作为民法典的基本价值取向，更能全面体现绿色原则在民事主体行使民事权利、履行民事义务和承担民事责任等民事活动各领域的引导和规范作用，是我国民法典回应 21 世纪资源环境日益恶化这一时代特征的重要立法举措，也是对传统民法基本原则体系的重要创新；第三，只有将绿色发展理念作为一项基本原则，才能使其成为所有民事活动的遵循和司法判断的准则。①

细究上述理由，可以发现赞成绿色原则入典的学者同样是从绿色原则的功能和定位角度出发进行的论述，即认为将绿色发展理念作为民法的基本原则，能够最大限度发挥绿色原则于各领域的规范作用，同时使得该种理念成为所有民事活动和司法裁判的依据。对于民法而言，此类环境保护条款绝非以生态环境利益来取代私人利益保护的根本定位，亦非二者的简单叠加，而是在特殊情形下的价值平衡。换言之，民法的任务仍主要在于确认与保护民事权益，但又不可否认，私主体应当对与自己活动相关的生态环境问题予以关切，因此在必要时基于生态环境保护的需要限制意思自治的适用，乃特殊而非常态。② 从这个意义上说，绿色原则不会破坏民法本身的价值体系，也不会使得环境保护法的本体功能受到弱化，在绿色原则入法之前，关于环境保护的问题通常被纳入违反公序良俗原则中进行考量，在绿色原则出台后，生态环境保护理念成为独立的价值理念，可作为民法的体系解释与目的解释的一个价值要素，在内部价值融贯问题上发挥重要作用。

民法典的编纂总是在回应时代的现实需求中不断前行，绿色原则入法亦是在

---

① 参见蒲晓磊：《"绿色原则"纳入基本原则适应现实需求》，载"法制网"，http://www.legaldaily.com.cn，最后访问日期：2020 年 4 月 8 日。
② 如有观点指出，绿色原则将生态考量引入民法内部体系，是对自愿原则的必要限制，进而构成对私人自制的限制。参见樊勇：《私人自治的绿色边界——〈民法总则〉第 9 条的理解与落实》，载《华东政法大学学报》2019 年第 2 期。

摸索中向前。<sup>①</sup> 在 2017 年 3 月 8 日公布的《民法总则（草案）》（第四次审议稿）中，绿色原则再次回归基本原则一章，直至 3 月 15 日《民法总则》正式通过，至此，绿色原则作为民法的基本原则被正式纳入民法总则之中。立法机关在"关于《中华人民共和国民法总则（草案）》的说明"中指出，将绿色原则确立为基本原则，既传承了天地人和、人和自然和谐共生的我国优秀传统文化，也体现了党的十八大以来的新发展理念，与我国是人口大国、需要长期处理好人与资源生态的矛盾这样一个国情相适应。<sup>②</sup> 学者在论及绿色原则的意义时，则主要从以下三方面展开：第一，绿色原则成为民法基本原则，使得我国民法成为一部兼顾环境保护要求的更具多元价值的社会化民法典，在追求个人关系的私本位关系合理的同时，兼顾个人利益与自然生态利益的关系和谐。<sup>③</sup> 第二，我国正处于环境污染和生态危机严重困扰的时期，特别是雾霾的污染程度已经非常严重，民法总则于基本原则层面确立绿色原则可谓是对环境保护之现实需求的回应。<sup>④</sup> 第三，通过这个原则，在民法和环境保护法之间，形成了一种与过去有着重要不同的新的关系，两者之间的体系关联进入一个新型关系阶段。

可见，绿色原则的入法仍主要是为了适应环境保护的现实需求，事实上，生态环境问题的变化是传统民法在确立价值取向时无法预见的问题，建立在"风车磨坊"时代的体系认知前见，使得以私人自治为核心的民法概念无法对相应问题妥善应对。绿色原则的法典化，可谓是当代民法应对社会化趋势的重要体现。

**绿色原则的体系效应**

通常而言，民法基本原则根据其是否为民法的构建基础，可以分为民法的内

---

① 诚如学者所言，自罗马私法以来，民法作为社会生活的百科全书，无不是时代精神、民族精神的立法表达。参见郭峰：《民法总则的时代精神与特色》，载《财经法学》2017 年第 3 期。

② 参见《民法总则立法背景与观点全集》编写组编：《民法总则立法背景与观点全集》，北京，法律出版社 2017 年版，第 7 页。

③ 参见龙卫球：《我国民法基本原则的内容嬗变与体系化意义——关于〈民法总则〉第一章第 3—9 条的重点解读》，载《法治现代化研究》2017 年第 2 期；郭峰：《民法总则的时代精神与特色》，载《财经法学》2017 年第 3 期。

④ 参见王利明主编：《民法总则详解》（上册），北京，中国法制出版社 2017 年版，第 46 页；杨立新：《民法总则：条文背后的故事与难题》，北京，法律出版社 2017 年版，第 34 页。

部原则和民法的外部原则。民法的内部原则为民法的根本原则和内在基础,诸如平等原则、自愿原则、公平原则、诚实信用原则等皆属于民法的内部原则。民法的外部原则指民法需要尊重的政治原则或其他重大社会价值,其并非民法的构建基础,却属于其外部价值平衡所在,绿色原则属于外部原则的典型。① 民法的外部原则在欧洲统一民法典草案中有较为典型的体现,该草案确立的外部整体性原则包括保障基本人权原则、保护文化和语言的多样性原则、保护生态环境以及维护区域发展等。② 可见,将绿色原则作为民法外部原则,并纳入民法基本原则之中,也是当代民法发展的趋势所在。

作为外部限制性原则的绿色原则,使民法在内在价值体系上与环境保护法规建立起一种链接关系,有学者形象地将此种链接关系比喻为电脑上的 USB 插口,通过在《民法总则》中留出民法特别法的插口,其他特别法都得以通过这个插口与民法典链接起来,从而与民法典的价值体系融成一体。③ 但如前所述,绿色原则的立法目的本身不是以生态环境利益的考量取代私法自治的定位,而是特别情况下的价值平衡。从权利义务角度出发分析,绿色原则应属于私人对公共利益的义务,其一定程度上与公序良俗原则存在交叉,如何在价值体系上形成融贯,这需要深入分析绿色原则在民法基本原则体系中的定位,并通过与其他规则之间的良性互动以形成自洽的内部价值体系。

同时,绿色原则的法律适用与其语词的具体含义有着密切的关系,由于绿色原则条款一方面使用了"生态环境"这样一个饱受理论界诟病且容易引起概念含混的术语,另一方面又使用了"节约资源"这种义务性的且似乎无法准确把握的法律表述。④

---

① 关于这种分类的具体论证,参见侯佳儒:《民法基本原则解释:意思自治原理及其展开》,载《环球法律评论》2013 年第 4 期。

② 参见龙卫球:《民法与环境保护法形成新型"链接"关系》,载《检察日报》2017 年 6 月 13 日,第 3 版。

③ 参见杨立新:《民法总则对民法特别法的链接功能》,载《法学家》2017 年第 6 期。

④ 何谓生态环境历来是饱受争议的一个概念,例如《侵权责任法》第 65 条是否适用于因破坏生态造成他人损害的情形,在学理上和司法实践中都存在争议,事实上,"生态环境"并非一个科学的用语,其仅可与"生活环境"并列用于非环境、非生态领域。而《侵权责任法》所谓的"污染生态环境"实质上指污染自然环境,对称于污染人工环境。因此该法第 65 条所规定的"因污染环境造成损害"的致害原因行为不包括破坏生态的行为。参见竺效:《论环境侵权行为的原因扩展》,载《中国法学》2015 年第 2 期。

严格而言,"资源"并非具有确定含义的法律术语。在民事单行法和环境法中,确切的表述是"自然资源",《物权法》中有关于自然资源物权的规范,《环境保护法》及其单行立法中,所涉及的"资源"也明确指向土地、矿藏、森林、草原等自然资源。"资源"概念的外延显然要大于"自然资源",作为法律用语,则存在指向不明的问题。① 因此,如何在外部规范体系上准确地贯彻绿色原则,仍有待于解释论的作业。

如前所述,将生态环境保护的绿色原则直接提升到民法基本原则的高度,是我国民法立法一次重大突破,该规定不仅具有宣誓意义,也具有外部体系效应。尽管在措辞上,该条文表述的是民事主体从事民事活动,应当节约资源,保护生态环境,但从体系效应出发,该条文会深刻地影响立法、司法者和法律解释活动的展开。申言之,在民法典各分编的编纂过程中,应当考虑到绿色原则作为基本原则的作用,在合同编、物权编和侵权责任法妥善配套具体的制度,以践行环境保护理念;司法者在裁判之时,也应考虑到绿色原则的约束,避免裁判结果与之相冲突;法律解释者在解释法律时,也应考虑绿色原则对诸如合同效力、物权相邻权等问题的影响,在文义解释的基础上综合运用体系解释等解释方法。

**立法论层面**

于立法论层面,最为直接的影响是条文表述的"应当节约资源,保护生态环境"的将起到约束立法者的作用。在民法总则通过后,立法者的工作重心开始转移到民法典各分编的制定之中,而民法典各分编的立法,必然应考虑到民法基本原则的指导作用。

例如,在物权制度中,有学者呼吁,首先,应当确立"物权行使的环保原则",从而构成对所有权绝对原则的限制和制约;其次,应当完善相邻关系(增加眺望、光污染内容,将保护环境作为处理相邻权的价值之一)和地役权制度

---

① 参见史玉成:《环境法学视角下〈民法总则(草案初审稿)〉若干问题评析与建议》,载《甘肃社会科学》2017年第1期。

（增加林木、海域等役权，目的条款增加环保内容），增加添附条款①；再次，创设"资源利用权"这一特许物权，确认合理利用自然资源的公共性权利；最后，明确生态环境要素的"公共财产地位"②。也有学者认为，应在用益物权的行使增加"符合标的物的自然属性和正当用途，不超出生态环境的承载限度"的规定。③还有学者认为，应当依据绿色原则对矿业权制度进行改造。④

再如，在合同制度中，学者提出了以下几点举措，第一，实现合同法一般规则的绿色化，包括在合同效力（增加破坏生态环境的合同无效的规定）、合同履行规则（增加环境保护作为附随义务的规定、增加环境资料条件变化属于情事变更）方面为绿色原则入合同规则打开通道；第二，增设绿色有名合同并予以类型化，如环境容量使用权合同、资源利用权合同、环境服务合同等。⑤现行《合同法》第52条和《民法总则》第153条规定了合同无效的法定事由，但基本没有解释者认为违反环境法的合同属于违法从而导致合同无效，但是如果违反环境法规的行为，可以认定为违反《合同法》第52条第5项的效力性强制规范并导致合同无效。

除物权和合同制度外，侵权行为与责任制度显然更被寄予厚望。《侵权责任法》对于贯彻绿色原则拥有较为良好的基础（专章规定环境侵权责任、规定举证责任倒置等规则）。论者的主要观点认为，我国现行的《侵权责任法》仅用4个条文规定了"污染环境"造成损害的民事责任，但没有规定"破坏生态"造成损

---

① 另有学者认为，在发挥环境保护功能方面，地役权还具有针对性强、成本低、具有稳定性和预防性的优势。但目前地役权的制度目的在于提高不动产的利用效率，在环境保护方面也有供役地人积极性不高、协商效率低等劣势，故建议借鉴美国和大陆法系国家的经验，在某些领域增设强制地役权、承认自己地役权，以及制定税收优惠政策，以大力发挥我国地役权的环境保护功能。参见孙宇：《地役权的环境保护功能探析》，载《环境保护》2015年第18期。也有学者认为，应由私人地役权转向公共地役权，并将地役权适用于土地管理和环境保护。参见孙鹏、徐银波：《社会变迁与地役权的现代化》，载《现代法学》2013年第3期。
② 吕忠梅课题组：《"绿色原则"在民法典中的贯彻论纲》，载《中国法学》2018年第1期。
③ 参见巩固：《民法典物权编"绿色化"构想》，载《法律科学（西北政法大学学报）》2018年第6期。
④ 参见马竞遥：《绿色原则在民法典分则编的体系化实现》，载《求索》2019年第5期。
⑤ 参见吕忠梅课题组：《"绿色原则"在民法典中的贯彻论纲》，载《中国法学》2018年第1期。刘长兴：《论"绿色原则"在民法典合同编的实现》，载《法律科学（西北政法大学学报）》2018年第6期。

害的民事责任,当务之急是构建对生态利益损害的赔偿制度。[1]

在损害赔偿方面,学者提出应加入惩罚性赔偿制度和精神损害赔偿制度,以增强对环境侵权行为的惩罚力度。[2] 关于责任承担方式,《民法总则(草案)》(第一次审议稿)第 160 条第 1 款第 5 项曾规定:"承担民事责任的方式主要有:恢复原状、修复生态环境"[3],但从草案第二次审议稿开始,此项规定中的"修复生态环境"便被删去,至于删除的原因,可能主要是考虑到民事责任中"恢复原状"可以扩展适用于污染环境、破坏生态以及荒废地域的复原,无须再增加单独的修复生态环境责任。[4] 但是,"修复生态环境"与"恢复原状"仍有区别。于损害赔偿角度,环境生态损害赔偿中间接损失的范围远比民法中的损害的概念要更为宽泛。于责任形式角度,虽然"修复生态环境"可作为民事责任中"恢复原状"的一种形式,但其责任判断标准、责任内容、履行方式等,都与民法上的"恢复原状"大相径庭,更多体现的是环境法的整体主义思维、风险预防和公众参与原则、技术与法律的协同等理念和制度。[5] 因此,虽然在《民法总则》中未能写入"修复生态环境",但论者仍然认为,"修复生态环境"可以作为一种独立的民事责任承担方式,从立法技术角度而言,民法总则最终没有将"修复生态环境"纳入民事责任承担方式之中,因而在侵权责任编中进行增加的可能性不大,但将"修复生态环境"作为环境公益救济而非私力救济的主要责任承担方式,在专门的环境立法中加以规定,或许是更加切实可行的制度安排。因为民法作为市民社会的基本法,其确立的价值理念,仍可能在其他法律中得到借鉴与

---

[1] 早于民法典立法前,便有学者主张,有必要将生态破坏致人损害的情形亦纳入环境侵权的调整范围。参见吕忠梅、张宝:《环境问题的侵权法应对及其限度——以〈侵权责任法〉第 65 条为视角》,载《中南民族大学学报(人文社会科学版)》2011 年第 2 期。民法典编纂过程中,亦有诸多学者重申该观点。参见张新宝、汪榆淼:《污染环境与破坏生态责任的再法典化思考》,载《比较法研究》2016 年第 5 期;侯国跃、刘玖林:《民法典绿色原则:何以可能以及如何展开》,载《求是学科》2019 年第 1 期。

[2] 参见杨立新、李怡雯:《生态环境侵权惩罚性赔偿责任之构建——〈民法典侵权责任编(草案二审稿)〉第一千零八条的立法意义及完善》,载《河南财经政法大学学报》2019 年第 3 期。

[3] 《中华人民共和国民法总则(草案)》,http://www.civillaw.com.cn/zt/t/?id=31037,最后访问日期:2020 年 3 月 29 日。

[4] 参见陈甦主编:《民法总则评注》,北京,法律出版社 2017 年版,第 1276 页。

[5] 参见吕忠梅、窦海阳:《修复生态环境责任的实证解析》,载《法学研究》2017 年第 3 期。

贯彻。

在细致的制度完善方面,有学者提出,应考虑将环境侵权的原因行为类型化、扩大环境侵权的救济范围、增加与环境公益诉讼的衔接条款。① 如增设环境侵权责任与环境公益诉讼及生态环境损害赔偿制度、生态环境修复责任制度、环境公益诉讼费用承担机制等。②

另外,还有学者指出,在人格权编方面,应当将环境权法定化的需求与人格权法落实绿色原则的要求结合,在人格权的基本规定中明确良好环境权为新型人格权,同时在健康权条文中加入环境保护的要求,并创设专门的良好环境权条文以及相应的保护规则条文,以推进环境权的法定化以及《民法总则》绿色原则在人格权法中落实。③

**司法论层面**

除对立法产生影响外,绿色原则还将对司法活动产生诸多辐射效应。但是,此种论调一度招致较为严重的批评。如有观点指出,我国几乎所有的法学部门,都会规定本部分的基本原则,其可谓具有中国特色的法学话语。但各部门法的基本原则却呈现出政治、政策、伦理等多维面向,且多为基本原则和法律的一般原则的杂糅,深入分析会发现,各个学科的基本法律原则几乎不具有司法适用的价值,而沦为宣示性的原则。论者进一步指出,《民法总则》第 9 条的性质是一种政治宣誓条款或者是《民法总则》的美化性条款,其没有实际的司法意义和适用价值,在不成熟的法治语境下,此条款的意义只在于表明了一种立法愿景,纯属"好看"④。

更为尖锐的观点认为,民法应该是"纯净的民法",这是对传统民法精神的

---

① 参见吕忠梅课题组:《"绿色原则"在民法典中的贯彻论纲》,载《中国法学》2018 年第 1 期;竺效:《论环境侵权原因行为的立法拓展》,载《中国法学》2015 年第 2 期。

② 参见刘超:《论"绿色原则"在民法典侵权责任编的制度展开》,载《法律科学(西北政法大学学报)》2018 年第 6 期。

③ 参见刘长兴:《环境权保护的人格权法进路——兼论绿色原则在民法典人格权编的体现》,载《法学评论》2019 年第 3 期。

④ 尹田:《民法基本原则与调整对象立法研究》,载《法学家》2016 年第 5 期;赵万一:《民法基本原则:民法总则中如何准确表达?》,载《中国政法大学学报》2016 年第 6 期。

价值守望和回归,是一种传统私法理想的坚守与重申。这决定了,民法在法学体系中的价值,不必通过扩张疆域和领土去证明,民法应尽力保持一种适当的保守和封闭,为个人意思自治建立屏障和防护墙。①

问题在于,完全封闭的纯粹民法时代早已不存在。从环境保护的公共需要和民法演进的历史规律的角度看,绿色原则的存在不仅有其理论价值,其实践意义也不可忽视。在比较法上,无论是英美法系还是大陆法系,在法律研究话语体系中皆无部门法的基本原则一说,一般而言,法学家研究的是法律领域的一般法律原则。而且,国外学者对于一般法律原则的研究与司法实践活动密切相关,由于司法实践中一些疑难案件存在法律规则之缺位、法律规则冲突等规则难以适用的情况,故在不能适用法律规则的情况下,疑难案件的裁判需要借助一般法律原则的适用,而与法律规则相比,法律原则无疑具有更高的抽象性,有助于解决司法裁判的法律适用问题,因而一般法律原则的特点在于其具有司法可适用性。② 对于一般法律原则的归纳与研究的旨趣在于,面对疑难案例中严格规则主义面临的司法挑战,一般法律原则作为一种补救性法律规范得以适用,其本质在于维护法治、排除人治,即尽量通过一般法律原则的适用实现法治。

在《民法总则》对绿色原则作出规定之前,裁判者在审理环境侵权案件时,仅可依据《侵权责任法》第八章"环境污染责任"的相关规定作出判决。而在《民法总则》规定了绿色原则之后,如果裁判者在审理案件时遇到类似生态破坏的情况,绿色原则就能够为其解释和适用法律提供充分的判决依据。虽然绿色原则本身并不符合完整的规范逻辑结构,其规范属性和能否成为裁判规范也仍然存

---

① 参见苏永钦:《让民法变得更纯净》,见燕大元照法律图书的博客,http://blog.sina.com.cn/s/blog,最后访问日期:2020年3月18日。
② 在前近学者的论述中,亦有反对这种基本原则的司法适用性的观点,诸如有观点认为,传统民法知识体系中,基本原则指不具裁判功能的"一般法律思想",而并不在民法典中规定,其与作为裁判规范的诚实信用、善良风俗等概括条款迥然不同。我国《民法通则》基本原则章实际上是把"一般法律思想"与"概括条款"混而为一,导致诸理论误区与实践弊端。其进一步认为,民法总则不应再于法典伊始集中规定基本原则,也不应再将一般法律思想明文化。诚实信用、公序良俗这些概括条款应当各归其位,放在各自的适用领域之中。参见于飞:《民法基本原则:理论反思与法典表达》,载《法学研究》2016年第3期。

在疑问,但是,绿色原则的法典化,至少可以为法官寻找立法的本意或者法律价值取向,并通过法律目的解释裁判具体案件起到至关重要的作用。

裁判方面的典型例证为常州市环境公益协会诉诸某某、常州博世尔物资再生利用有限公司等土壤污染民事公益诉讼案。① 该案基本案情为:2012年9月1日至2013年12月11日,储某某经博世尔公司同意,使用该公司场地及设备,从事"含油滤渣"的处置经营活动。其间,金科公司明知储某某不具备处置危险废物的资质,允许其使用危险废物经营许可证并以该公司名义从翔悦公司、常州精炼公司等处违规购置油泥、滤渣,提炼废润滑油进行销售牟利,造成博世尔公司场地及周边地区土壤受到严重污染。2014年7月18日,常州市环境公益协会提起诉讼,请求判令储某某、博世尔公司、金科公司、翔悦公司、精炼公司共同承担土壤污染损失的赔偿责任。

一审法院受理后,依照法定程序就环境污染损害情况委托鉴定,并出具三套生态环境修复方案,在受污染场地周边公示,以现场问卷形式收集公众意见,最终参考公众意见、结合案情确定了生态环境修复方案。在判决中,一审法院认为,储某某违反国家规定,借用金科公司的危险废物经营资质并以该公司名义,将从翔悦公司、精炼公司购买的油泥、滤渣进行非法处置,污染周边环境;博世尔公司明知储某某无危险废物经营许可证,为储某某持续实施环境污染行为提供了场所和便利,造成其场地内环境污染损害结果的发生;翔悦公司、精炼公司明知储某某行为违法,仍然违规将其生产经营过程中产生的危险废物交由储某某处置,未支付处置费用,还向储某某收取危险废物价款。五被告之行为相互结合导致损害结果的发生,构成共同侵权,应当共同承担侵权责任。遂判令五被告向江苏省常州市生态环境法律保护公益金专用账户支付环境修复赔偿金283万余元。判决生效后,一审法院组织检察机关、环境保护行政主管部门、鉴定机构以及案件当事人共同商定第三方托管方案,由第三方具体实施污染造成的生态环境治理和修复。

本案最终的判决结果得到了社会各界的肯定,裁判者对绿色理念的坚守和多

---

① 参见江苏省常州市中级人民法院(2014)常环公民初字第2号民事判决书。

元解释方法的运用也得到了诸多赞扬。绿色原则的入典，对于法律适用的主要意义就在于其会发生特殊的方法论影响。在裁判理念上，绿色原则应当被作为裁判者作出价值判断的重要考量因素之一，在解释上，裁判者也应当在必要时通过体系解释、目的解释等方法贯彻绿色理念。将来裁判者在关涉环保问题的个案中，就应秉承着审查是否存在适用绿色原则的高度注意，在确有必要时，通过适用绿色原则，对民法中的其他原则和规则进行限制。

**法律解释层面**

在法律解释层面，绿色原则的体系效应主要体现于内部体系效应，即在对民法原则和规则进行解释的过程中，也应当将绿色原则确立的环保理念作为必要的价值考量，从而可能对其他基本原则和物权、合同、侵权及人格权的制度规则产生限制。

在对其他基本原则的解释上，绿色原则主要起到限制作用。详言之，作为一项着重考虑绿色环保公益的基本原则，绿色原则必然构成对意思自治原则的限制。意思自治原则强调私人领域应"由己立法"，但在绿色原则的约束下，此种为己立法必须受到限制，如果私人法不符合"有利于节约资源、保护生态环境"的价值面向，则可能遭到干预，面临不利后果。当然，对于绿色原则包含的价值内涵的理解也是各有所异，但无论如何，该原则对法解释理念带来的影响是毋庸置疑的。[①]

在对具体规则的解释上，绿色原则更是作用空间明显。首先，体现为对物权制度的解释上。虽然如前所述，鼓励民事主体行使物权时应当考量环境保护的因素，但在基本原则解释的框架下，相邻关系仍可以实现环境保护价值。诸如在解释相邻关系的相应制度内容时，虽然主要考虑相邻关系权利冲突中的利益衡平，但在个案中，仍可以在考虑双方的权利冲突的同时考量环境保护的要求，即考虑解释结论是否有利于环境保护作为界定双方的权利的内容，或者是否在解释中纳入了环境保护的要素或者物尽其用、降低社会成本的要素。

---

[①] 如有论者认为，绿色原则的主要价值理念不是环境保护，而是提倡效率原则。参见贺剑：《绿色原则与法经济学》，载《中国法学》2019年第2期。

其次，在对于合同制度的解释上，依据绿色原则，在特殊情况下可以对意思自治原则进行适当解释限缩。诚然，对合同的解释相较于对物权的解释，存在较大的困难，这是由于在合同的规则中，仍主要是当事人的意思自治发挥作用，其他的价值加入难免有以强行法干涉合同自由的嫌疑，但是在特殊情况之下，仍有植入绿色原则价值的可能性。诸如现行《合同法》第156条规定，出卖人应当按照约定的包装方式交付标的物。对包装方式没有约定或者约定不明确，依照《合同法》第61条的规定仍不能确定的，应当按照通用的方式包装，没有通用方式的，应当采取足以保护标的物的包装方式。该条主要目的在于对如何包装作出规制。对该条规定进行解释时，便可以纳入环境保护的因素，例如涉及对该条规定中"通用的方式"进行解释时，就可以纳入环境保护或降低社会成本的考量，考虑特殊情况下包装是否是节约资源、保护环境的，来解释是否适当，通过此种解释方式，便得以在合同制度的解释中将环境保护的绿色原则的要求纳入其中。

再次，在侵权法的解释上，由于侵权规则在环境保护中的作用更受到重视，因此，在绿色原则入典后，侵权规则具有更大的解释空间。侵权责任规则作为法益的调节器，发挥着妥善协调相互冲突的各方利益的功能。绿色原则的出台已经暗含了对传统权利的重新解释，因此侧重于对环境法益、环境侵权受害人的保护，加强对环境侵权人的惩罚，得到了较为一致的认可，只是，相应的解释尚待更多的司法实践去检验。

最后，是关于人格权问题的解释。从法律层面而言，该问题其实就是如何妥善处理人和自然的关系，在人和自然关系中，维持一个必要的生存环境，是对人的基本尊重或者人的尊严的基本保护。在解释上，可以扩张解释人格权的概念，加入环境保护领域的人格权内容。[①] 诸如对健康权的解释，是否可以扩大解释为健康权的概念范围就包括实现环境保护的价值，即如果自然人存在亚健康状态

---

① 学界一直有设立"环境人格权"的呼吁，参见刘长兴：《环境利益的人格权法保护》，载《法学》2003年第9期；刘士国：《环境利益的人格权法保护》，载《法律科学（西北政法大学学报）》2016年第2期；汪劲：《论环境享有权作为环境法上权利的核心构造》，载《政法论丛》2016年第5期；刘长兴：《环境权保护的人格权法进路——兼论绿色原则在民法典人格权编的体现》，载《法学评论》2019年第3期。

(即还没有产生明显的损害时，一些污染对人的健康的影响），能否作为一种可辨别与可被保护的利益，在民法上进行保护等。事实上，许多环境损害对人的健康没有造成可辨识的损害，但该种并不明显的身体损害实际上已经对人的健康造成了损害，此类问题便可以通过对具体人格权进行扩大解释来解决。

## 第四节　民事责任这个筐

### 责任的缘起

民法是私法的基本法。传统大陆法系意义上的私法的诞生，是以18世纪弥漫整个欧洲的启蒙运动为背景的；其建构系以人的自由意志为轴心，寄寓了康德的意志自律（Autonomie）论。[①] 基于对"自由—自治"于"法律—法治"具有前提性意义的承认，以康德的意志自律论为导引，权利乃成为法的核心范畴，即"对法律生活多样性的最后抽象"（安德烈亚斯·冯·图尔 [Andreas von Tuhr] 语），传统民法正是围绕它进行体系化建构的。[②] 权利首先意味着自由意志，即每一个人都有权依其意志自由地作出决定是否从事某一行为。在民法的领域中，有权依其意志自由作出决定的"人"被转换为"权利人"，其决定因而也具有法律上的效力，此即私法自治的题中应有之义。[③] 随着实证主义向法领域的侵入，法同时又被作为某种客观化的建构，实证法乃逐渐成为法的主要表现形式。于是，法被区分为主观权利和客观法，主观权利的具体内容乃经由客观法而获得展现（或"规定"）。这尤其指向围绕主观权利的保护（或救济）而引起的法律后果，它既可以是积极的（如合同履行），也可以是消极的（如损害赔偿）。上述内容也被认为是

---

[①] 参见梁展欣：《民法史的观察》，北京，人民法院出版社2017年版，第173页。
[②] 参见朱岩：《社会基础变迁与民法双重体系建构》，载《中国社会科学》2010年第6期；金可可：《论支配权概念——以德国民法学为背景》，载《中国法学》2006年第2期。
[③] 参见[德]迪特尔·梅迪库斯：《德国民法总论（原书第7版）》，邵建东译，北京，法律出版社2000年版，第67、47～49页。

传统民法对此前在法学领域长期占据统治地位的理性自然法论的某种接续。

**债与责任的融合**

债的关系居于罗马法制度的核心。① 这种债权人针对债务人的现实权力在历史的发展过程中逐渐蜕变为债权人获得损害赔偿或者原物返还的期待。当"债"发展到总是能够通过金钱来赎回时，其概念内涵便发生了颠覆。②

据考察，在优士丁尼"债为法锁"的定义中，已经并存着债和责任两种因素。按照意大利学者彼德罗·彭梵得（Pietro Bonfante）所言："债是这样一种法律关系：一方面，一个或数个主体有权根据它要求一定的给付，即要求实施一个或一系列对其有利的行为或者给予应有的财产清偿；另一方面，一个或数个主体有义务履行这种给付或者以自己的财产对不履行情况负责。"③ 这里的前一个方面是债务；后一个方面就是责任。一般认为，罗马法上"债务与责任合而成为债务之观念，责任常随债务而生，二者有不可分离之关系"④。而事实上，罗马法并没有发展出抽象的权利观念，而是强调经由法定程式的救济，因而其时权利系经由"actio"来表现。因此，称罗马法为权利法，毋宁称之为责任法。"债"的概念原本就包含着国家强制力或者责任的因素。⑤ 按照《学说汇纂》（Digesta, 533）的记载："当我们根据法律的规定做某事，或违反法律的规定做某事时，就是依法承担债务。"（D. 44, 7, 52, 5）在前者，支配他人意志的目的是利益，而且往往是财产性得益；在后者，支配他人意志的目的是秩序，以求贯彻"毋害他人"的原则，使被扭曲的利益关系恢复原状。这种债不是私人实现自己目的的工具，而是国家实现治理、矫正被扭曲的社会关系的工具。⑥

---

① 参见［意］桑德罗·斯奇巴尼：《债的若干问题之原始文献再解读》，李飞译，薛军校，载［意］桑德罗·斯奇巴尼、［中］徐涤宇主编：《罗马法与共同法》第1辑，北京，法律出版社2012年版，第5页。

② 参见［意］马西莫·布鲁提：《关于债的一般理论的若干问题》，陈汉译，载费安玲主编：《学说汇纂》第2卷，北京，知识产权出版社2009年版，第40～41页。

③ ［意］彼德罗·彭梵得：《罗马法教科书（修订译本）》，黄风译，北京，中国政法大学出版社2005年版，第215页。

④ 史尚宽：《债法总论》，北京，中国政法大学出版社2000年版，第3页。

⑤ 参见梁展欣：《民法史的观察》，北京，人民法院出版社2017年版，第178页。

⑥ 参见徐国栋：《民法哲学》，北京，中国法制出版社2009年版，第88～89、91页。

## 第四章 体系的内部效应

罗马法上的"债"脱胎于对债务人人身的约束,初为私罚性,及后则为公法性,债务人的人身责任(responsabilità materiale)被放置在"债"概念的中心位置。"责任"(respondere)概念的产生,源于债务人必须对法庭的审判作出"回答",在其支付"罚金"或"债款"后得到自由。再往后,随着现金赔偿之债的出现,"赔偿之目的不再是赎罪,而是填补行为所造成的损害"的观念取得主导地位。① "债"概念中责任(iuris cinculum)的因素备受强调,学者称此为"债务与责任的失衡"。责任意味着一种敦促债务人进行履行的、间接的强制机制,并不对债务人的人格与自由发生影响。这种债与责任之间的紧密关系,始终是"债"之概念中不可或缺的因素。②

真正确立责任与债的相互独立地位的,是日耳曼派学者卡尔·冯·阿米哈(Karl von Amira)。其在1882—1885年间出版的两卷本《北部日耳曼债法》(nordgermanioches Obligationeurecht)中,明确指出责任与债务为对立之观念。责任为当为承当(Einstehen),债务则为当为给付(Leistensollen);责任之目的,非在债务之履行,而系在债务不履行时,负有代偿责任。责任恒为债务而存在,债务为责任之原动力,因有此原动力,法律始使人或物负其责任。③ 1910年,日耳曼派学者奥托·冯·基尔克(Otto von Gierke)发表《早期德意志法中的债务与责任》一文,标志着债务与责任的区分理论乃趋于完善。基尔克认为,债务(Schuld)是指法的当为(rechtliches Sollen),而不含有法的强制(rechtliches Müssen)之观念。因此,债务不伴有责任,债务人是否履行债务乃属于其自由。在古日耳曼法上,责任(Haftung)乃Varpa,系指"替代"(dafür Zustehen 或 Haften),性质上属于一种给付之代偿(Surrogat)。在债务人当为给付而未为给付时,应服从债权人之强制取得(Zugriftsmacht);正是由于此种强

---

① 参见[德]克雷斯蒂安·冯·巴尔:《欧洲比较侵权行为法》上卷,张新宝译,北京,法律出版社2001年版,第4~5页。
② 参见[意]里卡尔多·卡尔迪里:《合同与债的关系:历史与理论的考察》,陈汉译,载费安玲主编:《学说汇纂》第2卷,北京,知识产权出版社2009年版,第147页。
③ 参见李宜琛:《债务与责任》,载何勤华、李秀清主编:《民国法学论文精萃(第3卷)·民商法律篇》,北京,法律出版社2004年版,第178~183页。

制取得附加于债务,后者才具有拘束力(Bindung)。可见,责任对于实现债的目的,具有担保(Garantie)之作用。① 林诚二教授指出:"从法制史观察,日耳曼法对后世贡献最大者,诚为'责任'与'债务'之区别观念的确立。"②

**"蜜柑之外皮"**

我国于民国时期已有针对"民事责任"的专门论述。如汪翰章主编的《法律大辞典》中提到:"民事责任(债)"是指"因自己之不法行为,而使他人受不利益,所应为损害赔偿之责任也。对刑事责任而称之语"③。其特点在于,民事责任属于债法项下的概念;非与义务相联结,而与"不法"相联结;具体内容系为"损害赔偿"。在我国《民法通则》中,"民事责任"有两种含义④:一是指"主体行为的民事法律后果,包含民事义务",是为广义说。如第43条规定:"企业法人对它的法定代表人和其他工作人员的经营活动,承担民事责任。"⑤ 另如第63条第2款后段、第65条第3款⑥、第66条第1款前段规定的"民事责任"等。二是指"债务不履行或侵权行为的民事法律后果",不包含民事义务,是为狭义说。如第106条第1款规定:"公民、法人违反合同或者不履行其他义务的,

---

① 参见林诚二:《论债之本质与责任》,载林诚二:《民法理论与问题研究》,北京,中国政法大学出版社2000年版,第207~208页;邱雪梅:《民事责任体系重构》,北京,法律出版社2009年版,第25、31页。

② 林诚二:《论债之本质与责任》,载林诚二:《民法理论与问题研究》,北京,中国政法大学出版社2000年版,第208页。然而,科因抱怨称,尽管在进入传统民法之前的共同法时期,已经发展出不限于以经济利益来理解"债"的观点,但由于学说汇纂法学的阉割,直接导致后来德国民法对个人的非物质性权利很长时间都难予保护;见[德]科因:《德国的"潘德克吞法学":从与其先前之"普通法"的关系看》,于莉译,载《清华法学》总第8辑,北京,清华大学出版社2006年版,第35页。

③ 汪翰章主编:《法律大辞典》,陈颐点校,上海,上海人民出版社2014年版,第155页"民事责任"条。

④ 参见佟柔主编:《中国民法》,北京,法律出版社1990年版,第43页。

⑤ 关于本条规定中民事责任的构成的讨论,可参见梁展欣:《企业法人民事归责论——兼评〈民法通则〉第43条》,载梁慧星主编:《民商法论丛》,第13卷,北京,法律出版社2000年版,第324页以下。王泽鉴教授认为,本条寓有社会主义国家集体化的思想;见王泽鉴:《〈中华人民共和国民法通则〉之侵权责任:比较法的分析》,载王泽鉴:《民法学说与判例研究(修订版)》第6册,北京,中国政法大学出版社2005年版,第283、292页。

⑥ 关于本款规定中民事责任的构成的讨论,可参见梁展欣:《试论代理制度中因委托书授权不明而引起的民事归责问题——评〈民法通则〉第65条第3款之规定》,载梁慧星主编:《民商法论丛》,第14卷,北京,法律出版社2000年版,第83~111页。

第四章　体系的内部效应

应当承担民事责任。"如果采上述狭义说,则所谓民事责任,是指民事主体对造成民事权利侵害后果所应承担的民事法律后果。民事责任虽然一般是因违反一定民事义务而引起,但可以直接对民事权利发生保护和救济的作用,而不以违反一定民事义务为前提。

首先,我国民法上的民事责任不再隐身于民事义务的背后,而是直接作为蕴含于民事权利内部的因子,体现主观权利与客观法的统一,而与民事义务发生一定程度的分离。在"权利—义务"的经典范式中,对于权利与义务的关系,学者曾经以"同一事物之两面"概括之。所谓权利,是指民事主体针对特定利益的法律上之力。就此法律上之力,自权利一面观察,为支配或请求之力;自义务一面观察,则为拘束之力;自责任一面观察,为强制之力,所谓民事责任系将上述支配及拘束二力加以统合,在权利人不能实现其权利、义务人不履行其义务之际,直接发挥效用。就责任与义务之关系,如李宜琛教授形象比喻:"有若一个蜜柑,责任为其外皮,而债务则为其内实。内实系存于外皮之中,为外皮所保护,依外皮而出现者也。"[①] 日本学者我妻荣则指出:"但责任不仅是存在于债务自身之外的、概念上也与债务相区别的,而且如果仔细观察,即使在现代法中,债务与责任归属于不同人的情形并非少数,不伴随责任或受到限制的情况的例子也绝非少数。所以,区别两者对理解现代法的债之关系具有重要意义。"[②] 换言之,作为"蜜柑之外皮"的责任所包含(或保护)的,不仅仅是义务的"内实",更为权利的"内实"。由此,责任遂从义务的"影子"转换成为保障权利的独立范畴,法律关系内容建构也从"权利—义务"的经典范式,转换为"权利—义务—责任"的新范式,"义务"在其中反而居于过渡性的或然地位。[③]

其次,依上述"权利—义务—责任"的新范式,我国《民法通则》在第5

---

[①] 李宜琛:《债务与责任》,载何勤华、李秀清主编:《民国法学论文精萃(第3卷)·民商法律篇》,北京,法律出版社2004年版,第198~199页。对于李氏此喻,林诚二教授有所引申,只是将前者之蜜柑换作橘子;参见林诚二:《论债之本质与责任》,载林诚二:《民法理论与问题研究》,北京,中国政法大学出版社2000年版,第222页。

[②] [日]我妻荣:《新订债权总论》,王燚译,北京,中国法制出版社2008年版,第65页。

[③] 参见梁展欣:《民事责任与诉讼类型》,载《中国民商审判》,第5集,北京,法律出版社2004年版,第244~245页。

235

章规定"民事权利"之后,马上以第 6 章规定"民事责任",已然凸显出民事责任相对于民事权利尤其是债权的独立地位。在该章第 1 节"一般规定"中,首条首款(即第 106 条第 1 款)关于不履行义务即应承担民事责任的规定①,以及第 108 条中前段"债务应当清偿"和后段"否则即受强制偿还"的规定,均揭示了民事责任与民事义务之间的逻辑关系。该章第 2、3 节分别规定"违反合同的民事责任"和"侵权的民事责任"这两种最为典型的民事责任,是从责任原因的角度对民事责任的分类。对此,学者指出:"我国《民法通则》第一次突破了传统民法的立法体例,不是把侵权行为列入债法中,而是将民事责任独立为章,并在其中专门规定了侵权的民事责任。这样规定被认为既不否定侵权行为是债的一种发生根据,又突出了侵权行为的法律后果的法律责任性质。"②

从概念体系出发,可以说责任与债是分属于不同层次的问题,两者服务于不同的法律范畴。责任旨在对权利发生保障作用的潜在强制,而债则旨在确认法律关系上的相对性质。义务是责任的主要来源,但不是唯一来源;责任是违反义务的主要后果,但不是唯一后果。

民事责任上所蕴含的强制之力,系以国家公权力为其后盾。民事权利因受民事责任关系之保护,其法律上之力系借助于国家公权力及程序法的规定而得以贯彻。③ 按照这样的理解,民事责任成为连接民事权利和国家公权力之中介,民事

---

① 不过,王泽鉴教授认为:《民法通则》第 106 条第 1 款及第 2 款"系分别就违反合同及侵权行为而设";见王泽鉴:《〈中华人民共和国民法通则〉之侵权责任:比较法的分析》,载王泽鉴:《民法学说与判例研究(修订版)》第 6 册,北京,中国政法大学出版社 2005 年版,第 291 页注释 1。

② 佟柔主编:《中国民法》,北京,法律出版社 1990 年版,第 562 页。对此,梁慧星教授评价说:"民法通则不仅对民事义务与民事责任严格区分,而且进一步实现了责任法的统一。……使民事责任成为一项统一的民法制度。此应属民法通则之首创";见梁慧星:《民法总论(第 3 版)》,北京,法律出版社 2007 年版,第 85 页。曾世雄教授评价说:"法律关系自发生,经变更,至消灭,其变动之轨迹有正态反态两面。变动之结果如为反态时,终将以民事责任收场,……民法通则第 6 章第 106 条以下规定民事责任,体例上具创见而合理";曾世雄:《民法总则之现在与未来》,北京,中国政法大学出版社 2001 年版,第 234 页。王泽鉴教授评价说:"从法学的观点而言,第六章关于民事责任的规定,最值重视";王泽鉴:《〈中华人民共和国民法通则〉之侵权责任:比较法的分析》,载王泽鉴:《民法学说与判例研究(修订版)》第 6 册,北京,中国政法大学出版社 2005 年版,第 266 页。

③ 参见梁慧星:《论民事责任》,载《中国法学》1990 年第 3 期。

权利之所以具有法律上之力，是因为民事责任伴有诉权，得以寻求国家公权力之救济。①"责任关系之具体表现，则在于诉权之行使，因是，责任乃债权与诉权之中间桥梁。"②

严格说来，民事责任与债权固然都属于实体法之内容，但诉权却分明属于程序法之内容，此三者之间畛域分明，不容混淆。所谓诉权，是指当事人基于其民事权利而请求国家公权力予以介入的程序权利。其中之"民事权利"，系谓当事人于实体法上之权利主张，而非谓其所实际享有之权利。当事人依诉权而提起诉讼，其中之权利主张系为此而作出的暂时性拟定，该拟定须以其就本诉具有一定之诉讼利益为条件。诉权与实体权利实相分离，前者之成立与否，与后者并无实质关联；而国家公权力否定当事人之诉讼请求的，不是对其诉权之否定，而是对其实体权利（或责任追究）之否定。③

总之，在法律关系内容建构的"权利—义务"经典范式中，"责任"范畴更多地被视为义务的"影子"，而没有取得与权利、义务相平行的独立地位。责任虽然起源于债，但逐渐取得相对独立的地位，这催生了法律关系内容建构的范式转换，即采取"权利—义务—责任"的新范式。民事责任是民事实体法与民事程序法的联结点，其与刑事责任的区别乃民法与刑法的基本区别。正如学者早已指出的："民事责任为保障民事权利义务实现的法律手段，乃是现代民法之生命力所在。民事立法之进步与完善，其着重点不在于规定人民可以享有民事权利之多寡，而在于制定尽量完善的民事责任制度。"④

## "权利救济"抑或"民事责任"

在《民法总则》立法过程中，学者对《民法总则》是否需要专章规定民事责

---

① 参见张新宝：《侵权责任法原理》，北京，中国人民大学出版社2005年版，第20页。

② 林诚二：《论债之本质与责任》，载林诚二：《民法理论与问题研究》，北京，中国政法大学出版社2000年版，第224页。

③ 参见梁展欣：《民事责任与诉讼类型》，载《中国民商审判》，第5集，北京，法律出版社2004年版，第263～264页。

④ 梁慧星：《论民事责任》，载《中国法学》1990年第3期。

任各抒己见，莫衷一是。主张《民法总则》应专章规定民事责任的学者认为，民法的基本问题是民事权利，因而顺着"权利—义务—责任"的逻辑思路，必然要规定民事责任。而持反对意见的学者则主要认为，《民法通则》专章规定民事责任乃一大败笔，《民法通则》之后的民事立法，亦以单行法形式规定了"合同责任"与"侵权责任"，《民法总则》再专章规定民事责任是画蛇添足，多此一举。① 还有学者指出，如果说在前民法典时代，出于对侵权法的责任属性的强调而定其为侵权"责任法"尚有其合理之处，那么在侵权法置于民法典之中作为独立一编之后，再命名为"侵权责任"编则未必妥当。因为按照《民法通则》的规定，民事责任包括侵权民事责任与违约民事责任，如果侵权民事责任称为"侵权责任"编，那么与之相关的违约民事责任是否也要独立成"违约责任"编？②

《民法总则》最终于第八章专章规定"民事责任"，并将民事责任独立于民事义务，这种立法模式是对我国既有立法和司法经验的承继，毫无疑问完全不同于此前被关注较多的潘德克顿体例的立法模式。这种因袭《民法通则》的做法，将权利行使的一般规则尤其是其保护定位至"民事责任"的标题之下，在总则中规定权利保护的一般规则。

问题在于，如前所述，如果从诉讼（权利保护）的角度来看，债务处于权利保护的起点，责任则处于权利保护的终点，两者各有侧重。③ 相对于债务（义务）范畴而言，责任范畴由于内容过于宽泛，难以与债权（权利）直接发生对应作用。从法典内容编排的角度来看，像《民法通则》那样直接从第5章"民事权利""跳跃"到第6章"民事责任"，理据上也难谓充足。而且，直接使用"民事责任"作为章名，也不无仿照公法上设置"法律责任"的嫌疑，有破坏民法作为权利法的本质表述的嫌疑，且容易造成民法权利体系内部的不和谐。

在内容上，《民法总则》中"民事责任"不但囊括了违约责任和侵权责任，

---

① 关于上述争论可参见杨立新：《民法总则规定民事责任的必要性及内容调整》，载《法学论坛》2017年第1期。
② 参见麻昌华：《〈侵权责任法〉的解释论与立法论》，载《法商研究》2010年第6期。
③ 参见梁展欣：《民法与民事诉讼法的协同》，北京，人民法院出版社2015年版，第35页。

而且扩张了民事责任的责任方式,将德国法系中本属物权请求权的救济方式纳入民事责任的体系之内。这种扩张在逻辑上使得民事责任在我国法上当然地成为民事权利保护的法律制度及措施,而且在事实上成为近三十年来我国民法学学理上的教义;但同时,也引发了种种弊端。其中最为显著的就是以民事责任把绝对权请求权与侵权责任混合杂糅,对其适用的条件不作明确区分,造成法律适用上的混乱。一方面,我国《民法总则》第179条第1款所建构的民事责任方式体系是一个综合性的责任方式体系。而另一方面,作为分编的物权法、侵权责任法、人格权法、合同法等亦都分别会规定针对各自权利类型而设计的保护方式,如物上请求权、侵权损害赔偿请求权、人格权请求权,等等。造成规范体系上的叠床架屋和相互掣肘。再如《物权法》第37条规定的侵害物权所产生的损害赔偿,从权利的角度观察,应为损害赔偿请求权,但其规定于物权法第3章"物权的保护"之中,该"保护"方式究属何种性质,其与物权请求权、债权请求权之间的关系如何,诸多疑问,导致学界发生各种不同理解。[1]

现代权利的救济主要是通过扩大侵权行为的保护范围来实现对权利的保护。但是,这种保护仍然具有一定的弊端,一是如果将其权利的范围保护过于扩大,则会无端地扩大侵权行为法的范围,使民法体系出现冲突。如有一些本属于合同法、物权法调整的内容,划归为侵权行为法进行保护,造成体系的不协调。二是如此也会导致法官的自由裁量权过于扩大,造成法官的司法权力的膨胀。

相当部分学者原本设想的模式,乃是在民法总则中于"民事权利"一章下设立"民事权利的救济"部分,分为公力救济和自力救济两节,置于民法总则主干内容的末端;在名称选择上,一般认为不宜称为"民事权利的保护",尽管在《物权法》中已有"物权的保护"(第3章)的措辞,但"保护"之所指颇不明确,所有法律规范都具有保护民事权利的功能,"保护"一词实在不如"救济"概念所指明确,而且,作为民法上专有的表述,"救济"可以囊括公力救济和自

---

[1] 参见崔建远:《侵权责任法应与物权法相衔接》,载《中国法学》2009年第1期。

力救济。[1]

公力救济是民事救济的通常方式，其中又以损害赔偿作为其核心内容。在传统民法上，损害赔偿是民事责任的核心方式，是整个损害法的基础所在，在民法上也具有极高的一般性，故而理应在民法总则中对损害赔偿的"元规范"进行规定。由于受限于《民法通则》原有的体例，《合同法》和《侵权责任法》"各自为政"，至民法典编纂时更得到进一步"发扬光大"。然而自体系上来看，民法总则实应放弃原来《民法通则》"民事责任"章中责任法的内容，仅保留其损害法的内容，从"救济"的角度将"民事责任"统合在"民事权利的救济"部分当中，协调侵权法和合同法之间的冲突。至于自力救济，则包括正当防卫、自助、紧急避险等内容。对于其中的正当防卫、紧急避险，以往《民法通则》和《侵权责任法》仅以之作为侵权责任之违法阻却事由，而非扩及于权利人对其民事权利的一般维护的意义之上，过于狭窄。在民法典编纂任务已经完成之时，回溯上述设想并非毫无意义，至少从方法论角度而言，体系化思维本身在法律适用中仍有无尽的价值。

## 第五节 物权行为这个梗

### 任督二脉

负担行为与处分行为是民法最基本的概念，是法律行为的重要分类，关系债权与物权的变动甚巨，又极具争议，有学者形容其为民法上之任督二脉。[2]

负担行为，指以发生债权债务为其内容的法律行为，亦称为债务行为或债权

---

[1] 在术语使用上，中国民事立法中并非从不采纳"救济"一词，如《劳动争议调解仲裁法》（2007年）第27条第2款，有"权利救济"的表述。在其他民事立法例上，1862年美国学者戴维·达德利·菲尔德（David Dudley Field，1805—1880）起草的《纽约州民法典草案》第4编"一般规定——适用于人、财产和债，或上述主题中的两项"中第1分编即为"救济"。

[2] 参见王泽鉴：《民法总则》，北京，中国政法大学出版社2001年版，第262页。

## 第四章 体系的内部效应

行为。负担行为包括单独行为及契约,其主要特征在于因负担行为的作成,债务人负有给付的义务。处分行为则是直接使某种权利发生、变更或消灭的法律行为。处分行为包括物权行为及准物权行为。物权行为,指发生物权法上效果的行为,包括单独行为和契约。准物权行为,指以债权或无体财产权作为标的之处分行为,如债权或著作权的让与、债务免除等。

区分负担行为和处分行为的实益,首先在于明确处分权人在为处分行为时必须具有处分权能,依据现代民法理论,任何一种财产性的权利都应当具有一种功能性的处分权能,处分权能构成财产权利内在的组成部分,并且在对外效力上表现为权利人对其权利的控制力。故而对权利的处分行为以处分人具有处分权限为必要。不过,判断这一前提存在与否,并不是根据从事处分行为时的情况,而是根据处分行为应发生效力时的情况。[①] 而负担行为并不限制主体,任何人都可以进行。处分行为是行使权利,而负担行为不是行使权利。

其次,对于处分行为适用确定原则。即最迟在法律行为生效之时,处分行为所涉及的具体的客体必须予以确定,因为处分行为必须明确所处分的客体,才能变更其法律状态。而负担行为并不以客体确定为原则,特别是在负担行为涉及的是种类之债或金钱之债中,即使客体暂时未能确定也不影响负担行为的效力,负担行为在客体得以确定或具体化之前即有效。[②]

负担行为和处分行为的区分,在整个法律体系中也具有重大的意义。最重要的处分行为是转让权利的行为。这些行为具有某种分配的属性:它们的法律后果对有关权利的归属作了变更,进而改变了财物的归属。对于这种财物归属的变化,任何人都必须予以尊重。这类处分行为的效果可以对抗任何人,是"绝对的"。与之相反,负担行为使行为人仅仅相对于另一个或数个特定的人承担义务,因为只具有"相对"的效果,故一个人可以承担任意多次的义务,虽然他无法履行所有这些义务。而有效地转让权利,一个人只能进行一次。

---

① 参见 [德] 卡尔·拉伦茨:《德国民法通论》(下册),王晓晔等译,北京,法律出版社2003年版,第437页。
② 参见 [德] 迪特尔·梅迪库斯:《德国民法总论》,北京,法律出版社2000年版,第168~169页;王泽鉴:《民法总则》,北京,中国政法大学出版社2001年版,第284~285页。

按照主张采纳物权行为理论的学者的观点，处分行为对交易的益处，最直接体现在物权行为理论中。区分负担行为和处分行为，奠定了物权变动和债权变动的不同变动模式。这一区分有利于法律关系的明确化，便于法律的适用。在区分负担行为和处分行为的前提下，充分承认物权行为的独立性，能够在理论上最大限度地厘清物权变动中的债的行为和物权变动自身，从而在理论可以最清晰地解释"一物数卖"情况下数个买受人的地位等困境，并且最大限度地保护第三人的利益。以我国目前的情形为例，由于没有区分负担行为与处分行为，而是将两者放在一个法律行为中去解释，就将债的效力做了不适当的扩大，使债的效力不仅包括在双方当事人之间产生债权债务关系的约束力，而且含有所有权移转的内容，这就会造成法律适用的困难。最典型的例子是《合同法》第51条所规定的无权处分。

在中国，物权行为理论从其引进之日起，就引起了巨大的争议。赞同者认为，该理论使得民法的体系更加清晰合理，富有逻辑性；反对者则认为，该理论是高度抽象化的产物，割裂了现实生活，使法律关系复杂化，徒增法律行为的混乱。[①] 支持者与反对者都有充足的理由来证明自己的立场，但又似乎都不足以否定对方。

## 物权行为独立性

所谓物权行为的独立性，又称区分原则（Trennungsprinzip），在物权形式主义物权变动规则下，是指在法律行为制度中，物权行为独立于债权行为，而且物权的变动只能依物权行为来实现。债权行为（以契约为典型）仅能使当事人互享债权和互担债务，而不发生所有权转移的效果。只有通过物权行为，才能导致所

---

① 反对的观点中甚至包括对方法论的质疑，有学者指出，物权行为理论是萨维尼在解释罗马法的形式主义立法过程中提出来的。萨维尼采用历史的研究方法，通过历史的溯源而寻找法律的规则和理论，不失为一种独特的法律研究方法。然而，随着社会生活的发展及法律文明的演进，过去的规则不一定符合现实的需要，不能将历史的规则照搬到现实生活中。例如罗马法的要式买卖，随着简单商品经济的迅速简便的内在需要，已在罗马帝政后期逐渐被废除。在更进一步要求交易迅速简便的现代市场经济社会，自然更不能采纳上述制度。从罗马法的上述规则中抽象出物权行为理论并将之适用于各种动产或不动产的交易，此种研究方法本身颇值怀疑。参见王利明：《物权法研究》，北京，中国人民大学出版社2002年版，第141页。

有权的转移。以买卖为例,当事人之间缔结买卖合同的合意是债权行为或债权合同,它仅能使双方当事人负担交易标的物和支付价金的义务。如果要发生标的物和价金的所有权转移,则当事人必须另行达成转移物权的合意,同时还要从事登记或交付行为。后者构成一个独立的法律行为,即物权行为。根据《德国民法典》第873条规定,移转土地所有权或在土地上设定某项物权或移转此项权利或在此项物权上变更某物权,除法律另有规定外,必须由权利人及相对人对此种权利之设立或变更成立合意,并登记于登记簿。第929条规定对动产所有权之出让须有所有人将物交付于取得人而且双方就所有权转移达成合意。可见,及于动产和不动产的物权行为是不同于债权行为的另一种独立的法律行为,物权行为发生物权的取得、丧失、变更的效力,而并不是简单的为债权履行的必然结果。

如前所述,此项创见从一开始提出便备受争议。赞同者认为,物权行为理论的区分原则,为物权法规定物权变动制度奠定了理论基础。法国民法典体系以债权变动直接发生物权变动结果的"一体主义"调整方式,不但在法理上有明显的漏洞,而且在实践上妨害交易秩序安全。物权行为理论否定这一做法,认为物权变动需要独立的法律事实,从而在立法上彻底区分了物权法和债权法,合理地解决了物权变动的理论和实践问题。区分原则将一个交易区分为债权行为和物权行为,按照不同的法律规则处理。这种区分主义的调整方式,似乎不太直观,但是在法理上更科学,实践效果更为积极。一体主义的调整方式,在法理上和实践上的缺陷十分鲜明。①

认为物权行为独立性理论不能成立的学者,其论据主要是:第一,所谓转移物权的合意实际上是学者虚构的产物,在现实的交易生活中,不可能存在独立于债权合意之外的转移物权的合意。物权和债权的性质区别并非必然导致物权的意思表示必须独立于债权的意思表示,也并非产生特殊的物权变动方法的根据。第二,就交付行为来说,它并不是独立于债权合意而存在的,交付的性质是实际占有的移转,从物权法的理论来看,单纯的实际占有的移转并不能必然导致所有权的移转。例如出租人将房屋交给承租人,虽然实际占有发生移转,但所有权不发

---

① 参见孙宪忠:《再谈物权行为理论》,载《中国社会科学》2001年第5期。

生移转。然而，为什么在动产买卖合同中，动产一旦交付就会导致所有权的移转呢？其原因在于，交付以前，当事人在买卖合同中就已形成移转动产所有权的合意，因为该合意的存在，从而使动产一经交付便发生移转所有权的效果。如无所有权移转的合意而只有使用权移转的合意（如租赁），则根本不可能因交付移转所有权。第三，就登记来说，其本身并非民事行为，而是行政行为，显然不能作为法律行为之构成部分。反对物权行为独立性的学者还指出，除德国立法与判例以外，绝大多数国家的立法和判例并不承认物权行为理论。可见，采纳物权行为理论并非世界各国立法通例。①

值得注意的是，我国《物权法》第15条规定："当事人之间订立有关设立、变更、转让和消灭不动产物权的合同，除法律另有规定或者合同另有约定外，自合同成立时生效；未办理物权登记的，不影响合同效力。"此项规定明确区分了合同（债权行为）效力和登记（物权变动）的效力，应该被视为上述"区分原则"在一定意义上的体现。我国物权立法的此项改进不可小觑。其积极意义在于：第一，有利于保护买受人依据合同所享有的占有权。在不动产买卖合同成立以后，依据已经生效的合同，即使没有办理不动产权利移转的登记手续，买受人不享有物权，但是可以依据有效的合同享有合法的占有权，针对第三人侵害不动产的行为，可以提起占有之诉。第二，如果一方在合同成立之后没有办理登记，或者拒绝履行登记义务，在区分原则下，合同已经成立并生效，此种拒不履行登记的行为便构成违约行为，可追究相应的违约责任。反之，如不加区分，按审判实践中过往的做法，未办理登记导致合同无效，则非违约方将无法要求违约方承担违约责任，对其殊为不利。第三，在买卖不动产的情况下，登记已经构成出卖人的合同义务，如果一方在合同成立之后没有办理登记，或者拒绝履行登记义务，则另外一方基于有效的合同可以行使登记请求权。第四，当事人之间买卖房屋未经登记的情况错综复杂，如果以登记为合同生效要件，则在因出卖人的原因而未办理登记手续的情况下，在房屋价格上涨之后，出卖人有可能以未办理登记导致合同无效为由，要求确认合同无效并返还房屋，这有可能纵容甚至鼓励不诚

---

① 参见王利明：《物权法研究》，北京，中国人民大学出版社2002年版，第141~146页。

信行为，损害善意买受人的利益。

## 物权行为无因性

如果认为存在独立于债权行为的物权行为，接下来的问题就是在立法和理论上如何处理物权行为与作为其原因的债权行为的关系。物权行为无因性理论即由此展开。无因性又叫作抽象性或抽象原则（Abstraktionsprizip），是指既然物权行为为独立性的契约，物权行为的效力自然不受作为其原因的债权行为的效力的影响；物权行为在其效力和结果上不依赖其原因行为而独立成立，也就是说，原因行为的无效或者被撤销，不能导致物权变动的当然无效或被撤销。

通说认为，物权行为无因性理论的优点主要如下。

第一，有利于区分各种法律关系，准确适用法律。根据无因性理论，法律关系非常明晰。如买卖可以分为三个独立的法律行为：一是债权行为（买卖契约）；二是移转标的物所有权之物权行为；三是移转价金所有权之物权行为。每个法律关系分开而独立，概念清楚，容易判断，且有利于法律适用。[①]

第二，充分保护交易当事人的利益和交易安全。如前所述，根据物权行为的无因性，债权合同即使被宣告无效或被撤销，并不影响物权行为的效力，买受人仍然取得所有权，而且当其将标的物移转给第三人时，第三人也能取得标的物的所有权，这对当事人利益和交易安全的保护是有利的。无因性避免了过分强调出卖人的利益而忽视对买受人利益保护的弊端，在整体上较好地平衡了当事人之间的利益。

第三，有利于完善民法体系。无因性理论对德国民法物权法和债权法的制定产生了重大影响。德国形式主义立法模式的最大特点是将物权行为与债权行为完全区分，将物权变动的过程分为债权上的原因行为和物权法的物权行为。《德国民法典》的起草者认为，采纳物权行为理论有助于区分债权和物权。众所周知，《德国民法典》严格区分物权和债权，认为在财产权体系中，物权与债权是两个

---

① 参见王泽鉴：《民法学说与判例研究》第一册，北京，中国政法大学出版社1998年版，第264页。

相互独立存在的"法秩序"。据此,物权的变动是由动产交付或不动产登记来完成,这种登记和交付作为一种履行行为,其不以产生债权为目的,而是以物权变动为目的。物权和债权是两种不同的法律关系,从而客观上直接产生物权变动的登记和交付行为就是一个独立的法律行为,即物权行为。《德国民法典》中许多条文都体现了这一理论。如第 929 条要求具有所有权移转的合意并同时有物的交付,才能移转动产所有权;第 1205 条要求在一项动产上设立担保物权,必须具有设立该担保物权的合意并同时具有物的交付。

依据无因性理论,在交付标的物之后发现买卖合同未成立、无效或被撤销等,由于物权行为的无因性,标的物的所有权因交付即发生移转,出卖人丧失所有权,所有权在法律上归买受人享有,由于物权行为的效力不受债权行为的影响,买受人仍取得标的物的所有权,出卖人不得向其主张返还原物,仅能依不当得利的规定请求返还。结果出卖人由物权人变为债权人,不能享受法律对物权的特殊保护,如果买受人宣告破产,出卖人不能享有别除权,只能作为普通债权人参与破产财产的分配。如果买受人将标的物出卖给第三人,则为有权处分,出卖人不能行使追及权,而只能请求买受人返还因转卖所得的价金。第三人直接取得标的物时,即使是出于恶意(即明知或应知买卖合同已被宣告无效或被撤销),仍得取得标的物的所有权。如果买受人在标的物上设立担保物权,由于担保物权具有优先于普通债权的效力,出卖人不能请求返还标的物,只能向买受人请求赔偿。这样的处理,显然对出卖人不利。事实上,对于物权行为无因性理论及立法缺点的最主要指责就是,该理论严重损害出卖人利益,违背交易活动中的公平正义。

由于绝对坚持物权行为无因性的弊端,判例上也表现出灵活的态度,即将民法典总则的某些原则规定,适用于物权行为,学者一般称之为物权行为无因性的相对化。至于相对化的方式,学者一般认为有以下三种方式:(1)共同瑕疵理论,即债权行为与物权行为得因具有共同的瑕疵而被宣告无效或被撤销。(2)条件关联理论,即将物权行为效力的发生系于债权行为的有效成立(停止条件)。此项条件,可以以明示的方式为之,也可以默示的方式为之。当债权行为与物权

## 第四章 体系的内部效应

行为同时作成时,是否具有条件关联,应根据具体情况作出解释。(3)法律行为一体化。《德国民法典》规定,法律行为的一部分为无效者,其全部皆为无效。判例有时以该条规定来限制物权行为的无因性,即将物权行为与债权行为视为一体,当债权行为无效时,物权行为也归于无效。① 有的学者在上述三种方式之外,另列了两种方式:(1)依照《德国民法典》第 138 条第 2 项规定,债权行为如为暴利行为时,其效力应及于物权行为,物权行为也应一并无效。(2)根据《德国民法典》第 119 条第 2 项规定,关于人的资格或物的性质的错误,交易上认为重要者,视为关于意思表示内容的错误。债权行为如果存在本条所谓"错误"时,物权行为当然因此而受影响。②

对于独立性和无因性两者之间的关系,也存在截然不同的认识。有的认为独立性原则必然要求无因性原则。认为抽象性原则是依据区分原则进行推理的必然结果,因物的履行基于物的合意,而不是基于原因行为。所以物的履行行为(如动产的交付)的效力只与物的合意成因果关系,而不与债权关系成因果关系。③而大多数学者则认为无因性与独立性并没有必然的因果关系。部分而非全盘接受物权行为理论的做法,在立法例上也大有其在。从理论上讲,物权行为与债权行为的分离在逻辑上并不必然导致采取物权行为的无因性。承认物权行为的无因性也就意味着承认了物权行为的独立性和物权行为概念本身。但反过来则未必成立,有物权行为及其独立性并不意味着必须采纳无因性理论。不承认物权行为理论的全部而只承认其中一项的情形也是可以存在的。④

对物权行为无因性采用与否,终究是一个价值判断和利益衡量问题。物权行

---

① 参见王利明:《物权法论》,北京,中国政法大学出版社 1998 年版,第 57~58 页;梁慧星:《民法学说判例与立法研究》,北京,中国政法大学出版社 1993 年版,第 123 页;王泽鉴:《民法物权(1)——通则·所有权》,北京,中国政法大学出版社 2001 年版,第 89 页;谢在全:《民法物权论》(上册),北京,中国政法大学出版社 1999 年版,第 72 页。

② 参见陈华彬:《物权法原理》,北京,国家行政学院出版社 1998 年版,第 138 页。

③ 参见孙宪忠:《物权行为理论探源及其意义》,载孙宪忠:《论物权法》,北京,法律出版社 2001 年版。

④ 参见陈华彬:《基于法律行为的物权变动》,载梁慧星主编:《民商法论丛》第 6 卷,北京,法律出版社 1997 年版。

为有因或无因，不仅是逻辑的关系，而且是一项依据价值判断及利益衡量来决定的立法政策问题。① 或许正因为如此，我国目前在物权行为理论上实际采取的是有选择承认的策略。按照大多数的认识，我国法律中从未出现、法院裁判亦未曾使用过物权行为独立或无因的概念，特别是，不认可物权行为无因性理论，但审判实践中对区分原则的应用却不乏其例。

如前所述，《物权法》第15条中规定，当事人之间订立有关设立、变更、转让和消灭不动产物权的合同，除法律另有规定或者合同另有约定的外，自合同成立时生效；未办理物权登记的，仅涉及物权效力，不影响合同效力。此项规定也是明显地采取区分原则的立场，可谓我国物权法对德国物权行为理论分解并部分吸纳之后所形成的颇具特色的规则。

## "无权处分"这道题

随着德国物权行为理论向国内引介的深入，有关我国民法体系是否承认物权行为的争论非但没有终结，反而愈发激烈。在《合同法》颁布之后，理论和实践对物权行为争论的形式发生了转变，主要体现为对《合同法》第51条无权处分合同规定理解的分歧。《合同法》第51条规定：无处分权的人处分他人财产，经权利人追认或者无处分权的人订立合同后取得处分权的，该合同有效。根据对《合同法》第51条的反面解释，出卖人出卖他人之物的，如果真实权利人不予追认，无权处分合同效力存在效力待定说和合同有效说两种观点。

效力待定说认为，我国合同法没有严格区分负担行为和处分行为，而对买卖合同一体把握，将处分行为包含在债权合同之中，因此第51条不称"处分行为有效"，而规定为"合同有效"；这里说的无效，不是处分行为无效，而是无权处分的合同无效，即买卖合同无效。② 其优点在于，能够避免无权处分人恶意处分他人之物的道德风险，从而加强对真实权利人的保护。但是，合同有效说根据负

---

① 参见王泽鉴：《民法学说与判例研究》第一册，北京，中国政法大学出版社1998年版，第261页。
② 参见梁慧星：《如何理解合同法第51条》，载《人民法院报》2000年1月8日。

担行为和处分行为的区分理论提出了异议,"对于我国合同法第51条作限缩解释,即其后段中的'合同',仅指'处分行为',或者说权利变动的效果。这样,把效力未定确定在处分行为的效力未定上,而作为处分的表现方式的负担行为或当事人的债权债务的合意并不包括在内,其债权债务的合意仍然有效。这样,使无处分权的当事人承担违约责任,对于保护相对人来说,比较有力"①。这种观点是把交付行为当作一个独立的法律行为,当事人对标的物是否拥有处分权,仅仅影响在后的交付行为的效力,而不影响在前的债权负担行为的效力,事实上承认了物权行为理论,引起了轩然大波,双方为此展开了旷日持久的论战。

鉴于《合同法》第51条所用的"合同""处分"等词语的含义极为广泛,难以从文义本身探寻其确切的含义,争论双方于是都把目光投向了体系解释。合同有效论者指出,如果把《合同法》第51条解释为无权处分的债权合同效力待定或者无效,会产生体系冲突,唯有将其限缩解释为处分行为才能融入现行民法体系。首先,《合同法》第150条、第151条和第152条规定了权利瑕疵担保责任,在出卖他人之物的情形下,若物主对标的物主张权利,善意买受人可以根据具体情况中止付款、解除合同、请求出卖人承担违约赔偿责任,这意味着买卖合同并不因为出卖人对标的物无所有权而无效或效力待定,否则无从谈及解除合同和违约责任等问题。② 其次,根据《民法通则》第55条的规定,法律行为的生效条件只包括有相应的民事行为能力,意思表示真实,不违反法律、行政法规的强制性规定的要求,并没有考虑到有无处分权。③ 最后,根据区分原则,债权和物权生效的法律依据是不同的,处分权是发生物权变动的依据,不应影响债权合同的效力。

对此,效力待定论者做出反驳:首先,《合同法》第51条规定的无权处分合同不适用第150条规定的权利瑕疵担保,为该条但书"法律另有规定的除外"。出卖他人之物属于《合同法》第51条规定的无权处分合同,如果权利人没有追

---

① 韩世远:《无权处分与合同效力》,载《人民法院报》1999年11月23日。
② 参见丁文联:《无权处分与合同效力——合同法第51条的理解与适用》,载《南京大学法律评论》1999年秋季号,第71页。
③ 参见许中缘、黄学里:《民法典视角下〈合同法〉第51条的体系解释》,载《法学论坛》2016年第5期,第54页。

认,无权处分合同无效,可能发生权利人向买受人主张权利的情形,此时应该适用善意取得制度。买受人为善意的,可以适用善意取得制度,自标的物交付时取得标的物所有权,原权利人丧失权利就没有适用《合同法》第 150 条权利瑕疵担保的余地;买受人为恶意的,属于买受人在订立合同时已知出卖人没有处分权,也无法适用第 150 条。至于未得其他共有人同意而出卖共有物、出卖抵押物、出卖租赁物均不应适用第 51 条规定,可有第 150 条权利瑕疵担保的适用,两条之间不存在冲突。① 其次,《合同法》第 132 条规定:"出卖的标的物,应当属于出卖人所有或者出卖人有权处分",明确要求出卖人签订买卖合同必须以拥有处分权为前提,印证了《合同法》第 51 条的规定。

在双方的论争中,任何一方都无法完全说服对方,考虑到对《合同法》第 51 条理解的分歧可能会损害司法裁判的统一,最高人民法院在《关于审理买卖合同纠纷案件适用法律问题的解释》(法释〔2012〕7 号)第 3 条规定无权处分的买卖合同有效,实质上否定了《合同法》第 51 条规定无权处分(债权)合同效力待定的观点。虽然《买卖合同司法解释》把无权处分的效力瑕疵限缩为不发生物权效力,这只能说明债权效力和物权效力的区分,物权效力的瑕疵并不会影响到债权合同的效力,却没有从根本上终结关于无权处分的争论。

**争议未有穷期**

在编纂民法典的过程当中,立法机关在民法典合同编中将《合同法》第 51 条中无权处分的规定予以删除。此做法不出意料地再次引发了广泛争论。

从法律适用的角度来看,删除有关无权处分合同规定的做法或有一定道理。自《买卖合同司法解释》第 3 条规定无权处分合同为有效以来,各地各级人民法院依此办理,基本上接受了该解释所确立的规则,在裁判者当中实际上已经形成路径依赖。从逻辑顺序上而言,给付行为发生在订立合同之后,订立合同只具有债权意义上的负担行为,无须以当事人拥有处分权为前提条件。即使当事人最终

---

① 参见梁慧星:《如何理解合同法第 51 条》,载《人民法院报》2000 年 1 月 8 日。

因不拥有处分权而无法进行给付,这也只是合同无法履行的正常风险,如认为合同当事人因没有处分权而导致合同效力待定,毋宁颠倒了前后逻辑关系。尤其是,从实际效果来看,法律规定无权处分合同有效,并不会损害真实权利人的所有权,因为如要实现所有权转移,仍然需要真实权利人的追认。反之,如果规定无权处分合同效力待定,反倒不利于对买受人的保护。最后还想指出的是,在法律适用过程中区隔无权处分中的债权效力和物权效力,能够帮助法官区分不同的法律关系及其相应法律效力,更加细致地平衡各方的利益冲突,这大概也是无论学界如何争论,审判实务界却实际上一直认可物权行为和债权行为界分的缘由之所在。

  当然,《民法典》删除无权处分合同的相关规定之后,只是在买卖合同当中片段式地承认无权处分合同的效力,也可能遗留或制造一些问题。比如,中国民法究竟是否承认物权行为;相关规定能否适用于买卖合同以外的其他合同类型;无权处分行为的生效是否需要特别要件;是否需要对无权处分合同的效力作出限制以及明确违反这种限制的法律后果;等等。以上问题并不能指望《民法典》一蹴而就地全面予以解答,换言之,在后民法典时代,法官处理相关纠纷时依旧会没有实证法作为裁判依据。法律方法仍将施展作为。面对疑难,仍然需要采用法律解释、类推适用、利益衡量等方法来填补法律漏洞。《民法典》删除《合同法》第51条只是解决问题的开始,此项做法或许是为法律方法论的实践提供了一个现实的舞台。

# 第五章 民事法律渊源

## 第一节 法典化的反思

**作为法学方法的法源学说**

法学方法，从法律适用的角度说，也就是在私法领域将法律规范适用于需要裁判的"案件"的方法，即适用法律过程中对法律进行解释的方法以及法院发展法律的方法。自20世纪以来，法学方法本身也发生了很大的变化。在最近几十年中更爆发了持续而热烈的讨论，争论的主要焦点在于：究竟能不能对案件作出公平的裁判及在裁判时能不能采用法律以外的评价标准。毕竟，法现象是具体的、活生生的、瞬息万变的；每时每刻都在具体的社会与历史条件下，在不断地发展运动中创造和丰富自己。直观并不意味着简单，最具体的常常又是最复杂的。因此，重要的不是探讨现象本身是什么等诸如此类的问题，而是探究如何揭示有意义的法的现象。

将法律渊源不仅当作法律规范的表现形式，更视为法律适用或法律解释的方

第五章　民事法律渊源

法，这种对法律渊源的扩张理解，首先可以在学说上找到清晰的印迹。自古以来就存在一种神学的注释学和一种法学的注释学，这两种注释学与其说具有科学理论的性质，毋宁说更适应于那些具有科学教养的法官或牧师的实践活动，并且为这种活动服务。[①] 在罗马法时代，法学已经主要体现为一门关于理解法律文本的技艺。中世纪以降，法学沦为神学的附庸，但是作为理解的学问，法学与神学在对经典文本（如圣经）的阐发中促进了作为理解技艺的注释学的发展。12 到 16 世纪欧洲各国和自治城市的罗马法复兴运动更是重新唤起了人们对罗马法经典文本进行注释的热情。至 19 世纪，概念法学一度盛行。《法国民法典》制定后，以法典为中心的法研究曾把概念法学推向高峰。强调法典理性的结果，产生了否定法官能动作用的倾向，司法过程中不允许有法官的评价因素在内，法官被视为复制法律的机器。此时的法律渊源，确实陷于僵硬的概念式理解。19 世纪末 20 世纪初，作为对概念法学的批判，自由法学的出现又使民法在方法论上经历了一次重要的转向。耶林于 1877 年初版发表的《法的目的》一书中指出，法律是人类意志的产物，有一定的目的，因此应受"目的律"的支配。解释法律应以法所要实现的目的为出发点，并将目的奉为解释法律的最高准则。在德国自由法学兴起的同时，法国形成了主张对法进行科学的自由探究的"科学学派"。科学学派主张，对于法律漏洞应当避免个人主观因素影响，建立在客观要素的基础上，摆脱法典的约束，进行自由的探究。由于科学学派也是建立在对概念法学批判的基础上，并且承认法律漏洞的存在，主张自由地法的发现，因此它也被归入自由法学的范畴。

其后，在法的安定性与妥当性问题上，利益法学又进一步试图在自由法学与概念法学之间谋求一种平衡。利益法学以利益概念为工具，发展出各种补充法律漏洞的方法；认为应在遵循立法者意图即确保法的安定性的前提下，对具体案件中相互冲突的利益进行衡量，以求得妥当的解决。利益法学充分肯定法律解释的创造性，同时以立法者的价值判断拘束法官的自由裁量，指明了法解释学的发展方向，在"二战"后对司法实务和理论产生了很大影响，几乎成为当代法解释学

---

[①] 参见 [德] 伽达默尔：《真理与方法》上卷，上海，上海译文出版社 1992 年版，第 17 页。

的主流。然而，利益法学是在多种含义上使用利益概念的，有时指促使立法者立法的原因，有时指立法者评价的对象，有时是其评价的准则。其后产生的评价法学因此认为，应当将利益这一概念"限制在指称——努力想取得有利的法律结论之——争讼当事人所具有（或必须具有）的追求欲望"①，它应与法律所规定的评价准则严格区别。立法者必须在考虑一般的秩序观点、交易上的需求及法安定性要求的前提下，对个人利益或团体进行评价，并在法律规定中加以落实。因此，法官可透过具体的规定以及参与立法者的言论来认识立法者的评价，并据此裁判案件。

## 体系的终结抑或开端

在古罗马时期，"法学阶梯的结构是高度抽象化的，各种法律渊源被有机地整理在一部法律文件中。为了实现体系化的建构，它使用了比法典和学说汇纂更多的立法技术；为了克服体系化的困难，它将其包含的法律材料的范围限定在私法之中"②。但当今私法领域面临的问题比之前更为复杂，需要处理的法律材料也更为丰富，一些以前存在于体系之内边边角角的问题在现代社会发展成为一个庞然大物，如消费者权益保护法，在以前的法典处理过程中并不成为一个问题，大多数处理是在对格式合同的解释采取向格式合同接受方的利益倾斜的方式以达到保护消费者权益的目的。然而随着 20 世纪消费者运动的开展，消费者权益保护法也开始越来越壮大。在当今私法领域，两股趋势一直同时在进行，一方面民事特别法越来越多，使得民法典疲于应对，无法全部涵摄其内，而只能让其停留在体系之外恣意生长；另一方面民法典本身也在不断地膨胀扩张，大有将商法、亲属法、知识产权法等尽收囊中之势，以至于坊间干脆有人戏称其为"民法帝国"。也许，应当不得不冷静思考的是：将一个单行法规纳入民法典和不纳入民

---

① [德] 卡尔·拉伦茨：《法学方法论》，陈爱娥译，北京，商务印书馆2003年版，第135页。
② 薛军：《优士丁尼法典编撰中"法典"的概念》，载徐国栋主编：《罗马法语现代民法》（第2卷），北京，中国法制出版社2001年版，第60页。

第五章 民事法律渊源

法典对于法律调整社会生活的影响究竟有多大？单行法纳入民法典的功能和意义究竟是什么？

制定一部民法典并不意味着要令其成为所有民事法律的集大成者，事实上，"《民法典》不能通过包罗万象的概念体系达到毫无漏洞地调整私法关系的目标"①。尤其是"愈来愈多的证据表明，正是在发展规划、经济调控与风险预防等现代领域，很难运用具有高度约束力的法规范"②。因此，民法典只能定位为私法的基本法，在其中规定民法的基本制度以及因为历史传统的因素一直存在于民法典体系之内的制度，主要提供权利确认规范和交易基本规则，唯此才能使民法典保持相当的稳定性。如在德国，私法中其他领域的规定都是以《德国民法典》在前三编中包括一般的规则和法律制度为基础建立起来的。"法典只要对那些经常出现的情况加以调整就足够了。因为，在人类生活和生产活动中总是会出现新的问题。"③因此在法典之外，还必须在民法典基本原则和基本制度的指引之下，制定民事单行法，以满足变动不居的社会生活的需求和满足其他价值目标。

"制定法律者是人，而不是神。这是人类困境的特征，试图依靠一般规则调整人们行为领域的任何人都会遭遇这种困境，而不仅仅是立法者——他们都在未来可能的相关情形之不可预见性这一最大障碍下工作。"④ 化解这种体系困境的途径主要有两种：其一，是通过对法典进行修订或者在法典之外另行制定单行法。民法典的创制并不代表体系化的终结，事实上，任何一部法典出台都无法避免被修订的命运，即使如德国民法典这般匠心独运，在20世纪仍然经历了不下

---

① Manfred Wolf：《民法的法典化》，丁晓春译，载《现代法学》2002年第3期。
② [德]迪特·格林：《政治与法》，杨登杰译，载《法哲学与法社会学论丛》（六），北京，中国政法大学出版社2003年版。
③ Costituzione Tanta, 18；《唐塔宪令》第18章。转引自[意]桑德罗·斯奇巴尼：《法典化及其立法手段》，丁玫译，载《中外法学》2002年第1期。
④ [英]哈特：《耶林的概念天国与现代分析法学》，陈林林译。H. L. A. Hart, Jhering's Heaven of Concepts and Modern Analytical Jurisprudence. From: Essays in jurisprudence and philosophy. Oxford University Press, 1983. 转引自邓正来主编：《西方法律哲学家研究年刊》（2006总第1卷），北京，北京大学出版社2006年版。

150 次的修订，有学者也认为民法典正是通过如此之多的修订活动"表明了其作为德国私法中心法典的地位"①。而对于民法典之外单行法的发展，更是一个不争的事实。其二，由法官根据法典的价值、体系、基本原则承担发展法律的任务。大陆法国家早已抛弃了法官必须严守法律的刻板模式，早已在不同程度赋予了法官创制新规则的权力，"法官在适用法律时，必须从需要裁判的具体案情以及该案情所提出的特殊问题出发，不断地对法律中包含的判断标准进行明确化、精确化和'具体化'。这也就是说，法官在适用法律时，必须对法律进行解释，如果他发现法律'有缺漏'，那么还必须予以补充。法官适用法律的过程，也就是他发展法律的过程"②。

在前民法典时代，除《民法通则》之外，我国所有的民事法律均是以单行法的形式表现出来的，面对如此之多的单行法，制定一部民法典，法典化的理性路径应该是择其精要，整合规范，而绝非全然抛弃，另起炉灶。这也正是我国立法机关后来所选择的路径。因此，应当对民法典进行准确的定位，以此定位为出发点，再确立我国的规则制定、制度设计和体系构造。前述对于公法和私法的讨论并非一种空泛而陈旧的毫无意义的讨论。如果坚持公法和私法的二元构造，同时也准确地认识到公法和私法目前所面临的一种互动的态势，如果清醒地认识到法典的能与不能，那我们就不会抱有制定一个包容一切的"大杂烩式"的民法典这样的野心，而会在民法典体系之外继续保留单行法的空间。

尽管我国属于成文法国家，法律对于创制法律的权限也作了较多的限制，但就我国实际情况而言，由于民法典的长期阙如和民法规则的不完备，导致法官在发展法律方面一直处于比较主动强势的地位。《民法通则》出台不久，最高人民法院即发布《关于贯彻执行〈中华人民共和国民法通则〉的若干意见（试行）》，形式上类似于我国台湾地区的民法施行法，《意见》的出台在我国的民事审判之中发挥了积极的作用，也在我国改革开放之后民事立法活动伊始就为最高院在民

---

① [德] 罗伯特·霍恩：《百年民法典》，申卫星译，载《中外法学》2001 年第 1 期。
② [德] 弗卢梅：《法官与法》，载《第 46 届德国法学家会议讨论集》，第 2 卷，K 部分，1967 年版，第 25 页。转引自 [德] 卡尔·拉伦茨：《德国民法通论》，谢怀栻等译，北京，法律出版社 2002 年版，第 14 页。

事立法格局中的强势地位奠定了基调，这种强势地位一直延续至今，包括其后最高人民法院颁布的《担保法司法解释》《证据规则》《合同法解释》《人身损害赔偿司法解释》，都是就现有民事法律有所缺漏而立法又无法及时补充的部位，通过司法解释这一"抽象性司法行为"替代了立法机关的立法权能。这一格局在我国民法典出台之后并不应当有所变化。民法典的出台并不意味着取消法官发展法律的功能，只不过给法官的法律续造活动附加了限制和更多的规矩，这个限制表现在价值限制、原则限制、体系限制等各个方面。因此，最高院在从事法律续造时，其模式也应该从"抽象性司法行为"模式转变为从个案中发现法律的模式。[①]

### 民法典何以保持开放性

民法典的开放性是人类理性与社会生活的复杂性与变动不居性所决定的。民法典体系只有保持开放性，才能适应不断变化的社会生活的需要。保持开放性的民法典才不会因社会发展而被淘汰。正如拉伦茨所指出的那样："体系必须保持其'开放性'，绝不可能是已经终结的体系，因此也不可能为所有的问题备妥答案。"[②] 阿图尔·考夫曼也曾指出："法律可能和允许不被明确地表达，因为法律是为案件而创立的，案件的多样性是无限的。一个自身封闭的、完结的、无懈可击的、清楚明了的法律（如果可能的话），也许会导致停滞不前。""法律的未完成性（Unfertigkeit des Gesetzes）不是什么缺陷。相反，它是先天的和必然的。"[③]

法典化无疑是体系化的最高形式，但绝不意味着体系的终结。在民法典时代如何继续保持民法典体系应有的开放性，成为亟待解决的问题。

---

[①] 事实上，从个案中发现法律的模式，最高人民法院以前也在一定程度上采用，如借助《最高人民法院公报》。对下级法院也具有审判指导作用，2005年最高人民法院和最高人民检察院约请专家撰写的《中国案例指导》，在扉页上更是明确注明了该案例指导的分析意见和结论可以成为律师主张权利的支持和法官裁判的理由。

[②] ［德］卡尔·拉伦茨：《法学方法论》，陈爱娥译，北京，商务印书馆2003年版，第45页。

[③] ［德］阿图尔·考夫曼：《法哲学问题史》，载［德］阿图尔·考夫曼、温弗里德·哈斯默尔主编：《当代法哲学和法律理论导论》，郑永流译，北京，法律出版社2002年版，第186页。

第一，民法典中的兜底性条款。在《民法总则》中，事实上存在诸多兜底性条款，诸如《民法总则》第 34 条第 1 款规定："监护人的职责是代理被监护人实施民事法律行为，保护被监护人的人身权利、财产权利以及其他合法权益等"。第 151 条规定："一方利用对方处于危困状态、缺乏判断能力等情形，致使民事法律行为成立时显失公平的，受损害方有权请求人民法院或者仲裁机构予以撤销"。这些条款中的等字，并非法律规定中的疏漏，而是为了使民法典能够适应未来的民事生活，以克服法典本身的滞后性才刻意为之。这种不完整的列举遗留了充分的空间，可以通过将来对法律进行解释的方法，对"等"字作出合乎立法目的的扩充。

第二，民法典中的链接性条款。民法典正式问世之后，诸多单行法诸如《消费者权益保护法》等仍将继续施行，从而形成与民法典并行存在的局面，如何使民法典既能够有效整合现有的单行法律，又不会阻碍单行法律的制定，就需要规定民法对其他单行法律的链接性条款。正如《民法总则》第 11 条规定："其他法律对民事关系有特别规定的，依照其规定"，其同样为单行法的制定以实现法典内容的"完整"奠定了基础，第 128 条规定："法律对未成年人、老年人、残疾人、妇女、消费者等的民事权利有特别保护规定的，依照其规定"。其皆为单行法律如《消费者权益保护法》和《老年人权益保障法》的修改与完善提供了连接的纽带，同时还有效地整合私法体系。①

第三，民法典对司法解释的充分尊重。尽管现行法律的制定是在总结现有的社会生活事实的基础上的最大化共识，但出于理性的限制以及如法律的实施环境的不确定性等因素的影响，法律的可预见性终究有限。民法典一经出台，其内容便可能立即落后于社会生活的需要，民法典便面临修改。但由于民法典的体系刚性以及修改程序等原因所限，民法典不可能随着社会生活的发展而立刻进行修改完善。因此，民法典意欲保持开发性，其重要基础便是尊重法官造法的权力，在我国语境下，即尊重司法解释的法源地位。只有民法典给司法创造了充分的空

---

① 关于《民法总则》中规定的对民法特别法的链接条款的具体评论，参见杨立新：《民法总则规定的民法特别法连接条款》，载《法学家》2017 年第 5 期。

间，开放的民法典才能真正成为可能。

## 第二节 制定法实证主义下的民法法源

### 制定法实证主义与民法典

中世纪法律实证主义的盛行与轰轰烈烈的法典编纂运动，将以立法为维度的法源观推向了法源理论的顶峰。主流的理论学说旨在构建一个封闭完美的制定法体系，在这个体系中，既有的法律将一切事实涵盖殆尽，法官只需遵照制定法的相关规定便可达致公平正义的判决，并不需要掺杂任何个人的主观判断。这种信念因欧陆许多国家相继制定完备的法典而更加得到强化，在这种极致的制定法实证主义之下，"法典是法和成文法的最佳形式"，民法的法源从原则上来讲只有民法典一种，"再也没有其他任何独立的法律渊源需要获得认可；如果有一种渊源，那就是习惯法或某个惯例，它从属于成文法，只能起到次要的作用"[1]。

《法国民法典》制定之后，法国的民法研究开始侧重于对法典进行逻辑上的解释和分析，由于法典作为唯一的法源，对其所进行的解释和分析并不能僭越法典的立法者在立法时的原意，这种旨在发现和还原立法者原意的民法研究在《法国民法典》之后的一百年内占据主流，造就了法国19世纪的注释派法学家。在他们看来，所有法律问题必须用成文的法律来加以规范，并且立足于予以规范的确信之上。因此法源只存在于成文的法律之中，并不承认成文法律之外的法源，诸如习惯法、判例法和条理以及其他法的一般原则。相应的，法学的任务在于保障法律的严格适用，在严密的逻辑构造中捕捉法律的真正含义，并将其适用于法律条文所预想的具体案件，帮助法律忠实地达到这个目的，不得在解释之名义下

---

[1] ［美］艾伦·沃森：《民法法系的演变及形成》，李静冰、姚新华译，北京，中国法制出版社2005年版，第30页。

另立他说，另行其事。在对待法律解释的问题上，他们主张唯条文及立法者的原意是问，不敢越雷池一步。① 可以说，在《法国民法典》制定之后的一个世纪之内，以注释法学为代表的法国私法研究严格遵循了制定法实证主义的法源观。

在德国的法源理论上，与法国的不同之处，应当归功于萨维尼独特的法源观所产生的影响。其实，萨维尼对待法源的态度发生过由制定法实证主义到法源多元化的转变，早期的萨维尼也坚持制定法实证主义的法源观，他认为法源体系的内容是制定法，即法律规则。一个完全客观的、独立于所有人信念的制定法是更好的选择。根据最初的目的设定，制定法应该是完全客观的，也就是说，制定法在被运用的过程中，不需要运用者对它进行任何增添。因此，制定法是法的唯一渊源，所有的法均是由立法者所创造的，而制定法是通过国家的行为产生的，法官唯一的职责就是对制定法作一个纯粹的逻辑解释，而制定法固然需要完善，但这只能由立法者而非法官承担。② 但在后来，萨维尼修正了自己的看法，在其《论占有》第 2 版中，他分别论述了习惯法、罗马法学家所建立的规则、实践性法律原则以及具有法创造作用的法院习惯。萨维尼已经意识到，在罗马，除了罗马制定法之外还存在其他法规定的产生方式。③ 以此为基础，萨维尼构筑了法源自民族精神的法源理论。在萨维尼与蒂堡的论战中，萨维尼极力反对蒂堡所主张的排除罗马法，废止各邦实行的习惯法，使所有法都源于制定法的观点，尽管法典的最终面世宣告了事实上制定法实证主义的胜利，但由于萨维尼以及学说汇编学的影响，德国的法源理论仍然呈现出了与法国略有不同的面貌。

## 民法典与社会现实生活的断裂

"法律现象只是社会现象的一部分，它是现实存在着的"，人类创造的法律命

---

① 参见何勤华：《西方法学史》（第二版），北京，中国政法大学出版社 2000 年版，第 135～136 页。

② Savigny. juristische methodenlehre, nach der auserbaitung des jacob grimm, hrsg. Wensenberg, k. f. Kohlerverlag, stuttgart, 1951. 转引自朱虎：《法律关系与私法体系——以萨维尼为中心的研究》，北京，中国法制出版社 2010 年版，第 21～22 页。

③ 参见朱虎：《法律关系与私法体系——以萨维尼为中心的研究》，北京，中国法制出版社 2010 年版，第 22 页。

题作用于并规制着现实的社会关系,这是一个不容否认的事实。"不过,通常此种法律命题是被现实的社会关系以某种方式决定着的,法律命题的最终渊源或根据,不仅存在于现实的社会生活之中,而且还被现实的社会生活所决定,这是法律命题的本来面目,也是它的宿命。"① 说到底,法律终究是一种对社会现实生活的回应,其不仅仅是由大量固定的规范所组成,而是时刻面临演进变革的动态发展②,但制定法实证主义者显然只顾着在逻辑建构的世界中自娱自乐,却忽略了社会现实对法律生活的制约作用,以民法典为中心建立起来的所谓的封闭完美的私法体系,很快在变幻莫测的社会现实生活面前显得捉襟见肘,丧失了其构建者原本预期中的效用。一言以蔽之,民法典与社会现实生活之间发生了断裂。

当社会现实照进法律生活,人们很快发现民法典已经日益无法满足社会生活的需要,法律作为"封闭完美的体系"只是在重复一个美丽但却是欺骗人的幻梦而已。③ 制定法实证主义者原本希望通过理性法典的制定建构一个完整有序的法律及社会秩序,但面对这种由社会背景发生根本性变迁所造成的法律与现实的隔阂,权威当局不得不放弃制定法实证主义的美梦,大陆法系被迫以某种背离传统的方式转而对现实生活的变化作出回应。这或许是一种不得已的回应,但却是一种最为必要的回应。

## 对制定法实证主义的批判与方法论的转向

大陆法系 19 世纪的制定法实证主义以及相伴而生的法典化运动,在 19 世纪末 20 世纪初,基于其与现实社会生活之间的断裂,遭致来自欧洲大陆利益法学、科学法学以及自由法运动的猛烈批判,法源的理论与实践也发生了方法论上的转向。

耶林是利益法学的先行者。其在《为权利而斗争》《法的目的》等著作中对

---

① [日] 川岛武宜:《现代化与法》,申政武等译,北京,中国政法大学出版社 2002 年版,第 218 页。
② See Alf Ross, *On Law and Justice*, Berkeley & Los Angeles: University of Califonia Press. 1959, p. 75.
③ 参见林立:《法学方法论与德沃金》,北京,中国政法大学出版社 2002 年版,第 9 页。

概念法学进行了批判。他认为，概念法学是一种不切实际的空想，成文法典不可能是天衣无缝的。以此为基础，在对法律进行重构的过程中，耶林指出：目的是法律的创造者，无目的的法律规则是不存在的。他主张依靠类推实现对漏洞的弥补，而类推不能仅靠概念和逻辑，必须根据有关的利益进行。① 由于他首先提出了法律之目的的概念，耶林的学说也被称为"目的法学"，而他所提出的"利益"概念为后来德国一批年轻的法学家如赫克、施托尔、米勒·埃尔茨巴赫等人所继承并有所发扬，进而促成了20世纪德国著名的利益法学运动。利益法学运动同样建立在对概念法学批判的基础之上，因此他们主张严格的逻辑推论未必可以达致令人满意的判决，在成文法典不足以应对社会现实时，法官必须充分发挥主观能动性，依据法律的目的，对法律进行创造性的解释进而平衡各方利益。作为一种方法论，利益法学彻底改变了法的适用。它在法学方法论上的根本贡献在于，使法律适用的重心由形式逻辑的单纯演绎，转变为根据法秩序的评价标准而展开的实质性利益权衡，"使得法学彻底扬弃'逻辑优位'，而成为'生活研究与生活价值的优位'。让整个法律适用的思维从'公理式的—演绎式的'（aximatisch-deduktiv）转向'价值式的—归纳式的'（axiologisch-induktiv）思考"②。在法国，与德国利益法学相对应的乃是一场被称为"科学法学"的运动，以萨莱耶、惹尼为代表的法国法学家，主张应从以"探寻立法者的意图"为目的的注释法学派方法论中解脱出来，用奔放自由的思想来解释民法典的条文，在解释《法国民法典》第1382条规定的"过失"时，用"危险"责任来代替即是著例③；在法源的探寻上，他们主张在成文法和习惯法不能解决社会问题时，应求助于"科学性的自由探究"，在既存的形式法源以外的天地中去寻找法律规范。在奥地利，也有以社会法学大家埃利希创始和代表的自由法运动遥相呼应。在埃利希看来，成

---

① 参见张文显：《二十世纪西方法哲学思潮研究》，北京，法律出版社2006年版，第108～109页。
② ［德］阿图尔·考夫曼、温弗里德·哈斯默尔主编：《当代法哲学和法律理论导论》，郑永流译，北京，法律出版社2002年版、第167页；吴从周：《概念法学、利益法学与价值法学》，北京，中国法制出版社2011年版，第432页。以上均转引自劳东燕：《功能主义刑法解释论的方法与立场》，载《政法论坛》2018年第2期。
③ 参见何勤华：《西方法学史》（第二版），北京，中国政法大学出版社2000年版，第163～164页。

文法典并非唯一的法源，相反，"活法"才是支配现实生活、决定人们行为方式的真正要素，它构成了人类社会的"内在秩序"。对于法官来讲，不仅要了解法典条文，更重要的是掌握"活法"，并利用习惯以及正义原则等进行自由裁判。自由法运动发展到后期，进入一个较为激进的阶段，一些自由法学家甚至完全否定法律的逻辑建构，主张漫无边际的法官自由裁量。针对这种趋势，利益法学再次运用利益之概念，在自由法学与概念法学之间寻求一种平衡，进而达到法典与法官之间的有效结合，即肯定法官在法典出现漏洞时可以创造性地进行解释以及法的续造，但法典作为立法者价值判断的体现要对法官的自由裁量有所约束。在此之后，围绕法典（立法者）与法官的分立与平衡，针对立法者立法时的评价因素、法官断案时的裁判标准、传统的涵摄方法与超越法律的法续造、个案裁判与论证程序等问题，现代法学展开了方法论上的论辩[①]，并渐渐形成了位居主流的民法方法论。

## 方法论视域下思考维度的转换

### 民法典自身的修正

在民法典的适用上，立法者已经充分意识到一个封闭法典体系的不足，作为对时代转换的回应，民法典经历了一系列自身的调整与修正。具体来说，从近代社会演进至现代社会，民法对现实生活的回应首当其冲地体现在理念与价值的转变上，即在理念上由形式正义转向实质正义，在价值取向上由追求法的安定性转向追求法的妥当性。[②] 这一转变乃是通过对近代民法所确立的所有权绝对、契约自由及过失责任三大原则进行修正得以实现的。民法典自身的修正即是对制定法实证主义的一种反思，其标志着封闭法典体系的瓦解。而理念的更新与制度的创设已经开始注意到社会生活对法典开放性的需求。

---

① 参见〔德〕卡尔·拉伦茨：《法学方法论》，陈爱娥译，北京，商务印书馆2005年版，第1～71页。

② 参见梁慧星主编：《从近代民法到现代民法》，北京，中国法制出版社2000年版，第164～191页。

**民法法源"由法典向判例"的扩张**

在法源的理论与实践上,由于民法典已经不能满足现实生活的需要,除了对法典进行更新之外,人们已经开始寻找制定法以外的其他法源。这使得众多的判例应运而生,并大量地被运用于司法实务以及法律制度的创设中,各种各样的判例集也不断出版,成为人们所经常诉诸的法典之外的重要法源。法院的判例也逐渐成为法源的一种。[1] 尽管《法国民法典》第5条规定,法官不得用确立一般规则的方式进行判决,亦不得用遵循先例的方式进行判决。但《法国民法典》颁布不到五十年的时间里,就要求立法强制下级法院必须遵循法国最高法院的神圣判例。一个世纪过后,不但法国法学家开始承认第5条的规定在事实上是失败了,司法判例课也作为法律诉讼格式传授给法国学习法律的学生。[2] 在德国,法院的实践尤其是联邦最高法院的长期判例也成为法典之外的重要法源,正如拉伦茨所指出的:"法院在遵循'长期判例'的时候,它的确构成了事实上适用的法(即在大多数情况下得到遵循)的一个很重要的部分。"[3] 而在判例对于法律制度的创设作用方面,一般人格权概念及相关制度的创设即为著例。正如学者所指出的那样,"法典化的民法法系的显著特征是历史上,由法典化前的民法法系的性质所决定的,这种特征正逐渐减弱"[4]。后法典化时代的民法法源已经逐渐走出制定法实证主义的囹圄。

**基于我国现实的考虑**

从我国民法法源理论的外观上进行审视,很容易发现其所带有的制定法实证主义色彩。至今为止,主流的学说依然将民法的法源等同于民事法律规范的表现形式,对法源的理解仍主要局限于以立法为维度的思维方式,尤其是在"依法治国"的背景下,尽管我们还没有一部民法典,但民事立法活动层出不穷。以《民法通

---

[1] See Arthur Taylor von Mehren & James Russel Gordley, *The Civil Law System: An Introduction to the Comparative Study of Law*, Little Brown and Company, 1957, p.1136.

[2] 参见[美]罗斯科·庞德:《普通法的精神》,唐前宏、廖湘文、高雪原译,北京,法律出版社2010年版,第106页。

[3] [德]卡尔·拉伦茨:《德国民法通论》(上册),王晓晔等译,北京,法律出版社2003年版,第15页。

[4] [美]艾伦·沃森:《民法法系的演变及形成》,李静冰、姚新华译,北京,中国法制出版社2005年版,第234页。

则》《合同法》《物权法》《侵权责任法》为主的制定法,在实际上发挥着民法典的作用。基于大陆法系国家的民法理论与实践已经做出的变革,我国在进行民事立法的过程中,吸收了各种法律制度的最新成果,加上本土特色的法律制度构建,使得我国的制定法具备了较高的现代性,但这并不意味着我国的制定法不存在漏洞。

从我国司法实践的实际状况来看,制定法原则上为唯一的法源,法官受到制定法的严格拘束。由于主流的权威观念依然严守着立法权与司法权分离的理论,立法权归属于全国人民代表大会及其常务委员会,法院不能僭越立法权,法官被要求恪守"依法裁判",其自由裁量权在事实上受到极大的抑制,甚至在法律解释上,法官只能探寻立法者意图并在其范围之内进行解释,很少能够对法律条文进行自由的、超越制定法的解释。由于在理论逻辑上强调制定法法源的唯一性,法官的实际裁判思维及过程往往有一种被异化的危险。即对于案件事实,法官依据"先见"可能已经形成了某种价值上的倾向,对案件裁判已经达成了某种结果意义上的认知,而在进行涵摄的过程中,法官通过求助可以达到此种倾向或认知的法律规范来对案件进行说明和论证。这种裁判的过程在实际上使得制定法法源的裁判依据意义仅仅流于形式。在笔者看来,裁判思维的异化、利益衡量的滥用,其主要的原因可归结于严格刻板的"依法裁判"。制定法实证主义的主要目的之一曾在于防止法官擅用造法权对案件径行裁判,但在我国,由于凡事都必须讲求"有法可依,依法裁判","由果寻因"的裁判思维却成了制定法实证主义下法官径行裁判的变种。

随着法学研究的逐步深入,法学方法论研究在中国受到越来越多学者的关注。从我国法学方法论的研究内容来看,主要涉及法律解释、法律论证、法律推理、利益衡量等多个方面。近年来,也陆续有学者开始将法源与法学方法相结合进行讨论,将法源问题列入方法论的研究范畴。[①] 可以说,法学方法论的兴起,首先在理论上提供了一种契机和可能,使得我们可以突破传统的以立法为维度的

---

① 参见陈金钊:《法律渊源:司法视角的定位》,载《甘肃政法学院学报》2005年第6期;李龙、刘诚:《论法律渊源——以法学方法和法律方法为视角》,载《法律科学》2005年第2期;姚辉:《论民事法律渊源的扩张》,载《北方法学》2008年第1期。

法源定位，转而从方法论或者说司法的维度对法源重新进行解读。

## 第三节　以民法的适用为坐标原点的法源论

如果我们将法学研究中所有关于法（最广义的法）的生成与运行的时空维度加以区分，那么大致可以做出这样的逻辑演进。

作为一种法的现象或法的生活之法（习惯法、自然法）→立法→制定法→司法（法的适用）→适用于个案的确切的法律规则

如果将这样的逻辑演进作为一个坐标体系的横轴进行法源的观察，那么选择哪一点为原点则会构成不同的法源论。前已述及，在以立法为坐标原点的法源论中，制定法作为立法的结果出现而成为法的表现形式，"法源"中的"法"指的是制定法，法源问题就是指制定法得以形成的源泉，有学者以立法的"资源、动因、进路"对其进行概括，这是一种符合逻辑的法源说明。反观"法源即法的表现形式"的观点，其对法的界定同样是以立法为维度的，即"法源"中的"法"仍是作为立法结果的制定法，以此为前提进行追问，制定法的源泉为何？给出的结论却是：制定法的法源是法的表现形式（制定法）。"A 的产生原因是 A"，这显然是一种违背逻辑的推论。

制定法可以作为一种法源，但在这种情况之下，"法源"中所指涉的"法"，就不再是我们通常所理解的法律文本（即制定法）。在揭示法源的坐标横轴上，如果以司法即法的适用为原点，那么"法源"之"法"就不再仅仅是制定法，而应当转换为适用于个案的确切的法律规则，法源问题就成为法官从何处获致这些法律规则的问题，也即是"裁判依据"的问题。法院在个案中作出具体裁判，应当具备三段论的逻辑形式。作出特定裁判结果的"依据"或者"理由"，是一个有具体内容的规范，它构成法律适用三段论演绎中的大前提。依法裁判的要求意味着，这一规范的性质是"法律规范"[①]。美国法学家格雷正是在这个意义上对

---

[①] 葛云松：《简单案件与疑难案件——关于法源及法学方法的探讨》，载《中国法律评论》2019 年第 2 期。

法源与法律作出了明确区分。在他的理论中，法律并不是立法意义上的法律文本，而是由法官在裁判中所确立的权威规则组成，相应的，法官在确立这些规则时所诉诸的各种因素都可以作为法源来看待，这正是以司法为坐标原点的法源论。由于其对于法律的界定突破了人们惯常的理解，因此多数学者并不接受这种界定，但是对于他以司法或法官为中心对法源问题进行思考的做法，给予了充分的肯定。博登海默无疑就是在格雷理论的启发下将法源作为一种"工具或技术"的代表，他对法源的界定同样以司法适用为中心。法官在案件的裁判中，首先要适用的是以制定法为代表的"正式法源"；而在制定法不足以解决案件，或者适用正式法源会与正义及公平的基本要求、强制性要求和占支配地位的要求发生冲突时，适用"非正式法源"也就理所当然地成为一种强制性的途径。① 将两者对法源的理解进行比较，我们可以发现，格雷所持的是一种完全司法中心主义的立场，在他的法源理论体系建构中并不受任何制定法实证主义的影响，在法源的位阶上，制定法与其他的法源并没有优劣的次序；博登海默则不同，"正式"与"非正式"的用语已经将其理论所坚持的实证主义原则有所表露，"非正式法源"在司法框架中仅具有极为次要的地位，因此在法源的位阶上，"正式法源"也就是制定法，拥有不言而喻的优越地位。

笔者认为，格雷的法源学说具有逻辑上的彻底性和一致性，尽管对法律的界定"不走寻常路"，但这种理解并非异想天开的妄论，因为对"法律是什么"的回答自始便是一个仁智互见的认识，原本就存在派别的差异和语境的区分。更何况在法源的语境下，格雷对法律的界定并不欠缺正当性的支持，笔者将在下文对这种正当性加以证成。当然，从我国的大陆法系传统出发，博登海默的法源论似乎更加具有亲和力及适用性。毕竟就我国的法源理论而言，以制定法为中心仍是一种不可动摇的趋势，将博登海默所谓的"非正式法源"作为补充制定法漏洞的法学方法在接受程度上相对容易。在此，笔者尝试一种将两者综合起来的民法法源理论构建，在民法法源的界定维度上，笔者坚持以民法的适用为原点的法源

---

① 参见［美］博登海默：《法理学、法律哲学与法律方法》，邓正来译，北京，中国政法大学出版社2004年版，第430页。

论,以逻辑的严谨性为基点,"法源"一语中所指的"法",是实践中的"法官法",法源即是法官判决的有效原因,法源问题就是法官在案件审判当中可以选择适用哪些标准进行裁判的问题。而所谓裁判,无非是希冀获得一种最利于实现理性和正义的解决方法,而不是只为获得立法者的成文法律规范在其文本实现上的满足。① 因此,裁判的过程在实质上涉及"由法源到个案正义"的推进,如何最终实现正义,则依靠法官对法源的运用。法官固然应当适用立法者的成文法律规范进行裁判,但在成文法律规范出现漏洞时(这种漏洞不仅包括欠缺规定,还包括适用已有规定与个案理性和正义的实现相背离),法官可以以其他法源为依据进行规则的创设和法的续造。从这个角度出发,裁判本身就涉及方法的问题,而具体到在不同类型的法源之间进行识别,对不同类型的法源在适用时作不同的解释,对不同类型的法源之适用顺序加以选择时,更是一种方法的运用。与立法者的成文法律规范相比,其他类型的法源并不存在价值上的优劣等差,只是在适用的顺序上有先后之分。而为了避开这种认识上的误区,笔者并不采用博登海默的"正式与非正式法源"的用语,而是从法源的形式特点出发,按照法源形态的不同,将其区分为"制定法法源"与"非制定法法源"。所谓制定法法源,是指由立法者制定或者授权制定的各种法律、法规以及司法解释等成文规范;所谓非制定法法源,是指诸如习惯、法理、道德原则、公共政策等可以作为法官裁判的依据,但又缺乏成文形式的实质性规范。

## 法源与"法":对法或法律的另一种解读

根据格雷对法源与法律所作的解释,由于将法源问题放置在以司法为中心的场域下,将法源理解为法官裁判的依据,法源中的一部分其实就是我们通常所理解的成文法律规范(法律文本),制定法在这里并非被界定为法律而是法源。相应地,在"法的渊源或法律渊源"的语境下,法或法律在逻辑上必然演变成法官在裁判中形成的对个案具有拘束力的确切规则。这就是格雷对法源与法律所作出

---

① 参见姚辉:《论民事法律渊源的扩张》,载《北方法学》2008年第1期。

的严格区分。这种对法或法律的理解可以在形式意义上对应到凯尔森"一般规范"与"个别规范"的划分①,其中提到的"一般规范、一个法律",即法源;而"个别规范",即法源语境下的法或法律。

将法律理解为个案规范的观点难免会遭到批评。将一切法律规则置于不可知的境地、将法官的地位上升至立法者,这些观点在客观的立场来看,的确有些偏激。其理论中的一个缺陷就在于,他们并没有看到法源对法官裁判所产生的拘束作用,却也并非在于像批评者所批评的那样将法律理解为个案规范。就笔者的观察范围来看,即使是我国所在大陆法系,亦能发现将法律理解为个案规范的观点学说。

德国学者考夫曼认为,法律适用的过程,不是传统的涵摄模式,而是一种经由存在与当为对应的"类推"过程,他将这种过程称为一种"法律现实化"或者"法律具体化"的过程。② 在这种理论体系中,考夫曼将法律现实化的过程区分为三个阶层:第一个阶层为抽象的——普遍的、超乎实证及超乎历史的法律原则(Rechtsgrundsätze);第二个阶层为被具体化的——普遍的形式的——实证的、非超乎历史的,但对一个或多或少长久的时期(法律时期)有效的制定法(Gesetz);第三个阶层为具体的、实质的——实证的、有历史性的法(Recht)。简单来说,这种层次顺序可表示为:法律理念——法律规范——法律判决。这是一种从一般到具体的演进。考夫曼将法律现实化的层次运行称为"法律秩序的阶层构造",并认为,法律是一项对应关系,法律不具有实体的性质,而是关系的性质,只有在规范与事实的对应中才能产生法,因此,法是"应然与实然的对应"(存在与当为的对应)。

根据笔者的理解,考夫曼对何为法律的理解首先也以对法或法律的区分为前提,这种区分体现在诸如法律原则(Rechtsgrundsätze)、制定法(Gesetz)与法

---

① 参见〔奥〕凯尔森:《法与国家的一般理论》,沈宗灵译,北京,中国大百科全书出版社1996年版,第151页。

② 本书关于考夫曼对"法律具体化"或"法律现实化"过程的论述,主要参考了〔德〕考夫曼:《法律哲学》,刘幸义等译,北京,法律出版社2004年版,第218~221页;吴从周:《当代德国法学上具体化之理念及其方法:以诚信原则为例》,载《万国法律》2001年第117期。

(Recht) 的划分。在这些对法的区分中，考夫曼显然是将法（Recht）放在最核心的位置，而这种法的得来，并不能由法律原则或制定法直接推出，而是需要在法律判决中将规范与事实相对照才能产生，这种法的具体化任务是法官所要承担的。同样持"具体化"理念的还有另外一些德国学者，例如弗里德里希·米勒，他认为："具体化不仅指既存规范压缩，而是一种求得——作为该当案件裁判基准的——规范的努力过程……规定在法律中的规范（规范文本）并非最终个案裁判基准的规范（裁判规范），前者只是法官形成后者的出发点而已。"[1] 施瓦布对于适用法律的论述，也暗含了某种法律与法律规则的区分，他指出："适用法律（Gesetzesanwendung），并不仅仅只是指把事实情况归摄到法律当中，而且也是适用法律的人本身在参与构建法律规则。对争议作出裁判的法庭也在加工制作前提，法庭使法律规范显现出轮廓，以便在此之后把应对这作出裁判的事实情况归摄到法律规范之下。因此，'适用法律'同时也是参与构建法律规范。"[2] 和前述美国现实主义学者的观点相类似，"法律具体化"理念或方法对法的理解同样以动态的司法为核心，其均着重强调最终个案裁判基准规范的获取，认为这是具体化的关键环节。

在我国，亦不乏学者从规范与事实相结合的角度出发对法加以界定，例如，郑永流教授以法的"践行"为主线，以"法是实践智慧"为核心命题，建构起了"实践法律观"[3]。按照他的解释，传统的法律观分为规范法律观与事实法律观。所谓规范法律观，指的是将法看作预设的合适而精确的封闭体系，任何个案事实的解决都可在这一体系中得到满足，也即本书前面所提到的制定法实证主义；所谓事实法律观，指的是由事实出发，着眼于个案事实与规范的不对称性之解决，但它容易导向规则的怀疑主义甚至虚无主义。美国现实主义法学的观点，即可以归结到事实法律观之下。从笔者的理解来说，实践法律观可以算得上规范法律观与事实法律观的一种巧妙折中，即一方面强调在实践中发现并创造法，另一方面

---

[1] [德] 卡尔·拉伦茨：《法学方法论》，陈爱娥译，北京，商务印书馆 2003 年版，第 13 页。
[2] [德] 迪特尔·施瓦布：《民法导论》，郑冲译，北京，法律出版社 2006 年版，第 15 页。
[3] 郑永流：《实践法律观要义——以转型中的中国为出发点》，载《中国法学》2010 年第 3 期。

强调在实践的过程中不能忽视预设规范对事实的指引力。正像持论者所指出的，法乃是规范与事实相互关照的续造性结果。而由于预设的法律只是未完成的法律，要将这种完成性彻底实现，则需对规范与事实进行处理，这一处理的过程被称作"等置"，"等置就是要将事实一般化，将规范具体化"①。实际上，实践法律观中等置的任务或者规范具体化的实现，同样是交给法官来完成的，法官的"眼光在事实与规范之间发生往返流转"的过程即是"等置"的过程，但这个过程并非单纯的规范与事实间的认定，而是具有"续造"的性质，法官在等置的过程中既不能抛开既有的规范，又不能局限于既有规范，而应以此为基础对事实进行认定，同时检视事实对规范的反作用，进而尽量实现规范与事实的对接。

关于"法律或法是什么"的话题永远是法理学、法哲学以及法学方法论中最具魑魅色彩的部分。在不同的语境之下，法或法律本来就有不同的含义和用法。而当对法或法律的关注从立法的维度转向司法的维度、从法的效力探寻转向法的实效追问、从法的一般规范转向法的个别规范之后，法或法律的重心也已经由立法者转移到了适用者。因此，将真正的法界定为"法官法"、"具体化的法"或者"实践中的法"，并不缺乏正当性的支持。而具体到法源的语境，在以司法为中心的立场下，这种界定可以很好地与作为裁判依据的法源概念相契合。同时，法源的存在，也可以很好地消解诸如由裁判者掌控法将导致规则的任意甚至滥用的担忧，因为法律适用者判决案件时，并不是任意的，而是在法源的基础之上进行判断，法源既是一种依据，也是一种制约因素。其判断的过程也必须通过充分的说理加以论证。最后必须澄清的一点是，这种对法或法律的理解并不影响长久以来我们对法或法律形成的某种统一且普遍的意识，例如提及法律，人们在脑海中首先浮现的十之八九是制定法的文本。因此，以适用为原点的法源论在对法的界定上试图突破但并非颠覆对法或法律的惯常理解，而只是想借此对作为一种方法的法源进行更为科学的、符合逻辑的说明。

---

① 郑永流：《实践法律观要义——以转型中的中国为出发点》，载《中国法学》2010年第3期。

## 形式主义与功能主义

形式主义和功能主义是认识法律的两个基本视角。法律学术同行一般认为，法律功能的实现，在很大程度上依赖于法律的形式化技术，即按照一定的逻辑和体系将法律以一套文本化的概念、规则和原则表达出来。在一个理想的情境中，只要形式化的法律语言指令得到严格理解、遵守和执行，法律的理想社会秩序促成功能就会自动实现。[①] 不过，受到更多关注的乃是形式主义与功能主义之间的差异乃至于对立之处，二者往往处于此消彼长的抗衡状态，以美国法为代表的普通法历史演变就生动地体现了这一结论。

### 法律形式主义

法律的形式合理性已经成为法治现代化的一个重要标志。根据邓肯·肯尼迪教授对形式主义概念的追溯研究，最为中国法律学者所熟悉的，也是本书意图所指的形式主义，是描述意义上的形式主义。在此用法中，人们可能将某些法律规则归为一定程度上的形式主义，但这种评价是中性的，并不带有任何积极或者消极的态度，其中又进一步可以分为两个次级维度。其一是描述是否允许一定程度的例外，即通过不遵守形式导致无效进行惩罚的形式主义。依照法律制度的内容，从纵向分为（1）程序性形式主义，即法律制度使得一种实质的法律诉求依靠程序规则获得实现；（2）交易形式主义，即法律制度要求交易有特定的形式；（3）行政形式主义，即法律制度要求国家权力之行使必须具有程序和交易的形式。其二是指建立在规范意思基础之上的法律解释技术的形式主义。根据法律解释的对象，这一维度可被分为：（1）概念解释形式主义，其以概念为原点，"构造"了必要的一般原则思想，而用原则再解决规则的意思模糊；（2）先例解释形式主义，其从先前案件的裁定、意见中推导出规范的意思。[②]

---

[①] 参见熊丙万：《法律的形式与功能：以"知假买假"案为分析范例》，载《中外法学》2017年第2期。

[②] 参见［美］邓肯·肯尼迪：《法律形式主义》，陆幸福译，载《法律方法》2013年第1期。

换言之，形式主义认为法律是一个逻辑严密、完整的由概念、原则、规则组成的体系，具有无缝的内在结构。"在立法层面体现为追求一种具有普遍性、明确性、肯定性的法律体系，具体表现为成文法的'通则化'和'体系化'。'通则化'是把决定个案的各种典型理由化约成一个或数个原则，即产生法命题；'体系化'是将所有透过分析而得的法命题加以整合，使之成为相互间逻辑清晰，不会自相矛盾，尤其是原则上没有漏洞的规则体系。在这一思想引领下，形式主义将法律看作一个相对静止的体系，并认为法律本身就是目的，排斥将可接受性等法外价值无条件地纳入法律体系之中。在司法裁判中，形式理性则强调形式逻辑，包括演绎推理，认为可以通过缜密的演绎推理，从原则、概念推导出规则，可以严格地依据三段论导出具体的案件判决。根据'三段论'的要求，法律根据作为大前提，从生活事实中分离出的法律事实作为小前提，针对法律事实，法官寻找法律根据，继而作出法律决定。"① "在一定程度上可以说，只有在法律具有形式主义特征时，才有可能在现代意义上以专门的职业方式、法律主义方式和抽象方式看待法律。"② 也正是出于对形式理性的重视，现代法律体系才发展成为规范的标准化程序，从而使得人为因素被排除在法律的制定与执行过程之外，最大限度地保障法律适用的稳定性和司法裁判的公正性。

与人们的预想不大一样，普通法系其实也崇尚形式理性，形式主义在普通法系也打下了深深的烙印，只不过，这种形式主义并不主要表现在法典这样一个形式文本上，而是遵循先例原则，即在先的判决对在后审理的同类案件有法律上的拘束力，法官在审理相似案件时，不能无视上级法院（或同级法院）作出的司法判决，并有义务采取相同的法律原则，相同的推理技巧。这与普通法的传统有关。在普通法系国家，普通法体系主要是由法官掌握和发展的，法律被认为是法官所宣布的东西，所有的成文法、先例、习惯、道德和理论著述都需要经过法官消化之后转变为实在的法律。沿着先例具有拘束力的创造路线，普通法对于已经

---

① 陈皓：《马克斯·韦伯：法治的"理想型"》，载《人民法院报》2016年10月14日。
② ［德］马克斯·韦伯：《经济与社会》（第2卷），阎克文译，上海，上海人民出版社2010年版，第799页。

接受作为权威先例的判决意见以及可以妥当指导将来案件的措辞加以记录援用，从而逐渐产生测试、改变和重新形成法律的规则。借助于先例的拘束力，普通法系从先例中获取了一些基本概念，或者通过先例中不断重复的一些概念、制度获取新的基本概念和规则、原则，从而实现了法律的体系化。

严格地遵循先例，并非判例法伊始的传统，而是在19世纪中期后由英国法院在判决中发展起来的。1861年，在比米斯诉比米斯（Beamish v. Beamish）案中，英国上诉院多数法官认为在自己法院作出的先例判决应当对以后的案件审理产生拘束力。① 在同一时期，美国国内则发生了南北战争，也成为美国司法风格由援引法律之外的宏大叙事向严格遵循先例的形式主义转变的分水岭。根据霍维茨的看法，法律形式主义的兴起与南北战争前的三个重要因素综合相关：其一，这是独立后法学界权力上升的一个标志，特别是在法典化运动后律师界期望拥有独立的和自治的职业利益，而这要求将法律看作客观的、中立的和非政治性的制度。其二，法学界经营的利益与商业企业集团的利益趋于一致，而这要求限制法律制度重新分配财产的能力。其三，商人和企业家希望通过法律制度的改革，将法律制度变作固定的、不可抗拒的和合乎逻辑的规则体系。② 不过，直到兰德尔的大力提倡，形式主义才真正成为美国法律的正统理论。兰德尔认为，法律是一个自治封闭的体系，由抽象的概念和原则构成，具体的规则来自抽象概念和原则的推导，而司法则完全成为在封闭体系内进行的计算过程，法官只需运用演绎逻辑进行形式主义的法律推理即可为案件找到确定的答案。③

法律形式主义的确立对法律职业的发展产生了重要的影响：法律人提高形式逻辑能力通常确实有助于避免分析问题的情绪化；对于一些重大而根本的实体问题，特别是政治性问题，法官避免直接以判决形式介入，通过程序和其他技术将相关判断推到司法系统之外，可能是维护司法制度长远稳定和公信力的较好方式；在无法回避进行实体判断的情况下，用法律修辞赋予的合法性，可能使法律

---

① See Beamish v. Beamish [1861] 9 HCL 274.
② 参见［美］莫顿·霍维茨：《法律形式主义的兴起》，载《环球法律评论》1990年第5期。
③ 参见刘翀：《现实主义法学的批判与建构》，载《法律科学》2009年第5期。

人更有效地推进其认为可欲的社会政策。① 到20世纪上半叶，形式主义在美国法学界达到其巅峰，但也同时成为其盛极而衰的转折点。彼时，美国在经济上已经由自由资本主义过渡到垄断资本主义，社会化大生产与资本主义的私人占有之间的矛盾日益突出，经济危机频繁发生导致社会矛盾的集中、激化。② 由于形式主义把法律看作去社会背景化的超验客体，无法及时感知并应对经济社会中出现的矛盾，表现出严重的僵化滞后性，从而引发了所谓的反形式主义运动。反形式主义者将无缝的秩序作为形式主义的中心论点，一旦一种法律学说支持形式本位无缝性，则它就被认为是形式主义的，从而被大加批判。为中国学者所熟悉的霍姆斯的一些言论生动地反映了其对法律形式主义的不满："法律的生命不在于逻辑，而在于经验，时代的迫切要求、盛行的法律政治道德理论、公共政策的直觉认识，无论是被坦率承认的还是人们讳莫如深的，在确定约束人们行为的规则的作用上远胜于三段论的演绎推论。""逻辑方法与逻辑形式所彰显与满足的乃是内含于每一个人内心中对于确定性与和谐的追求。但是确定性不过是一种幻想，而和谐也不是人类命定固有的状态。"③ 霍姆斯更进一步指出，研究（法律）的目的就是预测，预测在什么情况下公共权力会通过法庭这一工具起作用。"如果你们想要了解法律，而不是别的什么，就必须以一个坏人的视角而非一个好人的视角看待法律——坏人仅仅关心通过法律知识有效预测到的物质性后果，而好人则要顾及良知的相对模糊的惩戒，在法律之内或之外为行为寻找理由。"④

霍姆斯的预测论当然也并非没有值得诟病之处，但其无疑指出了以兰德尔古典正统思想为代表的以及其他法律形式主义思想中最薄弱的一环，即形式主义所引以为傲的纯粹逻辑、完整封闭体系以及内部的视角。

---

① 参见戴昕：《认真对待现实主义——评〈波斯纳法官司法反思录〉》，载《环球法律评论》2015年第3期。
② 参见曾毅、熊艳：《从法律形式主义到法律现实主义》，载《求索》2010年第1期。
③ 转引自於兴中：《法律的形式与法律推理》，载葛洪义主编：《法律方法与法律思维》，北京，法律出版社2003年版，第95页。
④ 王岩云：《霍姆斯的法律预测理论》，载《国家检察官学院学报》2001年第4期。

### 法律功能主义

在法律现实主义的影响下,美国法发展出了法律功能主义,占据主导地位的学说均极具功能主义的色彩。不过,英美法系并不存在一个独立的法律功能主义学派,其主要观点及内容均散落于各个法律流派之中,可能的解释有:法律目的、适应度、古典功能、工具主义、认识论和统一性等。目前,各个比较法研究者在使用时存在根据不同的问题混用以上理解的情形,甚至功能主义本身也不存在完善的法律学说。但是,功能主义者们在一点上达成了一致,那就是他们的研究领域超出了法律哲学,进而深入法律与社会的关系领域,认为研究的重点不应放在法律的概念上而应该放置于对法律制度的功能上。① 具体来说,至少在以下几个方面,存在功能主义的共识。

其一,法律是动态的。与法律形式主义不同,功能主义者关注现实,他们认为静态的、固定的法律概念、规则体系是不能适应社会发展变革的要求的,因此认为应当从适应社会变革的角度出发,重新定义法律。从法律与社会的关系来看,不是先有法律再有社会,而是先有社会再有法律,法律必须适应社会的变化和要求。法律的动态性表现在司法裁判过程中就是,案件结果并不是由规则决定,而是由法官来掌控的,法官不可避免地享有很大的自由裁量权,然后利用各种技术让法律来适应生活。因此,法官应当抛弃所有的伪装,摒弃客观性,设想自己就处在为某一个团体辩护的位置,以便理解和衡量待判的利益,就像自己处在利益之中一样。法官在断案时必须依赖自己的"主观的、个人可感知的正义感觉","法官的任务就是像磁针一样,为人们指出正义感觉的方向"②。不少法律现实主义者走得更远,在他们看来,法律的价值也在不断地发生变化,并不存在稳定不变的法律价值。例如杰罗姆·弗兰克在《法与现代心智》一书中就曾经主张其"法律不确定性"思想,认为"法律在很大程度上曾经是,现在是,而且将永远是含混的和有变化的",这种观念已经突破了法律固有的框架。③

---

① See Michaels R.,*The Functional Method of Comparative Law*,2006.
② 陈锐:《法理学中的法律形式主义》,载《西南政法大学学报》2004年第6期。
③ 参见于晓艺:《"基本法律神话"的破灭——评〈法与现代心智〉》,载《法律科学》2007年第1期。

其二，法律是手段而非目的。功能主义者在看待法律时拥有工具主义的视角，他们跳脱了僵化的思维，将法律看作推动社会变革的工具，认为法律本身并不是社会行为的目的，而是达成社会行动一定目的的手段。由此，功能主义分析要求分析者采用一种前瞻性的思维方式，根据人的认知心理和行为习惯去准确预测不同制度方案将实际引发的社会效应，并结合具体语境选择有针对性的法律解释和适用方案。特别是，法律同行需要避免单向度地推定法律规范的约束力或者规范效果，而无视各社会群体对待不同法律约束的实际反应。① 实际上，动态法律观是工具主义法律观的必要条件，若法律要成为治理社会的工具，则法律就不可能是静止的，因为社会是变动不居的，静态的法律不能成为治理社会的有效工具。任何法律都应该从所达成的目的、实施效果和其中的联系加以评判，若所达成的目的、实施效果不利于社会的变革，那么就不是良法，而在所不论法律内部是否形成逻辑严密、概念有序的法律体系。法律只有在实现社会目的时，才具有价值，没有社会效果的法律就没有价值。

其三，法官的思维范式并不是根据事实去寻找规则再作出裁判，而是根据基于职业经验培养起来的"直觉"直接对案件事实作出反应，产生预判断，然后再去寻找法律依据为自己的判断作出论证，这是一种"预想在先、合理化在后"的后果取向思维范式。② 在此过程中，判决结果并非由三段论决定，而是由政策分析、价值分析以及利益衡量贯穿了司法过程，这是功能主义从司法行为的视角观察法律运行得出的重要结论。比如，在著名的美利坚合众国政府诉卡罗尔拖轮公司一案中，汉德法官提出了著名的汉德公式，即当 B（预防事故的成本，the burden of providing precaution）<L（一旦发生事故所造成实际损失，loss）×P（事故发生的概率，probability of loss），也就是说只有在预防事故发生的成本小于预期事故的可能性与事故发生的损失相乘的结果时，有责者才承担过失侵权责任。③ 汉德法官写道："侵权法体系的功用，实际上是事故或损失发生之前，在

---

① 参见熊丙万：《法律的形式与功能：以"知假买假"案为分析范例》，载《中外法学》2017年第2期。
② 参见王德玲：《法律现实主义、后果取向与大数据》，载《山东社会科学》2019年第5期。
③ See United States v. Carroll Towing Co. 159 F. 2d 169 (2d Cir. 1947).

当事人之间成立一个合同，合同达成的前提是如果预防事故的支出大于事故发生时赔偿的损失，一个理性的、期望降支出为最低的个人不会将钱用于预防事故。换句话说，在这种情况下，理性的个人宁愿让损失发生再去赔偿受害者，也不愿将支出用于预防事故，因为这样做是效率的。"① 这种理解显然并非遵循三段论的推理，而是从侵权法的损害赔偿功能入手结合经济分析的方法以确定过失的概念。

在很长一段时间里，功能主义的研究进路在比较法中一直占据着主流地位，并且广泛影响了美国立法。比如，美国的反垄断法中包含了大量开放的、原因分析的规则范式，为细致的经济分析提供了法律的依托，具有明显的经济功能主义的特色（而欧洲大陆的反垄断法则更具有法律形式主义的特色）。② 当然，功能主义的研究进路并非英美法系比较法研究中的独门绝技，甚至功能主义的研究进路也是由德国比较法学家茨威格特和克茨所系统确立的。③ 但不可否认的是，功能主义的研究视角在美国的比较法研究中占据了很重要的部分。在许多美国联邦最高法院的判决中，在涉及对他国法院案件的引用以增强论证的合理性时，就会采用功能主义视角引入法学之外的研究成果。在这种思想的启迪之下，法律现实主义者开始注重从外部引入研究法律的方法，从而法学与各学科的交叉研究成果日益丰硕。④ 近些年来，功能主义的重要流派，也即新现实主义不仅延续了对事实和开放法学研究的提倡，还强调对已有的多学科方法研究成果的重视，也呼吁其他学科的研究关注其研究的法律实质意义。在其推动下，传统的法学研究和利用其他学科方法展开的法学研究得以更好地渗透和合作，促进了学科整合和实证法学研究更为有效地进行。⑤

**进　路**

综上可知，形式主义与功能主义主要涉及法律本体论层面的不同：即对什么

---

① United States v. Carroll Towing Co. 159 F. 2d 169 (2d Cir. 1947).
② Crane D A, *Antitrust Modesty* (Review Essay), Social Science Electronic Publishing, 2006.
③ 参见郑智航：《比较法中功能主义进路的历史演进——一种学术史的考察》，载《比较法研究》2016 年第 3 期。
④ 参见胡铭、王震：《现实主义中寻找中国当代法律的道路——重温霍姆斯〈法律的道路〉》，载《浙江社会科学》2014 年第 5 期。
⑤ 参见邓矜婷：《新法律现实主义的最新发展与启示》，载《法学家》2014 年第 4 期。

是法律问题的理解不同。形式主义的进路,又称规范主义的进路,采取的是"法律视角",主要从法律制度的比较来探明各国法律是如何规定的,更多关注的是法律制度、法律概念本身,功能主义的进路与之不同,其采取的是"事实视角",探讨的是法律如何处理某一问题,更关注对法律概念、法律制度背后所体现的普遍价值以及法律制度、法律概念如何体现这样的普遍价值,包括在此过程中的法律变化,等等。虽然二者对法律的理解截然不同,甚至在多数时候是作为对立观点而存在的,但并无绝对的优劣之分。比如,即使是对形式主义批判最为强烈的法律现实主义者,他们批判的也只是陈旧过时的传统规则,没有哪一个法律现实主义者完全否定法律在判决中的作用。[1] 相反,功能主义把社会效果当作法律适用的逻辑起点,这就导致权利人为了能够在权利角逐中获胜,必须从头到尾全程跟踪、不断比较,才能知道这一次自己的财产权是否还排位在前,并在遭遇每个冲突后都要重新追问是否还能获得保护。[2] 功能主义进路的上述特征,使之遭受了不少质疑,最为典型的是其被认为会严重损害法律适用的确定性。

未来法律适用的道路并不是由一方替代另一方,而是应由法官在个案中综合协调运用形式主义和功能主义的法律思维,以兼顾司法裁判的确定性和正当性。以美国联邦最高法院在 Lawrence v. Texas 一案的判决为例,本案的案件争议是得克萨斯州规定鸡奸行为违法的法律是否违反宪法第 14 修正案正当程序原则,案件重点是自愿进行的私密同性性行为是否应当受到宪法第 14 修正案正当程序原则下"私密权利"(right of privacy)的保护。在本案中,肯尼迪大法官在多数意见中并未局限于对宪法第 14 修正案正当程序原则的解释,而是还援引了欧洲法院在 Dudgeon v. United Kingdom 一案中的判决,该判决指出,规定两个成年同性之间的自愿性行为违法的做法违背了《欧洲人权宣言》第 8 条所规定的个人私生活受到尊重这一基本原则。尽管《欧洲人权宣言》与美国宪法的文本并不相同,但是其所体现的价值是相同的。[3] 这一援引加强了其认为法院对得州的鸡奸

---

[1] 参见许庆坤:《重读美国法律现实主义》,载《比较法研究》2007 年第 4 期。
[2] 参见冉昊:《反思财产法制建设中的"事前研究"》,载《法学研究》2016 年第 2 期。
[3] See Dudgeon v. United Kingdom, 40 EUR. Cr. H. R. (ser. B) (1982). 71.

法违背宪法第 14 修正案正当程序原则的论证。

需要注意的是，法官作出判决的理由无论是形式主义的还是功能主义的，都应当以判决说理的方式真实地反映出来，以便当事人和公众进行检验，这既是现代法治社会对司法行为的要求，也是法律得以发展完善的必由之路。

## 立法权由立法者向法官让渡的法社会学分析

无论是埃利希提出的"活法"理论，还是庞德倡导的社会控制理论[①]，都强调法作为一种方法或手段对于现实社会生活的实际效用。而法的工具理性作用的强化必然要求法从严苛的立法主义中解脱出来而具有某种灵活性与可变性。但作为制定法的法典，依据其稳定性的要求并不能朝令夕改，因此，工具理性的发挥最终还应凭赖司法的运行。而在灵活性与可变性的实现上，法条是死的，但法官是活的，既然承认预设的法条无法对现实生活作包罗万象的抽象涵盖，那么允许法官在"无法可依"时可进行法的续造就是不可避免的结果。正如卡多佐所指出的："在正式的法律渊源沉默无言或不充分时，我会毫不迟疑地指示以下面的话作为法官的基本指导路线：他应当服从当立法者自己来管制这个问题时将会有的目标，并以此来塑造法律判决。"[②] 在这种情况之下，法官的职能就是补充立法者由于视域的局限性和滞后性所未尽的工作。因此，立法权由立法者向法官进行部分让渡或者说司法权的某种扩张尽管与传统的权力分立理论相矛盾，但却与社会现实背景需求相契合，具有相当大的合理性与正当性。以至于在大陆法系各国范围内，法官造法都有不同程度的体现。我们之前所提到的德国、法国通过判例的实践来对制定法进行补充和拓展，即是法官造法的力证。从 20 世纪产生之后直到今天依然盛行的法学方法论，其讨论范围中的重要内容之一也是在法律漏洞被发现时如何实现和保障法官对法的续造。由此可见，随着法社会学的兴起所带

---

[①] 以庞德为代表的社会法学理论体系中，法律实际上乃是社会控制的手段或方法之一，而并非唯一的手段或方法。参见［美］博登海默：《法理学、法律哲学与法律方法》，邓正来译，北京，中国政法大学出版社 2004 年版，第 154～155 页。

[②] ［美］本杰明·卡多佐：《司法过程的性质》，苏力译，北京，商务印书馆 2000 年版，第 74 页。

来的从立法到司法的认识转向，法官造法已经演变成为近乎不证自明的公理性质的一项原则。其实，德国联邦宪法法院的解释已经为某些情况下法官造法进行了合理性说明。根据德国学者的解释，德国联邦宪法法院已经将传统上代表权力分立原则的"法官受法律拘束"的要求在基本法中转化为"司法受'法律及法'的拘束"的表述①，依一般的见解，这种表述首先意指对狭隘的法律实证主义的拒绝，而对于法律与法的具体解释，联邦法院认为，法并不等同于成文法律的总体，除了落实国家权力的实证规定外，法还包含来自合宪法秩序的意义整体，对法律可以发挥补正功能的规范，发现它，并将之实现于裁判中，这正是司法的任务。②

这对于我国在处理不同类型公权力的配置问题上有重要的启发意义。众所周知，我国现行的立法权与司法权的配置依然以"权力分立理论"的要求为原则，法官难有创造性的裁判出现，在实践中即使遇到现行法显现漏洞而无法提供依据的疑难案件，法官也往往需要求助于最高人民法院的批复或者司法解释的支持，这在我国已经形成一种严重的路径依赖。但这种路径并不利于现代司法效率的发挥，在很大程度上仍然无法克服成文法所固有的局限性与滞后性。在允许法官造法已经成为趋势的情况下，与其执着既有的理论逻辑线路不放，莫不如从经验的角度出发，去关心现实世界亟待解决的那些诉求。

## 第四节 习惯作为法源

《民法总则》参考国内外立法例，采纳学者建议，在第10条明确：法律没有规定时，可以适用习惯。这一规定使得习惯在我国民事基本法上正式成为法源。通常在法源意义上使用的"习惯"，应指习惯法，即国家认可的民事习惯。③

---

① 德国《基本法》第20条第3款规定："司法与行政权力应受'法律与法'的拘束。"这里的法律（Gesetz）与法（Recht）的区分，可以从我们上文对考夫曼具体化理念的介绍那里找到理解的路径。

② 参见 [德] 卡尔·拉伦茨：《法学方法论》，陈爱娥译，北京，商务印书馆2003年版，第248页。

③ 参见佟柔主编：《中国民法》，北京，法律出版社1990年版，第17页；王利明：《民法总则研究》，北京，中国人民大学出版社2003年版，第62页。

## 习惯与习惯法

习惯法来源于习惯。所谓习惯，须具有多年惯行之事实及普通一般人之确信，且不违背公共秩序和善良风俗。① 我国民法上的"国际惯例"②"交易习惯"③"当地习惯"④"风俗习惯"⑤ 等，其性质均为习惯。一般的习惯，尚不具备法的性质，而是停留在事实的层面之上，虽可依法律之规定而"适用"，唯此适用并非法源意义上的适用。⑥ 在这个意义上，诉讼中当事人主张"适用"习惯的，须自行举证加以证明。⑦

习惯与法的关系一直存在于学者的评判和研究之中，卢梭曾认为："它形成了国家的真正宪法；它每天都在获得新的力量；当其他的法律衰老或消亡的时候，它可以复活那些法律或代替那些法律，它可以保持一个民族的创制精神，却可以不知不觉地以习惯的力量代替权威的力量。"⑧ 而美国法人类学家鲍哈那（P. Bohannan）论证法与习惯的关系时，甚至认为只有在习惯的某些方面不能维持社会的一致性时，法律才开始发展，他说："法律是由专门处理法律问题的社

---

① 参见梁展欣：《民法与民事诉讼法的协同》，北京，人民法院出版社 2015 年版，第 17 页。
② 我国《民法通则》第 142 条第 3 款。
③ 我国《合同法》第 22 条第 1 款、第 26 条第 1 款、第 60 条第 2 款，《物权法》第 116 条第 2 款等。
④ 我国《物权法》第 85 条后段等。
⑤ 我国《全国人民代表大会常务委员会关于〈中华人民共和国民法通则〉第九十九条第一款、〈中华人民共和国婚姻法〉第二十二条的解释》（2014 年）。
⑥ 参见王泽鉴：《民法总则（增订版）》，北京，中国政法大学出版社 2001 年版，第 59 页。
⑦ 我国《合同法司法解释二》第 7 条规定："下列情形，不违反法律、行政法规强制性规定的，人民法院可以认定为合同法所称'交易习惯'：（一）在交易行为当地或者某一领域、某一行业通常采用并为交易对方订立合同时所知道或者应当知道的做法；（二）当事人双方经常使用的习惯做法。""对于交易习惯，由提出主张的一方当事人承担举证责任。"其中，第 1 款以"不违反法律、行政法规强制性规定"限制交易习惯的适用（这不是法律"适用"的意思）。一方面，交易习惯不得排除强制性规范，为显明之理；即使为习惯法，也不得排除强制性规范。对交易习惯具有限制意义的条件，应为公序良俗；参见《日本民法典》第 92 条，我国台湾地区"民法"第 2 条。另一方面，交易习惯作为惯行，似乎也不得排除任意性规范。如我国《物权法》第 85 条规定："法律、法规对处理相邻关系有规定的，依照其规定；法律、法规没有规定的，可以按照当地习惯。"其中后段规定的"法律、法规"，即包括任意性规范。
⑧ ［法］卢梭：《社会契约论》，北京，商务印书馆 1980 年版，第 73 页。

会机构再创造的习惯。"① 这样的说法，如果不从作者所强调的特定论域去理解的话，会显得过于极端。但是，如果我们把法律的适用看作法律效能的终极体现，并且认为所谓法治绝非文本的宣示，那么我们就无法忽视作为现实基础乃至资源的习惯、惯例、风俗之类"活法"在配合或者矫正文本意义上的法律的适用中的作用。法的基础一般说来就是精神的东西，它确立的地位和出发点是意志；而意志普遍存在时代局限性，作为立法者也一样无法摆脱这一客观规律，因为就个体本身来说，每一个体都是其所属时代的产物，超越时代的行为与构想都是不现实的。

从理论上证明习惯在即使后现代的法律体系中依然留有地位，并不是很难的事情，基于前面一再阐述的同样理由，社会格局的变化从典型意义上讲要比法律的变化快得多，何况在我国所处的调整与变革的时期。所以立法者在制定某一法律时，更多的局限性来源于自身经验和现实客观条件的限制。因此，成文法在一些时候不免给人留下遗憾与不足，成文法也不可能达到完美的状态，成文法具有明确性，不能模棱两可，所以遇见不能预测的情况，更不能灵活处理。同时，法律语言有其拙劣性，不可避免地留有许多自由裁量的余地。② 此外，法律总是强调对象的一般性，而拒绝过分"因人而异"③。法律弊端的存在决定了调整社会生活秩序的规则不可能仅仅是由国家所制定的法律构成，社会生活中存在的习惯也是一个社会控制的组成部分，习惯也担负着调整社会秩序的功能。"习惯"较"法"而言，其执行成本比较低，人们获得公正的结果也较为便捷，这种意识中的产物在现实生活中也较为容易得到贯彻，是"法"所不能达到和取代的。如果用法律去改变应该用习惯去改变的东西的话，那是极其糟糕的策略。④

对于法院在裁判中对习惯的引进，最高人民法院作有明确的要求。如《最高人民法院关于为推进农村改革发展提供司法保障和法律服务的若干意见》（法发〔2008〕36号）第四（一）2规定："注重对风俗习惯中的积极因素进行广泛深入

---

① 转引自朱景文：《现代西方法社会学》，北京，法律出版社1994年版，第152页。
② 参见孙笑侠：《法治合理性及其代价》，杭州，杭州大学出版社1996年版，第57页。
③ 苏力：《法治及其本土资源》，北京，中国政法大学出版社1996年版，第190页。
④ 参见［法］孟德斯鸠：《论法的精神》（上册第1卷）中译本，北京，商务印书馆1987年版，第310页。

的收集整理与研究，使其转化为有效的司法裁判资源。要重视善良民俗习惯在有效化解社会矛盾纠纷，促进新农村和谐稳定中的积极作用。坚持合法性、合理性、正当性、普遍性原则，认真考虑农民一般道德评价标准、法律认知程度和是非判断的基本准则，将农村善良风俗习惯作为法律规范的有益补充，积极稳妥地审理、执行好相关案件，确保涉农审判、执行工作法律效果与社会效果有机统一。"不过，相反的观点则指出，法律是以一个"外来者"的身份出现在人们的生活中的。在法律本身还没有足够的资源和能量去瓦解和消融习惯的势力时，是很难实现和人们的亲密接触的。从这个意义上讲，习惯是对法治的否定和阻碍，是实现法治的消极力量和分裂力量。①

与习惯相比较，习惯法因系国家认可而具备法的性质，而习惯则无此性质。习惯本身是一个类概念，因此在习惯的范围内，不仅仅有代表传统的处理问题的办法，也孕育着新的解决机制，这些都不是法律明确规定的方法。国家对习惯予以认可，既可为制定法所明确授权，如对少数民族习惯的承认，亦可为法院对习惯具有法的效力的审查确认。《奥地利民法典》第10条、《葡萄牙民法典》第3条第1款仅认制定法所明确授权的习惯（法），而未采取法院得自主适用的意义，使习惯法的适用范围大为缩小。与制定法的适用不同，习惯法系以习惯事实作为基础，法院既可以待当事人之主张而予以适用，也可以依职权而予以适用。如要完成向习惯法的转变，从日耳曼法制史的早期阶段可以看出，一方面通过法律成员的实践，另一方面还要通过法律成员都表示同意的法院裁判逐渐形成。② 唯法院之裁判只能对特定事件发生效力，故其发现而采之习惯法，并不能如制定法对于将来之同类事件发生普遍之效力。因此，法院对于习惯法存否之认定，仍属事实问题③，仅系由于法院对习惯法的适用，而使之具备法的性质。当然，当事人予以主张适用时，仍应负证明责任。④ 在现代意义上，习惯法事实上已经从原始

---

① 参见陈伯礼、许秀姿：《论民事习惯在我国民法典中的角色定位》，载《学术论坛》2005年第4期。
② 参见［德］卡尔·拉伦茨：《德国民法通论》，王晓晔等译，北京，法律出版社2003年版，第12页。
③ 参见王伯琦：《民法总则（第8版）》，台北，正中书局1979年版，第4页。
④ 参见我国台湾地区"民事诉讼法"第283条规定："习惯、地方制定之法规及外国法为法院所不知者，当事人有举证之责任。但法院得依职权调查之。"另见《德国民事诉讼法》第293条，《葡萄牙民法典》第348条，我国澳门特别行政区《民法典》第341条。

意义的民俗习惯，演变成经由法院之长期、广泛的适用而确定下来的法源，习惯法与法院法紧密地联系在一起了。① 易言之，比较实际的标准常常是经由法院在裁判中引用，甚至将之宣称为已演变成习惯法，自此而论，习惯法借裁判之途径，裁判借习惯法之名，取得形式上之法源地位。②

### 作为大前提的习惯

不能忽略习惯升格为法律渊源所应具备的条件。按照已有的研究定论，习惯升级的最首要条件是习惯效力的普遍性，即习惯在大部分地区得到遵守；其次还包括习惯的内容应当具有比较明确的规范性；须经国家认可并由国家强制力保证其实施，等等。③ 实际上，伴随着社会控制方式的转变，习惯、道德、法律等控制手段的相互关系及其在控制社会中的所占权重也处于一种动态变化中。从法律形成的维度也可看出，因为一些规则首先表现为习惯，后来才成了法律。当"通过法律的社会控制"成为主流的社会控制模式下，习惯或习惯法的地位与作用势必发生根本性的改变。这样，检讨法治模式下的习惯存在方式就成为必须解决的课题。习惯与法律渊源之间的关系表现为三层结构，首先是已经上升为法律的习惯；其次为习惯法；最后为一般性的社会习俗。在探讨民事法律渊源时，问题主要集中在第二和第三类型下，即主要为解释论而非立法论的问题。④ 这里要做的是认真地识别什么是真正的、具有普遍意义的习惯；谁的习惯；谁应该尊重这样的习惯；即一般性社会习俗的类型问题。⑤ 更为重要的是，如前所述，"习惯"

---

① 参见黄立：《民法总则》，北京，中国政法大学出版社 2002 年版，第 47 页；[德]魏德士：《法理学》，丁晓春、吴越译，北京，法律出版社 2003 年版，第 106 页。
② 参见黄茂荣：《法学方法与现代民法》，北京，中国政法大学出版社 2001 年版，第 7 页。
③ 参见陈伯礼、许秀姿：《论民事习惯在我国民法典中的角色定位》，载《学术论坛》2005 年第 4 期。
④ 参见苏力：《送法下乡——中国基层司法制度研究》，北京，中国政法大学出版社 2000 年版，第 262 页。
⑤ 如众多的行规或行业惯例，即经常以"习惯"的形式"习惯性"地成为侵害消费者或社会弱者的工具，而这样的习惯，与法律所欲构筑的社会秩序显然相悖。

一词，有时并不作为具体的惯习，而是作为"法意识"来使用的。随之而来的问题就是，什么样的法意识，以什么样的方式，尊重到何种程度，这才是问题的根本。① 基于中国的国情及现代社会的国际化乃至全球化特点，如早期立法经验般展开工作，提炼具有普适意义的本土化习惯，恐怕因时过境迁已无法做到；问题的解决仍需靠赖制定法本身，也就是从立法技术角度为习惯进入制定法进而走进司法留有余地或设置机制。《民法总则》中关于法源的规定以及诸如公序良俗条款的设置，已经为此打开了大门。余下的问题，恐怕还是要靠赖司法实务中法官基于个案适用习惯的活力，以及在司法体制上有效控制法官的自由裁量权。

## 第五节　司法解释的生命力

### 中国特色的法源

在法律适用上，由最高司法机关依据法律的授权，就法律实施过程中如何具体应用法律的问题作出具有普遍约束力的解释，以指导和约束法官的裁判行为，此种做法在世界范围内并不常见。② 从中国的司法实践来看，制定法在原则上为唯一的法源，法官受到制定法的严格拘束。主流的权威观念严守着立法权与司法权分离的理论，立法权归属于全国人民代表大会及其常务委员会，法院不能僭越立法权，法官被要求恪守"依法裁判"的准则，其自由裁量权在事实上受到极大的抑制，甚至在法律解释上，法官也只能探寻立法者意图并在其范围之内进行解释，很少能够对法律条文进行自由的超越制定法的目的性扩张。而在遇到

---

① 参见［日］星野英一：《日本民法典编纂中遇到的难题——习惯在民法中的定位》，载渠涛主编：《中日民商法研究》（第1卷），北京，法律出版社2003年版，第42页。

② 据学者考察，上述情形主要出现在司法系统受苏联模式影响的东欧国家。但是波兰、格鲁吉亚、捷克和斯洛伐克已经于20世纪末先后放弃这种做法。到目前为止，仍保留此做法的还有俄罗斯联邦、立陶宛和保加利亚。参见金振豹：《论最高人民法院的抽象司法解释权》，载《比较法研究》2010年第3期。

疑难案件或较有影响的争议案件时，征求最高人民法院的权威意见则成为经常依赖的路径，最高人民法院的批复也因此作为最高司法机关的指导性文件而上升为法源。与之相比，更为重要的法源是最高人民法院对制定法作出的司法解释。由于最高人民法院的司法解释乃是建立在对过往审判案件中的问题进行总结和发掘的基础之上，其内容涵盖了法官在适用法律条文时所遇到的主要疑难问题的解决对策，因此具有更高的适用性和规则性，这也缔造了中国司法上较为独特的法源类型。

在我国，所谓司法解释广义上是最高司法机关为了审判机关能够在法律适用中正确及统一适用法律而作出的指引，是在总结过往实践经验基础上所发布的解释性文件以及针对个案或者适用某个法律所作出的批复或意见等。1997年7月1日最高人民法院曾发布《关于司法解释工作的若干规定》，其中第2条与第3条明确界定了司法解释的地位与作用，即"人民法院在审判工作中具体应用法律的问题，由最高人民法院作出司法解释""司法解释应当根据法律和有关立法精神，结合审判工作实际需要制定"；同时第6条明定了司法解释的三种形式："解释"、"规定"和"批复"，且规定了每种形式的功用。① 然而由于我国1982年《宪法》仅规定了全国人大常委会的法律解释权②，且2000年颁行的《立法法》亦延续此立场③，未承认最高人民法院和最高人民检察院的法律解释权，故司法解释存在的正当性、所属位阶的妥适性、所具功能的效用性历来聚讼纷纭、争议不断。质言之，司法解释并非属于传统意义上的法律，亦难以归位于立法文件，更有法官认为为解除人们对司法解释"立法化"乃至"泛化"的普遍质疑，应对司法解释

---

① 《最高人民法院关于司法解释工作的若干规定》第6条规定："对在审判工作中如何具体应用某一法律或者对某一类案件、某一类问题如何应用法律制定的司法解释，采用'解释'的形式；根据立法精神对审判工作中需要制定的规范、意见等司法解释，采用'规定'的形式；对高级人民法院、解放军军事法院就审判工作中具体应用法律问题的请示制定的司法解释，采用'批复'的形式。"

② 《中华人民共和国宪法》第67条规定："全国人民代表大会常务委员会行使下列职权：……（四）解释法律……"

③ 《中华人民共和国立法法》（2000年3月15日颁行）第47条规定："全国人民代表大会常务委员会的法律解释同法律具有同等效力。"2015年3月15日经修正后的现行《立法法》第50条亦是如此规定。

采取"五分法"① 而作区别看待，以上争点本质上均直指司法解释的法源地位。

不可否认的是，由于我国立法并非完备，所以在司法审判中，许多问题亟待解决却"寻法无源"；在审判现实的推压之下，极富中国特色的司法解释应运而生，自始一直扮演了指引裁判的角色，具有规定细致、可操作性强、极富时效性等特点，能够在司法亟须时发挥其应有作用，填补制定法稳定性有余、灵活性不足的缺憾，在审判中具有很强的实用性，亦得到各级法院及审判工作者的肯认，况且其所体现的效用与传统法源别无二致，其在下文所述隐私权的发展过程中所体现的巨大作用即为例证，故我国民法理论应当重视司法解释，给予其应有的法源地位，从而更好地为实践服务。令人欣喜的是，对于司法解释的适用之观念已有所改观：2015年修正的《立法法》新增关于"两高"制定司法解释的规定，其第104条第1款前段规定："最高人民法院、最高人民检察院作出的属于审判、检察工作中具体应用法律的解释，应当主要针对具体的法律条文，并符合立法的目的、原则和原意。"依此，对于最高人民法院制定的民事司法解释，系应作为准立法看待，这也从立法的角度对司法解释的法源地位作出了肯定的表态。综上，虽然司法解释与法律等在制定主体、制定程序以及内容方面均存有差异，但从实质效用而言，司法解释作为政策的产物已经能够充分体现其应有作用，"使得最高司法机关可以以规范性司法解释以及个别性司法解释的形式，解决制定法在普遍适用中的障碍以及个案裁判上所面临的困境，使得刚性严苛的制定法实证主义得以柔化缓和，从而更能适应社会现实生活的需要"②，给予其"准立法"

---

① 所谓"五分法"是指：（1）对具体法律条文进行解释的司法解释，因有立法机关的授权而具有等同于法律的地位；（2）为法院内部"审判工作需要"而制定的司法解释，相当于最高人民法院颁发的"部门规章"，各级法院必须遵照执行；（3）对解释当事人的意思表示（比如合同各方当事人的真实意图）、认定事实进行指导的司法解释，因其解释的对象不是法律，可视为最高人民法院为各级法院提供的办案方法、规则，供各级法院在审判中参考，以提高司法能力；（4）根据司法实践的需要，没有法律、法令为依据的"立法性"司法解释，如符合习惯法的内部、外部条件的，则形成我国以司法解释为载体的习惯法，具有法律效力；（5）其他没有法律、法令为依据且不符合习惯法形成条件的司法解释，应视为司法政策，仅在一定时期内指导法院的司法活动。参见曹士兵：《最高人民法院裁判、司法解释的法律地位》，载《中国法学》2006年第3期。

② 段睿：《论民法的法源——法学方法论视域下的观察》，中国人民大学法学院2011年博士学位论文。

的评论亦不为过，故其应当与制定法一样成为我国民法的法源之一。

**司法解释对立法的促进：以隐私权规则创制为线索**

作为我国独特的民法法源，最高人民法院的司法解释在理论衍生、立法完善与司法适用层面均充分彰显出得天独厚的优势，最为典型的例证即为有关隐私权的一系列规范。囿于社会形态、文化传统与法治发展等因素的影响，隐私权一直隐匿于我国民法的立法历程中，而司法解释则极大程度地推动了隐私权的立法进展，最终促成了民事立法对于隐私权的肯认，并且逐渐成为隐私权最坚实、庞大的裁判依据。

较之于1890年美国哈佛大学法学院塞缪尔·沃伦（Samuel D. Warren）和路易斯·布兰代斯（Louis D. Brandeis）合著并发表于《哈佛法律评论》（Harvard Law Review）的《隐私权》（The Right to Privacy）一文所开创的隐私权学理研究与立法司法引入而言，中国对于隐私权的研析直至近代都缺乏重大突破。1986年制定颁行的《民法通则》是新中国成立以后民事立法的重要里程碑，然而遗憾的是其仅仅列举了生命健康权、姓名权、肖像权、名誉权和荣誉权等进行保护，隐私权并未被规定其中，至多可以认为其被涵摄于"等"字中。1991年《中华人民共和国未成年人保护法》的出台，弥补了法律层面对于"隐私"未有提及的立法疏漏[1]；而进一步将"隐私权"概念引入立法文件的，并非民事层面的立法，而是于2005年修正的、带有社会法性质的《中华人民共和国妇女权益保障法》[2]；直至2009年《侵权责任法》，我国方以民事基本法的地位明确规定了隐私权，并将其归位于具体人格权。至此，我国民事立法层面才正式承认了隐私权的法定人格权之属性。所以仅从立法层面而言，我国法律特别是民事立法对于隐私权的保护可谓滞后且孱弱。

---

[1] 1991年9月3日颁布的《中华人民共和国未成年人保护法》（已失效）第30条规定："任何组织和个人不得披露未成年人的个人隐私。"

[2] 《中华人民共和国妇女权益保障法》第42条规定："妇女的名誉权、荣誉权、隐私权、肖像权等人格权受法律保护。"

然而，立法的后知后觉非但不能掩盖反而更加凸显隐私权纠纷案件的频发，且"隐私""隐私权"之类的法律用语亦频繁且深入地进入社会公众的视野，其模糊而朴素的法观念急剧膨胀的同时，亦亟须法律加以明确规制，在此期间，最高人民法院所颁布的司法解释填补了此项立法的缺漏，在指引司法实践的同时于某种程度上发挥了牵引立法的作用。

**萌发阶段**

在隐私权保护的萌发阶段，司法解释（包括司法解释性文件、批复、解答等形式）弥补了立法之不足，并确立了以名誉权的方式保护隐私权的"间接"保护原则。

1988年，最高人民法院印发《关于贯彻执行〈中华人民共和国民法通则〉若干问题的意见（试行）》，其第140条规定："以书面、口头等形式宣扬他人的隐私，或者捏造事实公然丑化他人人格，以及用侮辱、诽谤等方式损害他人名誉，造成一定影响的，应当认定为侵害公民名誉权的行为。"虽然该"隐私"概念的内涵可能仅包含当时我国传统观念中的男女关系与有关的"阴私"含义，与"隐私"的原有之意大相径庭，但是这一法律概念的提出仍然为我国隐私权保护法律制度的创设和发展提供了法律观念的框架，即通过名誉权的方式间接保护公民的隐私权，严格意义而言是最高人民法院以司法解释性质文件的方式补正了当时立法之缺漏。1989年，最高人民法院对于著名"荷花女"一案作出关于死亡人的名誉权应依法保护的复函[①]，复函认为"以真人真名来随意加以虚构并涉及个人隐私则是法律、道德所不允许的……在社会上造成了不好影响，……名誉也受到了损害"，重申了散布隐私构成侵犯名誉权的司法态度。1993年，最高人民法院发布了《关于审理名誉权案件若干问题的解答》，其中第7问的第3款规定："对未经他人同意，擅自公布他人的隐私材料或以书面、口头形式宣扬他人隐私，致他人名誉受到损害的，按照侵害他人名誉权处理。"1995年，最高人民法院对"胡某生、娄某英等八人诉彭某、漓江出版社名誉权纠纷"一案作出复函[②]，复

---

[①] 参见《最高人民法院关于死亡人的名誉权应受法律保护的函》（〔1988〕民他字第52号/1989.04.12发布/1989.04.12实施）。

[②] 参见《最高人民法院关于胡某生、娄某英等八人诉彭某、漓江出版社名誉权纠纷案的复函》（〔1994〕民他字第11号/1995.01.09发布/1995.01.09实施）。

函亦指出:"……撰写的小说《斜阳梦》,虽未写明原告的真实姓名和住址,但在人物特征有了明显指向的情况下,侮辱了原告或披露了有损其名誉的家庭隐私。彭某应当也能够预见《斜阳梦》的发表会给原告的名誉造成损害,却放任了损害后果的发生,主观上有过错。……彭某的行为已构成侵害他人名誉权,应承担民事责任。"1998年,最高人民法院在《关于审理名誉权案件若干问题的解答》的基础上,颁布《关于审理名誉权案件若干问题的解释》,对审理名誉权案件司法实践中的具体问题进行了详细解答。其中,第8问规定:"因医疗卫生单位公开患者患有淋病、梅毒、麻风病、艾滋病等病情引起的名誉权纠纷,如何认定是否构成侵权?答:医疗卫生单位的工作人员擅自公开患者患有淋病、梅毒、麻风病、艾滋病等病情,致使患者名誉受到损害的,应当认定为侵害患者名誉权。医疗卫生单位向患者或其家属通报病情,不应当认定为侵害患者名誉权。"

以上五年间,最高人民法院颁行的司法解释体现了以名誉权的方式保护隐私权这一"间接"保护原则的立场。尽管从表面看,隐私权能够得到应有的保护,但是在规范适用上都是基于各种法律的保护对象须与隐私权有所交叉的前提下,即以其他权益之外衣来保护隐私之内核,保护效果自然难言充分。所以,间接保护仅是立法不足所采取的补救措施,其只能保护公民的部分隐私利益,而面对私人信息、私人空间等其他隐私利益时则显得捉襟见肘、力所不逮。

**拔节阶段**

在隐私权保护的拔节阶段,最高人民法院通过司法解释等方式修正了自身的先前立场,"隐私"得以独立于"名誉权"并以"直接"保护取代"间接"保护。

2001年,最高人民法院作出《关于确定民事侵权精神损害赔偿责任若干问题的解释》,其第1条与第3条分别规定:"违反社会公共利益、社会公德侵害他人隐私或者其他人格利益,受害人以侵权为由向人民法院起诉请求赔偿精神损害的,人民法院应当依法予以受理""自然人死亡后,其近亲属因下列侵权行为遭受精神痛苦,向人民法院起诉请求赔偿精神损害的,人民法院应当依法予以受

理：(一)以侮辱、诽谤、贬损、丑化或者违反社会公共利益、社会公德的其他方式，侵害死者姓名、肖像、名誉、荣誉；(二)非法披露、利用死者隐私，或者以违反社会公共利益、社会公德的其他方式侵害死者隐私；(三)非法利用、损害遗体、遗骨，或者以违反社会公共利益、社会公德的其他方式侵害遗体、遗骨。"该司法解释将"隐私"区别于姓名、肖像、名誉以及荣誉，认定其为一种"人格利益"，对其保护不再附庸于"名誉权"等，即不再是先前学界所称的间接保护，而是以"人格利益"受到侵害的方式对其进行直接保护。之后，随着《侵权责任法》的颁行，隐私权更是被明确列举规定其中，此时就立法层面而言，我国隐私权的概念已得到真正确立，最高人民法院的司法解释在概念引入方面亦完成了其应有的"过渡"作用。

回顾我国立法境况，在 21 世纪初期，对于隐私权的直接保护这一重担依旧是由司法解释所承受的；直至《侵权责任法》的颁行，隐私权在我国立法层面才尘埃落定，这又一次表明司法解释在隐私权的立法进程中扮演了不可或缺的角色。

**发展阶段**

在隐私权保护的发展阶段，最高人民法院通过司法解释、司法解释性质文件(例如最高院发布的典型案例)，以及参与颁行的两高文件、两高工作文件、部门规范性文件等形式，结合经济社会新态势的发展境况，推进了隐私和隐私权在实体法与程序法、私法与公法等领域的运用。

隐私权的理论发展至今，已经从一个纯粹的民法学概念衍生至各个相关部门法体系，从指引实践的角度出发，对隐私及隐私权的保护和研究也不应当仅仅局限于民法之内。司法实践中，最高人民法院通过行使自身职权、履行职责，将广义的隐私权保护理念渗透至各部门法学，从多方位对保护隐私权、尊重自然人人格尊严、充分体现人文关怀的法治精神进行有力推动。例如，民事方面，在之前一系列保护人格权的司法解释的基础上，为适应信息社会和网络时代的发展，最高人民法院于 2014 年颁行《关于审理利用信息网络侵害人身权益民事纠纷案件

第五章　民事法律渊源

适用法律若干问题的规定》，于其中明确使用"隐私权"这一概念，并将其与传统的其他各项人格权并列保护，从而通过司法解释拓展了隐私权的适用空间。①而在其他领域，例如针对法官与当事人容易产生对立情绪进而有引发案件外纠纷之虞这一社会现实矛盾，最高人民法院通过颁行法官行为规范对法官及相关从业人员提出保护当事人隐私的行为约束制度，同时也通过该规范保护法官的隐私权以充分保障法官的人格尊严，维护司法的公信力②；在公法领域，最高人民法院通过颁行文件将泄露个人隐私权列为司法机关、公证机关等政府部门的过错行为，间接提高公权力机关对于尊重个人隐私权的重视程度③；在程序法领域，司法解释多将个人隐私与国家秘密、商业秘密并列，给予其程序上的特殊保护，刑事诉讼中涉及个人隐私的案件不公开审理等即为例证④；另外，最高人民法院也通过发布典型案例，以案例指导的方式对隐私权的重要性进行多次重申，例如通过颁布的典型案例强调对未成年人、学生等身份的人群进行特别保护。⑤ 此外，最高人民法院还通过各类文件表明隐私权在裁判文书的书写以及公布、失信执行

---

① 《最高人民法院关于审理利用信息网络侵害人身权益民事纠纷案件适用法律若干问题的规定》第1条与第12条分别规定："本规定所称的利用信息网络侵害人身权益民事纠纷案件，是指利用信息网络侵害他人姓名权、名称权、名誉权、荣誉权、肖像权、隐私权等人身权益引起的纠纷案件""网络用户或者网络服务提供者利用网络公开自然人基因信息、病历资料、健康检查资料、犯罪记录、家庭住址、私人活动等个人隐私和其他个人信息，造成他人损害，被侵权人请求其承担侵权责任的，人民法院应予支持。但下列情形除外：……"

② 例如，《最高人民法院关于完善人民法院司法责任制的若干意见》有"侵犯法官人格尊严，或者泄露依法不能公开的法官及其亲属隐私，干扰法官依法履职的，依法追究有关人员责任"的规定；又如《最高人民法院关于印发〈法官行为规范〉的通知（2010修订）》有"遵守各项纪律规定，不得泄露在审判工作中获取的国家秘密、商业秘密、个人隐私等……"以及"在接受采访时，不发表有损司法公正的言论，不对正在审理中的案件和有关当事人进行评论，不披露在工作中获得的国家秘密、商业秘密、个人隐私及其他非公开信息"的规定。

③ 例如，《最高人民法院关于审理涉及公证活动相关民事案件的若干规定》有"当事人、公证事项的利害关系人提供证据证明公证机构及其公证员在公证活动中具有下列情形之一的，人民法院应当认定公证机构有过错：……（三）泄露在执业活动中知悉的商业秘密或者个人隐私的；……"的规定。

④ 例如，《最高人民法院关于适用〈中华人民共和国刑事诉讼法〉的解释》有"审判案件应当公开进行。案件涉及国家秘密或者个人隐私的，不公开审理……"的规定。

⑤ 可参见最高人民法院发布的12起侵害未成年人权益被撤销监护人资格典型案例、最高人民法院公布的24起发生在校园内的刑事犯罪典型案例。

人公布、政府信息公开等问题中的豁免,以此推动隐私及隐私权保护的实践运行等。① 以上例证清楚地表明,最高人民法院的司法解释及其他司法文件在我国隐私权法制进程中留下了深刻的印迹,为推动隐私权的立法肯认、司法适用以及理论研究作出了巨大贡献。

从上述隐私权的发展路径观之,隐私根源于个体对自我的认识,而隐私权的承认则体现群体对于个体的尊重。囿于社会形态、文化传统与法治发展等因素的影响,隐私权一直湮没于我国民法的立法历程中,而司法解释这一中国独特的民法法源充分彰显了其得天独厚的优势,极大程度地推动了隐私权的民事立法进展,最终促成了民事立法对于隐私权的肯认。现今在隐私权理论扩张、实践亟须的情势下,司法解释虽偶有局限与偏颇,却依旧是隐私权最坚实且庞大的裁判依据。

### 借题发挥:路在何方

司法解释的法源地位以及存废问题自始即充斥非议,在民法典编纂之际,这一争论愈演愈烈。而在民法典颁行之后,司法解释何去何从亦注定仍将成为焦点问题。针对规模庞大的司法解释规范群,听之任之的暧昧态度实不可取;全部废止而融入各分编似乎亦不可行。② 在我看来,继续沿用,是其唯一可能。

反对司法解释具有法源地位的典型观点大抵如下:其一,司法解释是我国特定的法制发展产物,其历史语境的合理性不能成为其应然存在或合法存在的理据;其二,司法解释的现实功用并不能证成其"立法化"的正当性;其三,司法解释由最高人民法院作出,但最高人民法院在性质上是司法机关,并没有法律上的立法权,因此不可能也不应该将最高人民法院创设的规范纳入制定法体系之

---

① 可参见《最高人民法院关于人民法院在互联网公布裁判文书的规定》《最高人民法院关于公布失信被执行人名单信息的若干规定》《最高人民法院关于审理政府信息公开行政案件若干问题的规定》。

② 从《民法总则》的立法态度可揣测各分编的趋势:民法典各分编与《民法总则》一样均面临立法时间紧迫、条文意见分歧较大等困难,从而,较为保守的立法态度继续体现在各分编的编纂中,完全废止司法解释,将其所涉内容纳入各分编之中的做法基本没有可能性。

中；其四，试图将司法解释纳入制定法的法源框架体系之中，在由"基本法律—法律—行政法规—部门规章—地方性法规"构成的金字塔式的制定法效力体系之中，为司法解释谋求一个定位是方向性错误；其五，适逢民法典编纂，相对清晰界分立法者与裁判者身份是良好机遇，不应偏废；其六，司法解释诱致了下级法院的审判路径依赖和法律体系中的人为混乱、司法解释的"权域"问题。[①]

上述对司法解释的批判可大致区分为两类：第一类是对司法解释法源地位的根源性批判，该类观点认为司法解释不是也不应当成其为法源；其主要理由及论证逻辑是：如果司法解释属于法源之一种，即表明最高人民法院享有了实质性的、广泛而全面的法律规范创制权，但依据我国宪制原则，立法权应当由立法机关行使而最高人民法院只享有司法权，以法源中的制定法统摄司法解释，则会存在司法权对立法权的"僭越"，是两种权力的交错重叠。第二类是功能性批判，此类观点着眼于司法解释作为法源在运用过程中的缺陷与不足，进而认为成为法源会是司法解释功能所难以承受之重。这类观点并不完全彻底否定司法解释的功能和作用，但同时强调要对司法解释的运行机制加以调试、完善并补足现有缺憾。无论是上述哪一类批判，均值得高度重视、认真研究。

司法解释自始携带"务实"的标签，其存在的最大理据即是能够填补我国立法之缺漏与粗疏，润滑制定法之刚性有余、灵活不足，弥合现代司法实践的跨越式发展与理论立法的相对滞后所产生的鸿沟，故基于其所发挥的实质性效用与无可替代的作用，肯认司法解释的法源地位无可厚非。但是，面对民法典编纂这一历史机遇，隐私权的立法建构极有可能被重构，而学界中亦不乏对"孱弱的立法＋强大的司法解释"这一运作模式之抨击，学者抱怨司法解释的大量存在与适用对我国民事立法体系产生一定的混乱与不确定性影响，认为司法解释应当被明确废止或者至少应当进行梳整与清理，此时，如何"安放"司法解释以及司法解释"何去何从"值得思量。

---

[①] 相关观点参见薛军：《民法典编纂与法官"造法"：罗马法的经验与启示》，载《法学杂志》2015年第6期；袁明圣：《司法解释"立法化"现象探微》，载《法商研究》2003年第2期；陈林林、许杨勇：《司法解释立法化问题三论》，载《浙江社会科学》2010年第6期；蒋集跃、杨永华：《司法解释的缺陷及其补救——兼谈中国式判例制度的建构》，载《法学》2003年第10期。

针对上述疑惑，后民法典时代实际面临两个问题：一是如何处理现行的民事领域的司法解释；二是如何规制民法典编纂完成后，最高院能否以及是否应该继续司法解释的颁行？诚如隐私权的立法发展脉络所显示的，司法解释实则是一种过渡性、前置性的"修法"，其在立法未对隐私权作出规定时率先承认隐私权，在立法对隐私权规制不够完善时弥补了相应欠缺，在回应司法实践的同时亦为今后的立法提供基础与借鉴。而民法典的编纂即为一次全面的立法活动，所以对于第一个问题，笔者认为应当值此民法典编纂及颁行之机对司法解释进行全面而细致的梳理与归并，将凝聚司法实务智慧、切实有效的部分吸纳至民法典的制定中，而对于落后的、不适时宜的司法解释应当明确予以废止，使得相关立法内容完备合理、体系井然有序。对于第二个问题，这已不仅是理想的学理探究，更会涉及司法机构的权力运行模式与配置问题，谨从学理而言，最高人民法院在民法典编纂完成后仍可颁行相关的司法解释，可以改进之处有：应当指明司法解释所针对的具体立法条文，以明确其解释的目的、更为精准地指引司法裁判；应当构建更为科学完备的司法解释体系，及时颁行的同时亦应当注重及时规整与废止，使司法解释更好地辅助立法运行。

## 附论：民事指导性案例的方法论功能

王泽鉴先生一句"不读判决的话，我不知道我能研究什么"大概是将判例及判例研究与法学的关系推到了极致。一个众所周知的现象就是，大陆法系多数成文法国家的民法典，往往都与其存量丰富的判例相配套而适用。至于侵权行为法之类因体系构造原因而显得高度抽象概括的规范，更是直接以判例法的形式而存在。然而在中国，判例之应然作用与地位，尚有待探讨。作为一个审慎而折中的制度选择，最高人民法院创设并开始实施的，是在两大法系中均不存在的"案例指导制度"。从最高人民法院 2010 年发布的《关于案例指导工作的规定》的精神来解读，案例指导制度中的指导性案例的含义非常丰富，具有参考、参照、示范、指引、启发、规范、监督等多重含义，需要逐步加以理解、探索和把握。本

书仅从民事案件的特点出发,就民事领域的指导性案例可能具有的功能略作阐述。

**法律解释**

法律非经解释不得适用。法律解释构成法律适用的前提,此乃就二者关系的一般性判断。然而,这一判断却未穷尽对二者关系的认识,至少,忽略了法律适用所具有的诠释法律的功能。卡多佐就认为,法律应用本身同时也负担着"更深入地挖掘实在法的深层含义"的任务。① 司法实践的过程则进一步印证了其观点。在法官就案件进行审理的过程中,无论是对当事人请求权性质的认定;还是对裁判依据的选择,无不包含着其对法律规范含义的探索与解释。"法官审判案件、正确地理解法律并把它展现于裁判文书的过程,实际上就是一个法律解释的过程。"② 从这个意义上讲,指导性案例本身也包含了法律解释的功能。而且,基于指导性案例自身的特质,其在法律适用的过程中具有某些更为优越的功能。

首先,指导性案例可以兼顾法律解释方法运用规则的内容。解释方法是法律解释的基础,表明了进行法律解释时可供选择的手段或路径。然而,就法律解释目的的达成而言,解释方法固然必要,却远未充分。理论研究对法律解释方法的不懈挖掘与探索,为法官解释法律的活动提供了丰富的分析工具,而法官在对工具选择与运用上的恣意,则有可能使法律解释偏离其既定的目标,走向制度的反面。实践中,借由不同的解释方法就同一规范作出相异甚至是相反解读的实例并不鲜见。这充分说明了解释方法本身的不自足性,必须配以相应的规则,对解释主体的解释方法的选择与运用过程加以必要规制。现有理论倾向于根据各种解释方法之不同品性,设计出相对完善的方法运用规则,以保障法律解释的正确进行。这一思路固然具有其相对合理性,但仍需指出的是,作为"以创造对具体事件妥当的法为目的的技术"③,法律解释在对解释方法的选择与运用时,不可能无视作为法律适用对象的案件事实情况。司法实践中,法官往往是根据待决案件

---

① 参见[美]本杰明·卡多佐:《司法过程的性质》,苏力译,北京,商务印书馆 2000 年版,第 5 页。
② 刘青峰:《论审判解释》,载《中国法学》2003 年第 6 期。
③ 陈金钊:《再论法律解释学》,载《法学论坛》2004 年第 2 期。

的实际而决定对法律解释方法的选择与运用的。法律解释也因此而更多地表现为一种个性化的实践。因而,试图构建一个放之四海而皆准的解释方法运用规则的理想是难切实际的。相形之下,寓居在指导性案例当中的案例解释方法就具有了独特的价值。与通常的解释方法不一样,案例中的解释是在情境中,即把案件放到当下与之相近的案件的语境中来理解讨论。这不仅是涵摄思维以及法律之间的比较,而且是案例之间的类比推论,所以显得更加细腻。① 相对而言,利用指导性案例实现对法律解释的方法运用加以规制的思路则是较具实际意义的。自审判案例形成来看,其诞生于法官的案件裁判过程。如前所述,法官在案件裁判过程中又不可避免地需要进行法律解释实践,亦即选择与运用恰当的法律解释方法对将适用于该案的法律规范加以解释和说明的作业。从这一意义上说,任一司法裁判中皆包含了法官法律解释方法选择与适用的经验。而当某一裁判获得最高司法机关的审查许可而成为指导性案例时,其所包含的法官选择和运用法律解释方法的经验的合理性与权威性便得到了肯定,进而可以对同一规范的适用或相似案例的法律解释方法的选择及使用产生一定的引导和规制作用。指导性案例对法律解释方法运用的规制不仅体现出了某种经验意义上的合理性,而且其根源于个案裁判的品质,会更多体现出对案件个性特征的关怀。

其次,较为合理地规范法官自由裁量权的行使。在传统的成文法国家,法官对法律适用的自由裁量权,一直是个令人爱恨交加的概念。一方面,从沟通抽象规范与具体事实二者的角度出发,法官自由裁量权在法律适用中的合理性得到充分的肯认;另一方面,法官自由裁量权的扩张,又极有可能导致对现有法律体系的冲击,破坏已有法律制度的稳定性。从基本态度上讲,成文法各国更倾向于将赋予法官自由裁量权视为一种不得已而为之的选择。因而,在承认法官自由裁量权的同时,探讨如何对之加以有效的限制便成为法律适用中长期的疑难问题。从目前来看,法律对法官自由裁量权的控制主要是通过严格审判程序、强调基本原则限制以及推行审判公开等方式得以实现的。相较于上述方法,指导性案例制度对法官自由裁量权的规制则显得精细许多。按照最高人民

---

① 参见陈金钊:《案例指导制度下的法律解释及其意义》,载《苏州大学学报》2011年第4期。

法院对于指导性案例的功能定位,其对法官自由裁量权的限制主要是通过所谓的"同案同判"机制实现的。有学者甚至认为指导性案例就是建立在"同案同判"司法逻辑之上的一种新型法律渊源形式。① 根据《最高人民法院关于案例指导工作的规定》第7条,最高人民法院发布的指导性案例,各级人民法院审判类似案例时应当参照。所谓"参照"指导性案例,其实际内涵不外乎两点:一是对审理过程的要求,要求法官在遇有与指导性案例相类似的案件时,尽可能地遵循指导性案例的审理思路,在对案件事实认定以及裁判依据的适用,尤其是对法律规范的选择、理解及适用上,尽可能体现出与指导性案例的一致性;二是对裁判结果的要求,即对于类似案件的判决与指导性案例的判决之间不应存在明显的差别。可见,指导性案例,实质上是以案例的方式,将裁判中与法律解释与适用有关的因素加以细化规定,进一步缩小法官的自由裁量适用的空间和幅度。当然,"同案同判"也并非绝对,法官亦可就类似案件作出与指导性案件截然不同的法律解释与选择,只是如此情形下,法官需要负担更为沉重的说明义务,以充分阐述其裁量的合理性。这在一定程度上也有助于促使法官谨慎行使其自由裁量权。此外,就"同案同判"而言,法官的首要任务在于对待决案件与指导性案例之间的同一性作出事实判断。而就对法官自由裁量权的依赖程度而言,事实判断要远低于价值判断,因此,所留给法官的自由裁量的空间无疑也要狭小得多。

最后,弥补规范性司法解释的不足。由最高国家司法机关对法律进行规范性解释的制度,形成于我国特定的历史背景之中,虽在长期的司法实践中发挥了巨大的作用,却也引发了不少的问题与争议。对其涉嫌"僭越"立法权的指责,便是众多针对规范性司法解释的非议中至为尖锐的一项。规范化的表现形态以及一般性的调整方式,使规范性的司法解释穿上了法律的外衣;最高人民法院在2007年颁布的《关于司法解释工作的规定》中直接宣示"最高人民法院发布的司法解释,具有法律效力"的做法,更是使其沾染了"准立法"的实际。有学者认为,尽管仍然被冠以"司法解释"之名,最高人民法院的这种抽象司法解释权

---

① 参见泮伟江:《论指导性案例的效力》,载《清华法学》2016年第1期。

其实无论在什么意义上都是一种"立法权"①。国家司法机关借由司法解释分享立法机关的立法权力,因其相悖于近代以来的民主政治理念,而颇受诟病。而指导性案例则完全可以避免上述问题的纷扰,其具体的案例式的表现形式使其在外观上与法律划清了界限,而"参照"的效力定位则使其从实际上彻底撇清了与制定法之间的关系。有学者提出,只要判例解释坚持"依法"、"事后"和"具体"三条底线,就不会进入立法的独占领域。②

此外,规范性解释的问题还体现为其抽象性品质难以与法律解释的要求相符。在法律技术上,规范性与抽象性形影相随,为了满足规范重复适用于不确定对象的需要,对纷繁的社会生活加以一定程度上的抽象则不可避免。虽然为了增强对审判的指导功能,司法解释已尽可能地将规范适用的条件及其内容规定得尽量具体实用,但仍无法改变其抽象性品质。甚至,规范性的司法解释在不断接近立法的同时,与个案的适用却似乎"渐行渐远"③。而从法律解释旨在沟通抽象规范与具体事实的目的来看,抽象的规范性解释本身并没有完成,至少是没有完全完成法律解释的使命。许多解释规范在具体适用时,仍需要法官对之作出进一步的解释,而这种"对解释的解释"不但耗费了司法资源,同时也可能由于信息的多次衰减而出现对立法本意的偏离。④ 而指导性案例对法律的解释本身便是案例,其解释功能不仅来源于具体案件的裁判过程,还以具体案例的方式表现出来。案件形态使其更富具体性,可以为法官司法裁判所直接适用;而法律解释环节的减少,也更有助于实现裁判结果的确定和统一。

**填补漏洞**

法典化时期,在理性主义的感召下,民法典的制定者们曾将制定一部完美而无漏洞的法律作为其奋斗的目标。然而,法典自出台后,却在现实的一次次挑战中败下阵来。法律社会调整功能的有限性不仅宣告了法典万能理想的破灭,同时

---

① 金振豹:《论最高人民法院的抽象司法解释权》载《比较法研究》2010年第3期。
② 参见董皡:《中国判例解释构建之路》,北京,中国政法大学出版社2009年版,第103页。
③ 张勇:《规范性司法解释在法律体系实施中的职责与使命》,载《法学》2011年第8期。
④ 参见蒋集跃、杨永华:《司法解释的缺陷及其补救——兼谈中国式判例制度的建构》,载《法学》2003年第10期。

也将法律漏洞的概念带进了人们的视野。现如今,法律不可能没有漏洞已成为共识。习惯上,通常将法律漏洞表述为法律体系上违反计划之不圆满状态。① 引致法律漏洞的原因既有立法者的主观局限,也有社会的客观变迁,不一而足。当法律漏洞出现时,如何填补漏洞则成为当务之急。尤其在司法裁判中,法官既不可以无法为由拒绝裁判,更无从期待立法者施以援手,纠纷解决的时限性,使法官不得不直面法律漏洞填补的问题。

依民事裁判的视角,所谓法律漏洞,不外是指案件裁判依据亦即司法三段论之大前提的缺失。而漏洞的填补,便是指寻找裁判的依据的作业。一般意义上,法律漏洞填补方法的内涵大致可以分为两方面:一是寻找法外渊源以为裁判依据的方法。学者认为,可大别为三:其一,依习惯补充;其二,依法理补充;其三,依判例补充。② 二是改造实证法规范并以之填补漏洞的方法,即所谓狭义的法律漏洞填补方法,通常包括类推适用、目的性限缩、目的性扩张以及反对解释等。推崇判例法的学者倾向于将案例(或判例)视为填补漏洞时的裁判依据,并对之报以极大的期望。然而,在我国严守成文法立场的语境下,案例,即使是指导性的案例,作为可资援引裁判的法律渊源地位仍难以得到肯定。其实,判例在法律漏洞填补中的角色一向比较尴尬:在判例法国家,判例即意味法律,判例所至则漏洞不存;而在非判例法国家,判例不具法律渊源的地位,即便法律漏洞有案可循,亦无法援引而为裁判的依据。因此,指导性案例通常难以"候补"法律渊源的身份介入具有法律漏洞的案件中,而成为填补漏洞的依据。

就法律漏洞的填补而言,指导性案例的贡献主要在于漏洞填补方法的指引上。首先,指导性案例对法律漏洞填补的功能广泛地体现在其法律解释功能的发挥上。"只要解释足以回答的问题,那么法律就远离漏洞"③,通常认为,为了防止法官的恣意、尊重立法目的,法律漏洞的填补需以漏洞存在为前提,而法律存在漏洞的判断却须以在穷尽狭义的法律解释方法后方才能作出。在对法律规范的

---

① 参见黄茂荣:《法学方法与现代民法》,北京,法律出版社2007年版,第377页。
② 参见梁慧星:《民法解释学》,北京,中国政法大学出版社1995年版,第269页。
③ [德]卡尔·恩吉施:《法律思维导论》,郑永流译,北京,法律出版社2004年版,第171页。

诸多解释中，形成于个案裁判的指导性案例所包含的解释又是至为具体和精细的。因而，在进行漏洞填补前，结合指导性案例对相关法律规范的解释，对是否确实存在法律漏洞作出准确判断，无疑是十分必要的。同时，大多数法律漏洞的方法如类推适用、反对解释、目的性扩张和目的性限缩等都须建立在对法律规范的精准理解和解释基础之上，而这正是指导性案例见长的地方。其次，指导性案例对法律漏洞的填补贡献还集中体现在对类似案件中漏洞填补的指导上。如果指导性案例本身就是在填补法律漏洞的基础上作出的，则其裁判过程中所进行的漏洞确认、方法选择以及裁判依据的适用等，都将为成为后来与之相似的案例在法律漏洞填补中参考和效仿的对象。从这个意义上讲，指导性案例虽不能作为裁判直接的根据，但却指引了法律漏洞填补的过程，成为法官在法律漏洞填补中的实际依据。相应的指导性案例形成后，法律漏洞虽然在规范形式上依然存在，但对于司法裁判官而言，已无法对其法律适用造成太大的困扰。法官无须过多地探究法律漏洞填补的问题，只需参酌指导性案例进行裁判即可。

在某些情形下，社会的发展可能完全超乎法律预料，继而出现了法律未及调整的领域。当这些领域内的纠纷诉至法院时，法官便需要面对法律漏洞填补的问题。而由于欠缺所谓"法的计划"的指导，法律漏洞填补则显得复杂得多。通常认为，此般情形的漏洞填补，主要依靠裁判法官的法续造活动，拉伦茨称之为超越法律的法的续造。超越法律的法的续造很大程度上依赖于法官的主观能动，因而，对自由裁量权的限制便显得较为严峻。拉伦茨认为，可以通过要求法官必须依法律性的考量说明其根据的方法对之加以一定的限制，主要包括结合交易的必要性、事物的本质以及法的伦理性原则等方面的考量。① 笔者认为，对超越法律的法的续造的监督而言，指导性案例的作用无疑将会是有效的。在案例指导制度下，法官的法外续造首先需要受到类似案例中法官法外续造经验的限制，而即便未产生类似的指导性案件，基于法外续造这一相似性，其也要受到其他具有法外续造内容的指导性案例的约束。

---

① 参见［德］卡尔·拉伦茨：《法学方法论》，陈爱娥译，北京，商务印书馆2003年版，第286~300页。

不难发现，指导性案例对法律漏洞的填补具有明显的便宜性特点：即一方面，利用指导性案例可以较为便捷地实现法律漏洞的填补；另一方面，这样的法律漏洞填补方式仅是一种权宜之策而非长久之计。指导性案例在法律漏洞填补上的便捷性是有目共睹的。就裁判实践而言，指导性案例为待审案件的法律漏洞填补提供了较为精细的方法，尤其是对与之类似案件的法律漏洞填补，更是提供了一套完整、具体并已经实践检验的漏洞填补方法指引，帮助法官迅速完成法律漏洞的填补工作，提高审判的效率；从规则的生成来讲，相较于法律或规范性的司法解释的制定而言，指导性案例的形成则要简便得多，能够更及时地实现法律漏洞的填补。虽然，指导性案例在法律漏洞方面有着极为不俗的表现，但是，无论是出于对自身体系完善追求还是基于提供更为明确的行为指引的考虑，成文法都无期限地容忍这种违反计划之不圆满状态存在，其将选择适当时机，或通过立法或通过法律修改的方式，将法律漏洞纳入法律调整范围，进而结束指导性案例就该法律漏洞进行填补的使命。而在规范制定的过程中，指导性案例推动与经验指导作用同样是不可忽视的。

**价值补充**

与单纯地依逻辑推论即可进行适用操作的确定性概念不同，民法典中同时也存在着一些不确定的法律概念。不确定概念基于其开放性或封闭性程度之不同，又可分为开放式不确定概念和封闭式不确定概念。不确定概念与规范性概念中的类型式概念以及一般条款具有共同特征，即在适用到具体案件时，须经评价地补充。也正是基于此类概念的大量存在，民法典才存在所谓法内漏洞。此类概念也因此具有一项基本特色，即须于个案中，依价值判断予以具体化，所以又被称为须具体化或须价值补充的概念。[①] 该类概念的机能就在于使法律运用灵活，顾及个案，适应社会发展，并引进变迁中的伦理观念，使法律能与时俱进，实践其规范功能。[②]

与基本原则一样，不确定概念所带来的问题，乃是此类概念的司法适用中立

---

[①] 参见王泽鉴：《法律思维与民法实例》，北京，中国政法大学出版社2001年版，第247页。
[②] 参见王泽鉴：《民法总则（增订版）》，北京，中国政法大学出版社2001年版，第55页。

法及司法、法官与法律的关系,即价值补充的性质为何？换句话说,是法律漏洞或法律解释问题。对此,学说上的见解并不一致。应该说,需要评价性地予以补充的法律概念和一般条款的存在,固然有个案衡平及引进法外价值的功能,但根本缘由在人类囿于自身的认识能力,于规范设计时尚不能避免挂一漏万,从而寻求开放性概念的结果。所以,这种由开放性概念引起的不圆满状态,亦属于法律漏洞,只是法律已明文授权法院补充这种"漏洞"而已,与一般法律漏洞之区别在于该类漏洞属于"授权补充漏洞"或"法内漏洞"[①]。通常认为,法律解释说的价值补充原则为应尽可能在文义范围内进行解释衡量。而法内漏洞说的价值补充,须适用存在于社会上可以探知、认识之客观伦理秩序、价值、规范及公平正义之原则,不能动用个人主观的法律感情。

　　结合案例指导制度而言,首先,不确定概念在指导性案例中实现了具体化。通常认为,不确定概念是法律对社会生活高度抽象的结果,以高度抽象为代价,换取其对社会变迁的较强适应能力。而抽象又以摒弃对象个性为能事,抽象程度越高,摒弃的个性便越多,抽象性高达一定程度时,便可能导致指称不确定的结果,形成了"一切以时间地点为转移"的概念品性。因而,所谓不确定概念的具体化,其实际上是对抽象化的逆向操作。即将被抽象化摒除的某些个性补充回来。既然概念是对社会生活的抽象,那么对概念个性的补充（或称价值补充）的主要源泉也应来自社会生活,而结合具体化以适用于个案为目的的特征,其最直接的价值补充应当来源于案件事实。通说认为,不确定概念的具体化,需要结合特定案件的事实进行判断。[②] 通过将具体案件事实导入不确定概念中,使得其原本流动、模糊的概念内涵,在"特定的时间、地点"下得以最终确定。指导性案例本身即是一个具体的案例,同样包含了丰富的事实因素,故可堪当不确定性概念价值补充的重任。不确定概念可借由指导性案例中包含的具体案件事实实现概念的具体化。这不仅为人们提供了一个更为全面和深刻地认识不确定概念内涵的机会,同时还为不确定概念在其他案件尤其是与指导性案件相类似案件中的具体

---

① 黄茂荣:《法学方法与现代民法》,北京,中国政法大学出版社2001年版,第300~304页。
② 参见王利明:《法律解释学导论：以民法为视角》,北京,法律出版社2009年版,第427页。

化提供了可资借鉴的思路,有助于在这些案件审判中不确定性概念价值补充的实现。值得注意的是,《最高人民法院关于案例指导工作的规定》将"法律规定比较原则的"作为指导性案例遴选的条件之一,也透露出其希望借助指导性案例,不断推动不确定概念走向具体化的制度设计意图。

其次,指导性案例包含了类型化的思维。指导性案件本身就是类型化思维运用的产物,而且,作为类型化思维产物的指导性案例具备介于抽象思维与具体思维之间的"中庸"品格,这种品种特征使得指导性案例的类型具有动态性、开放性和模糊性的特点。[1] 类型化是在对不确定概念进行价值补充时的常用手法。通过对生活事实或典型案例的分析,归纳出若干类型,从而将不确定概念和一般条款具体化,使不确定概念和一般条款具有可适用性和可操作性,以弥补其难以具体适用的不足。[2] 通过对其选取条件的考察,我们不难发现指导性案例中所包含的类型化思维。根据《最高人民法院关于案例指导工作的规定》的规定,能够获得指导性资格的案例必须符合"具有典型性"的要求。而所谓典型性,其实蕴含了类型化的思维,是在对案例进行分类的基础上,选取出各类案例中最能反映该类型案件特征的一个作为其代表。在这样的类型化思路下,各类型案例的共同特征,并不是通过归纳并以抽象形式表现出来,而是通过典型案例所具有的特征得以彰显,此时类型特征与典型案例的特征达到了较高程度的相似甚至统一。亦即在案例指导制度中,指导性案例虽然仅表现为一个个案,但其实际上却作为某一类型案件的代表,较大程度上反映出该类型案例的共有特征。在对待审案件进行类型涵摄时,则仅需将之与各类似的指导性案例进行对比,以相似性程度确定类型归属,并一定程度上参照指导性案例而对案件中的不确定概念进行价值补充即可。就司法裁判而言,以典型案例所作的案件类型化对不确定概念的价值补充,无疑更具直接和便利性。[3]

---

[1] 参见孙跃:《指导性案例跨类型适用的限度与进路》,载《交大法学》2020年第1期。

[2] 转引自王利明:《法律解释学导论:以民法为视角》,北京,法律出版社2009年版,第450页。

[3] 传统类型化思路首先在类型化时需要进行一次对事物的分类和抽象,而在进行价值补充时又需要进行一次由抽象到具体的,将待审案件涵摄到特定类型的操作,实际上须经由具体到抽象,再由抽象到具体的两次思维过程,制度的思维成本太高,而且容易在思维转变的过程中出现概念内涵的变化。

再次，结合指导性案例，有望增强文义对不确定概念的解释力。一般认为，不确定概念无法通过文义解释的方式而达成具体化。但文义解释却有助于在一定程度上确定出不确定概念的大致范围和大致内涵。从此意义上讲，文义解释可以对不确定概念起到一定程度的价值补充作用，而且在一定范围内，文义解释对不确定概念的阐述越充分和精确，其所起到的价值补充作用就越明显。但语言本身所具有的抽象、模糊性等特点，使之往往难以自足地对不确定概念进行清晰的表达。而在指导性案例中，法官对不确定概念进行价值补充的实践，则为文义解释提供了较为直接和完整的不确定概念的参照物。例如，人们或许永远也无法仅凭文义说清楚何为"显失公平"，但结合有关显失公平的案件，则可以表达得形象而生动。参照指导性案例，可以较大程度上克服文义解释的语言弊端，更为完整和全面地反映不确定概念的特点，提高其对不确定性概念内涵和外延的确定性程度，为价值补充提供便利。近年来，最高人民法院公报在对指导性案例进行公告的基础上，还着意进行要旨和摘要的提炼，这一做法对推动不确定概念的价值补充而言无疑具有积极意义。

最后需强调的是，指导性案例并没有免除法官的说理义务。有学者指出："法官将不确定的法律概念具体化，并非为同类案件确定一个具体的标准，而是应 CASE BY CASE，随各个具体案件，依照法律的精神、立法目的，针对社会的情形和需要予以具体化，以求实质的公平与妥当。因此，法官于具体化时，须将理由述说明确，而且切莫引用他例以为判断之基准。"① 而指导性案例的功能主要是以"同案同判"的方式实现的，因而容易出现上述所提及的不说理由、"引用他例以为判断之基准"的情形。不过笔者认为，借用指导性案例作为不确定概念的价值补充的方式，并不必然会出现上述滥用裁量权的问题。其一，要求法官说明理由的目的主要即在于防止法官自由裁量的滥用。而且，实行案例指导制度并未意味着法官的裁判不需理由，指导性案例仅是为法官提供了裁判思路和裁判结果上的指引而已，仅仅具有"参照"价值。法官在参照指导性案例进行裁

---

① 杨仁寿：《法学方法论》，北京，中国政法大学出版社 1999 年版，第 136 页；梁慧星：《民法解释学》，北京，中国政法大学出版社 1995 年版，第 297~298 页。

判时，仍需要参照指导性案例的裁判思路和方法，进行裁判说理。其二，要求不得"引用他例以为判断之基准"，还意在维护不确定概念"顾及个案"的品质，担心在指导性案例"同案同判"的机制下，不顾本案特点直接套用指导性案件敷衍了事。但是，"同案同判"作为案例指导制度的价值表述，并非机械化地要求类似案件都必须得到相同结果的判决，而仅是为后者提供裁判思路上的参照、指引而已，是裁判的方法、思路上相似，而非"为同类案件确定一个具体的标准"，法官在价值补充时仍需要进行独立的判断。只是有了指导性判例的指引，其可以更准确地掌握价值补充的标准和方法而已。

**法益衡量**

法律是为解决社会现实中发生的纷争而作出的基准，成为其对象的纷争无论何种意义上都是利益的对立与冲突。① 而在利益或价值相互冲突、彼此对立时进行取舍抉择的基本方法是利益衡量。利益衡量是法学方法论上一个十分重要的概念和方法。"权利也好，原则也罢，其界限不能一次确定，而毋宁多少是开放的、具流动性的，彼此就特别容易发生冲突。冲突发生，为重建法律和平状态，或者一种权利必须向另一种权利（或有关的利益）让步，或者两者在某一程度上必须各自让步。于此，司法裁判根据它在具体情况下赋予各该法益的重要性，来从事权利或法益的衡量。"因此，利益衡量也被拉伦茨称为"个案中之法益衡量"②。利益衡量自20世纪90年代由日本介绍至我国以后③，在理论研究层面和司法实践层面均取得了长足的发展，其适用法域也从最初的民法绵延至刑法、行政法、民事诉讼法、证据法等领域，成为法院应对疑难复杂案件的流行解决之道甚或不二法门。但利益衡量绝非任何时候均有其适用，而是有着自己严格的适用范围。为避免利益衡量的滥用，有学者从整个法律制度的协调视角出发，提出"'法外空间'不应进行利益衡量，应在妥当的法律制度中进行利益衡量，应在同一法律关系中进行利益衡量，妥当的文义存在于法律制度中，选择妥当的法律规范作为

---

① 参见梁慧星：《电视节目预告表的法律保护与利益衡量》，载《法学研究》1995年第2期。
② ［德］卡尔·拉伦茨：《法学方法论》，陈爱娥译，北京，商务印书馆2003年版，第279页。
③ 梁教授在《民法解释学》中设专章对利益衡量理论进行介绍，该书可谓是国内第一部涉足利益衡量的著作。参见梁慧星：《民法解释学》，北京，中国政法大学出版社1995年版。

衡量的依据，法律救济不能的案件不进行利益衡量"等限制。① 笔者想进一步强调的是，利益衡量的本质是对成文法规则的一种超越，是以牺牲法的安定性为代价，不得已而跨过法律规则，直接进入背后的利益评判，其主观性尤烈，因此"只有在一切其他发展方法都不能奏效，而又不能从立法者那里期待得到及时的补救措施时，'超越法律的法律发展'才是允许的"②。在法有明文规定，但适用该规定将导致显失公平结果，换言之，在法的适用出现与立法宗旨背离的情形，法的安定性与实现正义之间发生冲突时，利益衡量于此将发挥"纠错"功能。但在面临仅仅轻微损伤到正义的法规时，法官仍应首先尊重法的安定性，只有"当一条法律其违反正义的程度已达到'不可忍受的程度'，适用之将带来立即巨大的不正义时，则法律的安定性应让位给正义"③。这是一种极其特殊的情形，其实现的最佳载体和表现方式，当属民事指导性案例。

**创设规则**

司法在通过判例产生法律规则方面的作用，正如前联邦德国最高法院早在1966年指出的一样："对法律人来说，毫无疑问的是，在任何时代，现实的法都是制定法和法官法的混合体。值得讨论的不是是否存在法官法，而只是其分量和尺度而已。"同样，前联邦德国最高法院院长霍伊辛格在离职致辞中说过："作为法官，我们并不想僭取立法权，但是我们也深切地意识到，于此界限内，仍有宽广的空间提供法官做有创意的裁判、共同参与法秩序的形式。"④ 当然，指导性案例创设规则的功能应属例外，主要存在于法律漏洞填补和法律规定的细化上。创设司法规则的案件面临的是法律漏洞或空白，往往需通过直接适用法律原则而寻求个案的解决，或是在对现有规则加以阐释的基础上而予适用，因而可从这类案件出发，总结裁判方法或提炼新的规则，以指导其后的实践。研究发现，在很多场合，这种"规则"常被以后修订或制定的法律所吸收。如著名的"死亡博客

---

① 参见梁上上：《利益衡量的界碑》，载《政法论坛》，2006年第5期。
② ［德］卡尔·拉伦茨：《德国民法通论》，谢怀栻等译，北京，法律出版社2002年版，第108页。
③ Gustav Radbruch, Gesetzliches Unrecht und übergesetzliches Recht, in Rechtsphilosophie, Stuttgart 1973, S. 345.
④ ［德］卡尔·拉伦茨：《法学方法论》，陈爱娥译，台北，五南图书出版公司1997年版，第249页。

案",就是先通过司法实践确立提示规则之后,再将该案例创设的规则纳入2009年通过的《侵权责任法》之中。①而另一个著名的案件即武汉市煤气表散件购销合同判例,也确认了因情事变更解除合同的判旨,事实上成为后来主张制定有关情事变更的法律条文或司法解释的渊源之一。根据《最高人民法院关于案例指导工作的规定》的规定,最高人民法院发布的指导性案例,各级人民法院审判类似案例时应当参照。这一规定首先表明我国的指导性案例确实对其他案件的审判具有某种程度的拘束力,同时也说明,这一拘束力本身并非具有作为裁判依据的功能。指导性案例的拘束力性质,决定了其所创设的应当为裁判性的规则,一般不可以直接援引作为裁判的依据。但由于裁判在社会生活中的特殊地位,这些规则仍然产生了行为规范的作用,实际上约束着人们的行为并可以在经立法确认后正式上升为法律规范。

## 第六节 题外话:学说的价值

### 法律的神经

有句话说:法律如同身体,判例是其骨架,学说则是她的神经。话虽如此,法理或学说能否作为民法渊源,却一直未能得到认可。法理是广义的法学家(包括法律教授和法官等)就民法问题所陈述的观点②,而学说则进一步指法学家对成文法的阐释、对习惯法的认知,以及对法理研究所表示的意见。概言之,法理或学说可以说就是民法的学说、理论及学者的个人见解,当然,一般是指通说或者学者的权威见解。按理说学理本属无权解释,并无法律的拘束力。但在大陆法国家,民法被誉为法学家的法,法学家享有崇高地位,其主流学说往往对立法与

---

① 《侵权责任法》第36条第2款规定:"网络用户利用网络服务实施侵权行为的,被侵权人有权通知网络服务提供者采取删除、屏蔽、断开链接等必要措施。网络服务提供者接到通知后未及时采取必要措施的,对损害的扩大部分与该网络用户承担连带责任。"第3款规定:"网络服务提供者知道网络用户利用其网络服务侵害他人民事权益,未采取必要措施的,与该网络用户承担连带责任。"

② 参见[法]亨利·莱维·布律尔:《法律社会学》,上海,上海人民出版社1987年版,第78页。

司法产生重要的影响。古罗马的"法律解答",即"法学家的回答"在当时可以直接被引用作为裁判案件的依据,其具有的法律效力与今天的司法解释几乎无异。特别是冠以重要法学家名字的"法律解答汇编",不仅具有很高的权威,而且不断地变更、扩大、限制或在实际上废弃《十二铜表法》的规定。[①] 自《国法大全》开始,学理就开始成为民法的渊源。以后,各大陆法系国家在制定民法典的时候,纷纷将学理视为成文法漏洞的补充。如《瑞士民法典》第1条:"民法典没有相应规定时,以经实践所确定的案例为补充,如无案例时,法官可依实践确定的学理作为立法人提出规则,适用于裁判案件"。此后,奥地利民法典、意大利民法典、日本民法典亦有类似的规定。[②] 大清民律第一次草案第1条称之为条理,前大理院之判例,亦称为条理。我国台湾地区"民法"第1条规定:"民事法律无规定者,依习惯,无习惯者依法理"。

　　法理的表现形式,根据学者的观点,分为平等原则、规范目的、法理念与事理四种。所谓平等原则,也即"相同的事件,应为相同处理","不相类似的事件,应为不同处理"。前者乃为法律适用事件"类推适用"的补充方法,后者乃为适用事件"目的性限缩"与"反对解释"的补充方法。前者因为事件具有"类似性"应该相同处理,后者因为事件具有"差异性",而应不同处理。所谓规范目的,也指立法意旨,学者认为,是指"存在于法律基础之客观目的,该意旨使系争规定成为一个有意义、亦即公正并符合目的之规定",规范目的"不但显示法律之适用的基础,而且显示出法律之伦理基础"[③]。按近现代司法理念及规则,法官不得以没有法律或法律含义模糊为借口而拒绝适用,而是必须参照法律条文的字面意义及立法者的意旨就该法律进行解释。如遇疑难案件,不能依寻常所谓文义解释、立法解释、类推适用等方法裁判时,则应依法律的一般原则裁判。这种原则,并不是抽象的自然法或理性法上的原则,而是成文法的哲学上的原则,

---

　　① 参见〔英〕梅因:《古代法》,北京,商务印书馆1959年版,第20页。
　　② 例如,日本裁务事务须知(1875年日本太政官布告第103号第3条)规定:"民事之裁判,有成文法者,依成文法;无成文法者,依习惯;无习惯者,应推条理裁判之,此处的条理,指社会共同的生活原理和普遍的价值观。"
　　③ 黄茂荣:《法学方法与现代民法》,北京,中国政法大学出版社2001年版,第384~385页。

也就是法律哲学的一部分。所以，法律学及其哲学，也就变为法律的渊源。① 在《民法通则》制定前，我国法院长期参照教科书办案，就是典型的例子。在制定法诞生后，抽象的法律规定又有赖于学说的阐释和判例的具体化、确定化而得以日益丰满且有血肉。制定法历时长久之后，逐渐与时代脱节，判例学说又修正变更制定法之内容，使其合理化。② 由于我国正处于变革时期，新问题、新情况层出不穷，立法往往难以迅速地就这些方面形成立法文件，而法院又不能以法无明文为由拒绝审判，因此不得不大量地依据法理办案。毫无疑问，在民事审判中，法官应当参考法理。按照学者的归纳，学说对于实务具有多项基本功能，包括以法律适用为取向、将繁杂的法律进行体系化构造；为法律适用者提供清晰、可验证又省时的适用模式；对法院判决进行体系化梳理与总结，为具体法律适用问题提供解决方案，确保法官适用法律的确当性等。③ 现实生活中，民事纠纷纷繁复杂，法律不可能对各类民事关系作出具体详尽的规定，而法官又不能以缺乏法律根据为由而拒绝裁判，因此，在民事案件无法律、习惯可资适用时，参考法理便成为法官裁判时的至佳选择。就法律适用的价值目标而言，当一种学说已经形成通说时，法律界以及社会公众即有理由形成正当的信赖，而这正是法律安定性、确定性的重要体现。④ 而且，参考法理还可以起到增强裁判说理性的功能，因为法理本身就是对社会生活与审判实践的经验总结，具有突出的解释和说服能力。民事审判要增加其说理性，就必须要大量地参考法理。

## "同命不同价"背后的法理

2003年通过的《最高人民法院关于审理人身损害赔偿案件适用法律若干问

---

① 参见[意]密拉格利亚：《比较法律哲学》，朱敏章等译，北京，中国政法大学出版社2005年版，第214页。
② 上述说明见于王伯琦：《民法总则》，转引自王泽鉴：《民法学说与判例研究》（二），台北，台大法学丛书1979年版，第8页。
③ 参见金枫梁：《裁判文书援引学说的基本原理与规则建构》，载《法学研究》2020年第1期。
④ 参见葛云松：《简单案件与疑难案件——关于法源及法学方法的探讨》，载《中国法律评论》2019年第2期。

题的解释》(以下简称《人身损害赔偿解释》)对侵害生命权的损害赔偿问题作了较为详尽的规定。该解释在此问题上所采立场与以往立法和司法解释似有较大不同,其实施效果也备受争议。特别是其第 29 条以"受诉法院所在地上一年度城镇居民人均可支配收入"和"农村居民人均纯收入"为基准来分别计算城乡居民死亡赔偿金的规定,更被视为"城乡二元歧视"的又一体现,招来了"同命不同价"的疑问甚至指责。尤其是自 2005 年年底某市出现首例"同命不同价"的判决以后(在该案中,3 名少女搭乘同一辆三轮车遭遇车祸身亡,然而,给农村户口少女的赔偿不及其城市同学的一半),公众和学者对之的"讨伐"之声更是不绝于耳。① 乃至使"同命同价""同命不同价"成为《侵权责任法》制定过程中的争议焦点之一。

至《侵权责任法》颁布,或许是出于某种价值的妥协,在其第 17 条作出了"因同一侵权行为造成多人死亡的,可以以相同数额确定死亡赔偿金"的规定,从一定程度上缓和了公众对"同命不同价"的质疑。但在学理层面,争议却并未因此而终止。特别是第 17 条以"可以"引导其法律后果,又引发了法律解释学上的大讨论。② 且分歧的实际也主要在于对"可以以相同数额确定死亡赔偿金"规则所持态度之积极与否的不同。

检视学说,关于"同命同价"与"同命不同价"的争论主要来源于对死亡赔偿金之性质或者说其赔偿客体认识上的差别。主张死亡赔偿金为对"余命"价值之赔偿者,基于生命权之平等理论,自然要求"同命同价"的赔偿规定;而持"扶养丧失说""继承丧失说"的学者,从死者生前创造财富能力存有差别的事实

---

① 相关报道可以参见廖卫华:《两公民上书高法建议统一城乡人身损害赔偿标准》,载《新京报》2006 年 3 月 21 日;唐中明、田文生:《农村少女遭车祸身亡赔偿不及城市户口同学一半》,载《中国青年报》2006 年 1 月 24 日;李丽:《城乡同命不同价司法解释亟待修改》,载《中国青年报》2006 年 3 月 23 日。

② 如王利明教授认为,《侵权责任法》第 17 条规定了同一案件同一赔偿的规则,但是,其使用了"可以"的表述。如果从文义解释,其就属于任意性规范,但是,通过立法目的的考察,立法者实际上是要通过该规则修改、补充《人身损害赔偿司法解释》第 29 条确立的区分城乡不同户籍确定不同赔偿标准的规则。所以,此处所说的"可以"应当解释为"原则上应当"。而张新宝教授则认为,"以相同数额确定死亡赔偿金"并非强制性要求,是"可以"而非"应当",至于什么情况下"可以"什么情况下不可以,法院可以根据具体案情,综合考虑各种因素后确定。参见王利明:《论〈侵权责任法〉的解释》,载《广东社会科学》2011 年第 1 期;张新宝:《〈侵权责任法〉死亡赔偿制度解读》,载《中国法学》2010 年第 3 期。

出发，则更倾向于在死亡赔偿金中采取"区别对待"的做法。而就目前国内外理论与实践而言，持"余命"赔偿说者仍占少数。诚如学者所言："一个被杀死的人不会遭受任何损害，这种说法似乎有些嘲讽的味道，然而这却是为欧洲各国法律所认可的事实。"[①]

仍需指出的是，肯定法理在民事审判中的参考价值并非便意味着对其作为民法渊源的一般性的承认。毕竟，法理实质上仅是学者的见解而已，并不具有行为规则和裁判规则的性质与功能，难以成为民法的直接渊源。学说仅能构成补充性的间接渊源，以满足一定条件为前提，可作为裁判的依据。通常认为，法院采用学说进行裁判时，应依据如下的标准操作：第一，就某一法律问题存在多种学说时，应采通说；第二，就其一法律问题存在旧说与新说时，尽量考虑采用新说；第三，在持论者具有不同的权威性程度时，尽量采用权威学者的学说。当然，上述各项不过是原则，法院在选择学说时，有充分的自由裁量权，要结合具体案件考虑所拟采用的学说，以期达到最妥当的处理。

---

[①] ［德］克雷斯蒂安·冯·巴尔：《欧洲比较侵权行为法》（下卷），焦美华译，张新宝校，北京，法律出版社 2004 年版，第 1 页。

# 第六章 民法规范类型

## 第一节 类型化的基础与意义

### 民法规范类型化的基础

对法律规范进行类型化划分,首先需要明确法律规范由什么组成,亦即规范具有何种逻辑结构。在已有的研究中,学界已经对法律规范的逻辑结构进行了较为充分的探讨,相关讨论中大致呈现如下几种代表性的观点。

早期教科书中的观点认为,法律规范由假定+处理+制裁组成,此种观点源于对苏联法学理论的继受,主要强调国家强制力对于规范的保证。[1] 随着管制观念的日益淡化,此种突出"制裁"的理论已非学界主流。[2] 出于对早期观点的修正,有学者指出,法律规范应当由假定+处理构成,其中,假定是对事实情境的

---

[1] 参见中国大百科全书总编辑委员会法学编辑委员会:《中国大百科全书·法学》,北京,中国大百科全书出版社1986年版,第100页;孙国华、朱景文主编:《法理学》,北京,中国人民大学出版社1999年版,第279页。

[2] 参见刘杨:《法律规范的逻辑结构新论》,载《法制与社会发展》2007年第1期。

设定，指出了规范适用的条件，处理是对特定的事实情境中的法律关系的规定，是一种规范性规定。① 该模式相较于早期模式删除了"制裁"要素，原因是论者逐渐认识到"制裁"并非独立法律规范的必备要素，许多规范中事实上没有所谓"制裁"。同时，由于"处理"要素仍然带有较重的管制色彩，不符合私法自治理念，故有学者以较为中性的"法律后果"替代"处理"。另外，还有学者指出，"假定"的理论性过强，其也可以被"行为模式"或者"事实"所替代，从而修订形成了"行为模式＋法律后果"以及"事实构成＋法律后果"两种模式。② 总体而言，两种模式大同小异，通说倾向于采"行为模式＋法律后果"的组合。③

具备此种完整逻辑结构的法条，被称为完全法条，一旦符合完全法条规定的条件出现，就会发生法律规定的效果。但其实，仔细观察民法上的诸多规范，会发现不少规范并非由上述完整规范中的两大部分组成，典型的如倡导性规范。④ 倡导性规范事实上也对特定类型的利益关系表达了一个完整价值判断结论，属于独立的法律规范，但它并不像学界通常对法律规范构成要件所理解的那样，存在行为模式和法律后果。然而此种类型的规范在《合同法》、《物权法》以及民法的其他组成部分中大量存在，这对传统的法理学中的规范的逻辑结构提出了挑战。不过，以对逻辑结构的研究作为规范类型化研究的基础方法，仍具有广泛共识。

## 民法规范的类型化方法

关于民法规范何以类型化，学界见仁见智，由于分类标准不一，其具体类型

---

① 参见王涌：《民法中权利设定的几个基本问题》，载《金陵法律评论》2001年第1期。
② 参见郑永流：《法律方法阶梯（第二版）》，北京，北京大学出版社2012年版，第45～46页。
③ 参见沈宗灵：《法理学》，北京，北京大学出版社1999年版，第37页。
④ 也有学者将不完全规范概括为包括以下七类：说明性规范、限制性规范、参引性规范、拟制、推定、解释规则及补充规范。参见朱庆育：《民法总论（第二版）》，北京，北京大学出版社2016年版，第46～47页。

也难免有所差别。① 例如，根据规范功能（对象）的不同，民法规范可以分为行为规范与裁判规范。本书旨在以现行法律和司法解释为基础，以法律调整的利益关系为指引，对民法规范作出区分，并在关于规范配置的论述中兼顾行为规范与裁判规范的分类。

部分规范根本不可能对法律行为的效力造成影响，其调整的是非交易关系背景下民事主体之间的利益关系以及民事主体的利益与公共利益之间的关系，此类法律规范可以先被排除出可能导致法律行为效力的强制性规范的范畴。有学者将此类规范称为"简单规范"，对可能影响法律行为效力的法律规范则相应地称为"复杂规范"，另根据各类复杂规范协调的利益关系类型的差异以及各类复杂规范对法律行为效力的不同影响，复杂性规范又可以进一步分为任意性规范、倡导性规范、授权第三人规范、强制性规范和混合型规范。② 该种分类方法颇为值得借鉴。

有争议的是，在任意性规范外是否存在独立的倡导性规范？所谓倡导性规范，是指民法规范中存在倡议某种价值导向的规范，对民事主体的行为起到鼓励、导向作用，但是一般不发生裁判上的效力。此种规范相较于任意性规范发挥着"鼓励交易"和"提示风险"的目的。③ 但在任意性规范外，是否存在独立的倡导性规范，存在争议。具有代表性的否定意见认为，在任意性规范外，不存在独立的倡导性规范，原因主要有三：其一，之所以做任意性规范与强制性规范的类型区分，其依据是该规范能否依当事人的意志而加以排除或改变，即以规范的拘束力为标准，倡导性规范则以立法者倡导为依据，分类标准不同，不宜并列；

---

① 在凯尔森的分析框架下，规范可以分为强行规范、许可规范与授权规范，分别表现为"应为"、"许为"和"能为"。Hans Kelson, Allgemeine Theorie der Norman, 1979, S, 77. 转引自朱庆育：《私法自治与民法规范——凯尔森规范理论的修正性运用》，载《中外法学》2012 年第 3 期。还有学者认为，民法规范可分为强行性规范、任意性规范、许可性规范以及宣示性规范，参见许中缘：《民法规范类型化之反思与重构》，载《人大法律评论》2010 年第 1 期。更为详细的类型化理论的相关评析，可参见王轶：《法律规范类型区分理论的比较与评析》，载《比较法研究》2017 年第 5 期。
② 参见王轶：《民法典的规范类型及其配置关系》，载《清华法学》2014 年第 6 期。
③ 关于倡导性规范的定义，参见王轶：《民法典的规范类型及其配置关系》，载《清华法学》2014 年第 6 期。

其二，从任意性规范中分出倡导性规范，其解释力颇为有限，部分倡导性规范也具有裁判规范品格①；其三，民法规范系被发现而非被创造，民法规范也不应由立法者驰骋意志，倡导性规范的意义较小。②

诚然，从鼓励私法自治的角度而言，不提倡"倡导性规范"在法典中大量存在本无疑问，但服务于精细化地区别民法规范类型的目的，倡导性规范确有其存在的必要。③在理论层面，倡导性规范与任意性规范虽具有诸多相似之处，即皆是为了调整合同当事人之间的私益，但倡导性规范与任意性规范仍存较多不同。首先，任意性规范兼具行为规范与裁判规范的双重功能，而多数倡导性规范中仅具行为规范面向，往往不能作为裁判规范而为司法者所援用。其次，倡导性规范与任意性规范的逻辑结构也有所不同。如前所述，无论是两要件说还是三要件说，法律规范的结构都包括"法律后果"，然而倡导性规范的逻辑结构通常并不包含法律后果，在此意义上，承认倡导性规范，更有助于对民法规范进行完整涵盖。最后，倡导性规范相较任意性规范而言，功能的着重点也有所不同。无论是补充性的任意性规范还是解释性的任意性规范，其功能主要在于弥补当事人意思表示的欠缺或者使当事人约定不明的意思表示变得明确。倡导性规范的功能则多是鼓励、提倡和诱导当事人采用某种特定的行为模式。

更为重要的区分在实践层面。如前所述，虽然多数倡导性规范发挥着行为规范的作用，部分倡导性规范也具有裁判规范的功能，但该类规范仍与任意性规范存在功能上的差别，体现为该类倡导性规范所包含的提示风险的作用通常不为任意性规范所具有。例如，《物权法》第 24 条规定，船舶、航空器和机动车等物权的设立、变更和转让未经登记不得对抗善意第三人，此种登记对抗主义在《物权

---

① 参见朱庆育：《民法总论（第二版）》，北京，北京大学出版社 2016 年版，第 53～54 页。

② 有学者认为，倡导性规范不仅在明确立法者意图、提请司法者和当事人注意等方面乏善可陈，而且所谓的宣示意义也不无争议，且易引发解释疑义和司法误用。参见贺剑：《民法的法条病理学——以僵尸法条或注意规定为中心》，载《法学》2019 年第 8 期。

③ 主张倡导性规范独立存在的学者认为，该规范独立存在，与我国目前大多数人对法律知识的掌握水平相对仍比较低、防范市场风险的意识仍较弱有一定的关系，或许随着我国法治社会的发展以及市场经济的发展，倡导性规范将会在民事立法中越来越少。参见王轶：《论倡导性规范——以合同法为背景的分析》，载《清华法学》2007 年第 1 期。

法》第 129 条、第 158 条、第 188 条、第 189 条第 1 款里面都有相应的法律体现。由于登记对抗并非登记生效，故当事人即使不办理登记，也不会导致物权无法设立，在该意义上，相应规范符合任意性规范的构成。但是，未经登记不得对抗善意第三人的法律后果，具有倡导当事人进行登记的面向，因为规范表述中提示了不办理登记的风险，即如果交易关系中出现特定的善意第三人，将会发生相应的后果。如此的提示风险的效果，乃一般的任意性规范所不具备，在当下国民的法律素养仍处于较低水平的现实背景下，倡导性规范的存在便显得尤有必要。[①]

综上，服务于更好地理解与适用现行法律和司法解释规定，并遵循法律调整的利益分析方法，将不会影响合同效力的规范排除在讨论是否为"强制性规范"的范畴之外，有助于减轻司法实践中裁判者的思考负担，承认"倡导性规范"的存在，有助于对规范进行更为周全的分类。本书下节拟以上述分类标准为依据，对民法规范进行类型化区分。

## 民法规范类型化的意义

民法学研究离不开对民法体系化问题的思考，在民法典编纂完成之后，对体系化问题进行深入探讨的意义更为凸显，而对规范进行类型化研究则是民法体系化研究的基础和组成元素之一。[②] 改革开放以来，西学东渐，基于现实需求的倒逼，我国民法学的研究呈现出偏重制度性研究的面向，对于诸如体系化问题缺乏

---

① 参见王轶：《论倡导性规范——以合同法为背景的分析》，载《清华法学》2007 年第 1 期。相反的观点则将倡导性规范归为"僵尸法条"及"注意规定"，并认为该类法条形成的根源在于学术供给不足、立法技术不精、历史惯性、政治影响、立法者的价值判断和过虑情绪等。参见贺剑：《民法的法条病理学——以僵尸法条或注意规定为中心》，载《法学》2019 年第 8 期。论者则坦言，倡导性规范的存在，与我国目前大多数人对法律知识的掌握水平相对仍比较低、防范市场风险的意识仍较弱有一定的关系，或许随着我国法治社会的发展以及市场经济的发展，倡导性规范将会在民事立法中越来越少。

② 具有代表性的讨论，参见王利明：《民法典编纂与中国民法学体系的发展》，载《法学家》2019 年第 3 期；孙宪忠：《我国民法立法的体系化与科学化问题》，载《清华法学》2012 年第 6 期；吴汉东：《财产权的类型化、体系化与法典化——以〈民法典（草案）〉为研究对象》，载《现代法学》2017 年第 3 期。

## 第六章　民法规范类型

思考和重视。① 由此带来的问题是，看似围绕具体制度层面展开的观点分歧，背后往往还隐藏着更深层次的对分析方法的认知分歧。② 固然，制度性研究乃民法学研究的重要内容，但民法学研究要向更深层次发展，也需要借助于研究方法的更新与多元化。新中国成立七十一年以来，民法学研究已经逐步从稚嫩走向成熟，工欲善其事，必先利其器，与时俱进的民法学研究亦应对法律的概念、类型和体系进行全面细致的审视，以便在混合继受的基础上建立适合我国国情的法律概念和类型体系。③ 故此本章着重研究民法规范的类型化，并结合具体规则对类型化的方法进行佐证，在我看来，得到制度研究支持的方法论研究，才不会陷入"形而上学"的玄虚之境当中。

类型化思维作为人类思维的方式之一，原本在数学、物理学、生物学等自然科学研究上均有广泛运用。就法学问题上的类型化思维，大致可以分为立法上的类型化思维和司法上的类型化思维。无论是马克斯·韦伯的理想类型理论、亚图·考夫曼的事物本质类型理论还是卡尔·拉伦茨关于类型在法学中的意义的论述，主要体现的是法律规范的类型化，即立法上的类型化。④ 而司法实践中具体应用法律的类型化思维，又被称为司法层面的类型化。司法论意义上的类型化思维主要是为了丰富和完善解决纠纷的方法，简言之，民事案件与法律规定或判例往往不完全相同，但只要主要特征相同，即属同一类型，就可依该法律规定或判

---

① 详细论述，参见王轶：《对中国民法学学术路向的初步思考——过分侧重制度性研究的缺陷及其克服》，载《法制与社会发展》2006年第1期。

② 以对"知假买假"问题的分析为例，表面上看是各方对"知假买假能否请求惩罚性赔偿"问题存在观点分歧，但实质上背后隐藏着更为重要和直接的认知和方法分歧。详细论述，参见熊丙万：《法律的形式与功能——以"知假买假"案为分析范例》，载《中外法学》2017年第2期。

③ 新中国成立后，由于承继历史源流的缺失，我国的民法学方法论主要以继受德国的潘德克顿法学、苏联法学和日本法学为主。参见王利明、朱岩：《繁荣发展中的中国民法学》，载《中国法学》2007年第1期；孙宪忠：《中国民法继受潘德克顿法学：引进、衰落与复兴》，载《中国社会科学》2008第2期。此种混合继受可以广泛吸取不同立法模式之优点，但与此同时，体系上的不一致也给法律的解释与适用带来了诸多难题，对我国的立法、学术研究和学术交流都带来了负面影响。关于此问题的讨论，可参见孙新强：《我国法律移植中的败笔——优先权》，载《中国法学》2011年第1期；王轶：《对中国民法学学术路向的初步思考》，载《法制与社会发展》2006年第1期。

④ 参见刘士国：《类型化与民法解释》，载《法学研究》2006年第6期。

例解决新的纠纷，这是司法活动中类型化思维的基本含义。① 司法层面的类型化思维看似有其具体规则，与立法论相异，但是无论是对法律规范的设计的研究还是对法律适用本身的研究，都关涉民法所调整的利益类型和相应的价值判断，或者说，类型化只是一种技术形式，其实质也不外乎是人们的一种思考方式。在立法之中，类型化思维用以固定特定的价值导向，调和规范的确定性和滞后性之间的矛盾；在司法过程中，类型化思维辅佐既考虑教义亦兼顾价值的良好裁判的作出。

## 比较法上的类型化理论

### 马克斯·韦伯

马克斯·韦伯的类型化理论又被称为"理想类型"理论，该理论始终贯穿于韦伯的一系列社会科学研究之中。所谓理想类型理论，是指"在抽象的经济理论中，那种人们通常称作为历史现象'理念'的综合的例子，为我们提供了在交换经济的社会组织、自由竞争和严格合理行动情况下商品市场过程的理念图像。这一理念图像将历史活动的某些关系和事件联结到一个自身无矛盾的世界之上，这个世界是由设想出来的各种联系组成的"②。具体而言，韦伯将法律分析的"理想类型"区分为形式非理性、实质非理性、形式理性以及实质理性四个基本范畴。

理想类型的建构遵循着一定的路径，亦即通过单方面地强调一类观点，把大量散乱的、无联系的那些符合上述强调的观点的具体现象都综合成自身统一的分析性模式而形成。③ 可以说，所谓理想类型具有概念上的纯粹性，这一纯粹理论

---

① 不少学者出于务实的角度，对司法活动中的类型化思维进行了探讨，以期解决实践问题。具有代表性的文献可参见叶金强：《共同侵权的类型要素及法律效果》，载《中国法学》2010年第1期；姚明斌：《违约金的类型构造》，载《法学研究》2015年第4期。

② [德]马克斯·韦伯：《社会科学方法论》，韩水法、莫茜译，北京，中央编译出版社2005年版，第39页。

③ 参见李强：《马克斯·韦伯法律社会学中的方法论问题》，载《法制与社会发展》2007年第1期。

上的建构很难在实践中被发现或者说被验证,这也是理想类型理论被称为"乌托邦"的原因所在。理想类型理论的提出,与韦伯提出的其他理论紧密相关,或者说,理想类型理论其实就是依照研究者的认识目的加以设定的。

理想类型理论对于法学研究的主要意义在于:一方面,类型研究思维能够解决抽象思维仅照顾一般正义而难以照顾到个别正义的问题,避免法律本身趋于僵化,以求在抽象与具体之间找到一种权衡。[1] 另一方面,理论类型本身的建构是以司法实践为背景参照,对社会历史中的法律制度进行了各种类型划分,虽然这些理论上的类型划分在现实中并不存在,但是在认识论意义上仍然具有重要的启发和指引作用。[2] 换言之,理想类型理论有助于我们认识我国民法演进史中的一些基本制度。自觉运用这一思维方法,也有助于我们对法文化现象发展变化的理解与解释。[3] 更为重要的是,理想类型理论所阐述的类型与客观现实不一致时,也使得法律同行们认识到,具体案件中认识法律的一般规定或抽象规定与个案之间存在差异性,法律思维需要尽量避免对号入座式的机械化思考方式的影响。[4]

当然,运用理想类型方法对法律制度进行类型学划分也是存在局限的,有学者对此进行了概括。首先,韦伯的理想类型理论基本是基于西方历史的经验材料而进行的建构,如果把此种法律制度的类型划分运用于具有完全不同历史和社会背景的法系之下,就可能会产生误导作用。在韦伯的视野中,法律是多元的,但

---

[1] 参见李可:《类型思维及其法学方法论意义——以传统抽象思维作为参照》,载《金陵法律评论》2003年第2期。

[2] 例如,韦伯的理想类型研究方法,就对中国司法类型的重构提供了有益参考。详细论述,参见徐忠明:《清代中国司法类型的再思与重构——以韦伯"卡迪司法"为进路》,载《政法论坛》2019年第2期。再如,韦伯对社会科学的客观性研究也具有代表性,认为人文社会科学可以做到价值无涉。此种价值无涉的追求在法学研究中具有重要批评意义,而中国法治实践学派的目标被认为就是要在韦伯方法论基础上实现创新和超越。参见钱弘道、崔鹤:《中国法学实证研究客观性难题求解——韦伯社会科学方法论的启示》,载《浙江大学学报(人文社会科学版)》2014年第5期。

[3] 关于韦伯命题的争论有着复杂的时代背景,其背后涉及法律文化是否存在普适性价值、不同时空中的法律文化是否存在可比性、如何客观认知和理性对待本族法律文化传统、法律现代化是否可欲及其价值取向等重大的法理问题,这些问题具有很强的现实意义,与中国司法未来走向息息相关。详细论述,参见周永坤:《"韦伯命题"之争及其启示》,载《法律科学(西北政法大学学报)》2020年第2期。

[4] 参见刘士国:《类型化与民法解释》,载《法学研究》2006年第6期。

韦伯在具体建构其法律理想类型时并没有全面顾及多元之法律,而是取各个时代主导的大共同体(如国家、教会)之法律来建构的。尽管韦伯承认法的理性化的形态和程度在历史上有各种不同的可能,然而他在此处仅止于在法的一般发展趋向上以形式的/理性的为标准来构建其理想类型,但实际上中国法在这两个面向的关系上并非如此简单。按照学者的说法,中国法愈实质理性化,则其于外在面向愈表现为实质非理性的类型;反之亦然。[1] 中国在法律移植时的经验与教训,也充分说明了这一点。[2] 其次,法律理想类型与法律制度的历史现实之间存在着某种程度的混同。如美国学者伯尔曼所言:"理想类型这个概念的模糊性表现在论者运用历史的例子去肯定它们,但同时又不容许运用历史的例子去反驳它们。"[3] 此种将理想类型本身混同于历史现实的面向,实际上已经在一定程度上将法律制度的理想类型本身实体化。[4] 这些问题已经被后人所认识并予以改善。

**阿图尔·考夫曼**

"事物的本质"理论的提出

阿图尔·考夫曼的类型化理论,又被称为"事物的本质理论"或者"类推理论"。该理论的核心是认为规范乃是类型的概括,规范与事实的联结方式是类推方式,而类推又建立在运用类型及洞察事物的本质基础上,亦即事实与规范联结的中介是"事物的本质"[5]。在论证过程上,考夫曼首先认为许多法律概念本身是不清晰的,因此难以运用抽象概念进行描述,这些概念应属于类型概念。立法者的任务,就在于通过规范的手段,描绘这些类型,同时通过这些类型,立法者得以将价值判断转变成为制定法,并实施于具体生活中。

---

[1] 参见白中林:《韦伯社会理论中的"中国法"问题》,载《政法论坛》2007年第3期。
[2] 参见张辉:《韦伯法律社会学中的理想类型及其困境》,载《学术交流》2016年第1期。
[3] [美]伯尔曼:《法律与革命——西方法律传统的形成》,贺卫方等译,北京,中国大百科全书出版社1993年版,第653~654页。
[4] 参见李强:《马克斯·韦伯法律社会学中的方法论问题》,载《法制与社会发展》2007年第1期。
[5] 考夫曼类型理论的详细阐述文献,参见王晓:《法律类型理论和类推方式研究——以考夫曼类型理论为起点的认识论探究》,载《浙江学刊》2009年第5期;朱良好:《考夫曼类推理论论略》,载《北方法学》2009年第2期。

类型本身的形成需要依靠抽象的概念，但也不能单靠抽象的概念，因为"概念只是无限地接近对类型的描写"①。真正的类型需要在法律适用中才能展现，甚至可以说，所有的法律适用过程都是类推的过程，因为在众多案件之中，没有完完全全相同的两个案件，法律适用的过程实质上就是规范与事实不断逼近的过程，这个过程也是修正立法者所使用的概念定义的过程，只有在规范与事实的对应中才有真实的法。②在类推的过程中，需要考察规范与事实的共有意义，同时运用目的解释和相似性判断等方式来操作，从而贯彻实质意义的法律。

可以说，考夫曼建构的以事物的本质进行类推的理论，深受新康德主义立场的影响，并自觉地运用了黑格尔的辩证法为手段，调和了实然与应然的对立关系，成功地突破了形式推理的桎梏，开启了对实质内容的认识和对实质推理的探讨，对漏洞填补的进行也助益良多。③这套理论体系可以说完全颠覆了传统的法学方法论理念，在一定意义上开创了一种法律诠释学意义下的方法论，其重要性不言而喻。④

"事物的本质"理论遭受的批判

考夫曼的事物本质理论的方法论价值得到了诸多论者的认可，但是该体系的缺点也较为明显，具体而言包括以下两个方面。

首先，考夫曼对于"类推"的认识和解释运用存在问题。在概念上，考夫曼可以说是有意地混同了哲学范畴"同一与差异"以及日常概念"类推"，这导致许多学者都困扰于考夫曼所运用的类推概念与他们的认识不同，此种混同其实存在明显的逻辑错误。⑤同时，在考夫曼用以举例的某些案件之中，类推已不具有足够的说服力，这是因为考夫曼继受了哲学诠释学的读者中心论立场，消解了司法判决所依凭的法律规范之标准，从而陷入了主观主义、相对主义的泥淖。在此

---

① 钱炜江：《论考夫曼的"类推"理论》，载《甘肃政法学院学报》2017年第4期。
② 参见朱良好：《考夫曼类推理论论略》，载《北方法学》2009年第2期。
③ 也有论者提出，为对法官自由裁量权进行限制，以"事物的本质"作为法官造法的边界有其必要，鉴于"事物的本质"意义具有模糊性，以其作为造法的边界仍有危险性，其并不能足以保证获致正当的裁判。参见胡君：《"事物本质"作为法官造法边界之批判》，载《社会科学家》2009年第5期。
④ 参见陈辉：《从诠释学立场对考夫曼推理体系的分析和完善》，载《法制与社会发展》2014年第1期。
⑤ 参见钱炜江：《论考夫曼的"类推"理论》，载《甘肃政法学院学报》2017年第4期。

意义上,有论者毫不客气地指出,考夫曼的类推思维是一种存在严重缺陷的诠释学思维。① 另外,还有刑法学者指出,考夫曼提出一切类型,甚至一切概念都是类推的,这其实是对类推的一种误用,类比推理与类推推理应当有效区分,而非混用。②

其次,所谓"事物的本质"究竟是什么,考夫曼并未作出令人信服的解释。详言之,事物的本质是如何具有包含规范和事实两种要素的结构,以及如何成为中介点的,这些都涉及考夫曼整个法律推理体系的核心,但考夫曼却并没有深究。对"事物的本质"概念,应当进行实质性探讨,否则,考夫曼对"事物的本质"问题做的形式化处理导致它对整个法律诠释学的目标把握不确切,其对于类推的重要意义也由此被淹没。③

### 卡尔·拉伦茨

#### 拉伦茨类型理论的概念与种类

卡尔·拉伦茨的《法学方法论》是当代法学研究的经典著作,其在法哲学(本体论、认识论、诠释学和价值论)、法教义学和方法论等多个层面回应了德国法学界的各个流派提出的复杂法学难题(包括概念分析、逻辑论证、法律解释、漏洞填补、法的续造、利益衡量、价值判断、体系建构等),并在法律实务、教义学解释、逻辑应用以及哲学讨论之间架起了一座沟通的桥梁。④ 其中,拉伦茨关于类型的理论也对后人产生了深刻的影响。

拉伦茨使用的类型理论,主要仍然是为了与概念相区分。详言之,其认为仅仅依据抽象的概念无法把握现实法律秩序的整体,必须结合类型。但是,因为并非所有的构成要件都可以通过概念体系建构,很多实践情况下必须利用能够发现相互间"共同点"的类型而非特征来最终确定案件事实。在此意义上,拉伦茨使

---

① 参见姜福东:《类推的误用,抑或哲学诠释学之谬——考夫曼类推思维观批判》,载《环球法律评论》2010年第5期。
② 具有代表性的质疑意见,参见陈兴良:《刑法教义学方法论》,载《法学研究》2005年第2期;杜宇:《刑法上之"类推禁止"如何可能?——一个方法论上的悬疑》,载《中外法学》2006年第2期;黎宏:《"禁止类推解释"之质疑》,载《法学评论》2008年第5期。
③ 参见陈辉:《从诠释学立场对考夫曼推理体系的分析和完善》,载《法制与社会发展》2014年第1期。
④ 参见舒国滢:《战后德国评价法学的理论面貌》,载《比较法研究》2018年第4期。

用的类型具备如下三个特点：首先，类型以例示的形式提示开放性特征；其次，类型具有能够表现程度的差异或具有相互交换可能性的特征；最后，类型应是抽象出的一个整体像。①

在类别上，拉伦茨将类型分为"规范性的事实类型"和"法律上的构造类型"。所谓"规范性的事实类型"，是指人们在从经验中进行经验性的分类时，规范目的及规范背后的法律思想具有决定性的影响，故在形成经验类型时，经验性因素和规范性因素的结合而形成的类型就是"规范上的事实类型"。相对的，"法律上的构造类型"是除了以社会现实上的存在构建经验类型外，还可以超出现实特征的取舍，基于规范目的的考量并经由"特征的附加"建立类型。合同的诸多类型是"法律上的构造类型"的典型体现，立法者是在经验生活中先发现它们，掌握合同类型特征，然后再赋予适合该合同类型的规则。② 在此过程中，法律可能包含某种需要进行填补的评价标准，这些标准只有具体适用于具体案件时才能够被具体化，可见，此过程并非单纯地"适用"规范，而是从事一种符合规范或标准旨意的价值判断。③

卡尔·拉伦茨的该种区分模式与马克斯·韦伯的理想类型理论存在较大区别，因为在拉伦茨的区分模式下，除了经验性的价值无涉的要素外，还包括价值判断的规范性的要素，而后者并不为韦伯所涉及，但至少从民法这样的部门法角度而言，恰恰是后者，才在方法论上显示出了其强大的生命力。

拉伦茨类型理论的方法论意义

卡尔·拉伦茨的类型理论，在方法论上的意义主要体现为对法律体系构建和对司法推理逻辑的指导。在体系构建上，如前所述，规范性的事实类型通过价值评价被赋予了特定的法律后果，由此具备了法律上的相关性并形成"法律上的构造类型"。再将经由必要价值判断形成的"法律上的构造类型"扩展成"类型系列"，就可以以此为基础建构民法上的内在价值体系，从而弥补传统以抽象概念

---

① 参见[德]卡尔·拉伦茨：《法学方法论》，陈爱娥译，北京，商务印书馆2003年版，第337页。
② 参见[德]卡尔·拉伦茨：《法学方法论》，陈爱娥译，北京，商务印书馆2003年版，第341页。
③ 参见舒国滢：《战后德国评价法学的理论面貌》，载《比较法研究》2018年第4期。

所形成的外在逻辑体系的不足。① 换言之，在实践生活中，概念的僵化性导致外部概念体系总会遇到困难，其难以包容部分混合形态，也难以适应新形态的变化。作为补充，以类型理论建构的内部价值体系模式就可以发挥相应的作用。

另外，在司法适用中，运用类型理论有助于完成法律的续造，尤其是在三段论的推理之下，类型理论可以完成对小前提的判断，亦即以特定的价值评价进行事实判断（详细论述，请参见本书第七章第一节"法律事实的形成与认定"的相关内容）。简言之，个案判决都需要将大前提与特定的案件事实进行连接，但在连接过程中，不可避免对该特定案件事实进行填补和具体化。对于事实的发现并非只是单向性的行为，对于法效果的考量是从反向指导事实发现活动的，而这种事实与规范间的比较方法即是一种类型化的思考方法。例如，《合同法》规定的有名合同类型终归是有限的，在实践中遇到大量无名合同时，就可以运用类型思维方式，通过考量何种无名合同在事实层面比较接近何种有名合同，并参照适用类似的有名合同的法律规定。类型化的方式此时就显现出其比概念定义模式更为实用的面向。

### 其 他

#### 拉德布鲁赫

在讨论比较法上的类型化理论的代表学者时，拉德布鲁赫是难以绕过的人物，甚至可以说，拉德布鲁赫是将类型概念引入法学的关键人物。但之所以未在前文详细论述拉德布鲁赫的学说，主要是考虑到，比较法上的类型论发展大致可以分为三个阶段，拉德布鲁赫为第一阶段即二战前的代表性人物，但其学说多是为第二代学者（如韦伯、考夫曼和拉伦茨）打下基础，而并未形成体系。当然，拉德布鲁赫的学说本身也颇具价值。

作为考夫曼的老师，拉德布鲁赫自己也是新康德学派的坚守者和先行者，其

---

① 在拉伦茨的著作中，详细介绍了外部体系和内部体系的含义，外部体系是指抽象概念式的体系，内部体系则指代由法律原则或者法律理念构成的体系。我国学者进一步进行解释，将外部体系定位为概念与逻辑体系，内部体系定位为价值体系。类似论述，参见朱岩：《社会基础变迁与民法双重体系建构》，载《中国社会科学》2010 年第 6 期。

相对主义法哲学的理论基础正是源自康德的二元方法论和新康德主义的价值论。拉德布鲁赫的学说主要有以下几个要点。其一，拉德布鲁赫指出，法律是随着人类社会历史类型的变化而发展的，同类型的社会有不同类型的人性和对人性的不同观点，这将会产生不同类型的法，例如，人类社会的历史可以分为礼俗社会时代、自由权利时代和社会法时代，由此产生了民俗法、官吏法和社会法。[1] 其二，与新康德主义一脉相承，拉德布鲁赫遵循康德将理性分为思辨理性和实践理性的思路，指出："应然原理、各种价值判断、各种评判不能运用归纳的方法建立在实然论断的基础上，而是运用演绎的方法建立在同类性质的其他原理之上。价值思考和实然思考是独立的、各自在自身的范围内同时并存的，这就是二元方法论的本质。"[2] 为此他原则上要求将实然与应然予以区分，实然并不必然能够推导出应然，这种思想对之后的类型学说产生了深刻影响。其三，拉德布鲁赫也对新康德主义有所修正，体现为其并非完全放弃实然到应然，而仅追求应然到应然，相反，其一直在寻求协调实然与应然的方法。[3]

莱嫩

如果将拉德布鲁赫作为第一个阶段即二战前西方学者的代表，则第三代学者主要是第二代学者的弟子，他们承继了第二代学者的学说，并将理论更加推向精致化，但在实质上无过多创见，本书以拉伦茨的弟子莱嫩（D. Leenen）为例进行简要说明。

作为卡尔·拉伦茨的弟子，莱嫩的理论在拉伦茨类型论的基础上有所细化。他主要认为，类型应当具有开放性、意义性、直观性和整体性。所谓开放性，表现为层级性、边界的不明确性以及组成分子的不固定性。所谓意义性，则是指意义或评价的观点指出了法律上类型构筑的建构性因素，同一类型范围内的事物可以说具有同意义性。直观性，则是指代类型与概念两相区分，人们无法依据一个事物所拥有的构成要件特征来判断此物属于某一类型，而是凭直觉去领会该事物

---

[1] 参见严存生：《法治社会中的"法律上的人"的哲理思考——读拉德布鲁赫〈法律上的人〉有感》，载《华东政法学院学报》2004年第6期。
[2] 转引自王振东、吕庆明：《拉德布鲁赫相对主义法哲学及其价值》，载《成人高教学刊》2007年第4期。
[3] 参见钱炜江：《论考夫曼的"类推"理论》，载《甘肃政法学院学报》2017年第4期。

的"意义",来判别其所应归属的类型。结构性,也就是说类型不仅是一种具有弹性的特征之有机组合,而且是在各种各样的特征组合中体现出某种"意义",即为一个有意义的结构性总体。

莱嫩的类型论是依据区分评价而形成的一种属于评价法学的类型理论。在以类型组成的法律中,立法者的权威并不寓于为描写该类型之特征所引用的与事孤立的概念性用语上,而是寓于该粗枝大叶地被绘出的类型上。这个类型还有待于在引导其类型化的价值观点下,进一步加以确定。[①] 与之前的同类研究稍有不同,曾经专门以德国民法上的契约类型为对象进行系统深入分析的莱嫩的类型理论显得更加具体实证。不妨从下面这一大段翻译中来感受一下,他说:如果我们探究一个"没有能力完全自我负责地参与法律行为之交易,因此需要加以保护"的人的范围,则根据此一客观评价观点,出现的将是一个类型,而交易上尚无经验,容易不作考虑就决定的少年(Jugendliche)则为一类;然而也可能有发育迟缓、智力不足(geistiger Debilität)等在个案上仍需要加以保护的成年人,反之,也可能有特别聪明,交易上机智敏捷等在个案上无须加以保护的未成年人。我们无法找到一个单独的、完全能代表这项客观评价的"构成要件"特征;因此,并非某一个特定的概念式特征;而是保护需要性(Schutzbedürftigkeit)这个评价观点决定了类型的归属性;并且尽管有着不同的客观上的特征,仍能获得一个有关人的范围的一致性。因为所有的对象都可以理解在"同一个意义关联"下,所以类型具有意义性(sinnhaft)。[②]

## 第二节 民法规范类型化

我国民商法学说与实践关注法律规范的类型区分,多半缘于《合同法》第

---

[①] Leenen, Typus und Rechtsfindung, S. 108ff; S. 174. 转引自林立:《法学方法论与德沃金》,北京,中国政法大学出版社2002年版,第128页。

[②] Leenen, Typus und Rechtsfindung, S. 45f. 转引自吴从周:《类型思维与法学方法》,台湾大学法律学研究所硕士学位论文,第38页。

52 条第 5 项"违反强制性规定的合同无效"的规定。关于"强制性规定"的定义，《最高人民法院关于适用〈中华人民共和国合同法〉若干问题的解释（二）》（以下简称《合同法司法解释二》）第 14 条称是指效力性强制性规定，此后，《民法总则》第 153 条第 1 款将违反法律、行政法规的强制性规定无效的行为由合同行为扩展到民事法律行为，使得效力性强制性规定的边界厘清更显亟须。事实上，并非所有法律、行政法规的强制性规定都可被解释为"效力性强制性规定"并成为法律行为违法而导致无效的对象。因此，对民事法律规范进行类型化区分的意义就在于，将不会成为法律行为违反对象的法律规范排除出强制性规定的范畴，同时，将能够成为法律行为违反对象的法律规范进行细致的类型化区分，以判断其是否为效力性强制性规范，从而可导致法律行为无效。

此种对法律规范类型的理论划分方式主要是回应实践亟须，颇具"实用主义"色彩，同时深受利益分析方法论的影响。在传统学说中，通常是以依据一项法律规定是否能够被当事人的约定排除，来区分法律规范类型是否属于强制性规范，如果能够被约定所排除的即为任意性规范，不能被约定排除的就是强制性规范，这种传统分类方法颇为常见且传之久远。[①] 我国民事立法和司法解释，以及民商法学说之所以未采传统的分类方法，一来是考虑既然《合同法》、《合同法司法解释二》以及《民法总则》对"强制性规定"的限定语是"违反"而非"不得约定排除"，故以现行规定为基础，有助于服务于法解释作业，以期对立法与司法有所助益。二来是无论在何种法律行为中，都存在当事人与当事人、当事人与第三人、当事人与国家和社会公共利益的冲突，而法律规范本身的任务就在于对彼此冲突的利益作出评价取舍，故从利益分析方法的角度出发，该种分类方法也同样不失周全。所以，采用非传统的分类标准，并非是对传统分类方法的否定，采用何种分类方法，取决于论者出于何种目的和意义对规范进行类型化，本书认为，服务于规则更好地被理解与遵守的实用主义考量，我国现今所采分类标准及方法似更为可取。

---

① 参见朱庆育：《民法总论（第二版）》，北京，北京大学出版社 2016 年版，第 47 页。另关于二者区分标准的发展史，可参见王轶：《论物权法文本中"不得"的多重语境》，载《清华法学》2017 年第 2 期。

关于民法规范的分类，学术界可谓仁智互见、五花八门，由于分类标准不一，其具体类型也难免有所差别。如上所述，本书以《合同法》和最高人民法院相应司法解释为基础，将不会影响合同效力的调整非交易关系背景民事主体之间利益关系以及民事主体利益与公共利益之间关系的法律规范排除在"强制性规范"的范畴之外，这种规范可称为"简单规范"，而对可能影响合同效力的调整交易关系背景下民事主体与民事主体之间的利益关系以及民事主体利益与公共利益关系之间的法律规范称为"复杂规范"，并进行进一步的类型区分。根据各类复杂规范协调的利益关系类型的差异以及各类复杂规范对民事行为效力的不同影响，将复杂性规范进一步分为任意性规范、倡导性规范、授权第三人规范、强制性规范和混合型规范。① 下文对每一规范的构造、特点进行详述，以揭示规范背后所调整的利益关系的深层次差异。

**简单规范**

根据上述分类标准，与法律行为效力判断无关的调整非交易关系背景下民事主体与民事主体之间的利益关系以及民事主体利益与公共利益之间关系的法律规范为简单规范。简单规范与复杂规范的划分，通常并不为法律同行所关注，考察关于法律规范类型划分的主要论著，采此种分类方式者可谓寥寥无几。这不禁引发关于此类分类是否必要的疑惑。欲回答此问题，还得回到前文所述的规范类型化的目的，如果将民法规范进行类型化区分的意义定位于服务妥善判断法律行为的效力，则简单规范由于仅在于回应事件或事实行为引起的法律效果，故与法律行为的效力判断无关，将简单规范首先在一级分类中予以排除，就无须再将规范进一步区分为强制性规范与任意性规范等，这大大有助于类型化方法简化思维负担目的的实现。

然而，即使简单规范无法再进行与合同效力相关的进一步划分，但如果分类目的无非在于民法典规范的有效配置，则根据规范功能，简单规范仍有进行进一

---

① 参见王轶：《民法典的规范类型及其配置关系》，载《清华法学》2014年第6期。

步类型划分的价值，即如同复杂规范一般，也可以进一步将其区分为行为规范与裁判规范。现行《物权法》存在大量的简单规范，该类规范虽然与交易关系无关，但仍调整民事主体与民事主体之间的利益关系以及民事主体的利益与公共利益之间的关系。① 《侵权责任法》更是如此，由于侵权行为属于事实行为，自然就不会发生法律行为的效力判断问题，故该法的规范多为简单规范。例如，现行《侵权责任法》第10条规定，二人以上实施危及他人人身、财产安全的行为，其中一人或者数人的行为造成他人损害，能够确定具体侵权人的，由侵权人承担责任；不能确定具体侵权人的，行为人承担连带责任。此条规定，乃共同侵权行为发生后侵权人的责任分担规则，该规则作为一般性裁判规范，仅调整共同侵权行为这一事实行为所引起的法律后果，其与当事人所实施的共同侵权行为无涉，其规范目的也仅在于警示民事主体不得实施侵害他人民事权益的侵权行为，和提示实施侵权行为后可能需要承担的后果，此类规范其实亦为简单规范。

## 复杂规范

按照学者已经作出的定义，调整交易关系背景下民事主体与民事主体之间的利益关系以及民事主体利益与公共利益之间关系的法律规范，就是复杂规范。② 复杂规范需与民事行为的效力判断直接关联。根据各类复杂规范协调的利益关系类型的差异以及各类复杂规范对民事行为，尤其是合同行为效力的不同影响，可将其进一步区分为五种规范，以下分别简要说明。

### 任意性规范

民法乃私法，意思自治是其最基本且重要的理念，《民法总则》第5条规定，

---

① 《物权法》第11条规定，当事人申请登记，应当根据不同登记事项提供权属证明和不动产界址、面积等必要材料。第22条规定，不动产登记费按件收取，不得按照不动产的面积、体积或者价款的比例收取。上述两条，乃提示不动产登记的当事人申请登记和规定不动产登记机关收取不动产登记费的行为，此类行为属于法律事实中的事件，遵守此类规定，会发生相应的法律效果，而违反此类法律规定，由于不存在法律行为，自然也不会对法律行为的效力产生任何影响。关于《物权法》中简单规范和复杂规范的详尽探讨，可参见王轶：《论物权法文本中"不得"的多重语境》，载《清华法学》2017年第2期。

② 参见王轶：《民法典的规范类型及其配置关系》，载《清华法学》2014年第6期。

民事主体从事民事活动，应当遵循自愿原则，按照自己的意思设立、变更、终止民事法律关系，该条后半部分确定了"意思自治原则"作为民法的最高准则。而贯彻私人自治理念的最重要规范形式便是任意性规范。民商事交易实践中，各方当事人之间的利益关系也主要是借助任意性规范进行调整。这些都决定了，任意性规范应在民法各分编的配置中居于中心地位。在传统的经典定义上，任意性规范被认为是通过当事人的约定得以排除其适用的法律规范，然而服务于前文所述的分类目的，则任意性规范的另一层含义是对该类规范的违反不会导致法律行为的无效。① 任意性规范根据其作用与功能的不同，可进一步区分为补充性的任意性规范和解释性的任意性规范。前者是指弥补当事人意思表示欠缺的任意性规范，后者则指代明确当事人意思表示的内容，即当事人所期待的和所表示的法律后果的规范。

在学理上，意思表示的构成要件通常包括外部要素（客观要件）和内部要素（主观要件），外部要素是指表意人所为的外部表示行为，内部要素则指意思表示的主观构成要件，通说认为包括效果意思、行为意思和表示意识。② 其中，效果意思是指行为人欲依其表示发生特定法律效果的意思，在构成上包括要素、常素和偶素。要素是行为人效力意思中所必备的内容，缺乏则行为不成立；常素主要源自法律规定，是法律依通常情形所赋予，但当事人可以约定排除；偶素是行为人特约的内容，并非由法律制定，法律对其内容不加限制，只要该特约不违反禁止性规定，即可发生当事人预期追求的效力。现实交易中，当事人往往会将磋商的主要精力放在要素之中，如合同的价款、数量等，但并不会过多地关注常素，如买卖合同项下的所有权何时转移、物之瑕疵担保如何处理等内容，此时就需要补充性的任意性规范发挥弥补当事人意思表示欠缺的作用。补充性任意性规范的作用主要在于提示当事人各方利益关系，为当事人进行交易提供指引，以降低交

---

① 参见朱庆育：《民法总论（第二版）》，北京，北京大学出版社2016年版，第50页；王轶：《论合同法上的任意性规范》，载《社会科学战线》2006年第5期。

② 参见张金海：《意思表示的主观要素研究》，载《中国法学》2007年第1期；张驰：《意思表示构成要素论》，载《东方法学》2014年第6期；朱庆育：《民法总论（第二版）》，北京，北京大学出版社2016年版，第193～197页。

易成本，促进各方当事人作出妥善选择。补充性任意性规范的部分"强制性"，决定了其应当优先于解释性任意性规范得到适用。①

解释性任意性规范，主要目的在于明确当事人意思表示的内容，即明定当事人所期待的和所表示的法律后果。部分交易中，当事人虽作出了意思表示，但意思表示的内容不够明确，解释性的任意性规范此时便得以发挥作用，使意思表示的内容更加确切。例如，《合同法》规定了要约人确定了承诺期限的要约不可撤销，该规范旨在表达，若要约中发出要约人给受要约人规定了承诺期限，则应当解释为发出要约的一方放弃了自己的任意撤销权，此要约成为不可撤销的要约。此种类型的规范即解释性任意性规范。

**倡导性规范**

如前所述，在任意性规范之外，还可分出一类倡导性规范，尽管交易各方当事人之间的利益关系通常是以任意性规范进行调整，但也并不尽然，在民法规范中，还存在一种意在提倡和诱导当事人采用特定行为模式的法律规范，这被称为倡导性规范。②除前述提及的《物权法》所规定的登记对抗规则外，现行民事法律规范中还存在诸多倡导性规范，以下仅尝试以相邻关系规范为例说明。③

现行《物权法》第七章共设置了9个条文对相邻关系进行规定，其中，多数条文使用了"不得"和"应当"，从表述上看，似乎上述规范皆属于强制性规范，其实不然。考察相应条文的逻辑结构，其中除了第92条规定了相应法律后果（"造成损害的，应当给予赔偿"）外，其余规范由于欠缺法律后果的规定，实则皆为不完全规范，当然，仅凭这些文义表象并不足以对相邻关系的规范属性作出

---

① 在此意义上，补充性任意性规范具有部分"强制性"。详细论述，参见刘铁光：《论补充性任意性规范的目的及其实现——以保证期间为例的验证》，载《西南政法大学学报》2014年第4期。在适用顺序上，原则上补充性任意性规范应优先适用，没有补充性任意性规范则适用解释性任意性规范对合同进行补充解释。参见王姝：《合同法任意性规范的分类及其适用》，载《人民论坛》2012年第17期。

② 也有学者将此类规范称为"宣示性规范"，参见许中缘：《民法规范类型化之反思与重构》，载《人大法律评论》2010年第1期。

③ 之所以采取相邻关系而非相邻权的称谓，是因为相邻权的提法本身就需要进行严格的界定，以明确权是属于权利还是权能，以及范围是什么，上述内容在《物权法》中并无明文，学理解释上也未达成一致，故本书采用经验描述性的相邻关系的概念。关于此问题的探讨，参见韩光明：《民法上相邻关系的界定——兼论法律概念的制作》，载《北方法学》2008年第5期。

定义。欲判断相邻关系的规范性质，还需要回到强制性规范、任意性规范和倡导性规范的根本区别上，亦即需要判断排除和违反相应规范是否会导致法律行为无效，方可予以甄别。

首先，相邻关系规范显然不属于强制性规范，该结论可以从两个层面进行论证：其一是判断如果当时人之间约定排除相邻关系规范的适用，该排除行为效力如何；其二是探明如果当事人的合同行为违反了相邻关系的规范，该行为是否会归于无效。①

关于第一个层面的问题，需要考察排除"应为"规范是否会使得排除行为无效。在相邻规范的条文表述中，要求当事人"应当"的行为，包括要求相邻关系义务人应当遵守有利生产、方便生活、团结互助、公平合理的原则，应当为相邻权利人用水、排水提供必要的便利，应当合理分配自然流水并尊重自然流水的流向排放，应当为相邻权利人通行以及建造、修缮建筑物以及铺设电线、电缆、水管、暖气和燃气管线提供必要的便利等。假设一方当事人之间出于种植作物等考量，与另一方当事人约定不按照河流的自然流向进行排水，该行为就实质上对《物权法》规定的"应为"规范进行了排除。但即便如此，此种约定也不会违反公序良俗，不会对公共利益造成影响，因此排除行为并不会因此而无效。换言之，即使相邻关系规范明确当事人应当按照自然流水的流向排放，但也仍然尊重当事人之间根据实际情况，排除规范的适用。可见，在可否约定排除规范适用层面上，相邻关系规范不会产生强制性规范的效果。②

关于第二个层面的问题，需要考虑当事人违反了"不得"规范，是否可能导致该违法行为无效。相邻关系规范中关于"不得"的规定，包括不得妨碍相邻建筑物的通风采光及日照、不得违规弃置固体废物以及排放有害物质、不得挖掘土地、建造建筑物、铺设管线以及安装设备等危及相邻不动产的安全等。设若一方当事人出于改造建筑物的需求，和另一方当事人约定其可以妨碍相邻不动产的通

---

① 参见王轶：《民法典物权编规范配置的新思考》，载《法学杂志》2019年第7期。
② 该观点也得到了论者的认可。参见孟强：《论〈物权法〉中相邻关系规范的性质》，载《社会科学研究》2008年第3期。

风,并因此同意对另一方进行补偿,另一方也表示同意,则该约定实质上违反了相邻关系的"不得"规范。但同样,此种违反行为只要不会对公共利益造成影响,就并不必然会归于无效。

其次,在明确了相邻关系规范不属于强行性规范后,还需要进一步探求相邻关系规范属于任意性规范抑或倡导性规范。此时,主要就是判断相邻关系规范的表述是否符合倡导性规范的构成。其一,从行为规范和裁判规范的分类上而言,相邻关系规范具有行为规范的面向,自不待言,但多数条文由于不具备法律后果要件,一般而言并不能成为裁判规范。例如审判实践当中,如果一方当事人的相邻建筑物因其所产生的噪声或其他污染而造成邻人损害,受害人仅以《物权法》上相邻关系的相关条文作为请求权基础诉请救济的,法院往往会困扰于该请求权基础能否发生损害赔偿的法律后果。这使得这些法律条文更加符合倡导性规范的特质。其二,相邻关系规范的主要功能,大多是鼓励、提倡和引导当事人采用某种特定的行为模式,如团结互助,相互忍让等,而非就当事人的意思进行补正或者解释,上述功能,实乃倡导性规范所独有。其三,相邻关系规范还具备提示风险的作用。申言之,相邻关系规范虽然没有直接的法律后果,但是规范表述上提示了不遵守相应规范的风险,即可能会发生对另一方的不利益,因此提醒当事人需要对受到不利益的一方进行协议补偿,否则可能会遭致不利。这种表现恰如学者对倡导性规范的意义的概括,即其"主要是使获得特定利益的民事主体取得了与其他民事主体讨价还价的资本,从而使其在放弃法律所赋予的权利时,能够获得相应的对价"[①]。

可见,《物权法》中的相邻关系规范实质上也属于起到提倡和诱导当事人采取特定行为的倡导性规范,通过该种有机结合私法自治性与公法强制性的条款,立法者旨在达到倡导邻里之间互帮互助,相互忍让,以求对良好风尚的形成产生促进激励的作用。[②] 作为一种倡导维护社会和谐关系的法律,民法上的相邻关系规范提供了倡导性规范的样板。

---

[①] 王轶:《物权法的规范设计》,载《法商研究》2002年第5期。
[②] 关于相邻关系的公私法视角,参见焦富民:《功能分析视角下相邻关系的公私法协调与现代发展》,载《法学论坛》2013年第5期。

### 授权第三人规范

现行民事法律规范中,还有不少规范涉及对调整交易关系的当事人与交易关系以外第三人利益的调整,该类规范被称为授权第三人规范。该类规范旨在授予交易以外特定第三人以权利,该权利的行使可以决定影响第三人利益的交易行为的效力。①

较为典型的授权第三人规范是《合同法》规定的债权人撤销权、《物权法》规定的抵押人的其他债权人的撤销权以及《破产法》规定的破产撤销权。授权第三人规范之所以得以独立,是因为其调整的利益关系较为特殊,亦即授予的权利并非当事人而是特定的第三人,且该项该权利能够决定影响其利益的交易行为效力,诸如债权人撤销权,便是由于其债务人放弃到期债权或者无偿转让而对其自身利益造成了损害,故法律赋以债权人以撤销债务人行为的权利,该权利足以影响其债务人与次债务人交易的效力。

### 强行性规范

强行性规范,传统定义为"不得通过当事人的约定排除的规范",服务于实现调整不同利益关系功能和妥善判断法律行为效力的需要,按照更为细致的划分,强行性规范又可以进一步区分为强制性规范和禁止性规范,其中强制性规范即"应为"模式,指当事人必须采用某种特定的行为模式;禁止性规范则是"不为"模式,意为禁止当事人采用特定的行为模式。②

在论及强制性规范时,《合同法》第 52 条第 5 项、《合同法司法解释二》第 14 条和《民法总则》第 153 条的规定是不能回避的话题。《合同法》第 52 条第 5 项规定的合同违法无效问题如何解释适用,一度引发了激烈的学术讨论。③ 随着《合同法司法解释二》和《民法总则》的颁行,加之《全国法院民商事审判工

---

① 参见王轶:《民法典的规范类型及其配置关系》,载《清华法学》2014 年第 6 期。
② 参见王轶:《强行性规范及其法律适用》,载《南都学坛(人文社会科学学报)》2010 年第 1 期。也有学者将强行性规范分为强制性规范、禁止性规范和指导性规范,指导性规范是赋予私权保障与规范权利行使的规范。如《合同法》第 60 条规定的合同当事人的义务。参见许中缘:《民法规范类型化之反思与重构》,载《人大法律评论》2010 年第 1 期。
③ 关于《合同法》第 52 条第 5 项"强制性规定"之界定的探讨,可参见朱庆育:《〈合同法〉第 52 条第 5 项评注》,载《法学家》2016 年第 3 期;许中缘:《禁止性规范对民事法律行为效力的影响》,载《法商研究》2011 年第 1 期;孙鹏:《论违反强制性规定行为之效力》,载《法商研究》2006 年第 5 期。

作会议纪要》等指导性文件的出台，当下通说倾向于认为，违反法律的强制性规范，可能会影响法律行为的效力（如合同未生效），但不会导致法律行为的无效。换句话说，应为而不为，一般而言不影响合同的效力。

典型例证是关于未经批准的合同效力的讨论。根据《合同法》第44条第2款的规定，法律、行政法规规定应当办理批准、登记等手续生效的，依照其规定。该规范意在指出一类"应为"模式，但违反该强制性规范的行为并非无效。关于合同效力的判断，应区分合同的成立、有效和生效三组概念，合同成立主要考虑要约承诺以及合同是否需采用书面形式等问题，合同有效的判断主要依据的是《合同法》第52条的规定，而合同的生效则主要规定在《合同法》第44条和第45条。合同的成立与未成立、有效与无效、生效与未生效是三组对称的概念，区分的标准各有不同。

根据《合同法司法解释一》第9条第1款的规定，即使法律、行政法规规定合同应当办理批准手续，或者办理批准、登记等手续才生效，在一审法庭辩论终结前当事人仍未办理批准手续的，或者仍未办理批准、登记等手续的，人民法院应当认定该合同未生效；法律、行政法规规定合同应当办理登记手续，但未规定登记后生效的，当事人未办理登记手续不影响合同的效力，合同标的物所有权及其他物权不能转移，该规定表达的价值取向是，违反《合同法》第44条第2款的合同只是没有生效而非无效，一旦生效条件齐备，合同便可以生效。[①] 类似价值取向，还可见诸《物权法》第15条的规定，在裁判指导类文件中，《最高人民法院民事审判第二庭法官会议纪要》第5条"行政审批与合同效力"和《全国法院民商事审判工作会议纪要》第37条"未经批准合同的效力"均对此态度予以坚持。[②]

---

① 关于此结论的具体探讨，参见朱广新：《合同未办理法定批准手续时的效力——对〈中华人民共和国合同法〉第44条第2款及相关规定的解释》，载《法商研究》2015年第6期。

② 最高人民法院于2019年9月11日通过的《全国法院民商事审判工作会议纪要》第37条明确规定：法律、行政法规规定某类合同应当办理批准手续生效的，如商业银行法、证券法、保险法等法律规定购买商业银行、证券公司、保险公司5%以上股权须经相关主管部门批准，依据《合同法》第44条第2款的规定，批准是合同的法定生效条件，未经批准的合同因欠缺法律规定的特别生效条件而未生效。实践中的一个突出问题是，把未生效合同认定为无效合同，或者虽认定为未生效，却按无效合同处理。无效合同从本质上来说是欠缺合同的有效要件，或者具有合同无效的法定事由，自始不发生法律效力。而未生效合同已具备合同的有效要件，对双方具有一定的拘束力，任何一方不得擅自撤回、解除、变更，但因欠缺法律、行政法规规定或当事人约定的特别生效条件，在该生效条件成就前，不能产生请求对方履行合同主要权利义务的法律效力。

强行性规范中还有一类规范是禁止性规范,该类规范目的在于明确当事人不得采用特定的行为模式。根据学界通说和《合同法司法解释二》第14条的规定,禁止性规范还应进一步分为影响法律行为效力的效力性禁止性规范和不影响法律行为效力的管理性禁止性规范。

从《合同法司法解释二》颁布以来,学术界对于如何判定效力性禁止性规范的争议一直未曾停息。在最高司法机关的解释中,二者区分标准有三:其一,法律法规明确规定一旦违反将导致合同无效的,属于效力性规定;其二,法律法规虽未明确规定违反将导致合同无效,但若使合同继续有效并获得履行将损害国家利益和社会公共利益的,也应当认定为效力性规定;其三,法律法规未明确规定违反将导致合同无效,若使合同继续有效并得到履行,不会损害国家利益和社会公共利益,而只会损害特定当事人利益的,属于管理性规定。① 于学说层面,学者也提出了诸多具有方法论意义上的识别效力性禁止性规定的创见,但目前仍未形成通说上的共识。② 造成此种困境的原因可能在于,此种二分模式本身就存在根本问题。③ "效力性强制性规定"的表述实质是简单的同义反复与循环论证,亦即:如果某项规定属于效力性强制性规定,则违反之将导致合同的无效;既然违反某项强制性规定将导致合同无效,那么,该强制性规定是效力性强制性规

---

① 参见沈德咏等主编:《最高人民法院关于适用〈中华人民共和国合同法〉若干问题的解释(二)理解与适用》,北京,人民法院出版社2009年版,第111~113页。

② 有学者提出用均衡性原则、适合性原则、必要性原则来综合识别效力性禁止性规定,参见孙鹏:《论违反强制性规定行为之效力——兼析〈中华人民共和国合同法〉第52条第5项的理解与适用》,载《法商研究》2006年第5期;亦有学者提出一种比例原则的想法来识别效力性禁止性规定,参见许可:《劳动合同的自治与规制——以违反"强制性规定的劳动合同"为中心》,载《法学家》2017年第2期。还有学者将效力性强制性规定进行类型化,认为效力性强制性规定可分为涉及合同资质缺乏类和合同行为禁止类等。参见石一峰:《效力性强制性规定的类型化分析》,载《武汉大学学报(哲学社会科学版)》2018年第2期。

③ 批评意见认为,一来,效力性与管理性强制性规定的二分法固然不能涵盖所有强制规范,其中具有管理职能的强制规范亦往往同时影响合同的有效性;二来,二分方法本身,对于法官不具有任何规范上的拘束力,因为二分格局本是法律解释的结果,不能作为推理前提。在应然层面,建议借鉴德国关于强制性规定的分类方法,将强制性规定分为内容禁令、实施禁令与纯粹秩序规定,并同时结合实质的规范意旨进行判别,通常认定违反内容禁令的合同行为一律无效,违反实施禁令的合同行为一般认定为无效,违反纯粹秩序规定的合同行为一般认定为有效。参见朱庆育:《〈合同法〉第52条第5项评注》,载《法学家》2016年第3期。

范。此种循环论证方式，自然容易造成解释上的困难，难言科学。对于管理性禁止性规范和效力性禁止性规范的区分，最终可能仍应回归于裁判者的个案判断，即裁判者应妥当地运用法解释和利益衡量方法，在个案中作出具体分析与决断。例如，最高人民法院2019年发布的《全国法院民商事审判工作会议纪要》第30条即指出：人民法院在审理合同纠纷案件时，要依据《民法总则》第153条第1款和合同法司法解释（二）第14条的规定慎重判断"强制性规定"的性质，特别是要在考量强制性规定所保护的法益类型、违法行为的法律后果以及交易安全保护等因素的基础上认定其性质，并在裁判文书中充分说明理由。下列强制性规定，应当认定为"效力性强制性规定"：强制性规定涉及金融安全、市场秩序、国家宏观政策等公序良俗的；交易标的禁止买卖的，如禁止人体器官、毒品、枪支等买卖；违反特许经营规定的，如场外配资合同；交易方式严重违法的，如违反招投标等竞争性缔约方式订立的合同；交易场所违法的，如在批准的交易场所之外进行期货交易。关于经营范围、交易时间、交易数量等行政管理性质的强制性规定，一般应当认定为"管理性强制性规定"。上述详尽的类型化列举，无疑为法官在个案中具体分析所适用的法律条文的规范属性提供了鲜明的指引。

但无论如何，上述法律规范进行类型区分后的结论是，当事人经由约定排除某项法律规定的适用，如果属于法律、行政法规明文规定"不得"的禁止性规范，可能会导致约定的无效。如果排除的是法律、行政法规规定"应当"的强制性规范，只要该项排除不会损害公共利益，该约定一般不应被认定为无效，但可能会导致合同未生效。

**混合性规范**

所谓混合性规范，指代一类既调整平等民事主体之间的利益关系，又调整民事主体的利益与社会公共利益间的利益关系的法律规范。[①] 混合性规范的主要目的在于调整形式上处于平等但实质上处于不平等地位的当事人之间的利益，如消费者与经营者，此类规范往往具有强制面向，但又保留着任意性的私法本质。混

---

① 在德国、日本和我国台湾地区，有学者将此种规范称为半强制性规范或相对强制性规范。参见王轶：《民法典的规范类型及其配置关系》，载《清华法学》2014年第6期。

合性规范的规定主要存在于合同法中，其产生与民法逐渐的社会化趋势和追求实质平等的面向有着紧密的关系。混合性规范旨在起到保护弱势群体的利益以达到实质平等的作用，同时使得法律规则富有弹性，以较好地兼顾意思自治原则的实现和对社会公共利益的维护。①

在商事交易关系中，混合性规范往往属于补充性的任意性规范，允许交易主体在平等协商的基础上排除其适用，这是由商事主体的商人特质和商事交易追求效益的特点决定的。但在民事交易关系中，混合性规范就承担着维护社会公共利益的使命，此时该规范的性质为强制性规范，不允许民事交易关系的当事人作出排除其适用的约定。②虽然我国现行立法模式坚持民商合一，但民事交易与商事交易的分野已经在实践中日益明显。③下文试以《合同法》和相关司法解释中关于违约金调整的规定，说明混合性规范在面对民事合同和商事合同时发挥的不同功能。

根据《合同法》第114条第2款规定，约定的违约金低于造成的损失的，当事人可以请求人民法院或者仲裁机构予以增加，约定的违约金过分高于造成的损失的，当事人可以请求人民法院或者仲裁机构予以适当减少。《合同法司法解释二》第29条进一步明确，当事人主张约定的违约金过高请求予以适当减少的，人民法院应当以实际损失为基础，兼顾合同的履行情况、当事人的过错程度以及预期利益等综合因素，根据公平原则和诚实信用原则予以衡量，并作出裁决。如果当事人约定的违约金超过造成损失的30%的，一般可以认定属于过分高于造成的损失。《合同法》和司法解释的规定明确了违约金在特定情形下可以进行司法调整。

司法实践较为常见的是违约金的司法酌减。在商事交易中，商事主体作为违约金债务人时具有特殊性，其不仅通常具备较丰富的交易经验和风险识别能力，而且债权人往往也会遭受可得利益损失，此时损失的具体数额难以算清，故对于

---

① 参见王轶：《论合同法中的混合性规范》，载《浙江工商大学学报》2008年第3期。

② 本书定义的商事合同，是指同为商事主体之间签订的服务于生产经营目的的合同；而民事合同，则是指合同的一方为商事主体，另一方为民事主体，缔结合同的目的在于生产消费。当然，在实践中区分民事合同和商事合同并非易事，例如，根据《消费者权益保护法》第2条认定"消费者"时，司法实践就存在诸多困难，特别是对于"知假买假"者，是否将其认定为"消费者"，仍是理论与实践中的一大难题。

③ 各类实证判决，都倾向于区分民商事主体，以作出不同的判决。实践中独立发展出"商事审判思维"的概念，详细论述，参见江必新：《商事审判与非商事民事审判之比较研究》，载《法律适用》2019年第15期。

商事领域的违约金,违约金规则应理解为任意性规范,司法可以不对违约金进行酌减。但在民事交易中,之所以法律规定违约金过高时应当调减,本就是为了偏斜保护债务人的利益,防止处于实质强势地位的债权人(一般表现为金融机构等商主体)以违约金约定取得暴利,该规定此时就对应着强制性规范,人民法院应当对违约金进行调整。

由此可见,相同的法律规则在不同的情形下发挥着不同的作用,在商事合同中,该条规则发挥的是任意性规范的作用;在民事合同中,该条规则发挥了强制性规范的作用。之所以同一条法律规则在面对不同的主体签订的合同时会出现完全相反的调整方式,其实质还是因为合同本身所涉及的利益之不同,商事主体之间缔结买卖合同通常追求"效率最大化",只要其追求效率无碍于公共利益和第三人利益,法律便无须对其进行特别规制。而商事主体与民事主体缔结的合同,由于存在天然的信息不对称,立法者便要考虑对处于相对弱势地位的民事主体的利益进行特别保护。因此,在上述违约金司法调整之中,便不允许处于相对强势地位的债权人利用其优势地位通过违约金约定取得过分利益。

**小 结**

对于民法规范类型的探讨,主要希冀对于法律行为效力问题的妥当判断,以及立法论上的规范配置。在民法典编纂的大背景下,实用主义的编纂思路诚然可取,但如何妥当地进行不同类型法律规范的配置,同样是必须考虑的问题。民法典的规范类型及其配置事关我国民法典的立法质量,亟待深入考察与分析。[①] 立法者应意识到简单规范不会对法律行为的效力产生影响,也不会发生排除适用的问题,故仅应将重点放在考察将简单规范配置为裁判规范抑或行为规范,如果民法典的功能主要被定位为给裁判者提供裁判依据,则民法典中的简单规范就应设置为裁判规范。同时,绝大多数民法规范为任意性规范性质,扩张任意性规范的配置,降低强制性规范的配置。[②] 另外,立法者也需要兼顾民法社会化的趋势和

---

[①] 参见王轶:《民法典的规范类型及其配置关系》,载《清华法学》2014年第6期。
[②] 参见茅少伟:《民法典的规则供给与规范配置——基于〈民法总则〉的观察与批评》,载《中外法学》2018年第1期。

当下民众的法治意识的提高，恰当地控制配置混合性规范和倡导性规范的比例，以期更好地服务于司法实践与社会发展的需要。

## 第三节 效力性强制性规范认定：
## 以《合同法》第 52 条为切入

### 判例的展开

#### 裁判要旨

关于《公司股权转让合同书》的效力问题。本院认为，合同效力应当依据《中华人民共和国合同法》第五十二条之规定予以判定。在上诉中，周某岐、恒岐公司主张《公司股权转让合同书》第六条第一款、第二款、第四款第一项、第二项因违反法律法规的强制性规定而无效，其无须履行否则会给社会造成危害。但经审查上述条款，上述条款约定的内容属股权转让中的具体措施及方法，并未违反法律法规所规定的效力性强制性规定，亦未损害国家、集体或其他第三人利益。此外，本院已经注意到，该《公司股权转让合同书》存在以股权转让为名收购公司土地的性质，且周某岐因此合同的签订及履行而被另案刑事裁定〔(2015)营刑二终字第00219号刑事裁定书〕认定构成非法倒卖土地使用权罪，但对此本院认为，无论是否构成刑事犯罪，该合同效力亦不必然归于无效。本案中业已查明，沙某武欲通过控制恒岐公司的方式开发使用涉案土地，此行为属于商事交易中投资者对目标公司的投资行为，是基于股权转让而就相应的权利义务以及履行的方法进行的约定，既不改变目标公司本身亦未变动涉案土地使用权之主体，故不应纳入土地管理法律法规的审查范畴，而应依据《中华人民共和国公司法》中有关股权转让的规定对该协议进行审查。本院认为，在无效力性强制性规范对上述条款中的合同义务予以禁止的前提下，上述有关条款合法有效。另，在周某岐签署的《公司股权转让合同书》中约定将周某岐所持100%的股权予以转让，虽

然该合同主体为恒岐公司与沙某武,但鉴于周某岐在其一人持股的恒岐公司中担任法定代表人、且股东个人财产与公司法人财产陷入混同的特殊情形,即便有合同签订之主体存在法人与股东混用的问题,亦不影响该合同在周某岐与沙某武之间依法产生效力。因此,周某岐、恒岐公司提出部分条款无效的主张缺乏法律依据,本院不予支持。

民事案件是各种不同利益的纠结点,法官需要在不同价值主张之间作出权衡取舍。这种判断及衡量的基础,是裁判所依据的作为大前提的法条。"以法律为准绳"在成文法国家有其极为确定的含义,即法官应当依法裁判,然而所谓"依法"并不仅仅意味着裁判者要受到具体规则(法律条文)的拘束,还表明其应当遵循立法者已经作出的价值判断结论,但后者往往被有意无意地忽视。本节试图通过对最高人民法院一个判例的评析研讨来展示法律规范类型的功用及其识别判定。

## 《合同法》第 52 条之规范目的

《合同法》对于合同的有效要件,仅仅作出了"依法成立的合同,自成立时生效"的笼统规定(《合同法》第 44 条),而对于无效合同、可撤销合同以及效力待定合同,则相较而言着墨更多并进行了类型化的专门规定,其意图无非就是要把不符合有效合同的情形排除在外。《民法通则》《民法总则》对于民事法律行为之规定,亦作如是规范。订立合同属于一种民事法律行为,自然要受民事法律行为效力要件的约束,因此《民法通则》《民法总则》关于民事法律行为有效性之规定[1],亦当然适用于合同。

---

[1] 《民法通则》第 55 条规定:"民事法律行为应当具备下列要件:(一)行为人具有相应的民事行为能力;(二)意思表示真实;(三)不违反法律或者社会公共利益。"《民法总则》第 143 条规定:"具备下列条件的民事法律行为有效:(一)行为人具有相应的民事行为能力;(二)意思表示真实;(三)不违反法律、行政法规的强制性规定,不违背公序良俗。"需要说明的是,2017 年 10 月 1 日《民法总则》正式颁布施行,但根据全国人大常委会李建国副委员长的说明,民法总则通过后暂不废止民法通则,民法总则与民法通则的规定不一致的,根据新法优于旧法的原则,适用民法总则的规定。因此《民法通则》目前并未被废止,仍为有效法律。参见《关于〈中华人民共和国民法总则(草案)〉的说明》,见中国人大网,http://www.npc.gov.cn/npc/xinwen/2017-03/09/content_2013899.htm,最后访问日期:2018 年 7 月 30 日。

当事人所缔结的合同因严重欠缺生效要件，在法律上固不得依当事人合意的内容赋予其效力。中国合同法上的合同效力形式分为有效、无效、可撤销、效力待定、未生效等诸多样态，其中合同无效体现了国家对合同自由的强制性干预，是对合同效力最为严厉的否定性评价。就其后果，合同无效得依法律规定（而非当事人的意思）发生损害赔偿等法律后果（《合同法》第58条）。[1] 应当指出的是，我国合同效力制度的总体发展趋势，是意思自治原则越来越受重视并发挥出实际效能，鼓励交易原则越来越落到实处，其中一个鲜明表现即为无效合同的范围逐渐缩小。[2] 其原因无非在于，市场经济的核心乃交易，交易的载体为合同。一国市场上流动之合同，若动辄定为无效，则交易阻滞、安全有虞、成本上升、流通丧失。职是之故，当合同效力出现瑕疵时，裁判上所秉持之方针应当是尽力"救死扶伤"，即通过规范之解释与适用，限缩合同无效的认定。然而，维续社会共同体又以尊重必要的强制秩序为前提，该强制秩序不得为任何个别意志所改变，处于自治领域之外。所以，法律行为如果与强制秩序相抵触，当引致无效后果。所以法律一方面鼓励意思自治、保障交易安全；另一方面又必须维护社会经济秩序之稳定，规范当事人的合同行为，从而调和管制与自治功能，甚至将公法规范转介至私法领域。《合同法》第52条之立法目的，就在于规范此等行为，达致上述调和目的。[3]

《合同法》第52条规定了合同无效的五种情形：（1）一方以欺诈、胁迫的手段订立合同，损害国家利益；（2）恶意串通，损害国家、集体或者第三人利益；（3）以合法形式掩盖非法目的；（4）损害社会公共利益；（5）违反法律、行政法规的强制性规定。如前所述，此项列举的必要性在于，若不对合同的无效情形作出明确列举及明细划分，容易导致合同动辄被认定无效，结果使市场主体对交易安全产生不信任，对于行为后果无法产生预判及合理期待。因此，准确认定合同的效力、严格把控无效合同的类型及范围，成为维护市场稳定和安全的必要前提。

---

[1] 参见韩世远：《合同法总论（第三版）》，北京，法律出版社2011年版，第168页。
[2] 参见崔建远：《我国合同效力制度的演变》，载《河南省政法管理干部学院学报》2007年第2期。
[3] 参见朱庆育：《〈合同法〉第52条第5项评注》，载《法学家》2016年第3期；苏永钦：《以公法规范控制私法契约——两岸转介条款的比较与操作建议》，《人大法律评论》2010年卷，北京，法律出版社2010年版，第20~21页。

## 效力性强制性规范的判定

上案一二审法院均判定恒岐公司与沙某武于 2010 年 4 月 7 日签订的《公司股权转让合同书》系双方当事人的真实意思表示，依法成立并生效，且不具有《中华人民共和国合同法》第 52 条所规定的合同无效情形，双方当事人均应依约履行。在上诉中，周某岐、恒岐公司主张"《公司股权转让合同书》第六条第一款、第二款、第四款第一项、第二项因违反法律法规的强制性规定而无效，其无须履行否则会给社会造成危害"。最高人民法院则在其判决书中认为：上述条款约定的内容属股权转让中的具体措施及方法，并未违反法律法规所规定的效力性强制性规范，亦未损害国家、集体或其他第三人利益。此段关于合同究竟是否有效的争辩，议论之焦点，在于合同当事人一方被指违反的规范是否属于所谓"效力性强制性规范"。

效力性强制性规范的概念，源于"效力规定"与"取缔规定"的区分，我国台湾地区史尚宽先生认为："强行法得为效力规定与取缔规定，前者着重违反行为之法律行为价值，以否认其法律效力为目的；后者着重违反行为之事实行为价值，以禁止其行为为目的。"① 大陆学者将之借鉴并解释为，强制性规定可分为效力性强制规定与管理性强制规定，在违反效力性强制性规定的情形下得以认定合同无效。②

---

① 史尚宽：《民法总论》，北京，中国政法大学出版社 2000 年版，第 106 页。
② 在现行规则上，《最高人民法院关于适用〈中华人民共和国合同法〉若干问题的解释（二）》（以下简称《合同法司法解释二》）第 14 条规定："合同法第五十二条第（五）项规定的'强制性规定'，是指效力性强制性规定。"《最高人民法院关于当前形势下审理民商事合同纠纷案件若干问题的指导意见》第 15 条规定："人民法院应当注意根据《合同法解释（二）》第十四条之规定，注意区分效力性强制规定和管理性强制规定。违反效力性强制规定的，人民法院应当认定合同无效；违反管理性强制规定的，人民法院应当根据具体情形认定其效力。"在司法裁判上表现为，以效力性强制性规定与管理性规定二分为基础，认定违反效力性强制性规定的合同无效，违反管理性强制性规定的合同非属无效。近期最高人民法院出现类似说理的裁判案例包括：最高人民法（2017）最高法民终 647 号民事判决书；最高人民法院（2017）最高法民终 496 号民事判决书；最高人民法院（2017）最高法民申 2216 号民事裁定书。其他适用该二分法判断合同效力的经典案例包括：最高人民法院（2011）民提字第 307 号民事判决书（载《最高人民法院公报》2013 年第 2 期）；最高人民法院（2013）民一终字第 18 号民事判决书（载《最高人民法院公报》2014 年第 10 期）；最高人民法院（2012）民提字第 156 号民事判决书（载《最高人民法院公报》2015 年第 2 期）。

按照《合同法》第52条第5项的规定，违反法律、行政法规的强制性规定的合同无效。审判实践中，由于该项规定过于原则，在适用中出现了诸多疑问，甚至导致了同案不同判的结果。① 正如学者所言，《合同法》第52条第5项仅显示无效的法律效果，在构成要件方面却空洞概括，不得单独援引为裁判依据。在此意义上，该项规定只是一项具体规范，难以担负一般条款之功能。② 有鉴于此，最高人民法院在《关于适用〈中华人民共和国合同法〉若干问题的解释（二）》第14条中特意将《合同法》第52条第5项规定的"强制性规定"限缩解释为"效力性强制规定"，意在通过设定"民事行为违反效力性强制性规定为无效"这一规范，使公法的强制性与私法的自治性能够相互贯通。③

就上述最高院的意图而言，首先需要明确的是，《合同法》第52条第5项所称"法律、行政法规"有其位阶。其中法律仅限于全国人大及其常委会制定的法律（《立法法》第2章）；行政法规则特指国务院制定的行政法规（《立法法》第3

---

① 在最高人民法院司法解释出台前，司法实践中关于识别何为《合同法》第52条第5项指称的"强制性规定"存在不同见解，并出现了"同案不同判"的结果。诸如违反《中华人民共和国土地管理法》的规定，是否导致合同无效，最高人民法院的司法裁判便出现分歧。有观点认为违反土地管理法的规定应认定合同无效，如最高人民法院（2001）民一终字第73号民事判决认为："消防支队……未经批准擅自改变土地用途和房屋使用性质，违反了《中华人民共和国土地管理法》和《中华人民共和国土地管理法实施条例》等法律、行政法规中关于使用土地的单位和个人必须按照土地利用总体规划确定的用途使用土地的强制性规定，因此一审判决认定双方签订的《租赁协议书》无效是正确的，应予维持。"最高人民法院（2003）民一终字第40号民事判决亦认为"该《征地协议》第三条……违反了我国土地管理法中有关国有土地用途的强制性规定……损害了国家和社会公共利益，违反了合同法第五十二条的规定，一审法院认定该条款无效，适用法律是正确的"。也有观点认为违反土地管理法的规定并不属于违反法律的强制性规定的情形，如最高人民法院（2004）民一终字第106号民事判决认为："《中华人民共和国土地管理法》第四十四条规定，建设占用土地，涉及农用地转为建设用地的，应当办理农用地转用审批手续。本案中，作为市、县一级土地行政主管部门的崂山区国土局与作为土地使用者的南太公司签订《国有土地使用权出让合同》之前，虽然没有颁发建设用地批准书，但这属于崂山区国土局在办理有关供地手续过程中程序的简化或者遗漏，不属于违反《中华人民共和国合同法》第五十二条规定导致合同无效的情形。"

② 参见朱庆育：《〈合同法〉第52条第5项评注》，载《法学家》2016年第3期。朱庆育教授在其论述中表示，此种论断也不尽然，司法实践中也存在少数仅以《合同法》第52条第5项为裁判依据的案件，如引起一定关注的"画家村案"[北京市通州区人民法院（2007）通民初字第1031民事判决书；北京市第二中级人民法院（2007）二民终字第13692号民事判决书]。

③ 参见孙鹏：《论违反强制性规定行为之效力——兼析〈中华人民共和国合同法〉第52条第5项的理解与适用》，载《法商研究》2006年第5期。

章），而不包括地方人大发布的地方性法规和国务院各部委发布的部门规章等广义上的"法律"①。至于做此限定的主要目的，在于提高认定合同无效之依据的规范等级，避免过度的行政管制令合同无效现象泛滥。②

在我国学界，有学者对此种提高认定合同无效规范等级的做法表达了怀疑态度，在这些学者看来：第一，公法与私法的重大差别在于前者法源封闭而后者开放，提高无效依据之规范等级，无异于以另一种方式强调，民法有如刑法等公法一般，法源封闭于公权力者的制定法，这与民法法源的开放性质显然背道而驰；第二，提高认定合同无效规范等级的做法一定程度上是为了制衡行政机关，但制衡行政机关仍应寻求制度性解决方式，否则必然导致不同法院对相同规范持有不同态度的结果出现；第三，此种做法实际意义不大，提高《合同法》第52条第5项的规范等级使得低于行政法规的规范性文件不能成为该项的裁判依据，但仍可轻易假道《合同法》第52条第4项"社会公共利益"条款令合同归于无效；第四，在新行政诉讼法将抽象行政行为纳入司法审查的背景下，这种审查也变得日渐没有必要。③

在比较法上，除《荷兰民法典》第3：15条将法律行为无效的违法事由中的"法律"限缩规定为公法规则以外，其他国家和地区民法一般对作为法律行为无

---

① 1999年最高人民法院颁布的《关于适用〈中华人民共和国合同法〉若干问题的解释（一）》第4条对《合同法》第52条第5项作了解释："认定合同无效应以全国人大及其常委会制定的法律和国务院制定的行政法规为依据，不得以地方性法规、行政规章为依据判定合同无效。"但在该解释施行后，地方法院的裁判中仍然存在以行政规章和地方规章为依据认定合同无效的判决。如山西省高级人民法院（2014）晋民终字第62号民事判决认为："《工程建设项目施工招标投标办法》第8条第4项规定，依法必须招标的工程建设项目应当具备下列招标所需的设计图纸及技术资料，方能进行施工招标。本案被告在进行施工招标时并不具备进行招标所需的图纸……依据《中华人民共和国合同法》第52条第5项违反法律、行政法规的强制性规定的合同为无效合同，因被告在招标时不具备进行招标所需的图纸，原、被告之间所进行的建设工程施工招标行为无效，以该无效招标、中标行为为基础，签订的建设施工合同无效。"

② 参见王利明：《论无效合同的判断标准》，载《法律适用》2012年第7期。具体而言，限制地方性法规作为裁判合同无效依据的目的在于防止地方保护主义导致的地方性立法过分否定合同效力，而限制部门规章则一定程度上是对"违宪审查"制度缺失的替代。类似观点，还可见于黄凤龙：《论〈合同法〉中的强制性规定——兼谈〈合同法解释（二）〉第14条的功能》，载《烟台大学学报（哲学社会科学版）》2011年第1期。

③ 参见朱庆育：《〈合同法〉第52条第5项评注》，载《法学家》2016年第3期。

效事由的所违之"法"的范围和位阶未予限定，而系交由法院根据个案情况作出具体评价。《法国民法典》第 1133 条、《德国民法典》第 134 条、《瑞士债务法》第 20 条、《日本民法典》第 91 条、《意大利民法典》第 1343、1344 条和我国台湾地区"民法"第 71 条都规定了法律行为无效的违法事由。其中，《德国民法典》第 134 条规定："法律行为违背法律上的禁止性规定的，其为无效，法律另有规定的除外。"就其中的禁止性规定，其立法理由书指出："该规定特别考虑到那些公法中涉及法律行为的禁止性法律，特别是《刑法典》中的禁止性规定。"而从该法典施行后的法律发展来看，则主要是那些具有经济调控性质的禁止性规定发挥了作用。① 学者评论称："许多法律禁令，给判定〔有关法律行为是否〕无效的问题，提供了几乎无法把握的依据。法院只能以创造法律的方式来裁判这个问题。因此，在此类案例中往往很难见到令人信服的论证，也就不足为奇了。"②

坦率地说，学者的上述责问可谓直指要害，司法解释的规定从体系化和实际运行的角度考量也的确存在不尽如人意之处。但无法否认的是，任何制度的形成，都有其独特的历史背景，任一制度的运行，亦无法做到完全避免有意者"绕道而行"。如前所述，1999 年《合同法司法解释一》提高认定合同无效规范等级的做法，其根本目的仍在于避免行政管制泛滥而导致过多的合同归于无效，彼时，《合同法》刚刚颁行，行政规制改革尚未全面展开，受传统观念及既往体制之影响，行政规章中强制规定明显偏多。为弘扬鼓励交易的原则，打破行政规章的过度及不当强制，司法解释作出该项规定实属情有可原，其在特定时期发挥的重要作用似乎不应被抹杀。时过境迁，当诸多行政法规已限缩其强制性规范的比重，大幅缩减强制无效的范围之时，是否仍有必要将认定合同无效的规范等级限缩于法律与行政法规，确实值得进一步思考。

例外的是最高人民法院的司法解释，根据法释〔2009〕14 号《最高人民法院关于裁判文书引用法律、法规等规范性法律文件的规定》（以下简称《裁判规范的规定》），司法解释与"法律"及"法律解释"并列，同属"应当引用"的规

---

① 参见〔德〕维尔纳·弗卢梅：《法律行为论》，迟颖译，北京，法律出版社 2013 年版，第 402 页。
② 〔德〕迪特尔·梅迪库斯：《德国民法总论》，邵建东译，北京，法律出版社 2000 年版，第 491 页。

范。至于为何司法解释得获如此殊荣，涉及其他层面的探讨，非本处题旨所在，不赘。

其次，强制性规定系相对于任意性规定而言。通说认为，以对当事人的拘束力为标准，法律规范可以分为任意性规定与强制性规范，所谓任意性规范，指当事人之间得以约定排除的规范，故不存在违反任意性规范的问题；强制性规范则为当事人之间不得约定排除的规范，强制性规范可以进一步分为强行性规范（应当）与禁止性规范（不得）。① 强制性规范与任意性规范之区分可谓民法规范最基本的分类，其原因无外乎在于，若不区分规范的任意或强制性质，无法明了私人自由的限度以及私法自治的途径。基于民法的自治属性，多数的民法规范尤其是合同法规范为任意性规范②，私法中的强制性规范则基本属于禁止性规范。③ 职是之故，法律行为之违反强制秩序，多以违反禁止规范（禁令）的形式表现。

当司法解释将《合同法》第 52 条第 5 项的"强制性规定"限定为"效力性强制性规定"，进而以"管理性强制规定"取代"取缔规定"为其对立概念时，所传达的信息是：只要法官能够认定强制性规范具有管理职能，即可将其归入管理性强制规定之列，同时据此否认其系效力性强制规定。④

最后，效力性强制性规定系相对于管理性强制性规定的概念。如前所述，《合同法司法解释二》第 14 条系受史尚宽先生观点影响的结果，其"效力性强制性规定"用以指称史先生之"效力规定"，而"管理性强制性规定"指称"取缔规定"⑤。但"效力性强制性规定"的表述实质上是简单的同义反复与循环论证，亦即：如果某项规定属于效力性强制性规定，则违反将导致合同的无效；既然违反某项强制性规定将导致合同无效，那么，该强制性规定是效力性强制

---

① 参见王轶：《民法典的规范类型及其配置关系》，载《清华法学》2014 年第 6 期。
② 参见韩世远：《合同法总论（第三版）》，北京，法律出版社 2011 年版，第 176 页。
③ 参见朱庆育：《私法自治与民法规范——凯尔森规范理论的修正性运用》，载《中外法学》2012 年第 3 期。
④ 参见朱庆育：《〈合同法〉第 52 条第 5 项评注》，载《法学家》2016 年第 3 期。
⑤ 曹守晔：《〈关于适用合同法若干问题的解释（二）〉的理解与适用》，载《人民司法（应用）》2009 年第 13 期。

性规定。正确的逻辑应是：只有导致合同无效的强制性规定，才称得上是"效力性强制性规定"，因此并非合同因为违反效力性强制性规定而无效，而是某强制性规定令违反者无效，才能称之为效力性强制性规定。那么真正的问题便在于，什么样的法律规范是"效力性强制性规定"？应如何识别"效力性强制性规定"？

最高人民法院于2009年发布的《关于当前形势下审理民商事合同纠纷案件若干问题的指导意见》第16条给出了效力性与管理性强制规定的判别标准："人民法院应当综合法律法规的意旨，权衡相互冲突的权益，诸如权益的种类、交易安全以及其所规制的对象等，综合认定强制性规定的类型。如果强制性规定规制的是合同行为本身即只要该合同行为发生即绝对地损害国家利益或者社会公共利益的，人民法院应当认定合同无效。如果强制性规定规制的是当事人的'市场准入'资格而非某种类型的合同行为，或者规制的是某种合同的履行行为而非某类合同行为，人民法院对于此类合同效力的认定，应当慎重把握，必要时应当征求相关立法部门的意见或者请示上级人民法院。"[①]

在裁判机关的解释中，关于效力性强制性规范和管理性强制性规范的划分标准亦一向受到重视，其基本立场是：(1) 法律法规明确规定一旦违反将导致合同无效的，属于效力性规定；(2) 法律法规虽未明确规定违反将导致合同无效，但若使合同继续有效并获得履行将损害国家利益和社会公共利益的，也应当认定为效力性规定；(3) 法律法规未明确规定违反将导致合同无效，若使合同继续有效并得到履行，不会损害国家利益和社会公共利益，而只会损害特定当事人利益

---

[①] 在解释该条规定时，通常认为应当将"合同行为本身"理解为"合同履行行为"，因为缔结一个合同，其行为本身无从谈及是否"绝对地损害国家利益或者社会公共利益"，真正损害法益的应是合同的履行行为。学界有学者对该条规定提出了批评意见，其认为：首先，以是否"损害国家利益或社会公共利益"作为区分标准，与《合同法》第52条第1—4项规定构成同义重复，如果某一行为被判定损害国家利益或社会公共利益，则适用第52条第1—4项规定已足，无须第5项的适用；其次，何为"损害国家利益或者社会公共利益"在司法实践中无从判定，在已有裁判中便有认定"国有企业的资产利益"不等于社会公共利益的判决，亦有认定违反"村集体利益"属于违反国家利益或社会公共利益的判决，二者之间逻辑并不自恰；最后，将"市场准入"资格作为管理性强制性规范的典型，也存在一定疑问，因为在一些领域，关于市场准入资格的规定的规范意旨亦为禁止。参见朱庆育：《〈合同法〉第52条第5项评注》，载《法学家》2016年第3期。

的，属于管理性规定。①

然而在学理解释上，许多学者表达了对于区分强制性规范和任意性规范的不同看法：有学者认为，在作出何为效力性强制性规定的判断时，应当对法官解释法律的权力加以限制，这一限制需由明确授权的适法规范来达成。民法规范的适用应以不违反公法强制性规定为前提，故民事法律行为如果违反了公法强制性规定，则应在原则上认定为无效。但是，需要注意的是，如果法律另有规定或者公法强制性规范并不涉及否定民事行为的效力的，则并不当然无效。也有学者提出，可以借鉴行政法中的比例原则，对民法中作出的对公法规范的目的解释进行限制。②还有学者将效力性强制性规定进行类型化，认为效力性强制性规定可分为涉及合同资质缺乏类和合同行为禁止类，其中合同资质缺乏类可分为权利和许可本身流通资质缺乏类，因涉重大公共利益的限营、特营准入资质缺乏类；合同行为禁止类可分为行为对象禁止类、行为本身禁止类、行为超过特定限量禁止类等。其中涉及权利和许可之衍生产品流通资质缺乏、一般市场准入资质缺乏以及一方合同行为禁止以及合同当事人行为方式不当等类型，属于效力性强制性规定的排除类型。③

无论是裁判机关的解释抑或学理解释，都大有其可取之处，本书亦主要着眼于在解释论上探讨相应问题，但并不意味着笔者完全赞同此种效力性强制性规定与管理性强制性规定的二分法。在我国学界，也不乏从根本上质疑效力性强制性规定与管理性强制性规定二分法之准确性的激进看法。典型观点认为：即使将规范进行类型化（市场准入型、私法权限型、生效管制型、纯粹秩序型与刑民交叉型），效力性与管理性强制性规定的二分法也固然不能涵盖所有强制规范，其中具有管理职能的强制规范亦往往同时影响合同的有效性；此外，二分格局本身，

---

① 参见沈德咏、奚晓明主编：《最高人民法院关于适用〈中华人民共和国合同法〉若干问题的解释（二）理解与适用》，北京，人民法院出版社2009年版，第111~113页。
② 参见谢鸿飞：《论法律行为生效的"适法规范"——公法对法律行为效力的影响及其限度》，载《中国社会科学》2007年第6期。
③ 参见石一峰：《效力性强制性规定的类型化分析》，载《武汉大学学报（哲学社会科学版）》2018年第2期。

对于法官不具有任何规范上的拘束力,因为二分格局本是法律解释的结果,不能作为推理前提。因此,二分格局在概念与逻辑上根本无法维持。该学者进一步认为,应当借鉴德国关于强制性规定的分类方法,将强制性规定分为内容禁令、实施禁令与纯粹秩序规定,并同时结合实质的规范意旨进行判别,通常认定违反内容禁令的合同行为一律无效,违反实施禁令的合同行为一般认定为无效,违反纯粹秩序规定的合同行为一般认定为有效。①

笔者其实也认同效力性强制性规定与管理性强制性规定的区分不是判决的依据而是分析的结果这一论断,但若依照学者提出的判别准据,司法实践中可能面临一些新的问题,譬如,在判断实质的规范意旨时,不同法院无论如何都会有不同意见,因为法律适用的统一性只有在司法解释明确以后才能实现。法官进行目的解释时,难以真正论证其所言便是"立法目的"。对导致合同无效的效力性强制性规定的识别是一个渐进的过程,学术讨论得以为立法的不断完善做支撑,但司法当中却应尽量减少争论,尽量统一适用标准。对于司法来说,坚持文义解释应属根本,如此不仅可以维护法律,也可维护司法,因此立法的最大价值就在于避免或者减少法律适用上的争议。② 面对不断涌现的新兴案件,理论与实务界必然适时更新相应理论,以确保能够妥善应对效力性强制性规定的流动性。对于导致合同无效的效力性强制性规定的识别,仍有待于做进一步的研究。

回到上案,最高人民法院的具体判定是:"经审查上述条款,第六条第一款约定了合同生效后,恒岐公司所有董事及法定代表人即失去法律赋予的所有权利,意在表明沙某武受让全部股权后即实际控制恒岐公司;第二款约定了合同生效后,涉案土地交由沙某武开发使用;第四款第一项约定沙某武支付第一笔5 000万元转让款后,恒岐公司应将涉案土地的所有资料原件交由沙某武保管,沙某武可开发使用,勘探、设计、施工、销售等相关人员可进入;第四款第二项进一步约定恒岐公司应当将工商、税务有关证件交给沙某武,印章由恒岐公司派

---

① 参见朱庆育:《〈合同法〉第52条第5项评注》,载《法学家》2016年第3期。
② 参见王文胜等:《效力性强制性规范的识别:争论、法理与路径》,载《人民司法(应用)》2017年第7期。

人持有并配合使用。"在认定了上述事实后，法院进而认为："上述条款约定的内容属股权转让中的具体措施及方法，并未违反法律法规所规定的效力性强制性规定，亦未损害国家、集体或其他第三人利益。"

最高人民法院判决的逻辑在于，在基于确认合同的约定是关于股权分阶段转让中具体步骤的约定之后，作出如下判断：首先，法律并未明确一旦违反上述股权转让步骤，将导致合同无效；其次，使合同有效并获得履行，亦即当事人之间按照约定的股权转让步骤进行股权的分步转让，并不会给国家利益和社会公共利益带去损害；最后，使合同有效并得到履行，也不会损害第三人的利益，即使会损害特定人的利益，也不属于对效力性强制性规定的违反。该种分步论证法，事实上亦是最高人民法院的一贯立场，即在判断合同约定是否存在违反效力性强制性规定的情形时，在不存在法律明确规定无效的情形，同时又不存在损害国家和社会利益的情况下，一般认定合同应属有效。

# 第七章 法律适用及漏洞填补

## 第一节 法律事实的形成与认定

虽然法律方法论近年以来逐渐成为显学，但其中的发展并不平衡，一个显著的事实就是，在我国当下的相关研究当中，针对法律适用中的事实问题的研究，远远逊色于对法律问题的研究。另外，部门法划分所带来的"偏科"现象的客观存在，使得即使可以看到的多数关于事实问题的研究，也似乎都为程序法或证据法学的学者所独占，而鲜少在其他法学领域涉及，即使被提及也只是泛泛而谈，不涉及内里。值得一提的是，这个现象也同时明显地体现在我国当下的法学教育中。坦率而言，重实体轻程序，重视法律问题而怠慢事实问题的倾向依然存在。这些动向直接影响到审判实务，按说，"关于事实在判断或审判（judgement）领域中的地位，这一问题之古希腊人连同其关于自然与惯例的截然区分一道提出之后，就一直争论不休。但在现在，当自然和惯例似乎已不再是如此纯粹的现实并似乎有了越来越多的东西需要我们去了解时，事实的地位问题又成为法学研究中一个

显现的关注焦点"①。遗憾的是，根据一些学者的判断，中国的法官似乎回避了这个焦点。②

作为方法论当中最重要范畴的"事实"与"法律"，二者本身是相互独立的。因此，对事实的研究具有显著的理论意义和实践价值。一般认为，二者的区别主要在于：

其一，事实与法律在内容上指代不同。按照最一般的理解，事实就是事情的真实（实际）情况。是指由"什么时间、什么地点、谁、发生了什么"等要素构成的特定事件或者情状。③而法律主要是指统治阶级基于社会物质生活条件，以实现管理并统治国家为目的，经过立法程序制定或认可的，并由国家强制力保证实施的社会规范体系。④显然，事实与法律截然不同。从性质上讲，事实强调内容的客观性和真实性，既包含有人与人的外部交互行为，也包含有人为目的、精神状态、心理状态等内部状态，甚至还包括有时间、地点、天气等纯客观事项；而法律强调的是人与人之间的权利义务关系，具体规则应当如何解释等问题。

其二，事实与法律的形成过程不同。根据特定类别的事实，事实的形成所涉及的是通过感官、证据、推理等对事物进行认知的经过；而法律的形成所涉及的是由特定的立法机构经过特定的立法程序制定或认可法律的过程。

其三，事实与法律在是否包含价值判断问题上存在不同。事实仅指向"是不是"，而法律则在此基础上还指向"对不对"问题。换言之，事实往往与价值判断无涉。不过需要指出的是，与价值截然二分的，仅仅只是客观事实。通常意义上确实并不认为在事实的调查和确证当中可以掺杂价值判断，因为这显然与事实的客观性要素相违背，但在客观事实经由裁判者的甄别、选取以及相关的证据规

---

① ［美］克里福德·吉尔兹：《地方性知识：法律与事实的比较透视》，载梁治平编：《法律的文化解释》，北京，三联书店1994年版，第77～78页。

② 参见舒国滢、王夏昊、梁迎修等：《法学方法论问题研究》，北京，中国政法大学出版社2007年版，第280页。

③ 转引自王利明：《法学方法论》，北京，中国人民大学出版社2012年版，第183页。

④ 参见孙国华、朱景文：《法理学》，北京，中国人民大学出版社2010年版，第28～44页；张文显：《法理学》，北京，高等教育出版社2018年版，第65～84页；葛洪义：《法理学》，北京，中国人民大学出版社2015年版，第27～45页。

则的适用确定过程当中，价值判断的影子其实是挥之不去的（详见本节关于夫妻共同债务认定的阐述）。

其四，事实与法律在形式逻辑的三段论推理形式中所处的地位不同。三段论推理包括一个一般性的原则（大前提），一个附属于前述大前提的特殊化陈述（小前提），以及由此引申出的特殊化陈述符合一般性原则的结论。在一个具体案件中，法律规则被归于大前提中，而事实问题被归于小前提中。

研究事实的意义当然绝不仅仅在于厘清其与法律的关系。从宏观上来讲，其至少还具有以下几方面的意义。

第一，研究事实有助于改变立法论、解释论的思维局限，跳脱抽象的论证，改变就法律谈法律、就制度谈制度的研究方法，转而站在事实的角度，从司法实践角度考察法律的动态运作及透视司法判决过程。

第二，研究事实有助于精准适用法律推理。作为三段论推理中的小前提在司法适用中的涵摄，法律事实是个案法律推理的逻辑起点，并贯穿整个法律推理过程。在相关立法大前提相对固定的条件下，庭审争议的焦点往往首先落在法律事实之上，而双方当事人对法律事实的看法、角度往往基于其自身利益的考量而存在较大差异。同时，针对司法三段论而言，确定小前提实际上就是确定法律事实，但正如证据三性中的"关联性"之要求，并非所有的法律事实都可以作为小前提，在个案中确定小前提不仅要通过证据规则确定事实的真实性、合法性，还要明确该法律事实与大前提的关联性。[①]

第三，研究事实有助于法学方法论的革新。法律方法是一种需要在实践中逐渐发展的方法，不能在空中楼阁中进行研究，而是要回到世俗红尘中去。通过对事实的研究，有利于针对性地总结既有裁判中的司法技艺，沟通理论与实务。从某种意义上，法律方法的演变正是法律事实与法律规范的不断交互的结果。具体而言，在个案中，法官在作出裁判时，往往将思维在事实与法条之间来回穿梭，从而将个案法律事实涵摄至现有规范体系，而这个过程中的思维方式即法律方法。因此，从法律事实的角度而言，法律方法实际上是一座实现方法与事实互

---

① 参见印大双：《如何刻画法律推理中的事实与规范》，载《政法论丛》2014年第6期。

动,将一般规范与个案独特性相连接的桥梁。遗憾的是,囿于国内学界长期以来对方法论训练的缺失及学术研究能力所限,法学院多未单独开设证据法学课程,而将其置于诉讼法的相关教学中,造成证据法学依附于诉讼法学等部门法的现状,导致法律事实之研究丧失自身独立存在的价值。①

## 什么是法律事实

法律事实的准确界定,是对法律事实进行研究的逻辑起点。尽管在什么是法律事实的问题上,学术界基本达成了一致,但是本书认为,仍然有必要对下列问题进行阐释与说明。因为法律事实的本体论研究一向是法律事实认识论研究的前提,只有在充分了解法律事实本体的基础上,才能够展开对法律事实的认识活动。

### 概 念

横看成岭侧成峰,远近高低各不同。现今学界对法律事实的定义众说纷纭,呈现的是一座概念的迷宫。基于思考视角的不同,可大致分为以下几类。

其一,立法者视角下之"法律事实"。此类学说立足于立法者的角度,从应然层面思考法律事实的定义,认为法律事实系纯粹理论逻辑的推演,而无涉司法实践中的证明。这类观点是最理想化的法律事实观,内部具体可分为因果关系说②、法律适用前提说③、法律规定构成要件说④、法律规范事实说⑤等,分别主张法律事实引起法律关系、构成法律适用前提、法律规范的构成要件、法律规范中的事实等观点。

---

① 参见焦宝乾、陈金钊:《中国法律方法论研究学术报告(2005年度)》,载《山东大学学报(哲学社会科学版)》2006年第1期。
② 参见张文显:《法理学》,北京,高等教育出版社2003年版,第140~141页。
③ 参见杨建军:《法律事实与法律方法》,载《山东大学学报(哲学社会科学版)》2005年第5期。
④ 参见黄茂荣:《法学方法与现代民法》,北京,中国政法大学出版社2001年版,第193~194页;常鹏翱:《论现实存在与物权行为的无关联性——对相关学理争辩的再辨析》,载《法学》2015年第1期。
⑤ 参见陈金钊:《法律解释的哲理》,济南,山东人民出版社1999年版,第284~285页。

其二，司法者视角下之"法律事实"。此类学说则立足于司法者的角度，强调法律事实的实践意义，认为法律事实并非来源于纯粹逻辑，而需经由司法实践所发现和证实，系司法实践的产物，法官在法律事实的发现中占有主要地位。法律适用前提说[1]是此类观点的典型代表，该观点主张法律事实是法律适用三段论中的小前提，其与大前提法律规范相结合，共同推导出最终的结论，即法律效果。

其三。中立者视角下之"法律事实"。在此类观点看来，不同的出发点和思考视角导致了关于法律事实定义的多元化，偏听则暗，兼听则明，若要对法律事实的概念作出全面概括，必须采多元之视角，既要认识到法律规范的逻辑性，又需认识到法律适用的实践性。因此，该类观点主张，法律事实系由法律规范所体现，并经法律职业群体通过法律程序证明的客观事实。[2]

在我看来，当法律事实的概念并不会引发讨论的争议时，实在无须赋予法律事实以完整的定义，完全可以就立法者和司法者的立场对法律事实进行不同的架构，只需在可能引发争议时再行说明即可。就本节所论述之内容而言，法律事实主要指司法领域的法律事实，在下文论述时不再多加赘述。

**客观事实与法律事实**

"以事实为依据，以法律为准绳"是我国司法领域长期奉行的一项基本原则，也是我国多年来司法实践的科学总结。而这里所指的事实究竟是何种意义上的事实，乃是证据法学长久以来一直争论不休的问题。时至今日，这项基本原则中所指的所依据的事实应当是法律事实而不是客观事实已经成为理论和实务界的共识。前最高人民法院肖扬院长在《在全国高级法院院长会议上的讲话》似是代表司法实务界对理论界争论共识的认可和吸收："确保司法公正，必须进一步准确把握司法公正的真正内涵。以事实为依据，以法律为准绳，是人民法院审理案件的基本原则，是由司法活动的规律和特点所决定的。司法公正的体现，应当是在当事人举证、质证后，人民法院根据查证属实的证据，认定案件事实，依法作出

---

[1] 参见杨建军：《法律事实与法律方法》，载《山东大学学报（哲学社会科学版）》2005年第5期。
[2] 参见陈金钊：《法律解释的哲理》，济南，山东人民出版社1999年版，第287页。

裁判。人民法院应当努力做到法律事实与客观事实的一致，但由于司法机关和当事人收集证据的局限性，人民法院通过公正、公平程序，根据证据、事实和法律作出的裁判结果可能与客观实际不完全吻合。但是，在正常情况下只要做到了法律上的真实，裁判结果就应当认为是公正的。遵循和尊重司法活动这一客观规律，是实现司法公正的前提条件。"①

所谓客观事实，也称生活事实，是指客观上实际发生的案件事实，也是指在时间和空间中已客观存在的事物、现象和过程，按照规范领域的不同，其可分为自然事实、宗教事实、道德事实等等。客观事实本身不包含价值判断，只回答"是不是"而不回答"对不对"的问题；而法律事实则是一个法律上的观念，主要是指由司法人员按照一定的实体、程序等证据规则的要求，用证据支撑起来的能够引起法律关系产生、变更和消灭的行为和事件。法律事实和客观事实并非互斥的关系，如果将客观事实等同于生活事实的话，法律事实的识别无非就是指将生活事实上升为法律事实，即运用法律概念和术语对生活事实予以界定，使其成为具有法律意义的事项。② 法律事实实质上是客观事实在法律领域的部分，其背后存在价值判断的因素，主要体现为国家意志性之考量。质言之，客观事实是指事实在时间和空间上曾经发生或者实际存在的状态，是该事实的真实状态或者实然状态，而法律事实，则是由法律所规定，经过法律所筛选的，能够引起法律关系变动的客观事实，是法律规范与法律关系的桥梁，体现着立法者和裁判者的价值取向。

客观事实与法律事实的关系，可以借用哲学上的绝对真理和相对真理来理解。相对真理以绝对真理为基础和前提，相对真理以绝对真理为追求，但难以达到完全的一致。"绝对真理与相对真理为同一真理的两个方面。绝对真理或者真理的绝对性是指任何真理性认识均是对客观事物及其规律的正确反映，均具有不依赖于人、不依赖于人类的客观内容。相对真理或者真理的相对性是指就整个世界而言，任何真理性认识均是对真理的某些方面和某些过程的正确反映，只能达

---

① 肖扬：《在全国高级法院院长会议上的讲话（摘要）》，载《最高人民法院公报》2002年第1期。
② 参见王利明：《法学方法论》，北京，中国人民大学出版社2012年版，第182~183页。

到一定的广度,世上永远有未被认识的东西,我们的认识有待于扩展。而且就特定事物来说,任何真理性认识均只是对该事物一定程度、近似正确的反映。"[1]自然科学领域里原子结构的发现过程就是对真理认识的有限性的极佳诠释。近代物理化学发展过程中,原子结构先后经历了道尔顿、汤姆逊、卢瑟福和波尔等模型的发展,从最早的实心球到面包镶嵌,再到最后的星系模型,这都反映着我们对物体的认知在不断地提升,但这种探索永远都只是一个过程,不论人们如何努力,都仅能在一定的程度上认识特定物体。

依绝对真理和相对真理之观点,就客观事实与法律事实的关系而言,客观事实是绝对真理,而法律事实是相对真理。从认识论的角度看,人非上帝,基于主客观条件的限制,对事实的认识总有局限,因此实难实现法律事实和客观事实的统一,但并非不能达到。然而尽管客观事实在理论上可以被还原,但由于诉讼所涉及的所有的案件事实都是已发生的事实,出于对效率和公平的考虑,除非必要,否则法官必须不得不放弃对全部客观事实真相的追求。

综上,客观事实与法律事实之间的关系可总结为以下几点:第一,客观事实为法律事实之基础。法律事实是由法律所规定,经过法律所筛选的,能够引起法律关系变动的客观事实。法律事实和客观事实并非互斥的关系,法律事实实质上是客观事实在法律领域的部分,充当着法律规范与法律关系的桥梁,体现着统治阶级的价值取向。缺乏客观事实,法律事实便是无源之水、无本之木。第二,法律事实是客观事实在法律上的重现,而审判程序规则、证据规则和自由心证则是将客观事实"起死回生"的三大方式。具体而言,客观事实就像照相机取景器中的实时景象,一旦发生即为过去,法官在审判程序中无法让时间倒转,只能通过照相机的"胶卷",也就是各种具有关联性的证据材料去最大程度地还原案件事实,以求达到对案件事实的内心确信,将其转化为法律事实。但是,由于诉讼所涉及的法律事实都是在客观事实发生以后进行追溯,因此就决定了这种认定只能尽可能地复原事实,两者不一定也不能够完全保持一致。特别是在法律所要求的公平、效率价值的限制下,可能发生主动放弃一致性追求的

---

[1] 王宏波等主编:《哲学教程》,西安,西安交通大学出版社2002年版,第344~345页。

情形。第三，法律事实以再现客观事实为终极目标。尽管实现法律事实与客观事实的一致存在天然困难，但是司法不能因噎废食，仍需通过构建合理的审判机制，确立科学的证据规则，在民事司法中采用高度盖然性标准限制法官的任意自由心证等，力求实现法律事实与客观事实的统一，努力让人民群众在个案中感受到公平正义。①

**事实判断与价值判断**

事实判断与价值判断的界分滥觞于休谟。② 休谟在《人性论》中指出，人们不能从"是"推导出"应该"，即纯事实的描述性说明凭其自身的力量只能引起或包含其他事实的描述性说明，而绝不是做什么事情的标准、道德准则或规范，这个观点后来被称为"休谟铡刀"③。"从对实然的经验事实描述，无法做一种逻辑的跳跃到不同层次的应然（价值判断）之命题"④。休谟的这一观点被后世作为一个理论研究的基本范式接受下来，即事实判断和价值判断的二分法。"价值问题虽然是一个困难的问题，但却是法律科学所不能回避的。法律科学与自然科学不同，自从韦伯主张科学中的价值中立的立场以来，不断有人继续坚持这种观点，但我们不难发现最草率的或最反复无常的关系调整或行为安排，在其背后总有对各种相互冲突和互相重叠的利益进行评价的某种准则。"⑤

虽然理论上存在事实判断和价值判断之二分法，但在实践中，对于事实判断与价值判断能否完全予以清晰划分，则需打上一个问号。"人类历史的每一步，都证明着凡是人类有意识的活动都受到价值判断的引导，其间区别仅在于：受未经理性反省的价值判断的引导，还是受过理性反省的价值判断的引导；受他人价值判断的引导，还是受自己价值判断的引导；受有根据的价值判断的引导，还是

---

① 参见孔祥俊：《论法律事实与客观事实》，载《政法论坛》2002 年第 5 期。
② See David Hume, *A Treatise of Human Nature*, Book Two and Tree, ed. by Pall S Ardal. 2. Impr. london 1978, S. 203f.
③ 谢鹏程：《基本法律价值》，济南，山东人民出版社 2000 年版，第 41 页；周晓亮：《休谟及其人性哲学》，北京，社会科学文献出版社 1996 年版，第 251 页。
④ 林立：《法学方法论与德沃金》，北京，中国政法大学出版社 2002 年版，第 106 页。
⑤ [美]庞德：《通过法律的社会控制——法律的任务》，沈宗灵译，北京，商务印书馆 1984 年版，第 55 页。

受无根据的价值判断的引导。"[1] 按照法律适用的最一般技术，一份判决的形成相当于形式逻辑中的三段论。在三段论演绎中，法律规范充当大前提，法律事实是小前提，判决就是推理结论。其中的法律事实就是指经法官认定的有法律意义的事实，通常通过法庭调查以及当事人举证质证来完成。这种程序上的操作看上去似乎与价值判断毫无关系，事实作为一项客观的存在，取决于裁判者是否以及如何发现，与主观价值判断无涉。也正因如此，事实之调查和认定，一般不会被纳入价值判断的范畴。然而，尽管经验的判定、逻辑的推理以及证据规则的设置为裁判当中案件事实的形成提供了可靠性基础，但在无法判定和逻辑无法推知的情况下，必要的价值判断对案件事实的形成实乃必不可缺。典型情形表现在对夫妻共同债务中的"为夫妻共同生活"（目的而举债）之认定上，究竟什么样的行为能够归入为了夫妻共同生活之目的不无疑问。以夫妻双方名义共同负担的债务自不待言，但一方以夫妻一方名义对外负担的超出家庭日常生活的债务，能否认定为"为夫妻共同生活"，从而形成夫妻共同债务这一事实判断问题却不能不掺入法官的价值判断。认定同一债务属于夫妻共同债务与否，实质上包含着法官个人对于"共同生活"之理解，背后也蕴含着裁判者在保护债权人利益、维护交易安全与保护夫妻一方财产权冲突中之权衡。本章最后一节会对"夫妻共同财产的认定"作出专门叙述。

### 法律事实的形成

不同于客观事实，法律事实是由法官在司法活动中依据审判规则、证据规则、自由心证规则等规则对客观事实的"复原"。这就意味着法律事实并不是不证自明的，客观事实永远不会自发自动地出现在法官面前。草蛇灰线，扑朔迷离，需要努力探寻方能拨云见日。出于有限的认知能力，当事人对案件事实的回顾通常是不完全的，甚至根据趋利避害的本能，完全有可能按照自己的目

---

[1] 冯平：《价值判断的可证实性——杜威对逻辑实证主义反价值理论的批判》，载《复旦学报（社会科学版）》2006年第5期。

的对案件事实进行加工。为了达到这一目的，当事人会寻找与其看法相同的证人、申请法院传唤专家证人出庭、进行司法鉴定等。可以说，法律事实的确定，是一个法官与当事人、证人、鉴定人、代理人、侦查人、陪审员等司法程序的参与人共同发现、重构、加工、确认的过程。同时，法律事实需要发现也与法律事实具有规范属性相关。在法律规范限定下的法律事实，需要经由法官的思维认知，将规范评价上无异议的事实加以提纯。因此，法律事实是需要被发现的。

当并非事实过程亲历者的法官去发现事实时，其所依赖的主要手段是证据，包括当事人的口头、书面描述，证人证言，勘验笔录，检查笔录，辨认记录，侦查实验笔录等。法官必须在呈递到他面前的证据中，根据自己的经验常识以及法律训练思维作出判断。判断的过程也就是重构客观事实、形成法律事实的过程。从逻辑学角度看，所谓判断有两个基本特征：其一，判断都必然伴随着或肯定或否定的思维结果；其二，就判断的结果是否符合客观真实，判断存在着或正确或错误的结果。[1] 法官对事实所作的判断往往与对规范的法律解释紧密相连，因为在将某一事实判断为法律事实时，法官不可天马行空，任意行使自由裁量权，而必须根据审判规则、证据规则的要求作出判断。如前所述，并不是所有的证据都能够作为认定事实的依据。相反，证据必须真实、与案件事实紧密相关、经合法的方式取得，并经过庭审质证，即证据必须具备证据能力与证明能力，具有通常所谓的"三性"（合法性、真实性以及关联性），如此才能成为认定事实的根据。[2] 同时，这一司法判断，也就是法律事实的发现引出了对法律规范的解释的必要。这就表明，在法官实际运用三段论进行案件审理过程时，他们并非是根据大前提——小前提——结论的顺序进行演绎推理的，而是先发现小前提，然后再根据小前提发现大前提，也就是根据小前提——大前提——结论的顺序，在给定的案件事实指导下去发现所谓的适用法律。法律解释之所以必要，是法官认为法律需要解释，而不是法律需要解释。而法官之所以认为法律需要解释，是因具体

---

[1] 参见吴家国：《普通逻辑原理》，北京，高等教育出版社2000年版，第66~67页。
[2] 参见沈志先主编：《法官自由裁量精义》，2版，北京，法律出版社2014年版，第193页。

案件事实判断引发的。①

例如，民间借贷案件的事实审查与认定一直被公认为是裁判当中的难题，尤其是原告仅能证明款项支付事实，但欠缺借贷合意证据的案件，一直是法院审理的重点和难点。②最高人民法院2015年发布《最高人民法院关于审理民间借贷案件适用法律若干问题的规定》（以下简称《民间借贷司法解释》），其中第17条规定，"原告仅依据金融机构的转账凭证提起民间借贷诉讼，被告抗辩转账系偿还双方之前借款或其他债务，被告应当对其主张提供证据证明。被告提供相应证据证明其主张后，原告仍应就借贷关系的成立承担举证证明责任"。此类情形当中，原告依据转账凭证所主张的借款被被告抗辩主张为还款，两个事实完全悖反，究竟何者为实情，在没有其他证据的情况下，几乎无法认定。《民间借贷司法解释》第17条在草稿阶段也曾规定由原告承担借贷合意的证明责任，但在司法解释征求意见过程中，很多实践的意见提出"对于很多缺乏法律意识的出借人来说，举证的难度很大，实体权利保护不利"③，最高人民法院民一庭根据各地反馈的意见在拟定过程中针对该条做了调整，认为在提供金融机构转账凭证的情况下，视为原告对双方之间借贷关系的存在完成了初步证明责任，此时应当进一步结合被告的答辩意见，对双方是否存在借贷关系进行分析认定。由此可见，司法解释第17条设定法律推定的初衷是为了救济前述所谓"缺乏法律意识的出借人"，体现对法的正义价值和秩序价值的追求，是对原告仅有金融机构转账凭证的民间借贷纠纷案件的证明责任所作的特别规定。如此设计亦不可谓不妥。然而，中国自古以来民间借贷当事人双方通常有"钱据两清"的惯例，当今社会也并不例外，即借款人在还款时，一般会要求出借人归还借据，借款人支付欠款、拿回借据后会当场撕毁借据以示"钱据两清"，让借款人长期保留已经归还过借款的借据在日常生活中并不现实。司法解释第17条免除了持有转账凭证的原告对借款关系的

---

① 参见苏力：《批评与自恋》，北京，法律出版社2004年版，第14～18页。
② 《规范民间借贷统一裁判标准——杜万华就〈最高人民法院关于审理民间借贷案件适用法律若干问题的规定〉答记者问》，载《人民法院报》2015年8月8日，第1版。
③ 杜万华主编：《最高人民法院民间借贷司法解释理解与适用》，北京，人民法院出版社2015年版，第303～304页。

初步证明责任,在一方支付现金、一方通过银行转账的情况下,假若出现借款人反过来向出借人索要借款或出借人重复索要借款两种不诚信的行为,则上述第17条规定似乎显得防范不足。

实践中,被告对原告提交的金融机构转账凭证的真实性往往不存异议,因为这些凭证的真伪容易核实查清。但对凭证所反映的转账目的,被告则可能以转账系偿还双方之前借款或其他债务等为由,从而否认原告提出的借款事实主张。对于法庭来说,当事人之间讼争的款项究竟是"借"还是"还",真的令人一筹莫展。在此情况下,不妨认为被告所持的抗辩的内容,实际上是一个新的主张,即双方当事人之间还存在原告所主张的借款关系之外的权利义务关系。按照主张权利存在的当事人应当对权利发生的法律要件存在的事实负举证责任的基本原理,被告对于其所主张的双方之间存在其他借款关系或者其他债权债务关系等事实,即应负相应的举证责任,需要提供证据予以证明。之所以如此规定,是考虑到作为主张双方之间民间借贷关系存在的原告,虽然没有能够提交借款合同作为直接证据,但提交了款项实际支付的相应证据,即应当认为其对与被告之间存在借贷关系的事实已经完成了初步举证。此时,被告如果提出双方之间款项支付的其他事实基础,则需对其主张予以举证证明。显然,这个举证责任的分配过程,充满着司法判断的逻辑和价值。

### 法律事实的认定

**证据裁判原则**

这一规则是指,审判机关必须通过证据来认定案件事实,案件事实的认定必须依赖证据,司法裁判的基础必须来源于证据。客观事实就像照相机取景器中的实时景象,一旦发生即为过去,法官无法让时间倒转,只能通过照相机的"胶卷",也就是各种具有关联性的证据材料去最大程度地还原案件事实,以求达到对案件事实的内心确信,将其转化为法律事实。因此,在审判实践中,关于证据的采信问题必然成为诉讼的重中之重。有鉴于此,《民事诉讼法》在第六章对

"证据"进行了专章规定，内容包括证据的种类、举证责任、证据审查、证据收集与保全等内容。最高人民法院也在2001年制定了《最高人民法院关于民事诉讼证据的若干规定》（法释〔2001〕33号）（以下简称《民事诉讼证据规定》），于2008年根据《民事诉讼法》之修改作出了条文调整，并于2019年结合实践中存在的问题和最新的民事审判经验对其进行了大幅修订（法释〔2019〕19号）（以下简称《新民事诉讼证据规定》），意在通过对民事诉讼中的证据规则的完善，帮助法官正确认定案件事实，促进司法效率，维护司法公正。

在"作为陈述的案件事实"的形成过程中，民事证明责任等证据规范及证据思维起着重要的中介作用，限于主客观条件限制，司法程序可能并不能完全还原客观事实，当客观事实处于真伪不明的状态时，裁判者就无法对法律事实形成内心确信，此时，基于法官不能拒绝裁判的原则，应由负有证明责任的当事人承担败诉的风险。

从民事司法实务来看，"在对民事司法近距离的观察中，我们认识到证明责任分配是困扰民事法官和律师的最大问题之一，既绕不过去，又难以面对。对当事人而言，证明责任分配往往成为决定案件胜败的关键因素，可是当事人也苦于找不到说服法官改变证明责任分配的办法和充足理由"[1]。在一项针对《民事诉讼证据规定》所展开的法律适用调查中，发现大约44%的法官希望完善证明责任分配制度。[2] 这也从侧面说明程序法中对证明责任的规范存在缺漏，法官在司法实践中面临着证明责任分配的难题。

然而，在相当一段时间内，我国立法并未对证明责任予以重视。《民事诉讼法》关于证明责任的规定见于第64条第1款规定："当事人对自己提出的主张，有责任提供证据。"时常被总结为"谁主张，谁举证"原则，其仅系对证明责任原则的初步规定，并未具体细化各方应对何种具体事实承担证明责任，也未考虑举证责任倒置等特殊情形。同时，《民事诉讼法》也未就事实不明时裁判者的处

---

[1] 肖建国、包建华：《证明责任：事实判断的辅助方法》，北京，北京大学出版社2012年版，自序第2页，肖建国教授执笔。

[2] 参见邹碧华、俞秋玮：《关于民事诉讼证据规定的实证研究》，载《民商事审判指导》2008年第2辑，第221页。

理方式作出规定。直至《民事诉讼证据规定》的出台,才在其第2、5、6条对合同、侵权等案件中证明责任的分配作出了具体规定,并在第4条罗列了证明责任倒置的情形,第7条同时赋予了法官对证明责任的分配权。2019年修正的《新民事诉讼证据规定》则结合2015年《最高人民法院关于适用〈中华人民共和国民事诉讼法〉的解释》(法释〔2015〕5号)的内容(以下简称《民诉法司法解释》),对已被《民诉法司法解释》第90条所吸收、可适用《民诉法司法解释》第91条关于证明责任分配规则的规定解决的第2、4、5、6条予以删除。同时,考虑到实践中存在法官滥用证明责任分配的现象,违背了赋予法官分配证明责任权利的初衷,《新民事诉讼证据规定》删除了《民事诉讼证据规定》第7条的内容,将极端情形下重新分配举证责任的权利通过批复的形式收回至最高人民法院[1],以维护法律的尊严和司法的权威。

从诉讼模式的演变历史来看,事实认定方面的进步和理性化推动了司法裁判从神明裁判主义到现代的大陆法系和英美法系职权主义模式与当事人主义模式之二分。证据裁判规则正是事实认定的核心原则,也是各国诉讼制度普遍遵循的法律原则之一。

证据裁判原则的内涵主要有:其一,认定案件事实的依据只能是证据。法定证据制度的产生取代了神示证据制度,这一发展使得现代诉讼制度由非理性走向理性。根据"以事实为依据,以法律为准则"的要求,法官在个案裁判中不能天马行空,完全基于自己的意志构建案件事实,内心确信必须建立在证据的基础上。其二,认定案件事实的证据必须具有证据资格,在我国主要体现在证据必须符合真实性、合法性、关联性等要求。裁判者在认定法律事实的过程中,必须将不符合三性的证据排除在外,举例而言,倘若是通过不法手段获取的"毒树之果",其证明力便在所不问。其三,定案的证据必须经过法定的程序确认。根据正当程序原则之要求,任何证据若要成为认定案件事实的证据必须经过严格的法定程序,包括法定的调查、举证、质证程序,最后才能查证属

---

[1] 参见郑学林、刘敏、宋春雨、潘华明:《关于新〈民事诉讼证据规定〉理解和适用的若干问题》,载《判解研究》2019年第4辑。

实、化为定案的依据。同时，证据的采信也要受到直接言辞规则、排除传闻证据规则、最佳证据规则、专家证人规则等限制。"证据裁判原则否定了历史上的神明裁判、刑讯逼供等愚昧野蛮的事实认定方法，是诉讼文明进步的表现。同时，证据裁判原则体现了无罪推定原则，彰显了诉讼法保障人权的理念。证据裁判原则既符合司法证明的客观规律，也符合现代法治国家在诉讼活动中的价值定位。"[①]

**其他规则**

法律事实认定的其他规则主要包括：司法认知、自认和推定。

其一，司法认知规则。司法认知规则指的是法官在审判过程中对于法律或一定事实，可以依职权或当事人的申请直接认定为法律真实，而无须当事人举证证明。司法认知规则的主要内容有：第一，司法认知的对象是特定的。《新民事诉讼证据规定》第10条规定："下列事实，当事人无须举证证明：（一）自然规律以及定理、定律；（二）众所周知的事实；（三）根据法律规定推定的事实；（四）根据已知的事实和日常生活经验法则推定出的另一事实；（五）已为仲裁机构的生效裁决所确认的事实；（六）已为人民法院发生法律效力的裁判所确认的基本事实；（七）已为有效公证文书所证明的事实。前款第二项至第五项事实，当事人有相反证据足以反驳的除外；第六项、第七项事实，当事人有相反证据足以推翻的除外。"第二，司法认知的主体是特定的，只包括经由国家认可的法官。司法认知是法官的特殊职权行为，在行使时对于已经为社会大众所公认的事实或法律上共同承认的事实、公理性事实，我国法律不允许法官无视其真理性，而直接由法官认定为法律事实。第三，司法认知的效力是确定的。法官一旦运用司法认知，则可免除当事人对相应事实的举证责任。除一些法律允许反证的事实外，其他事实一旦被司法认知为法律事实，就成为作出判决的根据。

值得注意的是，最新立法在司法认知这一规定上，在针对"仲裁机构的生效裁决所确认的事实"的反证标准上存有反复，背后也显示出国家公权力对于作为

---

① 李苏林：《证据裁判原则下的案件事实认定》，载《山西大学学报（哲学社会科学版）》2015年第3期。

非公权力机关之仲裁效力的态度变化。《民事诉讼证据规定》和《民诉法司法解释》要求的反证标准为"当事人有相反证据足以推翻",而《新民事诉讼证据规定》则仅要求"当事人有相反证据足以反驳",对仲裁文书效力认定的强度有所变化。同时,《新民事诉讼证据规定》也将"已为人民法院发生法律效力的裁判所确认的事实"限缩为"基本事实",缓和了司法之既判力与自由心证原则之间的矛盾。上述有关司法认知规则的最新发展,体现了法律事实背后的国家意志性,也契合了司法作为国家公权力的强制性。

其二,自认规则。法律事实的自认也称为对法律事实的承认,指的是当事人(包括诉讼代理人、共同诉讼人和第三人)对他方在诉讼中所主张的不利于自己的事实,以言语或行为表示承认,即一方当事人对对方当事人作出的不利于自己的陈述表示认可,其产生免除对方当事人针对相应内容的证明责任的效果。自认规则的主要内容有:第一,自认的内容必须是一方当事人关于事实的陈述,也就是说对当事人在该诉讼程序之外所作的陈述的承认不是自认;第二,自认只限于诉讼程序中的承认,并限于在开庭前或庭审中的承认,而在诉讼程序之外承认的事实,不属于"自认"的范畴。第三,自认的生效必须要求双方当事人对事实的表述一致。第四,自认的内容必须是针对自认人的不利的事实。自认制度有利于简化诉讼程序,提高诉讼效率,符合诉讼经济性要求。值得注意的是,随着自认制度的新发展,实践中也出现许多新问题亟须规制。

不同于诉讼双方之自认不证自明,诉讼代理人和共同诉讼人之自认需审慎认定。针对诉讼代理人之自认,出于保护诉讼主体的利益考量,《民事诉讼证据规定》规定,未经特别授权的委托诉讼代理人对事实的自认将直接导致承认对方诉讼请求的,不构成自认。针对实践中诉讼代理人滥用此项规定违背诚实信用原则,出尔反尔的乱象,《新民事诉讼证据规定》则明确,除授权委托书明确排除的事项外,诉讼代理人的自认视为当事人的自认,扩大了委托代理人的自认权限,给当事人委托诉讼代理人时授权范围之确定敲响了警钟。

针对共同诉讼人之自认,《民事诉讼证据规定》并未进行规定,规范缺失的现象也造成了实践的混乱。有鉴于此,《新民事诉讼证据规定》对此内容进行了

规定，第 6 条根据普通共同诉讼和必要共同诉讼之原理，区分对待了两种共同诉讼情形下部分共同诉讼人之自认效力，同时规定了必要共同诉讼下的拟制自认规则。

此外，《新民事诉讼证据规定》在第 7 条增加了有关限制自认的规定，将是否构成自认的裁量权赋予法官，便于法官在诉讼中就个案进行把握。第 9 条则对自认的撤回作出了更加宽松的规定。上述最新规定为自认制度在民事诉讼领域的适用提供了道路指引和裁判指南，对正确发挥自认制度的优势，促进司法效率与公平的统一具有积极意义。

其三，推定规则。推定是根据法律或经验法则，直接根据某一已知事实推断另一事实的存在。经验法则可作为推定规则使用的根据，这即是《新民事诉讼证据规定》第 10 条第 4 项的规定：“根据已知的事实和日常生活经验法则推定出的另一事实”。在严格意义上，涉及经验规则的适用时，推定规则属于司法认知规则的范畴。推定涉及两个方面的事实，一是基础事实，另一是推导事实。当事人只需要证明基础事实的存在，法院即可以根据推定规则认定推导事实的存在，除非存在其他反证。推定事实很有可能由于经验法则的模糊而存在着不精确性，从而导致法律事实与客观事实之间出现偏差，典型案例如广为人知的彭宇案。但在多数案件中，经验法则的运用并不会导致法律事实与客观事实的偏差。例如，在借贷关系诉讼中，客观事实是甲向乙借款 5 000 元，但由于笔误，欠条上写的实际数额是"5.000"元，因此甲主张他只欠乙 5 元。此时法官根据日常生活经验法则，认为数额仅为 5 元的借贷关系出具借条有违常理，而判决甲向乙归还 5 000 元是显然合理的。① 同时，实践中也有稍为复杂的类似笔误案例，法官根据生活常识作出了较为合理的推理。在某民间借贷纠纷中，借条上已明确借款数额为人民币 500 万元，又载明"期限贰拾万"，双方当事人同时认可笔误存在，但对笔误存在不同理解：一方主张该表述本意应为"现金贰拾万"、借款期限未在借条中约定，由双方另行口头约定；另一方则认为应为"期限贰拾天"。法官在

---

① 参见杨晓玲：《经度与纬度之争：法官运用"经验法则"推定事实》，载《中外法学》2009 年第 6 期。

裁判中，基于生活常识认为，借条应包含借款金额、借款期限和利息三要素，尤其在数额较大的借款之中。同时，笔误为两个字的概率远远小于笔误为一个字，故可推知该表述目的是约定借款期限。而借款期限的单位，生活中常用期限的单位有"天、月、年"。但"二十年"期限太长，不符合借款的目的，若为"二十月"，一是不符合"二十个月"语言表达习惯，二是原告主张时未到还款期限。由此推断，此句话为"期限贰拾天"较为合理。①

法律也可以作为推定规则使用的根据。《民诉法司法解释》第93条将《民事诉讼证据规定》第9条第3项规定的"根据法律规定或者已知事实和日常生活经验法则能推定出的另一事实"拆分成"根据法律规定推定的事实""根据已知的事实和日常生活经验法则推定出的另一事实"两款，从而确定了根据法律规定对事实进行推定的独立地位，《新民事诉讼证据规定》对此加以沿袭。举例而言，我国法律中现存有关事实推定的规定有：《民法总则》第40条有关失踪状态的推定："自然人下落不明满二年的，利害关系人可以向人民法院申请宣告该自然人为失踪人。"第46条有关死亡状态的推定："自然人有下列情形之一的，利害关系人可以向人民法院申请宣告该自然人死亡：（一）下落不明满四年；（二）因意外事件，下落不明满二年。因意外事件下落不明，经有关机关证明该自然人不可能生存的，申请宣告死亡不受二年时间的限制。"《合同法》第78条关于合同是否变更的推定："当事人对合同变更的内容约定不明确的，推定为未变更。"

## 夫妻共同债务的认定

我一直固执地认为，围绕夫妻共同债务的认定而发生的争执的焦点，很大程度上是事实的认定问题。按照法律适用的最一般技术，一份判决的形成相当于形式逻辑中的三段论。在三段论演绎中，法律规范充当大前提，法律事实是小前提，判决就是推理结论。其中的法律事实就是指经法官认定的有法律意义的事

---

① 参见江苏省扬州市中级人民法院（2016）苏10民终1199号民事判决书。

实,通常通过法庭调查以及当事人举证质证来完成,这种程序上的操作看上去似乎与价值判断毫无关系,事实作为一项客观的存在,取决于裁判者是否以及如何发现,与主观价值判断无涉。也正因为如此,事实之调查和认定,一般不会被纳入价值判断的范畴。然而以下这个典型事例将表明,尽管经验的判定、逻辑的推理以及证据规则的设置为裁判当中案件事实的形成提供了可靠性基础,但在无法判定和逻辑无法推知的情况下,必要的价值判断对案件事实的形成仍然具有重要的影响。①

1950年《婚姻法》颁布以来,我国对夫妻共同债务推定规则一直坚持"目的推定制"。原《婚姻法》第24条规定:"离婚时原为夫妻共同生活所负担的债务,以共同生活时所得财产偿还",该条规定确认了夫妻共同生活所负债务为夫妻共同债务的准则。现行《婚姻法》第41条延续了此种做法,该条规定:"离婚时,原为夫妻共同生活所负的债务,应当共同偿还。"由此可知,以所负债务的目的和用途推定该债务是否属于夫妻共同债务,是《婚姻法》多年来坚持的原则。简单地说,如果夫妻负担的某项债务系用于夫妻共同生活,无论该项债务是以夫妻双方名义还是夫妻一方的名义负担,都属于夫妻共同债务;反之,则为夫妻一方的个人债务。② 民事裁判中要判断某项债务是否属于夫妻共同债务这一法律问题,前提是必须查证该项债务是否被用于夫妻共同生活,这是一个纯粹事实问题。

在实践中,判定以夫妻双方名义共同负担的债务属于夫妻共同债务自不待言,即使对于夫妻一方为了家庭日常生活所负担的债务,亦可以借助家事代理权

---

① 参见舒国滢等:《法学方法论》,北京,中国政法大学出版社2018年版,第244页以下。

② 对于"共同生活"的解释,有观点认为不应局限于进行狭义的字面解释,而应将其外延扩大解释为"共同利益",即只要某项债务旨在满足夫妻共同利益,则该债务也属于夫妻共同债务。相反,夫妻一方未分享到相应收益的,则该债务属于夫妻一方债务。参见《最高人民法院民一庭关于夫妻一方对外担保之债能否认定为夫妻共同债务的复函》(〔2015〕民一他字第9号)。司法实践中,不少法院倾向于将以夫妻一方对外负担的投资经营性债务认定为夫妻共同债务,也正是基于此种考量。如在张某某与田某等借款合同纠纷案中,最高人民法院认为:从本案的实际情况来看,徐某某尽管系担保人身份,但其同时也是债务人旭跃公司的法定代表人和控股股东,旭跃公司的经营状况直接影响股东徐某某个人收益的多少,和徐某某与张某某婚姻关系存续期间夫妻共同财产的多少也有直接关系。参见最高人民法院(2017)最高法民申44号民事裁定书。

理论，将之归入夫妻共同债务的范围。① 实务中面临的最大考验，也是社会反响最为激烈的，是对于以夫妻一方名义对外负担的超出家庭日常生活的债务，能否认定为夫妻共同债务。换言之，法官纠结的是如何准确地做一道"以夫妻一方名义对外负担的超出家庭日常生活的债务是否用于夫妻共同生活"的事实判断题。

这道判断题的答案倚赖于裁判者的价值取向。2003年最高人民法院发布的《关于适用〈中华人民共和国婚姻法〉若干问题的解释（二）》（以下简称《婚姻法司法解释二》）给出了一个较为确切的回答，该解释第24条第1款规定："债权人就婚姻关系存续期间夫妻一方以个人名义所负债务主张权利的，应当按夫妻共同债务处理。但夫妻一方能够证明债权人与债务人明确约定为个人债务，或者能够证明属于婚姻法第十九条第三款规定情形的除外。"该条规定以夫妻日常家事代理权为法理，确认了夫妻共同债务推定规则。② 根据该条规定，婚姻关系存续期间夫妻一方以个人名义所负的债务，在用途上均得推定为系用于夫妻共同生活，为夫妻共同债务，但不排除配偶一方举出反证。另外，如果配偶一方能够证明债权人与债务人明确约定为个人债务，或者证明存在《婚姻法》第19条第3款的情形，即债权人明知夫妻存在分别财产制的约定，则该债务为举债方个人债务。显然，在价值判断上，由于将推翻法律上夫妻共同债务存在的事实的推定的举证责任分配给了配偶一方，《婚姻法司法解释二》第24条的推定论体现出了浓厚的保护债权人利益和维护交易安全的色彩。

该条解释出台后，司法实践开始使用上述推定方式处理婚姻关系存续期间夫

---

① 对于基于夫妻双方合意所负担的债务，根据《民法通则》第87条的规定和多数人之债的一般理论，本就应认定为夫妻双方的连带债务，其本身与多数债务人之间是否存在婚姻关系并无直接关联。对于夫妻一方为了家庭日常生活所负担的债务，家事代理权理论认为在基于一般日常生活需要而缔结合同时，相对人有理由相信作出意思表示的是夫妻双方而非夫妻一方，依据代理制度的相关理论，相应合同的法律效果归属于夫妻双方。司法解释同样肯认了该种做法，《最高人民法院关于审理涉及夫妻债务纠纷案件适用法律有关问题的解释》（法释〔2018〕2号）第2条规定："夫妻一方在婚姻关系存续期间以个人名义为家庭日常生活需要所负的债务，债权人以属于夫妻共同债务为由主张权利的，人民法院应予支持。"

② 参见最高人民法院民事审判第一庭：《最高人民法院婚姻法司法解释（二）的理解与适用》，北京，人民法院出版社2015年版，第257页。

妻一方以个人名义所负的债务的认定，此种裁判规则随即引发了巨大争论。批评意见主要认为，在法理基础上，该条解释以日常家事代理权为依据，构建夫妻共同债务推定规则，属于对日常家事代理权的误用，因为"日常生活"仅属于"共同生活"的一部分，夫妻共同债务的范围包括但不限于基于日常家事代理权产生的夫妻共同债务①；在规范构造上，司法解释对夫妻共同债务的认定以"婚内标准"取代了《婚姻法》规定的"共同生活"标准，违背了立法本意②；尤其是，在价值取向上，《婚姻法司法解释二》确定的共债推定规则不仅不利于维系和巩固夫妻团体关系，而且有违强调人格独立和个人主义勃兴的时代潮流。③另外，在司法实践中，基于司法解释规定的除外情形过少的现状，有人称在接近九成的夫妻共同债务纠纷案中，夫妻一方对外举债都被推定为夫妻共同债务。④鉴于无辜被拖累负债者数量庞大，论者进而呼吁，应当废除《婚姻法司法解释二》第24条。⑤

在我看来，就规范层面而言，《婚姻法司法解释二》第24条的设计并无问题。具体来说，《婚姻法司法解释二》第24条虽表述为"婚姻关系存续期间夫妻一方以个人名义所负债务应当按夫妻共同债务处理"，但其实质上跳过了一项论证的中间环节，即推定婚姻关系存续期间内夫妻一方以个人名义所负的债务，都

---

① 日常家事代理权主要适用范围在于法律行为直接满足家庭日常生活的情形，以日常家事代理权为依据，将夫妻一方在婚姻关系存续期间负担的债务一概推定为夫妻共同债务，超越了日常家事的范围，也违背了日常家事代理权的宗旨。参见贺剑：《论婚姻法回归民法的基本思路——以夫妻法定财产制为重点》，载《中外法学》2014年第1期；叶名怡：《〈婚姻法司法解释（二）〉第24条废除论——基于相关统计数据的实证分析》，载《法学》2017年第6期；缪宇：《走出夫妻共同债务的误区——以〈婚姻法司法解释（二）〉第24条为分析对象》，载《中外法学》2018年第1期。

② 参见夏吟兰：《我国夫妻共同债务推定规则之检讨》，载《西南政法大学学报》2011年第1期。

③ 参见叶名怡：《〈婚姻法司法解释（二）〉第24条废除论——基于相关统计数据的实证分析》，载《法学》2017年第6期。

④ 参见陈法：《我国夫妻共同债务认定规则之检讨与重构》，载《法商研究》2017年第1期。

⑤ 除学界的呼声外，多位全国人大代表、政协委员曾连续多年在全国两会提案，并在各种场合发声，呼吁修正《婚姻法司法解释二》第24条。参见曾云英（全国人大代表）：《借贷须夫妻共同签字方为共同债务》，载《人民法院报》2015年12月5日，第5版。全国妇联副主席更是直指该条解释损害家庭成员的合法权益，导致一系列不公正司法判决，催生出一批无辜受害女性。一大批"二十四条受害者"，则向记者详细描述了她们的不幸遭遇。参见谷岳飞：《离婚被负债：她们是婚姻法第24条"受害者"吗》，载《新京报》2017年1月17日，第A16版。

会用于"共同生活",进而再依据《婚姻法》第 41 条的规定,将该债务划归为夫妻共同债务。夫妻共同债务推定的基本精神仍未超出《婚姻法》第 41 条规定的内涵,也并未改变以"共同生活"作为认定夫妻共同债务的标准。换句话说,配偶一方不仅可以依据《婚姻法司法解释二》第 24 条的除外规定证明在订立合同时债权人与债务人达成了该债务系个人债务的合意,或者存在《婚姻法》第 19 条第 3 款的情况,还可以通过证明案涉债务与夫妻日常生活无关(如负债时夫妻已经分居),从而推翻共同债务的推定。[①] 在此意义上,《婚姻法司法解释二》第 24 条在规范上和《婚姻法》第 41 条的规定并不存在冲突,前者只是举证责任分配的程序性规定,后者则是夫妻共同债务认定的实体标准。

问题在于,无论是通过事实的证明还是借助推定规则来拟制,夫妻双方在婚姻关系存续期间是否知晓,以及是否从配偶一方所负债务中获益,都是这项规则得以正确妥当适用的前提,而此项前提判断的形成恰恰构成真正的冲突:价值取向上的冲突。如前所述,推定论体现出对债权人利益和维护交易安全的偏重保护,难免造成配偶另一方保护的缺失。根据《婚姻法》第 19 条第 1 款的规定,我国的法定夫妻财产制为婚后所得共同所有制,在学理上,这种共有属于共同共有,论者通常会认为,既然夫妻婚后收入属于共同共有,则因共同生活所负债务也由夫妻共同偿还自然也理所应当。[②]《婚姻法司法解释二》第 24 条正是在夫妻共同财产制的立法现状下作出设计,其预设判断乃确信夫妻间属于最亲密共同体,对于以夫妻一方名义所负的债务,推定另一方应当明知;反之,如果不将该项债务归为夫妻共同债务,将可能导致夫妻双方恶意串通转移资产,通过减少债务人的责任财产的方式损害债权人的利益。因此,第 24 条基于偏重保护债权人

---

[①] 实践中最高人民法院也肯定了此种判断。如在陈某某与郑某某、丁某某第三人撤销之诉一案中,最高人民法院在说理部分认为:《婚姻法司法解释二》将婚姻关系存续期间夫妻一方以个人名义所负债务推定为夫妻共同债务的前提是一方不能证明另一方所举债务并非用于夫妻共同生活,若一方能够证明另一方以个人名义所负债务并非用于夫妻双方共同生活,则应当直接适用《婚姻法》第 41 条的规定,由举债一方偿还。参见最高人民法院(2015)民申字第 1031 号民事裁定书。

[②] 在比较法上,共同债务推定规则同样能够找到诸多国家立法例的印证,在采取夫妻共同财产制的国家,通常也伴随着夫妻共同债务推定规则。典型立法例,如《法国民法典》第 1413 条,《意大利民法典》第 190 条,《路易斯安那民法典》第 2360 条、第 2361 条。

利益的需要对夫妻共同债务的证明责任进行了分配，将婚姻存续期间夫妻一方以个人名义负担的债务推定为夫妻共同债务，债权人原则上可以就夫妻共同财产受偿，除非配偶一方能够举出反证证明该债务仅为债务人的个人债务，以推翻这种推定。需要强调的是，此时推定的夫妻共同债务，限于以夫妻共同财产和举债方的个人财产作为责任财产，配偶方的个人财产原则上不属于责任财产。① 在区分夫妻共同债务不等于夫妻连带债务的前提下，理论上配偶方可能蒙受的不利益也被限制在了夫妻共同债务的其应有份额内，而未及于其个人财产，因此在利益衡量上，虽然使得配偶方承受了一定的不利，但该种不利具有可控性，故司法解释的制定者在价值层面的考量本身也并不欠缺正当性。

　　问题出在操作上，司法解释制定者利益平衡的考量很不幸地在实践中往往落空，即对非举债方不利益进行控制的价值目的并未完满实现。如前所述，配偶一方证明在订立合同时债权人与债务人达成了该债务系个人债务的合意，或者证明存在《婚姻法》第19条第3款的情况本就存在困难，如果诉诸通过证明案涉债务与夫妻日常生活无关，则配偶一方需要举证证明案涉债务"未用于共同生活"，或者配偶一方"未分享共同利益"，但是，"未用于"也好，"未分享"也罢，二者皆属于消极事实，从可能性的角度，证明某一事实并未发生实在强人所难，在逻辑上也难以成立。② 这就导致配偶方欲在诉讼中举出反证极其困难，法律上关

---

① 学者在论及婚姻存续期间夫妻一方以个人名义负担的债务，债务人的责任财产问题时，认为学界普遍存在一项误解，即认为债务人此时的责任财产包括夫妻共同财产和夫妻双方的个人财产，其实，如果在夫妻双方的合意和符合日常家事代理权适用的场合，配偶方的个人财产应作为责任财产承担连带责任并无疑问，但是在其他的场合，配偶事实上无须以个人财产对案涉债务负责，相应的责任财产范围应当仅限于夫妻共同财产以及举债方一方的个人财产。更加详尽的探讨，参见龙俊：《夫妻共同财产的潜在共有》，载《法学研究》2017年第4期；缪宇：《走出夫妻共同债务的误区——以〈婚姻法司法解释（二）〉第24条为分析对象》，载《中外法学》2018年第1期。当然，反对意见也认为，区分夫妻共同债务和夫妻连带债务的实践意义不大，因为尽管夫一方的个人财产与夫妻共同财产在理论逻辑上的区分是清晰的，但在实践中却难以区分，尤其随着夫妻关系的延续，两者的区分不仅会越来越难，而且会发生混合、添附等导致归属关系变化的法律事实，从而趋向于财产混同。参见冉克平：《论夫妻共同债务的类型与清偿——兼析法释〔2018〕2号》，载《法学》2018年第6期。

② 参见陈贤贵：《论消极事实的举证证明责任——以〈民诉法解释〉第91条为中心》，载《当代法学》2017年第5期。当然，该项判断也并非绝对，如前述案例所示，通过证明夫妻之间已经分居的积极事实，亦可以证实案涉债务未用于共同生活的消极事实。

于共同债务的推定几乎无法被推翻。[1] 由此导致的后果是，配偶方的不利益并未被限制在合理范围内，配偶方时常需要承担"被离婚"又"被负债"的后果，致使其利益受到巨大损害，甚至形成社会关注。

为在价值层面解决前述弊端，增强对配偶方利益的保护，最高人民法院在充分调研后，于2018年1月发布《关于审理涉及夫妻债务纠纷案件适用法律有关问题的解释》（以下简称《夫妻债务纠纷解释》），解释第3条规定："夫妻一方在婚姻关系存续期间以个人名义超出家庭日常生活需要所负的债务，债权人以属于夫妻共同债务为由主张权利的，人民法院不予支持，但债权人能够证明该债务用于夫妻共同生活、共同生产经营或者基于夫妻双方共同意思表示的除外。"该规定意味着在事实判断上，对于以夫妻一方名义所负的超出日常生活需要的债务，不再直接推定为夫妻共同债务，而有赖于债权人证明该债务用于"夫妻共同生活"或者用于"共同生产经营"等积极事实。同时，《夫妻债务纠纷解释》除规定正在审理的一审和二审案件均适用新司法解释外，还特别强调已经终审的案件，若是存在认定事实不清、适用法律错误、结果明显不公的，也应该依法再审予以纠正并改判，以保护配偶一方受损的权益，这一举动明显做出举证责任上的偏移，有可能显著改善举债方配偶在诉讼中的"不利"地位。

显然，在新的司法解释所确立的规则当中，维持家庭伦理需要的利益，相较于交易安全和交易效率的利益，被赋予了更为优越的地位。这一立场上的变化，无疑是价值判断上的取舍考量。无论是《婚姻法司法解释二》还是《夫妻债务纠纷解释》，都是以《婚姻法》第41条的规定为基础，二者的价值差异直接影响了对于婚姻存续期间以夫妻一方名义所负的债务"是否用于共同生活"的事实判断问题，前者是推定所有的债务都用于共同生活，而后者则是将超出日常生活需要的债务推定为未用于夫妻共同生活，而需要债权人举证加以证明。同为事实问

---

[1] 参见叶名怡：《〈婚姻法司法解释（二）〉第24条废除论——基于相关统计数据的实证分析》，载《法学》2017年第6期。其实，最高人民法院也意识到除外规定过少的问题，于2017年2月28日发布《关于适用〈中华人民共和国婚姻法〉若干问题的解释（二）的补充规定》，增加了两项免责事由，即夫妻一方与第三人串通虚构债务以及夫妻一方在从事赌博、吸毒等违法犯罪活动中所负债务不属于夫妻共同债务。但是补充规定仍未改变共同债务推定规则。

题，价值导向的差异引致出的举证责任规则，将有可能对事实的判断产生颠覆性的影响。

此项变化的效果仍然有待评价。将举证责任分配给了证明积极事实发生的债权人一方，看上去似乎更加有助于查清案件事实，但由此带来的问题是，按照日常生活常理，夫妻一方是否将案涉债务用于共同生活的证据均为夫妻方所掌握，债权人要证明债务用于夫妻共同生活绝非易事，由此必然带来对交易安全的担忧。相应地，债权人为了保障自身债权的实现，就不得不要求所有的债务人在发生债务时让其配偶在债权债务协议上签字，以实现"共债共签"，此举会否极大地增加交易成本，丧失交易的效率和安全，不无疑问。尤其是在陌生人交易的场合，债务人是否有配偶、债务人所声称的配偶（甚至所提供的结婚证）是否真实，债权人其实难以确保。就算形式要件全部满足，如果配偶方不同意交易，进而不愿意实施"共债共签"，理性的债权人就很可能取消交易。如果市场经济最具代表性的合同动辄就因为某项规则的存在而无法成立，则交易阻滞、流通丧失，财富流将受到极大限制。总之，当价值判断倒向家庭伦理时，在天平的另一头，会否"按下了葫芦起了瓢"？

规则并无对错之分，对于夫妻共同债务事实认定和举证规则的探讨，无非在价值层面再次反映出配偶方保护与债权人保护之间的紧张关系，前者突出代表着家庭伦理与道德人伦价值，后者则是交易效率与交易安全价值的典型体现，二者的碰撞与交融，才是法律真正的魅力所在。

## 第二节　法律解释的民法面向

### 法律解释的本体论

关于法律解释的含义，不同论者有不同见解。例如有学者认为，法律解释即应简单定义为"对法律含义的说明"，亦有学者指出，法律解释是法官在法律适

## 第七章 法律适用及漏洞填补

用中对法律和事实的意义说明,具体含义包括:(1)法律解释是赋予事实以法律意义的活动,即法律解释是一种媒介行为,是根据法律文本的规范意旨赋予事实以法律意义;(2)法律解释是把不清楚的法律规定说清楚,即"法律必须解释,乃是基于三权分立的原理、法治主义的精神以及法律安全性的要求等因素,故法官在适用法律的时候必须先解释法律"①。如果将法律解释的目标定义为制定法,把法律解释活动的作用固定为"把不清楚的法律规定说清楚",那么法律解释的理念就会将自身置于立法者的立场,在个案中运用现有的法律规定重构法律的意义。就像对于日本法上的法律解释学尤其是利益衡量论有着突出贡献的加藤一郎说的:"等待立法直等到死能否实现也很难说。如果想在活着的时候求得比较好的解决,就有必要尽可能通过解释论探求解决的可能性。"② 这样的认识,有可能会将论题引向立法权与司法权关系问题的讨论,本书显然意不在此。③

虽然以哲学的观点而言,即使是立法者本身亦不可能完全重现其立法时特定时间点的思维,更毋论在司法阶段他人更是有可能无从还原立法者的意识与初衷,但不可否认的是,法律解释至少是在法律基本理念的指引下回溯的、于宪法至上的前提下,追寻社会之正义和公平、人性之善意和纯良的过程。法律解释的过程,即是找寻可以被接受的法律意义,是在纷繁复杂的事件中探究法律的规范意旨,澄清法律疑义,使得法律含义于不同境况下均表征出科学性、妥适性与正确性。

如果对法律解释问题进行一般性的讨论,总会纠缠于一些前提性问题:为何解释?引出解释的问题是什么?解释目的是什么?解释方法是否得当?④ 这样的追问,或多或少具有本体论的意味。受到哲学解释学影响的法律解释理论,其研究一度也处于"由方法论的法律解释向本体论法律解释"的过渡状态,这使得法

---

① 杨日然:《法理学》,台北,三民书局股份有限公司2005年版,第93页。
② [日]加藤一郎:《民法的解释与利益衡量》,梁慧星译,载梁慧星主编:《民商法论丛》第2卷,北京,法律出版社1994年版,第93页。
③ 相关讨论可参见舒国滢、王夏昊、梁迎修等:《法学方法论问题研究》,北京,中国政法大学出版社2007年版,第356页以下。
④ 参见方流芳:《罗伊判例中的法律解释问题》,载梁治平主编:《法律解释问题》,北京,法律出版社1998年版,第272页。

律解释本身就成为研究的对象。①

在传统意义上，法律解释学被认为应当是客观中立和价值无涉的，其解释目标是追寻立法者的立法本意。体现在司法中，则是要求法官恪守司法三段论的运用，亦即法官所需要做的，仅是将案件事实（小前提）归入法律规范（大前提）中，并得出具有确定性的客观化的结论。这一理论以萨维尼的理论为奠基，其后在德国得到了其他流派的长足发展。②然而，针对这一理论的批判者也不在少数。其中比较典型的批评意见认为，传统的法律学说的致命问题是将一切先前的理解看作是正确理解，并要求裁判者在解释上不掺杂任何主观色彩，这是一种误解，也是不现实的。③同时，传统解释学的悖论也会使得强调方法论的法律解释学逐渐不能自圆其说，因为无论是运用文义解释、目的解释、体系解释还是其他解释方法，都无法真正探求立法者的目的。④

正是基于上述批判，以海德格尔和伽达默尔为代表的学者提出了一种修正的观点，即认为在解释学上，理解、解释与应用其实是三位一体无法割裂的，在法律适用过程中，除了客观的解释外，裁判者还需要结合个案的情况，对法律文本予以具体应用。此处所谓应用，就是指法官适用法律时，也需要结合自身的主观

---

① 不少文献都提到了西方法理学研究中"由方法论的法律解释向本体论法律解释"的转变趋势。参见陈金钊：《法律的特性与法律解释——法律解释的一种本体论探索》，载《广西师范大学学报（哲学社会科学版）》2003年第2期；王彬：《法律解释的本体与方法》，载《西南政法大学学报》2006年第1期。同时也有学者出版专著，对法律解释的本体进行讨论。专著内容的简要介绍，参见张志铭：《〈法律解释学〉的内容框架与写作场景》，载《国家检察官学院学报》2016年第1期。

② 参见郑永流：《欧陆法律方法的方向性进程》，载《清华法学》2018年第2期。

③ 参见郑永流：《出释入造——法律诠释学及其与法律解释学的关系》，载《法学研究》2002年第3期。有学者具体从刑法角度反思了客观化背景下目的解释的不合理性，其认为在客观解释的包装下，目的解释可能存在演化为随意解释的危险，同时解释的结论未必符合客观现实。刑法学中的目的解释宣称接受刑法文本的制约，但这种立场在具体罪名的解释中通常会走样。参见石聚航：《谁之目的，何种解释？——反思刑法目的解释》，载《现代法学》2015年第6期。

④ 详言之，论者认为，法律语言的流变性使司法者无法通过文义解释在语言中把握立法者的意图，立法过程的集体性和历史性使立法者的意图变得不可捉摸，通过目的解释的方法似乎可达到目的，同时，体系解释和语境解释又会使司法者进行无休止的语境考察，陷入浩瀚无边的立法材料中无法自拔。参见王彬、刘金才：《论法律解释的范式转化》，载《海南大学学报（人文社会科学版）》2006年第2期。

判断对法律进行"修正",但此种修正并非法外修正,而仍然属于对法律的解释。这种从认识论到本体论的转换,也被称为本体论意义上的法律解释。[①] 简言之,本体论意义上的法律解释理论就是要求裁判者在裁判过程中仔细思考,如何将案件事实与法律规范进行对应。本体论意义上的法律解释相较于方法论意义上的法律解释,主要区分在于本体论意义上的法解释中,主观性要件不再是需要被极力避免的,反而成为其追求的目标。[②] 本体论意义上的解释学,又被称为从"法律解释"向"法律诠释"的转向,其在法律解释学的发展史上具有革命性的意义。

不过,在法律解释的本体论转向的过程中,也遭到了各种质疑,其中主要观点认为本体论的法律诠释学容易陷入相对主义和主观主义的泥淖。毕竟,建立在哲学解释学基础上的法律解释理论的成立,必须具备经过法律效力检验的能力。尤其是在中国语境中,法律解释的本体论转向,并未出现这种契机,当代中国的法治建设毋宁是更需要法律方法的支撑。如果当我们对法律"方法"还没有深入研究的时候,就贸然转向"本体",很可能会迷失方向。[③] 所以,研究法律解释仍应当回归到法律方法论层面,必须与民法及其适用中的具体法律问题结合,形成具有适用性的解释方法。说来有意思,中国法学界关于法学方法论的研究,其肇端恰恰也是源自民法解释学。[④] 如今的法律解释走向,虽然其间难免兜兜转转,却仿佛冥冥之中自有天意。

---

[①] 方法论意义上和本体论意义上的法律解释的界分,主要得益于哲学解释学在法学研究中的运用。这一学术转变可以说是由海德格尔提出,由伽达默尔展开。详细论述,参见焦宝乾:《本体论意义上的法律解释理论》,载《山东大学学报(哲学社会科学版)》2004年第1期。

[②] 参见王彬、刘金才:《论法律解释的范式转化》,载《海南大学学报(人文社会科学版)》2006年第2期。

[③] 当然,也有论者分享了不同意见。认为伽达默尔的哲学解释学论证了解释是真理生成的基本方式,现行中国法律解释存在许多问题,应借鉴伽达默尔解释学原理,进行深度改革和总体整合,使之适合法治发展的需要。参见高鸿钧:《伽达默尔的解释学与中国法律解释》,载《政法论坛》2015年第2期。

[④] 学界一般认为,我国对于法学方法论的研究最早可追溯到梁慧星教授于1995年出版的《民法解释学》。参见雷磊:《主题的拓展与方法意识的觉醒:四十年来规范法学的发展》,载《北京航空航天大学学报(社会科学版)》2019年第1期。

## 法律解释与民事审判

在不同的部门法视角下,法律解释的真切含义各不相同。① 但毋庸置疑的是,法律解释对于民事裁判活动的覆盖是全方位的。首先,上一节的分析已经表明,法律解释在民事审判当中,早在事实认定阶段即已介入。在司法实践进程中,对事实的认定无疑是审判是否显现真实性或真理性的重要环节。从某种意义而言,事实的认定就是事实的法律追问,意即从法律上对事实的构成层面的一种意义追问。法律关系主体在面对事实之际也需要从法律上理解、解释事实。在事实与规范的关系中,法律的意义世界才会得以真正彰显。②

其次,法律解释与民事法律关系的本质属性具有天然的契合。合同法律关系作为民事法律关系的典型,其实质是对于当事人自由交易意志的固定,但在具体情境下,基于当事人的理性和法律素养有限,所订合同难免有不完善和用语模糊之处,甚至漏洞频出。这决定了合同有赖于解释方可真切体现出缔约者的需求。同时,由于在合同解释的过程中必然会涉及法律的规定(例如《合同法》第61条、第62条规定的合同漏洞填补),合同解释的方法也与法律解释方法相关,这些都体现出了合同解释与法律解释的紧密勾连。③

另外,民事法律关系的核心在于意思自治,意思自治的任意性特质决定了在具体适用时,需要经由法律解释方具备可适用性。在具体案件中,无论是运用补充性的任意性规范抑或解释性的任意性规范进行解释,意思自治都需要在法官综合运用法律解释方法的情形下才能实现,意思自治在民法中的核心地位还决定

---

① 除本节讨论的法律解释的民法面向外,亦有论者注意到法律解释在刑法中的特殊内涵。参见顾乐:《论刑法解释主体的资格与本体》,载《政治与法律》2008年第4期。

② 参见焦宝乾、陈金钊:《中国法律方法论研究学术报告(2005年度)》,载《山东大学学报(哲学社会科学版)》2006年第1期。

③ 除合同漏洞的填补外,在合同解释过程中,判断解除权行使所附条件有效与否需要运用我国《合同法》第45条、第96条等规定,解释约定解除的条件需要运用我国《合同法》第93条第2款、第94条第1项等规定。详细讨论,参见崔建远:《合同解释与法律解释的交织》,载《吉林大学社会科学学报》2013年第1期。

了，裁判者需要在法律渊源、法律发现与法律解释等诸种法律方法的制约下，秉承司法克制主义的理念，给予意思自治最大的生存空间。①

最后，民事审判的特点适合解释方法的运用。一般认为，法律解释方法包括文义解释、体系解释、目的解释、历史解释、社会解释等，除此之外还要辅之以利益衡量、价值判断、法律论证等补充手段。②从理论上而言，法律解释的目的在于明确立法者当时的意思，但诚如杨仁寿教授曾指出的那样，立法当时之材料，诸如行政机关所提立法说明、立法者之发言意见、会议记录等确实可以作为推断立法者意思的参考资料。如果解释活动发生在法律制定后不久，社会情况一般不会发生变化，此种做法就固然有其道理。但如果法律制定日久，社会情况已有变迁，仍要求解释者拘泥于不合时宜的立法者意思，就难免将不符合民众的法律感情。对民众而言，其仅能透过法律之条文去知法、守法，而法官用法，亦不能偏离于此，才能呼应人民的法律感情，切合社会的实际需要，发挥"法与时转则治"的宏效。③

民商事案件事实纷繁复杂，新类型的案件层出不穷，其涉及的利益关系乃多元而非单一。面对责难，多元法律解释方法的作用就更为凸显。诸如，在法律虽有规定，但运用文义解释的方法可能得出几套相互冲突的结论时，目的解释、体系解释和社会解释等解释方法的运用就尤为必要。在极其特殊的情形即疑难案件中，各类解释方法可能仍然无法切实调和个案的利益状态，此时就需要运用利益衡量、价值判断等方法，以弥补论证的不足，从而实现个案的公平正义。④申言之，作为法律解释所经常适用对象的疑难案件的判决结果并不是来自法律内部，对不同判决方案预测其社会效果并去权衡其利弊得失是隐含于法律解释中的思维过程；正是这个"隐含的思维过程"决定了疑难案件应当如何判决以及

---

① 参见谢慧：《契约自由的司法境遇——法律方法如何拯救意思自治》，载《法制与社会发展》2011年第4期。

② 参见陈金钊主编：《法律方法论》，北京，北京大学出版社2013年版，第98~120页。

③ 参见杨仁寿：《法学方法论》，北京，中国政法大学出版社2013年版，第134页。

④ 在部分案件中，甚至可能还要考虑到民众的感情，亦即调和法理与情理。详细论述，参见凌斌：《"法民关系"影响下的法律思维及其完善》，载《法商研究》2015年第5期。

法律应当如何解释。也正是在此意义上，学者将价值判断称为构成法律解释的灵魂。[1]

总而言之，法律解释是一种帮助司法理解与运用法律的方法，从狭义角度看具有使法律具体化、明确化、体系化的效用。法律解释又是一个论辩性的选择和决定过程。这一过程常常需要照顾到不同的、相互竞争的目的，并且原则上要努力在相互竞争的不同利益之间达成让人认为是最公正的妥协，在这一前提下实现效益的最大化。[2]

## 意思表示的解释规则及其路径

私法自治的最大意义在于从法律上提供了当事人自由自愿实现其真实意思的权利。也正因为如此，意思表示从来也没有像在私法当中这样受到如此优厚的对待。而对当事人意思表示的解释，"再现了无生命的字符所记载的有生命的思想"[3]，决定了当事人意思自治的力度与范围。意思表示解释作为各国民事法律行为理论的研究重点之一，向来以解释对象及目标的抽象性与解释规则的艺术性、技巧性为其特点。如果说明确、具体的意思表示是民商事交易得以顺畅进行的前提；那么科学、协调的意思表示解释规则就是稳定私法关系的基石。不宁唯是，意思表示解释规则既关乎民法理论，也涉及司法适用。这就要求意思表示的解释规则不仅限于理念的宣示和指引，更应当具有个案的可操作性。大陆法系的传统理论在其通过"意思主义"和"表示主义"对意思表示构成和解释进行诠释时，或对表意人过分偏袒而置接受人利益于不顾，或对接受人的信赖保护过于强调而忽视了私法自治的逻辑前提，总难免偏颇。在自己责任和信赖保护因素于法律行为制度中得到普遍认可的当下，结合法官的司法活动与中立地位重新确立统一的意思表示解释的目标，实在有其必要。

---

[1] 参见桑本谦：《理论法学的迷雾——以轰动案例为素材》，北京，法律出版社2008年版，第3页。
[2] 参见［德］齐佩利乌斯：《法学方法论》，金振豹译，北京，法律出版社2009年版，第85页。
[3] ［德］维尔纳·弗卢梅：《法律行为论》，迟颖译，北京，法律出版社2013年版，第342页。

## 第七章 法律适用及漏洞填补

**从《合同法》到《民法总则》**

*解释的对象：法律行为抑或意思表示*

私法领域所称的"解释"之对象究竟是法律行为抑或意思表示？提出该疑问的原因有二：一是既往的学术讨论中法律行为与意思表示极易混淆而经常被视作是相同的概念；二是在《民法总则》与《合同法》两种解释规则并存时，概念界分有助于明晰规则的选择适用。

意思表示作为旨在达至特定法律效果的意愿表达构成了法律行为制度的核心。就意思表示与法律行为的关系，学界曾展开过旷日持久的讨论。例如在萨维尼的论述中，"意思表示"和"法律行为"的意义基本相同。[1] 该分歧也反映在《德国民法典》意思表示和法律行为的交替表述上，这在一定程度上说明了尽管意思表示和法律行为存在差异，但是这种差异确实非常之小。[2] 我国学界当前的通说基本认可意思表示是法律行为的重要组成部分这一论述。但就"解释"对象来说，学术讨论中存在两种理解。其一，统一说，即认为法律行为的解释与意思表示的解释是相同的。梁慧星教授就曾明确表明："法律行为的解释亦即意思表示的解释。"[3] 从有关"解释"的文献资料的发展来看，这种视作相同的理解有一定的合理性。[4] 这种变化甚至被认为是"解释"对象的发展。其二，区分说，即认为法律行为的解释并非意思表示的解释，尽管两者的差异微乎其微。此见解主要建立在意思表示和法律行为的细微差别基础上，认为前者作为后者的组成部分在解释上更为具体，且当一个法律行为中存在多个意思表示时，对其进行解释就须结合所有的意思表示，而不能基于单独的意思表示。

笔者认为，从意思表示和法律行为的形成逻辑上来理解，理论上宜对意思表

---

[1] von Savigny, Friedrich Carl. System des heutigen römischen Rechts. Vol. 4. Veit, 1840. III S. 5. 转引自郝丽燕：《意思表示的解释方法》，载《北方法学》2015年第5期。

[2] 时至今日，对于二者的价值内涵仍存在一定的分歧，但对它们在促进私法自治的意义和功用上已基本达成了共识，梅迪库斯"意思表示是法律行为的工具，法律行为是私法自治的工具"的表述即为个中典型。参见［德］迪特尔·梅迪库斯：《德国民法总论》，邵建东译，北京，法律出版社2013年版，第143页。

[3] 梁慧星：《民法总论》，北京，法律出版社2007年版，第189页。

[4] 参见郝丽燕：《意思表示的解释方法》，载《北方法学》2015年第5期。

示的解释与法律行为的解释采区分说。支持该说最有力的证据之一是意思表示和法律行为的性质存在本质差异。当下通说将意思表示视作构成法律行为的核心元素，但并不抹灭意思表示的独立性。意思表示与法律行为互为独立的概念，并构成不同的制度。① 从意思表示解释和法律行为解释的差异程度来看，由一个意思表示构成的单方法律行为解释与意思表示的解释差异度最小；双方法律行为和多方法律行为则因为涉及多个意思表示，呈现出的较大的差异度。以合同为例略作展开分析可知，合同解释和意思表示的解释主要存在以下几方面的不同。其一，解释对象的阶段性构成不同。意思表示于合同成立之前发生，因此对未成立的合同、已撤销和无效的合同进行解释时，多涉及意思表示的解释。曾有学者指出可以以合同成立为基点区分意思表示解释和法律行为解释，意思表示解释起到判断合同是否成立的作用，而一旦合意存在就转化为法律行为解释。② 其二，解释对象的内容构成不同。合同解释多关注双方意思表示的结合领域，而意思表示解释则侧重局部领域。譬如在格式条款（合同）之争的场合，即当双方均提出一份要约并声称合同依该要约成立时，显然合同解释的对象与双方各自意思表示解释的对象并不相同。除意思表示之外，合同解释还包括了对合同成立时周围情事的解释。例如，印章作为某特定意思表示所归属的表意者或受领者，并不是意思表示本身，但核查、认定所谓意思表示存在与否的根据在于印章的真伪，因此其虽非合同条款，却也是合同解释的作业内容。③

区分说的理论优势在于使解释作业的范围更为周全，并能体现双方法律行为解释和多方法律行为解释作业过程中解释视角的"顾盼流连"。具体来说，意思表示的解释较法律行为的解释而言可以涵盖成立时间更为广泛的阶段，也就是说，即使法律行为并不存在或存在效力瑕疵，仍然可进行解释作业。这一观点也为立法机关所支持，"经研究认为……在有的情况下，只有意思表示，

---

① 参见崔建远：《合同解释辨》，载《财经法学》2018年第4期。
② 参见耿林：《中国民法典中法律行为解释规则的构建》，载《云南社会科学》2018年第1期。
③ 参见崔建远：《合同解释语境中的印章及其意义》，载《清华法学》2018年第4期。

但其还不构成法律行为；在有民事法律行为的情况，意思表示是民事法律行为的核心内容……规定意思表示的解释问题涵盖更广"①。同时，双方或多方法律行为是基于双方或多方意思表示的一致而成立的，此时必然涉及对构成该集合的单方意思表示的"筛选"，因此也就必须考虑意思表示的解释。这种解释视角的转化在决议行为中表现得更为明显。由于决议行为涉及多数决原则，因此就决议行为是否成立进行解释必须先对形成决议行为的每一单方意思表示进行解释。此时若采用统一说则可能造成理解上的复杂化，可能的路径是，将决议行为的解释理解为对集体意思表示的解释，而集体意思表示的解释有赖于对构成集体意思表示的每个成员的单独意思表示的解释。

然而，意思表示和法律行为是如此相互关联，并且在司法实践中难以区分，这就为立法上采取统合论提供了支持理由。其一，就解释内容的确定而言，必须通过对单方意思表示的分析来确定法律行为的内容。譬如，在应某峰诉嘉美德（上海）商贸有限公司、陈某美其他合同纠纷一案中，原被告就是否返还投资款以及如何返还产生纠纷。一、二审法院在对合同内容进行确定时，指出被告提出的以"货物、股权折抵前款"意见由于未被原告所接受，因此该要求并非合同内容而是单方意思表示。② 其二，就解释内容本身而言，意思表示的内容与法律行为的内容有较高的重合性。从两者的形成过程和表现结果来看，意思表示的解释和法律行为的解释均注重于以意志发生相应法律效果之"行为"③，而事实行为等其他法律事实则不在解释所关注的核心范围内。法律事实中关于当事人意志的形成、变更和消灭的部分才是解释所关注的重点。例如，对某合同免责条款进行解释时，既可以理解为对合同条款（法律行为）的解释，也可以理解为对合同单方意思表示的解释的集合。类似的推论也可发生在合伙行为、决议行为等场景中。其三，对立法上采取统合论最有力的支持是，由意思表示构成的法律行为的

---

① 李适时主编：《中华人民共和国民法总则释义》，北京，法律出版社2017年版，第439页。
② 参见上海市第一中级法院（2014）沪一中民四（商）终字第S1267号民事判决书，也可参见"应某峰诉嘉美德（上海）商贸有限公司、陈某美其他合同纠纷案"裁判要旨，载《最高人民法院公报》2016年第10期。
③ 朱庆育：《意思表示与法律行为》，载《比较法研究》2004年第1期。

解释方法实难迥异于单独的意思表示解释。文义解释、目的解释、体系解释等方法既是意思表示的解释方法也是法律行为的解释方法。可以说，实践中不存在独立于意思表示解释的法律行为解释方法。例如，在浙江省宁波正业控股集团有限公司与上海嘉悦投资发展有限公司与公司有关的纠纷上诉案中，法院在补偿承诺合同的解释中强调对各方真实意思表示的追寻。① 一审承办法官在对该案的评析中也明确指出《合同法》第125条对意思表示的解释进行了规定，并将合同解释的目的理解为寻求双方真实意思。② 类似的，实践中也不存在独立于法律行为解释的意思表示解释方法。在"王某根诉苏州古悦建设工程有限公司等买卖合同纠纷案"中，对欠款上所指的"1.5分"是月息1.5%还是年息15%，法院采取了文义解释和目的解释，确定表意人所指的是年息15%。③

从立法文义来看，《民法总则》第142条的规定仅针对意思表示的解释。但由于意思表示和法律行为的内在关联及不可分性，该条实际上还是起到了统摄意思表示的解释规则和法律行为的解释规则的作用，《合同法》第125条第1款也因其与《民法总则》第142条的部分内容相对应而被替代。④ 从条文位置上来看，第142条位于第六章民事法律行为第二节中，并因为法律行为由意思表示构成，两者难以分离，仍应将第142条意思表示的解释理解为法律行为制度的构成内容。从审判实践来看，在有关合同的纠纷中，《民法总则》第142条已被作为解释依据而适用。譬如在"徐某虹等诉施秉县三丰迎宾馆置业有限公司房屋租赁合同纠纷案"中，就第三人向原告方支付的金钱是代付性质或债权转让性质的争议，法院依据《民法总则》第142条对相关短信、单据以及合同进行解释，认定该给付并非债权转让。⑤ 若认为该规定仅能在意思表示的解释中适用而不能适用于法律行为，立法就必须在分则各编单独规定法律行为的解释，然而在目前公布的民法典各分编（草案）中，并无相关内容。

---

① 参见上海市第一中级人民法院（2013）沪一中民四（商）终字第574号民事判决书。
② 参见刘锋、姚磊：《私募股权投资中股东承诺投资保底收益的效力》，载《人民司法·案例》2014年第10期。
③ 参见江苏省高级人民法院（2017）苏05民终7213号民事判决书。
④ 参见王天凡：《我国〈民法总则〉中意思表示解释的规则及意义》，载《中州学刊》2018年第1期。
⑤ 参见贵州省高级人民法院（2018）黔01民终429号民事判决书。

## 《民法总则》第142条的龃龉：解释目标的二分法

2017年3月通过的《民法总则》在第142条规定了意思表示的解释规则，并以意思表示是否存在相对人为标准对解释目标进行了区分。相较于《民法通则》与《合同法》，《民法总则》的意思表示解释规则在逻辑性、体系性与科学性上无疑具有较大的进步。毫无疑问，《民法总则》第142条旨在通过在理论上设置不同的意思表示的解释目标来表明对自主决定和信赖保护的不同倾向。审视解释目标和基准，立法者对有相对人的意思表示的解释和无相对人的意思表示的解释采取了表示主义和意思主义的不同立场。

《民法总则》第142条第1款规定："有相对人的意思表示的解释，应当按照所使用的词句，结合相关条款、行为的性质和目的、习惯以及诚信原则，确定意思表示的含义。"与《合同法》第125条第1款的规定相比，该规定增加了"行为的性质"作为参考指标，犹如"立法旨趣之探求，是阐释法律疑义之钥匙"[①]，意思表示所追求的目的也是其真实含义的重要指引。立法机关认为："意思表示本身不过是行为人实现自己目的的手段，因此在解释意思表示时应充分考虑到行为人做出该意思表示的目的。"[②] 以意思主义（主观主义、语境主义）关注表意人的真实意思和表示主义（客观主义、文本主义）关注受领人的理解为基准，《民法总则》第142条第1款无疑是采取了偏重客观主义的折中立场。[③] 考虑到与2016年7月5日《民法总则草案》（征求意见稿）相比，正式稿删去了"结合……受领人的合理信赖"，使这一条的表示主义立场被有所削弱。因而，准确地说，立法者在此处所坚持的是主客观相结合的解释主义。[④]《民法总则》第142条第2款则规定："无相对人的意思表示的解释，不能完全拘泥于所使用的词句，而应当结合相关条款、行为的性质和目的、习惯以及诚信原则，确定行为

---

① Oertmann, Interesse und Begriff in der Rechtswissenschaft, 1931, S. 12. 转引自王泽鉴：《民法思维》，北京，北京大学出版社2009年版，第190页。
② 李适时主编：《中华人民共和国民法总则释义》，北京，法律出版社2017年版，第441页。
③ 参见石佳友：《我国〈民法总则〉的颁行与民法典合同编的编订——从民事法律行为制度看我国〈合同法〉相关规则的完善》，载《政治与法律》2017年第7期。
④ 参见李适时主编：《中华人民共和国民法总则释义》，北京，法律出版社2017年版，第442页。

人的真实意思。"从表述结构上来看，无相对人的意思表示解释的目的是利用一切相关因素以确定表意人的真实意思①，为典型的意思主义立场。

学界普遍认为解释目标二分法的合理性在于，当存在受领意思表示的相对人时，若以表意人的内心真意为解释目标，则有损于相对人的利益和合理期待。而无相对人的意思表示因为不涉及相对人利益保护及其合理期待，应以表意人的真意为解释的基准。② 立法机关也指出，第 142 条起到了平衡自我决定和信赖保护的作用，由于有相对人的意思表示须到达受领人或为受领人了解才发生效力，则须考虑相对人的信赖和保护表意人的内心真实意思，而无相对人就不会产生受领人信赖利益保护的问题。③ 这种二分法的思维可能与学术理论中长期存在的负担行为与处分行为的区分理解有关。负担行为以自愿和合意为基础，是指相对人为他人承担一定行为义务的法律行为，而处分行为意在减损行为人的财产。④ 前者关注"合意"而后者关注"支配"⑤，这与第 142 条第 1 款考虑相对人的信赖保护、第 142 条第 2 款突出保护表意人的内心真实意思的区分理念不谋而合。

笔者对这一理解存在两点担忧，并认为其构成了《民法总则》第 142 条的龃龉。其一，以有无相对人为标准区分意思表示的解释目标似乎有强化表意人自我决定价值与相对人信赖保护价值对立立场之嫌。实际上，自我决定与信赖保护并非水火不容，因为从自己责任的角度来说，与相对人信赖保护一致的自我决定才得受到民事法律制度的保护。⑥ 真意保留的法律行为之所以在原则上有效，也正是出于这一原因。其二，以有无相对人为标准区分意思表示的解释目标忽略了即使是对无相对人的意思表示进行解释时也须考虑相关人的信赖保护。无相对人的意思表示仅仅意味着意思表示的生效无须相对人的受领，但是这不意味着该意思表示不存在相关人。例如，遗嘱作为典型的无相对人的意思表示就涉及被遗赠人

---

① 参见陈甦主编：《民法总则评注（下册）》，北京，法律出版社 2017 年版，第 1026 页。
② 参见崔建远：《意思表示的解释规则论》，载《法学家》2016 年第 5 期；李宇：《基础回填：民法总则中的意思表示与法律行为一般规则》，载《华东政法大学学报》2017 年第 3 期。
③ 参见李适时主编：《中华人民共和国民法总则释义》，北京，法律出版社 2017 年版，第 440 页。
④ 参见陈静忠：《从债的本质看负担行为与处分行为的区分》，载《河北法学》2014 年第 1 期。
⑤ 张康林：《负担行为与处分行为之我见》，载《武汉大学学报（哲学社会科学版）》2007 年第 5 期。
⑥ 参见陈甦主编：《民法总则评注（下册）》，北京，法律出版社 2017 年版，第 1019 页。

和继承人的利益。在民事活动愈发频繁、民事主体之间的联系愈发紧密的当下，无相对人的意思表示不能排除信赖保护因素的考虑。以悬赏广告为例可以更直接地体现出二分法的缺陷。尽管悬赏广告是典型的无相对人的意思表示，但是由于其涉及不特定多数人的利益，故而悬赏广告的撤销比一般要约撤销受到更为严格的限制。若在悬赏广告的解释上遵循主观主义，无疑会造成悬赏广告制度在价值取向上的冲突。其三，尽管负担行为和处分行为在"合意"价值和"支配"价值上的不同关注似乎与意思表示解释目标的二分趋同，然而前者的区分并不能证成后者的必然存在。德国民法理论对负担行为与处分行为的区分的基础是物权行为与债权行为的区分，其目的是塑造物权行为的"独立性"，赋予其单独的效力评价体系。[①] 而意思表示解释目标是为寻求以内心与外在、真实与表现及相应场景认同的视域交融为视角下的自我决定权的存在与界限而服务的。并且，严格来说，负担行为与处分行为和有相对人的意思表示与无相对人的意思表示也不是一一对应。负担行为主要指债权行为，处分行为主要指物权行为，而有相对人的意思表示和无相对人的意思表示均有可能是债权行为。

《民法总则》第142条所采之解释目标二分法的不合理，不仅表现在以有无相对人区分意思解释目标的标准难以完成平衡表意人的自我决定和相对人的信赖保护及忽视相关人的信赖保护，还体现在具体的解释路径和方法难以达到二分法所期待达至的效果。对比《民法总则》第142条第1款和第2款可以发现，除"应当按照所使用的词句"和"不能完全拘泥于所使用的词句"外，在对有相对人或无相对人的意思表示进行解释时均可使用体系解释、目的解释、习惯解释和诚信解释。并且条文中使用的"应当按照"和"不能完全"等修饰词进一步缩小了两者的实际区别，可能其不同仅在于是否允许当事人举证以推翻语义清晰的意思表示。实际上立法机关也提及，在无相对人的意思表示解释问题上并不是完全抛开意思表示所使用的词句，这主要是为了防止在解释这类意思表示时自由裁量权过大，影响当事人利益的情况。[②]

---

[①] 参见尹田：《法律行为分类理论之检讨》，载《法商研究》2007年第1期。
[②] 参见李适时主编：《中华人民共和国民法总则释义》，北京，法律出版社2017年版，第443页。

笔者在肯定自我决定价值和信赖保护价值需要进行平衡的基础上，试图通过对意思表示解释目标二元化进行反思，强调解释路径的多元化可以在达成平衡的同时弱化目标二元化带来的割裂感。

**意思表示解释目标的反思与重构**

正如前文所论，表意人的自我决定与相关人的利益保护并非相互对立，而是在自己责任和信赖因素的影响下相辅相成，共同达到促进私法自治和鼓励交易的目的。传统的合同解释理论往返于对立二元之间，对两者的可调和性有所忽视。笔者认为，从意思主义与表示主义的历史沿革和原被告诉求之平衡的司法现实出发，应当以理性人标准统一有相对人的意思表示与无相对人的意思表示的解释目标。①

意思主义与表示主义的历史叙事

意思主义与表示主义理论的萌芽可追溯至罗马法早期，尽管当时可能并不存在"意思表示"与"法律行为"的概念。罗马法对表示主义的崇尚首先表现在债之契约与简约的区分上。早期根据是否受市民法的保护，罗马法上债的协议可分为契约（contratus）和简约（pactum）。当事人若想使契约生效，在订约时必须履行一定的方式，也就是用法律规定的语言，做规定的动作，否则即使双方完全合意，其协议也不受法律保护。② 罗马法对表示主义的崇尚也体现在其对契约内容的解释上。最初，解释须借助外在表象，"因法律效果是由行为、单词或句子产生的，而不是由行为者或说话者的意思产生的：'向其所愿者请求'"③，由此可见，罗马法上表示主义占有统治地位。随着市民法和万民法的发展以及希腊哲学和基督教教义的影响，表示主义丧失了其固有的统治。表示主义的衰落表现在契约的形式和成立要件的放松。罗马古时所有的契约都是要式契约，社会普遍接

---

① 已有学者提出应当以一元模式统摄、消融不同合同解释理论之间的歧义，本书尝试在此基础上拓宽至无相对人的意思表示解释。参见叶金强：《合同解释理论的一元模式》，载《法制与社会发展》，2013年第2期。

② 参见周枏：《罗马法原论（下册）》，北京，商务印书馆1994年版，第655页。

③ [德]海因·克茨：《欧洲合同法（上卷）》，周忠海、李居迁、宫立云译，北京，法律出版社2001年版，第155页。

受严格的交易形式，例如"铜块和秤式"（要式买卖和要式现金借贷）。随着社会经济的发展，罗马法上出现了口头契约，包括解放宣誓、嫁奁宣许和要式口约。其中要式口约的成立要件也由紧到宽，从须以拉丁语亲自一问一答，且次序、内容必须完全符合到对使用的语言、内容一致性要求不作严格的要求。① 此外，表示主义强调外在形式对简约提供保护也是表示主义衰落的典型特征。就简约而言，起初仅有当事人单纯的合意，债务人并不受约定的限制，债权人也不受法律的保护。后根据大法官的实践，简约中一些重要且常见的被赋予诉权保护，皇帝也规定了一些简约得于法律上发生效力，这些受保护的简约被称为穿衣简约或法定简约。② 解释规则的改变更直接地体现了意思主义的兴起。罗马法时，仅注重法律行为成立的形式，而不追问当事人的真意。"直至法学昌明时期，法学家始主张审理案件应该探求行为人的真意，而不应该拘泥于形式。"③"应考虑者乃当事人本意而非其言辞。"④ 在法律行为内容发生歧义时，法学家会考虑与行为有关的全部条款，并结合相关事实以发现当事人的真意。⑤

至《法国民法典》制定时，民法理论中意思主义的倾向已较为明显。《法国民法典》第1156条规定："解释契约，应当从契约中寻找诸缔约当事人的共同意图，而不应拘泥于用语的字面意思。"⑥ 法国对当事人意志的推崇深受18世纪"人生而自由"的哲学思想的影响。由此，当事人不应负担他所不同意接受的义务就是顺理成章的结论。但自20世纪中叶以来，法国民法理论中表示主义悄然抬头。"表示主义注重保护交易安全，在一定程度上否定了当事人的意志对其行为效果的绝对支配力量。"⑦ 在合同的解释上，对当事人意志的探寻也在一定程度上为维护社会公正的需要所代替。⑧

《德国民法典》和《日本民法典》则反映了折中主义的立场。尽管《德国民

---

① 参见周枏：《罗马法原论（下册）》，北京，商务印书馆2014年版，第735~738页。
② 参见周枏：《罗马法原论（下册）》，北京，商务印书馆2014年版，第826~828页。
③ 周枏：《罗马法原论（下册）》，北京，商务印书馆2014年版，第680页。
④ ［德］海因·克茨：《欧洲合同法》，北京，法律出版社2001年版，第156页。
⑤ 参见周枏：《罗马法原论（下册）》，北京，商务印书馆2014年版，第681页。
⑥⑦《法国民法典》，罗结珍译，北京，北京大学出版社2010年版，第309页。
⑧ 参见尹田：《法国现代民法典》，北京，法律出版社2009年版，第301页。

法典》的制定在一定程度上受到了萨维尼"意思说"的影响。第133条（意思表示的解释）规定，"应当探求表意人的真实意思，而不得拘泥于意思表示的字面意义"①，正是其中之典型，但是在契约的解释部分，《德国民法典》第157条规定了其应遵循诚实信用原则并考虑交易习俗的规定。在第157条的语境下所称的交易惯例通常为意思表示的受领人知情，而诚实信用原则则顾及了受领人的理解能力。② 与《德国民法典》偏重意思主义的立场不同，《日本民法典》侧重表示主义。依日本民法的传统通说，就契约之解释，应阐明合意表示的客观内容，而非探究当事人的内心意思，否恐信赖产生不利益。尽管该通说因不注重当事人的真意而受到猛烈的批评，在当事人意见不一致的情形下，当下的日本主流学说仍坚持客观解释说。③

尽管意思主义和表示主义在其理论核心内容上一直处于对立两极的状态，但是追溯理论脉络和比较法沿革可以发现，绝对的意思主义和绝对的表示主义均从未在历史上占据稳定的地位。笔者认为，意思主义和表示主义将意思与表示、主观与客观视作对立的两极，有意或无意忽视了其相互沟通的可能。甚至"所谓的折中主义，作为表示主义之例外的意思主义，也仅表现为一种外在的断裂式安排，其仍然是在两个极端之间作出选择，并没有能在解释理论的内部形成缓和的空间"④。诚如拉伦茨教授所言："意思表示之所以发生一定法律效果的效力基础，非仅在于意思或表示，而是在于意思与效果的协力，即法律行为上的意思经由表示而实现，仅能在表示之中，而不能在表示之外获得法律的承认。"⑤ 传统解释理论因其自身的褊狭而应当有所修正，此其时也。

---

① ［德］维尔纳·弗卢梅：《法律行为论》，迟颖译，北京，法律出版社2013年版，第236页。

② 参见［德］迪特尔·梅迪库斯：《德国民法总论》，邵建东译，北京，法律出版社2013年版，第237页。

③ 参见［日］山本敬三：《民法讲义Ⅰ总则（第3版）》，谢宣译，北京，北京大学出版社2012年版，第107~108页。

④ 叶金强：《合同解释理论的一元模式》，载《法制与社会发展》2013年第2期。

⑤ Larenz, Karl. Die Methode der Auslegung des Rechtsgeschäfts: zugleich ein Beitrag zur Theorie der Willenserklärung. 1930, S. 34 ff. 王泽鉴先生也赞同这一观点，认为意思与表示构成功能性的一体性，在一方面使表意人得自主决定其私法的行为，在另一方面使其对自己的意思表示瑕疵负责，也就将自主决定和相对人的信赖保护结合起来。参见王泽鉴：《民法总则》，北京，北京大学出版社2009年版，第334页。

### 原被告诉求之平衡的司法裁判现实

尽管意思主义追寻"内心意志",表示主义求诸"外在表示",但是在解释的实践中却都心照不宣地将决定意思表示意义的权力交由法官。然而,正如朱庆育教授指出的:"意思表示解释非由法官独立进行,其实是包括了当事人与法官在内的游戏过程……因此,解释目标的实现绝不可能在主客体对立图式下一断于某一方主体意志。"[①] 从司法裁判的视角来看,意思表示的解释是当事人双方和法官围绕着法律文本与合同文本展开的沟通和交往言说,体现主体之间的"交往理性"。最后的判决或解释也是从不同视角交错和不同认识相互博弈的结果。[②] 如果我们站在法官的立场,那么无论是有相对人的意思表示还是无相对人的意思表示,最后的决断都是在原被告的诉求及所展示的证据上的平衡。

在司法者的角度,只有经历证据规则、审判规则"锤炼"所认定的事实才能被看作是引起法律关系发生、改变、消灭的前提。结合原被告的诉求以及其呈现的证据的理解来"找寻"法律事实的过程也正是对意思表示含义的解释与确定的过程。在寻找法律事实这一意义上,有相对人的意思表示或无相对人的意思表示的解释目标对司法者来说均是"拨云"所见之"日"。其一,以遗嘱的解释为例。立遗嘱人按照他自己的意思作出了遗嘱指示,但当纷争真正发生时,必然已无法获求表意人的内心真意。因此,原被告双方均须举例证明他们所主张的理解为表意人作出遗嘱指示时的真意。从法官的角度来说,有两个复杂的问题。有关文字表述上的错误所涉及的是举证问题,即"是否允许违背遗嘱的文义来证明遗嘱人赋予其遗嘱指示的含义"[③]。有关文字表述的理解所涉及的是如何确定遗嘱人赋予其遗嘱指示的含义的问题。[④] 其二,以合同的解释为例。相较于无相对人的意思表示的解释,有相对人的意思表示的解释较为复杂。但相同的是,由于纠纷发

---

[①] 朱庆育:《意思表示解释理论:精神科学视域中的私法推理理论》,北京,中国政法大学出版社2004年版,第282页。

[②] 参见王利明主编:《中华人民共和国民法总则详解(下册)》,北京,中国法制出版社2017年版,第608页。

[③] [德]维尔纳·弗卢梅:《法律行为论》,迟颖译,北京,法律出版社2013年版,第391页。

[④] 例如,弗卢梅认为,在遗嘱有"疑义"时应当作出规范解释。参见[德]维尔纳·弗卢梅:《法律行为论》,迟颖译,北京,法律出版社2013年版,第394页。

生在时间上晚于合同签订，因而"签订合同时"的表意人内心真意和受领人的实际理解已无法被客观再现。无论合同的解释是旨在确定表意人当时的内心真意抑或确定受领人的实际理解，原被告双方均须举证证明其主张。从法官的角度来说，仍然涉及对表述的甄别和表述的理解两个问题。

简言之，意思表示的解释目标是以证据为依托的。特别是在对缺乏文字表述、仅以行为构成的意思表示内容的解释时，这一结论就更为直观。以多发于熟人、亲友之间且不以书面为要件的民间借贷问题为例。由于民间借贷关系的发生往往仅有个别见证人，在这一领域多出现意思表示解释上的难题，典型的问题譬如单独的债权凭证是否能被解释为借贷合意。《民间借贷司法解释》第17条通过证据规则的设定来确定"转账凭证"的真实含义，实际上蕴含了通过对原被告举证责任的分配平衡来确定意思表示的解释方向的规则。根据第17条的规定，法院应将原告提出的"转账凭证"行为初步解释为原告与被告间的借贷之意思表示，若被告提供其他证据证明该行为有其他解释的可能，则应推翻之先的解释结果，转而支持被告的诉求。此时原告仍可以提供佐证来证明自己的主张。显然，此时法院对意思表示的解释并非遵循"意思主义"或"表示主义"，而是采取立足于平衡原被告诉求的最符合证据的解释立场。

可以说，不论是表意人、相对人还是法官，对某一"过去时空的意思表示"作出的理解，均是在无限地接近表意人"当时"的意思表示。通过对司法裁判现实的理解，不论如何设定意思表示的解释目标，最终的意思表示解释结论均是建立在法官对原告和被告的主张的平衡上。这种理解也契合了法律审理的本质特征，即在对证据取舍、解读、平衡、判断的基础上进行判决。[1] 从这个意义上来说，意思表示解释作为论辩中的视域交融[2]，在解释目标上来说宜采取统一的标准。

---

[1] 参见［德］约亨·施耐德、乌尔里希·施罗特：《法律的规范适用的方式：确立、论证和判决》，载［德］阿图尔·考夫曼、温弗里德·哈斯默尔主编：《法哲学和法律理论导论》，郑永流译，北京，法律出版社2002年版，第504页。

[2] 参见朱庆育：《意思表示解释理论：精神科学视域中的私法推理理论》，北京，中国政法大学出版社2004年版，第281页。

### 意思表示解释目标的一元构想

上文分析表明意思主义和表示主义由于片面地强调某一方利益而忽视了价值调和的可能性与必要性。而尽管折中主义一定程度上反映了意思主义和表示主义的趋同可能，但其仍然无法对表意人的自主决断与相对人和相关人的信赖利益进行调和处理。若将其作为指导合同解释实践的理论，恐在与实践的衔接中出现裂层。在二元的意思表示目标下，如何获得表意人的意思，如何确定受领人标准，意思主义如何跨越文本的限制，而表示主义如何确定语境的边界等问题并没有很好地得到回答。从这个角度来说，意思表示解释目标的一元构想或许可以更好地进行理论与实践的衔接。

从平衡信赖保护范畴内表意人的自主决定价值来说，理性人标准是妥适的意思表示解释目标。法律中对人的评价采人格化标准，具有悠久的历史，例如罗马法上的善良家父标准。进入现代以来，善良管理人、交易上必要之注意、一般理性人（Reasonable Person）等标准的出现代替了善良家父成为新的标准化表现形式。[1] 理性人标准遍布美国法理论，特别是其侵权法领域。[2] 然而与其他领域内理性人标准的适用不同的是，在意思表示解释的场合，是直接以理性人的理解为结果，而并非将其当事人的状态与理性人应有的状态进行比较。

构建理性人的核心要素在于确定标准人的能力和知识。[3] 意思表示是特定的当事人在特定的语境作出的特定表达，而意思表示解释活动须解决的是该特定表达的内涵究竟为何。因此理性人标准并非一般人标准，而应当对当事人和语境的特点和性质有所反映。具体来说，须以一般人为基础并结合当事人提供的有关证据来对知识和能力进行修正。以钱某诉昂丰公司职务发明创造发明人报酬纠纷案为例，双方对合同中所约定的"专利使用费"属于专利报酬还是职务发明报酬存在争议。法院认为尽管"专利使用费"不同于职务发明报酬，但结合协议的其他内容，不应按照"专利使用费"的本意对其进行解释。[4] 该案的代理审判员指

---

[1] 参见叶金强：《私法中理性人标准之构建》，载《法学研究》2015年第1期。
[2] 例如《侵权法重述（II）》第283A、464、652B条等条文均规定了理性人标准。
[3] 参见叶金强：《私法中理性人标准之构建》，载《法学研究》2015年第1期。
[4] 参见上海市高级人民法院（2013）沪高民三（知）终字第88号民事判决书。

出，由于当事人法律知识的不足，难免使用不准确的词句，因而进行解释时应以当事人的共同意思为准。① 若当事人隶属于特殊的群体，则须将该群体的特殊技能考量在内。② 例如农产品买卖合同的解释就应当按照农业界人士的理解来解释，股权转让协议的解释就应当按照金融界人士的理解来解释。在对表意人和相关人特质的反映上，则可引入自己责任的原理。意思表示解释的结果实际上是当事人理解与规范理解不匹配之风险的分配。从表意人的角度来说，所谓可归责性，是指表意人须尽到必要的注意，以期待他人会对其作出的意思表示的内容作出合理的理解。③ 意思表示的解释应当结合双方的信赖状态以及行为的不正当程度作为根据。也就是说，当一方明知而他方不知，则前者无信赖而后者有信赖；前者行为的不正当程度较高，后者的行为不正当程度较低时④，应当按接近后者的情况建立理性人标准。⑤

必须说明的是，理性人标准也同样适用于无相对人的意思表示解释的情形。笔者认为，根据无相对人的意思表示解释所涉及的相关人的不同，应当对理性人标准稍作调整。其一，须贴近表意人的标准稍作调整。譬如一份遗嘱中载明，"预将市场价值40万元的房屋出售，并将该房款所得中的20万元分予某甲，10万元分予某乙，剩下10万元分予某丙"，实际上在出售时该房屋价值已达100万元。此时应当贴近被继承人而非继承人的理解构建理性人标准。被继承人之所以作出20万元、10万元和10万元的划分，是因为当时该房屋市值仅为40万元，但被继承人旨在完全分割房产价值的意图一目了然。因此，推知在房屋价格溢出时被继承人仍然希望以相同比例分割该房屋价值，无疑更

---

① 参见徐卓斌：《职务发明创造报酬约定之解释——上海高院判决钱鸣诉昂丰公司职务发明创造发明人报酬纠纷案》，载《人民法院报》2014年10月16日，06版案例精选。

② 参见叶金强：《合同解释理论的一元模式》，载《法制与社会发展》2013年第2期。

③ 参见［德］卡尔·拉伦茨：《德国民法通论》（下册），王晓晔等译，北京，法律出版社2003年版，第484页。

④ 参见张金海：《论意思表示解释中的"知道与可以合理地期待知道规则"》，载《政治与法律》2016年第4期。

⑤ 在一方的能力和知识储备显著高于对方时，该方应当负有说明义务，未能说明的应负有归责性。参见叶金强：《合同解释理论的一元模式》，载《法制与社会发展》2013年第2期。

贴近被继承人的理解。① 其二，须根据场景与语境，结合合理相关人的能力和知识构建理性人标准。在遗嘱问题上，应当结合继承人和受赠人的能力和知识。如果继承人和受赠人均无法从其对遗嘱人的认知中推断出遗嘱人的特定习惯说法，则不能以遗嘱人的"真实"意思为准。譬如，甲在遗嘱中写明：分给乙老宅1处、新宅北屋4间、东屋1间、大门1间、栏角1所；分给丙北屋东首2间、东屋北首1间。大门、栏角，有使用权，产权归丁，所分房屋在未成亲前由家长支配。就丙所获得的"北屋东首2间与东屋北首1间"是使用权还是所有权的解释问题，法院认为应当从房屋的原始所有权、甲、乙、丙之间的关系、文化程度、当地风俗等内容综合分析确认。从整个遗嘱的内容来看，甲将其所有财产分给其子女，并考虑了丙已工作的情况对其予以少分。因此若仅予丙以使用权而非所有权，则不符合当地的风俗习惯。② 结合场景认同、相关人能力构建理性人标准对于悬赏广告等有不特定多数相关人的无相对人的意思表示的解释来说尤为重要。

**意思表示解释路径的界分**

尽管笔者认为在对有相对人的意思表示和无相对人的意思表示进行解释时应采取统一的意思表示解释目标，但是鉴于特定场景的利益平衡，对具体的意思表示解释路径或曰方法进行适用时应存在不同侧重。换言之，笔者并不否认对有相对人的意思表示和无相对人的意思表示进行解释时应在自主决定和信赖保护价值的平衡上有所"偏颇"，但应通过意思表示解释路径而非意思表示解释目标的界分来达到区分的效果。

文义解释的优先性及其限制

"意思表示必借助语言表述，文义往往成为进入意思表示意义世界的第一道关口。"③ 文义解释，即对法律文本的字面含义，按照语法结构和语言规则、通

---

① 参见曹磊：《意思表示解释方法与规则——兼释〈民法总则〉第142条》，载《法律适用》2018年第6期。
② 参见山东省高级人民法院（2016）鲁01民终1585号民事判决书。
③ 朱庆育：《民法总论》，北京，北京大学出版社2016年版，第227页。

常理解等语义学和语用学的方法进行解读。① 尽管《民法总则》第 142 条第 2 款规定无相对人的意思表示解释不能完全拘泥于所使用的词句,但由于文本的形式化效应,无论是在有相对人的解释还是无相对人的解释的场合,文义解释都具有绝对的优先性。②

在承认文义解释适用优先的基础上,在语义范围和适用限制上应视有相对人的意思表示和无相对人的意思表示有所不同。在对有相对人的意思表示进行解释时不应违背清楚无误的客观文义③,且为保护相对人的信赖,一般应当在核心文义的范围内确定文本的含义。④ 但若受领人知道或者能够合理地期待知道表意人的意思,表意人的"真实"意思自应占据优势,因为此时并不存在受领人信赖缺失的问题。但此时,客观文义仍占据初步的优先性,表意人须举证他的意思不同于客观文义且受领人知道(或表意人可以合理地期待受领人知道)他的意思。⑤ 在确定受领人的合理期待时,除可以引入行为的目的和性质、当事人间建立的习惯做法和行业习惯等因素外,还可以将表意人和相对人间的谈判和磋商过程以及意思表示作出时的特定社会政策作为参考。⑥ 需注意的是,在意思表示作出之后,若发生表意人无法预料的情形时,由于表意人在作出意思表示时不能也无法避免这种误解,客观文义的解释结果应不可归责于表意人。⑦

---

① 文义解释是通过解释概念、术语的含义,分析概念、术语在文句中的地位、结构和句法构成,以求对其具体含义的理解。从形式上看,文义解释就是要咬文嚼字,在文本范围内探求术语所指称的可能意思。参见王利明:《法律解释学导论——以民法为视角》,北京,法律出版社 2009 年版,第 205 页。

② 实际上,立法机构也考虑到若完全不受所使用的词句的限制,则在解释这类意思表示时容易出现自由裁量权过大、影响当事人利益的情况。

③ 源自《学说汇纂》(Paulus Digesten) 32, 25, 1:"文意不存在歧义时,不得问及意思"。[德]迪特尔·梅迪库斯:《德国民法总论》,邵建东译,北京,法律出版社 2013 年版,第 244 页引注 45。

④ 这是因为,"一个概念的中心含义也许是清楚和明确的,但当我们离开中心时它就趋于模糊不清。"[美]博登海默:《法理学、法律哲学与法律方法》,邓正来译,北京,中国政法大学出版社 2004 年版,第 487 页。

⑤ 参见张金海:《论意思表示解释中的"知道与可以合理地期待知道规则"》,载《政治与法律》2016 年第 4 期。

⑥ 参见王敬礼:《论意思表示的司法解释、方法及其规则》,载《法学杂志》2015 年第 11 期。

⑦ 参见吴迎晖:《〈民法总则〉关于意思表示解释规则释析》,载《黑龙江政法管理干部学院学报》2018 年第 1 期。

如上所论,即使在无相对人的意思表示解释场合,文义解释仍具有初步的优先性,特别是当存在形式要求时。譬如,除有证据表明遗嘱中的客观文义在立遗嘱人的习惯用语体系中有其他的含义,否则遗嘱的解释应以客观、清楚且无歧义的客观文义的解释结果为准。可以说,尽管对遗嘱进行解释的目的是尽量还原当事人的真实意思,但对真实意思的解释必须建立在遗嘱本身词句文义的基础上。[1] 据德国《联邦最高法院民事裁判集》记载,曾有一位丈夫主张其与其妻子订立了互立对方为继承人的遗嘱,但因誊抄原因该条款在其妻子的遗嘱中被遗漏。在对其妻的遗嘱进行解释时,联邦最高法院坚持客观文义解释,并指出法律规定遗嘱必须以书面形式作出的目的正是为防止类似该案中就死因处分行为的内容发生争执情况的发生。[2] 但是,在无相对人的意思表示场合可以适当地拓宽文义的解释范围。在存在歧义时,若有证据证明表意人的意思与核心文义不同(此时并不需要证明受领人知情或可以合理地期待他知道),就可以以边缘文义,甚至突破该文义的范围来确定文本的意思。

*习惯解释标准的确定*

当文义解释出现多种可能的结论时,按照习惯进行解释可以起到更为准确地探求当事人真意的效果。[3] 这里所指的习惯可分为当事人间的习惯和交易惯例。对有相对人的意思表示进行解释应当更多地考虑交易惯例。这是因为,根据一般的生活经验或工作经验,当特定的交易惯例作为表达方式为社会公众、限定地域内的群众或某行业领域内的人员所熟悉时,表意人可以期待相对人会在交易惯例的意义上使用和理解该表达。[4] 交易惯例在商事合同,尤其在确定合同主体和判断合同成立与否上有着重要的意义。譬如,对加盖于合同文本上的印章的解释就须遵循印章所示明的身份、印章所加盖之位置等交易惯例进行解释。[5] 商事交易

---

[1] 参见李适时主编:《中华人民共和国民法总则释义》,北京,法律出版社2017年版,第443页。
[2] 参见〔德〕迪特尔·梅迪库斯:《德国民法总论》,邵建东译,北京,法律出版社2013年版,第245~246页。
[3] 参见郭明瑞、张平华:《遗嘱解释的三个问题》,载《法学研究》2004年第4期。
[4] 参见曹磊:《意思表示解释方法与规则——兼释〈民法总则〉第142条》,载《法律适用》2018年第6期。
[5] 根据交易惯例,公司法定代表人之私章仅得代表其私人身份,而不能代表公司;法人的授权委托书上加盖的应当是法人的公章而非法人的合同专用章。参见崔建远:《合同解释语境中的印章及其意义》,载《清华法学》2018年第4期。

惯例在合同权利义务内容的解释上也有着不可为其他解释方法所替代的重要价值。这是因为，出于经营范围和内容的相似，特定行业内的合同双方往往面临着相似的风险，为平衡利益得失、抵御共同风险、加强交流效率、加速行业发展，不同的行业通常形成不同的"行规"。而这些"行规"往往又以合同双方权利义务的特定化、具象化为表现。一些长期约定俗称的"行规"甚至以授权性规定的形式被写入了法律，例如《典当管理办法》第40条关于绝当的规定。当然，意思表示解释并非必须依照商事惯例进行，对于一些可能严重影响双方当事人权利义务平衡的惯例，法院可以在解释中进行适当修正，譬如，对天然气能源供用合同中"照付不议"条款内容的解释就可以结合合同履行情况、商业成本、行业利润等多方面因素进行修正。[1]

在对无相对人的意思表示进行解释时，应当视是否存在相关人的利益而采用不同的习惯标准。由于遗嘱主要涉及表意人的自我决定价值，因此对遗嘱进行解释时应重点考虑表意人自己的习惯，即使该习惯用语的含义与法律界的通常理解并不相同。譬如在"杰布案"（In Re Jebb）中，一位86岁的老人在遗嘱中提及希望将他的财产留给"我的女儿康斯坦斯·杰布的孩子或孩子们"。当时他的女儿47岁，没有结婚也没有自己的亲生孩子，但合法收养了一位名叫罗德里克的养子，且有证据证明该老人对其女儿的婚姻状况和养子的存在是知情的。一审法官根据当时法律、法学界的权威理解认定老人遗嘱中所指的"孩子"的含义应为"母亲在合法婚姻所生的亲生子女"。然而在上诉审中，丹宁勋爵等法官均拒绝了这种理解，并指出在解释这份遗嘱时，法官必须考察立遗嘱人的意图。在该案中，老人遗嘱中所提及的"孩子"显然是指罗德里克和他女儿可能再收养的任何其他孩子。[2] 与遗嘱的解释不同，为促进信赖保护价值的承载以及交易秩序的维护，在动产的抛弃或悬赏广告等涉及不特定相关人利益的意思表示解释中应当侧重适用交易惯例。若放弃交易惯例而遵循表意人自己的习惯理解时，则意味着相关人的理解可能被置于表意人的理解之后，可能危及不特定大众对悬赏广告及动

---

[1] 参见《上海市浦东新区人民法院发布十起涉自贸试验区典型案例（2013—2016年）》。
[2] 参见［英］丹宁勋爵：《法律的训诫》，刘庸安译，北京，法律出版社2000年版，第33~34页。

产抛弃制度规则的信赖。若表意人明知自己的习惯与一般的交易惯例存在不同且相关人无法预见表意人的习惯，可能造成具体的行为人利益不应有的损失。

**目的解释的适用及其限制**

依据行为的性质和目的进行解释多被统称为目的解释方法，也即当对合同的文义或习惯的通常理解产生超出一种合理解释结果或文义、习惯的理解将产生不公平的结果时，应采取更符合意思表示目的的解释方法。一切与意思表示或法律行为产生、变更以及消灭相关的事实，不论是发生在该意思表示或法律行为之前、之中还是之后均可用于确定意思表示的目的。

在一些容易引起权利义务不平衡的场合中应格外关注以明示或暗示形式表达的表意人目的。譬如，就民间借贷关系中"债权凭证"上的签字或盖章的效力问题，《民间借贷司法解释》第21条规定："他人在借据、收据、欠条等债权凭证或者借款合同上签字或者盖章，但未表明其保证人身份或者承担保证责任，或者通过其他事实不能推定其为保证人，出借人请求其承担保证责任的，人民法院不予支持。"该规定不仅确定了一项证据规则，其实也确定了一项解释规则，即在理解非债务人作出的在债权凭证或债务合同上签字或者盖章的意思表示，须着重考察当事人的行为目的。尽管通常当事人所作出的在债权凭证或债务合同上签字或盖章之意思表示应被理解为当事人有意愿进入该债务关系中[①]，然而由于保证责任体现的是保证人的单方面义务，因此在对该意思表示进行解释时应格外注重表意人是否有共同承担债务的目的。该目的既可以以明示的方式体现，即在签字或盖章处表明担保人的身份或明示其承担担保责任；也可以以暗示的方式体现，即通过其他相关事实表明担保人的身份或表达愿意承担担保责任。

意思表示的目的的确定应视有无相对人而有所不同。由于有相对人的意思表示相较于无相对人的意思表示而言与"互通""交谈"更为接近，故而此时也应当将相对人的目的纳入考虑的范围。这种理解的基础在于意思表示的社会性，意思表示是一种社会行为，而不仅仅是"自然的表示"，是赋予了表意人社会意图

---

[①] "合同书上盖章的意义在于确认当事人通过书面形式作出的意思表示的真实性及其所享受权利和承担义务的具体内容"，参见（2013）民申字第1785号民事判决书。

的行为。① 通过意思表示，表意人将己身与行为关联在一起，并意识到其受到该行为的约束，因此表意人应对该行为辐射范围内的可能产生的"反射"效应有所预见。同时，将相对人的目的纳入考虑的范围也是行为性质解释的应有之义。有相对人的意思表示多为双方法律行为或多方法律行为的构成要素，对后者的行为性质进行解释就不可避免地涉及相对人的目的。并且由于目的解释常用于对在先存在的文义之解释结论的修正，因此对多方行为性质的考虑可以避免"先知的预见"，而更为接近意思表示作出当下的"真实"。在审理"不列颠影声新闻有限公司诉伦敦暨地区影院有限公司案"时，针对影片发行人和电影院在战时签订的以低廉租金租赁影片的协议在战后是否仍然受到限制的问题，丹宁勋爵指出，法院并不允许词句成为专制的主人，而将限定词句的字面含义以便使之与合同的真正适用范围相一致。尽管协议表明，该租约在《1943 年电影胶片（管理）令》持续有效期内持续有效，但是双方在签订租约时显然并没有预料到命令会于战争结束后仍然生效，因此这一条款不应继续约束双方当事人。②

而在无相对人的意思表示中，目的解释的适用规则较为复杂。发生遗嘱纠纷时出现与立遗嘱时情势变化的情况十分常见，且此时难以再期待立遗嘱人对遗嘱进行修正，因此在解释遗嘱时，目的解释的适用较为广泛。所谓立遗嘱人的目的，指遗嘱人所希望达致的经济、社会效果。譬如某甲希望把其家产变卖用于某一教堂的建设，但当某甲离世时该教堂已经建设完毕，且某甲也未对其家产作出另外表示。美国法官并不会判决该遗赠无效，也不会将某甲的家产转给他的继承人，而是会授权慈善信托的管理人在某甲的意图范围内将该遗产用于与教堂建设相关的事业，以符合某甲的遗嘱愿望。法院的解释符合了立遗嘱人的目的也突破了立遗嘱人意图在实施时所受到的困阻，被认为是符合经济效益原则的。③ 对于

---

① 参见［德］卡尔·拉伦茨：《法律行为解释制方法——兼论意思表示理论》，范雪飞、吴训祥译，北京，法律出版社 2018 年版，第 113～114 页。
② 参见［英］丹宁勋爵：《法律的训诫》，刘庸安译，北京，法律出版社 2000 年版，第 55 页。
③ 参见［美］波斯纳：《法律的经济分析（下册）》，蒋兆康译，北京，中国大百科全书出版社 1997 年版，第 665 页。

动产的抛弃、悬赏广告等涉及不特定相关人利益的，则应结合社会交往原则确定表意人的目的。

诚信解释的谦抑性

诚实信用原则是现代民法的"帝王条款"，是一切民事活动和涉及民事权利义务关系的活动均要遵循的基本原则，因此对意思表示的解释也须适用诚实信用原则。①

然而，由于诚信原则的性质与内涵特点，诚信解释的适用应当受到较大限制。其一，诚信原则仅指示了一定的价值取向，但其自身含义具有很大的模糊性，因此不应随意适用。在对法律进行解释时，为限制法官的自由裁量权，通常仅在没有法律规范或者适用既有法律规范会导致明显不公时，才得以适用一般条款。② 与法律解释类似，在意思表示解释场合，若赋予法官过大的权力则可能减损当事人的意思自治。其二，诚信原则中一些重要的内容已被定型化的解释标准和解释方法所包含，因而可以直接适用这些标准和规则而无须适用诚信原则。③ 例如，根据诚信原则，法律行为参与者的行为被期待应符合诚信思考的标准，意思表示解释也应当考虑各方当事人而非仅仅考虑表意人或相对人及相关人利益。④ 这些内容均已纳入理性人标准的建构中。作为解释标准的习惯也已经受诚信原则的校验，即所谓"法律不承认恶习"⑤。简言之，诚信作为表意人意思自治解释中的限制因素应当谨慎适用。这一理解也符合立法者在规定诚信原则时的本意。⑥

在诚信解释的适用上，笔者总结出如下两条规则。第一，在对意思表示进行

---

① 参见常鹏翱：《法律行为解释与解释规则》，载《中国社会科学院研究生院学报》2007年第6期。
② 参见徐化耿：《论私法中的信任机制——基于信义义务与诚实信用的例证分析》，载《法学家》2017年第4期。
③ 梅迪库斯认为《德国民法典》第157条对"诚实信用"的援引没有什么特别，只是一种暗示。[德]迪特尔·梅迪库斯：《德国民法总论》，邵建东译，北京，法律出版社2013年版，第237页。
④ 参见陈甦主编：《民法总则评注（下册）》，北京，法律出版社2017年版，第1024页。
⑤ [德]维尔纳·弗卢梅：《法律行为论》，迟颖译，北京，法律出版社2013年版，第367页。
⑥ 由于诚信原则是较为抽象的概念，为防止司法裁量权的滥用，只有在文义、目的、习惯等较为具体的解释规则无法对意思表示进行解释时才能适用诚信解释。参见李适时主编：《中华人民共和国民法总则释义》，北京，法律出版社2017年版，第442页。

解释时应当尽量避免产生法律行为无效的后果。表意人所作出的意思表示可能因为形式上或实质上的欠缺产生法律行为无效的后果，此时应在不违背当事人意愿的情况下通过合理解释以避免这种无效后果的产生。解释的基础和前提是当事人有效意思表示的存在，而对要素的表示构成了对该意思表示进行解释的限制。此所谓当事人的意愿，必须以某种形式进行明示或暗示，既可以是真实的，也可以拟制的。譬如在对"以房抵债""让与担保"等非典型性担保问题进行处理时，应尽量通过意思表示的解释使所涉法律行为有效。① 第二，诚信解释的适用须充分平衡自我决定价值和信赖保护价值。以意思表示的效力为例，立法者通过效力瑕疵制度对一些典型情形下的利益衡量作出了决定性的安排，而将其他情形下的利益衡量则留待司法者通过解释制度进行自由裁量。譬如胁迫制度仅涵盖违背当事人真实意思的情形，但符合与违背并非为【0，1】的空白区隔，而是连续过渡的状态。因而在相对人明知或有理由相信表意人的意思表示受到了不当影响时，在意思表示的解释上可以向表意人进行倾斜。

在有相对人的意思表示场合，诚信原则的适用应较为宽松。但是法官不能以"应为"替代当事人的"实为"②。换言之，在当事人实际理解一致的场合，法官不可以以自己对当事人意思表示的客观文义的理解代替当事人的真实意思。③ 例如在动产抛弃的场合，由于牵涉不特定相关人的利益，诚信解释的适用基础较为坚实；但在对遗嘱进行解释时，由于其交易属性较弱且更应侧重于保护立遗嘱人的真实意思，诚信解释的适用理应最为严格。

相较于《合同法》第 125 条，《民法总则》第 142 条反映了立法者在有相对人的意思表示和无相对人的意思表示解释时的不同价值取向，在设计初衷上是值得赞许的。但其断裂式的做法强化了表意人和相对人的对立而忽略了两者

---

① 参见高圣平：《动产让与担保的立法论》，载《中外法学》2017 年第 5 期。

② 在任何情况下，对法律行为予以解释的人都不能成为法律行为的主宰者，他不能以自己所确定的法律行为当事人本应规定的规则来取代当事人基于私法自治所实际规定的规则。参见［德］维尔纳·弗卢梅：《法律行为论》，迟颖译，北京，法律出版社 2013 年版，第 360 页。

③ 这种理解符合古老的法律传统：错误的表示无害原则。［德］迪特尔·梅迪库斯：《德国民法总论》，邵建东译，北京，法律出版社 2013 年版，第 243 页。

间利益的协调,而意思表示构成所涉及的表意人、相对人和相关人利益的复杂性决定了在私法领域中,意思表示解释规则必须反映多元的价值取向。[1] 结合意思表示解释理论的历史沿革和司法实践的现实,意思表示的解释目标宜采取一元化的理性人标准。可以说,在特定场景中确有在意思表示解释路径或方法的具体适用上"偏袒"表意人、相对人或相关人的意义,但在统一的意思表示解释目标的视角下,这种"倾斜"与"偏颇"应是有限的。将复杂的利益平衡选择置于解释路径而非解释目标层面,能够更为柔和及灵活地表达及实现私法的价值取向。

## 第三节 法律漏洞填补的实证考察

### 法律漏洞

尽管规范制定者们在立法过程中已经尽可能地遵循科学和理性主义立场,力争将一部法律的"完备"做到极致。但一部逻辑严密且毫无漏洞的法典并不为法律人所期待。这倒不是因为过度的悲观情绪作祟,而是因为"法律一经颁布就将落后于现实"[2]。法律漏洞本身的无可避免性,不可避免地生发出法官如何通过法续造的方式对漏洞进行填补的问题。当然,法律适用者在从事法续造工作时,不能仅依据其心目中的公平观或者职业道德观来创造性地弥补法律漏洞,否则,立法与司法的应有界限将被轻易打破,案件的公平性也无从保证。[3] 但是,这并不意味着对于裁判者所进行的法律续造活动的完全否定,构建一套既能有效填补

---

[1] 参见郝丽燕:《意思表示的解释方法》,载《北方法学》2015年第5期。
[2] 该句法谚的另一种说法是,法律一经颁布就应当具有相对稳定性,以至于法律时常出现漏洞和缺陷,导致法律适用者总是难以将法律规范直接适用于具体案件。参见刘星:《阿尔诺的"法律确证"理论》,载《环球法律评论》1993年第3期。
[3] 近年来,有不少批评意见指责裁判者不顾现行法律规定,以单纯的道德观和正义观对法律进行续造。参见孟勤国:《法官自由心证必须受成文法规则的约束——最高法院(2013)民申字第820号民事裁判书研读》,载《法学评论》2015年第4期。

法律漏洞又能对裁判者进行约束的规则，仍然是法律人的美好愿景和努力方向。上述问题，也当然成为法律方法论研究中的重点问题。

在概念上，法律漏洞首先应与法漏洞相区分，后者乃是指整体法秩序的不圆满性，而非个别法律本身。[①] 其次，法律漏洞应是"违反计划的不圆满性"，换言之，如果某个领域本身属于法律不应规制的范围（即所谓法外空间），或者是立法者有意使得该领域的问题不受调整，就不能称作法律漏洞。[②] 另外，法律漏洞填补活动应当与法解释活动相区分，如果针对的是法律已有规定但意义不明确的情形，则所要进行的是法律解释活动，只是在法律未作规定之时，才有进行漏洞填补的可能和必要。我国台湾地区学者的论述很好概括了这一结论："漏洞补充，非在法律规定文字内运用'解释法律的方法'所能填补，须由法官探求法律目的，加以'创造'。'法官造法'即指漏洞补充而言。"[③] 可见，方法论意义上的法律漏洞并非像"漏洞"一词般简单直白，而是具有严谨的指向性。

法律漏洞缘何产生，传统学说认为主要有以下几个方面的原因：其一，是基于法律所具有的滞后性，亦即科技和社会的高速发展必然带来立法时无法预料到的新情况，这使得原有规则难以应付，从而产生法律漏洞。在认识论上，由于人类的认识理性存在局限，立法者永远不可能制定出一部完美的法典。[④] 法律漏洞的产生，无可避免。比较典型的例子，是科技的高速发展引发的如何对数据等虚拟财产进行界定以及如何保护的问题，在《民法总则》出台之前，成文法律并未

---

[①] 参见［德］卡尔·拉伦茨：《法学方法论》，陈爱娥译，北京，商务印书馆2003年版，第253页。

[②] 无论是德国学者（比如恩吉施、拉伦茨、卡纳里斯等），抑或我国学者，多数均倾向于将法律漏洞定义为是"违反计划的不圆满性"。我国学者的相关论述，参见杨解君：《法律漏洞略论》，载《法律科学（西北政法学院学报）》1997年第3期；吴丙新：《法律漏洞补充理论的三个基本问题》，载《法制与社会发展》2011年第2期。

[③] 杨仁寿：《法学方法论》，北京，中国政法大学出版社2013年版，第137页。

[④] 参见杨解君：《法律漏洞略论》，载《法律科学（西北政法学院学报）》1997年第3期。也有学者从社会法的立场上阐述了这一问题，认为法律是社会中的法律，而并非社会是法律中的社会，因此，法律目的和法律功能的二分性与规则、事实和方法的不确定性这三点理由，导致法律存在漏洞具有必然性。参见贾焕银：《社会法学派的法律漏洞观及其启示》，载《法律科学（西北政法大学学报）》2009年第4期。

对此作出规定,学界只能经由法续造的漏洞填补方式回应上述纠纷,但解释结论上存在较大分歧,分别产生了诸如债权说、物权说、独立财产说等多种观点。①其二,法律本身具备高度的抽象性,需要经由解释方可有效适用,但部分个案的事实过于复杂疑难,即使经由解释,相应结论仍然不能满足个案需求。也有学者以法律的抽象性特质归纳出法律的不确定性特征,并认为在疑难案件中,法官需要行使自由裁量权并创制"法官法",以解决这一问题。②除了上述基本观点所总结的理由之外,也有学者提出了不同见解,认为上述原因仅是在部分情况下才会造成法律漏洞,相反,法律意识形态的多元化、立法权对司法权的不信任以及法官对事物类型把握能力之欠缺,才是漏洞产生的根本原因。③应该说,上述种种见地,均从不同侧面揭示了法律漏洞产生的根源之所在。

在明确了法律漏洞的概念及其产生的必然性之后,更为重要的问题是,法律应当依据何种方式对法律漏洞进行填补。如上所述,法律漏洞的产生原因多种多样,不同原因产生的漏洞填补方式也本应各不相同,这就需要对法律漏洞的类型化进行研究讨论。一般说来,对于因法律未规定所导致的漏洞,由于进行填补的内在动力为"法官不得拒绝裁判",故该类漏洞又被称为"规则漏洞",对于此类漏洞,填补方式是进行规范的类推。对于疑难案件的复杂事实引发的法律漏洞,主要原因是法律本身的条文对法律的适用范围产生了限缩,因此需要运用目的性扩张的手段填补漏洞,该类漏洞可以被称为"目的漏洞";与之类似的基于认识

---

① 相关文献,参见梅夏英:《数据的法律属性及其民法定位》,载《中国社会科学》2016年第9期;许可:《网络虚拟财产物权定位的证立——一个后果论的进路》,载《政法论坛》2016年第5期;王雷:《网络虚拟财产权债权说之坚持——兼论网络虚拟财产在我国民法典中的体系位置》,载《江汉论坛》2017年第1期。

② 参见邱昭继:《法律的不确定性与法治的可能性》,载《政法论丛》2014年第1期;张玉洁:《法律不确定性命题的司法检视》,载《法律科学(西北政法大学学报)》2015年第3期。

③ 所谓法律意识形态的多元化,是指由单一的立法者的法律意识形态向司法中多元法律意识形态的转变,将可能使原本完足的法律体系在具体实践当中出现难以避免的漏洞;立法权对司法权的不信任,是指立法者会试图用更为精确的语言来框定其通过法律所欲规范的事物范围,这导致法律规范的弹性逐渐收缩,法律漏洞也就因此而生;法官对事物类型把握的欠缺,是指法官能力的缺失,可能会导致在法律解释的范围内就可完成的任务,被错误地归结为法官造法,实践中许多漏洞因此而生。详细论述,参见吴丙新:《法律漏洞补充理论的三个基本问题》,载《法制与社会发展》2011年第2期。

论上的原因产生的漏洞，可以称为"原则漏洞"，补充方式同样可以运用目的性扩张等解释方式。①

需要注意的是，虽然运用法学方法进行漏洞填补是方法论上最为常见的做法，也被司法实践所广泛采用，但不可忽视的是，此种方法由于缺乏妥当的标准（比如关于什么是所谓"立法目的"就言人人殊），从而极易可能产生"同案不同判"的情形。② 面对法律与现实的紧张关系，我国最高司法机关一直没有放弃努力，积极探索解决法律漏洞的办法，并结合我国实践，通过制定、颁行司法解释和指导性案例的方式来应对法律漏洞。

以司法解释填补法律漏洞的方式，可谓颇具中国特色。详言之，中国司法制度的特色使得司法难以以个案的方式对法律进行填补，司法解释因此应运而生。我国最高人民法院所创制的司法解释在指引司法实践的同时，甚至在某种程度上发挥了引领立法的作用，极大推进了诸多法律制度的发展，也正是在这个意义上，可以说司法解释已经成为我国本土意义上的"法律漏洞填补"机制的表征，由最高人民法院这一最高司法机关制定、颁行的司法解释，承担了传统法理意义上的"法官造法"。特别是，司法解释绝不仅仅针对个案，而是作为法源之一种进一步适用于各类案件的裁判。除此之外，最高人民法院的指导性案例借由"指导"的价值表述及"应当参照"的效力界定，也宣示了其与一般判例的本质区别。在民事裁判活动中，指导性案例不但具有解释法律以及补充价值的作用，往往还兼具漏洞填补和创设规则的功能，对推动我国民事司法实践不断进步的意义不可小觑。详细论述请参见本书第五章第五节附论"民事指导性案例的方法论功能"。

---

① 需要指出的是，不同的学者对漏洞的类型具有不同的划分，如有学者将之分为"概念漏洞"、"规则漏洞"和"原则漏洞"。参见谢晖：《论司法对法律漏洞的习惯救济——以"可以适用习惯"为基础》，载《中南大学学报（社会科学版）》2020年第1期；也有学者分为"禁止拒绝裁判式漏洞"、"原则漏洞"和"目的漏洞"。参见纪海龙：《法律漏洞类型化及其补充——以物权相邻关系为例》，载《法律科学（西北政法大学学报）》2014年第4期。无论如何，在方法上，以产生原因为基础对类型进行分类的方式，具有合理性和科学性。

② 有学者对此进行了案例实证研究，发现我国法官并不擅长法律漏洞补充操作，从而导致裁判效果难以令人满意。参见曹磊：《法律漏洞补充行为的失范与规制》，载《法学论坛》2019年第4期。

本节以情事变更为例,对中国法上的法律漏洞填补进行一项实证的考察。①

## 情事变更

### "漏洞"的由来

选取的标本是民法上的情事变更制度,问题的由来则是该项制度与不可抗力制度之间的关系处理。情事变更,又称情势变更。② 是指在合同成立后,因不可归责于双方当事人的原因导致合同的基础丧失或动摇,若继续维持合同将有悖于诚实信用原则,故允许变更或者解除合同。③ 1999 年《合同法》并未规定情事变更,究其原因,据权威人士解释称主要是因为对情事变更难以作出科学的界定,亦即情事变更与商业风险和不可抗力的界限难以划清,加之实际上只有在非常特殊的情况下才能适用情事变更,故在合同法中作出规定条件尚不成熟。④

因此,在民法典颁行之前人民法院审理的情事变更纠纷的现行规范基础是《最高人民法院关于适用〈中华人民共和国合同法〉若干问题的解释(二)》(以下简称《合同法司法解释二》)第 26 条,此项规定,构成前文所述以司法解释作

---

① 除了本节的例证外,许多学者也对以各种方式对法律漏洞进行填补的模式进行了评析。代表性论述,可参见唐健飞:《法律漏洞填补的司法进路》,载《社会科学》2014 年第 9 期;刘作翔:《司法中弥补法律漏洞的途径及其方法》,载《法学》2017 年第 4 期。

② 在概念上,学界一般混用"情事变更"与"情势变更"二词,但在内涵和外延上,二者并无区别。追本溯源,梁慧星教授早于 1988 年在《法学研究》上发表《合同法上的情事变更问题》一文,其中使用了"情事变更"的表述,此后,不少裁判(如广东省佛山市中级人民法院(2004)佛中法民一终字第 622 号民事判决书、江苏省镇江市中级人民法院(2017)苏 1282 民初 1807 号民事判决书)沿用该表述。但在官方的表述上,似乎更为习惯地使用"情势变更"。如《合同法司法解释二》的官方释义中,就使用了"情势变更"一词,参见曹守晔:《最高人民法院〈关于适用中华人民共和国合同法若干问题的解释(二)〉之情势变更问题的理解与适用》,载《法律适用》2009 年第 8 期,第 44~49 页。此后的裁判(最高人民法院(2015)民二终字第 284 号民事判决书、最高人民法院(2018)最高法民终 105 号民事判决书)也多使用"情势变更"一词。本书统一使用"情事变更"的表述。

③ 参见崔建远主编:《合同法(第六版)》,北京,法律出版社 2016 年版;韩世远:《合同法总论(第三版)》,北京,法律出版社 2011 年版,第 382 页。

④ 参见"第九届全国人民代表大会法律委员会关于《中华人民共和国合同法(草案)》审议结果",载中国人大网;曹守晔:《最高人民法院〈关于适用中华人民共和国合同法若干问题的解释(二)〉之情势变更问题的理解与适用》,载《法律适用》2009 年第 8 期。

为我国本土意义上的"法律漏洞填补"方式。

**如何"填补"**

根据该条规定,情事变更是指合同成立以后客观情况发生了当事人在订立合同时无法预见的、非不可抗力造成的不属于商业风险的重大变化。之所以规定情事变更"非不可抗力"造成,官方解释称是因为"对于灾难等自然原因造成的情事重大变化,不适用情事变更,此类情况可以直接适用《合同法》第117条不可抗力条款加以解决"①。在解释上,司法解释的规定被视为正式确认了"泾渭分明的二元规范模式",即将情事变更与不可抗力彻底分离。

之所以将情事变更表述为"非不可抗力造成的不属于商业风险的重大变化",主要目的就是希望不可抗力、情事变更、商业风险等概念能够在民法的履行障碍解决规则当中各司其职,以应对实践所需。②换言之,司法解释制定者的最初愿景,是希望所有的法律事实都能够分别划入不可抗力、情事变更或者商业风险的调整范畴之中,以包罗所有的情形。为此,规则的制定者不仅在释义中着重论述了情事变更与商业风险的区分,还特地强调:"对于灾难等自然原因造成的情事重大变化,不适用情事变更,此类情况可以直接适用《合同法》第117条不可抗力条款加以解决。"③

然而在司法解释正式生效后,实践中仍广泛存在三类情形导致漏洞填补的具体操作难题。第一类是针对同一法律事实,有的法院认为属于不可抗力,有的法院却认定为属于"非不可抗力"的情事变更④;第二类是面对规则及相应解释要

---

① 沈德咏等主编:《最高人民法院关于合同法司法解释(二)理解与适用》,北京,人民法院出版社2009年版,第190页。

② 参见曹守晔:《最高人民法院〈关于适用中华人民共和国合同法若干问题的解释(二)〉之情势变更问题的理解与适用》,载《法律适用》2009年第8期,第48~49页。

③ 沈德咏等主编:《最高人民法院关于合同法司法解释(二)理解与适用》,北京,人民法院出版社2009年版,第190页。

④ 如关于SARS对合同履行障碍的定性,有法院明确认为其属于不可抗力,如在河南省西华县礼堂清算组与王某新、武某安、张某均房屋买卖合同纠纷上诉案中,法院认为:基于当时出现的非典疫情,应属不可抗力。参见河南省周口市中级人民法院(2009)周民终字第1004号民事判决书。也有法院认为其属于情事变更,如在大连鹏程假日大沐有限公司与大连正典表业有限公司房屋租赁合同纠纷再审案中,法院认为:因"非典"疫情和政府有关部门因此而下发的停止野生动物经营的通知,只是对正典公司的部分经营活动造成影响,尚不足以导致其与鹏程公司之间的租赁合同"直接"或"根本"不能履行,不属于不可抗力。参见辽宁省高级人民法院(2013)辽审二民抗字第14号民事判决书。

求定性为不可抗力的"自然灾害",仍有法院适用情事变更规则进行处理①;第三类是法院虽认定某一法律事实属于不可抗力,但却认为可以发生情事变更制度规定的变更合同的法律后果。② 以上案例,不一而足。类似现象的存在,暴露出情事变更与不可抗力之间的适用关系的争议远未停止,且迷雾重重。特别是,在2020年新型肺炎疫情防控之际,作为权威机关的全国人大常委会法工委面对疫情迅速作出解答,称疫情及相应措施如导致合同不能履行应属于不可抗力。③ 但在各地法院出台的应对疫情的指引类文件中,对待疫情的定性却显得颇为灵活。其中,有的法院回避对疫情是否构成不可抗力予以表态,但在法律后果上倾向于不支持解除合同的诉求,并要求尽量从鼓励交易的角度对合同进行变更④;有的法院态度较为折中,即认为疫情及管制措施构成不可抗力,也会因此发生解除合同和当事人免责的效果,但不排除合同能够挽救时可以类推适用情事变更的规则⑤;还有的法院在认为疫情构成不可抗力的同时,未明确能否适用情事变更,仅称可依照公平原则进行处理。⑥ 前述文件,均反映出裁判者不太倾向于一概适用不可抗力规则,即使司法解释制定者称自然原因引起的合同履行障碍属于不可抗力,且明确构成不可抗力时就不会再构成情事变更。裁判者似乎仍想方设法在

---

① 如江西省永修县人民政府、永修县鄱阳湖采砂管理工作领导小组办公室与成都鹏伟实业有限公司采矿权纠纷案中,引起当事人之间权利义务失衡的客观事实是因为自然原因导致鄱阳湖出现了罕见的低水位,根据司法解释的规定和相关解释,自然原因引起的合同履行障碍应归属于不可抗力的范畴,但法院并未援引不可抗力的规定直接解除合同,而是意识到合同存在被挽救的可能,故援引情事变更的规定,以判令一方退还部分合同价款的方式对合同条款进行变更。参见最高人民法院(2011)民再字第2号民事判决书。
② 如鹤壁市劳动技术社会实践教育管理中心、程某仁租赁合同纠纷案中,法院认为:非典期间曾因不可抗力的原因导致无法经营,故应将该期间的租金予以扣除。参见河南省鹤壁市中级人民法院(2018)豫06民终229号民事判决书。该案中,虽然法院认定非典为不可抗力,但并未解除合同,而是判决变更合同内容。
③ 全国人大常委会法工委解答:对于因此(防控措施)不能履行合同的当事人来说,属于不能预见、不能避免并不能克服的不可抗力。见"中新网"。
④ 参见浙江省高级人民法院民事审判第一庭《关于规范涉新冠肺炎疫情相关民事法律纠纷的实施意见(试行)》第2条第1—4点。
⑤ 参见湖北省高级人民法院民二庭《关于审理涉及新型冠状病毒肺炎疫情商事案件若干问题的解答》第2条、第4条、第5条、第6条。
⑥ 参见重庆市高级人民法院民一庭《关于审理涉新型冠状病毒肺炎疫情民事案件若干问题的解答》第2条、第3条。

不与现行规则冲突的基础上，绕开不可抗力规则，以期充分运用其他解释方案以解决相应纠纷。

缘何看似简单的情事变更与不可抗力的界分规则不仅未在法院的裁判实践中得到广泛运用，反而有意无意地被"选择性忽略"，并转而寻求其他方案对案件进行处理？此种做法是否合理，以及是否合乎制度本意？

**规则适用上的难题**

情事变更规则的创设，很大程度上回应了实践需求，但问题也随之而来。根据《合同法司法解释二》第 26 条的规定，针对同一法律事实，构成不可抗力就不可能构成情事变更，反之亦然。同时，依据条文文义，不可抗力与情事变更的主要区别有三：第一，在构成要件上，不可抗力需满足不能预见、不可抗拒和不能克服的"三不"要件，情事变更则需满足无法预见。在解释上，一般认为后者的预见可能性高于前者。[①] 第二，在事实前提上，不可抗力已经构成了部分或完全的履行不能，情事变更部分则只是履行艰难，或者履行代价过于高昂，甄别合同是否有继续履行的可能性是规则制定者期望区分二者的重要依据之一。[②] 第三，在法律效果上，因不可抗力致使不能实现合同目的，发生合同解除的效果，同时当事人可部分或全部免责，情事变更的后果只是发生合同变更或解除，并不排除当事人违约责任的承担。在解除的方式上，因不可抗力解除合同的只需通知即可，因情事变更解除或者变更合同则最终决定权掌握在法院。[③]

看似明确的区分标准，却时常经不起实践的检验。实务中常见的情形是，如果某项不可预见、不能抗拒且不能克服的自然事件发生，就应归属于不可抗力的范畴，若因此造成合同不能履行，此时只能适用合同法的规定解除合同，同时认定当事人免责，这种一刀切的模式明显难以平衡当事人的利益，也不利于稳定交

---

[①] 参见王利明：《情事变更制度若干问题探讨——兼评〈民法典合同编（草案）〉（二审稿）第 323 条》，载《法商研究》2019 年第 3 期，第 7 页。

[②] 参见王洪、张伟：《论比较法研究域下的情势变更规则及其适用》，载《东南学术》2013 年第 3 期，第 162 页。

[③] 参见范磊：《新冠肺炎疫情及行政行为构成合同履行障碍的性质及房屋租赁合同纠纷中的司法应对》，载《法律适用》2020 年第 5 期。

易预期。或者，若不可抗力虽已发生，合同却并未因此陷入不能履行的程度，而情事变更规则又排除了不可抗力作为履行障碍原因，此时当事人如何救济？在《合同法司法解释二》规定情事变更之前，类似案件已经出现，彼时法院还能够依据"公平原则"或者依照情事变更的学理进行处理。① 在 SARS 时期，法官便是依照最高司法机关发布的文件，依据公平原则处理了大量类似案件。② 但《合同法司法解释二》之后，此类案件的处理，反倒陷入了困境。

或许正如学者所言，最高人民法院的本意可能在于有意识地区分不可抗力规则和情事变更规则，但因尚未真正界分二者，反倒缩小了情事变更规则的适用范围。③ 司法解释规定的情事变更排除不可抗力的模式，使得部分现实情形陷入了尴尬的两难境地。

**裁判者的实质理性与规范续造**

在规则成文之际，规则制定者在特定时空下结合潜在的文化、理念和价值判断所做的决断已经完结，至于规范所蕴含的功能能否有效发挥，其缺憾能否有效弥补，则倚赖于法官对规则的理解与适用。面对具体案件时，规则的拘束固然重要，但法官结合自己的智识、前见、体系化思维以及客观情势而形成的理性判断，亦发挥着至关重要的作用。④

---

① 如在惠州市国航汽车贸易有限公司、连某生与广西航空有限公司租赁合同纠纷案中，法院认为，"非典"虽然给酒店业的经营造成一定的影响，但不能必然导致国航公司承租大厦经营酒店目的落空，即使构成情势变更，国航公司有权要求的是对合同作合理的变更，以体现公平原则。参见广西壮族自治区高级人民法院（2007）桂民四终字第 1 号民事判决书。类似观察，还可参见韩世远：《不可抗力、情势变更与合同解除》，载《法律适用》2014 年第 11 期，第 62 页。

② 《最高人民法院关于在防治传染性非典型肺炎期间依法做好人民法院相关审判、执行工作的通知》（法〔2003〕72 号）第 3 条第 3 款规定，由于"非典"疫情原因，按原合同履行对一方当事人的权益有重大影响的合同纠纷案件，可以根据具体情况，适用公平原则处理。因政府及有关部门为防治"非典"疫情而采取行政措施直接导致合同不能履行，或者由于"非典"疫情的影响致使合同当事人根本不能履行而引起的纠纷，按照《中华人民共和国合同法》第 117 条和第 118 条的规定妥善处理。

③ 参见崔建远：《合同法学》，北京，法律出版社 2015 年版，第 99 页。

④ 关于不可抗力造成合同履行困难是否属于法律漏洞，如是，为何种漏洞的问题，笔者认为，回顾合同法司法解释制定的历史背景可知，依情事变更的制度目的，该情形本应是包含在情事变更的调整之内。故此项漏洞应属"开放的漏洞"，可经由类推适用或回归法律所包含的原则加以解决。参见［德］卡尔·拉伦茨：《法学方法论》，陈爱娥译，北京，商务印书馆 2003 年版，第 254 页。

既然规则制定者对情事变更的功能期许是将其与不可抗力规则发生协同治理作用，根据情事变更与不可抗力各自的适用领域，对于因自然原因引起的合同履行障碍，固应适用不可抗力制度解决。概言之，依照规范文本本身的文义，结合权威解释，在面对疫情及管制措施引发纠纷时大致的裁判路径如下：首先，将自然原因引起的疫情及管制措施定义为不可抗力；其次，根据当事人的举证，考察合同履行障碍的程度，以及履行障碍与疫情之间的因果关系；再次，如果有证据证明确因疫情导致合同履行不能，合同目的无法实现，则适用不可抗力规则解除合同，并根据实际情况免除当事人的责任，如果证据不足以证明合同不能履行，或者合同暂时不能履行但不导致合同目的不能实现，则应驳回当事人提起的解除合同的诉讼请求。

然而，裁判所真正追求的并非只是依律裁判以满足合法性的要求，在个案中追求实质正义以便为判决提供正当化基础，同样是司法者必须追寻的目标。即使依法裁判与个案正义两个目标之间并非总是和谐无碍，但这仍不能阻止裁判者在个案中追寻公平正当的结果，这也是裁判者进行法律续造的根本动力。对于属于自然原因的疫情及相应管制措施引起的合同履行障碍，应归属于不可抗力的范畴本无疑问。① 但如果固守现行规则文义进行裁判，在部分案件中将会造成制度利益失衡。比如，我国法上的不可抗力规范与大陆法系一脉相承，其伦理价值乃贯彻"过错责任"原则，即在基于通常事变而当事人无过错时，允许当事人逃脱合同负担，解除合同并免除责任。② 关于免责的程度，则应依据不可抗力对合同履

---

① 关于疫情及管制措施引起的合同障碍的定性，包括全国人大法工委的解答以及湖北高院等文件都直接定性为不可抗力。但也有论者持不同态度，代表性观点是认为此种障碍既可以定性为不可抗力，也可以定性为情事变更，区分标准是合同能否履行，如能则属于情事变更，不能则属于不可抗力。参见范磊：《新冠肺炎疫情及行政行为构成合同履行障碍的性质及房屋租赁合同纠纷中的司法应对》，载《法律适用》2020年第5期。但该观点存在两大教义学上的致命问题。其一，根据现行规定，针对同一法律事实，构成不可抗力就不可能构成情事变更，反之亦同，将同一法律事实（相同的疫情）归入彼此冲突的法律制度之中，属于自相矛盾。其二，不可抗力和情事变更的构成应是基于客观的判断，即某一情况是否属于不可抗力，标准是是否符合"三不"要件，至于该项事实是否构成完全不能履行，属于主观判断，与是否构成不可抗力无关。而且，"三不"构成的不可抗力是因，完全不能履行是果，以是否完全不能履行判断是否属于不可抗力，属于"以果断因"。综上，结合司法解释制定者的解释，疫情及管制行为构成的履行障碍应定义为不可抗力。

② 参见叶林：《论不可抗力制度》，载《北方法学》2007年第5期，第39页。崔建远：《不可抗力条款及其解释》，载《环球法律评论》2019年第1期，第48页。

行带来的实际影响大小进行判断。从结果上观察，受不可抗力影响而无法履行的合同当事人有权解除合同，并援引不可抗力主张部分或全部免除违约责任。此种做法，在合同双方当事人之间，一定程度上可以较为合理地分配风险，以防无过错的当事人遭受过分损害。但不可忽视的现实是，在诸如疫情暴发等自然原因造成的合同履行障碍中，允许受不利影响的当事人主张不可抗力免责，势必会对另一方当事人基于合同的可得利益造成损害，这在长期性合同中体现得尤为明显。典型例证是受疫情及管制措施影响出现大量纠纷的租赁合同，在疫情背景下，承租人很可能因"封路、封小区"等原因无法继续承租房屋，导致租赁合同不能履行，合同目的也不能实现。但如果适用不可抗力规则，允许承租人解除合同并免责，出租人就需要承受房屋空置的损失，而且完全无从得到救济。[①] 换言之，疫情及管制措施所带来的损失，将全部由合同一方当事人承担。如此，将导致利益关系的严重失衡，也难言公平。毕竟，在疫情面前，每个人都是利益受损方，允许一方完全逃脱合同负担而无须负担任何后果的裁判模式，难以有效平衡当事人之间的利益关系。另外，如果一概适用不可抗力规则，进而导致多数情形下合同的解除，将严重损害交易的持续性和稳定性；在诸如供应链合同群、商业特许经营合同群、融资消费合同群、金融交易合同群等"合同群落"中[②]，个别性合同看似只在当事人间发挥作用，其实直接影响到一系列合同的履行以及整体性交易的展开，此时如果因为不可抗力判决处于其中一环的合同解除，将会产生连锁效应，殃及合同群中的其他合同，造成不可逆的影响。可见，不可抗力规则阻滞交易的弊病，在商事合同中会更为凸显，其不仅造成单笔交易无法继续推进，更可能对持续性的系列交易产生恶劣影响。

因此，裁判者不应简单地从形式化的法律文本出发，而是要保持对裁判后果

---

[①] 当然，此类观点也遭到了较多驳斥，如有观点认为，不可抗力免责可适用于特定物买卖，但不宜适用于种类物买卖。不可抗力不应一律发生免去债务人全部或部分责任的后果，还可以发生减轻义务、延期履行、变更合同等后果。参见叶林：《论不可抗力制度》，载《北方法学》2007年第5期，第42页。

[②] 所谓供应链合同群，是指在供应链系统中，围绕核心企业，在采购原材料、制成中间产品以及最终产品、销售产品并运送交付到消费者手中的生产经营过程中，供应商、制造商、分销商、零售商等主体通过一系列合同结成供应与销售网链。关于合同群的具体探讨，参见徐铁军：《契约群的挑战与合同法的演进——合同法组织经济活动功能的新视角》，载《现代法学》2019年第6期，第106~107页。

的敏感性，以追求良好的判决结果为目标，创设性地决定规则的适用。法官需要深入具体的事实语境之中，在个案中比对制度之间的功能差异，以期真正发挥不可抗力与情事变更之间的协同治理效应。操作路径可以简要分为三个层次，即认定是否构成履行障碍→认定合同是否应解除→认定当事人是否免责。① 面对具体案件，应在承认疫情属于不可抗力的基础上，秉承鼓励交易的导向，允许裁判者类推适用情事变更的规定，并兼顾多种类型化要素，合理分配合同责任。就情事变更与不可抗力的关系，结合比较法的最新趋势可以看出，情事变更与不可抗力之间并非泾渭分明，而是在一定程度上存在竞合和交叉，现行司法解释的规则存在问题，应当进行修改。② 完整地看待，情事变更和不可抗力从形式逻辑上讲是一种交叉关系，导致合同履约不可行或者目的落空的不可抗力是情事变更制度的有机组成部分，但引起情事变更的原因又不限于不可抗力，还可以是意外事件和其他事由。将不可抗力回归作为情事变更规则的发生事由，能够更好地发挥规范的指引作用，解决因疫情及管制措施引致的合同纠纷中如何适用法律的困惑，确保制度的充足供给，亦是追求类案同判的关键所在。

应当明确的是，由于合同解除并非一定依照不可抗力规则进行，类推适用情事变更规定，同样可以达到解除合同的法律效果，但二者在是否免责上确实存在不同。如果认定合同已经解除，则需要考察当事人之间的过错程度，如受不利益一方的当事人是否存在迟延履行的情况、是否存在损失扩大的问题、是否已尽通知义务等。如果只是一次性交易合同，且受不利益一方当事人无任何过错，可以考虑免责判决；对于其余情况，尤其是实践中预计将大量出现的租赁合同、建设工程合同等继续性合同，建议解除合同的依据定为类推适用情事变更关于解除的规定，此时不必然免除当事人的责任，而是应依照公平原则分担损失，以减轻可

---

① 类似范式，得到了不少法官的肯认。参见范磊：《新冠肺炎疫情及行政行为构成合同履行障碍的性质及房屋租赁合同纠纷中的司法应对》，载《法律适用》2020年第5期。
② 参见韩世远：《不可抗力、情事变更与合同解除》，载《法律适用》2014年第11期，第62页；王利明：《情事变更制度若干问题探讨——兼评〈民法典合同编（草案）〉（二审稿）第323条》，载《法商研究》2019年第3期，第7~8页；范磊：《新冠肺炎疫情及行政行为构成合同履行障碍的性质及房屋租赁合同纠纷中的司法应对》，载《法律适用》2020年第5期。

能给对方造成的损失。如果当事人一方存在履约意愿，而另一方不愿意继续履行时，不愿意履约的一方在合同解除后仍不排除违约责任的承担。如果合同并未判决解除而是变更，则应依据公平原则，采取变更合同履行时间（建设工程中的顺延工期、商品房买卖合同中的延期交房、租赁合同中的延长租期）、适当减少价款（租赁合同中的减少租金）等措施，合理分担因疫情防控导致的不利后果。①

总之，裁判者应以追求良好的判决结果为目标，创造性地决定规则的适用，上述做法，较为考验法官在个案中的判断能力。要求法官在具体案件中，在保证法律适用统一性的同时，进行精准个案判断。法官须深入具体的事实语境之中，保持对类型化要素的敏感性，在个案中比对适用不同规则的功效差异，从而决定相应规则的适用。

## "买卖型担保"是什么担保

### 问题的由来

我国《物权法》第 5 条规定：物权的种类和内容，由法律规定，这被称为物权法定原则，这意味着我国的物权种类只能由法律进行创设，而不能由当事人之间约定或者通过其他方式创设。这种做法借鉴了传统的大陆法理论，物权法定的目的有三，最重要的一点是便于物权之公示，以确保交易之安全与迅速。②

制定法在任何社会里都不是唯一的和全部的法律，无论其作用多么重要，也只是整个法律秩序中的一个部分。③ 而由交易习惯、习惯法以及老百姓"钻法律空子"所"设计"的一些交易模式，在日常社会经济生活中一直广泛并活跃地存

---

① 公平分担损失模式，被广为运用。如在河南省洛阳市公路运输管理处、新华房地产公司与洛阳市新华房地产开发公司合同纠纷案中，法院认为：发生在全国各地的非典属非常时期，在此期间，原、被告均遭受到了经济损失，按照法律规定的公平原则，其损失应由原、被告共同承担，故原告应按总租金的50%退还被告租金。参见河南省洛阳市中级人民法院（2008）洛民终字第 2021 号民事判决书。

② 参见董学立：《也论"后让与担保"》，载《中国法学》2014 年第 3 期。

③ 详细论述可参见梁治平：《民间法、习惯和习惯法》，载《清代习惯法：社会和国家》，北京，中国政法大学出版社 1996 年版。

在，这些民间规则或做法直指法律上的漏洞，也给审判实务及法学研究带来挑战。中国的民间借贷（非金融机构借贷）当中，即由民间"发明"出一种新的担保形式：债权人为了避免债务人无力偿还借款，同时增加自己债权实现的可能性，往往在与借款人签订借款合同的同时，又签订一个买卖合同，约定债务人不能偿还借款本息的，则以履行买卖合同作为双方权利义务的终结。有的债权人与债务人在签订借款合同的同时，通过签订买卖合同，将标的物所有权转移（动产为交付，不动产则通过办理产权变动登记），此时，从外观上看，买受人取得了标的物的所有权。而一旦债务人不履行还款义务，债权人即取得标的物的所有权。由于买卖合同的标的物价值和买方支付的借款金额差距较大，或者于市场价格严重不符的情况出现，债务人又往往以买卖合同违反了流质契约禁止的强制性规定为由，主张买卖合同无效。"买卖型担保"的基本交易结构是双方当事人通过签订买卖合同和民间借贷合同，约定债务人到期未履行民间借贷合同，则应向债权人履行交付买卖合同项下的标的物的义务。根据我国物权法定原则，这种以"买卖"的形式进行担保的做法不符合我国《物权法》和《担保法》关于担保物权的规定，因此在实践中不宜被认定为物权，这就造成了实践的尴尬，因为一旦出借人与借款人签订买卖合同对民间借贷合同进行担保，而借款人到期不履行还款义务，出借人将没有请求权基础对借款人要求对标的物予以优先受偿，难免使得出借人的利益受到巨大的损害。

在"买卖型担保"案件中，出借人本身难谓有过错，情理上来看此类交易安排也无非是基于迫切的融资需求而采取的一种变通做法，而法院根据严格的物权法定原则不承认这种担保的效力，也无可厚非。但是否定该类合同效力的结果却无疑将会减损市场的活力，虽然最高人民法院已经通过司法解释的方式，承认了"买卖合同系作为民间借贷合同的担保"，但是在执行时，由于优先受偿力的缺失，买卖合同的权利人要求执行标的物仍然面临越权的困难，而绝对的物权法定原则是否符合我国的实践仍然值得进一步反思[①]，学界也有许多学者主张在物权

---

① 王利明教授认为，我国的物权法定原则是绝对的物权法定原则，不允许任何缓和。参见王利明：《物权法研究》（上册），北京，中国人民大学出版社 2007 年版，第 166 页。

法修改时规定物权法定原则的缓和或者以其他的方法承认"买卖型担保"的效力，以满足新兴市场的需求，解决这一矛盾。①

由此，究竟应该如何看待此类"买卖型担保"，此类担保可否被认为是非典型担保在实务上的突破？裁判上对于此类非典型担保究应采取何种立场？在学术上及裁判实务上均不无纷争。

**判例的展开**

案例一

最高法（2011）民提字第 344 号判决（朱某芳与山西嘉和泰房地产开发有限公司商品房买卖合同纠纷案）

该案一审二审均判决商品房买卖合同有效，山西高院再审改判无效，最高法院撤销再审判决，最终认定商品房买卖合同有效，最高法院判决认为：本案的商品房买卖和民间借贷两份协议，并立又有联系，即以签订商品房买卖合同的方式为之后的借款协议提供担保，同时，借款协议为商品房买卖合同履行附设了解除条件，即借款到期借款人不能偿还借款的，履行商品房买卖合同。但是，两份协议没有约定，借款到期不能偿还，朱某芳直接通过前述的约定取得"抵押物"所有权，而必须通过履行商品房买卖合同实现；这两份协议并不违反法律、法规的强制性规定。故两份合同均应有效。

以下为最高人民法院（2011）民提字第 344 号判决书主文：

本院认为，本案中，十四份《商品房买卖合同》涉及的款项和《借款协议》涉及的款项，在数额上虽有差额，但双方当事人对于十四份《商品房买卖合同》所涉款项和《借款协议》所涉款项属同一笔款项并无异议。也就是说双方当事人基于同一笔款项先后签订了十四份《商品房买卖合同》和《借款协议》，且在太

---

① 比较有代表性的有杨立新教授主张将这种担保视为"习惯法"上的担保物权以进行保护，参见杨立新：《后让与担保：一个正在形成的习惯法担保物权》，载《中国法学》2013 年第 3 期。庄加园教授主张适当放开流押条款以解决这个问题，参见庄加园：《"买卖型担保"与流押条款的效力——〈民间借贷规定〉第 24 条的解读》，载《清华法学》2016 年第 3 期；陆青副教授主张将这种担保进一步解释成一种以物抵债协议，并增加这种担保的"物"的效力，参见陆青：《以物抵债协议的法理分析——〈最高人民法院公报〉载"朱俊芳案"评释》，载《法学研究》2015 年第 3 期。

原市房地产交易所办理了十四份《商品房买卖合同》销售备案登记手续。根据《中华人民共和国合同法》第三十二条规定："当事人采用合同书形式订立合同的，自双方当事人签字或盖章时合同成立。"第四十四条第一款规定："依法成立的合同，自成立时生效。"案涉十四份《商品房买卖合同》和《借款协议》均为依法成立并已生效的合同。

本案双方当事人实际上就同一笔款项先后设立商品房买卖和民间借贷两个法律关系。山西高院再审认为本案双方是民间借贷合同关系而非商品房买卖合同关系不当，应予纠正。从本案十四份《商品房买卖合同》和《借款协议》约定的内容看，案涉《商品房买卖合同》与《借款协议》属并立又有联系的两个合同。案涉《商品房买卖合同》与《借款协议》之间的联系表现在以下两个方面：其一是案涉《商品房买卖合同》与《借款协议》涉及的款项为同一笔款项；其二是《借款协议》约定以签订商品房买卖合同的方式为《借款协议》所借款项提供担保，即双方当事人实际是用之前签订的十四份《商品房买卖合同》为之后签订的《借款协议》提供担保。同时《借款协议》为案涉《商品房买卖合同》的履行附设了解除条件，即借款到期，嘉和泰公司还清借款，案涉《商品房买卖合同》不再履行；借款到期，嘉和泰公司不能偿还借款，则履行案涉《商品房买卖合同》。

关于《借款协议》中"如到期不能偿还，或已无力偿还，乙方（嘉和泰公司）将用以上抵押物来抵顶借款，双方互不再支付对方任何款项"的约定是否违反法律的强制性规定问题。

《中华人民共和国担保法》第四十条规定："订立抵押合同时，抵押权人和抵押人在合同中不得约定在债务履行期届满抵押权人未受清偿时，抵押物的所有权转移为债权人所有。"《中华人民共和国物权法》第一百八十六条规定："抵押权人在债务履行期届满前，不得与抵押人约定债务人不履行到期债务时抵押财产归债权人所有。"这是法律上禁止流押的规定。禁止流押的立法目的是防止损害抵押人的利益，以免造成对抵押人实质上的不公平。

本案《借款协议》中"如到期不能偿还，或已无力偿还，乙方（嘉和泰公司）将用以上抵押物来抵顶借款，双方互不再支付对方任何款项"的约定，并非

法律上禁止的流押条款。

首先,《借款协议》上述条款并非约定嘉和泰公司到期不能偿还借款,《借款协议》所称抵押物所有权转移为朱某芳所有。在嘉和泰公司到期未偿还借款时,朱某芳并不能直接按上述约定取得《借款协议》所称的"抵押物"所有权。朱某芳要想取得《借款协议》所称的"抵押物"即十四套商铺所有权,只能通过履行案涉十四份《商品房买卖合同》实现。正基于此,朱某芳在本案一审提出的诉讼请求也是确认十四份《商品房买卖合同》有效,判令嘉和泰公司履行商品房买卖合同。

其次,案涉十四份《商品房买卖合同》和《借款协议》均为依法成立并生效的合同,双方当事人在《借款协议》中约定以签订商品房买卖合同的形式为《借款协议》提供担保,并为此在《借款协议》中为案涉十四份《商品房买卖合同》附设了解除条件,该约定并不违反法律、行政法规的强制性规定。

实际上,双方当事人对于是履行十四份《商品房买卖合同》,还是履行《借款协议》具有选择性,即商品房买卖合同的解除条件成就,就履行《借款协议》;商品房买卖合同的解除条件未成就,就履行十四份《商品房买卖合同》。无论是履行十四份《商品房买卖合同》,还是履行《借款协议》,均符合双方当事人的意思表示,且从合同的选择履行的角度看,嘉和泰公司更具主动性。

嘉和泰公司如果认为履行十四份《商品房买卖合同》对其不公平,损害了其利益,其完全可以依据《中华人民共和国合同法》第五十四条第一款第(二)项的规定,请求人民法院撤销案涉十四份《商品房买卖合同》,但嘉和泰公司在法定的除斥期间内并未行使合同撤销权,而是拒绝履行生效合同,其主张不符合诚信原则,不应得到支持。

因此,《借款协议》上述关于到期不能偿还,或已无力偿还,嘉和泰公司抵押物来抵顶借款的约定,不符合《中华人民共和国担保法》第四十条和《中华人民共和国物权法》第一百八十六条禁止流押的规定。山西高院再审认为,《借款协议》中"到期不能还用抵押物抵顶借款,双方之间互不再支付对方任何款项"的约定违反法律的强制性规定,应属无效,缺乏事实和法律依据,本院予以

纠正。

综上，案涉十四份《商品房买卖合同》和《借款协议》均为依法成立并生效的合同。《借款协议》约定的商品房买卖合同的解除条件未成就，故应当继续履行案涉十四份《商品房买卖合同》。山西高院再审判决适用法律错误，应予撤销。太原中院二审判决虽在判决理由表述上不够准确和充分，但判决结果正确，可予以维持。依照《中华人民共和国民事诉讼法》第一百五十三条第一款第（二）项、第（三）项、第一百八十六条第一款之规定，判决如下：

一、撤销山西省高级人民法院（2010）晋民再终字第103号民事判决；

二、维持山西省太原市中级人民法院（2007）并民终字第1179号民事判决。

案例二

最高法（2013）民提字第135号判决（杨某鹏与广西嘉美房地产开发有限责任公司商品房买卖合同纠纷案）

该案一审和二审认为买卖合同有效，最高法院再审认为无效。最高法院判决认为：双方当事人均未向法院提交书面的借款合同，故对于双方当事人之间有关借款期限的约定，并无充分证据加以证明。既然案涉《商品房买卖合同》是作为340万元债权的担保而存在，那么，作为债权人的杨某鹏实现债权的方式应当是在债务履行期限届满后，向债务人嘉美公司主张债权，如果没有明确的履行期限，则债权人可以随时请求债务人履行，但应当为其留出必要的准备期限。在嘉美公司拒不还债或者无力还债的情况下，杨某鹏才能以适当的方式就《商品房买卖合同》项下的商铺主张权利，以担保其债权的实现。杨某鹏请求直接取得案涉商铺所有权的主张违反《中华人民共和国物权法》关于禁止流质的规定，不予支持。

以下为最高人民法院（2013）民提字第135号判决书主文：

本院认为，当事人于再审期间的争议焦点仍然是：嘉美公司与杨某鹏之间是借贷关系还是商品房买卖关系。嘉美公司主张双方为借贷关系，但缺少了关键性的证据《借款合同》。杨某鹏主张其与嘉美公司之间为商品房买卖合同关系，而从未签订过借款合同。但与其主张相矛盾的是：第一，杨某鹏未持有其所称交付

340万元购房款后应当取得的《销售不动产统一发票》原件,第二,杨某鹏否认先后分九次收到的嘉美公司打入其不同账户的61.1万元是嘉美公司支付的借款利息,但却以商业秘密为由拒不说明该款项的性质。再审庭审中,虽经合议庭向其释明其有关商业秘密的说法不能成立,其有义务向法院说明上述款项性质,但杨某鹏仍然未作出说明。因此,在双方证据均有缺陷的情况下,应当结合双方当事人提交的证据,探究合同签订时双方当事人的真实意思,进而对当事人之间的法律关系作出判断。

一、关于当事人签订《商品房买卖合同》时的真实意思。根据已经查明的事实,嘉美公司急于从杨某鹏手中得到340万元,恰恰是因为其向严某等五人所借债务已届清偿期,而嘉美公司必须按时清偿上述债务,以避免严某等五位债权人依照借钱给嘉美公司时双方签订的《商品房买卖合同》,以总价340万元取得案涉商铺的所有权。换言之,嘉美公司不愿意让严某等五位债权人以总价340万元取得案涉商铺的所有权,因此,不惜采取借新账还旧账的办法,向杨某鹏借款。杨某鹏的340万元是根据嘉美公司的指令分两笔直接打给严某等五人的事实可以印证上述分析。嘉美公司与杨某鹏即使签订了《商品房买卖合同》,其真实意愿也不是以340万元向其出售案涉房产。对于是否存在在同等条件下,嘉美公司不愿将案涉房产出售给严某等五人而愿意出售给杨某鹏的可能,从一、二审及再审查明情况分析,杨某鹏与嘉美公司的主要负责人以前并不相识,其与嘉美公司也无其他经济往来,作为理性的市场主体,嘉美公司没有理由在自己资金严重不足的情况下,想方设法向严某等五人偿还债务,以收回案涉房屋,然后再以相同价格,将上述房屋出售给杨某鹏。由此得出的结论是,嘉美公司正是不愿意以340万元的价款出售案涉商铺,因而以借新债还旧债的方式来达到保住商铺的目的。故可以认定嘉美公司的真实意思是向杨某鹏借款而非以340万元的总价向其出售案涉商铺。

从杨某鹏一方的情况看,在与嘉美公司签订《商品房买卖合同》的同一天,杨某鹏按照嘉美公司的指令,将340万元分两笔直接打入严某等五位嘉美公司债权人的账户,嘉美公司因此消灭了其与严某等五人的债权债务关系。由此推断,

杨某鹏应当知晓嘉美公司收到340万元是用于偿还严某等五人。而且，杨某鹏与嘉美公司签订的《商品房买卖合同》所涉房屋正是嘉美公司因向严某等五人借款340万元而以签订《商品房买卖合同》的方式提供担保的房屋。要将《商品房买卖合同》所涉房屋备案到杨某鹏名下，需首先向来宾市房产管理局申请撤销原来严某、林某名下的备案登记。从时间上看，严某和林某于2007年6月27日出具的《关于申请撤销商品房备案登记的报告》，是杨某鹏于次日去办理商品房备案登记手续时必备的文件。由此可以推知，杨某鹏应当知晓嘉美公司原先向严某、林某等借款340万元并以签订《商品房买卖合同》、办理商品房备案登记的方式进行担保的情况。即使杨某鹏主张其本人在当时的情况下就有购买案涉商铺的意愿，但其亦应知晓嘉美公司的真实意思并非向其出售案涉房屋。

二、关于杨某鹏提供的《销售不动产统一发票》复印件的证明效力问题。杨某鹏作为案涉《商品房买卖合同》中的买方，在交纳了全部340万元房款后，未能取得嘉美公司开具的《销售不动产统一发票》原件，却始终没有向嘉美公司索要该发票原件，直到本案诉讼，向法院提交的也是该发票的复印件。且在近两年的时间内，没有要求办理权属登记，这与一般购房者的做法明显不一致，不符合交易习惯。《销售不动产统一发票》原件对于购房者具有十分重要的意义，《中华人民共和国发票管理办法实施细则》第三条规定，"发票的基本联次包括存根联、发票联、记账联。存根联由收款方或开票方留存备查；发票联由付款方或受票方作为付款原始凭证；记账联由收款方或开票方作为记账原始凭证。"因此发票是交易真实发生的证明。而在不动产交易中，发票更是办理不动产权属登记的重要依据。发票复印件则无法起到同样的作用。本案中，杨某鹏提供《销售不动产统一发票》复印件的目的应当是证明其主张的与嘉美公司存在商品房买卖合同关系，而不是主张其向嘉美公司交付了340万元，因为对于后者双方并不存在争议。而欲证明真实的商品房买卖合同关系的存在，《销售不动产统一发票》原件就显得格外重要。嘉美公司作为《商品房买卖合同》中记载的售房一方，在始终认可收到杨某鹏340万元的情况下，没有将开具的《销售不动产统一发票》原件交付给杨某鹏，却于2008年1月8日将其为杨某鹏开具的《销售不动产统一发

票》原件连同第二、三、四联在当地税务机关做了缴销的行为，充分说明嘉美公司否认房产交易的真实性。而缴销发票行为发生于2008年1月而非诉讼中，则从另一个侧面证明嘉美公司否认与杨某鹏之间存在真实的房产交易的态度是一贯的。故结合本案具体情况，仅凭杨某鹏提供的《销售不动产统一发票》复印件，尚不能认定在杨某鹏与嘉美公司之间存在商品房买卖的法律关系。

三、关于杨某鹏收到嘉美公司支付的61.1万元的性质问题。杨某鹏对于嘉美公司所主张的于2007年6月28日至2007年12月18日之间，分九次汇入其账户的61.1万元，一是在数额上认为自己只收到了57.4万元；二是认为上述款项并非利息。但对款项的性质则以商业秘密为由拒绝作出说明。对于杨某鹏收到上述款项的数额，二审判决认定事实清楚，杨某鹏没有提出证据否认上述事实，故本院对于其只收到了57.4万元的主张不予采信。本院再审庭审中，曾特别要求杨某鹏说明上述款项性质，并向其释明不能以该款项性质属于商业秘密为由拒绝向法院陈述事实，如其不能说明61.1万元的性质，则可能导致对其不利的后果。但杨某鹏仍未说明收取嘉美公司上述款项的原因及其性质。考虑到民间借贷支付利息的一般做法，综合全案的情况分析，在杨某鹏未能证明双方当事人存在其他经济往来的情况下，本院认为嘉美公司关于上述61.1万元是其为向杨某鹏借用340万元而支付利息的观点具有更高的可信度。

四、关于案涉《商品房买卖合同》约定的内容。从案涉《商品房买卖合同》本身分析，与一般商品房买卖合同不同，双方当事人没有在合同中约定单价，而是以一口价340万元的方式，交易了1 496.97平方米的53间商铺。平均每平方米2 271.25元。此种不约定单价的售房方式与一般房地产交易习惯不符。

综上，本院认为，认定当事人之间是否存在债权债务关系，书面合同并非不可缺少的要件。只要确认双方当事人就借贷问题达成了合意且出借方已经实际将款项交付给借款方，即可认定债权债务关系成立。杨某鹏向嘉美公司支付340万元并收取利息的行为，足以认定双方之间成立了债权债务关系。嘉美公司从杨某鹏处取得340万元的真实意思是融资还债，其与杨某鹏签订《商品房买卖合同》的目的，则是为了担保债务的履行。鉴于双方未办理抵押登记，其约定也不符合

《中华人民共和国担保法》规定的担保方式，故双方签订《商品房买卖合同》并办理商品房备案登记的行为应认定为非典型的担保方式。即在嘉美公司不能按时归还340万元的情况下，杨某鹏可以通过拍卖或者变卖案涉房屋的方式确保其能够实现债权。如果嘉美公司按时归还340万元，则杨某鹏不能就案涉的53间商铺主张权利。嘉美公司对交易的控制体现在借款合同和其没有将《销售不动产统一发票》原件交付给杨某鹏，而缺少了发票，杨某鹏是无法实际取得商铺并办理产权登记手续的。《中华人民共和国物权法》第一百八十六条规定，抵押权人在债务履行期限届满前，不得与抵押人约定债务人不履行到期债务时抵押财产归债权人所有。该规定主要是基于平衡双方当事人利益的考虑，防止居于优势地位的债权人牟取不当暴利，损害债务人特别是其他债权人的利益。尽管本案中双方当事人签订《商品房买卖合同》并办理商品房备案登记的行为并不导致抵押权的成立，但足以在双方当事人之间成立一种非典型的担保关系。既然属于担保，就应遵循物权法有关禁止流质的原则，也就是说在债权人实现担保债权时，对设定的担保财产，应当以拍卖或者变卖的方式受偿。

本案诉讼中，双方当事人均未向法院提交书面的借款合同，故对于双方当事人之间有关借款期限的约定，并无充分证据加以证明。既然案涉《商品房买卖合同》是作为340万元债权的担保而存在，那么，作为债权人的杨某鹏实现债权的方式应当是在债务履行期限届满后，向债务人嘉美公司主张债权，如果没有明确的履行期限，则债权人可以随时请求债务人履行，但应当为其留出必要的准备期限。在嘉美公司拒不还债或者无力还债的情况下，杨某鹏才能以适当的方式就《商品房买卖合同》项下的商铺主张权利，以担保其债权的实现。杨某鹏请求直接取得案涉商铺所有权的主张违反《中华人民共和国物权法》关于禁止流质的规定，本院不予支持。嘉美公司关于双方当事人之间存在借贷关系，签订《商品房买卖合同》只是为担保杨某鹏债权的实现的主张，有事实依据，本院予以支持。

综上，一、二审判决认定嘉美公司与杨某鹏之间为商品房买卖合同关系，进而作出要求嘉美公司向杨某鹏交付房屋的判决，认定事实不清，适用法律错误，

本院依法予以纠正，并驳回杨某鹏的诉讼请求。杨某鹏可就其债权的实现另寻途径解决。本院依照《中华人民共和国民事诉讼法》第二百零七条第一款、第一百七十条第一款第（二）项之规定，判决如下：

一、撤销广西壮族自治区高级人民法院（2011）桂民一终字第18号民事判决；

二、撤销广西壮族自治区来宾市中级人民法院（2010）来民一初字第6号民事判决；

三、驳回杨某鹏的诉讼请求。

**司法解释的立场**

2015年8月6日发布并于同年9月1日起开始施行的《最高人民法院关于审理民间借贷案件适用法律若干问题的规定》〔法释2015〕18号，以下简称《民间借贷司法解释》第24条规定：

当事人以签订买卖合同作为民间借贷合同的担保，借款到期后借款人不能还款，出借人请求履行买卖合同的，人民法院应当按照民间借贷法律关系审理，并向当事人释明变更诉讼请求。当事人拒绝变更的，人民法院裁定驳回起诉。

按照民间借贷法律关系审理作出的判决生效后，借款人不履行生效判决确定的金钱债务，当事人可以申请拍卖买卖合同的标的物，以偿还债务。就拍卖所得的价款与应偿还借款本息之间的差额，借款人或者出借人有权主张返还或补偿。

按照本条第1款规定，当事人以签订买卖合同作为民间借贷合同的担保，借款到期后借款人不能还款，出借人请求履行买卖合同的，人民法院应当按照民间借贷法律关系审理，并向当事人释明变更诉讼请求。司法实践中，借贷合同关系和买卖合同关系发生混合的情形是大量存在的，尤其是以签订房屋买卖合同为借款提供担保的情形，广泛存在。按照本司法解释中的规定，适用本条时应当首先甄别当事人签订买卖合同是否具有担保的意思，只有确定签订买卖合同的目的是为民间借贷合同提供担保的，本条才有适用的余地。

本条第2款则规定，按照民间借贷法律关系审理的判决生效后，借款人不履行生效判决确定的金钱债务的情形下，出借人可以申请拍卖买卖合同标的物以偿还债务。就拍卖所得的价款与应偿还借款本息之间的差额，借款人或者出借人有

权主张返还或者补偿。从上述规定看，似乎可以解释为裁判机关认可了买卖合同的"担保"效力，不过，值得注意的是，司法解释中并非赋予当事人就买卖合同标的物价值享有优先受偿权。

此前学界和实务界不乏反对规定清算义务的声音，且观点呈现出两个极端：一则主张一切以当事人的约定为重的逻辑。认为作为具有完全行为能力的"理性人"，其作出任何意思表示都应能预见和承担其意思表示的后果，而对于买卖型担保的买卖合同的签订也是如此。单就买卖合同关系的成立来讲，在合同法上没有任何导致合同无效的理由，买卖合同就应该被认定有效并得到实际履行，也就是由出借人取得买卖合同的标的物。另一则是以现有法律的条框为依据，认为买卖合同本身的意思表示不真实，此类设计，名为买卖，实为担保，其意图，乃在于规避物权法上关于流质（流押）条款无效的规定。故而该不真实的意思表示不应该导致法律行为效力的发生，如果认定买卖合同成立并有效，将是对法律体系中流质条款规定和物权法定原则的极大僭越，故买卖合同不具备任何法律效果。这两种观点的结论，都认为司法解释规定清算义务没有任何依据。

**关于《民间借贷司法解释》第 24 条**

如上所述，针对上列案例中当事人双方为避免债务人无力偿还借款而在签订民间借贷合同的同时或其后签订买卖合同（以房屋买卖合同为主）的情形，最高人民法院《民间借贷司法解释》作出了相应规定。据此规定中的第 24 条，人民法院受理此类纠纷之后，仅审理两个合同当中的民间借贷法律关系，而对于其中买卖合同的性质以及效力等问题，该解释并未予以定论，这也就为研究者留下了许多想象的空间。有关此类问题的学术争论中相继出现了通过诸如代物清偿、附条件合同、让与担保或法定抵销等途径予以解释的尝试[①]，判例显示出，裁判当中也有法官将《民间借贷司法解释》第 24 条理解为"对让与担保通过司法解释

---

[①] 参见庄加园：《"买卖型担保"与流押条款的效力—〈民间借贷规定〉第 24 条的解读》，载《清华法学》，2016 年第 3 期；陆青：《以房抵债协议的法理分析——〈最高人民法院公报〉载"朱俊芳案"评释》，载《法学研究》，2015 年第 3 期；张伟：《买卖合同担保民间借贷合同的解释论——以法释〈2015〉18 号 24 条为中心》，载《法学评论》2016 年第 2 期。

的形式确认其合法性"①。

《民间借贷司法解释》第 24 条能否看作是我国最高司法机关对于让与担保这一非典型担保形式的认可和确立？笔者对此持否定态度。在让与担保交易中，当事人不仅形成了以所有权转移来担保债权实现的合意，更重要的是当事人须已经按照约定实际地将标的物所有权转移给债权人，唯其如此，当债务人不能履行债务时，债权人才可以依据事先取得的标的物所有权来对抗第三人，以充分担保债权的实现。而在《民间借贷司法解释》第 24 条所处理的情形中，依其第 2 款的规定，"按照民间借贷法律关系审理作出的判决生效后，借款人不履行生效判决确定的金钱债务，出借人可以申请拍卖买卖合同标的物，以偿还债务。就拍卖所得的价款与应偿还借款本息之间的差额，借款人或者出借人有权主张返还或补偿"。换言之，债权人就买卖合同标的物并不享有任何物权，同时并不存在其他形成物权关系的公示方式，担保功能根本无从体现。② 合同约定的债权人仅享有债法上的单纯期待，而非期待权③，其所处的法律地位尚未达到债务人不能恣意挫败的程度；债务人若擅自处分担保物，至多对债权人承担违约责任。④ 《民间借贷司法解释》第 24 条对此也予以默认，仅允许债权人依照买卖合同拍卖标的物以清偿债权，尤其要注意的是，该司法解释并未赋予债权人对买卖合同标的拥有对抗第三人的优先受偿权，这也正好契合了债权相对性的原理。

据悉，在《民间借贷司法解释》第 24 条的制定讨论过程中，曾经出现过主张将"民间借贷合同和买卖合同合并审理"的意见，但最终颁行的规范并未采纳

---

① 成都市中级人民法院（2016）川 01 民终字第 3467 号民事判决书。该案中，何某坤、温某龙于 2015 年 4 月 1 日签订《房屋抵债协议》和《房屋回购协议》，且随后依据协议将房屋登记过户至债权人何某坤名下。因双方签订该两份协议的真实意思系用案涉房屋为双方之间的案涉债务提供担保，符合法律意义上的让与担保的形式，且庭审中各方均认可《房屋抵债协议》《房屋回购协议》实质上是一种担保形式。法官认为，《民间借贷司法解释》第 24 条系通过司法解释的形式对让与担保的合法性予以确认，双方构成让与担保关系。

② 参见陆青：《以房抵债协议的法理分析》，载《法学研究》2015 年第 3 期。

③ 参见杨立新：《后让与担保：一个正在形成的习惯法担保物权》，载《中国法学》2013 年第 3 期。

④ 参见庄加园：《"买卖型担保"与流押条款的效力——〈民间借贷规定〉第 24 条的解读》，载《清华法学》2016 年第 3 期。

此项方案,只是要求法官仅审理民间借贷合同。这样既回避了民间借贷合同与买卖合同的关系的争议,又免去了突破物权法定的嫌疑。总之,《民间借贷司法解释》第24条在适用范围上明确排除了让与担保的情形,谨守了自身的解释权限,并没有承认与借贷合同并立的买卖合同获得让与担保的优先受偿效力。

以下详述对于包括如上"买卖型担保"在内的非典型担保纠纷裁判上所应秉持的方法论思维,以及可能形成的裁判规则。

## 非典型担保的裁判规则

在民法领域中,担保法无疑是其中最为活跃的部门法,市场主体借由担保制度可以创造信用、降低授信风险,进而实现融通资金、活跃经济的目的。由于立法者无法前瞻性地预设出所有符合社会需求的担保物权制度,市场主体往往会根据特定的市场环境和交易需求而不断创新金融体制,设计出诸多新型融资及担保方式,以简化担保程序、降低融资成本和提高经济效率。但是,根据《民法总则》第116条和《物权法》第5条的规定,物权的种类和内容由法律规定,只有经法律承认的担保手段才属于法律所认可的担保物权。在物权法定主义之下,那些创新性担保手段只能被称为非典型担保,其概念和类型起源于判例和学说,内容突破了立法所规定的典型担保规则,与既有的规范体系和理论框架不无冲突,长期困扰着司法实践。

### 问题的界定

与其他通过对事物的共通特征进行"提取公因式"所获得的法律概念不同,非典型担保是反面排除的结果,但凡典型担保以外的所有担保手段,尽可囊括其中,种类繁多、内容庞杂。这就导致非典型担保不具有统一的构成要件和法律效力,而且其内涵外延始终处于动态变化过程中,在这个意义上,与其说非典型担保是一个法律概念,不如将其当作容纳立法冗余的"箩筐"更为准确得当。由于不同种类的非典型担保的法律性质和交易结构差异悬殊,任何想要通过立法"一锅烩"式地解决非典型担保问题的企图似乎都显得徒劳无益。尽管如此,面对眼

花缭乱的非典型担保，学界却也从来没有放弃将其"规范化"的努力，也一直在试图最大限度地将现行担保法体系框架延伸到非典型担保交易中。本书也是这种努力的延续。在我们看来，这样做的一个前提，是必须根据不同类型的非典型担保交易的特点进行分类，以类型化方式予以解决。这既是认识问题的起点，也是根据其不同特征进行差别调整的基础。

法官无论是支持还是反对让与担保存在的合法性，首先都要面对物权法定原则的拷问，作为绕不过去的一堵墙，如何对待物权法定原则，注定是理解和评判非典型担保实践争议的基础。

**物权法定：区分物权和债权的工具**

话要从德国民法说起。德国学者雅科布斯曾指出，德国的法典编纂体系特点并不是五编制，也不是在法典的开始设置总则编，而是对物法和债法的截然区分。① 民法上区隔债与物，虽早在罗马法已开其端，但是直到19世纪萨维尼重建罗马法体系，才被赋予鲜明的哲学基础——人是自由的，物是不自由的。② 面对诉之学说中常常呈现的混乱状态，萨维尼希望通过区分"诉本身的内在性质，换言之，它们（的产生）是基于与通过其所保护之权利的关联性"③，来将罗马法中杂乱无章的法律规则条理化。在萨维尼看来，法律的支配在财产关系中得到了完全的贯彻④，其客体包括物和行为，这也构成了区分物权和债权的基本出发点。对于前者，我们无力支配作为一个整体的不自由的自然，仅能支配其特定的部分，即形成对物的权利，其中所有权为物权最纯净、最完整的形式，他物权仅作为例外而存在；对于后者，因人就其自然属性而言是自由的，支配必定不是针对其人格的整体，而是仅仅针对其具体的行为，称之为债。⑤

其后，温德沙伊德将"债权和物权的区分，建立在其各自的请求权的效力和

---

① 参见［德］霍尔斯特·海因里希·雅科布斯：《十九世纪德国民法科学与立法》，北京，法律出版社2003年版，第182~183页。
② 参见苏永钦：《走入新世纪的私法自治》，北京，中国政法大学出版社2002年版，第72~73页。
③ ［德］萨维尼：《萨维尼论对人之诉和对物之诉》，载《中德私法研究》2006年第1期。
④ 参见［德］萨维尼：《萨维尼论财产权》，载《中德私法研究》2006年第1期。
⑤ 参见金可可：《私法体系中的债权物权区分说——萨维尼的理论贡献》，载《中国社会科学》2006年第2期。

内容的区别之上"①。债权是请求特定人作出特定行为的相对权，即其发明的"请求权"，而物权则属于请求一切人不作为的绝对权，也就是支配权。由于温德沙伊德的巨大影响，直接导致物权和债权区分理论被《德国民法典》所采纳，首创了相互独立的物权编和债权编。德国民法典的立法者认为，应防止"债法和物权法的混合"，"将债权转变为物权远无必要，并且使得体系混乱"，从而"极大地损害整体的清晰、概念的精确，并会破坏确定的和清晰的体系以及体系的一贯性"②。《德国民法典》将债权剥离于物权之外，将物权法想象成与债法具有不同性质的独立部分，契合了19世纪的人文思潮和自由市场。近代法宣布，任何个人都是不服从于他人支配的人格主体，这样就只有物才可成为法律上直接受支配的标的，这种近代私法性就要求所有权摆脱一切人类关系，仅仅成为对物的支配关系本身。③ 在所有权摆脱债权之后，当事人"不能以法律行为排除所有权的处分权能，就成了满足财货流通和交易安全的前提条件"④。

为了维持这种区隔，潘德克顿法系从物权和债权的区分理论中衍生出了有体物观念、分离原则、抽象原则和物权法定原则，以将物权法彻底隔离于债法，物权法定原则正是因此而作为维持物权法自治性的工具出现的。如果允许当事人任意创设物权类型和改变既有物权的内容，那么必然导致债法领域的契约自由原则在物权法领域的适用，无法确保物权法的自治性。⑤ 在"所有权—他物权"的结构下，"其他限制物权作为抽象所有权的附庸，必然要被限定于少数的几种类型"⑥。不仅如此，因许多依附于所有权之上的人身或债务关系都必

---

① 金可可：《温德沙伊德论债权和物权的区分》，载《中德私法研究》2006年第1期。
② Vgl. Wiegand. Numerus clausus der dinglichen Rechte. In: FS Kroeschell. Verlag Peter Lang, 1987, S. 633. 转引自朱虎：《物权法自治性观念的变迁》，载《法学研究》2013年第1期。
③ 参见冉昊：《论"中间型权利"与财产法二元化框架——兼论分类的方法论意义》，载《中国法学》2005年第6期。
④ Wolfgang Wiegand, Die Entwicklungdes Sachenrechts im Verhältnis zum Schuldrecht, Archiv Fur die civilistische Praxis. 190. Bd., H. 1/2（1990），S. 120-121. Wiegand. 转引自黄泷一：《大陆法系的物权类型封闭原则：历史、演变与启示》，载《私法》2016年第2期。
⑤ 参见黄泷一：《大陆法系的物权类型封闭原则：历史、演变与启示》，载《私法》2016年第2期。
⑥ 朱虎：《物权法自治性观念的变迁》，载《法学研究》2013年第1期。

须予以清除，物权法定原则还起到了整理旧物权的作用。借助于物权法定原则，"使得权利体系更为合理，物债二元财产权体系更为清楚，在类型体系中互为对照，物权在有关区分中内涵外延更清晰，潘德克顿法律的形式理性亦因此为人称道"①。

在司法实践中，法官首先要面对的问题就是非典型担保与物权法定原则的关系，这也正是非典型担保难题的核心，故而本书首先根据二者关系对非典型担保进行分类。

*明确符合物权法定原则的非典型担保*

如果将物权法定原则当中的"法"扩张解释至物权法以外的民事法律，那么最典型的"法定"非典型担保形式则非所有权保留和融资租赁莫属。在现行法中，《合同法》以有名合同的方式，明确规定了所有权保留和融资租赁两种交易。虽说所有权保留和融资租赁与《物权法》规定的质权、抵押权和留置权等典型担保具有明显差异，并非传统意义上的价值权，而是通过移转所有权来担保债权的实现。但是，所有权保留和融资租赁的当事人同样是出于担保合同债权的目的来选择交易模式，且其切实地具有保障债权实现的法律效果，故学说一般仍将其认定为非典型担保。

由于所有权保留和融资租赁等已经为法律所明确承认，消除了违反物权法定原则的可能性，除违反有关合同效力的强制性规定以外，法官和当事人一般都不会对这类担保协议的合法性产生争议。更重要的是，在这类非典型担保交易中，法官可放心地尊重当事人的交易安排，根据担保协议来处理当事人之间的纠纷。即使出现当事人事先没有约定或者约定不明确的情形，法官亦可将现行担保法体系延伸到所有权保留和融资租赁交易中，对其担保权益的创设、公示及执行进行补充和明确，以作为处理纠纷的依据。比如，就非典型担保纠纷中常见的未经对方许可擅自将担保物转售给第三人的问题来说，法官可以适用无权处分的有关规定要求第三人向出卖人或出租人返还标的物，如果第三人构成善意取得的，可以获取标的物的所有权，同时要求买受人或承租人向出卖人或出租人承担违约责

---

① 王玉华：《康德的"理性占有"思想对物权观念的影响》，载《私法》2007年第2期。

任。由于此类非典型担保不存在合法性争议，法官完全可以依据既有的法律规则来处理纠纷，并不会出现非典型担保纠纷所常见的法律适用难题，故而本书不予探讨。

需要说明的是，此处所谓符合物权法定原则的非典型担保，并不包含习惯的情形。《民法总则》第10条明确承认习惯可以成为处理民事纠纷的法源，为法官通过习惯法缓和物权法定原则提供了实证法基础。但是，如要完成习惯向习惯法的转变，一方面需通过法律成员的实践，另一方面还要通过法律成员都表示同意的法院裁判逐渐形成。① 从实质效果来看，这种效力并不主要在于为司法实践所引用，更在于长期以来公众对这种实践的认可和参与，其基础最终在于为大众所普遍使用和接受②，即民众形成普遍的内心确信。观诸非典型担保的司法实践，除了被实证法所明确承认的非典型担保类型外，司法实践中既未对非典型担保的合法性和裁判规则形成一致的意见，大众也远没有获得普遍的内心确信。另外，非典型担保往往缺少完善的公示机制，如果法官贸然通过习惯法承认其具有对抗第三人的担保物权效力，还会损害善意第三人的利益与交易安全，故而，通过习惯法来确认非典型担保的合法性，为时尚早。

有可能违反物权法定原则的非典型担保

与所有权保留、融资租赁等非典型担保不同，有些非典型担保虽然被当事人用作担保债权的目的，却因没有得到现行法的明确承认，存在违反物权法定原则的风险，从而引发合法性争议。在司法实践中，此类非典型担保没有明确的法律依据和统一的操作规则，极易发生纠纷，典型者如让与担保、以房抵债协议、银行账户质押、动态质押等，如何认定它们的法律效力，在实践中存在严重分歧，很难形成统一的裁判规则，成为司法实践中的疑难问题，也是本书重点讨论之所在。以让与担保为例，通过对案例的统计研究发现，各地法院承认和否定让与担保的合法性比例大致相当，没有形成主流意见，与这种割裂的态度相呼应的是，

---

① 参见[德]卡尔·拉伦茨：《德国民法通论》（上册），王晓晔等译，北京，法律出版社2003年版，第12页。

② 参见高鸿钧主编：《英美法原论》（上），北京，北京大学出版社2013年版，第52页。

包括二审和再审在内的对于此类一审相关案件的上诉率一度竟高达51.90%。[1]其中奥妙耐人寻味。概而言之，此类非典型担保有以下特征。

1. 通过特定的法律关系来担保主债权实现的行为结构

在设立担保后，债权人希望借助担保法律关系的存在和发挥作用，"或是使保障债权切实实现的责任财产（一般财产）扩张，或是使债权人就特定财产享有优先权，或是使当事人对特定数额的金钱有得失的可能和机会，从而极大地提高债权人的债权得以实现的可能性"[2]。虽然非典型担保的交易模式、担保标的或者执行方式与典型担保可能有所不同，但当事人的目的都是担保主债权的实现，这就使其必须具备两个基本要素：一是被担保的主债权存在，二是保障主债权实现的担保法律关系。在大多数情形下，当事人都会在交易中明确担保法律关系是为担保特定主债权的实现而存在的，法官对这种担保事实的认定并无异议。比如，在以商铺租赁权为客体的非典型担保中，贷款银行、借款商户和商铺所有人会在协议中约定以商铺承租权为标的为银行贷款提供担保，如果承租商户届期未能归还银行贷款，则商铺所有者有权提前收回商铺的承租权，重新出租给他人，所得租金将用于优先清偿原承租商户拖欠的银行贷款[3]，担保关系至为明显。

但是，并非所有的非典型担保都是如此，实践中，当事人往往会根据交易需求或者为了规避法律强制性规定，而采用"以房抵债协议""售后回购""商品房按揭""应收账款承购"等名称来掩藏其担保意图。为了在事实层面准确认定特定交易是否构成非典型担保，此际就需要裁判者摆脱交易形式的束缚，根据各方当事人之间真实的担保意图来认定实践中名目繁多的非典型担保交易。在比较法中，这种做法并非孤例。《美国统一商法典》第9编第109条a部分第1项就规定：不管交易的形式如何，只要该交易依合同在动产或者不动产附着物上创设了担保权益，就接受本法的调整。该法提出了以"经济属性"，而非"主观表达"

---

[1] 参见姚辉、李付雷：《"理性他者"的依归——让与担保实践争议探源与启示》，载《中国人民大学学报》2018年第6期。

[2] 崔建远：《"担保"辨——基于担保泛化弊端严重的思考》，载《政治与法律》2015年第12期。

[3] 参见陈本寒：《新类型担保的法律定位》，载《清华法学》2014年第2期。

来核定一种意定法律关系属性的做法，即引导法院如何检视当事人的遣词造句，并将交易中的担保问题纳入第 9 编中来处理。① 鉴于非典型担保交易形式的灵活多样，法官有必要拨开形式表达的重重迷雾，根据"各方当事人之间的担保意图"来认定非典型担保，这是规范、调整非典型担保的前提和基础。相反，如果法官不能准确认识"各方当事人之间的担保意图"的法律意义，也就无法认定非典型担保，从而无法对其妥善调整。比如，在"朱某芳与山西嘉和泰房地产开发有限公司商品房买卖合同纠纷案"中（详见本书第七章第三节的案例分析），当事人双方为同一笔借款先后设立了《借款协议》和《商品房买卖合同》，庭审调查表明，后者实际上是为担保前者债权的实现。对于如何认定两个案涉合同的法律性质存在争议，山西高院认为，"《借款协议》中'到期不能还款用抵押物抵顶借款，双方之间互不再支付对方任何款项'的约定违反法律的强制性规定，应属无效"。对此，最高人民法院并不认可，而是将其认定为"并立而又联系"的合同，即《借款协议》为《商品房买卖合同》的履行附设了解除条件，二者均已成立并生效，且《借款协议》所附解除条件未成就，嘉和泰公司应当继续履行《商品房买卖合同》，向朱某芳交付标的房屋。此案当中，撇开法官所谓"并立而又联系"的审判思路在学理上引发的争论不谈②，该种见解虽能够起到尊重当事人交易安排的效果，却也不免引发了规避物权法上禁止流质条款的嫌疑，特别是在当时房价持续上涨的社会背景下，商品房价值可能已经远远超过原债权，交付标的房屋的判决（虽然并非确权判决）难免会被认为严重损害一方当事人的利益。

2. 法律没有明确规定

在日新月异的社会发展面前，立法永远具有滞后性，这一点在担保法领域尤为明显。市场主体往往会根据特定的市场环境和交易需求不断创新金融体制，创设出诸多担保法所未规定的新型融资及担保方式，成就非典型担保。本书所秉承

---

① 参见董学立：《美国动产担保交易制度研究》，北京，法律出版社 2007 年版，第 30 页。转引自董学立：《也论"后让与担保"——与杨立新教授商榷》，载《中国法学》2014 年第 3 期。

② 参见陆青：《以房抵债协议的法理分析——〈最高人民法院公报〉载"朱俊芳案"评释》，载《法学研究》2015 年第 3 期。

的是以裁判实践为导向的理念,即认定某一具体担保交易属于非典型担保的标准不是其最终结果是否违反物权法定原则,而是在司法实践中是否会引发合法性争议。具体来说,除了让与担保、"后让与担保"等担保类型确定地不属于物权法所承认的典型担保外,其他一些类型的非典型担保则存在巨大的解释空间,有可能被法官认定为典型担保中的一种。以实践中广泛出现的新类型担保为例,由于《物权法》对这些新型财产权能否成为担保客体以及公示方式均无明确规定,"各地法院在审理此类担保纠纷时,做法不一:有些法院将之作为权利质权纠纷处理;也有些法院将之作为权利抵押处理;还有些法院则认定此类担保无效"[①]。虽然这些新类型担保有可能通过对法律的扩张解释被认定为典型担保,但本书仍将其当作非典型担保来看待。之所以如此,原因如下:第一,由于法律没有明确承认这些新型财产可以用作典型担保的客体,在发生纠纷时,法官同样要依据物权法定原则对其合法性进行检验,最终是否能够将它们认定为典型担保存在巨大不确定性;第二,即使法官将其认定为典型担保中的一种,由于这些新类型担保并未形成统一规则,要么因担保财产价值不确定,要么因公示手段不完善,或者因各方主体权利义务边界不明确等原因,仍然会引发争议。而以上两个特征与让与担保、"后让与担保"等非典型担保实质相同,都是司法实践所常常碰到的问题,也是法官所最为关注的核心难题。

一言以蔽之,法官认定非典型担保的核心判断标准是有没有明确的实证法依据,即能否根据法律的通常文义将其解释为典型担保。比如,当事人设立质押一般要求出质人将质物实际交付给质权人,出质人不得对质物进行占有、使用或处分,质物灭失后质权亦将消灭。但在动态质押情形,出质人可能无须将质物从场库移交给质权人,且有权根据生产经营需要对质物予以增减、置换或部分解押,质物处于动态变化中,与典型的质押担保不符,故而,虽然有部分法官直接将动态质押默认为质押,但其仍属于本书所说的非典型担保。从学理上讲,在例外情况下,如果法律用语在法律圈有可得被认定之特别含义,且获得了有权机关的认可,则应根据该特别含义来认定某特定担保交易是否属于非典型担保。比如,银

---

① 陈本寒:《新类型担保的法律定位》,载《清华法学》2014年第2期。

行账户属于无形物,本身亦无价值,一般不能被当作动产进行质押,但《最高人民法院关于审理出口退税托管账户质押贷款案件有关问题的规定》第 3 条明确规定,借款人可以用出口退税专用账户质押方式贷款,银行对质押账户内的退税款享有优先受偿权,扩展了动产质押的文义范围,故应将出口退税托管账户质押认定为典型担保。

3. 公示不是非典型担保的认定标准

非典型担保多发于商事实践之中,以形式灵活、程序简单和交易便捷为其生命力所在,当事人也往往基于减少交易成本或保护商业秘密的考量,有意或无意地忽视对担保交易的公示,这就导致当事人或法官形成非典型担保欠缺公示的直观印象。我们认为,公示不能当作区分典型担保和非典型担保的标准:第一,公示不是所有典型担保物权变动的生效要件,我国《物权法》担保物权编关于动产抵押权规定中,即采用公示对抗主义;第二,对非典型担保来说,实践中亦不乏进行公示的情形。比如,在新类型担保中,公示方式就有登记、占有和控制等多种方式,尽管有的新类型担保物权的公示方式具有个别性,如有权利凭证标的担保物权可以占有权利凭证的方式公示,但所有标的物上的担保物权都可以登记进行公示。① 第三,如果某项交易不满足担保的构成要件,即使进行了登记且切实地提高了债权实现的可能性,亦不能视之为担保,比如商品房预告登记。当然,这并不是说公示对于非典型担保不重要,公示机制的不完善确实往往成为引发纠纷的根源,在司法实践中需要重点考量,详见下文。

争 议

非典型担保的本质是借助担保物权的对世效力以保障债权的实现,其兼具性质迥异的物、债双重属性,具有引发物权法定和意思自治内部冲突的潜在风险,即所谓的合法性争议。在司法实践中,无论法官是否承认非典型担保的合法性,其都要面临物权法定原则的检验,故而对物权法定原则的理解适用是非典型担保得以存在的前提和基础。

---

① 参见董学立:《也论"新类型担保的法律定位"——与陈本寒教授商榷》,载《法治研究》2015 年第 4 期。

### 物权法定原则担当了区分物债的工具

在物债二分的权利体系下，物权法定原则担当了区分物权和债权的工具：一方面可以使"所有权—他物权"的物权结构保持简明稳定的状态，"其他限制物权作为抽象所有权的附庸，必然要被限定于少数的几种类型"①；另一方面可以清楚许多依附于所有权之上的人身或债务关系，起到了整理旧物权的作用。因此，物权法定原则可以"使得权利体系更为合理，物债二元财产权体系更为清楚，在类型体系中互为对照，物权在有关区分中内涵外延更清晰，潘德克顿法律的形式理性亦因此为人称道"②。我国《民法总则》第116条在一片"物权法定主义缓和论"当中继续固守物权法定原则，大概也是认定其可以维持物债二分财产权体系的清晰稳定，无论是对学习研究还是对解释适用都大有助益。

### 非典型担保的法律效力分析

物权法定原则的弊端也是非常明显的，潘德克顿学派将债权和物权进行概念化思考，认为特定物之上存在的财产权就只有债权和物权这两种权利，除此之外再无别种类型的权利。③ 其直接后果就是"所有不符合物权与债权严格界限划分的混合形式原则上都被谴责为是'错误的'，所有理论上试图进行的某种意义的'相对物权'一开始就被认为是不恰当的"④，导致法定担保之外的非典型担保都被当作"理性的他者"而遭否定。这种"违反物权法定原则＝无效"的思想至今遗韵悠长，我国司法实践时不时将让与担保、"后让与担保"、"动态质押"、新类型担保等非典型担保认定为无效的做法就是其体现。

但是，"无效"作为非难性程度最高的效力评价类型，既与物权法定原则的规范性质相左，亦超出其目的范围。首先，当事人创设非典型担保的目的旨在促进经济融通，以满足当事人的交易需求，与可能导致剥削和压迫的封建旧物权具有本质区别，国家无须再引入政治考量、公序良俗等"民法外因素"否定非典型

---

① 朱虎：《物权法自治性观念的变迁》，载《法学研究》2013年第1期。
② 王玉华：《康德的"理性占有"思想对物权观念的影响》，载《私法》2007年第2期。
③ 参见张鹏：《物债二分体系下的物权法定》，载《中国法学》2013年第6期。
④ ［德］沃尔夫冈·维甘德：《物权类型法定原则——关于一个重要民法原理的产生及其意义》，载《中德私法研究》2007年第2期。

担保合同的效力。其次，在概念化的过程中，诸如促进财货流通和交易安全等价值追求已经"隐藏在法律之用语里头，后来者不必再重复考虑这些情事"①，物权法定原则被纯化为支撑民法体系的内部强行法。这类民法强行法只是提供一套自治的游戏规则，违反私法强行法的行为最严重的后果只是"不生效"，受法律的非难性程度最低，而并不管制人们的私法行为。② 最后，作为区隔物权和债权的工具，物权法定原则旨在通过限定物权的类型和内容，以实现物权的封闭性，这就决定了物权法定原则的效力范围局限于物权。只要阻却非典型担保发生对抗第三人的物权效力，即物权"不生效"，物权法定原则就能实现区隔物债二分体系的目的，无须禁止当事人自由达成非典型担保合同。

其实，学界对于物权法定原则的弊端已有清醒认识，除了少部分主张彻底废弃物权法定以实现物权自由化的学者外③，多主张通过缓和物权法定原则来承认非典型担保的合法性。④ 笔者对此亦深表赞同。在物权法定原则之下，基于对实证法的尊重和对法教义学的坚守，解释论视野下的缓和路径大体有以下三条：第一，通过习惯法扩张物权法定的法源范围，进而把习惯中的非典型担保囊括进来，使其摆脱合法性争议，这也是获得学者支持最多的路径。第二，扩张解释物权法所规定的物权类型，把实践中出现的非典型担保纳入其中，以承认其物权效力。第三，限定物权法定原则的效力范围，法官不应认定当事人签订的非典型担保协议无效，只应当使其不生物权效力，以最大限度地尊重当事人的交易安排。上述三种方法当中，鉴于我国司法实践中尚未形成认定习惯法的成熟经验，民众也未对非典型担保形成普遍一致的内心确信，且无法解决交易安全的问题，故而本书不取习惯法路径，而是主张通过第二种和第三种方法来缓和物权法定原则。

---

① 黄茂荣：《法学方法与现代民法》，北京，中国政法大学出版社2001年版，第54页

② 参见谢鸿飞：《论法律行为生效的适法规范——公法对法律行为效力的影响极其限度》，载《中国社会科学》2007年第6期。

③ 参见常鹏翱：《体系化视角中的物权法定》，载《法学研究》2006年第5期；熊丙万：《实用主义能走多远：美国财产法学引领的私法新思维》，载《清华法学》2018年第1期。

④ 参见杨立新：《民法分则物权编应当规定物权法定缓和原则》，载《清华法学》2017年第2期；梁上上：《物权法定主义：在自由与强制之间》，载《法学研究》2003年第3期。

## 第七章　法律适用及漏洞填补

### 物权法定主义的缓和

根据民法物债二分体系，赋予某一制度担保地位大抵分为两大方面：一方面，通过当事人的意思解释，以债权标准使担保合同内容合理化；另一方面，以物权标准使担保当事人拥有物权的内容，特别是承认有关标的物的物权归属。①当事人从事非典型担保交易的目的，无非是获得对抗第三人的优先受偿效力，以保障主债权的实现，所以，法官应首先穷尽所有解释方法，将其认定为典型担保以赋予其物权对抗效力。由于此类非典型担保具有对抗第三人的物权效力，本书称之为物权性非典型担保。

以实践中出现的新类型担保为例，《物权法》"权利质权"一章的第223条第（1）至（6）项所列举的可以被出质的财产权并不包括商铺租赁权、出租车经营权、银行理财产品、公用事业收费权、企业排污权等权利类型，如要将其认定为权利质权就只能通过解释该条第（7）项规定，即"法律、行政法规规定可以出质的其他财产权利"。但是，以上新型财产权利并未被现行法律、法规规定为可以出质的"其他财产权利"，也就无法将其解释为权利质权。此时，基于穷尽所有解释方法的努力，法官还应尝试解释抵押权来赋予其物权效力：由于我国采用"泛抵押权"模式，《物权法》第180条第（7）项规定任何"法律、行政法规未禁止抵押的其他财产"均可成为抵押权的客体，这就为将新典型担保认定为抵押权提供了可能性。抵押权与质权的本质区别在于，抵押权的设立不以转移占有为条件，抵押人可以继续对担保物加以占有、使用和收益。在以上新类型担保中，当事人非但无须以转移占有权利凭证的方式设立担保，而且担保人可以继续对担保物享有占有、使用和收益的权利。虽然担保人对该新类型财产的处分权也会受到限制，"但此规则本属担保物权设定后担保物处分限制的共通规则，在抵押权和质权之间并无差异"②。此时，"其担保的作用反近于抵押权"③，不妨将其认定为抵押权，从而赋予其担保物权效力。

---

① 参见［日］道垣内弘人：《日本民法的展开判例形成的法——让与担保》，载梁慧星主编：《民商法论丛》，第15卷，北京，法律出版社2000年版。
② 高圣平：《民法典担保物权法编纂：问题与展望》，载《清华法学》2018年第2期，第85页。
③ 史尚宽：《物权法论》，北京，中国政法大学出版社2000年版，第288页。

对于某些其他类型的非典型担保，法官可能在穷尽所有解释方法后仍然不能成功将其认定为典型担保，典型者如让与担保。此时，"法官很可能在客观法中找不到可适用的规范时，跳过契约去造法，而做成对当事人完全不公平的决定……不但不能止争，反而成为乱源"[1]。我们认为，在此种情形，法官应摆脱非典型担保是否构成"合法"担保物权类型的纠缠，回归契约规范主义，承认此类非典型担保的债权效力，根据当事人之间的债权协议进行裁判。其合理性基础在于，"私法上的法律行为（契约）属个别规范，它在当事人之间产生拘束力，属于私人立法行为"，既能够作为行为规范约束当事人，又能"通过拘束行为人而拘束法官"[2]。此类担保交易，因其仅具有约束担保当事人的相对效力，无法对抗第三人，本书称之为债权性非典型担保。以以房抵债协议为例，针对实践当中较为普遍出现的当事人以签订买卖合同作为民间借贷合同的担保，借款到期后不能还款，则出借人请求履行买卖合同以实现债权的做法，最高人民法院虽然没有明确承认买卖合同的法律效力，但在前述《民间借贷司法解释》第24条第2款规定了债权人可以依照买卖合同拍卖标的物以清偿债权，这实质上赋予了债权人债权性担保效力。

**裁判规则**

在商事交易中，当事人签订非典型担保协议的目的是获得担保物权效力，以担保主债权的实现。由于非典型担保兼具物权和债权的属性，法官不仅要调整担保当事人之间此消彼长的利益关系，还需面对担保当事人与第三人的利益冲突，稍有不慎即可能造成担保人、担保权人以及第三人之间的利益失衡，不可不慎。

**物权性非典型担保**

根据前文可知，物权性非典型担保实为典型担保的变异形态，可以适用既有的担保规则，而现行法对于担保人、担保权人以及第三人之间的利益关系已经作出较为适切的平衡分割，并规定了诸如清算规则、禁止流质、公示生效、涤除权、优先受偿权、无权处分以及善意取得等法律规则予以保障，争议不大。

---

[1] 苏永钦：《私法自治中的经济理性》，北京，中国人民大学出版社2004年版，第14页。
[2] 朱庆育：《私法自治与民法规范凯尔森规范理论的修正性运用》，载《中外法学》2012年第3期。

有问题的是公示。公示方式亦在物权法定原则的效力范围内。以商铺租赁权、出租车经营权、银行理财产品、公用事业收费权、企业排污权等财产为客体的非典型担保，不仅扩展了抵押权客体本身的范围，还会对公示制度提出挑战，出现比如在租赁标的商铺的显眼处标记、在行政审批机关的登记簿上登记等新的方式。在这种公示制度的"创新"背后，或是由于现行法没有明确规定，或是由于现行法虽有规定却不够简便或成本太高，原因不一而足。但有一点是明确的，那就是这些新型公示方式并未被实证法明确规定，不属于物权法定原则肯认的公示方式。虽然这些新型公示方式不会影响抵押权的设立（自签订抵押合同时生效），但如何看待其对于抵押权效力的影响，比如能否将其等同于法定登记方式，获得对抗善意第三人的效力，仍然存在疑问。我们认为，于此情形，法官应做否定回答，拒绝赋予这些新型公示方式对抗任何善意第三人的效力。

**债权性非典型担保**

在债权性非典型担保交易中，因其不能通过法律解释被归入任何一种典型担保类型，法官在平衡担保人、担保权人以及第三人之间的利益冲突时，没有成例可循，需在承认非典型担保债权效力的基础上，探明法律纠纷的性质，并据此来平衡不同主体之间的利益冲突。

1. 交易外观与担保目的

民法实践乃是一个循名责实的活动，讲求当事人的外在表示和法律效果的一致性，以保障意思自治的实现。但是，债权性非典型担保的外在意思表示与内在担保目的有可能并不一致，当事人往往采用"名为……实为担保"的方式从事担保交易，名义可能多种多样，比如售后回购、买卖合同、以房抵债协议等，实质却都是担保债权的实现。如果民法继续依据交易外观认定非典型担保的法律效果，就有可能与当事人的真实交易目的不合，导致许多争议的产生。

如前所述，否定非典型担保法律效力的做法为本书所不采，剩下的问题就是在承认交易外观的法律效力的基础上，如何处理交易外观与担保目的的关系。如果法律根据其交易外观予以调整，则会漠视当事人的担保目的，不利于贯彻当事人的真实意思，扭曲担保人与担保权人的利益关系。相反，如果根据当事人的担保目的进行裁判,因担保目的被掩藏在交易外观之下,第三人无法知悉,则有可能损害第三人的利益,不利于保护交易安全。以让与担保为例,债务人届期不能清偿债务的,如果法官依据买卖协议的交易外观,准许债权人获得担保物的所有权,因标的物往往超出债务价值,就会损害债务人的利益,还会违反禁止流质的规定;相反,如果依据当事人的担保目的进行裁判,在债务人将担保物所有权转移给债权人之后,尚对标的物保留有不能清偿债务时的清算权利和清偿债务后的返还请求权,以对抗第三人对标的物主张的权利,则不利于保障交易安全。

2. 根据外观说保护第三人的交易安全

在物债二分体系下,如要完成债权向物权的转化,公示在其中起着决定性作用。在德国法系传统中,物权自产生时起,就有明确的公示形式,以对社会公众表明其绝对性和排他性[1],进而保护第三人的交易安全。而"物权法定原则"正是作为证明债权转换为物权的公示技术手段,为立法者的物权拟制提供了合理的依据。[2] 在早期公示制度尚不健全或成本较高的时候,物权种类和内容的法定化,便于公示(尤其是土地登记),可确保交易安全与便捷[3],降低公示和查阅成本,故而物权法定本身就是一种辅助的物权公示手段。在基于法律规定直接产生物权的情形,法律的公示作用更为明显,比如承包人对于建设工程的优先受偿权,承包人可以直接依据《合同法》第286条推定其他债权人已经知悉该优先受偿权的存在。然而,通过法律规定来公示物权也具有诸多弊端,比如承包人债权价值不透明、承包人和发包人串通伪造债权的道德风险、与购房者生存利益的冲突等。

晚近以来,物权制度的新发展使其与公示的关系发生了变化,即物权变动并不一定以公示为前提,典型如不以转移占有为成立要件的动产抵押权。但是,这非但没有削弱公示的重要性,反而凸显出交易安全主要依赖于切实可行的公示制

---

[1] 参见常鹏翱:《体系化视角中的物权法定》,载《法学研究》2006年第5期。

[2] 参见申政武:《物权的本质论与物权法定原则——近代日本法与现代中国法的双重视点》,载《中日民商法研究》第6卷,北京,北京大学出版社2007年版,第90页。

[3] 参见王泽鉴:《民法物权1》,北京,中国政法大学出版社2001年版,第45页。

度，而非人为拟制的物债概念：一方面，法律规定没有公示的物权不能对抗善意第三人，典型如动产抵押权、地役权等；另一方面，某些债权如果依法予以登记，则能获得对抗第三人的法律效力，典型如房屋买卖中的预告登记制度。正是通过登记、移转占有等公示方法，当事人可以将其权力表征于外部，这样不特定的第三人就可以从外部查知[①]，因而有所趋避，"行于所当行，止于所当止"。由此可知，对抗第三人的法律效力是以依法公示为前提的，这样才能避免物权人和第三人之间的权利冲突，达到保护交易安全的目的。

在债权性非典型担保交易中，如果当事人没有根据法定方式进行公示，其担保目的也就无法获得公示公信的效力。此种情形下，担保当事人与第三人发生权利冲突的，法官应当优先保护第三人，以保护交易安全。比如，在未经公示的让与担保交易中，第三人从债权人处受让担保物的，债务人无权要求第三人返还担保物。相反，如果当事人确已对让与担保进行公示，第三人明知该房屋上存在担保负担仍继续从债权人处受让担保物的，构成恶意侵害债权的行为，债务人有权主张转售合同无效，要求第三人将房屋返还给债务人。

3. 根据意思说保障当事人之间的担保目的

与涉及第三人的利益冲突不同，非典型担保当事人之间的纠纷不涉及交易安全问题，法官应适用意思说进行裁判，即根据当事人的担保目的来限制交易外观的法律效力。这主要表现为担保人在无法按时清偿债权时的清算请求权和清偿债权后的返还请求权，从而防止债权人依据交易外观定局性地获取担保物所有权。以让与担保为例，如果债务人届期不能清偿债务的，法官应当允许债务人对担保物进行清算，有权要求债权人返还超出主债权部分的担保物价值；相反，债务人按期清偿债务的，则有权请求债权人返还担保物。具体来说，根据意思说保障当事人之间的担保目的具有以下优点。

首先，有助于明确交易外观的法律效力。在债权性非典型担保交易中，如何认定交易外观的法律效力一直是困扰司法实践的难题，《民间借贷司法解释》第

---

[①] 参见杨代雄：《物权法定原则批判——兼评〈中华人民共和国物权法〉第五条》，载《法制与社会发展》2007 年第 4 期。

24 条就是其著例，该规定对"买卖合同"采取了不置可否的做法，以回避对其法律效力表明态度。这确实显示了法政策制定当中的两难处境：一方面，毫无保留地承认"买卖合同"的法律效力可能会导致当事人之间的利益失衡，甚至招致违反禁止流质规定的嫌疑；另一方面，一概否定其法律效力又会致使当事人的担保目的落空，过度干涉当事人的交易安排。在我们看来，根据担保目的来限制交易外观的法律效力，庶几可以避免上述弊端，免除承认"买卖合同"合法性的后顾之忧。

其次，这是私法自治的本质要求。就债权性非典型担保来说，当事人虽然会出于各种原因采用不同的交易外观，其背后的利益安排却不难查明，那就是担保主债权的实现，这也正是经过当事人经过充分谈判协商后达成的真实意思表示。在发生纠纷后，法官不应拘泥于交易外观，还需根据其担保目的来限制交易外观的法律效力，才能充分贯彻尊重市场主体交易安排的主旨。

最后，保持民法内在价值体系的统一。根据民法典的体系性要求，特别是由特定指导性法律思想、原则或一般价值标准组成的内部体系，相似事务应作相似价值判断。其作用在于：诸多规范之各种价值决定得借此法律思想得以正当化、一体化，并因此而避免彼此间的矛盾，其有助于解释，对法律内及超越法律的法的续造，助益更宏。[①] 这对非典型担保尤其具有启示意义：作为物权法定原则之外的"冗余物"，债权性非典型担保如要获得合法性，不仅在于通过缓和物权法定原则，实现其与物债二分外在体系的兼容，更要消弭其与民法内在价值体系的冲突。以让与担保为例，债务人不能届期清偿债务时，债权人获得担保物的所有权的做法就会违反禁止流质的价值判断。

从争议根源来看，如要化解债权性非典型担保与民法内在体系的冲突，必须要厘清我国民法对于名实不符的法律行为效力的规定及其背后的价值判断，《民法总则》第 146 条对"阴阳合同"的规定就是其著例。《民法总则》第 146 条规定：行为人与相对人以虚假的意思表示实施的民事法律行为无效。以虚假的意思表示隐藏的民事法律行为的效力，依照有关法律规定处理。不难看出，该规定采

---

[①] 参见[德]卡尔·拉伦茨：《法学方法论》，陈爱娥译，北京，商务印书馆 2003 年版，第 316 页。

取了"循名须责实"的思路,一方面,表面的"阳合同"因属于通谋虚伪表示而无效,另一方面,根据代表当事人真实意思的"阴合同"来确定其法律效力。在这种区分名实的做法背后,隐藏的价值判断就是最大限度地尊重当事人的意思自治,同时又不拘泥于当事人的外在意思表示,根据当事人的真意来确定他们的法律关系,值得赞同。虽然非典型担保与"阴阳合同"存在差异,"阴阳合同"的当事人"实际上并不想使有关法律行为(阳合同)的法律效果发生"[①],债权性非典型担保则需借助交易外观行为成立生效来实现担保目的。但是,二者的行为结构是相通的,均属表里不一的行为,在内当事人已对合同目的达成合意,对外常会引起第三人的误解,核心争议都是如何处理名实关系。在司法实践中,法官有时会认为债权性非典型担保交易构成通谋虚伪而无效[②],德国和日本的早期判例也都曾出现过类似做法[③],这与《民法总则》第146条否定"阳合同"的效力具有相似性。可惜的是,这种类比借鉴"得形而忘意",因为《民法总则》第146条的核心不是否定交易外观的法律效力,而是探明当事人真意,并据此来确定他们的法律关系。为了保持民法价值体系的统一,在债权性非典型担保交易中,法官同样应该根据当事人真意来确定法律关系,并据此来限制交易外观的法律效果。

禁止流质

流质契约的禁止作为实现保护债务人的方法太过形式化,也太过刚性,未必符合实情,倒不如在各个情况下具体考察其中是否存在有乘债务人的穷困状况而为的暴利行为,从而来判定其效力。[④] 当然,虽然我们对于禁止流质持保留态度,但本书却无意跳脱实定法,只在解释论视角下探讨禁止流质规定对于债权性非典型担保交易的影响。

---

① [德]卡尔·拉伦茨:《德国民法通论》(下册),北京,法律出版社2003年版,第497页。
② 参见延边朝鲜族自治州中级人民法院(2017)吉24民初96号一审民事判决书。在本案中,法官认为孙某连为担保债权与郭某娟签订了房屋买卖合同,并将案涉房屋登记过户到郭某娟名下,构成让与担保。因"双方签订的房屋买卖合同系通谋虚伪的合同,并不存在真实的房屋买卖合同关系",依据合同无效返还规则支持孙某连返还原物的诉讼请求。
③ 参见马俊驹、陈本寒主编:《物权法》,上海,复旦大学出版社2007年版,第461~462页。
④ 参见[日]我妻荣:《新订担保物权法》,北京,中国法制出版社2008年版,第543~544页。

首先，禁止流质规定的适用范围。从规范目的来看，禁止流质旨在避免债务人因不谨慎交易而陷入不公平的投机给付，典型地适用于盘剥、诓骗债务人的场合。如要实现这种目的，就不应拘泥于交易外观，"不论是债务人已受损害，还是在合同订立时就已经表现出抽象危险的作为特别危险状况前哨的合同"[1]，只要当事人的事先约定有可能导致债权人未经清算就获得担保物所有权的结果，都应在禁止流质规定的适用范围之内。否则，当事人就可以通过类似于"并立合同"等方式规避禁止流质，使立法目的落空。

其次，控制流质的法律效果。在债权性非典型担保交易中，因当事人多采用买卖合同、售后回购等交易外观，缺乏清算条款，极易触发禁止流质的规定，这也成为法官否定其效力的重要原因之一。但是，合同无效具极大杀伤力，如果将流质条款无效的法律效果株连至担保交易本身，不但不能营造一个健康、公平的担保交易环境，还会过度干涉当事人的意思自治使其本身失去存在的交易基础，不啻南辕北辙。从实践表现来看，债务人主张非典型担保因构成流质而无效的动机常常是为规避担保责任乃至逃避债务，而债权人一般正是基于非典型担保才同意借款给债务人的，债务人既已从中受益，之后又主张无效，投机性至为明显，不但违背诚实信用原则，更严重损害债权人利益，自法政策而言不应支持其主张。对此，法官应适用《民法通则》第60条[2]和《合同法》第56条[3]规定的部分无效制度，在认定流质条款无效的前提下，承认债权性非典型担保交易的效力，以最大程度地限制无效的效力范围，从而实现鼓励交易、促进私法自治的法政策要求。

最后，流质问题的根本解决途径是担保清算。与典型担保相同，非典型担保应回归担保的价值权属性，即债权人仅仅有权在主债权的价值范围内对担保物主张权利。在实现担保权时，担保人应享有主张清算的权利，这也是解决流质问题

---

[1] Vgl. Gaul, Lex commissoria und Sicherungsübereignung, AcP 168, 369. 转引自庄加园：《"买卖型担保"与流押条款的效力——〈民间借贷规定〉第24条的解读》，载《清华法学》2016年第3期。

[2] 《民法通则》第60条规定："民事行为部分无效，不影响其他部分的效力的，其他部分仍然有效。"

[3] 《合同法》第56条规定：无效的合同或者被撤销的合同自始没有法律约束力。合同部分无效，不影响其他部分效力的，其他部分仍然有效。

的根本途径。在实践中，已有部分当事人通过事先约定清算条款，有效预防了因流质条款被认定为无效的风险。[①]

对于担保权的实现方式，世界银行在营商环境报告中提出，"法律允许双方在担保协议中同意贷方庭外执行其担保权益，允许公共和私人拍卖资产，也允许担保的债务人用资产抵债"。不难看出，该评估标准的宗旨是赋予当事人根据交易需求选择实现担保方式的权利。在立法固守禁止流质规定的前提下，法官依然应当承认当事人事后通过签订以物抵债协议或价值评估返还超额价值的方式实现担保权益，这样既能避免流质后果，又能缓和法定清算程序的烦琐呆板，节约拍卖、变卖的执行成本。比如，在游某林与张某明让与担保纠纷案中[②]，原告游某林请求返还为担保借款登记在张某明名下的房屋所有权及国有土地使用权，法官判决"原告游某林如未能在规定的期限内付清借款本息，则被告张某明等有权对该房屋所有权及国有土地使用权进行评估清算，并在评估完毕二个月内扣除上述游某林应当支付的借款本息后，支付给原告游某林诉争房地产的价款，即可取得上述房产的所有权及相应的土地使用权"。

**结　论**

非典型担保不是严谨的法律概念，而是容纳立法冗余的箩筐，故而难以形成统一的裁判规则，类型化是非典型担保裁判规则的可行路径。在具体案件中，法官应通过扩大解释典型担保和承认非典型担保合同效力的方式，缓和物权法定原则。

第一，在事实认定方面，法官认定特定交易纠纷是否构成非典型担保的标准有两个：一是特定交易是否满足通过特定的法律关系来担保主债权实现的行为结构；二是违反物权法定原则。只要特定交易满足以上条件，都应认定为非典型担保，避免出现类似于"并立合同"的判决结果，给投机的当事人根据利益需要主张交易性质制造可乘之机，实质造成流质的后果。

第二，在文义范围内穷尽所有解释手段，将特定的非典型担保解释为典型担保，典型者如以商铺租赁权、出租车经营权、银行理财产品、公用事业收费权、企

---

[①] 参见辽宁省东港市人民法院（2014）东民初字第5597号一审民事执行裁定书。
[②] 参见游某林与张某明、杨某宇等合同纠纷一审民事判决书，案号（2013）台玉民初字第624号。

业排污权等财产为客体的新类型担保,均不妨解释为抵押权,从而适用抵押规则。

第三,如果穷尽所有解释手段仍不能成功,法官则应在遵守物权法定原则的前提下,赋予非典型担保以债权相对效力,根据当事人的担保目的来限制交易外观的法律效果,允许担保人主张对标的物进行清算,以对抗债权人主张履行以房抵债协议或终局性地获得让与担保标的物的权利。如果当事人擅自出售标的物或在其上设置担保后,应优先保护善意第三人,以免出现为保护债务人而损害第三人利益的情形。

第四,在解释论视角下,非典型担保不得违背禁止流质的规定,应该赋予担保人主张清算的权利。在具体适用时应注意以下方面:其一,适用范围与交易形式无关,只要有可能达到与流质条款相同的结果,不论是债务人已受损害,还是仅仅表现出抽象的危险,都在禁止之列;其二,不可因违反禁止流质条款而认定整个非典型担保交易无效,以免过度损害交易自由;其三,当事人可以约定采用价值评估代替实际的拍卖、变卖,以节约清算成本。

# 第八章　民法中的价值判断

包括民法在内的实体法律之适用,过去、现在、将来都不可能纯为概念逻辑之推演,裁判背后必然包含立法者和司法者的价值判断,以及当事人之间的利益衡量。具体到民法而言,由于民法的基本功能是对各种利益进行权衡和调整,因此其终极工具只能是价值判断。[①] 在当今的法学研究与法律实践中,"价值判断(抑或利益衡量)"明显成为一个高频词,用来指称在案件涉及多个利益冲突的场合,法院判决究竟如何作出或应当如何作出。脱胎于法理学的价值判断方法已经被广泛应用于法学研究的各个学科领域,以至于有法律的地方就需要价值判断。与此同时,价值判断作为法律适用理论,也已经形成其特定的适用范围和理论内涵,并占据着日益重要的位置。在当今法学领域中,离开价值判断谈论法律适用,似乎无论如何也难以达到完美之境。不宁唯是,价值判断还超越了实定法和理论法的界限,成为一种通行的方法。

---

① 参见王轶:《民法价值判断问题的实体性论证规则——以中国民法学的学术实践为背景》,载《中国社会科学》2004年第6期。

## 第一节　作为方法论的价值判断

**价值判断的价值**

"法学兼具理论的认识及实践的价值判断两方面的因素，系一种具有实践性质的认识活动，故如何正确地解释法律，不仅系理论认识的问题，亦为一种实践的活动。"[1] 在方法论层面，当我们讨论价值判断问题时，主要有以下几个核心论点。

第一，寻求价值共识。从法理上看，民法适用的根本依据，来自正义以及社会价值的共识。毋庸讳言，法官对法律规范和案件事实的理解当中不可避免地会夹杂法官的个人成见。法律之所以是制度，理由主要是它的安定性和普适性。所以，按照方法论上的共识，在具体的民事裁判中追求个案中特别的、具体的、公正的意图，对人类的实践活动而言，不仅是没有效率的，而且几乎无法操作；更重要的是，缺乏价值共识的自由裁量，难免会危及法治的实现。因此，法学方法论研究的一个主要用意和目标，就在于通过对人类社会价值共识的甄别、评价、提炼以及构建，达成普遍的价值共识，进而寻找到能够使得价值判断客观化的方法，从而确保公平正义能够在法治的轨道上顺利实现。

第二，法典的体系效应。此处再次强调民法典的体系效应是因为，尽管价值判断、利益衡量是司法中非常重要的一种方法，然而并非在每个案件中都须使用价值判断和利益衡量来解决问题。原因在于，立法者在立法过程中已经先行做了一部分利益衡量工作。可以说，法律上的利益，并不是社会生活中利益的全部，它是以法定形式存在的利益，因此只有合法利益或权益才是法官在司法判断中需要关注的利益。"立法作为利益冲突调整的最为重要的工具，必须置于特定的社会关系或者法律关系的环境之中。法律是以国家的名义出现并要求全体社会成员

---

[1] 杨仁寿：《法学方法论（第二版）》，北京，中国政法大学出版社2013年版，第227页。

普遍遵守的一种行为准则，它为人们追逐利益的行为提供了一系列的评价规范，努力为各种利益评价问题提供答案。"① 如果对特定的利益冲突已有法律规定，立法者已作出取舍，司法者就不应也不能随意利用自由裁量权随意进行利益判断和利益衡量，换言之，司法者必须尊重立法者体现在实定法中的价值取向。②

当然，这也就对法典编纂提出了更高的要求。民法典不仅需要对裁判机关妥善处理民事纠纷提供规范支撑，更要让裁判者在面对那些无法通过法律解释、类推适用和法学通说来处理的价值判断问题时，能够在民法典中找得到立法者的结论。③

第三，以一般条款作为价值传递的路径。为了减少抽象概括式立法的缺点，立法者在法典中规定了一些"一般条款"，一般条款在私法中大多是以法律原则的形式出现，如诚实信用、禁止权利滥用等，这些条款具有指令的特点，属于判断标准，其外延应是开放的，本质上是赋予法官以自由裁量权，为个案的裁判指引方向。④

成文法中广泛使用的一般条款往往包含直接的价值判断因素。以本书已经论及的宪法和民法的关系为例，宪法所确定的基本权利对民法的影响主要是通过民事立法的方式将基本价值体系反映在民法规范中。宪法作为民法典的效力基础，两者的关系主要在于基本权利，即通过民法典来具体化或者实践宪法上的基本权利。⑤ 但是由于立法本身的局限性，仍然可能出现民法对基本价值体系贯彻不彻底的情形，此时，基本权利对第三人产生效力主要是通过法官对民法一般条款（基本原则）的解释将基本权利这一客观价值秩序注入民法体系。

第四，以法律解释作为价值补充的方法。法律解释是解释主体基于价值判断

---

① 张新宝：《侵权责任法立法的利益衡量》，载《中国法学》2009年第4期。
② 参见王轶：《民法价值判断问题的实体性论证规则——以中国民法学的学术实践为背景》，载《中国社会科学》2004年第6期。
③ 参见王文胜：《民法典的立法讨论应以价值判断问题为先》，载《北京航空航天大学学报（社会科学版）》2017年第1期。
④ 参见谢怀栻：《大陆法国家民法典研究（续）》，载《外国法译评》1994年第4期。
⑤ 参见王泽鉴教授2005年4月10日在浙江大学法学院举办的"基本权利与私法"学术研讨会上的发言；徐钢：《宪法与私法交汇点上的人权保障》，载《人权》2005年第3期。

选择解释对象和运用解释方法的结果。价值判断如同解释活动，都是一种思维的逻辑或路径，同具方法论上的意义，但价值判断更加靠前，先有价值判断后有解释活动，价值判断决定着法律解释的路径。[①] 诸如诚实信用、禁止权利滥用等一般条款，都是内涵不确定同时外延开放，在适用中，都需要法官进行创造性的价值补充。至于法解释过程是否具有客观性，法解释是否应在价值判断下展开，以及价值判断应秉承何种限度，都是需要讨论的问题。

### 价值判断的成因

从根本上说，法律中的价值判断源于其实质理性品格。关于法律的实质理性的提法，源自马克斯·韦伯的划分。按照韦伯的界定，实质理性具有价值的性质，是关于不同价值之间的逻辑关系的判断。与之相对的形式理性主要被归结为手段和程序的可计算性，是一种客观理性；实质理性则基本上属于目的和后果的价值，是一种主观的合理性。就法律的制定和施行而言，形式理性体现为法律本身符合形式法治的要求；而所谓实质理性主要指立法者将其主观认定的社会公认的实体价值固定于法律规范之中，并在司法当中根据主观的社会正义价值标准来解决纠纷。[②]

历史上的概念法学派与注释法学派均偏向于以逻辑标准作为法律评价的主要甚至唯一标准，从而将价值判断这一主观因素排除于客观的法体系之外。这就让法律适用变成了一种类似于算数的技术，只要依循着法律内的逻辑秩序，无须考虑伦理道德、社会评价、政策考量等方面的因素，任何一个裁判者都能得出同样一个结果。法律这种高度技术性的特征如果得以实现，自然可使其与自然科学比肩而立。不可否认，在假定大前提的妥当性及小前提的该当性皆无疑问，从而认为不必对其进行价值判断便可从事价值中立思考的情形下，概念法学之类的法律

---

① 参见邹海林：《私法规范文本解释之价值判断》，载《环球法律评论》2013年第5期。
② 参见［德］马克斯·韦伯：《经济与社会》（下卷），林荣远译，北京，商务印书馆1997年版，第15、16页。

方法确能提供一个缜密认识法律规定间逻辑结构的现状,并在该现状实际适用下,帮助我们认知法律制度。① 但是,遗憾的是,这些愿景仅仅是无数概念法学家所追求但永远无法达到的一个梦想。可以说,"精确的法律认识,法律的可计算性,根本不曾有过并且将来也不会有。它永远只是一种乌托邦。或然性,是我们人类实际活动的广大范围"②。

裁判的复杂性在于,它牵涉的往往不仅是一个法律判断,更可能是一个道德或正义的判断,即价值的判断。没有评价,法律寸步难行。判决要处理的问题不是直线的、平面的,仅依法律规范、按照逻辑三段论处理一个案件不一定能解决案件背后所存在的价值冲突问题。③ 从这一层面来说,我们需要将关注的焦点由立法文本的制定转向立法文本的适用以及司法裁判的运行。民法功能的真正实现要靠裁判者对民法的适用来完成。这也就决定了,并非只有在适用存在漏洞或者歧义的法律时才需要价值判断,在法律适用的环节也都会存在价值判断。从工具主义的角度并不能完全把握法现象,各个人的行为也包括许多非理性的因素,政策性的判断也应该受到原理性的规范的制约。因此,法律的解释和司法决定要兼顾法条和经验、体系的一贯性以及社会的现实性、教义学和工具论,不可偏废其中任何一个方面。④

## 价值判断的表现形式

现代国家通过民主程序和议事规则制定法律的目的本身,就是要凝聚最大的价值共识并将其成文化,然后据以调整社会生活,这个过程毫无疑问当然体现了价值判断。真正的问题在于,在实定法制定并施行后,立法者所做的价值判断已

---

① 参见黄茂荣:《法学方法与现代民法》,北京,中国政法大学出版社2001年版,第229页。
② [德]考夫曼:《类推与"事物本质"——兼论类型理论》,吴从周译,台北,学林文化事业有限公司出版1999年版,第131页。
③ 参见[德]罗伯特·阿列克西:《法律论证理论——作为法律证立理论的理性论辩理论》,舒国滢译,北京,中国法制出版社2002年版,第10、223~224、347页。
④ 参见[美]理查德·A. 波斯纳:《法理学问题》,苏力译,北京,中国政法大学出版社1994年版,第10页。

经蕴含于实定法之中，按照权力分立原则，司法机关仅仅有权通过适用法律将立法者的价值判断贯彻到具体案件的裁判之中，至于在法律适用的这个过程当中法官是否还有，以及在多大程度上享有价值判断的空间，值得研究。据此，认为立法预留了价值判断空间的情形可以区分为两种类型：一种是限于立法技术水平或者不宜由立法者预先作出价值判断的事项，立法者有意在实在法秩序中为法官预留下价值判断空间；另一种是立法者虽然无意交由法官进行价值判断，但是，因为价值冲突、立法漏洞或者现实操作性等原因，仍然需要法官继续通过价值判断来实现立法目的，两者显然都属于法官对立法价值判断的补充。

**立法预留的价值判断**

关于立法预留的价值判断类型，最为典型的莫过于大陆法系成文法中的一般条款，其常常作为在民法中贯彻宪法上的基本价值体系的重要工具出现，并由法官在法律适用中具体落实。宪法是基于人民主权学说建立起来的一个国家的根本法，作为根本法，宪法是一切法律、法规和人们行为的基本法律依据，在现代法治社会中，宪法至上原则是法治的首要原则，合宪性是一个国家一切法律形式正当性的基本条件。因此，宪法在一个国家的法律体系中居于核心地位，没有宪法，就不可能有符合法治原则要求的法律体系；没有宪法，也就没有真正意义上的法治。① 在宪法中，集中体现这些基本价值的是其基本权利体系，基本权利所具有约束力的日渐扩张，不仅仅对立法、行政、司法具有拘束效力②，更重要的是，基本权利作为一个社会最基本的价值而存在，具有现实引导力。这也就难怪法学家们要"赋予各种基本权利以一种普遍的价值"③。德国学者 G. Winkler 认为："价值概念的普遍性，非谓可任意地去实行这些价值，而是对内在的也含有目的的价值，负有义务，故基本权对立法及行政部门而言，不仅是限制，亦是具有目标意义应遵循的价值。"④ 王泽鉴先生明确指出，宪法作为民法典的效力基础，两者的关系主要在于基本权利，即通过民法典来具体化或者实践宪法上的基

---

① 参见莫纪宏：《论宪法与其他法律形式的关系》，载《法治论丛》2007年第6期。
② 如德国《基本法》第1条第3款规定"基本权利直接有法律效力，并约束立法、行政和司法"。
③ 转引自［德］科殷：《法哲学》，林荣远译，北京，华夏出版社2002年版，第61页。
④ 转引自吴庚：《宪法的解释与适用》，台北，三民书局2004年第4版，第112页。

本权利。①

基本权利对民事权利的影响是全方位的。本书也已在关于民法的外部体系的相关论述中予以部分说明。同时，基本权利之于民事权利又是相辅相成的。在法国，有学者从分析民法典与《人权宣言》的关系入手，认为《人权宣言》所提出的人与人之间的自然权关系是最基本的关系，对这些基本关系的界定以及保护都成为民法的任务，并通过民法规范予以具体实现，这也就奠定了民法作为"社会基本法"的地位。② 具体而言，民法具有规范社会生活中公民行为的作用，譬如契约自由、所有权限制、一般人格权概念等，都对社会行为带来了或多或少的影响。"对个人的保护权和一般人格权也是从基本权利中发展而来，并在所有权和房屋承租人的权利中得到具体化"③，也因此，即使是在奉行主体平等和意思自治的民法当中，也不能通过契约限制民事主体所享有的基本权利以及人格发展自由。

宪法基本权利对私法的影响主要是通过民事立法的方式体现，具体表现在两个大的方面：一方面是将基本权具体内容尽量予以私法化、具体化，转变成民事法律中的人格权和财产权规范，这当中尤其是一般人格权概念在现代民法中的发展，为基本权生成为具体的民事权利发挥了重要作用。在宪法基本权利的辐射之下，民法由此也产生了许多新的分支，例如消费者法、房屋租赁法、环境法等，大大充实了民法体系。宪法对私法影响的另一方面是其丰富发展了侵权法体系，并扩张了侵权法的功能。除了保障民事权利之外，大陆法系以德国法为代表，往往通过侵权法上一般条款以及扩张侵权制度，为侵害公民基本权的行为提供民法上的救济。当然，由于民事立法本身的局限性，因此仍然可能出现对基本价值体

---

① 参见王泽鉴教授 2005 年 4 月 10 日在浙江大学法学院举办的"基本权利与私法"学术研讨会上的发言；徐钢：《宪法与私法交汇点上的人权保障》，载《人权》2005 年第 3 期。

② 参见［日］星野英一：《民法·财产法》第 5、52 页，日本放送大学教育振兴会（1994 年），转引自渠涛：《从日本民法的历史看民法在当今社会中的地位与作用》，载渠涛主编：《中日民商法研究》（第一卷），北京，法律出版社 2003 年版。

③ BverfG NJW 1990，309；BverfG NJW 1993，1673 und 2035. 转引自 Manfred Wolf：《民法的法典化》，丁晓春译，载《现代法学》2002 年第 3 期。

系贯彻不彻底的情形。此时，基本权利在民法中的实现就需通过法官对民法一般条款或者基本原则（主要是公序良俗原则）的解释，将基本权利这一客观价值秩序注入私法体系。也正是在这个意义上，私法中的一般条款，提供了基本权利向私法发挥效力的最佳途径。

关于私法中的概括条款何以作为私法实现基本权利价值理想的媒介，德国公法学者杜立希（Gunter Dürig）认为，概括条款具有"价值满足之能力及价值满足之必要性"来满足基本法（透过基本权利规定）所形成的价值体系。[①] 20世纪下半叶以来的德国司法实践，也正是通过私法上的概括条款进行价值中转和价值补充，完满地达到保护公民基本权利的目的，从而成为立法预留的价值判断类型及其实现的典型例证。

**法官对立法价值的补充**

法官对立法价值判断予以补充的最重要方式是法律解释。作为一门与理解相关的学问，法律解释的目的在于探寻法律规范的意义脉络，法官的解释其实是一种"支配性理解"，即在法律规范所负荷的可能意义范围内作出具有一定法律约束力的抉择。法律的解释过程必然伴随着法官主观的价值判断，只不过这种价值判断受到立法者所作出的价值判断的拘束。拉伦茨教授曾经根据奥地利民法学家韦根伯格的动态系统理论进一步指出，法官应该明白，在系争案件中，立法背后的法律原则，即使经由立法者实施了具体化，也并非形成"固定化"，原则间内在的位阶排序需要通过具体的个别规则或裁判方式被具体化。在具体化的每一个阶段，法官均有必要实施追加价值评价。[②] 之所以法律解释和法官的价值判断存在如此密切的联系，原因正如康德所指出的那样，法律规则本身充其量只是贯彻价值判断的媒介，其本身不能够提供价值判断[③]，必须交由法官来探寻实现。

---

[①] 参见王锴：《再疑"宪法司法化"——由"齐玉苓案"引发的思考》，载《西南政法大学学报》2003年第6期。

[②] 参见顾祝轩：《制造"拉伦茨神话"：德国法学方法论史》，北京，法律出版社2011年版，第195~196页。

[③] 参见许德风：《论法教义学与价值判断：以民法方法为重点》，载《中外法学》2008年第2期。

## 第八章 民法中的价值判断

司法三段论是法官适用法律最常用的方法之一。传统上认为司法三段论是一个纯粹的逻辑演绎过程，其中不涉及价值判断，然而这种认识肯定不符合法律运作的机理。从思维程式来看，法官在面对一个案件时，首先依据自己的前见对案件相关事实进行评价，择取出其认为重要的方面作为案件事实，然后依据获得的案件事实在法律体系中寻找裁判规则，通过法律解释将案件事实涵摄在裁判规范之中，获得相应的判决结果，一旦不能获得并找到对应的裁判规则或者不能获得合法合理的裁判结果时，就需要重新评价案件事实或者进行法律续造，寻找法律规则，进行三段论推演，最终获得判决结果。其中，有两个步骤是司法三段论能否成功的关键，即评价案件事实和寻找裁判规范，二者都必然带有法官的价值判断。①

案件事实的评价过程就是将不重要的事实过滤出去，根据法律所规定的基本类型对案件事实抽象化的过程，完成生活事实向法律事实的初步转化。而评价体系的依据则是法官的前见，这种先前理解是法官生活经历、长期的裁判实践、法学院的系统教育等个人因素综合作用的结果，具有浓厚的个人色彩，不免带有主观的成分。法官依据前见作出价值判断并非一定会阻碍获得合法合理的判决，反而可能成为法律适用的起点和助力，即所谓"行家一伸手，便知有没有"。许多学养丰厚、经验老到的法官"一眼"便能获得合法且合理的判决结果，这就有赖于法官通过长期理论研究和法律实践所形成的前见。问题在于，法官不应在适用法律过程中固守依据自己的先前理解对案件作出的裁断，而须通过"目光在法律与事实之间的往返流转"，在不能获得合法且合理的判决结果时，应该适时地修正自己的前见。

依照司法三段论，寻找裁判规范就是将案件事实归类至特定的法律规范的过程。案件事实的归类是指依照法律，判断作为案件事实的生活事实是否可归属于特定法律中的制度类型事实，是否符合法定的事实构成，简言之，就是对案件事

---

① 参见韩登池：《司法三段论——形式理性与价值理性的统一》，载《法学评论》2010年第3期。

实进行法律意义上的评价。① 在寻找法律规范的过程中，法律的外在体系可以将整个实定法秩序以一定的标准层次鲜明、有条不紊地展现出来，便于法官俯瞰实定法整体，帮助其根据案件事实寻找可以归入其中的法律规范。但是，真正对法官判断是否属于其要寻找的法律规范起决定作用的，乃是起着价值导向作用的法律内在体系。因为法律适用的目的是决定特定案件事实的法律意义并施以法律评价，这就决定了寻找法律规范与法官的价值判断密不可分。

在寻找法律规范的过程中，法官的价值判断行为有两种表现：第一，当实在法足以提供适当的价值判断时，法官在实定法范围内对特定案件的法律评价作出价值判断，即使在最为典型的案件中，法律规范也会为法官留下价值判断的空间。以侵权损害赔偿案件为例，首先，法官在寻找裁判规范过程中要对受害人提供救济的公平价值和保障侵害人的行为自由的自由价值进行权衡，然后根据该价值判断的指引去寻找法律规范，这种价值判断在具备典型构成的侵权案件中往往隐而不彰，但这并不意味着这一过程根本不存在。其次，即使立法者已经作出价值判断，仍然需要法官予以细化，因为当事人不仅关注是否构成侵权，更为关注能够获得的具体赔偿数额，而这个任务只能交由法官予以判断。第二，在立法存在漏洞、冲突时，需要法官超越立法作出价值判断。关于法律漏洞填补，本书有专门论述，此处不赘。

应当指出的是，虽然评价案件事实和寻找裁判规范可以从理论上作出如上所述的区分，以更为清晰地展现法官作出的价值判断在司法三段论中的表现，但是，在具体操作过程中是难以将二者精确切割的，二者实际上处于水乳交融的状态。法官在评价案件事实的时候，其心中预设的标准便是法律规定的一般类型，也就是所谓的构成要件，其目的就在于将生活事实裁剪成为可以被法律涵摄的法律事实；寻找法律规范则是根据既有法律评价的价值导向在实在法体系中寻找合适的法规范，其最终决定是否适用某个法规范作为裁判依据的标准，也是根据其是否符合对案件事实的评价结果。如果在实在法体系中寻找不到合适的

---

① 参见吴春雷、张文婧：《论司法三段论构建中的价值判断——兼论司法裁判如何形成》，载《前沿》2013年第1期。

## 第八章 民法中的价值判断

裁判基础，就要重新评价或裁剪案件事实，以使之符合法律规定的一般类型，甚至寄望于超越立法的价值判断进行法律续造。总之，法官运用司法三段论裁决案件是一个眼光在"案件事实和法律规范之间往返流转"的过程，其中所伴随的价值判断亦不会局限在某个阶段，换言之，整个法律适用的过程都带有价值判断的印记。

但是，如果我们因此得出结论说所有的法律适用都附带价值判断，也可能遮蔽价值判断在法律适用中的真实面貌，因为价值判断在不同案件中的表现形式是不同的。譬如，有学者提出，应该根据价值判断在法律适用中发挥作用的具体形式分为"弱价值判断"和"强价值判断"，前者是以法教义学体系内的规则适用为基础和核心的，其作用的发挥一般情况下丝毫无损于既定的法教义学体系；而后者则试图通过反思和批判来修正或否弃既定规则，甚至诉求规则背后的实质理由或一般原则来实现个案正义，它通常会构成对当下法教义学体系的损害。[①] 在法律适用中进行价值判断是不可避免的，这种区分的必要性就在于，根据不同类型的价值判断适用不同的法律论证规则，对法官施加不同程度的法律论证义务。

面对在法律适用中难以避免的或强或弱的价值判断，法律适用中一些制度化或者方法性的要求，对必然存在的或强或弱的价值判断能起到重要的约束作用，使其在法律许可的范围之内进行。

第一，逻辑的力量。逻辑本身便构成了对价值判断的一种强有力的制约。可以说无论是在演绎推理、等置模式还是法律论证中，价值判断只是促使案件事实与法律规范不断趋于适应的关系，案件的判决仍需依凭逻辑。[②]

第二，法律体系的建立和完善。特别是，一部科学制定的民法典可以有效地约束法官在法律适用过程中的自由裁量权。因为一个体系完备、逻辑严明的民法典有其自身的逻辑体系（并不必然意味着是封闭自足的），一旦法官适用民法典中的法律规范，则必然受到该逻辑体系的拘束，形成一种"作茧自缚"的效应。

---

[①][②] 参见孙海波：《在"规范拘束"与"个案正义"之间——论法教义学视野下的价值判断》，载《法学论坛》2014年第1期。

因为法官在选取某个法律规范作为裁判基础时，必须要关照到整个民法典中相关条文的体系协调。① 以不动产抵押权的执行为例，法官如要支持申请执行人的请求，首先要依据合同编认定抵押合同是否成立，其次依据民法总则中民事法律行为效力的规定认定抵押合同有无效力瑕疵的事由，再次须检查申请人是否依据物权编物权变动的规定完成抵押登记，即使所有这些都已满足，在执行抵押权后还要优先满足抵押权顺位在先的抵押权人。法官忽略以上民法体系内的任何一项规定，都有可能遭受法律的否定性评价，从而将法官的价值判断行为限制在很小的范围内。

第三，特定的解释方法，特别是解释顺序，也约束着法官在法律适用中的价值判断。法律虽然没有对法官适用法律过程中的解释方法顺序作出规定，但法官并不能直接依据自己对法律的先前理解来适用法律，而是需要依据法律方法的指引，按照文义解释、体系解释、历史解释和目的解释的顺序依次尝试对法律规范进行解释，同时不得超出法律条文的文义射程。另外，在法律的适用中，裁判者也须遵循诸如"立法者不会作意图荒谬的结论""例外不能作扩大解释""上位法优于下位法""特别法优于普通法"等解释推定或准则。②

第四，法官在法律适用中还要关照先前的裁判案例，就中国的审判实务而言，特别是要关注并研习最高人民法院所公布的指导性案例和公报案例。长期以来，最高人民法院所制定与颁布的案例对于下级法院的案件审理活动有着重要的指导作用和现实的影响力③，实际上发挥着"近似判例"的作用。

综上，通过逻辑限制、体系拘束、方法指引和先例关照等制度或方法，可以为法官的价值判断提供规范指引和正当性依据。

以上价值判断主要发生在法律适用过程中，亦即阿列克西所主张的法律论证理论的内部证成中，这样的价值判断虽然能够为局限在实在法之内的弱价值判断提供正当性基础，但是对于适用诸如诚实信用原则之类的强价值判断，则

---

① 参见段小兵、李旭东：《论我国民法典编纂中合同解释规则完善——以借鉴欧洲私法运动研究成果为视角》，载《西南大学学报（社会科学版）》2011年第4期。

②③ 参见雷磊：《法律方法、法的安定性与法治》，载《法学家》2015年第4期。

意义有限。① 这是因为，凡是需要法官引用诚实信用原则的案件，要么存在法律漏洞，使得法律解释方法无法对发生在司法三段论之前的价值判断发挥作用；要么出现法律冲突，法律体系本身出现悖反，难以提供圆融自洽的解决方案。同时，类似诚实信用原则的法律适用，多出现在疑难案件当中，往往并不存在可供借鉴的先例，或者即使存在先例也往往因为判决结果割裂对立，不能形成有效的裁判规则，导致借鉴意义不大。因此，在对学者所谓的强价值判断进行作业的情况下，由法官对特定案件所涉及的价值冲突进行考量的标准，可能会包括但不限于实在法体系中与之最为接近的价值判断结论，换言之，实在法体系之外的价值因素也可纳入考量范围，当然，在操作上，必须通过对所适用的基本原则或一般条款的整合或转换进入实在法。此外非常重要的是，法官还必须对其法律适用的结果进行验证，主要分为实质和形式两个方面，包括在实质方面是否具有更高层次的价值基础，以及在形式层面是否能够融入实在法体系。

## 民法价值体系的独立性

法律的最高价值是公平正义。除此之外，民法基于其部门法的特殊性更由多重价值构成了一个相对独立的价值体系。按照学者的归纳，民法上重要的价值主要包括平等、自由、公平、安全、诚信、效率以及人文关怀。② 在历史的长河中，文艺复兴以及人文主义在欧洲的兴盛，使得自由、平等的价值观成为社会的主流意识形态，而民法成为最能彰显这种价值观的法律形式，孟德斯鸠说："在民法的慈母般的眼里，每一个个人就是整个国家。"③ 18 世纪的主导哲

---

① 参见焦宝乾：《内部证成与外部证成的区分》，载《浙江学刊》2009 年第 4 期。
② 参见王利明：《法学方法论》，北京，中国人民大学出版社 2012 年版，第 585～590 页。也有学者认为，法律是人类为了共同生活而作出的最低要求规则，因此所有的法律规定都必然立足于具体的人。而作为"一场绵延甚久的分离运动的剩余物"的民法，其价值无非是"生命、自由、财产"。参见徐国栋：《民法哲学》，北京，中国法制出版社 2009 年版，第 25 页。
③ [法] 孟德斯鸠：《论法的精神》（上），北京，商务印书馆 1961 年版，第 191 页。

学都以探讨人的本性为主题，人成为世界的中心。"世间永恒的价值也是与人本身相关的价值，它们独立于人的物质、经济和社会环境。"① 近代各国民法典都以自由平等之精神作为自己的法典追求，并体现在一些具体的原则和制度之中。

其一，这种自由是以个人主义为中心的。譬如，法国大革命所带来的人格平等和政教分离的理念被贯彻到民法典之中，《法国民法典》由此被认为是自由个人主义的胜利。

其二，这种自由也伴随着婚姻和身份制度的世俗化。这种自由和平等首先是在家庭中开展，表现在家庭中，家父权和夫权都得到了削弱、个体在家庭中获得了解放、非婚子女也取得了和婚生子女相同的法律地位。在继承法方面，取消了长子的继承权，确立了继承平等原则；个人财产权也摆脱了家庭共有的束缚。在婚姻法方面，婚姻被认为是一个民事合同，也贯彻契约自由的原则。

其三，这种自由也强调个人尊严和人格平等。譬如，《德国民法典》"不仅在形式上完全是一部私法，而且用其所具有的民法精神维护了德国人民的个人尊严和人格。希特勒执政后，要对民法典大加修改，未能得逞。德国人民终于将'人的尊严'写入宪法"②。这些法典"都贯彻了民法的基本原则：平等、保护个体权利和自由。与之相符的是民法的三个占据中心地位的基本概念：人、主体权利和法律行为"③。这些概念构成了私法中一个完整不可分割的概念体系，成为整个私法精神的最集中的体现。

需要指出的是，自由和平等是现代宪法中的两大价值，同样也是民法精神之所在。但二者对于自由和平等的理解却并不完全相同。在宪法中，强调自由主要体现为公民免除政府干预侵扰的一种对抗权，而在民法中，自由虽然也有免除行政干预的意思，但更多的是体现意思自治，是指让民事主体能够自由地表达意

---

① [法]雅克·盖斯旦：《法国民法总论》，陈鹏等译，北京，法律出版社2004年版，第13页。
② 谢怀栻：《从德国民法百周年说到中国的民法典问题》，载《中国法学》2001年第1期。
③ 孙宪忠、刘静：《德国民法的结构、意义和经验》，载《法律适用》2002年第9期。

## 第八章　民法中的价值判断

志,并能够使其自由意志产生与之相符的法律效果。① 宪法所追求的平等更多的是指实质平等,同时要求政府履行创造实现平等条件的义务,包括劳动立法和社会保障立法。而民法的平等主要是指民事主体在民事法律关系中具有平等的地位,是一种形式上的平等。我国台湾地区"大法官"曾经在释字第526号解释理由书中指出:"'宪法'第七条平等原则绝非指绝对、机械之形式上平等,而系保障人民在法律上地位之实质平等,立法机关基于宪法之价值体现及立法目的,自得斟酌规范事物性质之差异而为合理之区别对待……"② 而在民法中,对于平等,尽管受民法社会化的影响,尤其宪法基本价值对于民法中的体系控制,但正如卡多佐所说:"最基本的社会利益之一就是法律应当统一并且无偏私。"③ 民法在一些具体制度设计上也注意到使民事法律关系的主体不至于因实力悬殊较大而显失公平,对平等原则进行了一定程度的修正,但民法文化营造的这种平等仍然立基于形式平等。④

关于宪法和民法的关系,本书已多次论及,就宪法和民法的纠葛,卡尔·拉伦茨指出:"《基本法》(德国宪法)并不是想以少数几条内容尚需进一步确定的原则来取代现行私法制度,而是要承认和确认作为一个整体的私法制度及其根本基础,但同时又想以自己的价值准则来衡量私法制度,并将它纳入整个法律制度的一体化之中。"⑤ 简言之,宪法为私法奠定了以基本权利为导向的价值体系,

---

① 合同法中规定对于公用事业组织的强制订约义务,貌似有违契约自由之原则,但实质上是为了保障更大多数处于弱者地位的公民的自由。
② 陈怡如:《释宪实务有关基本权内涵建构之观察》,载台湾地区《司法解释报》2002年10月19日。
③ [美]本杰明·卡多佐:《司法过程的性质》,苏力译,北京,商务印书馆1998年版,第69页。
④ 在美国,私法也经历了从实质公正走向形式公正的历史过程,斯托里法官1836年出版《衡平法理论》(Equity Jurisprudence)这部"科学"论著,标志着衡平法从18世纪源于"自然公正"的实质性规则体系转换成了19世纪实证主义者的衡平法观念,即衡平法只是一个提供更彻底和更综合的一套程序的救济体系。例如,斯托里的著作在最终推翻18世纪的"公正价格"规则(依据这一规则,衡平法院不强制执行显失公平的合同)中起了作用。参见[美]莫顿·J.霍维茨:《美国法的变迁(1780—1860)》,谢鸿飞译,北京,中国政法大学出版社2004年版,第398页。
⑤ [德]卡尔·拉伦茨:《德国民法通论》,谢怀栻等译,北京,法律出版社2002年版,第115页。

但其一般不承担行为规范的功能①，而将这部分功能留待部门法去完成。而在部门法（私法）领域内，这部分任务分别交由立法者和司法者来执行。可以说，在民法典中实行和转化已经改变的价值观和秩序观首先是立法机关的任务，"立法者具有更大的自由以制定法院必须遵守的法律"②。由立法者对于宪法基本价值观的贯彻与司法者所秉持的解释论不同③，其具有能动性和建设性，它必须兼顾私法自身的价值体系的合理性与完整性，而且要提供多元的价值选择，交由民事主体对价值作出符合自己要求的判断，选择权才是自由的本质所在。在一个价值多元的现代社会，对某行为孰优孰劣的评判达成价值判断上的共识是比较困难的，可以说不加限制的多元价值评价体系以及由此指引所生成的法律规范既不利于市民寻找一个确定的行为规范，也不利于裁判者在自由裁量时准确地权衡各种价值，把握价值的权重。但这并不意味着宪法意图在私法中强制推行单一的价值判断，基本权利在私法中更多意味着一种伦理底线，发挥着价值整合的作用。正如苏永钦教授所言，"越是价值中立的民法典，越能凸现公权力介入社会的身影，包括化幻为民事规范的公共政策"④，"以一部高度价值中立的民法，来配合蕴含许多社会价值的宪法，像纵横坐标一样支撑我们的动态法律秩序，较为妥当"⑤。

民法中权利意识和契约精神能够为我们这个正处于社会转型期的社会提供一个自我调控的机制，同时，社会福利观念也融入私法成为其价值之所在。现代社会人们对于社会福利的坚守近似于一种宗教般的信仰，而且成为通贯于整个法律体系的一种价值理念。"无论是权利的确定，还是作为调整原则，对公共利益要求或便利的考量，都不能独立于有关人与社会的一定观念，或者说一种价值表而产生。"⑥ "在今天法律中的每一个部分，这个社会价值的规则都已经成为一个日

---

① 因此宪法中的"不得侵害人身财产"等规定，并不是为了提出一个行为规范，而是宣示着国家和政府对于个人财产权利和人身权利的保护和尊重。
② [德] Manfred Wolf：《民法的法典化》，丁晓春译，载《现代法学》2002年第3期。
③ 立法者根据宪法进行民事立法实际上也是对宪法基本原则的一个解释过程，在这个解释的过程中创制的法律，又对司法者构成了约束，因此司法者不能绕过法律，直接求助宪法进行司法裁判。
④ 苏永钦：《民事立法与公私法的接轨》，北京，北京大学出版社2005年版，第115页。
⑤ 苏永钦：《民事立法与公私法的接轨》，北京，北京大学出版社2005年版，第116页。
⑥ [法] 雅克·盖斯旦：《法国民法总论》，陈鹏等译，北京，法律出版社2004年版，第132页。

第八章 民法中的价值判断

益有力且日益重要的检验标准。"① 社会性基本权利转化为特别立法，因此在构建一个大的民商法体系时，关于经济立法、劳动法、社会保障法都应该归入该民商法体系之中。作出这一判断的理由在于，这些特别立法是对社会经济权利的立法落实，但其除了受基本权利的约束之外，还必须受到民法典的约束，尤其是在特别法无明文规定的情况下。"不了解民法的基本原则和一般规则，也就无法理解私法的特别领域。一些贯穿整个私法的原则在民法中体现得最为明显，虽然它们在贯穿的程度上有所不同。"②

## 第二节 价值判断规则

随着法学方法论的兴盛，价值判断也逐渐变成了学术上的热词，几乎在所有关于方法论的讨论当中言必提及。然而一旦对价值判断的具体运用层面予以追问，其情形就颇为类似圣·奥古斯丁的那个经典答问：不问尚且清楚，一问反而不知道了。不过尽管如此，法律人并没有因此而放弃发现并达成价值共识，以及寻求所有人都能够接受的价值判断标准及规则的努力。

人类历史的每一步都证明着凡是人类有意识的活动都受到价值判断的引导，其间的区别仅在于受未经理性反省的价值判断的引导，还是受经过理性反省的价值判断的引导；受他人价值判断的引导，还是受自己价值判断的引导；受有根据的价值判断的引导，还是受无根据的价值判断的引导。③ 民法作为一门实践技艺亦不例外，其不只是在一个自给自足的概念体系内的逻辑推演，更重要的在于不同价值冲突之间的平衡，切实回答实践中、现实生活中出现的各种价值判断问题。价值判断是现代民法的核心问题，在一定程度上，可以说民法的发展史就是

---

① ［美］本杰明·卡多佐：《司法过程的性质》，苏力译，北京，商务印书馆1998年版，第44页。
② ［德］卡尔·拉伦茨：《德国民法通论》，谢怀栻等译，北京，法律出版社2002年版，第10页。
③ 参见冯平：《价值判断的可证实性——杜威对逻辑实证主义反价值理论的批判》，载《复旦学报（社会科学版）》2006年第5期。

追求价值共识的过程,在此过程中人们逐渐认识到追求价值共识是陷入循环论证、遭遇无穷递退或者在某个环节终止论证,也就是所谓的"明希豪森三重困境"[1]。但这一困境并未使民法学者停下追寻能被更多人所接受的价值判断规则的脚步。

## 人类对实体价值标准的探索历程

在罗马法时期,五大法学家之一乌尔比安便在《规则集》(第1卷)中指出,"法学是关于神事和人事的知识,是有关正义和不正义的科学"[2],易言之,法学的正当性和合理性基础乃是"将公平正义以可靠而且可以理解的方法实现在人间"。亚里士多德在其伦理学名著——《尼各马科伦理学》中亦指出,在各种德性中,唯有正义是关心他人的善:因为它是与他人相关的,或是以领导者的身份,或是以随从者的身份,造福于他人。因为待人以德是困难的,是故,正义是德性中最主要的,它比星辰更令人惊奇,正义是一切德性的总汇。显然,公平正义就是人类对法律实体价值的共同定义。理论家们希望能够寻找到一个普遍永恒的标准来终结关于何为公平、何为正义的无穷追问。倘若所有的法律规则和道德原则都能够直接或间接地从一个终极性的客观正义标准推演出来,它们就找到了各自的存在根基,并且可以共同组成一个逻辑严谨的规范性体系。[3] 但是,正义就像普罗修斯的脸一样变幻莫测,在不同的时期和情境呈现出不同的模样,人们对正义的探索经历了漫长的历程,在此过程中提出了各种形形色色的正义标准。

---

[1] 18世纪德国汉诺威有一乡绅名叫明希豪森,他在《明希豪森男爵的奇遇》一书中讲道:他有一次行游时不幸掉进一个泥潭,四周旁无所依,于是用力抓住自己的辫子把自己从泥潭中拉了出来。德国当代批判理性主义法哲学家汉斯·阿尔伯特借用这个故事提出了以下三个问题,并称其为"明希豪森三重困境",成为每一个认识论者必然面对的三大难题。其一是无限倒推;其二是循环论证;其三是武断地终止论证。详细内容可参见[德]罗伯特·阿列克西:《法律论证理论》,舒国滢译,北京,中国法制出版社2002年版,代译序第1~2页。另参见张榕、达理纳嘉:《民事既判力客观范围理论研究之反思——以明希豪森三重困境为分析工具》,载《法律科学(西北政法大学学报)》2012年第5期。

[2] 舒国滢:《法学是一门什么样的学问》,载《清华法学》2013年第1期。

[3] 参见桑本谦:《法律论证:一个关于司法过程的理论神话——以王斌余案检验阿列克西法律论证理论》,载《中国法学》2007年第3期。

## 第八章 民法中的价值判断

讨论哲学话题，必然绕不开群星璀璨、名家汇集的古希腊。早期受发达的神学思想影响，古希腊哲学家倾向于认为宇宙规律即是正义，正义女神概念及形象的出现正是这种观点的产物。赫拉克利特认为，正义是斗争、必然性，是贯穿宇宙实体的"逻各斯"，如果没有那些（非正义的）事情，人们也就不知道正义的名字。[①] 德谟克利特主张：正义就是自然必然性，世上一切都由必然性而产生。[②]

随着希腊城邦的不断繁荣，智者运动的兴起促使人们的视角从宇宙转向人类自身，开始人文主义下有关"正义"的理性思考。柏拉图在经历使雅典由盛转衰并导致民主政治破裂的伯罗奔尼撒战争和苏格拉底之死后，开始系统思考正义的标准，并将其倾注在《理想国》之中，《理想国》之副标题即为"论正义"，正义也是贯穿本书的轴心与中线。柏拉图认为，正义可具体细分为"城邦正义"和"个人正义"。城邦的产生是个人能力的不足和社会生产分工的需要。[③] 城邦中的个体可按角色不同分为统治者、护卫者、生产者等。[④] 世间存在智慧、勇敢、节制、正义这四种德性，正义促使其他三种德性产生，并维持三种德性的发展。当三大角色分别符合其所应有的德性之时，"城邦正义"即达成。[⑤] 就个人正义而言，人的灵魂由理性、激情和欲望三部分组成，分别对应理智、节制、勇敢，而个体正义则是建立在此三方面的和谐共生之上，即"我们每一个人如果身体内的各种品质在自身内各起各的作用，那他就也是正义的，即也是做他本分的事情的"[⑥]。因此，柏拉图眼中的正义是一种建立在等级秩序之上的社会合理分工秩序。

---

① 参见北京大学哲学系外国哲学史教研室编译：《古希腊罗马哲学》，北京，商务印书馆1961年版，第21页。
② 参见北京大学哲学系外国哲学史教研室编译：《古希腊罗马哲学》，北京，商务印书馆1961年版，第97页。
③ 参见［古希腊］柏拉图：《理想国》，郭斌和、张竹明译，北京，商务印书馆2017年版，第58页。
④ 参见［古希腊］柏拉图：《理想国》，郭斌和、张竹明译，北京，商务印书馆2017年版，第129～130页。
⑤ 参见［古希腊］柏拉图：《理想国》，郭斌和、张竹明译，北京，商务印书馆2017年版，第147～157页。具体而言，统治者对应智慧，护卫者对应勇敢，生产者对应节制。
⑥ ［古希腊］柏拉图：《理想国》，郭斌和、张竹明译，北京，商务印书馆2017年版，第171页。

师承柏拉图，亚里士多德的正义观也沿袭了柏拉图对社会整体利益，即"城邦正义"的重视，但是，亚里士多德对正义的理解在柏拉图的基础更进一步，开始思考正义对个体的公平意义，"政治学上的善就是正义，正义以公共利益为依归。依照一般的认识，正义是某种事物的'平等'观念"①。因而，亚里士多德将正义区分为抽象正义和具体正义，分别对应整体正义与个体正义。抽象正义建立在个体与城邦之间，强调公民的言行举止必须合法；具体正义则处理社会个体间的关系，要求在个体分配上实现平等。②在此种意义上而言，正义即平等，亦即城邦中各主体的各得其所。亚里士多德的正义观，特别是其对个体平等的思考，对后世的正义观产生了深远的影响。

具体而言，针对抽象正义，因为多数合法行为几乎都出于德性整体，因此，法律要求人们合乎德性地生活，并禁止各种丑恶之事，为教育人们共同生活的法规就构成了德性（正义）的整体。同时，此处的法为广义上的法，不仅包括成文法，还有神谕、人们的信仰以及日常生活中形成的习惯等渊源。

针对具体正义，亚里士多德又将其进行"分配正义"和"矫正正义"之二分。分配正义是指"表现于荣誉、钱物或其他可析分的共同财富的分配上（这些东西一个人可能分到同等的或不同等的一份）的公正"③。然而，分配的"平等"并非现代民法意义上无差别的平等，而是有差别的平等，即比例平等。在他看来，平等是对应相同类别的人而言的，分类依据是不同的人对整个社会共同体共同利益的促进的贡献大小。④而所谓的不公正就是违反了应得的比例进行分配。质言之，正义的分配原则是把恰当价值的事物授予相应贡献的人。

矫正正义则是指"在私人交易中起矫正作用的公正"⑤。此种正义追求实质上的平等，旨在填补个体之间在社会交往中发生的损害。其既可适用于自愿的交

---

① ［古希腊］亚里士多德：《政治学》，吴寿彭译，北京，商务印书馆 1965 年版，第 148 页。
② 参见［古希腊］亚里士多德：《尼各马可伦理学》，廖申白译，北京，商务印书馆 2003 年版，第 128～129 页。
③ ［古希腊］亚里士多德：《尼各马可伦理学》，廖申白译，北京，商务印书馆 2003 年版，第 134 页。
④ 参见［古希腊］亚里士多德：《尼各马可伦理学》，廖申白译，北京，商务印书馆 2003 年版，第 136 页。
⑤ ［古希腊］亚里士多德：《尼各马可伦理学》，廖申白译，北京，商务印书馆 2003 年版，第 134 页。

往，如买卖、寄存、出租等之中，亦可适用于非自愿的交往，如偷盗、通奸、诈骗等之上。矫正正义的分配不再考虑不同主体之间的贡献差别，而是按照数学上纯粹的平均原则进行，以实现交往中所得和所失的中庸。[1]

随着社会发展，正义的表述也随之发生变化。《民法大全》中乌尔比安对正义的表述为，"正义乃是使每个人获得其应得的东西的永恒不变的意志"，西塞罗也认为"正义是使每个人获得其应得的东西的人类精神倾向"[2]。与此不同，美国社会学家莱斯特·沃德则将正义与平等联系起来，他认为正义存在于"社会对那些原本就不平等的社会条件所强行施与的一种人为的平等之中"；卡尔·马克思进一步提出了实现资源和经济地位平等化的手段，主张用生产资料公有制来纠正社会上的不平等。而英国哲学家和社会学家赫伯特·斯宾塞认为与正义观念相联系的最高价值不是平等，而是自由；与之相似，康德将正义定义为"一些条件之总和，在那些条件下，一个人的意志能够按照普遍的自由法则同另一个人的意志结合起来"[3]。哈贝马斯则认为，正义相关的问题是"以个人权利为本位的所谓多元社会应当如何解决个体认识和价值取向之间的差异与社会共识和基本价值观的共同基础之间的关系问题。推而广之，这还涉及如何对待人类共同文明基础与各种具体文化差异之间的关系问题"[4]。可以发现，探索正义这一终极的价值标准的路途并不顺利，反而使得正义的标准愈加迷惑。其后，实证主义法学另辟蹊径，通过区分立法学和实在法，将研究法律正义标准的立法学划分到伦理学的范畴，而法学被限定为关于适用实在法的科学，与正义标准无关。在此基础上，概念法学通过抽象法律概念体系的建构，试图完全将价值判断排除在法律适用的领域之外。不过，众所周知的是，这种理想终究是无法实现的。

---

[1] 参见［古希腊］亚里士多德：《尼各马可伦理学》，廖申白译，北京，商务印书馆2003年版，第137～139页。

[2] ［美］博登海默：《法理学、法律哲学与法律方法》，邓正来译，北京，中国政法大学出版社2004年版，第277页。

[3] ［美］博登海默：《法理学、法律哲学与法律方法》，邓正来译，北京，中国政法大学出版社2004年版，第253～255页。

[4] ［德］哈贝马斯：《通过公共运用理性实现和解》，英文《哲学杂志》1995年3月，第121～122页，转引自周文华：《正义：给"每个人以其所应得"》，载《哲学动态》2005年第11期。

在传统农业社会中，人们的价值取向较为单一，相互之间还有可能通过心领神会的方式达成价值共识。但在经历过文艺复兴、工业革命、世界大战等洗礼、道德体系崩溃的人类社会，由于不同主体的生活经历、教育背景、价值偏好等都不相同，"人不同心，心不同理"，终极价值开始隐退，价值趋向多元，不同价值之间表现为"诸神之争"，从而使得现代社会陷入了价值和道德冲突之中，造成"意义丧失和自由丧失"（韦伯语）[1]的后果。希望通过构建一个先验的、统一的、终极的正义标准来解决价值判断问题的想法遭到了现实主义法学家罗斯的无情嘲讽，"祈求正义就像嘭嘭地敲击桌面一样，是一种试图把自己的要求变成先决条件的情感表达方式"[2]。然而人们并没有因此放弃探索价值判断问题的方法，为了将现代社会从"意义丧失和自由丧失"的困境中解救出来，人们开始尝试引入程序规则来为价值判断结论提供合理性基础。

## 价值判断规则形成的思想基础

在国家产生之后至现代社会产生之前这个历史时段，形而上学适应了政治统治和社会整合之需，它们大多被提升为官方的意识形态并被奉为社会主流文化与核心价值，进而通过教化和驯化而内化为大众信仰。[3] 主张"终极性"、"正确性"和"必然性"的形而上学能够为价值判断提供合理性基础，因而此时人们并不需要为价值判断问题而担忧。进入现代社会后，理性主义对形而上学体系展开了猛烈的批判，伴随着形而上学体系的瓦解，理性主义者试图通过理性来把握世界，从而取代形而上学成为政治统治和社会整合的同一性基础。传统的形而上学与理性主义所建立的同一性的差别在于，前者是建立在诸如"上帝"这样的客观

---

[1] 张云龙：《从韦伯到哈贝马斯——论现代性批判视域中的哲学范式转换》，载《社会科学家》2006年第2期。

[2] Alf Ross, *On Law and Justice*, Berkeley, 1959, p. 274，转引自王轶：《民法价值判断问题的实体性论证规则——以中国民法学的学术实践为背景》，载《中国社会科学》2004年第6期。

[3] 参见高鸿钧：《走向交往理性的政治哲学和法学理论（上）——哈贝马斯的民主法治思想以及对中国的借鉴意义》，载《政法论坛》2008年第4期。

本体论之上的，而后者则诉诸以主体—客体二元对立为前提的主体认识论，也就是所谓的以"理性神"替代了传统宗教中的"人格神"。现代逻辑的发展使20世纪初的哲学家拥有了一种能够更加彻底反思形而上学真理性的工具。运用这一工具，逻辑实证主义淋漓尽致地批判了形而上学的非科学性，得出了形而上学的全部断言陈述全都是没有意义的结论。[①] 在实证逻辑主义者看来，伦理判断、审美判断等诸如此类的价值判断，只不过是判断者本人情感的任意表达，既不具有分析意义上的可证实性，也不具有经验意义上的可证实性。所以价值判断不是命题，且无真假可言，理性对此无能为力。[②] 可以发现，逻辑实证主义的论据核心是价值判断无法通过理性获得证实，价值判断是一个目的选择问题，属于理性无法作用的领域。按照休谟的观点，知道是什么和为什么与知道行为的一致是两个不同的问题领域，理性只能帮助我们为一个既定的目的选择方法，而目的的选择是一个赞同的过程，这一过程是情感的领地[③]，理性对此无能为力，将交由无知、外在压力和盲目偏好来主宰。

在实证科学那里，理性已经萎缩成了目的合理性和形式合理性，即"工具—目的合理性"，并体现为主体选择最有效的工具、手段以实现预定的目的，工具—目的合理性的增长导致人们不再关注行动的内在价值，只注重程序的可操作性和结果的有效性。[④] 对此，马克斯·韦伯不无警醒地表示了自己的担忧：工具—目的理性在现代社会中愈是发展，则愈有可能将本是作为手段的工具理性当作目的来追求的非理性后果，对于理性的崇拜最终会演化为一个"自我奴役的铁笼"。现代社会的合理化发展把人们从传统的世界的"终极价值"和"最崇高价值"的魔咒中解放出来，世界由"一神论"变成"新的多神论"，理性本身裂变

---

[①] 参见陈郭华：《价值判断不可证实吗——对逻辑实证主义等关于价值判断理论的批判》，载《云南大学学报（社会科学版）》2006年第5期。

[②] 参见冯平：《价值判断的可证实性——杜威对逻辑实证主义反价值理论的批判》，载《复旦学报（社会科学版）》2006年第5期。

[③] 参见陈郭华：《价值判断不可证实吗——对逻辑实证主义等关于价值判断理论的批判》，载《云南大学学报（社会科学版）》2006年第5期。

[④] 参见吴正勇、徐汝庄：《哈贝马斯对现代性和理性关系的探讨》，载《华东师范大学学报（哲学社会科学版）》2006年第6期。

为一个价值多元状态并破坏其自身的普遍性，合理化的世界因此变得没有意义，最终会导致意义丧失和自由丧失的后果。① 最后，韦伯悲观地预言，"没有人知道未来谁将生活在这个牢笼之中…在这种文化发展的最后阶段：专家已没有精神，纵欲者也没有了心肝，这具空心的躯壳却在幻想着自己已经达到了前所未有的文明水准"②。而在后现代主义者看来，理性主义将价值判断问题排除之外的做法，其实是将价值判断当作"理性的他者"予以排斥。原因在于，"理性主体想要依靠的不是他者，也不是他物，而是自身，这既是它的理想之处，又是它的疯狂之处"，这体现了理性本质上是一种自恋的权力，其仅仅具有表面的普遍性，坚持的是一种自我捍卫和特殊的自我膨胀。③ 然而，如果不把（无法扬弃的）理性他者结合起来考虑，我们就无法搞清楚理性到底是什么，因为理性会自欺欺人，以为自己就是整体，或者包括整体。④

在哈贝马斯看来，韦伯的根本错误在于误将目的理性等同于合理性，而现代资本主义就是典型的工具—目的理性类型，工具—目的理性行为是建立在孤立的个体对客观世界作出合乎目的的主观意义之上的，即人的行为都是以营利为目的的，并采取理性选择的方法来实现和达到这一目的。⑤ 目的理性的核心是主体与客体的关系，这就导致不管韦伯如何彻底批判理性或以何种形式批判理性，都只能停留在狭窄的主客体关系的范围内，甚至停留在孤立的主体中，从而不但无法解决认识论本身的基本问题，而且无法解决认识论以外更普遍的社会问题。⑥ 为

---

① 参见艾四林：《哈贝马斯交往理论评析》，载《清华大学学报（哲学社会科学版）》1995年第10期。
② ［德］马克斯·韦伯：《新教伦理与资本主义精神》，陶克文译，上海，上海人民出版社2010年版，第275页。
③ 参见［德］尤尔根·哈贝马斯：《现代性的哲学话语》，曹卫东等译，南京，译林出版社2004年版，第357、358页。
④ 参见［德］尤尔根·哈贝马斯：《现代性的哲学话语》，曹卫东等译，南京，译林出版社2004年版，第353页。
⑤ 参见王明文：《目的理性行为、形式合理性和形式法治——马克斯·韦伯法律思想解读》，载《前沿》2011年第19期。
⑥ 参见艾四林：《哈贝马斯交往理论评析》，载《清华大学学报（哲学社会科学版）》1995年第10期。

了走出理性主义的困境,哈贝马斯在广泛吸取社会学、语言学、精神分析学等学科研究成果的基础上提出,必须改变理性的研究对象,正确的路径是使理性包容"他者",用主体的言语能力和行为能力取代传统哲学意义上的认知能力,也就是研究对象从主体分子对客体的认识行为转移到主体之间的交往行为,然后通过语言的中介在主体间协商和互动,达成共识。易言之,"需要解释的现象,已不再是对客观自然的认识和征服,而是可以达到沟通的主体间性"①。而交往理性之所以能够承担起工具理性所遗留的任务,是因为交往理性不再涉及一个自我捍卫的主体,而是"直接介入到它应当加以捍卫的结构化过程当中"。交往理性在个体相互理解的前提下把社会整合在一起,进而能够在一种现代的社会理论的基础上克服合理化的难题。②

其中,"交往行为"和"生活世界"是理解哈贝马斯提出的交往理性的关键,交往行为以语言为沟通的媒介,"交往主体提出的建议和主张经受商谈程序的校验,使得每个法律共同体成员都能够换位思考,将心比心,推己及人,推人及己,通过理性的商谈、深度的沟通和充分的讨论对共同关心的法律议题达成理解与共识"③。为了说明主体间沟通的过程,哈贝马斯引入了生活世界的概念。由于交往行为的主体总是在生活世界的视野内达成共识,生活世界是由诸多背景观念构成的,储存着前代人所作出的解释努力,在这种生活世界背景下,参与者具有了历史和传统的规定性,使其与别的个体同属于一个共同体,实际发挥了保守均衡的力量。在沟通过程中,参与者与生活世界发生关联,彼此提出有效性要求。发生异议时,参与者通过对允许批判解释的有效性要求采取肯定或否定的立场相互达成理解。一个追求沟通的参与者必须和他的表达一起提出三种有效性要求:所作的陈述是真实的(甚至只是顺便提及的命题内涵的前提实际上也必须得到满足)、与一个规范语境相关的言语行为是正确的(甚至它应当满足的规范语

---

① [德]哈贝马斯:《交往行为理论》第一卷,曹卫东译,上海,上海人民出版社2004年版,第375页。

② 参见郑劲超:《"工具化的理性"概念与解读——试论法兰克福学派论域转向的一个契机》,载《哲学研究》2015年第6期。

③ 闫斌:《哈贝马斯交往行动理论视域下的商议式司法》,载《法学论坛》2015年第3期。

境自身也必须具有合法性)、言语者所表现出来的意向必须出自心声。①

借助于合理商谈,哈贝马斯所提出的交往理性可以通过以下三条途径得以实现。社会交往的双方都选择恰当的语言进行对话,以保证交往双方语言文本的流畅和顺达;社会交往的双方必须同时承认和重视共同或者相近的道德规范;若前两条途径不能实现,则社会交往的主体必须改变自己的生活世界以达成社会交往。②一言以蔽之,哈贝马斯在反思传统理性主义之下主体性概念的基础上,提出应以主体间性取代主体性,通过交往理性来为整合价值多元的社会提供同一性基础。与传统理性主义不同,交往理性旨在通过一套程序性的商谈论证规则获得价值共识,性质上属于程序性的,而非实体性的,交往理性视野下的"法治形式就表现为程序主义法律范式在各种建制化和非建制化的意见形成和意志形成"③过程。

尽管哈贝马斯所提出的商谈理论招致了许多的批评,比如卢曼便预言,在一个充满变数的世界占主导地位的条件下,哈贝马斯的努力注定会因无法把握现实的复杂性而破产。④但是,这并不能否定商谈理论所包含的许多远见卓识,特别是交往理性为程序性论证规则提供了思想基础,对于法律论证中的价值判断问题具有重要的借鉴意义。

**价值判断规则架构**

价值是多元而非单一的。在对价值判断问题的探讨上,论者基于不同的阅历与偏好,自会形成不同的价值前见,价值判断问题的讨论也就因此时常会陷入

---

① 参见[德]尤尔根·哈贝马斯:《交往行为理论:行为合理性与社会合理化》,曹卫东译,上海,上海人民出版社2004年版,第69、100页。
② 参见宋敏:《哈贝马斯社会交往理论合理性与公共领域的建构》,载《求索》2015年第1期。
③ 曾赟:《韦伯与哈贝马斯法治观之元理论比较》,载《湘潭大学学报(哲学社会科学版)》2005年第6期。
④ 参见[德]罗伯特·阿列克西:《法律论证理论》,舒国滢译,北京,中国法制出版社2002年版,代译序,第156页。

# 第八章 民法中的价值判断

"众说纷纭""众口难调"的窘境。但是，即使这条探索道路充满艰辛，甚至还要遭受分析哲学家否认价值判断问题属于可以成为理性讨论的问题的质疑，对其苦苦思索依旧还是诸多学人情有独钟的追求。如同在法律解释的讨论当中对于是否存在解释的"元规则"而存在分歧一样[1]，对价值判断当中有没有可供操作的确定性步骤和指引，具体的规则应如何架构，也是学者一直以来孜孜以求的目标。

**阿列克西**

说起价值判断规则，不得不提起法律论证规则的代表人物罗伯特·阿列克西，他在哈贝马斯提出的商谈论证规则基础上将其扩展到法律实践领域，构建了著名的法律论证理论，尝试从程序性规则和形式的角度为法律论证提供正当性基础，借此走出"明希豪森三重困境"[2]。王轶教授在反思阿列克西所提出的法律论证理论的基础上，提出了民法价值判断问题的实体性论证规则，对于民法学者讨论价值判断问题提供了学术平台。以上价值判断规则无疑都具有重大的理论价值和实践意义。

在阿列克西看来，"法律论辩是一个特案情形，在法律商谈过程中的'正确性诉求'并不关心何为绝对正确的，而关注于在一定的框架下和在一个普遍有效的法秩序下的正确"[3]。"某个规范或具体的命令，一旦满足了论辩规则所确定的标准，就可以被称为是公正的"[4]。而一个法律判断的证成又分为内部证立和外部证立，内部证立处理的问题是一个法律判断是否是从为了证立而引述的前提中

---

[1] 比如拉德布鲁赫就认为，只有当出现一种在何种情况下选择何种法律解释方法的元规则时，法律解释学才会功德圆满，这时才具有方法论的意义。参见［德］拉德布鲁赫：《法学导论》，米键等译，北京，中国大百科全书出版社1997年版，第106~107页。而诸如卢埃林、波斯纳等人则认为，依司法实践经验可知，法律解释方法的排序是随机的，一些法律解释方法相比其他法律解释方法处于优位，并不能由此确认任何情形下前位均可取代后位法律解释方法。法律解释根本无法为法官解决疑难案件提供一套操作框架，所以从根本上否定元规则的存在。详见牛安琪：《〈合同法〉第52条强制性规范反思——目的解释与利益衡量双重视角》，载《法治研究》2019年第4期。

[2] 张榕、达理纳嘉：《民事既判力客观范围理论研究之反思——以明希豪森三重困境为分析工具》，载《法律科学（西北政法大学学报）》2012年第5期。

[3] 杨洪：《司法论证中的逻辑结构和可能——以阿列克西法律论证理论为例》，载《法学》2016年第4期。

[4] ［德］阿列克西：《法律论证理论》，舒国滢译，北京，中国法制出版社2002年版，第22页。

逻辑地推导出来，而外部证立是对这个前提正确性的证成。① 然而法律论证理论虽然借鉴了哈贝马斯从程序角度获得价值共识的论证思路，却并未接受其主体间性的哲学思想。正如考夫曼所指出的那样，法律论证理论并不赞成抛弃主体—客体的图式，甚至强调论证的完整性和排除偶然性，仍未走出实证分析主义。② 这也就决定了法律论证规则仍然带有将实体价值判断当作"理性的他者"排除在理性范围之外的哲学倾向，从而将"文本意义与主体间的理解割裂开来，因为它只想依据一般的语义学规则，去决定文本的意义"③。王轶教授认为，正是因为法律论证规则放弃了对讨论者进入法律论证程序之前的"先入之见——最低限度的价值共识"的考察，使得法律论证规则成了"无底棋盘上的游戏"，难以达成相互理解，也就无法在具体的价值判断问题上达成价值共识。在此基础上，王轶教授提出价值判断规则应以自由和平等这两项实体性最低限度的价值共识为前提，结合程序性的论证规则和形式，即论证者如果主张对二者进行限制，必须承担论证责任，提出充分且正当的理由，才有可能在相互理解的基础上就具体价值判断问题达成共识。④ 该实体性价值论证规则虽然为价值判断提供了最低限度的价值共识，但最低限度的价值判断本身被"追问到最后，只能是一种先验伦理的认定，既然是先验的，我们自然也就不能否定他人选择其他先验价值"，"诸如效率、福利等"抑或"在论者主张以'平等'限制'自由'，或以'自由'限制'平等'时，谁又承担论证责任"⑤。

**法律适用中价值判断规则的建构**

在法律实践过程中，立法过程中的价值判断可以通过民主选举和投票规则获

---

① 参见［德］阿列克西：《法律论证理论》，舒国滢译，北京，中国法制出版社 2002 年版，第 274 页。
② 参见［德］阿图尔·考夫曼、温弗里德·哈斯默尔主编：《当代法哲学和法律理论导论》，郑永流译，北京，法律出版社 2002 年版，第 149～150 页。
③ ［德］阿图尔·考夫曼、温弗里德·哈斯默尔主编：《当代法哲学和法律理论导论》，郑永流译，北京，法律出版社 2002 年版，第 150 页。
④ 参见王轶：《民法价值判断问题的实体性论证规则——以中国民法学的学术实践为背景》，载《中国社会科学》2004 年第 6 期。
⑤ 许德风：《论教义学与价值判断：以民法方法为重点》，载《中外法学》2008 第 2 期。

## 第八章 民法中的价值判断

得正当性,因而真正亟须价值判断规则的是法律适用领域。尽管法官在适用法律过程中进行价值判断已是不可避免的事实,其仍然要受到权力分立原则和法律安定性的制约,需要通过价值判断规则获得正当性;需要结合法律适用的目的及其特点构建一套现实可操作且行之有效的价值判断规则。

对法律进行适用时,法律应当被认为是人们目前为止所能达成的最低价值共识,而非抽象的价值,在面临一个案件时,裁判者应当遵守法律所确定的规则以及体现在其中的价值。[①] 与民法学术讨论中对最低限度的价值判断基础存在争议不同,立法已经为法律适用提供了价值判断基础,在法律适用领域进行价值判断不仅要遵守相应的程序规则,还处处受到立法已经作出的价值判断的限制,非但不是"无底棋盘上的游戏",反而是"戴着镣铐跳舞"。因为实在法不只为法律适用提供了诸如平等、自由的最低限度的价值基础,还以精致而细密的价值网极大地限缩了法官价值判断的空间,他们并非在广泛的价值平台上驰骋,而是在已经设置好的价值网格中蹒跚而行。以违约责任形式为例,《合同法》规定了违约金、损害赔偿、继续履行、补救措施等多种违约救济形式,为非违约方提供了完善的救济手段,体现了"合同必须严守"的正义价值。[②] 在此基础上,不同的救济方式所负载的价值判断又存在各自的差异,继续履行显然最能体现合同严守的正义价值,而违约金代表了当事人意思自治的自由价值和效力价值(可以避免烦琐的损害赔偿计算),损害赔偿和补救措施则偏重于效率价值(在效率违约情形最为明显),而《合同法》第110条规定的几种排除强制履行的情形,则体现了人格尊严(具有人身性的合同)、效率(成本过高)、秩序(债权人未在合理期限内要求履行)的价值。[③] 面对法律对违约救济所作出的形形色色的价值判断,法官显然不能随意决定各种价值的优先序位,而是必须在仔细权衡法律所作出的不同价

---

[①] 参见许德风:《论教义学与价值判断:以民法方法为重点》,载《中外法学》2008第2期。
[②] 参见王洪亮:《强制履行请求权的性质及其行使》,载《法学》2012年第1期。
[③] 参见刘旭华:《合同实际履行的价值重估——兼析对〈合同法〉第110条的理解》,载《兰州大学学报(社会科学版)》2002年第1期;刘浩宇:《效率违约的价值评析——对我国合同法第110条的再思考》,载《河北法学》2000年第2期;蔡睿:《吸收还是摒弃:违约方合同解除权之反思——基于相关裁判案例的实证研究》,载《现代法学》2019年第3期等。

值判断的基础上予以判决,比如,在当事人已经约定违约金的情况下非违约方可否弃之不用而径直主张损害赔偿?违约方可否拒绝非违约方的继续履行请求而提出以损害赔偿代替?更有进者,针对非违约方的违约责任主张,违约方能否直接在诉讼中提出解除合同,进而全面终止合同的效力?这样的问题,当制定法不能提供现成答案的时候,只能绕到法律条文的背后,去衡量当事人各方的利益,做足价值判断的功课。

**前见、常识感以及道德本能**

民事法律规范的适用,必须针对个案依价值判断予以具体化。法律规则背后有其潜在的文化、理念和价值,亦有其镶嵌于特定时空下的社会、政治、经济的要求。作为法律文本的法条,当其在法律适用的三段论演绎中出现时,不过仅仅只是"法源"而已,真正作为大前提的是相互联系的规范整体。法官在具体案件中依据的裁判规范,其实是结合自己的智识、前见、体系化法律思维以及客观情势而形成的综合判断。几乎可以认为,所有规范性的概念都是必须具体化或予以价值补充的概念,无论是立法抑或法律运作,都不只是一个纯然技术性的、仅靠形式理性化即能解决的问题。"貌似一种极富操作性的'以事实为根据,以法律为准绳'的司法运作,事实上亦体现着多向度的价值冲突、博弈和协调。"[①]

前述关于法官对立法价值判断的补充的讨论中提到了"前见"。关于前见,科学主义对其一直持拒斥的态度。近代科学真理符合论认为,真理独立于人的主观意志而存在,因此,撤除各种先入为主之见乃达到客观真理之前提。在科学主义的法学方法论眼中,法官进行解释时必须处于中立地位,应当摆脱其各种先在理解。[②] 传统解释学认为,能否进行成功的解释,主要取决于解释者能否建立与被解释者的"精神贯通",从而取决于解释者能否排除一切先入为主的偏见和个人目的。现代解释学则明确反对这种不切实际的企图,明确指出传统并不是解释

---

① 姚俊廷:《在"事实"与"价值"之间——马克斯·韦伯学术方法的法理学启示》,载《北方法学》2009年第5期。

② 参见朱庆育:《意思表示解释理论》,北京,中国政法大学出版社2004年版,第305~308页。

的对象,"前见"也并不是解释的障碍,它们都是解释的基础。① 在司法实践过程中,法官的法律知识、社会经验、个人价值取向、情绪与喜好,都必将对其法律解释活动产生影响。试图从司法活动中将这些"前见"排除出去的想法并不具有实际意义,因为它们不但是解释的"最重要的条件",而且"绝不是解释者可以自由支配的"②。

  法律人的工作就是要将具有一般性和抽象性的法律规范适用到具有丰富性的个案事实之中获致一个正当的法律决定。要做到这点,必须能够正确地理解法律规范,而理解必然包含前见或前理解。法律人的前见是一种长期学习的过程,这个过程包括法学思维养成过程,也包括其借职业活动及业余经验取得的知识,特别是与社会事实及脉络有关的知识。③ 因此,前见并不玄虚,很多时候不过就是作为一个人所具有的最朴素的法感情。在我看来,一个"公正"的裁判有个基本前提,就是不会严重地挑战人们的常识感和道德本能。社会上的人林林总总、各型各色,其价值观亦千姿百态,因此我们几乎无法在任何一个问题上达成共识,所谓吾之蜜糖,彼之砒霜。但是,一旦某个判断极为严重地挑战人的常识感和道德本能,引致舆论哗然,这样的裁判一定无法息讼宁人。也正是因为如此,人们会发现,一般而言,伦理性较强的案件,法官比较容易根据道德直觉而形成伦理层面的判断和结论;伦理性较弱的案件则未必。所谓法意与人情之间的较量,前者往往败阵。

  以法律之外的评价标准进行裁判的问题还在于,放弃了规则约束,这种"个案结果导向或个案实体正义的司法实践"思路势必更多诉诸法官个人的道德直觉,或者不太稳定的民众情绪,或者两者兼有,换言之,其很容易为个人直觉或

---

① 参见[德]伽达默尔:《哲学解释学》,夏镇平译,上海,上海译文出版社1994年版,编者导言,第2页。
② [德]伽达默尔:《真理与方法》第一册,洪汉鼎译,上海,上海译文出版社1999年版,第378～379页。
③ 参见舒国滢、王夏昊、梁迎修等:《法学方法论问题研究》,北京,中国政法大学出版社2007年版,第70页。

民粹正义所左右，很难保证法律的同等保护。①诚如学者所言，具体解决模式虽然肯定能解决问题，能对个案作出判断，然而这种没有规范依据而任由法官内心确信的方法又何异于凭空捏造呢？②

人类历史的每一步都证明着凡是人类有意识的活动都受到价值判断的引导，其间区别仅在于受未经理性反省的价值判断的引导，还是受经过理性反省的价值判断的引导；受他人价值判断的引导，还是受自己价值判断的引导；受有根据的价值判断的引导，还是受无根据的价值判断的引导。③民法作为一门实践技艺亦不例外，其不只是在一个自给自足的概念体系内进行逻辑推演，更重要的在于不同价值冲突之间的平衡，以切实回答现实生活中出现的各种价值判断问题。价值判断是现代民法的核心问题，在一定程度上，可以说民法的发展史就是追求价值共识的过程。

以下这个案例所提出的追问在于，法官在具体案件中应当如何处理单纯的形式逻辑（依据裁判规范进行三段论演绎）与生活经验、利益考量、价值判断乃至体系化法律思维之间的关系。

一、案情

2015年6月1日，邬某在网络交易平台下单购买聚阳公司出售的热水器数量4台，单价为1元。邬某向聚阳公司支付货款4元，聚阳公司在该网络交易平台上登记该商品于2015年7月6日发货。

2015年7月18日，邬某再次在网络交易平台下单购买聚阳公司出售的热水器4台，单价1元，邬某按约定向聚阳公司支付货款4元，聚阳公司在该网络交易平台上登记该商品于2015年7月20日发货。2015年7月19日，邬某再次购买4台，单价1元，邬某向聚阳公司支付货款4元和运费1元，聚阳公司在该网络交易平台上登记该商品于2015年7月20日发货。2015年7月23

---

① 参见苏力：《法条主义、民意与难办案件》，载《中外法学》2009年第1期。
② 参见张翔：《基本权利冲突的规范结构与解决模式》，载《法商研究》2006年第4期。
③ 参见冯平：《价值判断的可证实性——杜威对逻辑实证主义反价值理论的批判》，载《复旦学报（社会科学版）》2006年第5期。

第八章 民法中的价值判断

日，邬某第四次购买聚阳公司出售的商品8台，单价为1元，邬某向聚阳公司支付货款8元，聚阳公司在该网络交易平台上登记该商品于2015年7月23日发货。

此后，聚阳公司一直未向邬某交付上述商品。2015年8月8日，聚阳公司以产品已经停产为由，向邬某的支付宝账户退回货款20元和运费1元。

现邬某诉至法院，要求聚阳公司履行买卖热水器合同，如果不履行，赔偿20台热水器的实际价值，同时，由网络平台经营者对上述赔偿承担连带责任。法院询问邬某为什么要买20台热水器，邬某陈述其欲购买20台空气能热水器用于和朋友开办浴室。法院询问聚阳公司为什么是1元挂单，聚阳公司承认系刷单。

二、法院判决

一审法院：邬某和聚阳公司之间的买卖合同成立。虽然聚阳公司向邬某退还货款，并注明退款理由为产品已经停产，但聚阳公司当时并未提出重大误解的主张，能够印证其对商品标价为1元的事实是明知的，不存在意思和表示不一致的情形。另外，聚阳公司将四次订单均标记为发货状态，并登记了货运单号等信息，其应当知道其在网络交易平台上发布的商品价格是1元，而非因工作人员失误而标错价格，故聚阳公司主张其因重大误解订立合同不能成立。邬某已按约支付货款，聚阳公司未履行交货义务，且在本案审理过程中明确表示无法交付案涉商品，故聚阳公司的行为构成违约。根据《合同法》的规定，邬某有权请求聚阳公司赔偿损失，案涉商品的实际价值应为邬某的可得利益，邬某现主张按商品市场价格计算损失（共计221 979元），应当支持。同时，由于邬某购买的目的是用于商业经营，而非生活消费，故邬某在本案中不具有法律意义上的消费者身份，本案不能适用《消费者权益保护法》的相关规定。邬某请求网络交易平台对聚阳公司的赔偿责任承担连带责任，无事实和法律依据，不予支持。

二审法院：聚阳公司为提高销量排名安排"一元交易"刷单，尽管在行为上作出了以1元价格销售的表示，但其主观上的真实意思并非以1元对价对外出售

价值万元的案涉商品，而是进行刷单。聚阳公司作为表意人，其作出"一元交易"的意思表示应认定为真意保留。真意保留情形下，应区分相对人是否知悉或应当知悉表意人真实意思。邬某分四次先后购买了共计 20 台热水器，在第一笔交易后，邬某在聚阳公司没有实际向其发货的情况下，基于民商事主体正常的行为逻辑，应是与对方沟通，询问相关情况，催促、确认发货事宜，以降低交易风险，避免经济损失，而不是继续下单购买。据此能够认定，邬某在后三笔交易中，其主观上明知或应知聚阳公司以 1 元销售空气能热水器的意思表示并非该公司真实意愿，即聚阳公司保留了真意。因此，双方订立的第一份买卖合同成立并生效，后三份买卖合同不成立。第一份合同聚阳公司构成违约，邬某有权要求聚阳公司赔偿损失。关于双方在后形成的三份订单，因合同未成立，聚阳公司应向邬某返还其已付货款 16 元和运费 1 元，除此之外邬某并无其他损失，无权要求聚阳公司赔偿。

在现实生活中，电商销量"注水"曾几何时几乎是公开的秘密，刷单又是此类电商虚增销量最为常用的手段。刷单通常指卖家寻找关联买家并提供购买费用，通过关联买家购买商品并填写好评的方式，提高销量和信用度。因刷单引发的不正当竞争纠纷和侵权纠纷，早已不再是新鲜事，但基于刷单者与虚假购买者往往是利益共同体，因刷单引发的刷单者和购买者之间的合同履行类纠纷则较为少见。上案便是"非典型"情况的典型案例。

案中，聚阳公司将其待售的热水器以 1 元价格挂牌出售，邬某先后四次购入共 20 台，并支付了相应价款和运费等事实并无太多争议。但上述事实能否证明邬某与聚阳公司之间关于 1 元购买热水器的合同已经成立，是双方的主要争议所在。根据《合同法》第 8 条第 1 款的规定，依法成立的合同，对当事人具有法律约束力。当事人应当按照约定履行自己的义务，不得擅自变更或者解除合同。因此本案的关键，就在于判断原被告之间的合同是否已经成立。

根据《电子商务法》和《淘宝规则》的规定，电商在网络交易平台上展示商

品信息的行为构成要约,消费者点击购买并付款则构成承诺。① 从形式逻辑出发,既然聚阳公司并非出于错误地将热水器以1元标价出售,邬某也自愿购买并付款,以要约承诺的角度分析,合同毫无疑问已经成立。在此前提下,聚阳公司未履行合同义务的,应承担违约责任,向邬某赔偿损失。另外,聚阳公司在庭审中也承认自身系刷单,由于刷单危害市场公平竞争,侵害消费者合理知情权,破坏互联网良好生态,故也应当通过使刷单者承担不利后果的方式予以规范和制约。② 而且,商事活动应当讲求外观主义,且网络交易中出于各种目的超低价出售商品也时常发生,不宜基于一般民事生活经验认为其"不合理",否则网络交易中超低价标注吸引流量扰乱秩序、损害消费者的现象将会得到激励。至于他人图便宜买热水器,也是真实意思表示,这和消费者在市场上抢便宜货没有区别,无须探究其用途。③ 一审法院正是秉承此种逻辑推理和价值理念,认为从形式上看,合同已经成立,当事人应当受到约束;从价值上看,聚阳公司的刷单行为有悖于诚信,且会危害市场,应当承受不利后果,如此判决,也是遏制刷单行为的需要。综合上述两方面的考量,一审法院判决聚阳公司应赔偿邬某的全部可得利益损失。

---

① 《电子商务法》第49条规定:电子商务经营者发布的商品或者服务信息符合要约条件的,用户选择该商品或者服务并提交订单成功,合同成立。当事人另有约定的,从其约定。电子商务经营者不得以格式条款等方式约定消费者支付价款后合同不成立;格式条款等含有该内容的,其内容无效。《淘宝规则》第18条规定:成交,指买家在淘宝上拍下商品并成功付款到支付宝。货到付款交易中买家拍下商品即视为成交。当然,此种规定也引发了一些学术上的争议,如有观点认为,《电子商务法》第49条第2款虽然是为了约束商家砍单行为,但该条规定存在问题,如果交易规则约定发货后合同才成立,那合同可能就并非因支付货款便成立。但是合同不成立不代表商家没有责任,广州互联网法院第一案就是处理的类似商家先标一个低价,然后取消订单的,商家后来承担了缔约过失责任。参见李志刚主编:《民商审判前沿:争议、法理与实务——"民商法沙龙"微信群讨论实录》(第一辑),北京,人民法院出版社2018年版。此部分为北京大学法学院薛军教授的观点。

② 甚至有观点认为,应当将刷单炒信行为纳入刑法的规制范围,参见王华伟:《刷单炒信的刑法适用与解释理念》,载《中国刑事法杂志》2018年第6期。也有反对意见认为,反向刷单炒信的行为不构成破坏生产经营罪,建立网络平台为正向刷单炒信提供信息交换帮助的行为也不构成非法经营罪。刑法应坚持谦抑原则,在充分运用非刑法手段之前不得率先动用刑法。参见叶良芳:《刷单炒信行为的规范分析及其治理路径》,载《法学》2018年第3期。

③ 参见李志刚主编:《民商审判前沿:争议、法理与实务——"民商法沙龙"微信群讨论实录》(第一辑),北京,人民法院出版社2018年版。本部分为中国人民大学法学院叶林教授的观点。

但此种判决结果，似乎又总有些不太对劲。本案中，邬某在第一次购买4台热水器且商家一个半月左右未发货后，不仅未与商家沟通询问相关情况，催促商家发货，反而继续下单，又分三次购买16台热水器，其行为异于常理，结合本案其他证据，邬某应属于所谓"羊毛党"①。网络交易中，刷单行为具有欺骗消费者、扰乱市场秩序的问题诚不待言，但利用商家失误，大肆"薅羊毛"谋取利益的"羊毛党"是否又值得法律予以保护，同样值得提出疑问。② 如果对"羊毛党"的行为予以明确的支持，则因工作失误或者网站漏洞而遭受损失的商家的合法权益将无法得到保障。如此，还可能客观上催生灰色产业链。③ 可见，如果裁判者专注于法律文本的形式推理，可能会忽略或者误判法律规则背后所承载的价值，或者虽然意识到需要保护的价值，但又非此即彼地忽略其他同样值得考虑的问题。因此，妥当处理"刷单党"和"羊毛党"之间的纠纷，仍有必要进行实质的利益衡量，并在此基础上作出价值判断，以平衡各方之间的利益。

如果判决邬某全部胜诉，问题如前述将会客观上造成鼓励"薅羊毛"的不良效应，但如果判决邬某败诉，聚阳公司的刷单行为又不会受到不利评价，此时，就需要寻求中间路线，以解决相应问题。二审法院便是在认识到此种利益平衡理念的基础上，通过区分对待首次购买行为和之后三次购买行为，以达至上述价值目标。详言之，二审法院认为，在双方首次交易中，邬某对于聚阳公司订立合同的意思存在合理信赖，此时应以聚阳公司的意思表示为准，认定双方订立的买卖合同成立并生效。此后的三次交易，鉴于邬某的反常行为，并结合一般人的认知，可以认定邬某明知热水器以1元出售并非聚阳公司的真意，此时双方意思表示未达成一致，合同

---

① 关于"羊毛党"的定义和危害，可参见李鑫：《P2P网贷市场中的"羊毛党"及其对平台的影响》，载《金融评论》2016年第6期。

② 近年来，关涉"知假买假"者能否请求惩罚性赔偿的争论，同样反映了人们在对待类似问题上的纠结。经营假货者诚然需要打击，但是以此为由进行牟利的知假买假行为是否应一律得到保护，则具有较大争议。类似探讨，可参见姚辉：《民法适用中的价值判断》，载《中国法律评论》2019年第3期；熊丙万：《法律的形式与功能——以"知假买假案"为分析范例》，载《中外法学》2017年第2期；郭明瑞：《"知假买假"受消费者权益保护法保护吗——兼论消费者权益保护法的适用范围》，载《当代法学》2015年第6期。

③ 类似新闻事件，参见向雪妮：《26元买4500斤脐橙？恶意薅羊毛或判刑》，载《南方都市报》2019年11月11日，GA12版。

不成立。从利益衡量出发,第一次交易时邬某的信赖利益得到了保护,此后三次因无法再次形成合理信赖,故没有信赖利益和交易安全保护的空间。如此处理,一方面有利于规制网络刷单行为,引导网络商户诚信经营,净化网络购物环境,另一方面也能够避免司法沦为"羊毛党"谋取不正当利益的工具。①

上述裁判确立的区分处理结论,正是利益衡量和价值判断方法论运用的典型,其提示着裁判者,在类似的新型"怪案"面前,不应单纯纠缠于形式逻辑,也不应非此即彼地保护一方利益,而应当坚持利益平衡的理念,综合考量裁判的后果,并在此基础上作出实质的价值判断。对刷单问题予以否定评价固然重要,但放任"薅羊毛"的羊毛党,则将会造成一些新的问题,本案二审的判决,为刷单问题的处理提供了值得借鉴的有益思路,也为平衡"刷单党"和"羊毛党"的利益提供了解决方案,彰显了司法裁判的引导作用。

## 第三节　价值传递路径:一般条款

### 一般条款及不确定概念

自《德国民法典》颁布以来,其所确立的总则编"提取公因式"的"潘德克顿"编纂体例便备受世界民法学者的瞩目。② 民法典总则编对促进民法的体系化

---

① 同样的裁判理由,见诸"知假买假"的判决之中。部分案件中,打假人分多次购买假货并请求惩罚性赔偿,法院认为,虽然从形式上满足请求商家惩罚性赔偿的全部要件,但如果全部支持,将会使得法院沦为职业打假人谋取利益的工具,故法院判决支持了打假人针对该商品的第一次诉求,不支持之后针对相同商品的其他诉求。参见大商集团大庆新东风购物广场有限公司买卖合同纠纷案中,黑龙江省大庆市中级人民法院(2018)黑06民再21号民事判决书。还有法院将此种做法概括为"以诉讼为手段、以法院为工具",参见刘某平与北京永峰恒发商贸有限公司产品责任纠纷案,北京市第三中级人民法院(2017)京03民终13090号民事判决书。

② 总则编的形成,深受学说编纂体系的影响,萨维尼、普赫塔与温德沙伊德均对此有重大贡献。《德国民法典》的总分体例,可谓产生了世界性的影响。详细的评价,参见朱庆育:《法典理性与民法总则——以中国大陆民法典编纂为思考对象》,载《中外法学》2010年第4期。

体现出巨大的魅力,使德国式的法典编纂体例为后世各国民法典广为效仿。① 但与此同时,总则编的设计也体现出明显的缺点:其一,抽象与例外的复杂关系。利之所在,弊亦随之,抽象的规定的优点在于概括,而缺点则在于必须创设例外。其二,法律适用上的各编关联。从理论上而言,民法总则应适用于总则(编)以后的其他各分则(编),但事实上,包括婚姻家庭编在内的身份法就大多不适用或较少适用总则的规定。其三,法律理解和适用上的困难。抽象化的规定脱离了实际的法律生活,增加了理解和适用的困难。例如,总则中基本原则、一般条款、不确定法律概念,以及利益衡量尺度等"宏大叙事"往往增加了法律适用的困难。②

其实,《德国民法典》的制定者自己也意识到,采用抽象概括的立法方式,虽然能够达到很大程度的法律稳定性,并使调整内容具有一般的公正性,但必须以放弃变化多端的生活关系本身所要求的细致化、放弃对具体案件作出公平处理为代价。为了减少抽象概括式立法体裁的缺点,立法者在法典中规定了一些"一般条款"③。这些条款具有指令的特点,属于判断标准,其内容还需要裁判者在法律适用过程中加以填补,具体表现如公序良俗、诚实信用、禁止权利滥用、情事变更原则等,其外延是开放的,本质上是赋予法官以自由裁量权,为个案的裁判指引方向。④

另外,与单纯地依逻辑推论即可进行适用操作的确定性概念不同,民法典中还存在大量不确定的法律概念。不确定概念基于开放性或封闭性程度之不同,又

---

① 大陆法系的日本、巴西、韩国、泰国、葡萄牙新民法及我国台湾地区"民法"均采此体例,我国民法典编纂同样深受此种体例的影响。时任全国人大常委会法制工作委员会主任李适时表示,编纂民法典拟按照"两步走"的工作思路进行:第一步,编纂民法典总则编(即民法总则);第二步,编纂民法典各分编。参见殷泓、王逸吟:《编纂民法典拟分"两步走"》,载《光明日报》2016年6月28日第01版。当然,学界对两步走的工作思路多表示肯定,但也有学者提出了一些检讨意见,认为两步走的实际效果并不十分理想,导致法典化的目标难以达到。参见柳经纬:《论我国民法典形成之时总则编之调整》,载《政治与法律》2018年第6期;柳经纬:《民法典编纂"两步走"思路之检讨》,载《当代法学》2019年第2期。

② 参见陈华彬:《论我国〈民法总则(草案)〉的构造、创新与完善》,载《比较法研究》2016年第5期。

③ 姚辉:《论民事法律渊源的扩张》,载《北方法学》2008年第1期。

④ 参见谢怀栻:《大陆法国家民法典研究(续)》,载《外国法译评》1994年第4期。

可分为开放式不确定概念和封闭式不确定概念。不确定概念与规范性概念中的类型式概念以及一般条款具有共同特征,即在适用到具体案件时,须经评价地补充。也正是基于此类概念的大量存在,民法典才存在所谓法内漏洞。此类概念也因此具有一项基本特色,即裁判者须于个案之中,依价值判断予以具体化,这又引致出价值补充的概念。[①] 该类概念的机能就在于使法律运用灵活,同时又能顾及个案,适应社会发展,并引进变迁中的伦理观念,使法律能与时俱进,实践其规范功能。[②]

与基本原则一样,不确定概念所带来的问题,乃是此类概念的司法适用中立法及司法、法官与法律的关系,即价值补充的性质为何?换句话说,是法律漏洞抑或法律解释问题。对此,学说上的见解并不一致。应该说,需要评价性地予以补充的法律概念和一般条款的存在,固然有个案衡平及引进法外价值的功能,但根本缘由在人类囿于自身的认识能力,于规范设计时尚不能避免挂一漏万,从而寻求开放性概念的结果。所以,这种由开放性概念引起的不圆满状态,亦属于法律漏洞,只是法律已明文授权法院补充这种"漏洞"而已,与一般法律漏洞之区别在于该类漏洞属于"授权补充漏洞"或"法内漏洞"[③]。通说认为,法律解说的价值补充原则为应尽可能在文义范围内进行解释衡量。而法内漏洞说的价值补充,须适用存在于社会上可以探知认识之客观伦理秩序、价值、规范及公平正义之原则,不能动用个人主观的法律感情。至于司法实践中,"法官将不确定的法律概念具体化,并非为同类案件确定一个具体的标准,而是应 case by case,随各个具体案件,依照法律的精神、立法目的,针对社会的情形和需要予以具体化,以求实质的公平与妥当。因此,法官于具体化时,须将理由述说明确,而且切莫引用他例以为判断之基准"[④]。

---

① 参见沈敏荣:《法律不确定性之克服——论法官在法律制度中的作用》,载《政治与法律》1998年第2期。
② 参见王泽鉴:《民法总则(增订版)》,北京,中国政法大学出版社2001年版,第55页。
③ 黄茂荣:《法学方法与现代民法》,北京,中国政法大学出版社2001年版,第300~304页。
④ 杨仁寿:《法学方法论》,北京,中国政法大学出版社1999年版,第136页;梁慧星:《民法解释学》,北京,中国政法大学出版社1995年版,第297~298页。

## 具有价值满足能力的一般条款

私法中的一般条款，提供了基本权利向私法发挥效力的最佳途径。德国学者杜立希提出了私法中的概括条款作为私法实现之基本权利理想的媒介，其认为概括条款具有"价值满足之能力及价值满足之必要性"来满足基本法（透过基本权利规定）所形成的价值体系。概括条款的适用"可以在法律体系及逻辑上，来保障私法的独自性；另一方面，在法律道德之下，却又可以维持整体法的一致性"①。史南认为私法的违法性和基本权利违反性乃并无同一性之存在。但他与杜立希都认为私法法规范和其更高位阶的基本权利规范，并非全然无关联，具有价值满足能力及必要性的概括条款是满足这种关系最好的桥梁，该学说成为德国基本权利理论的通说。② 另外，一般条款还具有填补价值体系漏洞的功能。在私法体系领域之内，有些私的及隐秘范畴还可能遭遇到需要宪法基本价值保障之处，依杜立希的看法，乃因为私法在立法之时，为避免重复使用措辞，所以因陋就简，使得字义不清，便产生价值防卫之漏洞。因此，宪法要求私法的概括条款能够担任其填补价值体系的漏洞之任务。③ 20世纪下半叶以来的德国司法实践也正是通过私法上的概括条款对私法进行价值中转和价值补充，完满地达到保护公民基本权利的目的。

一般条款在私法中大多以法律原则的形式出现，"法律的基本原则具有真理性，这种真理性比其他人性科学（human science）的原理更具感染力和说服力，

---

① 陈新民：《德国公法学基础理论》（上册），济南，山东人民出版社2001年版，第304页。
② 也有学者认为一般条款不能用来保障基本权利，如莱斯纳（Walter Leisner）就认为基本权利是经过立宪者确认的政治意思之决定，其内容是具有相当决定性的，所以，不是可以由单纯的概括条款之概念。概括条款，并非是一个概括的类推制度，也不是用来接收其他法规范的空白法规，只是指示要依照现行的，例如交易的观念。所以，立宪者在制定基本权利规定之时，绝不会考虑到要借重对民法善良风俗的解释，来保障基本权利之效力。不过该观点并没有对德国以后的司法实践产生过多的影响，德国对于基本权利的保护仍然是按照杜立希等为代表所提出的路径进行下去。参见陈新民：《德国公法学基础理论》（上册），济南，山东人民出版社2001年版，第323页。
③ 参见陈新民：《德国公法学基础理论》（上册），济南，山东人民出版社2001年版，第306页。

## 第八章 民法中的价值判断

这种真理性为每一个人所知晓并且同等地影响着每一个人的思想和灵魂、精神和理智"[1]。按照托依布纳关于把法律作为一个自创生系统的理论,"法律的价值存在于自创生的法律系统之中,存在于法律的根本原则之中,……从法律价值的角度对法律进行研究与从法律自创生的角度对法律进行研究是相辅相成、相得益彰的"[2]。进而,适用"诚信"和"公共政策"条款的方案是以发展实体规范的方式协调不同的社会子系统的合理性。这并不意味着社会自治秩序被政治化。相反,这是在不止一个自治话语之间的交互协调过程,其目标是保障该话语的相对自治。[3] 因此,一般条款也可以作为私法防卫规范,防止公法对私法的直接侵入。价值法学派也以隐藏于法概念后面的价值为基础展开对"法律概念"与"法律原则"关系的探讨,并提出以法律原则为纽带的体系理论。这种体系理论的主要特点在于"活化法律体系,使法律不因体系化而僵化。它不但具有开放性,以向将来随着人类日新月异的社会生活而演进,而且具有动态性以对当前配合人类各色各样的社会生活而调整。这些活力的来源便是'法律原则'"[4]。

"一般条款在被纳入民法典之后可以重新确立超越于特别法之上的法律待遇的统一性。"[5] 通过创立一般性的概念和抽象性的原则来适应社会的发展,一方面,可以成为立法者调整社会政策的一个便利工具,其无须对立法条文本身做任何改动,即可完成一个具体制度的价值取向的转换;另一方面,确立一般性的概念和抽象性的原则也能有效地运用司法的能动性弥补立法的滞后性,解决这些扑面而来的新问题,其实质是在私法层面对立法权与司法权进行再分配,巧妙地"攫取"了公法所独享的分配权力的功能。但是在法律上对于立法者与司法者还

---

[1] Shael Herman and David Hoskins, "Perspectives on Code Structure: Historical Experience, Modern Formats, and Policy Consideration", *Tulane Law Review*, Vol. 54, 1980, pp. 1008-1009.

[2] [德] 贡塔·托依布纳:《法律:一个自创生系统》,张骐译,北京,北京大学出版社2004年版,译者序言,第37页。

[3] 参见[德] 贡塔·托依布纳:《法律:一个自创生系统》,张骐译,北京,北京大学出版社2004年版,译者序言,第33页。

[4] 黄茂荣:《法学方法与现代民法》,北京,中国政法大学出版社2001年版,第453~454页。

[5] [意] 那塔利诺·伊尔蒂:《解法典的时代》,薛军译,载徐国栋主编:《罗马法与现代民法》第四卷(2003年号),北京,中国人民大学出版社2004年版,第102页。

是应该把持基本的权力分工,一般来说,法律领域的原则性的新规定和对公民权利和义务的本质性分配不能由法官确定。因为"这些技术的长处是法律的灵活性:它能够与价值观念的变化结合起来。但它的长处也是它的短处,如果法官也在为某种意识形态效劳的话,如纳粹时代所表现得那样,那么一般性条款也能为不公正的意识形态打开一扇方便之门"①。这也是本书始终强调基本权利对私法上的影响首先应以完善民事立法为要务,而对于法官的授权是一种退而求其次的方式,并且应该将法官的自由裁量权严格限制在基本价值体系之内。

### 公序良俗在体系整合中的作用

19世纪末大工业的兴起和社会经济的飞速发展,使得高度自由化掩藏下的不平等逐渐被人们所意识,要求立法具备社会性的主张逐渐得到规范制定者的认可。现代民法之中,社会性因素被大幅引入,法的伦理性表现得越来越浓厚。② 借此趋势,作为意思自治原则之限制的公序良俗原则在民法中的地位日益得到彰显,并逐渐成为规制因绝对自由给国家、社会以及他人所带来的不利益状态、维护实质公平的重要手段。正如学者所形容的那样:"公序良俗作为连结社会公共利益、社会一般道德与民法的纽带,作为民法沟通自身与体系之外的通道,犹如一根虹管,使民法得以借助法官之力汲取体系外多方面的营养,从而紧随现实的发展。"③ 21世纪以来的社会政治经济变化非但没有使公序良俗原则的作用时过境迁,反而益发张扬出该项原则在民法体系整合当中的枢纽功能,展现在我们面前的一幅新图景是:私法自治或曰意思自治依旧是民法的核心,但已经得到不同程度的修正,公序良俗的地位也悄然发生了变化,俨然已成为意思自治的守护神,与之形影不离。

---

① [德]海尔穆特·库勒尔:《德国民法典的过去与现在》,载《外国法译评》1995年第2期。
② 此种趋势被学者概括为"私法的社会化",指代与近代私法相对称的,一种回应法的社会化要求的现代私法形态。相应评价,可参见赵红梅:《私法社会化的反思与批判——社会法学的视角》,载《中国法学》2008年第6期。
③ 于飞:《公序良俗原则研究——以基本原则的具体化为中心》,北京,北京大学出版社2006年版,第2页。

# 第八章 民法中的价值判断

**缘起与发展**

据学者考证，公序良俗的价值理念虽在罗马法及日耳曼法中均有充分体现，但其作为一般条款或法律原则在立法上的确立则肇始于《法国民法典》。法国把罗马法上的善良风俗概念与本国习惯法上的公共秩序概念相结合，缔造了"公序良俗"一词。该法典的序编第6条规定："任何人不得以特别约定违反有关公共秩序与善良风俗之法律。"[1] 该种概括性的规则为公序良俗在法国法中的适用提供了广阔空间，也开创了公序良俗成文化的先河。[2] 其后的《德国民法典》同样以一般条款的形式于第138条和第826条对公序良俗进行了规定，主要内容包括确认违反善良风俗的法律行为无效以及明确故意以有违善良风俗的行为致人损害之人应承担赔偿责任。再后，包括《瑞士民法典》、我国台湾地区"民法"、澳门特别行政区民法等民事法律亦纷纷效仿法国法和德国法，对公序良俗原则进行了规定。[3] 至于在普通法系国家和地区，虽无关于公序良俗的成文规定，但是"公共政策"实际上承担起公序良俗的功能，以公共政策判断合同效力的规则得到了美国、英国和我国香港地区判例的认可。[4]

但是，详细比较各国对公序良俗的具体规定，却会发现彼此间存在较大差异。学理上，对公序良俗的理解是区分"公共秩序"和"善良风俗"进行的，在概念上，公共秩序通常被界定为"社会一般利益"，善良风俗则指代"社会的存在和发展所必需之一般道德"，包括整个法秩序的规范原则及价值体系，尤其是宪法基本人权的规定。[5] 法院在个案中把宪法上的权利所蕴含的价值投射到私法

---

[1] 对于该规定有学者认为并不只是涉及民法，而是近代民族国家一切法律的基本原则。参见谢怀栻：《大陆法国家民法典研究（续）》，载《外国法译评》1994年第4期。

[2] 参见于飞：《公序良俗原则研究——以基本原则的具体化为中心》，北京，北京大学出版社2006年版，第60页；杨德群：《公序良俗原则比较研究》，湖南师范大学2014年博士学位论文，第75～76页。

[3] 《瑞士民法典》第27条规定："（1）任何人不得全部或部分地放弃权利能力及行为能力；（2）任何人不得让与其自由，或在限制自由时损害法律及道德。"我国台湾地区"民法"第17条规定："自由不得抛弃。自由之限制，以不背于公共秩序或善良风俗者为限。"

[4] 详细论述，参见杨德群：《公序良俗原则比较研究》，湖南师范大学2014年博士学位论文，第84～89页。

[5] 参见胡长清：《中国民法总论》，北京，中国政法大学出版社1997年版，第201页；王泽鉴：《民法总则》，北京，中国政法大学出版社2001年版，第290～291页；谢潇：《公序良俗与私法自治：原则冲突与位阶的妥当性安置》，载《法制与社会发展》2015年第6期。

关系，作为控制法律行为的基础。当然，通过公序良俗迂回控制相关的契约，并不是把人权蕴含的价值直接等同于公序良俗，而是以与私法自治的价值相权衡后才标定公序良俗的门槛。[①] 作为最早将公序良俗成文化的法国法，其规则主要围绕公共秩序为中心进行设计，对于善良风俗的规定则较为简单，后者主要由司法判决进行发展。[②] 但是在德国法中，无论是其民法典第138条、第826条的一般性规定，还是第817条和第819条的具体规定，都主要针对善良风俗展开。之所以如此，是因为德国法学界反对将公共秩序入法，因为该种概念的内涵和外延含混不清，界限无法把握，而且，对公共秩序的违反被认为其实也可以以善良风俗进行解释。[③]

在我国，《民法总则》出台前，《民法通则》并未直接采用公序良俗的表述，而是以"社会公共利益"将公序良俗所包含的实质价值理念予以固定。[④] 学界多认为，社会公共利益指代的内容就是公序良俗。[⑤] 在体例上，《民法通则》于基本原则部分第7条规定"民事活动不得损害社会公共利益"，可以说明确了整个民事法律行为应当遵循的准则，其后，《民法通则》于"法律行为"一章的第55条再次强调民事法律行为不得违反社会公共利益，否则法律行为会归于无效。另外，该法第49条、第58条、第59条和第150条以及《合同法》第52条的规定也体现了相应精神。但是，如同德国学者批判"公共利益"的概念模糊一样，《民法通则》生效后，学界对于"社会公共利益"如何进行界定也是争论不休。[⑥]

---

[①] 参见苏永钦：《民事立法与公私法的接轨》，北京，北京大学出版社2005年版，第109页。

[②] 参见许中缘：《论法国公共秩序理论的新发展——兼论我国民事立法与司法的启示》，载《当代法学》2003年第2期。

[③] 参见梁慧星：《市场经济与公序良俗原则》，载《中国社会科学院研究生院学报》1993年第6期。

[④] 有不少考证指出，我国古代法中就有公序良俗的概念，例如秦朝的《睡虎地秦墓竹简》就记载了关于公序良俗的内容。参见谢晖：《论"可以适用习惯""不得违背公序良俗"》，载《浙江社会科学》2019年第7期。

[⑤] 肯定意见见于谢潇：《公序良俗与私法自治：原则冲突与位阶的妥当性安置》，载《法制与社会发展》2015年第6期。也有反对意见认为，社会公共利益是一个模糊性概念，其与公序良俗原则存在区别。参见梁上上：《公共利益与利益衡量》，载《政法论坛》2016年第6期。

[⑥] 主要争论集中于对"社会公共利益"应采广义还是狭义说。具有代表性的文献可参见陈永强：《社会公共利益原则的合同法适用》，载《杭州师范大学学报（社会科学版）》2013年第3期；高放：《合同无效中的损害社会公共利益与违法之辩——从药品技术转让合同纠纷公报案例评析切入》，载《华东政法大学学报》2014年第3期。

2017年生效的《民法总则》第8条正式以"民事主体从事民事活动,不得违反法律,不得违背公序良俗"的表述对公序良俗进行了确认,同时,该法第10条、第143条和第153条都出现了公序良俗的字眼,不仅规定违反公序良俗的法律行为无效,而且规定对于习惯的司法适用也应以遵守公序良俗为底线。可见,我国法上一方面承继了德、法等传统的大陆法系国家通过公序良俗限制意思自治,将违反公序良俗的法律行为认定为无效的做法[1];另一方面也并不拘泥于此而有所发展,例如在关于习惯的司法适用上,我国将公序良俗的作用进行延伸,通过公序良俗对习惯的适用进行调和,可谓是充分考虑中国实际的创新做法。[2]

当然,前述对公序良俗起源和我国法发展的简要考察仅指明了公序良俗的部分概念特征,从中已经可以发现,公序良俗在本就具有抽象品格的民法概念体系中,更显得高度抽象。虽然成文法上公序良俗已经不限于在基本原则中存在,但在诸如法律行为制度中,公共秩序与善良风俗何以准确发挥功效,仍需要将之置于实践中进一步探讨。换言之,在以意思自治为核心的法律行为制度中,论及具有秩序面向的公序良俗原则何以成为具有自由面向的意思自治的限制时,在具体情境下准确判定何者具有更高的适用效力,可能才是更具实用意义的讨论。[3]

**公序良俗的价值传递功能**

随着私法社会化的趋势愈发明显,公序良俗原则作为私法中的独立原则已无太大争议。更为重要的,是公序良俗原则所蕴含的价值对于私法体系所越来越可以发挥的决定性作用。从体系化角度看,公序良俗原则可以说是为私法自治划定了一道边界,尽管私法自治仍然是民法最为重要的原则,但公序良俗俨然已经起

---

[1] 有学者指出,违反公序良俗并不会一概导致法律行为无效,而应区分法律行为的原因、内容、条件、负担以及当事人的动机等因素综合考虑。例如解除条件违反公序良俗的,原则上仅解除条件无效,慷慨行为中的负担违反公序良俗的,仅负担本身无效。详细论述,参见戴孟勇:《法律行为与公序良俗》,载《法学家》2020年第1期。

[2] 更具体的解读,可参见谢晖:《论"可以适用习惯""不得违背公序良俗"》,载《浙江社会科学》2019年第7期。

[3] 我国学者在讨论公序良俗原则时,也都主要秉承实用主义的面向,主要聚焦于其与意思自治的区别,以及如何具体适用。代表性文献,可参见谢潇:《公序良俗与私法自治:原则冲突与位阶的妥当性安置》,载《法制与社会发展》2015年第6期;李双元、杨德群:《论公序良俗原则的司法适用》,载《法商研究》2014年第3期;蔡唱:《公序良俗在我国的司法适用研究》,载《中国法学》2016年第6期。

到合理限制私法自治的功能。这种功能不仅体现在法律行为制度之中，也同样在侵权法规则和人格权法规则中得到彰显。

以侵权责任法为例，侵权法作为社会利益的调节器，其主要起到平衡行为自由和法益保护的作用，此种平衡作用又是通过侵权责任的构成和承担规则加以体现。根据我国《侵权责任法》的规定，"违法性"要件并不属于侵权责任的构成要件。① 但是，行为人的行为所侵害的法益是否为法律所应当保护，仍是判断行为人是否应承担侵权责任的关键所在，换言之，纵然行为人的行为符合侵权责任构成要件，但如果加害行为指向的利益不是法律的保护对象，那么也可以排除行为人侵权责任的承担。在判断一项利益是否应当是侵权法保护的内容时，公序良俗标准的介入有着不可替代的重要作用。以疫情防控为例，出于防控需要而采取的大量的信息搜集行为，可以说对私主体的个人信息乃至隐私权造成了较大冲击，此时，私主体的个人信息和隐私权与公序良俗原则所蕴含的社会公共利益之间，显然存在冲突或者矛盾，为了优先保护社会公共利益，可能就需要对自然人个体的个人信息和隐私权进行必要的克减。② 在立法论上，有论者也进一步指出，关于侵权责任构成的一般规定中，可以明确将公序良俗的标准纳入违法性要件，以强化对法益的保护。③ 就审判实践中裁判者对于"法益"概念在判断上存在诸多疑惑的现实而言，这样的取向尤为值得考量并予以重视。

再如在人格权保护问题上，公序良俗同样可以发挥判断法益保护的功能，尤其是在新型人格权诸如个人信息的保护问题上，公序良俗有助于平衡两相冲突的利益关系。举个例子，《民法典（草案）》第 1037 条明确规定，为维护公共利益

---

① 违法性与过错的关系向来是侵权责任构成要件中最为复杂的问题之一，学界对其展开了激烈的讨论，不少观点认为在解释上违法性要件应当独立，参见张金海：《论违法性要件的独立》，载《清华法学》2007 年第 4 期；叶金强：《侵权构成中违法性要件的定位》，载《法律科学（西北政法学院学报）》2007 年第 1 期；杨立新：《侵权责任法》，3 版，北京，法律出版社 2018 年版，第 80~81 页。但学界通说仍然坚持认为，《侵权责任法》第 6 条第 1 款的规定实际上采纳了以过错吸收违法性的制度选择，在判断上，应当以违反注意义务作为统一的标准来判断过错。参见王利明：《我国〈侵权责任法〉采纳了违法性要件吗？》，载《中外法学》2012 年第 1 期。

② 类似论述，参见王道发：《公序良俗原则在侵权法上的展开》，载《法学评论》2019 年第 2 期。

③ 参见徐涤宇、张路：《我国人格法益保护模式之不足及其改进——以"公序良俗"引入为中心》，载《湖南科技大学学报（社会科学版）》2019 年第 3 期。

而实施的对个人信息的必要收集、使用行为,行为人不承担民事责任。[①] 这显然也是对私主体就其个人信息的掌控自由的克减,姑且不论其合理性如何,作为现象已经足以反映出,公序良俗的价值在部门法中的传递范围正在逐渐扩张。

综上,虽然私法自治仍旧是平等主体之间法律关系调整的精髓,但公序良俗所蕴含的价值取向在各个部分的逐渐渗透,使得私法自治得到不同程度的修正乃至受到限制,也是不争的事实。展望未来甚至可以说,私法自治与公序良俗已经融为一体,公序良俗是私法自治原则的边界表达,真正的私法自治行为,同时也是与公序良俗相契合的行为。

**公共利益**

众所周知,将包括宪法在内的实定法之外的价值意识、法律秩序纳入民法的主要通道就是公序良俗、公共利益之类的一般条款。[②] 在民法上,限制民事主体自由的足够充分且正当的理由之一就是公共利益。[③] 在这种意义上,民事权利的边界需要借助公共利益予以划定,权利冲突的解决也需要公共利益的介入作为重要的方法而发挥作用。

"公共利益"原本为公法上的核心概念。与直接指涉个人生活及以个人生活名义提出主张、要求或愿望的个人利益相对应,公共利益涉及的乃是政治组织社会的生活并以政治组织社会名义提出的各种主张、要求和愿望。[④] 在现代民主国家的公法领域,任何具有正当性的法律都必须是为了社会的"公共"利益而不是

---

[①] 当然,对于该条规定,学界也有反对意见,如有学者指出,如此规定会产生侵害个人信息的巨大风险,减损个人信息保护内容,此种情况下运用公序良俗原则调整法益,不甚科学。参见蔡唱:《公序良俗在个人信息保护中的运用——兼论〈民法典人格权编〉(草案)对个人信息的规定》,载《社会科学辑刊》2019年第5期。

[②] 辨析起来,类似公序良俗、公共政策、公共利益等不同概念的表述之间肯定是存在差异的,但本质上无非都是国家试图以某种经济秩序或道德秩序来对当事人的私人自治进行一定程度的控制所采纳的手段。参见易军:《论私法上公序良俗条款的基本功能》,载《比较法研究》2006年第5期。

[③] 按照王轶教授提出的民法价值判断问题的实体性论证规则,得以限制民事主体自由的足够充分且正当的理由最终落脚于国家利益和社会公共利益。参见王轶:《民法价值判断问题的实体性论证规则——以中国民法学的学术实践为背景》,载《中国社会科学》2004年第6期。

[④] 参见[美]博登海默:《法理学、法律哲学与法律方法》,邓正来译,北京,中国政法大学出版社2004年版,第156页。

任何特定私人的利益而制定的。[①] 但基于社会的有机组成，个人作为基本的组成要素，其利益与整体的社会利益之间必然无法达成完全合致。而公共利益之概念在私法上被引入，主要目的即致力于解决现代社会个人权利、自由与国家利益、社会利益经常可能发生的矛盾和冲突。按照这种逻辑，在国家、社会因安全、秩序、发展等需要而必须适度限制或损害个人权利时，个人在国家给予适当补偿后必须能够容忍这种适度的限制或损害。

对于权利冲突的解决而言，公共利益发挥作用的空间主要集中于国家对私人财产的征收与征用。按照一种说法，公共利益原本乃是与征用权关联密切的一个词语，其内涵的界定须追溯至征用权。按照征用权的一般理论，为了限制政府获得私人财产的能力，宪法规定私人财产的征用须服从"公共利益"，其目的是抵制个人财产由于政府的专断或者不公正行为而丧失。但实际上，由于征用权从属于主权范畴，是国家行使主权的警察权力的体现，具有绝对性、至上性和不可限制性，这使得"公共利益"只能是一个在法律上极为模糊的概括条款或者弹性条款。立法者只能就"公共利益"作概括性规定，其具体判断标准留待行政机关在个案中确定，司法机关唯在出现纠纷之时才予介入，因而其也是一个法官在各种冲突的法益之间进行判断、取舍和平衡的问题。[②] 由此，公共利益既成为立法者在表述权利限制上的最大"托词"；也造成实务上最难以实证化的难题。

就我国的现实情况而言，公共利益在解决权利冲突时所遇到的最大障碍，即公共利益如何加以确定的问题。在笔者看来，将"公共利益"予以确定的途径大致有以下几方面。

其一，界定"公共利益"的标准和范围。众所周知，在我国《物权法》的制定过程中，对《物权法》第42条的规定，立法中争议极大，最难以解决的首要

---

[①] 参见张千帆：《"公共利益"的构成——对行政法的目标以及"平衡"的意义之探讨》，载《比较法研究》2005年第5期。

[②] 参见郑贤君：《"公共利益"的界定是一个宪法分权问题——从 Eminent Domain 的主权属性谈起》，载《法学论坛》2005年第1期。

问题就是物权法是否必要及是否可能对"公共利益"作出明确界定或概括性规定。立法机关经反复研究后认为,在不同领域内,在不同情况下,公共利益是不同的,情况相当复杂,《物权法》难以对公共利益作出统一的具体界定。考虑到《物权法》的私法性质,《物权法》重点是对征收以及由此发生的拆迁中的补偿问题进行规范,对公共利益的具体界定还是分别由有关法律规定较为切合实际。实际上,无论是社会公共利益还是国家利益,都属内涵和外延皆不明确的框架性概念。而试图通过对其外延以穷尽列举的方式加以界定,在很大程度上实属徒劳。2011年1月19日国务院第141次常务会议通过的《国有土地上房屋征收与补偿条例》第8条对公共利益作了抽象加列举的规定。① 尽管这一规定对公共利益的列举由草案稿的七项缩减为六项,但从解释论上来说,其仍有将公共利益明显扩大化的倾向。有学者认为:明显的"公共利益"扩大化倾向,是一个退步,这将是一个巨大的制度"漏斗"。将"促进国民经济和社会发展"作为"公共利益"的表现,则会明显出现误读。笔者赞同这一观点,促进国民经济和社会发展通常体现为一种商业利益,而商业利益在客观上往往与"公共利益"相关,但并不属于公共利益的范畴。实际上,在法律范围内的私人商业利益在客观上都会有利于公益,亚当·斯密所谓"每个人在追求自己利益最大化的过程中,最大限度地促进了公益",说的大致就是这个道理,这就是著名的"自动公益说"。这一理论的基本思路是:进入市场中的个人受价格机制的引导,依照利益最大化原则行事,彼此之间展开竞争,其结果,带来的竟是意想不到的收获,社会财富的增加,从而客观上促进了社会福利即"公共利益"②。但商业利益与公共利益之间的这种相关性并不足以支持将商业利益直接纳入公共利益的范围之中,对公共利益作类

---

① 《国有土地上房屋征收与补偿条例》第8条规定:"为了保障国家安全、促进国民经济和社会发展等公共利益的需要,有下列情形之一,确需征收房屋的,由市、县级人民政府作出房屋征收决定:(一)国防和外交的需要;(二)由政府组织实施的能源、交通、水利等基础设施建设的需要;(三)由政府组织实施的科技、教育、文化、卫生、体育、环境和资源保护、防灾减灾、文物保护、社会福利、市政公用等公共事业的需要;(四)由政府组织实施的保障性安居工程建设的需要;(五)由政府依照城乡规划法有关规定组织实施的对危房集中、基础设施落后等地段进行旧城区改建的需要;(六)法律、行政法规规定的其他公共利益的需要。"

② 刘连泰:《"公共利益"的解释困境及其突围》,载《文史哲》2006年第2期。

似的界定，不但使得公共利益的边界更加模糊，而且造成了实践中确认上的困难。正如学者所言，如果我们不是盲目崇拜理性，而是多少采纳一点经验主义的智慧的话，就必须意识到，国家利益和社会公共利益的内容根本无法一一列举。① 对于一个抽象的法学范畴，最重要的不是对概念本身的界定，而是建立一套科学可行的判断机制。

其二，确定认定"公共利益"的方法和程序，建立科学的判断机制。明确由谁判断、认定和怎样判断、认定"公共利益"。为防止公共利益概念被滥用，应当强调最终判定公共利益的机制须限定为三个途径：（1）由立法机关遵循法律所认可的表决程序和表决规则，通过相应的立法行为去确定；（2）由司法机关按照法律所认可的表决程序和表决规则去认定；（3）行政机关尽管可以对公共利益作出初步认定，但其认定的结论必须能够成为司法审查的对象。

其三，确定处理公共利益与私人利益关系的准则，明确只有在何种条件下公共利益才能优于私人利益，才能限制或损害私人的利益以及能在多大程度上限制或损害私人的利益。也就是说，公共利益优于私人利益并非无条件的。遵循讨论民法价值判断问题的实体性论证规则，没有足够充分且正当的理由，不得限制民事主体的自由；同时考虑到诸如国家利益、社会公共利益、他人的合法权益等均为我国现行民事立法中可以限制民事权利的足够充分且正当的理由，主张公共利益存在的一方应承担相应的证明责任。这也同时意味着，可以行使国家公权力对公共利益在具体情形中进行类型化的立法机关或司法机关应当慎重对待自身的该项权力，应该在"逻辑的力量"用尽之后，方可动用"力量的逻辑"，不得动辄就以维护国家利益和社会公共利益为由，去否定或者限制民事权利。②

就目前已经出现的通过行政机关的决定而限制权利的个例来看，较为突出的问题是法出多门以及缺乏必要审查程序。现实当中，除法律以外，其他行政法规范性文件也都或多或少涉及对私有财产权的限制，长此以往，会使行政机关形成

---

①② 参见王轶、董文军：《论国家利益——兼论我国民法典中民事权利的边界》，载《吉林大学社会科学学报》2008 年第 3 期。

一种任何规范性文件都可以限制私有财产权的错觉。进而容易使行政机关产生立法冲动，不考虑自身职权的范围与界限任意地制定限制私有财产所有权的行政法规范性文件。如果任由行政机关则既不考虑自身在国家机构中的地位，也不考虑《立法法》有关授权立法中的授权规定，纯凭自身利益和自身感受的社会现实需要进行立法，甚至造成某些行政法规范性文件非法限制和减少公民依法享有的财产权利；增设法律法规没有规定的限制私人所有权的方式和对所有权人进行处罚的方式，其后果将是可怕的。这些依行政法规范性文件限制财产所有权的行为，在我国现行合宪性审查制度不够完善的情况下极易获得形式上的合法性与正当性，从而使主要表现为私有财产所有权遭到侵害的一些不法行为极难纠正。[1] 公法学者早就指出，对于公益和私益的衡量，应该是个由司法机关在个案中作出最终判断的问题，这就要求建立对于法律和行政法规的合宪性审查制度。[2] 不过遗憾的是，在我国目前的司法审查中，这个环节是暂告缺失的。

## 第四节　价值判断的辅助技术

对于法律的发展来说，法官可谓担负着着重要职责。由法官根据法典的价值、体系、基本原则承担发展法律的任务。大陆法系国家早已抛弃了法官必须严守法律的刻板模式，早已在不同程度上赋予了法官创制新规则的权力。"法官在适用法律时，必须从需要裁判的具体案情以及该案情所提出的特殊问题出发，不断地对法律中包含的判断标准进行明确化、精确化和'具体化'。这也就是说，法官在适用法律时，必须对法律进行解释，如果他发现法律'有缺漏'，那么还必须予以补充。法官适用法律的过程，也就是他发展法律的过程。"[3] 尽管我国属于成文法国家，立法对于法官创制法律也作了较多的权限限制。但就我国实际

---

[1] 参见肖北庚：《论我国私有财产权行政限制之"依据法律规定"》，载《政治与法律》2008年第2期。
[2] 参见张翔：《公共利益限制基本权利的逻辑》，载《法学论坛》2005年第1期。
[3] ［德］卡尔·拉伦茨：《德国民法通论》（上册），王晓晔等译，北京，法律出版社2003年版，第14页。

情况而言，由于民法典的阙如和民法规则的缺失，法官在发展法律方面一直处于比较主动、强势的位置。这种强势地位可以从最高人民法院《关于贯彻执行〈中华人民共和国民法通则〉的若干意见（试行）》随我国《民法通则》出台而迅速出炉的事实体现出来。这种立法与司法解释间的格局可以说与我国台湾地区的"民法"与"民法施行法"之间的关系较为相似。司法解释一直在我国的民事审判中发挥积极的作用，也为我国改革开放之后最高人民法院在民事立法格局中的强势地位奠定了基调。可以说，司法在法律适用中的强势地位一直延续至今，包括担保法司法解释、证据规则、合同法司法解释、人身损害赔偿司法解释等解释在内，都是在现有民事法律中有所缺漏而立法又无法及时补充的地方，通过司法解释这一"抽象性司法行为"替代了立法机关的立法权能。

民法典的出台并不意味着取消法官发展法律的功能，反而是为法官发展法律增加了限制，分别表现在价值限制、原则限制、体系限制。因此，最高人民法院在发展法律时也应该从"抽象性司法行为模式"转变为从个案中发现法律的模式。由此，对民法学方法论中的技术规则进行系统化的整理就显得尤为必要。系统化的整理将有助于不同法官在适用法律时通过达成共识的技术规则发展法律，使裁判结论保持一致性，确保实现类案同判，满足法律规则的可预期性以及裁判的权威性。

### 法律渊源识别

法的获得原本就属于方法问题。[①] 本书在第五章亦以专门的篇幅探讨了民法法源的相关问题。此处所谓法律渊源识别技术，是在规范重叠或规范缺乏的情况下，如何选择与个案最相适应的法律规范的技术问题。因此，法律渊源的识别技术也必然包括法律漏洞补救技术，即如何通过类推、目的限缩与目的扩张技术解决法律中业已存在的漏洞问题。[②] 可以说，法律规范的选择与漏洞的填补分别对应法律规范适用的积极冲突和消极冲突。同时，由于判例作为法律渊源的一种，

---

① 参见[德]魏德士：《法理学》，丁晓春、吴越译，北京，法律出版社2003年版，第289页。
② 参见胡玉鸿：《方法、技术与法学方法论》，载《法学论坛》2003年第1期。

判例识别技术理应属于法律渊源识别技术的一种，即如何运用先例，以及先例与现在的案件有矛盾时如何处理的技术问题。

**积极法律冲突下的法律规范选择**

但是，如果有两个或两个以上的规范都与既定的案件相关，法官必须在这些规范中选择出最适合解决特定案件的并加以运用。这就是法律规范的积极冲突，由此引申出法律规范的选择问题。根据不同类型规范的冲突，可以将积极的法律冲突分为上位法和下位法的冲突、新法和旧法的冲突、特别法与普通法的冲突。对应地，法律规范选择技术也可分为上位法和下位法的冲突、新法和旧法的冲突、特别法和普通法的规范选择。①

其一，上位法和下位法的法律规范选择，即对同一法域中处于不同位阶的制定法的选择技术。一般来说，在上位法和下位法规定不同的情况下，适用"上位法优先于下位法"的原则。但在具体适用中，需注意以下几点：首先要强调的是上位法和下位法只是相对的概念，不是一个固定不变的概念。在实际中，由于制定法律规范的机关的位阶并非层次分明，因而上位法和下位法的区分也就不那么泾渭分明，譬如全国人大常委会所做授权决定和法律之间的位阶就存在模糊性。② 现实中还存在超越立法权限立法的问题，而超越立法权限的部分是不具有法律效力的。

其二，新法和旧法的法律规范选择，即对同一法域中处于同一位阶的制定法中新制定的法和旧制定的法的选择技术。一般来说，在遇到新法和旧法规定不同的情况下，适用"新法优先于旧法"的原则。但在具体适用中，需注意以下几点：新法优于旧法原则必须在新法和旧法处于同一法律位阶时适用；当新法并不溯及既往时，"新法优先于旧法"规则并不适用；在新法和旧法的冲突与特别法与普通法冲突相互交叉时，不能直接适用新法优先于旧法的原则。③

其三，特别法和普通法的法律规范选择。一般来说，在遇到特别法和普通法

---

① 参见胡玉鸿：《法律原理与技术》，北京，中国政法大学出版社2002年版，第339～350页。
② 参见刘志刚：《上位法与下位法冲突的解决方法》，载《河南社会科学》2014年第12期。
③ 参见刘志刚：《法律规范冲突解决规则间的冲突及解决》，载《政法论丛》2015年第4期。

规定不同的情况下，适用"特别法优先于普通法"的原则。在具体适用中，最重要的是如何判断既定法律规范究竟是特别法还是普通法。普通法（一般法）是指在时间、空间、对象以及立法事项上作出的一般性规定的法律规范，特别法则是适用于特定时间、特定空间、特定主体、特定事项的法律规范。[1] 在两法法律位阶相同的前提下，如果一部法律某一方面的效力范围与另一部法律相应的效力范围之间是逻辑上的种属或包含关系，那么"种"对应的法律是特别法，"属"对应的法律则为普通法。

**消极法律冲突下的法律漏洞填补**

正如在本书有关法律漏洞填补的部分已经介绍的，我国学术界对法律漏洞填补的性质的认识还存在着分歧：一种观点认为，法律漏洞填补属于法律解释技术的一部分[2]；而另一种观点认为法律漏洞填补实际是创造法律[3]，笔者赞同后者的观点。法律漏洞填补主要有法律类推、目的限缩和目的扩张。[4] 由于习惯已成为法律规范的一种，因此本书不认为习惯的寻找属于法律漏洞填补。类似的，因为大多法律原则已被写入了法律规范之中，因此从法律原则引申出法律漏洞填补也不被本书纳入法律漏洞填补的范围。

其一，法律类推。法律类推是典型的法律扩张适用技术，是指在民事法律没有明文规定时，司法裁判机关可以比照最相类似的法律条文，或者根据现行法律的基本精神、原则和国家的现行政策对案件进行处理的技术。[5] 由于目的性扩张与类推适用之间的边界并不清晰，就目的性扩张是否可以算作类推的一种，学界仍存在争议，因而在此对目的性扩张暂不赘述。

其二，立法目的瑕疵弥补。一般而言，对立法目的的弥补有目的性限缩与目

---

[1] 参见汪全胜：《"特别法"与"一般法"之关系及适用问题探讨》，载《法律科学（西北政法学院学报）》2006年第6期。

[2] 参见周永坤：《法理学——全球视野》，北京，法律出版社2000年版，第395页。

[3] 参见梁慧星：《民法解释学》，北京，中国政法大学出版社1995年版，第261～263页。

[4] 由于目的性扩张与类推适用之间的边界并不清晰，就目的性扩张是否可以算作类推的一种，学界仍存在争议，因而在此对目的性扩张暂不赘述。参见［瑞士］贝蒂娜·许莉蔓-高朴、耶尔格·施密特：《瑞士民法：基本原则与人法》，纪海龙译，北京，中国政法大学出版社2015年版，第75页。

[5] 参见孙国华主编：《法理学》，北京，法律出版社1995年版，第369页。

的性扩张两类主要技术。"所谓目的性限缩，是指由于立法者的疏忽，没有将应当排除的事项排除在外，因而在司法过程中，为贯彻法律的真实意图，将该项事项排除在外以弥补法律漏洞的方法。其方法是：将原为法律条文的文义所涵盖的类型，剔除其与规范的真实意图不相吻合的部分，使之不在该法律条文适用范围之内。目的性限缩所弥补的法律漏洞是一种隐藏漏洞，而其法理基础则是不同类事件作不同处理。"① 类似的，目的性扩张是指由于立法者疏忽未将应涵盖之事项涵盖在内，为贯彻立法者目的，将应涵盖之事项予以涵盖的弥补法律漏洞的方法。

### 解释的方法

民法解释技术也就是明确民事法律条款含义的方法与准则。法律解释具有一般解释的共性，即基于一定的历史时空背景，对特定的文本作出阐释。具体详见本书关于法律解释的专章论述，兹不赘述。

### 价值判断的适用步骤

无论过去还是将来，关于价值判断和利益衡量究竟是否同一个范畴都是一个争议话题。此处姑且认为价值判断技术即利益衡量技术，即如何确定相互冲突的利益在位阶上的优越性的技术。价值判断是司法裁判过程中的必备项目，价值判断的论证既不能单纯地通过经验也不能通过自证进行。因此本书认为，价值判断技术的核心内涵就是如何限制法官作出价值判断时的自由裁量权，从而避免价值判断与利益衡量的过度主观。正如学者所言："法学方法论在价值判断与利益衡量避免主观化问题上，应该一方面，需要将价值判断与利益衡量如何作为确定大前提的法律规范进行探讨，从而实现价值判断与利益衡量的有迹可循。另一方面，也需要对价值判断与利益衡量作为司法裁判的结果如何验证进行探讨，避免

---

① 胡玉鸿：《法律原理与技术》，北京，中国政法大学出版社2002年版，第427页。

价值判断与利益衡量的过于主观化，从而实现价值判断的可控。"①

在具体操作过程中，价值判断技术的使用大致可分为以下几个步骤。

**明确须使用价值判断技术**

尽管价值判断、利益衡量是司法裁判中非常重要的一种方法和技术，然而并非在每个案件中都必须使用价值判断和利益衡量来解决问题。这是因为，立法者在立法过程中已经先行做了一部分利益衡量工作。可以说，法律上的利益，并不是社会生活中利益的全部，它是以法定形式存在的利益，因此只有合法利益或权益才是法官在司法判断中需要关注的利益。"立法作为利益冲突调整的最为重要的工具，必须置于特定的社会关系或者法律关系的环境之中。法律是以国家的名义出现并要求全体社会成员普遍遵守的一种行为准则，它为人们追逐利益的行为提供了一系列的评价规范，努力为各种利益评价问题提供答案。"② 因此，只有在案件中涉及合法利益的冲突，并且该冲突并未被立法者在立法过程中发现、协调、衡量、以法律规范所确定下来的，才需要使用价值判断技术。例如，高空抛物受害人的损失承担问题反映了受害者的生命安全利益与抛物者的人身自由以及其他人的财产利益之间的冲突，但是该冲突已由《侵权责任法》第 87 条"从建筑物中抛掷物品或者从建筑物上坠落的物品造成他人损害，难以确定具体侵权人的，除能够证明自己不是侵权人的外，由可能加害的建筑物使用人给予补偿"所解决，司法者不能再在个案中进行自由裁判。

**判断个案中拟平衡的利益**

个案中往往存在多个拟平衡的利益，并非所有的利益都能进入最后的利益平衡论证。那么，哪些利益才能成为个案中拟平衡的利益呢？学者总结了以下几方面的特征。其一，拟平衡的利益必须与个案争议焦点相关联。由于利益的多元性，在一个案件中诉讼标的、诉讼请求所涉及的利益通常是复数的，因此需要法官明确案件争议焦点的核心利益冲突。其二，拟平衡的利益必须不能仅仅是法官个人认为应平衡的利益，而是法律职业共同体中一般人均认为应平衡的利益。为

---

① 许中缘：《论法学方法论与中国法学发展》，载《比较法研究》2012 年第 4 期。
② 张新宝：《侵权责任法立法的利益衡量》，载《中国法学》2009 年第 4 期。

避免利益衡量技术过度放大法官的自由裁量权,法官应当尽可能避免自己的偏见。其三,拟平衡的利益必须有一定的社会认同。该利益不仅需要获得法律职业共同体的认同,同时也应当为社会公众所接受。这些拟平衡的利益一旦聚焦到个案中,即会成为支持或限制一方当事人具体利益的理由,从而为当事人的具体利益背书。①"不同的阶级层次、不同的地理区域以及不同的历史阶段,都会衍化出不同的价值观念体系。不过,放眼整个人类历史,必须承认有着超越人类意识形态以及超越特定时刻的具有普适性的'经典'价值观的存在,比如,公平正义、诚实信用。"②简言之,并非所有的社会价值观念都可以作为认定拟平衡利益的基础,该社会价值观念必须是为社会上大部分民众所接受的主流价值观念,也必须是为历史所证明为正当的价值观念。③

**按照个案的情形进行价值判断和利益衡量**

法律家在法律适用的方法论上曾经各有偏颇,不论是概念法学还是利益法学,其方法论都只是片面的真理。概念法学试图通过概念建构规则,这种规则的存在正是法治最必要的前提,概念法学家的误区是他们将这种方法建构成的规则视为法律的全部。利益法学对其的攻击点也是如此,但是利益法学过于强调实践,在与强调理论相左的另一个极端上走得太远,从而被反对者斥之为"方法论上之盲目飞行"(blind-flying)④,在此背景下应运而生的评价法学作为对前两者进行立场折中的理论,似乎更具有说服力。归根结底,利益衡量实际上就是一种价值衡量,对于何种利益居于优先顺位的判断,只不过就是一种评价的表现。

也因此,在价值判断和利益衡量中,最重要的就是确定利益位阶,这是进行评价的前提。利益位阶,是指各种民事利益的顺位排列,也就是在不同利益诉求发生冲突的情形下,究竟应该优先保护哪一方当事人的利益的问题。通过利益位阶来解决利益冲突,实际上是要解决权益保护的先后顺序问题,即在各项利益存在冲突

---

① 参见蔡琳:《论"利益"的解析与"衡量"的展开》,载《法制与社会发展》2015年第1期。
② 房广亮:《利益衡量的依据与标准——基于实现个案公正的司法考量》,载《法律方法》2015年第1期。
③ 参见胡玉鸿:《法律原理与技术》,北京,中国政法大学出版社2002年版,第395页。
④ 陈林林:《方法论上之盲目飞行——利益法学方法之评析》,载《浙江社会科学》2004年第5期。

时，哪一种利益应当优先得到实现。① 需要特别强调的是，如果对特定的利益冲突已有法律规定，已被立法者作出取舍，那么司法者就不能随意利用自由裁量权随意进行利益判断和利益衡量，司法者必须尊重立法者体现在实定法中的价值取向。②

根据比较法上的做法和司法实践经验，对一些特定的利益冲突，已经基本形成了简单的利益衡量规则：

其一，若以人的生命权为所有权益出发的核心向外辐射，则在发生利益冲突时，应更倾向于保护与人的生命权相近的权益。这一点在各国的法律规定中都有所体现，可以说达成了普遍的共识。所以，当生命健康权与其他利益或权益冲突时，应当优先保护生命健康权。而在人格利益与财产利益相冲突时，应当优先保护人格利益；同时，生命健康等物质性人格利益与精神性人格利益相冲突时，应当优先保护生命健康等人格利益。③

其二，人格尊严是人之为人的基本条件，因此在人格尊严与其他权益发生冲突之时，应当首先保护个人的人格尊严。人格尊严最早在大陆法系国家被纳入权利体系之中，并形成了以人格尊严为基础的基本权利理论体系。④ 例如，未经他人同意出版含有他人裸露形象的作品，就侵害了该人的隐私权。尽管作者拥有著作权，但是在个案中对著作权的保护应当让位于对隐私权的保护。

其三，在个人利益与公共利益发生冲突时，应当优先考虑对公共利益的保护。"如果某种利益关系到更多的社会成员，对社会的存续发展更加攸关，就更为重要……受益的对象往往决定了所涉及的是公共利益还是私人利益的判断。公共利益不管受益形式为何，范围必须是不特定的，如果受益人的范围被特定化为某一些人，就不能称为公共利益。"⑤ 然要注意的是，公共利益的语义是不确定

---

① 参见胡玉鸿：《关于"利益衡量"的几个法理问题》，载《现代法学》2001年第4期；王利明：《民法上的利益位阶及其考量》，载《法学家》2014年第1期。

② 参见王轶：《民法价值判断问题的实体性论证规则——以中国民法学的学术实践为背景》，载《中国社会科学》2004年第6期。

③ 参见欧洲侵权法小组：《欧洲侵权法原则：文本与评注》，于敏、谢鸿飞译，北京，法律出版社2009年版，第63页。

④ 参见张翔：《基本权利的体系思维》，载《清华法学》2012年第4期。

⑤ 王利明：《民法上的利益位阶及其考量》，载《法学家》2014年第1期。

的，在适用中可能会出现难以判定的情况。作为不确定概念，公共利益本质是模糊性的，这一特性是由其广泛的适应功能所决定的。同时，公共利益还是变动的概念，是法律适应社会的必然要求。①

法律不仅是一种预设，还是一种行动。② 法治不仅仅是写在纸上的条文，更应是文化的生长物。马克斯·韦伯通过他的经济发展史研究早就告诉我们，文化会使局面近乎完全不一样。裁判的复杂性在于，它牵涉的往往不仅是一个法律判断，也可能是一个道德或正义的判断，即价值的判断。裁判要处理的问题不是直线的、平面的，一个案件仅依法律按照逻辑三段论不一定能解决问题。③ 这就是说，从工具主义的观点并不能完全把握法现象，各个人的行为也包括许多非理性的因素，政策性的判断也应该受到原理性的规范的制约。因此，法律的解释和司法决定要兼顾法条和经验、体系的一贯性和社会的现实性、教义学和工具论，不可偏废其中任何一个方面。④

价值判断是无处不在的。法律方法关注的是裁判，是人类价值共识如何进入法律的制定以及适用的全过程。在进入下一节的具体解析之前，依照前述价值判断方法的核心要点，大致可以将面对具体案件时的价值判断形成与适用所遵循的步骤总结如下：首先，应明定所处理的问题的本质，即明确对待当事人双方的纠纷时裁判者缘何会在此利益与彼利益之间纠结往复；其次，厘清案涉纠纷所纠葛的利益关系并作出价值判断，这样做同时也是为了使问题的讨论能够遵循一以贯之的价值路径，从而增强论证的说服力；再次，结合价值判断的结论对法教义学上的各种判断方法作出选择；最后，基于前述论断得出能够适度平衡各种利益的裁判模式。

---

① 参见梁上上：《公共利益与利益衡量》，载《政法论坛》2016年第6期。
② 参见郑永流：《法律判断形成的模式》，载《法学研究》2004年第1期。
③ 参见［德］罗伯特·阿列克西：《法律论证理论——作为法律证立理论的理性论辩理论》，舒国滢译，北京，中国法制出版社2002年版，第10、223~224、347页。
④ 参见［美］理查德·A.波斯纳：《法理学问题》，苏力译，北京，中国政法大学出版社1994年版，第10页。

## 第五节 标本与分析

### 利益衡量论

#### 权利冲突

权利冲突概念的提出及得到注意,在中国大约始于20世纪90年代中期,并且在很大程度上受到法学以外的学科影响。比如诺贝尔经济学奖获得者科斯教授所说的"权利的相互性"。其典型例子为某工厂给邻近的财产所有者带来有害影响的公害。科斯在分析诸如此类的侵权案件时指出,传统的做法是要求公害施放者对由其引起的公害给予赔偿;科斯认为,这种做法掩盖了一个实质性的问题,即人们一般将该问题视为甲给乙造成损害,因而所要决定的是:如何制止甲?但科斯认为这是错误的。甲和乙之间具有相互性,即避免对乙的损害将会使甲遭受损害。必须决定的真正问题是:是允许甲损害乙,还是允许乙损害甲?[1] 中国学者最初是将该理论应用于人格权保护与表达自由之间关系的研究。[2] 至今,人格权法和侵权法中,两个不同主体所享权利的对峙碰撞,并导致一方的权利发生消减的情形,依然被认为是权利冲突的主要表现。从根本上说,权利冲突之所以发生,是由于两种权利的界限相互交叉或重叠,或者权利的界限模糊而二者所涵盖的利益存在不可协调的部分。以个体的隐私权与公众知情权的关系为例,公众知情权的行使并非毫无边界,仍应受到公序良俗的规范与制约,"当公开的内容超越了公众有权知悉的范围时,这种公开就超越了界线,成为一种为了私利的、病态的、投机的对他人私生活的窥探"[3]。例

---

[1] 参见[美]科斯:《论生产的制度结构》,盛洪、陈郁译校,"社会成本问题",上海,上海三联书店1994年版,第142页。
[2] 参见苏力:《〈秋菊打官司〉的官司、邱氏鼠药案和言论自由》,载《法学研究》1996年第3期。
[3] 熊谙龙:《生殖神秘主义与阴私保护——"艳照门"里的众生狂欢与法学之惑》,载《判解研究》2008年第2辑。

如，在传染病防治期间，传染病病人、病原携带者、疑似传染病病人、密切接触者的个人信息，应该得到怎样的法律保护？是否所有的患者隐私都应当公开，在信息公开时是否应当有效甄别因公共利益需要必须公开的信息、经当事人同意可以公开的信息和不得公开的隐私信息（如敏感信息），等等。这些问题，都应当认真考量。

权利冲突表面上是权利行使的交叉，背后则蕴含着是否对某种权利进行限制或者进行强化保护的价值判断。以表达自由的权利与人格权的冲突为例，科技的发展以及以计算机信息技术的发达为标志的网络时代的降临，使得媒体的组织形式发生了巨大的改变。相应的，表达途径的增多使得表达自由的边界更难以划定，表达自由与人格权的冲突更为明显与激烈。由于表达自由易使他人因此而遭受损害，对其应加以适当限制已成为多数人的共识，任何一个法治社会，都不会容忍无限制的表达自由对人格权的侵害，对表达自由进行限制，是平衡表达自由与名誉权保护的重要手段。当然，为了保证对表达自由的限制不至于侵害表达自由本身的范围，就需要对各种价值作具体的比较衡量，以便找到保护和限制表达自由的基本界限。具体到侵害人格权的案件中，由于侵权主体并不相同，其背后的利益亦有差异，因此，对不同主体进行不同的限制，不失为调和表达自由、舆论监督与人格权保护的可行手段。

以消费者权益保护为例。当言论发布主体为消费者时，理论与实践通常给予更大的宽容，亦即对消费者的表达自由进行较小的限制，原因无非是：首先，消费者是市场经济中的弱势群体，其"弱势"主要体现为在交易信息上的获得上与经营者处于不对称的地位。[1] 法律作为一种利益调和手段，理应向弱势方倾斜，而消费者的表达自由可作为实现消费者之间信息交流的工具。其次，在身份上，之所以制造出与经营者相对的"消费者"概念，本来就是为了在价值判断上对其进行倾斜考量，在表达自由的限制上同样应当对消费者进行特殊对待，即进行较少的限制。如此有助于提高消费者的权利意识，符合社会的善良风俗，同时也能

---

[1] 参见陆青：《论消费者保护法上的告知义务——兼评最高人民法院第17号指导案例》，载《清华法学》2014年第4期。

督促商家改进自己的做法，维护消费者的合法权益。①

当言论发布主体为新闻媒体时，前述结论仍然适用。虽然新闻媒体并非如消费者一般属于弱势群体，但新闻媒体背负着进行舆论监督的重担，新闻表达的自由度决定了媒体舆论监督权的行使，并直接关涉公共利益。消费者在交易实践中并非总能获知一些"黑幕"，一些事关重大公共利益的事件中新闻媒体都扮演着重要的角色。②相应的，对于媒体表达自由的限制自应有所减弱，如果一律坚持客观真实的标准，不免会产生"寒蝉效应"——新闻媒体为避免构成侵权，需权威机关作出定论后才予以报道，媒体舆论监督的积极性和时效性将大为降低。③在此意义上，从维护公共利益的角度出发，给予新闻媒体更多的自由度，让它能够更多地反映、揭露法人生产经营中的问题，有利于维护社会公共利益，尤其是多数消费者的合法权益。

然而，当言论发布主体为同业经营者时，则是另一番景象。在欧盟和美国，依据言论表达的不同价值，通常将受保护的言论分为政治言论、艺术言论和商业言论，由于三者的目的和价值不同，故在受保护的程度上也有不同，于其中，商业言论受到的保护最弱。④在我国理论与实践中，同业经营者的批评监督的权利不应因存在竞争关系而被剥夺。相反，越是"圈子里的人"，越容易了解该行业的内幕，也越可能揭露竞争公司存在的各种问题，进而达到保护消费者权益、净化市场的目的。但随着市场经济的高速发展，行业中巨头林立，对市场份额的竞争亦呈现白热化趋势，为了实现自身利益的最大化，同业经营者之间难免相互批评，以期通过减损对手的方式提高自身商业地位。同业经营者的身份及其所处的

---

① 参见张红：《法人名誉权保护中的利益平衡》，载《法学家》2015年第1期。基于消费者身份的特殊性，现行立法对表达自由和舆论监督均进行了明确规定。根据《最高人民法院关于审理名誉权案件若干问题的解释》第9条前半段的规定，消费者对生产者、经营者、销售者的产品质量或者服务质量进行批评、评论时，原则上不应当认定为侵害他人名誉权，同时依据《消费者权益保护法》第15条的规定，消费者对商品和服务有进行监督的权利。

② 典型例证如媒体历年来曝出的"假疫苗"事件、"苏丹红"事件、"瘦肉精"事件、"三聚氰胺"事件等。

③ 参见张红：《法人名誉权保护中的利益平衡》，载《法学家》2015年第1期。

④ 参见张志铭：《欧洲人权法院判例中的表达自由》，载《外国法译评》2000年第4期。

地位，取得信息的难度以及相关言论关涉公共利益的程度与前述消费者及新闻媒体均不相同，决定了对待同业经营者不应与对待消费者和新闻媒体秉承同样的标准。

详言之，首先，同业经营者在身份上同样属于经营者，与言论指向的经营者处于同等地位，并不存在偏斜保护的法理。其次，在信息获得的难度上，同业经营者也并非如消费者及新闻媒体存在较大差异，越是具有竞争关系的对手，越是了解同行业中的一些"内幕"，因此同业经营者并不会因为在信息取得上存在较大难度而处于弱势地位。最后，由于同业经营者并非处于客观中立的地位，决定了同业经营者在发表批评性言论时的目的难言纯正，难免带有贬低对手以抬高自身，从而追求更大的商业利益的考虑，这也致使同业经营者所发表的批评性言论关涉公共利益的程度较低。①

因此，同业经营者对于他人提供的商品或服务并非不能批评，但如果为了竞争目的而对他人进行商业评论或者批评，相应的表达自由就应受到更多的限制。申言之，同业经营者在发表批评性言论时相较于消费者应当更为审慎，其秉承的目的必须正当，基于的事实应当客观真实，所持立场亦应中立公允；否则，便更可能触碰侵权的红线。②

综上所述，同业经营者的身份和所处地位、信息取得的难度以及关涉公共利益的程度与消费者和新闻媒体皆存差异。之所以偏重保护消费者和新闻媒体的表达自由，是因为消费者处于相对弱势地位，在信息取得上与经营者并不对称，而新闻媒体的身份与职责在于对市场进行监督，且二者所发表的对于商品与服务的

---

① 行为的目的同样会影响侵权行为的认定，如《民法典（草案）》第998条规定："认定行为人承担侵害除生命权、身体权和健康权以外的人格权的民事责任，应当考虑行为人和受害人的职业、影响范围、过错程度，以及行为的目的、方式、后果等因素。"

② 实践中已有判决支持了此种观点，如在北京金山安全软件有限公司与周某祎侵犯名誉权纠纷案中，北京市海淀区人民法院认为：周某祎作为同业竞争企业的负责人，应对其言行谨慎负有更高的注意义务，其利用微博作为"微博营销"的平台，密集发表针对金山公司的不正当、不合理评价，目的在于通过诋毁金山软件的商业信誉和商品声誉，削弱对方的竞争能力，从而使自己任职的公司在竞争中取得优势地位，具有侵权的主观故意。参见北京市海淀区人民法院（2010）海民初字第19075号民事判决书；北京市第一中级人民法院（2011）一中民终字第09328号民事判决书。

批评性言论亦与公共利益息息相关。但对于同业经营者而言，由于其本身为经营者，且获取信息较为便捷，不存在信息不对称的情况，加之其所发表的言论与公共利益的关联较少，故偏重保护表达自由的法理对其并不适用。相反，基于同业经营者的上述特征，在商业诋毁中，应对同业经营者课以更高的注意义务，在一定程度上限制其表达自由。这就是基本的价值判断。

**利益衡量**

"法律之适用，非纯为概念逻辑之推演，实系价值判断及当事人间利益之衡量。"① 在当今的法学研究与法律实践中，"利益衡量"业已成为一个高频词，用来指称在案件涉及多个利益冲突的场合，法院判决究竟如何作出或应当如何作出。从方法的工具性角度看，利益衡量不失为一种普遍意义上的分析法律问题的工具。脱胎于法理学的利益衡量方法被广泛应用于法学研究的各个学科领域，有法律的地方就需要利益衡量，因此其被许多法学家认为是一种黄金方法。

法律适用不仅仅是按照法律的规定依法办事，对司法者而言可能更重要的是，按照一定的方法适用法律，亦即采用妥当的裁判方法。虽然直到目前中国的法学教育和司法裁判中都尚未形成统一的法律适用和案例分析的方法，但法律解释理论和以利益衡量为代表的裁判方法的介绍和研究已经受到较大的关注。

作为一种法解释方法论，利益衡量源于德国的自由法学对概念法学的批判。概念法学派认为，实定法已经忠实且充分地反映了价值判断，法官只需准确地适用法律即可实现法律所追求的正义，故而法律解释和适用是一个纯粹的认识活动，仅做司法三段论形式逻辑的推演，无须进行价值判断，并应排除法官对于具体案件的利益衡量和目的考察。一般来说，概念建构包括特征取舍和价值负荷两方面的因素，但是，既已建构或定型之法律概念容易忽略在其建构过程中对其负荷之价值，常常造成当初据以设计该法律概念的价值或规范目的自经抽象化的法律概念上剥离，不仅使适用结果背离原应促其实现之价值或规范目的，而且丧失向前演进，以更圆满实现其所出自之规范意旨或价值的动力。② 在社会稳定、观

---

① 王泽鉴：《民法学说与判例研究》（第一册），北京，中国政法大学出版社1998年版，第386页。
② 参见黄茂荣：《法学方法与现代民法》，北京，中国政法大学出版社2001年版，第94~95页。

念价值趋于统一的社会中，概念化与价值判断的冲突尚不明显，严格遵守实在法进行裁判亦不会出现严重的个案不公。步入20世纪后，社会急剧动荡，在工业革命的带动下，经济飞速发展，同时也加剧了社会的不公和动荡，对司法裁判的社会妥当性的呼吁屡见不鲜，概念法学因此遭受了激烈批判。随后，爱尔里希在《法的自由发现与自由法学》一书中，批判概念法学的成文法至上主义和法典完美无缺等观念，强调法律每因立法者的疏忽而未预见，或因情事变更而必然发生许多漏洞，自由法学亦因此书而得名。1912年，爱尔里希出版了《法社会学的基础》，将自己所建立的法社会学作为一门纯粹理论认识的科学看待，而认为具有实践的性格，含有价值评价的因素。① 德国的自由法学运动，一方面，从科学的认识论出发建立了法社会学；另一方面，在解释方法论上产生了自由法学，主张在法律不明确的时候，法官有自由发现法律的权力，可以根据自己的主观意识来判决。

由于自由法学派所主张的广泛的自由裁量权可能导致法律确定性的丧失，因此也同样招致了批判。赫克认为，一方面，成文法存在漏洞，须由法官予以补充；另一方面，不能通过法官自由发现"活法"的方式予以补充，而应就现存实证法详加研究，以把握立法者所重视的利益，加以衡量判断②，在相互冲突的利益中，法官应该选择实在法倾向保护的利益予以优先保护。此观点标志着利益法学的诞生。法国的法学家惹尼也指出，这种自由裁量权不应该根据法官那种不受控制和专断的个人情感来行使，而应该根据客观的（法律）原则来行使。③

在崇尚"法官造法"的英美法系，利益衡量有其天生的制度基础。传统意义上的英美法可分为普通法和衡平法两大系统。普通法要求"遵循先例"，即法官在审理案件时应首先根据既有判例的要旨进行审理。然而，正如"世界上无两片完全相同之叶子"，个案事实也具有较大差异，何为"既有的类似判例"本身即包含着法官个人的价值判断，而背后不免隐藏其个人对各方利益的利益衡量。衡平法体系更不急言，其本身的出现即在于弥补普通法体系的不足，对普通法体系

---

①② 参见梁慧星：《20世纪民法学思潮回顾》，载《中国社会科学院研究生院学报》1995年第1期。
③ 参见〔美〕博登海默：《法理学、法律哲学与法律方法》，邓正来译，北京，中国政法大学出版社1998年版，第145页。

下作出的不符合公平正义的判决进行修正。因此，利益衡量方法在英美法系的相关国家盛行，尤以美国的实用主义法学为代表，著名的"法律的生命不在逻辑，而在经验"[①]即是其明证。

目光回归大陆法系，日本较早发端出利益衡量理论。受益于独特的法治演进背景，其实现了多元法系的融合，从而建立起独特的日本法体系。历史上，受到中华文化的影响，日本广为吸收中华法系的做法。黑船事件开启了日本的明治维新，日本开始移植西方先进之制度，民法制定先以法国体系为蓝本，后因帝制之存在等原因转而吸收德国民法体系，形成了兼具德法特征的日本民法典。继而，二战的失败，美国的托管促使日本开始吸收美国的法律思想。此时，起源于德国的利益法学与起源于美国的"实用主义法学"碰撞交融，促成了利益衡量理论的诞生。"利益衡量理论是日本学者加藤一郎在批判概念法学各种弊端的基础上于20世纪60年代提出并开始兴起的一种法律适用方法。"[②]

作为现代社会独特的治理工具的法律无法放弃对合理性和安定性的追求，而合理性与安定性并非自在地包含在法律条文中，毋宁是由判例和学说形成的传统来捍卫的，表现在学说上则必然是一种体系化的理性要求，理论之建构，批评及防卫乃是法学的主要工作，也总是涉及体系的构成，否则，法制度运作之论述将极易陷入浪漫的修辞，而无法产生合理的说服力和共识。可是，以抽象概念建构的法律体系不仅忽略了生活现象中的诸多个别特征以及与此等特征有关的规整部分，还切断了结合个别特征所形成的意义脉络。虽然对于通过涵摄适用法律具有一定的帮助，比如帮助概览纷繁复杂的法律规范，为寻找法规范提供指引[③]，但其所导致的意义空洞化趋势，对认识法的意义脉络而言，助益极为有限，毋宁常发生阻碍的效果。[④] 法学作为一门理解的学问，唯有探求法律规范性意义内涵，

---

① "The life of the law has not been logic; it has been experience", See O. W. Holmes, Jr., *The Common Law*, Boston: Little, Brown, 1881, p. 1.
② 梁慧星：《民法解释学》，北京，中国政法大学出版社1995年版，第315页。
③ 参见[德]卡尔·拉伦茨：《法学方法论》，陈爱娥译，北京，商务印书馆2003年版，第163页。
④ 参见[德]卡尔·拉伦茨：《法学方法论》，陈爱娥译，北京，商务印书馆2003年版，第330～333页。

## 第八章 民法中的价值判断

才能为法律体系提供正当性依据，而由抽象概念所建构的法律体系显然无力担此重任，人们开始转向引入价值导向的"内部"体系。赫克认为，法学的目的在于寻找法律规范的问题，概念法学主张规范可以经逻辑推演而获得，故该"规范问题"属于"有因果力之规范概念的认识"；在利益法学看来，无论是寻找既存的规范还是尚待探寻的规范，都属于对利益冲突的裁断。这些冲突裁断虽来自个别生活片段，彼此之间却非孤立，常常经由各种各样的思想或看法的关联而交织在一起，故而能够形成经验的体系。在这种体系中，应该将组成体系的"基本成分"（即冲突裁断）与该成分间的意义关联（即思想或看法）区分开来，前者构成外在的体系，后者构成内在的体系。[1] 就内在体系与外部体系的关系，内在体系涉及认知和规范的问题，而外部体系的目标在于说明和表达内部体系的结构，使其能够更好地表现出来，对于法官寻找规范具有决定作用的是内部体系而不是外部体系。[2] 然而，因利益法学时而将"利益"当作评价的客体，时而当作法律上评价之标准，时而当作产生法律规范的因素，遭受了评价法学的批评。在评价法学看来，以上评价标准应对"利益"予以区分，立法者乃是依据"合目的性及正义的价值考量"来评价利益，法官在适用法律亦应该以法律内的价值判断为依据。[3] 因此，利益衡量的运用并非要放弃体系化的努力，其存在的终极目的反而是要加强和完善法学的体系构成。

需要说明的是，如今论及利益衡量时，往往仅限于法律适用的情形，或者按照在日本首倡利益衡量论的加藤一郎的说法，所谓利益衡量无非就是首先衡量当事人之间的利益关系，然后为了得到一种结果而作出灵活的法律解释。[4] 实际上，利益衡量贯穿于立法、司法的全过程，以立法当中的现象为例，关于民法典人格权编所规定的个人信息为何没能上升为"个人信息权"，有一个说法是，"之所以如此，是因为某些科技企业施加巨大的压力，认为个人信息一旦规定为个人

---

[1] 参见黄茂荣：《法学方法与现代民法》，北京，中国政法大学出版社2001年版，第787~790页。
[2] 参见梁迎修：《方法论视野中的法律体系与体系思维》，载《政法论坛》2008年第1期。
[3] 参见黄茂荣：《法学方法与现代民法》，北京，中国政法大学出版社2001年版，第811~813页。
[4] 参见［日］大村敦志：《从三个纬度看日本民法研究——30年、60年、120年》，渠涛等译，北京，中国法制出版社2015年版，第118页。

信息权，成为一种人格权，将会对科技发展形成巨大压力"①。果真如此的话，可谓再次提醒了我们信息社会和网络化时代的权利冲突和利益衡量。

限于篇幅，以下仅讨论法律适用中的利益衡量。

就表面而言，利益衡量的存在至少有两个原因：一是法律的"漏洞"，即面对变动不息、无限复杂的社会，立法者无力以一次立法解决所有的问题；二是因为制定法是以语言文字为载体的，而语言并非精密的表意工具，容易出现多义、歧义的情况。这时就需要司法人员在权衡各方利益的基础上对法律条文作出尽可能合理、妥当的解释或弥补法律漏洞。

法律适用不仅仅是按照法律的规定依法办事，对司法者而言可能更重要的是，按照一定的方法适用法律即采用妥当的裁判方法。虽然直到目前中国的法学教育和司法裁判中都还没有形成统一的法律适用和案例分析的方法，但法律解释理论和以利益衡量为代表的裁判方法的介绍和研究已经受到较大的关注。"法律之适用，非纯为概念逻辑之推演，实系价值判断及当事人间利益之衡量。"② 在当今的法学研究与法律实践中，"利益衡量"业已成为一个高频词，用来指称在案件涉及多个利益冲突的场合，法院判决究竟如何作出或应当如何作出。

学界对利益衡量的使用和研究基本上是从两个层面进行的：一是从纯粹分析方法的层面，即"工具性"层面的利益衡量，一是从方法论理论构成的层面，即作为方法论的利益衡量。所谓"方法"意为"遵循某一道路，即为实现一定的目的，必须按照一定的顺序所采取的步骤"③，方法侧重于人们为达到一个目的而采用的行动、手段或方式。④ 方法论则是"人们对一门学科的概念、理论以及基本推理原则的研究"⑤，是作为一种探讨和研究方法的专门学说，其以方法为实践基础，通过理论抽象而获得有关方法知识体系的说明。由此可见，"方法"提供了"方法论"的体系基础，而"方法论"则重在说明方法在何种程度上具有恰

---

① 杨立新：《民法典人格权编草案逻辑结构的特点与问题》，载《东方法学》2019 年第 2 期。
② 王泽鉴：《民法学说与判例研究》（第一册），北京，中国政法大学出版社 1998 年版，第 386 页。
③ 严平：《走向解释学的真理——伽达默尔哲学述评》，北京，东方出版社 1998 年版，第 18 页。
④ 参见［德］阿·迈纳：《方法论导论》，王路译，北京，三联书店 1991 年版，第 6 页。
⑤ ［英］马克·布劳格：《经济学方法论》，石士均译，北京，商务印书馆 1992 年版，第 1 页。

## 第八章 民法中的价值判断

当性，从而为人们思维提供相应的科学基础。① 从方法的工具性角度看，利益衡量不失为一种普遍意义上的分析法律问题的工具。脱胎于法理学的利益衡量方法也因此被广泛应用于法学研究的各个学科领域。但此处论者是从方法论的角度阐述利益衡量，即作为法学方法论意义上的一个重要理论组成部分的法律适用理论。

**利益衡量与价值判断**

在使用"利益衡量"一词时，我们经常会看到与之相关的一串语词："法益衡量""价值衡量""价值判断""价值衡量"等，这些词语基本上是利益、价值、衡量、判断四个词之间的排列组合，利益与价值缠绕在一起。有关利益和价值的概念，人们并没有形成统一的认识，有学者主张价值属于超验层面的范畴，利益属于现实层面的范畴②；也有学者主张价值就是利益，利益就是价值。③ 其实，"利益是不属于任何更广泛的逻辑种类的词汇之一，无法以正常的方式来定义"④。区分利益和价值对于我们要探讨的主题并不重要，本书也无意去尝试梳理这一剪不断、理还乱的法哲学话题，我们关心的是利益衡量的过程究竟是在为一种事实判断还是价值判断，重要的是界定利益衡量和价值判断的关系。

利益衡量，依其文义解释，系指对不同的利益进行权衡，实质上是法官在个案中通过对各方当事人的不同利益（价值）进行全面的比较分析，以实现一种裁判者赋重下的动态平衡的过程。对法官而言，其首先需要识别案件中存在的各个利益（价值）及其间的冲突，并在此基础上进行判断，思考何种利益更应予以优位保护，从而实现个案意义上的公平。在这一过程，法官的目光需要在不同利益间进行来回，洞悉每个利益（价值）及其可能造成的社会影响，同时也需不断协调各方的观点，以最终实现各方利益间的合理协调，促进社会整体利益的最大化，增强司法的公信力。因此，利益衡量过程实质上是由一连串层层推进、交叉共生的价值判断组成的思维链条，其与价值判断本身并不处于同一层面，而系一

---

① 参见胡玉鸿：《法学方法论导论》，济南，山东人民出版社2002年版，第90页。
② 参见龙宗智：《相对合理主义》，北京，中国政法大学出版社1999年版，第31页。
③ 参见谢鹏程：《基本法律价值》，济南，山东人民出版社2000年版，第41页；周晓亮：《休谟及其人性哲学》，北京，社会科学文献出版社1996年版，第251页。
④ [英]边沁：《道德与立法原理导论》，时殷红译，北京，商务印书馆2000年版，第58页。

系列价值判断在个案裁判中的集合。因此，从此种意义上而言，利益衡量与三段论等形式逻辑论证其实是法律适用的一体两面，差别仅在于思考维度的不同。

具体而言，就广义的法律适用过程，根据拉伦茨先生的观点，可基本分为三个阶段。第一阶段为"狭义的法律解释"的阶段。在此阶段，法律适用的标准局限在对法律规范的文本解读之上。在此阶段，法官不直面个体间的利益冲突，也无须进行利益衡量，其仅需借由文义解释、体系解释、历史解释、目的解释、合宪性解释等法律解释方法对法律文本作出诠释。当按照上述解释方法产出多种解释结果之时，此时便上升到了第二阶段。在此，法官必须超越实在法的限制，站在立法者的视角，对立法者可能的逻辑判断和利益权衡作出预测。如果立法者本意对进行此类解释冲突现象进行规制而因各种原因未予实现，那么此时便形成了所谓的"法律漏洞"。"法律漏洞"是指关于某一个法律问题，法律依其内在目的及规范计划，应有所规定却未设规定的现象。它具有两个特征：一为违反立法计划性，一为不圆满性。[①] 面对此类法律漏洞，法官需在前述第一层次的不同解释结果之上，进一步采取类推适用、目的性限缩、目的性扩张等解释方式，探求立法者之原意，想象个案场景时移地转下立法者之可能做法，此即谓"法律内的法的续造"。此时，虽然法律适用已经超越了单纯的文本范围，但鉴于立法者之规制本意，仍需尽最大努力探究立法者之意图，从而维护法律的体系性，避免出现法律体系内的价值冲突，导致法制分崩离析。梁上上教授认为："从作用领域来看，利益衡量的作用领域在于：依利益衡量弥补不确定概念和一般条款，依利益衡量排除反对解释，依利益衡量来弥补法律漏洞。一句话，利益衡量的作用在于弥补法律漏洞。"[②] 但是，笔者认为，此番理解有扩大利益衡量适用范围之嫌，恐加剧法官的主观恣意。法官在弥补法律漏洞时，必须审慎适用利益衡量手段，尽量在立法者的考量范围之内进行推演预测，从而避免个案裁判与法律体系之冲突。

---

[①] 参见王泽鉴：《民法实例研习·基础理论》，台北，三民书局1993年版，第164页；黄建辉：《法律漏洞·类推适用》，台北，蔚理法律出版社1988年版，第21~22页。

[②] 梁上上：《利益的层次结构与利益衡量的展开——兼评加藤一郎的利益衡量论》，载《法学研究》2002年第1期。

若立法者并无对该问题进行规制的本意,此时便进入法律适用的第三阶段,亦即"法律外的法律续造"(也称"超越法律的法的续造"),也系某种意义上的法律创造。"解释法律,补充漏洞,虽系法院之重要工作,但法院创造法律之活动,并不限于此,在其多情形,法院亦得改进现行规定,创造新的制度,但此不得恣意为之,必须合乎法律之基本原则,符合宪法价值判断,并得纳入现有之法律内在体系。"[1] 拉伦茨先生认为第三阶段的出现主要基于以下原因:(1)鉴于法律交易上的需要从事之法的续造;(2)鉴于"事物的本质"从事之法的续造;(3)鉴于法伦理性原则从事之法的续造。[2] 此时,法官可以发挥主观能动性,超越既有法律体系,进行个案的法律创造。值得注意的是,即便如此,法官的"造法行为"也不可天马行空,肆意发挥,仍需遵循法律之基本原则,秉持公平正义、善良风俗、诚实守信等基本理念,坚守法治之信条,维护当事人的合理预期。

**"妥当的结论"**

有学者担心,如果仅仅强调司法利益衡量,则可能导致利益衡量被滥用。例如在法律已有明确依据的情况下,司法者认为其欠缺实质妥当性而弃置不用,进行法外利益衡量。为此主张利益衡量的主要工作应当是立法者的使命而不是司法者的任务,强调司法中的利益衡量应当建立在尊重法律规范的基础之上,并在极小的范围内存在。[3] 那么利益衡量究竟在多大程度上得以适用呢?我们认为,正如英美法系中衡平法的出现仅系对普通法体系下作出的极端判决的纠正,利益衡量的本质是对成文法适用结果的否定,因此必须审慎采纳,严格限制其适用范围,否则,全国数千个法院,十余万名法官任意适用利益衡量,基于个体价值观念的差异性,裁判结果势必五花八门,何谈法之安定性,法典化也将失去其意义。因此,"只有在一切其他发展方法都不能奏效,而又不能从立法者那里期待得到及时的补救措施时,'超越法律的法律发展'才是允许的"[4]。

---

[1] 崔建远:《我国民法的漏洞及其补充》,载《吉林大学社会科学学报》1995年第1期。
[2] 参见[德]卡尔·拉伦茨:《法学方法论》,陈爱娥译,北京,商务印书馆2003年版,第286～300页。
[3] 参见张新宝:《侵权责任法立法的利益衡量》,载《中国法学》2009年第4期。
[4] [德]卡尔·拉伦茨:《德国民法通论》,谢怀栻等译,北京,法律出版社2002年版,第108页。

在这方面,最高人民法院给出了一个非常典型的例子,即情势变更原则的适用。《最高人民法院关于适用〈中华人民共和国合同法〉若干问题的解释(二)》(法释〔2009〕5号)(以下简称《合同法司法解释二》)第26条第一次在我国明确了情势变更制度。根据条文之规定,判断个案是否发生"合同成立以后客观情况发生了当事人在订立合同时无法预见的、非不可抗力造成的不属于商业风险的重大变化"应是一个"事实判断"问题,而"继续履行合同对于一方当事人明显不公平或者不能实现合同目的"则是一个价值判断问题。在同时满足这两个条件后,裁判者即可基于个人的利益衡量,根据公平原则,突破《合同法》第8条确认的"合同严守规则",变更或者解除合同。此项做法如前所述,实为突破实定法规范,直接追求抽象公平正义的例证。然而,考虑到法官个体利益衡量的差异性,最高人民法院在2009年4月27日发布的《关于正确适用〈中华人民共和国合同法〉若干问题的解释(二)服务党和国家工作大局的通知》(法〔2009〕165号)指出:"对于上述解释条文(指《合同法司法解释(二)》第二十六条关于情势变更的条文),各级人民法院务必正确理解、慎重适用。如果根据案件的特殊情况,确需在个案中适用的,应当由高级人民法院审核。必要时应提请最高人民法院审核",将情势变更的适用通过审核的方式限定在了高级人民法院层面,甚至在必要时由最高人民法院进行认可,大大限缩了实践中法官适用情势变更制度的权力。2009年7月7日发布的《最高人民法院关于当前形势下审理民商事合同纠纷案件若干问题的指导意见》(法发〔2009〕40号)又再次强调此问题,第一部分标题即为"慎重适用情势变更原则,合理调整双方利益关系",并且在第4点强调:"在调整尺度的价值取向把握上,人民法院仍应遵循侧重于保护守约方的原则。适用情势变更原则并非简单地豁免债务人的义务而使债权人承受不利后果,而是要充分注意利益均衡,公平合理地调整双方利益关系。在诉讼过程中,人民法院要积极引导当事人重新协商,改订合同;重新协商不成的,争取调解解决。为防止情势变更原则被滥用而影响市场正常的交易秩序,人民法院决定适用情势变更原则作出判决的,应当按照最高人民法院《关于正确适用〈中华人民共和国合同法〉若干问题的解释(二)服务党和国家工作大局的通知》(法〔2009〕165

号）的要求，严格履行适用情势变更的相关审核程序。"最高人民法院的三令五申，足以见得裁判机关在适用利益衡量突破实定法规定之时所需坚持的审慎性。

具体而言，适用价值衡量的场景，主要是"违反计划的不圆满性"情形，其大抵有以下几种。

a. 由于新的需要，法律调整的情事出现且无相似法规可供类推之用；

b. 由于"法律无涉之空间"内的情事随着人们认识的深化转而进入法律调整领域；

c. 数个法律原则在调整某一具体事件上出现冲突，需要指明适用之先后顺序或适用的强度。①

此时，依据传统的三段论逻辑推演方法，作为大前提的法律规范不存在或是存在数种相互冲突的法律规范，于此境地下，法官将无法利用三段论得出适当的法律适用结果，但是基于法官不能拒绝裁判的原则，进退两难境地之下，法官只能通过其自身对法律规范体系的理解，判断立法者在法条背后的利益取舍，从而循立法者之迹，依据法律之精神去作出判决，这也是法之系统性的体现。

因此，在法律有明文准确规定的情形下，必须首先坚持实定法的规定，依据实定法去作出裁判，以保证法律的安定性，维护各方对法制的信仰。仅在法律缺失或法律冲突，个案无法在现有的法秩序内得以妥善解决时，方可利用利益衡量的方式，权衡各方之利益在法律上的保护可能性和保护必要性，进而作出裁判，从而将公平正义落实到个案之中。因此，利益衡量理论只有在法的续造领域内才能找到展现自己的舞台，并向世人证明自己是使法律更加体系化，更加富有逻辑和理性的必不可少之工具。

然而，在极端情况下，即使存在法律的明文规定，但适用该规定将导致显失公平的裁判结果时，亦即"恶法"出现的情况，法的安定性与公平正义之间发生冲突，此时应采纳英美法系之衡平法观念，发挥利益衡量的"纠错"功能，但仍

---

① 只包括原则冲突而不包括规则冲突。因为规则发生冲突时采用的是狭义的法律解释方法选择应该适用的规则。而当原则之间发生冲突时，每一个原则都对当下案件产生影响，不能简单地说适用某一原则而不适用另一原则，毋宁是对每个原则影响下的利益变化进行衡量。

需注意尺度的把握，限定适用的情形。在面临仅仅轻微损伤到正义的法规时，法官仍应首先尊重法的安定性，只有"当一条法律其违反正义的程度已达到'不可忍受的程度'，适用之将带来立即巨大的不正义时，则法律的安定性应让位给正义"①。这本质上也是对法之安定性和公平价值之利益衡量。同时，即使在此时必须采用利益衡量之法调整最终判决，法官也需审慎思考和充分论证。原因在于，此时法官扮演的角色将不再仅限于法律适用者的定位，而更类似于立法者的角色，对在个案情境下导致不公平现象出现之"恶法"进行修订，调整各方利益的权重，重置立法者在立法过程中的利益衡量天平，所作出的裁判带有几分自然法"惩恶扬善"的色彩。

**是否存在元规则**

所谓利益衡量的元规则是指具体衡量操作当中的固有顺序或步骤。按照一种理想的设计，利益衡量的排序已经为法官提供了基本的操作指南和基本脉络，裁判者只需按图索骥，大大降低了审判的难度。前已指出，权利位阶不具有整体的确定性。正因为缺乏一个由所有法益及法价值构成的确定阶层秩序，由此可以像读图表一样获得结论，所以，必须采取个案之中的利益衡量方法。如果将对权利位阶的考量也看作是广义的利益衡量的范畴，那么，在个案中面临权利冲突之时，我们必须对不同权利的价值位阶进行判断。具体而言，即依照法治之观点，判断某种法益是否较他种法益更具明显的价值优越性。首先，一般认为，与财产性法益相比，作为人格权益的人身自由和人格尊严有较高的位阶，因此在面临言论自由权与可能因此导致对他人财产法益之侵害的个案冲突时，应更侧重于言论自由权的保护。其次，当无法轻易针对个案中的利益作出价值位阶上的判断之时，或是同种利益之间发生冲突之际（例如传染病疫情下个人自由与社会健康的冲突、新闻自由与国家安全之间的冲突、个体间之人格权益冲突），两者处于鱼与熊掌不可兼得之两难境地时，法官应侧重于考量各方利益之受影响程度，在立足整体利益之最大化思路之基础上，坚持比例原

---

① Gustav Radbruch, Gesetzliches Unrecht und übergesetzliche Recht, in Rechtsphilosophie, Stuttgart 1973, S. 345.

则和损害的最小化，并参酌法律以外救济方式之可行性，以求实现个案中各方利益之动态平衡，维护个案正义。①

为防止法官在利益衡量的具体操作中过于"功利主义""唯利是图"，忽视价值方向的考虑，利益衡量论要求法官还必须将他衡量得出的初步结论置于"宪法的基本价值体系"的背景中再度审视、揣度，并兼顾法律政策的要求。利益衡量论通过两个层面的功能预设，既保证了具体衡量过程中的"法官独立"和司法裁判的纯粹性，又最大限度地保证判决不至于偏离正确的轨道。需注意的一点是，在利益衡量的每一步，法官都要注意说理的充分性，对其所持的理由尽量地阐释清楚，将参与的配置实体权利和社会资源的过程展示于当事人和社会公众，使越来越多地渗入司法过程的伦理因素昭然于阳光之下，从而使司法结果更容易获得普通公众的认同。

早期的利益衡量论者就已经指出，实质性判断得出的结论不一定就是唯一正确的结论，而只是妥当的结论，并且前提是存在着复数解释的可能性。因此有必要在判决中论述而不是隐蔽判断的实质理由（利益衡量的内容）以及形式的理由（理论构成）。② 从某种意义上说，判决是写给败诉者看的。③ 因此，裁判文书必须以理服人。强化裁判文书的说理，在中国的法院也越来越得到重视。以最高人民法院的各种"会议纪要"这种文件的效果为例，与司法解释不同的是，此类司法文件肯定不能如前者一般直接作为判案依据，但是，正如2019年最高人民法院在其关于印发《全国法院民商事审判工作会议纪要》的通知中所指出的：纪要不是司法解释，不能作为裁判依据进行援引。《会议纪要》发布后，人民法院尚未审结的一审、二审案件，在裁判文书"本院认为"部分具体分析法律适用的理由时，可以根据《会议纪要》的相关规定进行说理。

---

① 参见［德］卡尔·拉伦茨：《法学方法论》，陈爱娥译，北京，商务印书馆2003年版，第285～286页。

② 日本学者加藤一郎的观点。转引自段匡：《利益衡量论的生成与展开——日本民法解释学的若干探讨》，载王文杰主编：《法学方法论》，北京，清华大学出版社2004年版，第47页。

③ 王泽鉴教授语。王教授进一步指出，"所以，在写判决的时候，要以败诉者作为重点是构成裁判理由的重要部分"。语出王泽鉴教授2015年11月10日在南京市中级人民法院所做《请求权基础、法学方法与法院裁判》演讲。

## 谁的"避风港"

### 规则的嬗变

20世纪初,伴随着互联网在中国的迅速发展,网络侵权问题也随之而来,面对日益增长的实践需求,最高人民法院出于审判实践的现实需求,在规则制定上迈出了第一步,于司法解释中规定了当时在国际上也属前沿的"避风港规则"和"红旗规则"[①],为司法实践提供了指引。2009年的《侵权责任法》则第一次在立法层面确立了"避风港规则"和"红旗规则",并奠定了其在网络侵权领域的基础地位。随后,相关法律和司法解释在此问题上进一步展开。总体来看,我国针对网络服务提供者民事责任的相关立法和司法实践经历了一个逐步变迁和完善的过程,在此过程中,"避风港规则"和"红旗规则"的内涵和外延被进一步深化,范围上从知识产权侵权扩张至一般民事侵权,程序上也从"通知—删除"逐步转变为"通知—删除—反通知"。下图就试图通过梳理相关立法进程,展现我国在网络服务提供者民事责任立法上的逐步完善之路。

我国有关网络服务提供者民事责任的法律规制肇始于2000年颁布的《最高人民法院关于审理涉及计算机网络著作权纠纷案件适用法律若干问题的解释》(法释〔2000〕48号)(后经2004年、2006年两次修改),其第5条规定:"提供内容服务的网络服务提供者,明知网络用户通过网络实施侵犯他人著作权的行为,或者经著作权人提出确有证据的警告,但仍不采取移除侵权内容等措施以消除侵权后果的,人民法院应当根据民法通则第一百三十条的规定,追究其与该网络用户的共同侵权责任。"本条文虽未明文规定"通知—删除"规则,但可经反面解释得出"若经著作权人提出确有证据的警告,网络服务提供者采取移除侵权内容等措施以消除侵权后果的,则不追究其与该网络用户的共同侵权责任"。因此,该规定初步采纳了"通知—删除"规则,同时也明确了明知侵权存在的情形,可被视作"避风港规则"和"红旗规则"在我国的雏形。

---

① 以"避风港规则"为例,该规则1998年才在美国的《数字千禧年版权法案》(DMCA法案)中出现,由此创设了"通知—删除"(notice-take down procedure)规则。

第八章 民法中的价值判断

**"通知—删除"规则在我国的立法演变及其背后的价值衡量**

| 范围 | 侵犯知识产权 | | | 一般侵权 | | |
|---|---|---|---|---|---|---|
| | "通知—删除"规则在我国的立法演变 | | | | | |
| 文件名称 | 《计算机网络著作权纠纷案件司法解释》 | 《信息网络传播权保护条例》 | 《电子商务法》 | 《侵权责任法》 | 《网络侵权司法解释》 | 《民法典（草案）》 |
| 条文 | 第4条 | 第14—17、23—24条 | 第42—43条 | 第36条 | 第5—9条 | 第1194—1197条 |
| 时间 | 2000年 | 2006年，2013年修订 | 2018年 | 2009年 | 2014年 | 2019年 |
| 程序 | 通知—删除 | 通知—删除—反通知 | 通知—删除—反通知 | 通知—删除 | 通知—删除 | 通知—删除—反通知 |
| 责任承担 | 网络服务提供者明知网络用户通过网络实施侵权行为，或者经著作权人提出确有证据的警告，仍不采取移除侵权内容等措施以消除侵权后果的，与网络用户构成共同侵权。 | 网络服务提供者为服务对象提供搜索或者链接服务，在接到权利人的通知书后，根据条例规定断开与侵权的作品、表演、录音录像制品的链接的，不承担赔偿责任；但是，明知或者应知所链接的作品、表演、录音录像制品侵权的，应当承担共同侵权责任。 | 电子商务平台经营者接到通知后，应当及时采取必要措施，并将该通知转送平台内经营者；未及时采取必要措施的，对损害的扩大部分与平台内经营者承担连带责任。因通知错误造成平台内经营者损害的，依法承担民事责任。恶意发出错误通知，造成平台内经营者损失的，加倍承担赔偿责任。电子商务平台经营者知道或者应当知道平台内经营者侵犯知识产权的，应当采取删除、屏蔽、断开链接、终止交易和服务等必要措施；未采取必要措施的，与侵权人承担连带责任。 | 网络服务提供者接到通知后未及时采取必要措施，对损害的扩大部分与该网络用户承担连带责任。网络服务提供者知道网络用户利用其网络服务侵害他人民事权益，未采取必要措施的，与该网络用户承担连带责任。 | 被侵权人发送的通知未满足条件的，网络服务提供者主张免除责任的，人民法院应予支持。其发布的信息较难采取删除、屏蔽、断开链接等措施的，网络服务提供者主张承担侵权责任或网络服务提供者以收到通知为由抗辩的，人民法院应予支持。 | 网络服务提供者接到通知后，应当及时将该通知转送相关网络用户，并根据初步证据采取必要措施；未及时采取必要措施的，对损害的扩大部分与该网络用户承担连带责任。网络服务提供者知道或者应当知道网络用户利用其网络服务侵害他人民事权益，未采取必要措施的，与该网络用户承担连带责任。 |

529

2006年国务院颁布的《信息网络传播权保护条例》（后经2013年修改）正式确立了"通知—删除"规则，并借鉴美国《数字千禧年版权法》第512条的（c）（g）款，在司法解释的基础上增加了"反通知"程序，形成了一条"通知—删除—反通知—恢复"的网络侵权处理流程，初步建立起了著作权信息网络传播权领域的网络侵权规则。具体而言，《条例》第14条规定了知识产权权利人向网络服务提供者作出的通知书的具体内容，第15条规定了网络服务提供者在接到通知之后的立即删除等义务，第16条规定了网络服务对象（被投诉侵权人）的反通知权利及反通知内容，第17条规定了网络服务提供者接到反通知之后的恢复措施。第23～24条规定了通知后未删除和明知侵权存在的赔偿责任。不过遗憾之处在于，本规定虽明确权利人不得再次请求网络服务提供者删除该作品，但并未明确其可以采取的其他途径。

2009年通过的《侵权责任法》吸收了上述司法解释和行政法规的规定，在第36条明确规定了"避风港规则"和"红旗规则"，第一次在立法层面确立了两者在网络侵权领域的基础地位。尤其是，《侵权责任法》并未将此条的适用范围限缩在知识产权侵权之中，表明"避风港规则"和"红旗规则"已被推介到了一般民事侵权领域，侵权责任法的这一扩张也是顺应实践需求的产物，在《侵权责任法》颁布的前夕，2009年"死亡博客案"、2005年重庆女大学生陈某"卖身救母"、2006年网络游戏"铜须门"、2007年"史上最恶毒后妈"、2008年"谭某坠楼"、2009年"杭州飙车案"中胡某"替身门"等系列网络事件，都不同程度地反映了网络时代通过"人肉搜索"而出现的一种新型暴力形式——网络言论暴力。[1] 正如学者所总结："在互联网上实施的侵害他人民事权益的行为，以名誉权、隐私权、姓名权、名称权等人格权和侵害知识产权的行为居多，尤以侵害名誉权、隐私权和著作权的案件为多。"[2] 值得注意的是，《侵权责任法》并未沿袭《信息网络传播权保护条例》的规定，明文确立"反

---

[1] 参见宋宗宇、李廷浩：《网络言论暴力及其法律控制——兼评我国〈侵权责任法〉第36条》，载《西南民族大学学报（人文社会科学版）》2011年第1期。

[2] 张新宝、任鸿雁：《互联网上的侵权责任：〈侵权责任法〉第36条解读》，载《中国人民大学学报》2010年第4期。

通知"程序。

2014年,最高人民法院针对司法实践中存在的问题进一步制定了《关于审理利用信息网络侵害人身权益民事纠纷案件适用法律若干问题的规定》(法释〔2014〕11号)。其第5~9条明确了"避风港规则"和"红旗规则"在实践中的具体适用程序及内容,弥补了《侵权责任法》第36条作为原则性规定,缺乏具体操作细则的缺憾,为网络服务提供者的合规提供了指引。

在民法典编纂过程中,呼吁增加填补"反通知"的意见再次出现并占据了主流。2018年颁布的《电子商务法》第42~45条再次明确了在电子商务知识产权侵权领域实行"避风港规则"和"红旗规则",重新规定了"反通知"程序,并进一步完善了流程,将《信息网络传播权保护条例》规定的"接到反通知后转送权利人的同时立即恢复采取的措施"变更为"在转送声明到达知识产权权利人后十五日内,未收到权利人已经投诉或者起诉通知的,及时终止所采取的措施",明确权利人可在15日内向有关主管部门投诉或者向人民法院起诉,填补了之前的空白,同时就恶意发出错误通知的行为规定了双倍的惩罚性赔偿,更加完善地协调了知识产权权利人和网络服务提供者、网络用户三者的利益。《民法典(草案)》第1194~1197条在《电子商务法》的基础上进一步在一般侵权领域确立了"通知—删除—反通知"规则,并将前述15日期间变更为"合理期间",以进一步贴合实践的需求。至此,一套相对完善的网络服务提供者的侵权责任承担机制基本建立,不过针对反通知程序的设立与否,理论上及实践中仍然议论纷纷,存在着进行进一步探讨和分析的空间。

**不同的价值取向**

梳理学界现有观点,支持反通知程序设立的理由主要在于:侵权责任法从逻辑上允许提出反通知[1],反通知程序的加入给予了网络用户进行对等辩论的机会,通过对当事人各方的权利义务关系的合理配置,实现了利益平衡。[2] 此外,

---

[1] 参见王利明:《论网络侵权中的通知规则》,载《北方法学》2014年第2期。
[2] 参见杨立新:《电子商务交易领域的知识产权侵权责任规则》,载《现代法学》2019年第2期;杨立新、李佳伦:论网络侵权责任中的反通知及效果,载《法律科学(西北政法大学学报)》2012年第2期。

不同于知识产权领域平台对构成侵权与否的较大判断难度，在一般侵权情形下，平台较易作出是否侵权的判断。出于保护网络言论自由，正当程序、对席原则和比例性原则也应设立反通知机制。①

反对反通知程序的意见主要在于：不同于知识产权侵权等可主要通过损害赔偿加以弥补，反通知程序的加入不符合人身权益保护的及时性要求；不采纳反通知程序并不会置网络用户的权利于不顾，被采取措施的网络用户仍有要求网络服务提供者恢复内容，向法院提起诉讼等维护自己权益的途径；从实践来看，反通知程序在实践中发生的概率也较小②；反通知程序的加入增加了维权成本，容易造成难以弥补的损害后果；既对司法和行政资源造成浪费，也对互联网企业形成较大的负担，阻碍互联网产业的发展，与通知删除程序的设立初衷不符③；此外，反通知的加入也容易帮助恶意投诉者拖延时间，引发道德风险。④

**取舍之间**

纵观支持加入反通知程序观点背后的价值取向，实质是更倾向于对网络用户表达自由的保护，意在减少网络用户的合法权益因恶意投诉而受到损害。在原有《侵权责任法》第36条规定的"通知—删除"规则下，网络用户发布的内容可以因投诉人（以下简称"潜在权利人"）单纯的通知行为而被取下，在恶意投诉的情形下，极易导致网络用户的合法权益受到侵害，而维权则需由网络用户主动向法院提起诉讼，在巨大的时间精力金钱成本面前，网络用户可能会基于利益考量而选择不了了之，反而助长了恶意投诉的邪风。虽然立法上尚为保留被投诉的内

---

① 参见石佳友：《评民法典侵权责任编（二审稿）：侵权责任制度的重要完善》，载微信公众号"中国民商法律网"。

② 参见杨临萍、姚辉、姜强：《〈最高人民法院关于审理利用信息网络侵害人身权益民事纠纷案件适用法律若干问题的规定〉的理解与适用》，载《法律适用》2014年第12期。

③ 参见朱巍：《互联网反通知制度不宜写入民法典》载《检察日报》2019年8月21日；刘晓春：《〈电子商务法〉知识产权通知删除制度的反思与完善》，载《中国社会科学院研究生院学报》2019年第2期。

④ 参见刘晓春：《〈电子商务法〉知识产权通知删除制度的反思与完善》，载《中国社会科学院研究生院学报》2019年第2期。

容留有空间,即网络服务提供者经自己的审查,认为网络用户的行为不构成侵权,不需要对其采取必要措施的,可以予以保留,但在该内容事实上构成侵权时,则需与网络用户承担连带责任。因此,实践中,基于对自己利益的考虑,网络服务提供者往往倾向于在一接到通知时即采取必要措施,删除相关内容,以避免自己的潜在担责风险,从而导致网络服务提供者的审查义务实质上被架空,形同虚设。而在反通知程序下,网络用户通过网络服务提供者转交反通知后,若潜在权利人不另行投诉或起诉,则采取的删除等必要措施自动恢复,因此,被投诉内容的状态由原本的"默认取下"转变成"默认取下后又默认恢复"。同时,进一步维权的义务主体也从网络用户转变为潜在权利人,通过维权成本的倒置,对网络用户表达自由的保护无疑得到了实质加强。

然而,此消彼长,过分侧重于对网络用户的保护,势必会增加网络服务提供者的负担和削弱对潜在权利人的保护。在原先的制度设计下,基于效率等考量,网络服务提供者并不负担主动转送通知的义务,仅在网络用户向其请求后才负有单向转送义务。而在反通知程序下,网络服务提供者负有双向主动转送的义务,考虑到互联网上内容的海量性、即时性和匿名性,网络服务提供者将不得不花费大量的人力物力进行转送作业,无疑将加重其运营负担。同时,对潜在权利人而言,从原先的单纯通知网络服务提供者即可制止网络用户的潜在侵权行为,转变为在接到反通知时需要通过另起投诉或起诉等方式进行进一步维权,时间精力和金钱成本大大增加。同时,在进一步维权之前,被投诉侵权内容的自动恢复可能会对权利人造成较大的损害,这一问题对于后果较为难以弥补的人身性质类侵权尤为突出。

而反对加入反通知程序的观点,则站在促进互联网发展和减少权利人维权成本的立场,价值上更倾向于对网络服务提供者和潜在权利人的保护,同时也有注重效率的考量。通过略去反通知程序,至多让网络服务提供者负担单向转送义务,避免对其施加过重的负担,同时避免潜在权利人为主张自己的合法权益而付出过多的成本,从另一角度而言,也是鼓励权利人维护自己的合法权益,加强对个人权益的保护。不过,诚如学者所言,反通知程序的缺失也会因缺乏平等对话

机制和维权成本的单向分配等造成对网络用户表达自由的保护不周、助长恶意投诉、增加道德风险等问题。

因此，采取何种立法政策，背后实质上仍是一种价值衡量，天平的一侧是网络用户的表达自由，另一侧是互联网的发展和潜在权利人的维权成本，而如何在两类利益面前达成相对平衡，显然取决于立法者添加的价值砝码。

《民法典（草案）》最终采纳了增加反通知程序的观点，在第 1196 条规定了反通知的步骤及后果：网络服务提供者接到声明后，应当将该声明转送发出通知的权利人，并告知其可以向有关部门投诉或者向人民法院提起诉讼。网络服务提供者在转送声明到达权利人后的合理期限内，未收到权利人已经投诉或者提起诉讼通知的，应当及时终止所采取的措施。

该条通过构建出一条"通知—默认取下—反通知—合理期限内未进一步维权—默认恢复"的规则，在网络用户、网络服务提供者、潜在权利人三方的利益之间作出了一定的价值衡量。条文并未对网络服务提供者施加主动审查义务，仅要求其担任潜在权利人和网络用户之间的沟通渠道，被动履行双向转送义务，因此，不至于对互联网企业的发展形成过多掣肘。同时，条文将进一步维权的主体从网络用户转移为潜在权利人，也一定程度上避免了恶意投诉对网络用户正当权益的侵害，减少了其维权成本，加强了对表达自由的保护，不过，随之而来的代价是对潜在权利人维权的及时性的损害和整体效率的降低。

## 以物如何抵债

### 逻辑背后的价值

债务纠纷当中，"以物抵债"作为债务清偿的更替手段，司空见惯。不过，以物抵债协议本身并非严肃的法律概念，其通常指代一类现象，即当事人于债务清偿期届满前或届满后签订的以他种给付替代原定给付的协议。面对大量的以物抵债案件，由于现行法律规定不甚明确，无法为司法裁判提供清晰的依

据,加之学说各异,实践中对以物抵债协议性质与效力问题的认定存在较大分歧。①

通常而言,对于当事人在债务清偿届满前签订的以他种给付替代原定给付的以物抵债协议,实务中的主要争论焦点在于合同的效力与合同的履行问题。在合同的成立阶段,通说均认可合同因当事人意思表示一致而成立的结论,故不存在债务清偿届满前的以物抵债协议属于要物合同抑或诺成合同的理论争议。② 对于在债务清偿期届满后,债权人与债务人签订的以物抵债协议,如果债权人已经受领了他种给付,以物抵债协议的履行构成代物清偿,原债务因此而消灭自不待言。但司法实践中广泛存在的一类情形是,当事人之间虽签订了以物抵债协议,却尚无债权人受领债务人他种给付的事实,此时如何认定以物抵债协议的性质,是将其认定为诺成合同还是要物合同,将影响以物抵债协议能否有效成立以及应如何履行,进而影响到当事人之间利益关系的分配。

现有讨论中,对待上述问题存在明显的分歧。支持以物抵债协议属于要物合同的观点认为:(1) 以物抵债协议符合代物清偿的基本法理,代物清偿系要物合同,以物抵债协议自然也属于要物合同③;(2) 以物抵债只是给付标的改变,作

---

① 在学说上,许多学者认为以物抵债协议应为要物合同,未交付替代物的以物抵债协议应属无效。参见施建辉:《以物抵债契约研究》,载《南京大学学报(哲学·人文科学·社会科学)》2014年第6期;夏正芳、潘军锋:《以物抵债协议的性质及法律规制——兼论虚假诉讼的防范》,载《人民司法(应用)》2013年第21期。也有不少学者坚持以物抵债协议为诺成合同。参见崔建远:《以物抵债的理论与实践》,载《河北法学》2012年第3期;周江洪:《债权人代位权与未现实受领之"代物清偿"——"武侯国土局与招商局公司、成都港招公司、海南民丰公司债权人代位权纠纷案"评释》,载《交大法学》2013年第1期;司伟:《债务清偿期届满后的以物抵债纠纷裁判若干疑难问题思考》,载《法律适用》2017年第17期;韩世远:《合同法总论(第四版)》,北京,法律出版社2018年版,第83页。

② 传统学说认为,债务清偿届满前的以物抵债协议构成代物清偿预约,是否有效应视情况而定。我国学说和实践认为,债务清偿届满前当事人达成的以物抵债协议,如果标的物已经交付的,构成让与担保,未交付的,构成"买卖型担保"。理论与实务界主要争议焦点是关于让与担保和"买卖型担保"的效力及履行等问题,对于债务清偿届满前的以物抵债协议因当事人意思表示一致而成立,即其应属于诺成合同,基本形成了通说。对于两种"担保"方式的详细研讨,参见陆青:《以房抵债的法理分析——〈最高人民法院公报〉载"朱俊芳案"评释》,载《法学研究》2015年第3期;陈永强:《以买卖合同担保借贷的解释路径与法效果》,载《中国法学》2018年第2期。

③ 参见施建辉:《以物抵债契约研究》,载《南京大学学报(哲学·人文科学·社会科学)》2014年第6期。

为抵债之目的,仍应实际履行后才发生清偿的效果。[①] 而认为以物抵债协议属于诺成合同的论证理由则主要有:(1)我国法没有明文规定代物清偿,故不应机械套用代物清偿理论将以物抵债协议认定为要物合同。[②]《合同法》总则明确规定合同原则上自承诺生效时成立,若主张要物合同,需有法律的特殊规定。[③](2)现实受领给付并非以物抵债合同成立的要件,而只是产生清偿效力的要件。[④](3)从立法例上看,要物合同在各国立法中都有逐渐减少的趋势。[⑤]

除前述学说分歧外,实务裁判以及一些"裁判规则"面对前述问题亦是结论不一。以最高司法机关的态度为例,《最高人民法院公报》2012 年第 6 期曾载"成都武侯国土局与招商局公司等代位权纠纷案"(最高人民法院(2011)民提字第 210 号民事判决书),该公报案例虽于说理部分认为以物抵债协议属于诺成合同,但在事后归纳的裁判要旨部分却明定"以物抵债系代物清偿应为要物合同",在此之间,各级法院的判决和裁判纪要亦多秉承"要物合同说"的立场进行说理与判断。[⑥] 随着学界开始对以物抵债要物合同说进行反思,裁判观点也逐渐开始转向,最高人民法院 2016 年年底发布的指导性案例第 72 号"汤某等与鄂尔多斯彦海公司商品房买卖合同纠纷案"(最高人民法院(2015)民一终字第 180 号民

---

① 参见夏正芳、潘军锋:《以物抵债协议的性质及法律规制——兼论虚假诉讼的防范》,载《人民司法(应用)》2013 年第 21 期。

② 参见崔建远:《以物抵债的理论与实践》,载《河北法学》2012 年第 3 期。

③ 参见韩世远:《合同法总论(第四版)》,北京,法律出版社 2018 年版,第 83 页;邬砚、张伟:《以物抵债的成立要件与效力判定》,载《人民司法(案例)》2017 年第 17 期;司伟:《债务清偿期届满后的以物抵债纠纷裁判若干疑难问题思考》,载《法律适用》2017 年第 17 期。

④ 参见王洪亮:《以物抵债的解释与构建》,载《陕西师范大学学报》2016 年第 6 期;周江洪:《债权人代位权与未现实受领之"代物清偿"——武侯国土局与招商局公司、成都港招公司、海南民丰公司债权人代位权纠纷案》评释》,载《交大法学》2013 年第 1 期;杨临萍:《当前商事审判中的若干具体问题》,载《人民司法(应用)》2016 年第 4 期。

⑤ 参见郑永宽:《要物合同之存在现状及其价值反思》,载《现代法学》2009 年第 1 期。反对意见认为,所谓要物合同式微是一种趋势的说法不能成立,相反,在一些国家和地区,要物合同在得到新的理论支撑后,并未退出历史舞台,其地位甚至变得愈加稳固。参见刘家安:《"要物合同"概念之探究》,载《比较法研究》2011 年第 4 期。

⑥ 各级法院判决参见最高人民法院(2014)民申字第 2139 号民事裁定书;江苏省高级人民法院(2016)苏民终 953 号民事判决书;广东省高级人民法院(2016)粤民再 132 号民事判决书。裁判纪要类文件见于江苏省高级人民法院《关于债权债务案件审理中以物抵债问题的会议纪要》。

事判决书）将以物抵债协议认定为诺成合同，《最高人民法院公报》2017 年第 9 期刊载"通州建总与兴华房地产公司建设工程施工合同纠纷案"（最高人民法院（2016）最高法民终字第 484 号民事判决书），该案再次明定以物抵债协议应属诺成合同；此后，最高人民法院的诸多判决和裁判纪要也开始秉持诺成合同说的判断，并陆续纠正地方法院关于以物抵债属于要物合同的认定。① 但颇为吊诡的是，实务判决对待以物抵债协议的态度并非如想象中一致，在"汤某案"和"通州建总案"公布后，仍有不少最高人民法院的裁判见解坚守以物抵债要物合同说。②

有学者尝试以另一维度对此问题作出解答，认为应突破将以物抵债认定为"协议"的成见，而应将之划入处分行为的范畴，认为如此不仅可以避免诺成合同说与要物合同说的无端争议，还能还原以物抵债行为的本质。③ 还有学者依照物权行为理论对以物抵债协议进行剖析，认为应当将以物抵债拆分为负担行为和处分行为两个部分。④ 但是，且不论我国成文法尚未承认物权行为的概念，更重要的是，将以物抵债视为"处分行为"或者"清偿行为"的做法，实质上回避了实务中以物抵债的"协议形态"，而对以物抵债协议性质的讨论仍然无法绕过诺成合同说与要物合同说的争执。

细究前述分歧，无论是要物合同说还是诺成合同说，争议焦点最终都落在了"以物抵债协议究竟是否符合要物合同的特性"这一问题上，评判标准又都落脚

---

① 终审判决见于最高人民法院（2017）最高法民终 232 号民事判决书；最高人民法院（2018）最高法民再 50 号民事判决书。"纠错型"裁定包括最高人民法院（2017）最高法民再 411 号民事裁定书；最高人民法院（2017）最高法民申 128 号民事裁定书。裁判纪要类文件见于贺小荣主编：《最高人民法院民事审判第二庭法官会议纪要》，北京，人民法院出版社 2018 年版，第 6~7 页。

② 在最高人民法院（2017）民申 3957 号民事裁定书中，法院认为："根据民法基本原理，以物抵债作为实践（要物）合同，系双方商定以他种给付替代原定给付以消灭原有债务的债务清偿方式，只有在债权人现实地受领他种给付之后，才能产生消灭原有债务的效力。"在最高人民法院（2018）民申 1897 号民事裁定书中，法院认为："汇丰公司关于其与白某薇签订的两份工程款顶房协议属于以物抵债行为，是诺成合同，不以物权变动为成立要件的主张，缺乏理据，依法不能成立。"

③ 参见陈永强：《以物抵债之处分行为论》，载《法学》2014 年第 11 期。

④ 参见房绍坤、严聪：《以物抵债协议的法律适用与性质判断——最高人民法院（2016）最高法民终 484 号判决评释》，载《求是学刊》2018 年第 5 期。

于形式逻辑中关于"要物合同"的本质属性的演绎。然而，既然法律是在一个共同体内对所有人都有效，那么，任何人所指的法律都应该有一个共通而普适的认知基础。所以，最重要或者说最困难的课题，是如何来探明那个最普遍、最一般的认知基础，并以本体论的方法加以科学的考量。将以物抵债协议认定为诺成合同抑或要物合同，并非单纯的逻辑问题，相应的认定将影响以物抵债协议的成立、履行（新给付和原定给付的关系）以及违约责任的承担（能否继续履行）；进而涉及债权人、债务人以及第三人的利益分配，牵涉价值判断，需要考虑的是优先维护基于意思自治的债权人的合理信赖，还是通过赋予债务人反悔权的方式进而对其进行优先保护。[①] 由于我国法并未明定以物抵债协议的法律属性，无论是"诺成合同说"还是"要物合同说"，只要说理本身能够前后融贯，在形式逻辑层面就无对错之分，但在价值层面，这个命题的结论无疑具有优劣之分。在具体案件中，当事人之间往往处于不同的利益状态，不同解释路径对于债权人、债务人以及第三人之间的利益分配将会产生不同影响，将对以物抵债协议性质的讨论从逻辑层面上升到价值层面，无疑更加具有现实意义。

**要物合同说的价值坚守与缺失**

要物合同说的价值理性

根据《合同法》的规定，原则上合同自当事人意思表示一致时成立，除非法律法规另有规定或当事人另有约定。要物合同属于合同成立的特殊形式，除意思表示一致外，还需要履行物之交付，合同方可成立（生效）。[②] 具体到以物抵债

---

[①] 参见王轶：《民法价值判断问题的实体性论证规则——以中国民法学的学术实践为背景》，载《中国社会科学》2004年第6期。

[②] 参见朱庆育：《民法总论（第二版）》，北京，北京大学出版社2016年版，第140页；崔建远主编：《合同法（第六版）》，北京，法律出版社2016年版，第18页；韩世远：《合同法总论（第四版）》，北京，法律出版社2018年版，第83～84页。相应依据是《合同法》第367条关于保管合同的约定。但也有观点认为，在法律没有对标的物交付的效力作出特别规定时，要物合同影响的是合同的生效，《合同法》关于借款合同自贷款人提供借款时生效的规定，也是典型例证。参见王利明：《合同法研究（第三版）》（第一卷），北京，中国人民大学出版社2015年版，第29页。在司法实践中，多数法院认为诺成、要物影响的是合同的成立，但也有裁判观点认为要物合同不影响合同的成立，影响的是合同的生效，参见湖北省高级人民法院（2017）鄂民终229号民事判决书。需要明确的是，即使合同成立但未生效，协议仍对当事人无法产生拘束力。

协议之中，在要物合同说的解释框架下，即使当事人在债务清偿期届满后达成了以物抵债协议，但如果未完成标的物的交付或登记，则以物抵债协议对当事人仍然没有拘束力。缘何解释者愿意在一般解释规则之外，选择特殊规则对以物抵债协议进行解释，耐人寻味。

"法律的历史分析作为一种寻找规则渊源的方法，主要通过探究法律的起源和历史沿革，以及法律赖以存在的社会、经济、政治、文化等方面的历史背景，揭示当前法律的制约因素及路径依赖，以及为当下的解释规则提供正当权威的渊源。"[1] 我们注意到，持要物合同说的观点也不例外地使用了法律的历史分析方法，旨在为以物抵债要物合同论寻求正当性的来源和依据。具体而言，在一些学者看来，所谓的以物抵债无非就是传统理论中的代物清偿，而后者属于典型的要物合同。尤其是我国早期的民法学著作，基于对大陆法系国家和我国台湾地区民法学的参考与借鉴，大多将传统的代物清偿理论作为处理以物抵债纠纷的学说来源。[2]

考究历史，关于传统学说将代物清偿合同认为是要物合同的原因，在形式层面主要是为了将代物清偿与债务清偿期届满后当事人之间达成的买卖合同和互易合同等债的更新（变更）制度相区别，同时从法律效果出发，代物清偿作为债的清偿方式的一种，只有在现实地为他种给付后，才会发生清偿的效果，对于没有实际履行的代物清偿协议，则被作为代物清偿预约对待。[3] 在价值判断层面，持传统理论的国家和地区之所以把代物清偿规定为要物合同，主要是基于保护债务人的考量，详言之，要物合同通常为无偿合同，相较于有偿合同，无偿合同中缔

---

[1] 谢鸿飞：《追寻历史的"活法"——法律的历史分析理论述评》，载《中国社会科学》2005年第4期。

[2] 早期著作可参见王家福主编：《中国民法学·民法债权》，北京，法律出版社1991年版，第198页。在该著作中，便提及我国台湾地区"民法"明文规定的代物清偿属于要物合同，学说与判例也肯认了代物清偿的要物性。参见孙森焱：《民法债编总论》（下册），北京，法律出版社2006年版，第853页。相应的，我国台湾地区民法系继受《德国民法典》的相关规定，德国法理上固有观点亦将代物清偿认为属于要物合同。参见张金海：《论要物合同的废止与改造》，载《中外法学》2014年第4期。

[3] 在罗马法的相应规定中，代物清偿制度是债务人有权选择履行新债或旧债，而债权人则不能从两种给付之中进行选择。其他传统学说也认为，代物清偿协议必然是有利于债务人的。参见肖俊：《代物清偿中的合意基础与清偿效果研究》，载《中外法学》2015年第1期。

约人的责任较轻，因此在标的物交付前，无偿合同允许义务人行使任意撤销权，法律通常不追究撤销人的责任。[①] 将以物抵债协议认定为要物合同，实质上是赋予了债务人在达成合意后、标的物实际交付前，再次理性评估利弊的机会，债务人可以在任意情况下进行反悔，不履行以物抵债协议，以此来避免债务人被要求强制履行对其可能造成不利益的他种给付。[②]

同时，持要物合同说的观点还认为，在利益衡量上，虽然赋予债务人反悔权达到了对债务人利益进行倾斜保护的目的，但是此种做法并不会因此伤害债权人及第三人的利益。申言之，在替代物交付前，以物抵债协议未成立，原债也就未消灭，尽管债务人反悔不履行以物抵债协议有违诚信，但债权人仍可依据原债主张债务，故债权人的利益也仍然能够得到有效维护。[③] 同时，使合同停留在成立阶段的做法，还能够防止当事人之间虚构债务并达成以物抵债协议，并诉请法院强制履行以物抵债协议来逃避债务，从而切实保障案外第三人的利益。[④]

此外，现实因素亦是要物合同说的考量之一。将以物抵债协议解释为要物合同，除可以偏重保护债务人利益外，还有助于简便实践操作、保障裁判结果的统一性。在案件的实际审理中，如果一律将以物抵债协议作为要物合同对待，法官就无须考虑以物抵债协议可能存在的多种类型，而仅需要考察当事人之间意思表示是否真实以及标的物是否交付两个要件。如果两个要件中有一个要件不满足，则合同自始不能成立，当事人要求履行合同或者要求按照合同约定承担违约责任

---

[①] 参见崔建远主编：《合同法（第六版）》，北京，法律出版社2016年版，第19页。

[②] "反悔权"被部分主流的司法实践所采纳，江苏省高级人民法院《关于债权债务案件审理中以物抵债问题的会议纪要》第3条第1项规定：债务清偿期届满后当事人达成以物抵债协议，在尚未办理物权转移手续前，债务人反悔不履行抵债协议，债权人要求继续履行抵债协议或要求确认所抵之物的所有权归自己的，人民法院应驳回其诉讼请求。但经释明，当事人要求继续履行原债权债务合同的，人民法院应当继续审理。

[③] 参见夏正芳、潘军锋：《以物抵债协议的性质及法律规制——兼论虚假诉讼的防范》，载《人民司法（应用）》2013年第21期。

[④] 以物抵债是实践中虚假诉讼的"重灾区"。近日，最高人民法院和最高人民检察院专门出台了《关于办理虚假诉讼刑事案件适用法律若干问题的解释》，旨在对以物抵债和其他领域中的虚假诉讼行为进行严厉打击。该解释规定，采取伪造证据、虚假陈述等手段，与他人恶意串通，捏造债权债务关系和以物抵债协议的，构成虚假诉讼罪。

的诉求便无法得到支持；如果两个要件均得到满足，自然也会发生实际清偿的效果。如此，不仅可以简便法官思考的过程，确保当事人之间法律关系的确定性，还能够有效地统一司法裁判的尺度。

要物合同说的价值融贯性检讨

在对某一制度进行价值和功能层面的阐述时，"不少分析对社会现实语境的复杂性缺乏足够认知，仅因特定方案在某些方面的积极功能就对其加以毫不保留地推荐，忽视了这些方案的潜在副作用"①。对以物抵债协议的讨论同样如此。从结果上看，将以物抵债协议解释为要物合同，通过赋予债务人反悔权的方式，保障了债务人的选择自由，维护了第三人的合法权益，同时似乎也并不会损害债权人的利益，理论上看似完满。但在繁复多变的司法实践中，这种结论却难以经受检验，要物合同说的论断在发挥部分积极价值的同时，至少也存在以下三大副作用。

首先是要物合同说"不至于损害债权人利益"的判断难以成立，相反，在个案中，采要物合同说极易会对债权人利益造成损害。如前所述，认为要物合同说赋予债务人反悔权不会损害债权人利益的论证路径是：通常而言履行以物抵债协议（新债）对债务人更为有利，故债务人放弃成立和履行新债务实际上放弃了对自己更为有利的债务履行方式，而债务人履行旧的金钱债务，一般来说对债权人而言更为有利，或者至少说符合旧债务成立时的预期。②但是，实践却在不断证明，现实情况并非总是如此，在某些情况下，放弃成立和履行新债对债权人颇为不利，这尤其集中体现于他种给付的价值增加以及债务人无力履行旧债的情况。

在前述"汤某案"中，债务人在债务履行期届满后无力偿还部分债务，故与债权人协商提前对债务总额进行了核算，之后通过签订房屋买卖合同购买案涉房屋的方式，以全部借款本息抵顶部分购房款，折抵后剩余的购房款于案涉房屋过户后一次性支付，后债权人因债务人未再偿还本息又拒绝履行房屋买卖合同诉至法院。此时，如果依照要物合同说对以物抵债协议进行解释，承认债务人的反悔

---

① 熊丙万：《法律的形式与功能——以"知假买假"案为分析范例》，载《中外法学》2017年第2期。

② 参见司伟：《债务清偿期届满后的以物抵债纠纷裁判若干疑难问题思考》，载《法律适用》2017年第17期。

权,将导致案涉房屋买卖合同无法成立,债权人也就无法请求债务人履行买卖合同。在利益关系上,债权人不仅将丧失通过履行买卖合同的方式及时实现债权的利益,还无法享有案涉房屋价值可能上涨所带来的利益,这无疑与"债务人反悔权不会损害债权人利益"的结论南辕北辙。① 故在"汤某案"的处理上,法院未认可债务人要求行使反悔权的主张,而是认定以物抵债协议(新债)已经成立,当事人之间应当依约履行。②

其次是要物合同说将对合同法的内在价值体系尤其是合同自由原则造成伤害。从手段上看,要物合同说为了偏重保护债务人利益而在标的物未交付前强令以物抵债协议不成立,不仅有违意思自治原则,也与合同自由原则和鼓励交易的司法导向相悖,甚至有司法权过度扩张之嫌疑。③ 以物抵债作为一种清偿旧债的手段,其双方合意的目的在于以替代物的给付消灭旧债,但由于替代物给付本身需要以合同关系为基础,强令合同不成立实质上削弱了意思自治的效力。合同法规则本就充分蕴含着合同自由的法律精神,如果单从保护债务人利益的角度出发,否定意思自治的效力,对合同成立自由予以限制,将与倡导合同自由的价值体系相矛盾,其"家父主义"思维的妥当性颇值怀疑。正如学者所言,"假借物之交付给予当事人以考虑斟酌机会,若通过任意规范提供建议,供当事人选择自无不可,但被冠以强制效力,成为必须遵守的管制性成立要件时,却不仅未必能起到保护当事人的效果,而且限制了当事人的意思自治空间"④。体现于裁判之中,法院通常倾向于不支持旨在以未履行他种给付来否定当事人签订的以物抵债

---

① 类似观点,参见崔建远主编:《合同法(第六版)》,北京,法律出版社 2016 年版,第 94 页。
② 参见最高人民法院(2015)民一终字第 180 号民事判决书,需要说明的是,在本案中,由于当事人之间约定的利息超过了民间借贷司法解释规定的利率上限,最高人民法院在审查后认为超过部分的利息不能算入已支付的购房款之中,以防止债务人的责任财产不当减少,有效保护了债务人的其他债权人的利益。
③ 参见周江洪:《债权人代位权与未现实受领之"代物清偿"——"武侯国土局与招商局公司、成都港招公司、海南民丰公司债权人代位权纠纷案"评释》,载《交大法学》2013 年第 1 期。在金融交易实践中,银行作为债权人时常担心以物抵债协议存在的合规风险,从而导致协议抵债在商业银行实践中的运用总体较少。参见戴国朴:《金融业务中以物抵债协议的无效风险及其防范——司法实践与实务分析》,载《金融与经济》2016 年第 3 期。
④ 朱庆育:《民法总论(第二版)》,北京,北京大学出版社 2016 年版,第 141 页。

## 第八章 民法中的价值判断

协议系当事人之间真实意思的主张。① 新近有学者对与要物合同类似的要式合同的成立要件展开了反思,也侧面证实了此种判断。②

最后是要物合同说对于诚信价值的维护有失偏颇。在交易实践中,以物抵债协议的达成需要经过漫长的磋商环节,由于以物抵债协议的标的物可能是动产、不动产以及权利(股权、收益权等),对于替代物的价值,通常需要委托专业的机构进行评估,其必然耗费物质成本和时间成本。如果债务人可以任意不履行以物抵债协议,在债务人应否承担缔约过失责任尚无定论的情况下,磋商环节所付出的成本就很可能付之东流,而且,相应的制度安排完全可能被不诚信的当事人作为拖延合同履行的工具。如在"青海越州公司与四川建设集团纠纷案"中,债权人四川建设集团基于对债务人青海越州公司的充分信赖,同意给予债务人一定的宽限期以履行他种给付,但债务人自以物抵债协议签订至庭审时都未履行他种给付,债务人庭审时主张行使反悔权,但法院认为债务人的行为有违诚实信用原则,未支持债务人的抗辩。③ 在越来越强调诚信的现代社会,要物合同说给信用机制的伤害,同样值得关注。

综上,从法律的价值取向出发,以物的现实交付作为以物抵债协议成立要件,赋予债务人反悔权,虽对债务人颇为有益,一定程度上也能够防范虚假诉讼保护第三人利益,但该种做法很可能不利于债权人利益保护,同时与民法的内在价值体系,尤其是意思自由原则相矛盾,也与构建诚信社会的要求不相符合,这是要物合同说本身的特性所决定的。④ 在明确了要物合同说的价值理念与其局限

---

① 如在"延边罗京集团与郑某买卖合同纠纷案"中,债务人旨在以未履行他种给付,认为当事人签订的以物抵债协议并非当事人的真实意思表示,法院未支持债务人的此种主张,并认为当事人双方在达成消灭原债的协议后,即便并未完成替代给付,也不能因此而否认案涉买卖合同本身的意义。参见最高人民法院(2016)最高法民申903号民事裁定书。

② 在《合同法》第36条和第37条的规定下,意思自治可能受到严重抑制,而且极易被交易机会主义所裹挟。详细论述,参见朱广新:《书面形式与合同的成立》,载《法学研究》2019年第2期。

③ 参见最高人民法院(2018)最高法民终1198号民事判决书。

④ 事实上,学界也一直有观点在批判要物合同制度对信用体系的伤害,甚至认为要物合同迟早要退出历史的舞台。详细论述,参见张力:《实践性合同的诺成化变迁及其解释》,载《学术论坛》2007年第9期;刘颖:《论要物合同的衰落——以探寻"完成其他给付"为中心》,载《浙江社会科学》2013年第7期。

之后，接下来的问题是，如果将以物抵债协议解释为诺成合同，那么反过来，要物合同说的解释者所秉承的保护债务人的价值理念能否在诺成合同说中予以实现，要物合同说的价值局限性又能否在诺成合同说中加以克服？下文将尝试回答这一问题。

诺成合同说的价值优势

在要物合同说的解释路径下，替代给付完成前，以物抵债协议不成立，因此不存在以物抵债协议履行和救济的问题。在诺成合同说之下，依照当事人的不同意思，当事人之间债的关系可能存在四种情形：其一是代物清偿协议，即通过替代给付的履行使新债生效并以此消灭旧债①；其二是债务更新，即以他种给付替代原给付，原债因新债的成立而消灭②；其三是新债清偿，即以负担新债务作为履行原债务的方式，新债成立时原债并不消灭③；其四是债的担保，即原给付作为主债继续存在，新设立的以物抵债协议作为原债务的从债而存在。④ 很显然，

---

① 以要物合同说对代物清偿进行解释，物的交付是代物清偿协议的成立要件，以诺成合同说对代物清偿进行解释，物的交付是代物清偿协议的生效要件。由于现行法并未明定物的交付是代物清偿协议的成立要件，故解释为生效要件亦无问题。类似观点，参见王利明：《合同法研究（第三版）》（第一卷），北京，中国人民大学出版社2015年版，第29页。

② 债务更新又被称为债的更改、债的更替等，是指债的要素发生变更，导致债的关系同一性丧失。其不同于债的变更，后者主要指狭义的变更，即债的非要素的变更，由于以物抵债协议使债的标的要素发生了变化，故不可能构成狭义的债的变更。参见史尚宽：《债法总论》，北京，中国政法大学出版社2000年版，第822页；王洪亮：《债法总论》，北京，北京大学出版社2016年版，第193页。当事人协商一致可以变更合同，包括合同的内容，合同标的是合同的主要内容。既然把履行标的变为物的交付，合同主要内容发生了变更，就是合同的变更，以后的权利义务只能按照以物抵债协议履行，协议如得不到履行，原债务也不能恢复。

③ 新债清偿是我国台湾地区使用的概念，又称"为清偿的给付"，指的是债务人为清偿旧债务而负担新债务，并因新债务的履行而消灭旧债务的一种制度。如债权人获得清偿，则旧有债务消灭；如债权人未获清偿，则债权人有权就原债权请求清偿。参见房绍坤：《论新债清偿》，载《广东社会科学》2014年第5期。司法实践中已经有诸多裁判使用新债清偿的理念处理以物抵债问题，参见最高人民法院（2016）最高法民终484号民事判决书；最高人民法院（2017）最高法民申1070号民事裁定书。

④ 实务界也有观点认为不只是债务清偿届满前，债务清偿届满后的以物抵债协议也有可能构成债的担保，主要有四点原因，首先，从以物抵债协议的产生看，原债务是本源，以物抵债只是亚类；其次，从效力上看，原债务被确认无效之后，以物抵债协议也将归于无效；再次，从法律后果看，原债务消灭，以物抵债协议也没有存在的必要；最后，对原债务的抗辩也可以对新债务主张。但也有学者认为，除法律明确规定和当事人明确约定外，不宜（应）将先签（前）合同和后续（后）合同认定为主从关系。参见崔建远：《先签合同与后续合同的关系及其解释》，载《法学研究》2018年第4期。

诺成合同说为以物抵债协议提供了更多的类型选择，于此方案下通过对新债与旧债关系的解释，不仅能够有效保障债务人利益达致要物合同说的制度目的，而且还能够克服要物合同说对债权人保护不周的规范局限，同时与既有的价值体系融贯自洽。下文将顺着以物抵债协议诺成合同说的解释路径，分别阐述上述价值优势具体如何显现。

**基本价值：当事人及第三人利益的动态平衡**

*债务人利益的趋同保护*

在诺成合同的解释框架下，合同的成立仅需要考虑当事人之间是否存在真实的意思表示，在当事人意思表示一致时，以物抵债协议即可成立，只要不存在导致合同无效的情形，就应当认定协议有效成立并生效，在当事人之间具有拘束力。

如前所述，坚持要物合同说的学者之所以对诺成合同说保持谨慎态度，很大一部分原因在于其始终秉承着保护债务人的价值判断。要物合同论者常依实践中多发的一种情形说事：当事人之间原本存在民间借贷关系，在债务清偿期届满后，又通过签订以物抵债协议的方式，约定以特定物的履行替代原定给付。如果在物的交付前便认定以物抵债协议有效成立，以物抵债协议就应当被切实履行。但是，交易实践中债务人愿意签订以物抵债协议，多是基于其财务状况不佳（无法履行金钱债务）的事实，"理亏"的债务人虽是自愿缔结以物抵债协议，但往往该协议的履行对其可能造成显著的不利益。[①] 如果债务人财务状况转好，恢复清偿旧债的能力后，还要求债务人必须履行以物抵债协议，无疑将造成债务人利益的损害。

诚然，上述对债务人进行保护的价值判断颇具现实意义，但实现保护"弱势"的债务人利益的目的，却不一定非要用到要物合同这项"工具"，在诺成合同说下，仍可以达致与要物合同说一般的对债务人的趋同保护。如前所述，诺成

---

[①] 以上文引述的"汤某案"为观察，在该案中，上诉人彦海公司在被判决履行以物抵债协议后便上诉称，以物抵债协议是"将价值8亿元的房产以4亿元价格抵债"，存在明显不公。参见最高人民法院(2015) 民一终字第180号民事判决书。

合同说之下的以物抵债协议可能构成新债清偿和债的担保，在新债清偿说和债的担保说的情形中，以物抵债协议有效成立后，旧债并不消灭，新债与旧债处于并存状态。如果以新债清偿来解释以物抵债协议，则新债与旧债属于选择之债，债务人具有选择权，可以选择其中任一种债务进行履行，债权人则不具有选择权。①另外，由于在新债清偿说下旧债并不消灭，新债在性质上为无偿合同，基于对无偿合同中债务人的保护，债务人通常享有任意撤销权，即使以物抵债协议有效成立，债务人也可以随时反悔而选择履行旧债，如此，便仍然可以达到要物合同说旨在保护债务人利益的价值目的。

当然，新债清偿一般适用于当事人之间对新债与旧债关系未做明文约定的情形，如果在具体案件中，当事人签订的以物抵债协议明确约定新债系作为旧债的担保，则此时旧债与新债仍然属于并存状态，且二者呈现主从关系。对于债务人而言，履行主债（原债）本就是其可能的选择，因此，也不存在债务人必须履行新债的情况。最高人民法院的倾向性意见就认为，债务人在有能力履行旧债务时，其可以选择履行旧债务。②

可见，只要在解释上认定新债和旧债并存，即使认为以物抵债协议属于诺成合同，在价值结论上仍然可以达到与要物合同说相同的效果。正如学者所言，"即使法律人需要对无偿契约中的义务人施以特别保护，亦可通过减轻注意义务和承认任意撤销权等方式实现，委实没有必要以违反理论脉络为代价，硬搬出'要物'之契约类型"③。当然，批评诺成合同说的意见仍然会认为，在历经如此多的解释作业后，达到的结果仍与要物合同说一致，如此又何苦去选择诺成合同说而不选择负担更小的要物合同说去看待以物抵债协议的成立与性质问题呢？对

---

① 论者在说理时认为，对于债权人而言，其不具有选择权，因为这样无疑将加重债务人的负担，不足以平衡双方当事人的利益关系，不符合效益原则。参见房绍坤、严聪：《以物抵债协议的法律适用与性质判断——最高人民法院（2016）最高法民终484号判决评释》，载《求是学刊》2018年第5期。

② 最高人民法院民二庭的意见倾向于认为，对于债务人反悔，但又未能提供证据证明有能力继续履行原债务，法院应支持债权人请求债务人履行以物抵债约定，其言外之意是，如果债务人有能力履行旧债务，其可以反悔，选择履行旧债务。参见杨临萍：《当前商事审判中的若干具体问题》，载《人民司法（应用）》2016年第4期。

③ 朱庆育：《民法总论（第二版）》，北京，北京大学出版社2016年版，第141页。

此，有学者解释道："即使抵债的终极目标没有达成，但诺成合同说的积极意义在于因为债权人和债务人在清偿债务的安排上进行了尝试，并迈出了朝着良好方向发展的一步。"① 其实在笔者看来，诺成合同说的意义远不止如此，依照当事人的意思，诺成合同说下的新债与旧债关系可能构成债务更新，债务更新说不承认债务人的反悔权，在个案之中，该说能够有效克服要物合同说对债权人保护不周的弊病。

**债权人利益的个案维护**

在前述新债清偿说和债的担保说的解释路径下，新债与旧债并存，债务人具有选择履行旧债的权利，对于债权人而言，即使新债并未得到现实清偿，债权人仍可诉诸旧债，从而防止在新债的履行具有不确定性的情况下径直认定旧债消灭，造成债权人损害，因此，新债清偿说和债的担保说也多被解释为有助于保护债权人利益。②

但是，该价值结论却并非普遍适用，如前所述，如果一概地将新债与旧债的关系认定为属于两债并存，肯定债务人的反悔权，以物抵债协议（新债）违约责任承担的问题将被排除，一味否认债权人具有要求履行新债的权利，将造成与要物合同说相同的对债权人保护不周的弊病。③ 在个案中，债权人基于以物抵债协议的救济权仍应得到肯定。

在理论上，多数观点仍认为，如果将以物抵债协议认定为债务更新说，将会导致债权人利益受损。之所以得出如此结论，原因在于，如果原债务因新债务的成立而消灭，原债的担保也将随之消灭，相应的结果便是债权人由具有担保的金钱债权转化为无担保的普通债权，由于后者是否能够圆满履行具有不确定性，这将使债权人的利益受到减损。"在债权债务关系中，保护债权是基本立足点，故从保护债权

---

① 司伟：《债务清偿期届满后的以物抵债纠纷裁判若干疑难问题思考》，载《法律适用》2017年第17期。
② 参见最高人民法院（2016）民终字第484号民事判决书。
③ 学者在论述区分诺成合同和要物合同的意义时，除述及合同的成立要件不同外，还关注到确定当事人之间义务的不同，即诺成合同中，交付标的物系当事人的给付义务，违反该义务产生违约责任，而在要物合同中，交付标的物不是当事人的给付义务，只是先合同义务，违反仅会产生缔约过失责任。参见韩世远：《合同法总论（第四版）》，北京，法律出版社2018年版，第84页。

的理念出发，除非当事人有明确的意思，否则不应将以物抵债解释为债务更新。"[1]

必须承认的是，前述关于债权人利益受到减损的质疑，可能确实存在，但在个案之中却不一定能够成立。现有以物抵债交易中，广泛存在的是以房抵债交易，债权人如果预料到房价可能存在上涨的情形，自然更加愿意履行以房抵债协议，认定当事人之间以房屋买卖合同关系替代了原债权债务关系，债务人便无法再反悔要求履行旧债，此时债权人依照新债约定要求继续履行以房抵债协议的请求权便能够得到肯定。在具体处理上，债权人虽无法直接要求确认不动产归其所有，但能够要求债务人履行动产交付或不动产登记义务，即使存在《合同法》规定的无法继续履行的情况，债权人也应当有权请求债务人赔偿预期利益的损失。[2] 如此处理，显然对债权人更加有利。实践中存在的另一种情形是，债务人已经丧失了旧债的清偿能力，尽管旧债可能具有更高的债权数额，但是基于资金快速变现和投资的需要，债权人很可能会要求履行新债。例如在建设工程领域，《合同法》第 286 条规定债务人可以用建设工程折价的方式抵顶债务，通常情况下，建设工程（烂尾楼）的价值可能与金钱债务数额相距甚远，但是鉴于建设工程上具有的巨大投资利益和可能的升值空间，债权人选择履行新债同样可能对其更为有利。

---

[1] 贺小荣主编：《最高人民法院民事审判第二庭法官会议纪要》，北京，人民法院出版社 2018 年版，第 11 页。司伟：《债务清偿期届满后的以物抵债纠纷裁判若干疑难问题思考》，载《法律适用》2017 年第 17 期。各国民法典也都倾向于认为，从保护债务人和第三人利益的价值判断出发，除非当事人有明确的债务更新的意思表示，否则不能推定以物抵债协议是债务更新。《德国民法典》第 364 条第 2 款规定："债务人为使债权人受清偿而对债权人承担新债务的，有疑义时，不得认为债权人承担该债务以代替履行。"陈卫佐译注：《德国民法典（第 4 版）》，北京，法律出版社 2015 年版，第 139 页。《法国民法典》第 1272 条规定："债的更新不得推定；进行债的更新的意思，应当在证书中清楚表明。"罗结珍译：《法国民法典》，北京，北京大学出版社 2010 年版，第 326 页。我国台湾地区"民法"第 320 条规定："因清偿债务而对债权人负担新债务者，除当事人另有意思表示外，若新债务不履行时，其旧债务仍不消灭。"

[2] 进一步的讨论还包括，在明定债权人的继续履行请求权后，对于超过债权数额的部分，债权人是否应当负有清算义务的问题。实质上，这涉及房屋上涨的利益应当由何者享有的问题，再次涉及价值判断，究竟是偏重保护债务人的利益还是保护债权人的利益。最高人民法院民二庭意见认为，以物抵债协议在继续履行时并不需要履行清算程序，因为以物抵债约定发生的时间在债务履行期届满后，所以当事人达成的以物抵债协议不会对债务人造成不公平。参见杨临萍：《当前商事审判中的若干具体问题》，载《人民司法（应用）》2016 年第 4 期。还有意见认为，在债务更新的情况下，债权人应承担替代给付无法实现的风险，自然也应当享有标的物价值超过原债务的利益。参见王洪亮：《债法总论》，北京，北京大学出版社 2016 年版，第 193 页。

除此之外，此项结论同样适用于不良资产抵债的交易实践。

另外，值得关注的是，债务更新并非如论者所述的极少被司法实践所援用。相反，以物抵债协议的合意本就并非一概不消灭旧债，债务更新的合意也是实践中常有的情形，前述"汤某案"便是典型例证。在该案中，债务人彦海公司在自愿签订以房抵债协议后、房屋过户前，基于房价上涨的事实，后悔不愿意履行新债，此时裁判者实质上面临允许债务人反悔以保护债务人利益还是允许债权人要求继续履行新债以优待债权人的利益抉择，如果以要物合同说对以物抵债协议进行解释，裁判者倒可以"省事地"避免矛盾与纠结，一律判决允许债务人反悔，但如此一刀切的做法，将直接损害该案债权人的利益（能赚到的钱赚不到了）。在个案利益衡量的方法论下，并非所有的债务人都是值得保护的对象，如果在利益状态上裁判者偏向于保护债权人，裁判者大可以选择诺成合同框架下的债务更新解释路径，认定债权人有权依据以物抵债协议要求债务人履行或者承担违约责任，就算在个案中利益衡量偏向于债务人，也不必认为以物抵债协议属于要物合同，而仅需将以物抵债协议解释为新债清偿或者债的担保，允许债务人选择履行旧债即可。

第三人利益的周延守护

认定以物抵债协议因当事人意思表示一致而成立可能造成的消极效果或者对诺成合同说的常见质疑还包括，不严格把握以物抵债协议的成立要件容易导致虚假诉讼，造成第三人利益的损害。在说理时，持该种学说的论者通常认为，法官如果将以物抵债协议认定为诺成合同，当事人便容易通过以物抵债协议规避诸如借贷利率上限的规定，使得债务人的责任财产不当减少，损及第三人的利益。在执行过程中，法院也很可能会依据当事人的申请出具以物抵债调解书以及其他执行文书，当事人就得以利用裁判文书要求法院强制执行，此时裁判文书便极易被虚假诉讼所利用，有违法院实现公平正义的价值目的，对案外人也是巨大的隐患。[①]

---

[①] 具体的类型包括通过以物抵债协议虚构债务转移资产、规避民间借贷利息规定以及规避国家限购限牌政策等。参见夏正芳、潘军锋：《以物抵债协议的性质及法律规制——兼论虚假诉讼的防范》，载《人民司法（应用）》2013年第21期。

需要承认的是，当事人之间是否属于虚假诉讼确实是处理以物抵债纠纷时需要考虑的问题，但是在虚假诉讼的处理上，采诺成合同说却并非导致以物抵债领域虚假诉讼频发的原因。该结论可以从两方面予以论证。

首先，在合同法基础理论中，合同需区分成立与效力两个阶段，其中合同的成立仅是事实层面的判断，合同的效力则涉及法律判断。当事人签订的以物抵债协议，即使已经成立，也不意味着其必然具有法律效力，如果以物抵债协议确实对第三人利益造成了影响，在他种给付完成前，第三人可以参照《物权法》第195条第1款的规定主张撤销，即使他种给付已经完成，第三人仍然可以依据《合同法》第52条的规定主张合同无效，或者依据《合同法》第74条的规定行使撤销权。① 将虚假诉讼与合同的成立相关联的观点不当地将对合同效力的法律判断提前到仅需做事实判断的合同的成立环节，为防止虚假诉讼而强使诸多合同不成立的做法无异于削足适履，可能造成适得其反的效果。

其次，在债务清偿届满后，无论是将以物抵债协议认定为新债清偿、债的担保还是债务更新，对于第三人利益都不必然会造成影响，此结论又可以从两个层面展开。第一，债务履行期届满后的以物抵债协议不同于债务清偿届满前的以物抵债协议，债权人的债权数额得以确定，在此基础上达成的以物抵债协议，一般不会存在替代给付价值明显高于原债的显失公平问题。② 债务人的责任财产也一般不会不当减少。第二，以物抵债协议达成后，债权人并不具有对替代给付标的物的优先受偿力，其与第三人的债权仍然处于平等状态，换言之，如果债务人的责任财产不足以清偿债权人和第三人的债权时，第三人与债权人仍然应当平等受偿。就算以物抵债协议确实不当提升了债权数额，第三人依据《物权法》和《合同法》的规定仍享有撤销权。

**进阶价值：内在体系的融贯与自洽**

对于价值判断问题的探讨，除了厘清当事人之间的利益关系外，对于合同法

---

① 参见贺小荣主编：《最高人民法院民事审判第二庭法官会议纪要》，北京，人民法院出版社2018年版，第9页。

② 参见杨临萍：《当前商事审判中的若干具体问题》，载《人民司法（应用）》2016年第4期。

的内在体系的影响同样应纳入考虑。换言之，民法制度体系的构建除应追求外在逻辑的和谐一致外，更应力求在内在价值体系上前后融贯自洽。在既有体系中，"'自由'作为社会与民法的构成性原理，是民法作为'部门宪法'的核心价值"①，"除非有足够充分且正当的理由，否则不得设置例外"②。如前所述，本书在当事人利益分配层面已经证明诺成合同说相较于要物合同说更加具有价值优势，但如果希冀以诺成合同说彻底取代要物合同说，则还有必要在体系层面上论证诺成合同说相较于要物合同说具有的优势。

坚持以物抵债协议因当事人意思表示一致而成立，再次彰显了合同自由原则在民法内在体系中的地位。根据《合同法》第 25 条的规定，合同的成立原则上遵循"一诺即成"的基本理念，当事人的缔约自由是意思自治原则在合同法中的典型体现，"若需对这一自由进行限制，限制者必须承担必要的论证责任"③。如果将以物抵债协议作为要物合同，在实质上是以保护债务人利益、防范虚假诉讼为理由，打破了《合同法》规定以合同自由为原则的既有体系，其理由看似充分，实则难以成立。将保护弱势群体利益作为合同自由原则的例外，彰显了道义力量，其正当性一度受到充分肯定，但现如今，债务人相较于债权人而言属于弱者的身份划分已经不复存在，仅以保护债务人利益为出发点对合同自由进行限制就显得更为不合时宜。④ 更为重要的是，要物合同说保护债务人利益的价值考量也完全能够被诺成合同说所完满实现，如果再坚持以物抵债协议的要物合同说，其后果便是削弱意思自治的效力，降低债之"法锁"的价值。⑤

---

① 谢鸿飞：《中国民法典的生活世界、价值体系与立法表达》，载《清华法学》2014 年第 6 期。
② 王轶：《民法价值判断问题的实体性论证规则——以中国民法学的学术实践为背景》，载《中国社会科学》2004 年第 6 期。
③ 通常而言，意思自由原则被公认为民法内在价值体系的重要内容。参见朱岩：《社会基础变迁与民法双重体系建构》，载《中国社会科学》2010 年第 6 期。论者进而认为，在方法论上，如需要对意思自由进行限制，需要承担充分且正当的论证责任。参见王轶：《民法价值判断问题的实体性论证规则——以中国民法学的学术实践为背景》，载《中国社会科学》2004 年第 6 期。
④ 参见李志刚主编：《民商审判前沿：争议、法理与实务》，北京，人民法院出版社 2019 年版，第 123 页。相应观点系刘保玉教授发表。
⑤ 参见贺小荣主编：《最高人民法院民事审判第二庭法官会议纪要》，北京，人民法院出版社 2018 年版，第 6～7 页。

契约自由是意思自治原则在合同法中的最大体现，只要当事人之间事实上达成了合意，即使该合意没有得到现实履行，合同也已经成立。以替代给付未完成否定合同本身成立的事实，倒置了合同成立与合同履行的本末，因为合同本身来源于当事人的意思，而非来源于当事人的履行行为。在传统的代物清偿法律关系中，合意的内容本身就是消灭旧债，旧债也因新债成立与履行行为的同时完成而归于消灭。但回望当事人签订以物抵债协议的目的，多数情况下无非是产生一种新的清偿方式，至于清偿能否完成，应是协议履行所要解决的问题，而无法被以物抵债协议的合意所涵盖。① 在此意义上，以物抵债协议的合意和代物清偿的合意也并不必然相同。②

另外，将以物抵债协议解释为诺成合同，允许债务更新情形的存在，还有助于维护诚信的法价值。诚实信用原则作为《民法总则》明文规定的基本原则之一，理应是民法中被永恒关注并予以重视的原则，只是可能在一些特定时期的价值权衡体系中，将诚信原则置于某一价值判断下考量，但无论如何，其内在意蕴与外化表征都不能被忽视或低估。法官在裁断具体案件时，也应充分认识并重视裁判结果对整个社会诚信度的影响，一味按照要物合同说下肯定债务人的反悔权，将大大增加双方当事人的交易成本，极易助长不诚信行为。③ 相反，在个案中将以物抵债协议解释为债务更新，否定债务人的反悔权，却能够避免不诚信的当事人借以物抵债协议拖延债务的履行，造成债权人利益的损害。

---

① 如文中所述"通州建总与兴华房地产公司建设工程施工合同纠纷案"，当事人之间签订房屋抵顶工程款的以物抵债协议，协议中并未明确旧债务因此消灭。最高人民法院据此认为，以物抵债协议本身无非是双方当事人另行增加一种清偿债务的履行方式，至于原金钱给付债务是否消灭，当事人之间的合意并不涉及，属于协议履行的问题。参见最高人民法院（2016）最高法民终字第484号民事判决书，载《最高人民法院公报》2017年第9期。

② 学者从罗马法进行历史渊源的考察，同样证明了这一结论。即使在传统的代物清偿的概念下，相应协议的缔结也并不立即使得原债消灭，所以在合意达成时，原债继续保留，没有新债产生。基于这些差异，在罗马法中，代物清偿显然不会被看作是要物合同。参见肖俊：《代物清偿中的合意基础与清偿效果研究》，载《中外法学》2015年第1期。

③ 如在湖北省高级人民法院（2017）鄂民终229号案中，法院认定以物抵债协议属于要物合同，并在说理部分认为：如果按以物抵债处理，可能会因财产的升值或贬值造成双方利益的失衡。市场经济允许人们在不损害国家、他人利益的前提下追求利益的最大化，虽然债务人言而无信，但利与弊相较，利大于弊，且结果公平。换言之，在利益衡量上，该判决认为债务人利益保护的价值高于诚信的价值。

在诺成合同的解释框架下,当事人签订的以物抵债协议灵活多样。如果标的物已经交付,履行行为构成代物清偿;标的物尚未交付的,可能构成新债清偿、债的担保,也可能构成债务更新。要物合同说忽视了实践中如此繁复多样的情形,其偏重保护债务人和第三人利益的价值判断诚然值得肯定,但仍然能够被诺成合同解释框架下的新债清偿说和债的担保说所涵盖。与以物抵债协议要物合同说相比,诺成合同说不仅能够继续坚守要物合同说的初衷,还能够有效克服要物合同说可能带来的消极效应,切实保障债权人的利益,维护合同自由的既有体系,守卫社会诚信。此外,诺成合同说不仅在理论上能够前后自洽,还能充分满足实务需求,体现到裁判之中,诺成合同说赋予了裁判者更为广泛的裁量权,使其能够运用个案利益衡量的方法,对当事人之间的真实意思和利益关系进行审视,并视具体情况选择新债清偿说、债的担保说或债务更新说,为裁判者在面对纷繁复杂的实践时提供了更多有效的解释工具,在个案中作出兼顾当事人利益的裁判达致个案正义。在此意义上,诺成合同说相较于要物合同说无疑更加具有价值优势和工具优势。

作为利益衡量的结果,如上分析得出的结论仅仅指明了一条矫正个案中可能出现的实质不公平后果的路径,相应要求也仅是朝着这个方向去进行价值判断,旨在于个案之中通过具体的价值判断调整失衡的利益关系,至于在这条道路上能够走多远,则完全倚赖于法官的个案判断。我国成文法一直未有明定以物抵债协议的相关规则,看似构成法律漏洞,实则是难以在复杂的实践中完成立法中的一般性抽象。当然,由此难免导致司法裁判的稳定性和裁判结果的确定性受到冲击,为此需要最高裁判机关在类案同判的掌控上更有作为。新近,最高人民法院民二庭公布相关问题的"会议纪要",旨在以诺成合同说统一实务做法,此种厘清裁判思路、统一裁判标准的做法,无疑有助于解决长期困扰司法实践的以物抵债难题,为交易实践提供稳定预期,值得充分肯定。

## "借名"的窘迫

### 现 象

在日趋复杂的交易中,商事主体更加注重形式上的审查,而不会花费大量的

时间去深究登记簿"背后的故事"。因此，就某项财产而言，登记簿的记载形成了权利的公示与外观，而公示公信原则是物权法的基石，也是降低交易成本、保障交易安全的亟须。固守外观主义有助于维护交易安全，若赋予借名人优先于出名人债权人的权利，基于外观主义形成的信赖将不复存在，这将挑战乃至颠覆公示公信原则，极大增加交易风险和不确定性，徒增交易成本，容易引发和鼓励虚假诉讼。[①]

近年来，或出于规避各类如限购、税收等政策，或为享受某些特殊的优惠条件，当事人之间时常会签订借名登记协议，约定以出名人的名义购买房屋（股权）并登记在出名人名下，但房屋（股权）的实际权能均归借名人隐名享有。借名协议本是双方当事人基于信任关系的结果，但却常因出名人缘故引发纠纷，以借名买房为例，相应纠纷数量呈现大幅增长之势。[②]

迄今为止，借名协议引致的诸多核心问题，包括借名登记协议的性质与效力、借名行为的法律后果等问题都已得到法律同行的充分关注。[③] 既有讨论也基本得出了不违反《合同法》第 52 条的借名登记协议有效[④]；在内部关系上，隐名

---

① 参见魏海：《不动产事实物权的判定依据及冲突解决规则》，载《法律适用》2010 年第 4 期；肖建国：《执行标的实体权属的判断标准——以案外人异议的审查为中心的研究》，载《政法论坛》2010 年第 3 期；尹田、尹伊：《论对未经登记及登记不实财产的强制执行》，载《法律适用》2014 年第 10 期。

② 以"借名买房"为关键词进行全文检索，在"威科先行法律数据库"中，2016 年为 515 件，2017 年为 1 007 件，2018 年为 1 638 件。在"北大法宝"数据库中，2016 年为 644 件，2017 年为 1 123 件，2018 年为 1 700 件。需要说明的是，虽然不少案例中并未出现"借名买房"的关键词，但仍可借上述检索结果管窥借名买房案件大量增长的现实。

③ 关于借名登记的性质，典型文献包括马一德：《借名买房之法律适用》，载《法学家》2014 年第 6 期。关于借名登记的效力，详细论述该问题的文献包括赵秀梅：《借名登记合同中的法律问题》，载《国家检察官学院学报》2014 年第 5 期；杨代雄：《借名购房及借名登记中的物权变动》，载《法学》2016 年第 8 期。关于借名登记的法律效果，主要文献包括杨代雄：《使用他人名义实施法律行为的效果——法律行为主体的"名"与"实"》，载《中国法学》2010 年第 4 期；冉克平：《论借名实施法律行为的效果》，载《法学》2014 年第 2 期。

④ 学界一直有观点认为，由于借名登记协议为虚假，为防止当事人规避有关规定获得不正当利益，应认定当事人之间签订的借名登记（代持）协议无效，将该物权登记认为是正确登记，该观点见于尹田、尹伊：《论对未经登记及登记不实财产的强制执行》，载《法律适用》2014 年第 10 期；吴从周：《我国不动产借名登记契约之发展现状——特别着重观察内部效力与外部效力演变之互动》，载《军法学刊》2015 年第 4 期。但该种主张并未被纳入我国主流司法实践，根据《公司法司法解释三》的规定，隐名投资合同原则上为有效。

## 第八章　民法中的价值判断

人可以依据合同约定向出名人主张权利，在关涉第三人的外部关系中，应优先保护善意第三人的初步类型化结论。① 在对待执行实践时常发生的案外人对执行财产享有隐名权利可能否排除强制执行的问题上，多数结论仍认为，执行案件因涉及隐名人和出名人外的第三人即执行申请人，故除非能够证明执行申请人存在恶意，否则隐名人与出名人之间的借名登记约定不能对抗善意执行申请人。② 在不少地方高院出台的"裁判性规则"中，该结论也得到了充分肯认。③

然而，翻开人民法院的裁判文书，却会发现实务裁判结果却远非学说般"一边倒"，针对前述问题，认为应倾斜保护隐名人权利的判决并不少见。④ 2019 年最高人民法院出台的《全国法院民商事审判工作会议纪要》（以下简称《纪要》）曾于征求意见稿第 119 条中规定，案外人有证据证明其系实际出资人时能够阻却

---

① 内部关系上，有观点认为隐名人通过协议取得了"事实物权"。参见孙宪忠、常鹏翱：《论法律物权与事实物权的区分》，载《法学研究》2001 年第 5 期；陶丽琴、陈永强：《不动产事实物权的适用与理论阐释》，载《现代法学》2015 年第 4 期。也有观点认为隐名人的权利仅为债权。参见赵晋山、王赫：《"排除执行"之不动产权益——物权变动到债权竞合》，载《法律适用》2017 年第 21 期。在处理外部关系时，通说认为隐名人和出名人之间的内部债权债务关系，不发生外部效力。参见魏海：《不动产事实物权的判定依据及冲突解决规则》，载《法律适用》2010 年第 4 期。《公司法司法解释三》第 25 条第 2 款、第 26 条的规定，被认为是从官方层面确认了"内外关系说"的处理方式。参见胡晓静、崔志伟：《有限责任公司隐名出资法律问题研究——对〈公司法解释（三）〉的解读》，载《当代法学》2012 年第 4 期；甘培忠、周淳：《隐名出资纠纷司法审裁若干问题探讨》，载《法律适用》2013 年第 3 期。

② 参见司伟：《论不动产登记与权属的确认——兼论对〈物权法司法解释一〉第 2 条的理解》，载《法律适用》2016 年第 5 期；赵晋山、王赫：《"排除执行"之不动产权益——物权变动到债权竞合》，载《法律适用》2017 年第 21 期；肖建国、庄诗岳：《论案外人执行异议之诉中足以排除强制执行的民事权益——以虚假登记财产的执行为中心》，载《法律适用》2018 年第 15 期。

③ 北京市高级人民法院《关于审理执行异议之诉案件适用法律若干问题的指导意见（试行）》第 19 条规定：案外人以其与被执行人之间存在借名买房关系，其是房屋实际所有权人为由，要求对该房屋停止执行的，一般不予支持。山东省高级人民法院民一庭《执行异议之诉案件审判观点综述》第 13 条规定：金钱债权执行过程中，借名买房人以其系房产实际所有权人为由，提起执行异议之诉，请求排除执行的，原则上不予支持；第 19 条规定：人民法院对登记在被执行人名下的股权强制执行，案外人以其系实际出资人为由提起执行异议之诉，请求排除执行的，不予支持。

④ 典型裁判，可参见应某亮与叶某超、张某玉等案外人执行异议之诉案，浙江省高级人民法院（2015）浙民申字第 2635 号民事裁定书；高某梅、淮安市百盛酒业有限公司等案外人执行异议之诉案，江苏省淮安市中级人民法院（2015）淮中民终字第 02030 号民事判决书；李某友、浙江温州龙湾农村商业银行股份有限公司永昌支行等案外人执行异议之诉案，浙江省温州市龙湾区人民法院（2014）温龙执异初字第 7 号民事判决书。

执行，同时也附上了完全相反的"另一种观点（即不支持阻却强制执行）"，有意思的是，《纪要》最终公布的版本中删除了该条内容。新近公开的《最高人民法院关于审理执行异议之诉案件适用法律问题的解释（一）》（征求意见稿）第13条虽然也规定了"隐名权利人提起的执行异议之诉的处理"，但仍然呈现出两套截然相反的处理方案。无论是司法解释还是会议《纪要》，其制定目的都是为"裁判尺度的统一"，本应立场鲜明地表达确定性的法律适用结论，然而不论是《纪要》最终删除该条文的做法，还是司法解释征求意见稿所表现出来的纠结往复，都间接印证了各方在对待隐名权利能否阻却强制执行问题上的左右为难。[①]在执行实践中如何对待隐名人的权利诉求，仍有待进一步厘清。

**范式及其局限**

**"一刀切"**

如前所述，针对案外人有证据证明其系实际出资人时，能否阻却强制执行的问题，现有学说多对其持否定态度，即认为除非执行申请人明知借名登记约定的存在，具有恶意，否则案外人请求阻却强制执行的请求不应得到支持。其中，论者又主要秉承以下几种理由和论证方法。

权利性质说。该说认为，隐名人与出名人之间虽然约定了物权归属，但该约定不具有物权法上的效力，隐名人享有的权利属于债权。基于债权的平等性，隐名人的权利一般不具有优于申请执行人债权的地位。[②] 即使根据《最高人民法院关于人民法院办理执行异议和复议案件若干问题的规定》（以下简称《执行异议复议规定》）第28条和第29条的规定，忽略政策因素的借名人同样无法要求阻

---

[①] 类似态度，还可见于江苏省高级人民法院《执行异议之诉案件审理指南》第19条，该条首先认为：案外人以其与被执行人存在借名登记关系，其系房屋实际所有权人为由，请求对标的物停止执行并确认所有权的，原则上不予支持。但其后也指明，如果案外人有充分证据证明被执行人只是名义产权人、案外人才是真正产权人，且不违反国家利益、社会公共利益的除外。

[②] 此种观点被称为"债权说"，参见司伟：《借名买房纠纷中房屋权属认定的物权法思考》，载《民事审判指导与参考》2016第2期（总第66辑）；肖建国、庄诗岳：《论案外人执行异议之诉中足以排除强制执行的民事权益——以虚假登记财产的执行为中心》，载《法律适用》2018年第15期；马强：《借名购房案件所涉问题之研究——以法院裁判的案件为中心》，载《政治与法律》2014年第7期。采该说的实务判决包括：江苏省苏州市中级人民法院（2019）苏05执异13号执行裁定书；四川省成都市武侯区人民法院（2018）川0107执异174号执行裁定书等。

却强制执行。①

**权利外观说。**该说指出，登记簿的记载形成了权利的公示与外观，公示公信原则是物权法的基石，固守外观主义有助于维护交易安全，若赋予借名人阻却强制执行的权利，将挑战乃至颠覆公示公信原则，极大增加了交易风险和不确定性，徒增交易成本，容易引发和鼓励虚假诉讼。②

**自甘风险说。**持该观点的学者认为，在借名登记中，隐名人往往系明知政策的存在仍然加以规避，其不具有道德依据，需要自行承担由此带来的可能被强制执行的风险。③

**法政策考量。**持该种分析方法的学者认为，无论是房产限购政策还是税收政策，都涉及社会公共利益，是决策层从大局出发所作出的政治决断，人民法院的裁判当然应当与政策保持一致，否则将会架空政策，增加社会管理成本。④

**法律的经济分析。**该种论证方法指出，除非执行申请人明知借名登记的情况，否则其无法以合理成本对风险进行预防，因此风险应当分配给隐名人，隐名人的权利无法阻却强制执行。⑤

---

① 最高人民法院编写的"理解与适用"认为：对于非因买受人自身原因未办理过户登记，能够归责于买受人的原因，主要有三点：……第二是对于政策限制的忽略，如明知某地限制买房，在不符合条件的情况下仍然购房导致无法办理过户手续。参见江必新、刘贵祥主编：《最高人民法院关于人民法院办理执行异议和复议案件若干问题规定理解与适用》，北京，人民法院出版社 2015 年版，第 424～425 页。相同观点，还可见于《纪要》第 117 条："《执行异议复议规定》第二十八条第（四）项规定的'买受人自身原因'，主要是指不动产已经办理了抵押登记、因购房政策限制不能办理过户登记和买受人故意不办理过户登记三种情形"。在解释上，主流观点认为，隐名人不办理物权登记如果是对于限购政策的忽略，则属于其自身的过错（而且是故意），故借名人有关排除强制执行的主张不应予以支持。参见赵晋山、王赫：《"排除执行"之不动产权益——物权变动到债权竞合》，载《法律适用》2017 年第 21 期。

② 参见魏海：《不动产事实物权的判定依据及冲突解决规则》，载《法律适用》2010 年第 4 期；肖建国：《执行标的实体权属的判断标准——以案外人异议的审查为中心的研究》，载《政法论坛》2010 年第 3 期；尹田、尹伊：《论对未经登记及登记不实财产的强制执行》，载《法律适用》2014 年第 10 期。

③ 参见肖建国、庄诗岳：《论案外人执行异议之诉中足以排除强制执行的民事权益——以虚假登记财产的执行为中心》，载《法律适用》2018 年第 15 期；尹田、尹伊：《论对未经登记及登记不实财产的强制执行》，载《法律适用》2014 年第 10 期。

④ 参见司伟：《论不动产登记与权属的确认——兼论对〈物权法司法解释一〉第 2 条的理解》，载《法律适用》2016 年第 5 期；吴从周：《我国不动产借名登记契约之发展现状——特别着重观察内部效力与外部效力演变之互动》，载《军法学刊》2015 年第 4 期。

⑤ 参见张伟强：《借名登记问题的经济分析——兼论物债何以二分》，载《法学杂志》2019 年第 8 期。

细究以上论证理由，主要可分为三个维度：其一是逻辑维度，即认为在执行中因涉及借名人和出名人外的第三人，故在逻辑上应归入"涉及外部关系时应保护善意第三人"的结论范畴；其二是价值维度，即坚持因相信登记簿记载所形成的信赖利益应得到优先维护，法律的经济分析方法，实质上亦是一种特殊的价值分析；其三是方法维度，即指出在为民事裁判时，应当充分考虑到裁判后果对于政策的落实情况，否定隐名权利人能够阻却执行有助于落实政策。上述分析，虽诚有道理，但远非完满自洽。换言之，该结论作为一般性规则具备一定的说服力，但却经不起精细推敲。在某些特定情形下，上述说法无论是在论证逻辑、价值安排还是方法使用上，都大有可商榷余地，下文拟对此展开分析。

逻辑缺陷

如前所述，在逻辑层面，否认隐名人得以阻却执行的核心理由是认为执行程序因涉及隐名人和出名人外的第三人，故应适用外观主义原则保护善意的执行申请人。如此做法，是对外观主义的坚守，亦是维护交易安全、提高交易效率的必然需要。司法实践中，依据登记—公示外观—信赖受保护的逻辑被广泛运用。[①] 但其实，将执行程序径行归入"内外关系说"的适用范围，不当扩大了外观主义的适用边界，该种简单"归入"的处理逻辑，存在重大缺陷。

所谓外观主义，是学界对于一类理念原理的概括，指代因当事人有理由信赖某权利的外观而产生对其进行倾斜保护的法律效果。但需要注意的是，现行物权法并未如一些立法上一般将外观主义明定为基本原则进行对待，而只规定了体现外观主义的具体规则。[②] 其实，外观主义并非"演绎推理"的前提，而是"归纳

---

[①] 司法实践中，裁判者似乎有些"迷信"对公示公信原则的适用，从而造成诸多不当后果。参见孙宪忠：《〈物权法司法解释（一）〉与交易中的物权确认规则》，载《法律适用》2016年第11期。

[②] 我国物权法规定了物权变动以登记交付为公示方法，学者指出，由登记交付形成的权利外观，即便此类外观与真实权利不符，对于信赖权利表征而与之交易的第三人，法律仍然加以保护，这又被概括为"公信原则"，是外观主义在物权法中的体现。参见王利明：《物权法研究（第四版）》，北京，中国人民大学出版社2016年版，第160~161页；崔建远：《物权法（第四版）》，北京，中国人民大学出版社2017年版，第51页；尹田：《物权法》，北京，北京大学出版社2013年版，第147页；常鹏翱：《物权法的展开与反思（第二版）》，北京，法律出版社2017年版，第192页。其他的制度体现，还包括善意取得制度、表见代理制度等。参见崔建远：《论外观主义的运用边界》，载《清华法学》2019年第5期。

推理"的结果，其系在交易情境下的利益衡量产物。① 详言之，交易过程中，时常遇到当事人的真实意思和权利表征等因素"表里不一"的情形，此时如果选择尊重当事人的真实意思，将会导致第三人利益受害，如果选择保护第三人的合理信赖，则又会使真实权利人利益受害时，在二者"不能两全"时，必须通过利益衡量的方法"两害相权取其轻"，从而在某类情况下作出决断。② 但是，利益衡量作为一种保护社会中的某种特定利益而牺牲其他利益的法学方法，虽然在法律方法体系中处于最高境界，但利益衡量只是在个案或类案中采用实质判断的方法确认何种利益更应受到保护，而非确定普适性规则。③ 具体到本处讨论的问题，利益衡量后形成的外观主义结论作为所有权绝对原则的"例外"，虽见诸我国《物权法》关涉交易的成文，但其绝非普适原则而可得以进行类推适用，其主要作用在存有两相冲突利益的交易领域，除此之外，还存在真实当事人保护和信赖利益保护不相冲突的场合，于此外观主义就没有适用的空间。④

典型例证是民事强制执行的情境。执行程序不同于审判程序，在执行程序中，人民法院的执行机构需要做的只是直接依照法律规定的程序和方式，强制负有义务的一方当事人履行义务，如果在执行程序中发生物权变动，其本质属于非基于法律行为发生的物权变动，与适用基于法律行为发生物权变动的交易情景存在不同。⑤ 但是，非基于法律行为发生的物权变动，是否存在外观主义的适用空间，又需要进行类型区分。一类情况是，案涉执行程序的执行依据系针对该特定财产，诸如因执行关涉买卖合同、抵押合同的生效判决而要求对标的财产强制执行，

---

① 相似观点指出，物权变动的公示原则主要是就物权的总则、所有权、用益物权和担保物权部分中调整基于法律行为发生的物权变动规则的理论抽象和概括，其只是给了具有家族相似性的法律规则一个统一的名称，这种总结和概括是不够周延的。类似总结和概括，还包括"物权效力优先原则"。参见王轶：《民法典如何对待物权法的结构原则》，载《中州学刊》2019 年第 7 期。

② 参见崔建远：《论外观主义的运用边界》，载《清华法学》2019 年第 5 期。

③ 参见陈金钊主编：《法律方法论》，北京，北京大学出版社 2013 年版，第 179～183 页。

④ 参见张勇健：《商事审判中适用外观主义原则的范围探讨》，载《法律适用》2011 年第 8 期。另外，最高人民法院民二庭负责人就《全国民商事审判工作会议纪要》答记者问时也提到，外观主义是为保护交易安全设置的例外规定，一般适用于因合理信赖权利外观或意思表示外观的交易行为。实际权利人与名义权利人的关系，应注重财产的实质归属，而不单纯地取决于公示外观。

⑤ 参见张卫平：《民事诉讼法（第四版）》，北京，法律出版社 2016 年版，第 481～482 页。

此时执行程序应视为交易情境的延伸,故仍有外观主义的适用空间。但还有一类情形是,执行程序并不指向特定财产,而是指向被执行人的一般责任财产。例如,无担保的一般金钱债权执行,被执行人的全部财产都将作为一般责任财产具有可执行力,此时执行申请人仅是普通债权人,其只有对债务人责任财产的一般期待,并不能产生对特定财产的信赖,也应当对责任财产可能随时发生变化(如特定财产于此期间被处分)具有预见性。① 再如,被执行人系因承担连带保证责任从而进入执行程序,其全部责任财产都具有可执行力。② 换句话说,执行申请人并不是因为被执行人名下登记有案涉财产才申请的强制执行,其执行依据来源于基于其他法律关系的生效裁判,此时无论有没有案涉财产登记在被执行人名下的权利外观,都不会影响执行程序的展开,故而在此情境下并无外观主义的适用空间。③

---

① 实践中,亦多有裁判采纳此种区分对待的方法。如在曾某飞与李某彧、杨某玲案外人执行异议之诉案中,法院认为:普通债权人对诉争房屋申请执行是基于案涉借款,其权利并不直接指向诉争房屋,并非基于购买诉争房屋或对诉争房屋办理抵押等直接指向该诉争房屋的权利,案外人属于事实物权人,有权要求解除查封。参见江西省吉安市中级人民法院(2018)赣08民终1670号民事判决书。再如在陈某英与朱某凡申请执行人执行异议之诉中,法院认为:陈某英的请求权源于朱某翔对相关债务担保所产生的金钱债权,并未特定指向本案房产,故在朱某凡提交的证据能够证实实际占有使用诉争房产的情形下,其对涉案房产主张的请求权应当优于陈某英的债权请求权。参见山东省泰安市中级人民法院(2018)鲁09民终815号民事判决书。如果案涉财产为债权设立了抵押权,则此时抵押物已经特定化,法院倾向于判决保护信赖登记簿的抵押权人。相关判决,参见重庆市丰都县人民法院(2018)渝0230执异第21号执行裁定书。

② 值得探讨的问题是,执行申请人能否基于查封而将不动产特定化,进而取得信赖。换言之,进行了查封措施的债权人能否被认定为可资保护的第三人?对此,有观点认为,否定申请执行人享有对查封财产的信赖利益,似乎也有绕不出的困惑。因为我国明确否定超标的查封,申请执行人为了实现对某项特定财产的查封,必须放弃对其他财产的查封,如果对该查封利益不予保护,似乎对申请人也有失公允。参见王毓莹、李志刚等:《隐名权利能否阻却法院执行:权利性质与对抗效力的法理证成》,载《人民司法(应用)》2017年第31期。还有学者指出,申请查封时,除非明知,否则第三人无法以合理成本对风险进行预防,根据风险分配的经济学原则,风险应当分配给借名人,即借名人无法排除执行。参见张伟强:《借名登记问题的经济分析——兼论物债何以二分》,载《法学杂志》2019年第8期。笔者认为,查封保全过程亦是执行程序,案外人对于查封不服,本就可以提起执行异议之诉,要求停止查封措施。

③ 反对意见认为,执行申请人虽然是金钱债权人,但亦与被执行人存在交易关系,而被执行人的责任财产是其履行债务的担保,难言申请执行人对此毫无信赖。而且,法院对被执行人名下不动产采取执行措施后,只要该不动产足以满足申请执行人的债权,法院就不会对被执行人其他财产采取措施,亦足以证明申请执行人对不动产登记之信赖并非子虚乌有。参见赵晋山、王赫:《"排除执行"之不动产权益——物权变动到债权竞合》,载《法律适用》2017年第21期。其实,外观主义原则保护的应是特定信赖,而非广泛意义上的信赖,由此也产生善意取得制度中,所谓信赖全部责任财产的说法,难以成立。

综上，在部分强制执行的场合，执行申请人不存在信赖登记簿的问题，也就无法直接以外观主义作为推理前提，此时再将通过"两害相权取其轻"后得出的结论简单地作为没有"两害"情形的逻辑起点的做法，就存在较大缺陷。

非交易第三人的保护

回顾以"内外关系说"进行区分对待的标准，主要是考量是否存在第三人，如果存在第三人，就应当适用外部关系说保护善意第三人。该种说理的弊病在于，对于存在第三人的场合，未再精细化地区分处于不同利益格局下的第三人，这就难免会使得对不同类型的第三人的价值保护存在不周全和不周到。

仔细观察司法实践，关涉隐名人与第三人的权利冲突主要存在两大类情形：一类是因信赖登记簿记载而与出名人展开交易的交易第三人；另一类是登记权利人的债权人，其已经取得生效法律文书对债权的认可，并以此为执行依据申请对财产进行强制执行的非交易第三人。处于交易情境下的第三人，其权利之所以能够得到优先保护，背后的价值考量是对信赖利益的倾斜维护，因为对信赖利益的坚守，又是促进交易效率、保护交易安全的必然要求。前述法律的经济分析，亦是一种风险分配理论，认为第三人的预防成本一般来说要大于隐名人可能损失房屋的预防成本，其出发点同样是对于信赖利益的保护。但在执行程序此类非交易情境下，存在执行依据不直接指向案涉财产的情形，此时很难再说执行申请人申请强制执行系基于对特殊财产的信赖，也就不存在信赖利益维护的问题。如果仍然一以贯之地如在交易情境中一般认定隐名权利人不能阻却执行，则会造成对非交易第三人的利益保护优于对交易第三人的利益保护的诡异结果。

具体而言，交易第三人要取得案涉财产，除存在因登记簿记载而产生的特定信赖外，还需满足善意取得的其他条件。根据《物权法》第106条的规定，交易第三人除具有善意外，还需满足价格合理以及转移占有或登记两个成立要件。如此规定，透露出法律对外观主义的借助并非完全放开，而是拿捏着尺度。[①] 在执行程序中，如果执行申请人的执行依据并不直接指向案涉不动产，则善意取得制度没有适用空间，如果依据"通说"进行处理，判断非交易第三人能否取得物权

---

① 参见崔建远：《论外观主义的运用边界》，载《清华法学》2019年第5期。

就只需要考察非交易第三人是否具有善意。至于执行申请人是否支付了合理价款问题，则被合法的执行依据所替代，而是否交付或变更登记的问题，则因该问题本就是强制执行所需要解决的问题，故该要件同样也在所不问。

如此带来的结果便是，非交易第三人取得物权的条件要低于交易中第三人，本是要保护信赖利益进而提高对交易第三人的保护程度的外观主义原则，如果遵循上述推演后所得出的结论，就会变得与制度初衷背道而驰。更有甚者，如果一概否认执行程序中隐名人阻却执行的权利，还可能会造就道德风险，使得第三人通过执行手段，规避善意取得制度，直接获得案涉物权。①

可见，"通说"进行一刀切的处理方式，不仅在逻辑推理上存在缺陷，还会使得本是偏斜保护交易第三人的制度价值错位，使得非交易第三人的利益获得不应有的袒护。

民事裁判与政策目的实现

除了法技术和法价值的论证维度外，"通说"还使用了法政策的分析方法。该种方法多是从社会效果出发，认为因借名登记往往具有逃税、逃避限购、逃避债务乃至架空财产申报制度等目的，要求隐名人承担借名登记所产生的诸如可能失去财产等一系列风险，是抑制隐名人滥用借名登记的主要手段，在法律政策的落实上具有合理性，况且这也是隐名人自甘风险的结果。② 另外，以统一的民事裁判引导良好社会秩序的形成，也是我国台湾地区处理借名登记的常见做法。③

---

① 常见的情形是，当事人之间存在关联关系，进行"手拉手"诉讼或仲裁，确认一方对另一方负有金钱债务，进而以生效文书要求强制执行，要求拍卖变卖特定财产，并在拍卖变卖程序中进行竞买。

② 参见赵晋山、王赫：《"排除执行"之不动产权益——物权变动到债权竞合》，载《法律适用》2017年第21期；吴从周：《我国不动产借名登记契约之发展现状——特别着重观察内部效力与外部效力演变之互动》，载《军法学刊》2015年第4期；张伟强：《借名登记问题的经济分析——兼论物债何以二分》，载《法学杂志》2019年第8期。

③ 在我国台湾地区，不少学者认为将出名人处分不动产认定为有权处分，可以此来抑制"搬不上台面"的不动产借名登记行为。参见吴从周：《我国不动产借名登记契约之发展现状——特别着重观察内部效力与外部效力演变之互动》，载《军法学刊》2015年第4期，第47页；林诚二：《不动产物权变动登记之虚与实——以我国台湾地区借名登记契约之相关问题为说明》，载《北方法学》2014年第1期。

## 第八章 民法中的价值判断

民事裁判在社会效果意义上固然应当与大政方针保持一致，但以此来佐证隐名人一律无法阻却执行，却未免略显武断。民事裁判和行政管制的思维与目的本就存在根本性背离，以管制思维全盘否定规避政策的借名行为，不仅无助于政策目的的实现，反而可能造成交易阻滞等不利后果。下文试以不少城市采取的房屋限购政策为例分析如下。

首先，考察一些城市"限购令"的表述，可知其系通过对户籍、名下房产数量等要素的限制，从需求侧出发，起到限制合格购房人数量的效果，从而最终达到遏制房价过快上涨的政策目的。① 然而，按照限购令划下的"红线"，符合条件的合格购房者的总量是动态恒定的。在借名登记中，借名人系借用出名人的购房资格购买房屋，这虽然看似增加了购房者总量，与政策管控相背离，但与此同时，由于出名人的资格被借名人所使用，政策限制从借名人转至出名人，政策限制的购房者总量并没有因此而增加。从调控的结果来看，限制合格购房者总量的政策目的并未落空。②

其次，大度点说，对于钻规则空子的"抖机灵"行为（habileté），"人们不应制定一种一般性规则，要求任何人不得故意逃避强制性规范的适用。法律主体享有通过合法的行为使自己处于这样或那样的合法状态，以及利用这样或那样的合法状态，以及利用这样或那样的法律形式的自由。人们无须考虑使其想要处于某一状态或实施某一行为的动机为何。"③ 借名人规避政策的做法当然确有过错，但对此过错，政策已经通过使得借名人无法取得房屋的物权的方式赋予了相应不利后果。如果如"通说"所述，一味否认借名人对强制执行的阻却，直接后果是

---

① 类似例子是限制机动车通行的"限行"政策，以北京为例，机动车按照尾号限行，是奥运会后的产物。但限行政策的出台，立即在北京掀起购车热潮，推测其原因恐怕正是为了在限行时也能够驾车出行。于是机动车号牌"摇号"政策应运而生，但又因此带火了河北省汽车的上牌业务，大量居住于北京的汽车刚需人士，一方面发动全家摇号，另一方面也囤积河北牌加以过渡。随后，限制进京次数的政策再次诞生。

② 参见马强：《借名购房案件所涉问题之研究——以法院裁判的案件为中心》，载《政治与法律》2014年第7期。

③ Geotges Ripert, La régle morale dans les obligations civiles, Paris, LGDJ, 1949, p. 328. 转引自吕润生：《个案情形下的法律规避如何判定？——基于阿列克西法律原则理论的研究》，载舒国滢主编：《法理》第4卷，北京，商务印书馆2018年版，第198页。

使得借名人彻底失去取得房屋的机会（如政策限制解除后的机会利益），等于是彻底否认借名登记行为，就算借名人实际出资并占有房屋，也无法改变被"赶走"的命运。如此，借名登记最为活跃的房地产市场势必"降温"，部分承载生存利益的房屋也会被简单地一刀切掉。①

可见，规避政策的借名行为具有非难性，但民事裁判和行政执法仍然应该各司其职，不应混同。行政执法本身带有惩罚性和强制性，能够带来更大的威慑，实质结果是将当事人因规避政策的获益收归国家；民事裁判的主要任务则是单纯地对当事人的私益分配进行调和，如果秉承惩罚思维对民法问题作出判断，实质后果是将当事人规避政策的可能获益从隐名人转移给执行申请人。以调整对象和作用领域皆有不同的民事裁判结果为手段，来落实惩罚和管制等行政管制目标，虽使问题的处理变得简单易行，但会存在必要性和可行性不足的问题，且会引发副作用。事实上，"一刀切"地全盘否定借名行为，难免会造成特殊情形下的利益失衡，"误伤"一些不违反政策的借名行为（一些合法至少是适法的信托关系）。何妨换个思路，将惩罚思维交回给公法，提倡行政机关对规避政策行为进行惩罚，似乎才是落实政策目的的应然手段。

**区分模式及其考量因素**

以上众多论述，皆在回应全盘否认执行程序中隐名人权利得以阻却执行的局限之处，从建设性的立场来看，应当寻找更加多样化的解决思路和应对机制。依据《民事诉讼法》和相关司法解释的规定，判断隐名人能否阻却执行，需要审查其对执行标的是否享有足以阻却强制执行的权益，至于何种权益足以阻却强制执行，学界普遍赞同包括物权和部分债权。② 基于成文法的约束，隐名人的权利一

---

① 反对意见会认为，借名买房中借名人的利益一般是投资性利益，如果确实承载了生存权，大可依据《执行异议复议规定》第29条的规定进行特殊处理，即具有排除强制执行的效力。参见肖建国、庄诗岳：《论案外人执行异议之诉中足以排除强制执行的民事权益——以虚假登记财产的执行为中心》，载《法律适用》2018年第15期。但需要考虑的是，上述第29条的规定系来源于《最高人民法院关于建设工程价款优先受偿权问题的批复》，其适用范围也被严格限制在被执行人系房地产开发企业，作用范围极小，自然人之间的借名登记行为，即使承载生存利益，能否适用该条规定也不无疑问。

② 参见张卫平：《案外人异议之诉》，载《法学研究》2009年第1期，第12页；汤唯建、陈爱飞：《"足以排除强制执行民事权益"的类型化分析》，载《苏州大学学报（哲学社会科学版）》2018年第2期。

般会被认定为属于债权。① 因此接下来的问题是，当隐名人的债权和执行申请人的债权竞合时，何者应当优先。这需要从隐名人的债权和执行申请人的债权分别出发来予以判断。

登记簿的推定力

由前述分析可知，执行申请人之所以可以要求强制执行登记在出名人名下的特定财产，主要是基于对于登记簿的信赖，但是，此种信赖存在程度上的差异，对登记簿的公信力的坚守当然是原则，但是由于我国并非贯彻登记绝对公信力的国家，因此在例外情形下，登记簿的公信力仍然能够被击破。

众所周知，虽然我国登记制度的主要目的在于对权利进行公示从而产生公信力，但与以德国为典型的国家坚持登记簿的"绝对公信力"不同，仅就登记而言，其并不具有绝对的终局效力。② 行政机关并没有被授予对权利人的物权归属和内容的决定权，更不能认为登记是行政机关对民事主体的不动产物权这一基本民事权利的确认或授予。③ 不然的话，将在法理上和实务上否定物权来源于民事主体自己创造、交易中的物权本来只是民事主体自己的权利的本质。④ 须知，财产权系源于权利人的法律行为或事实行为；而非来自登记机关的赋予。如果旨在发生物权变动的合意不成立、无效或者被撤销，登记就成为无本之木，此时再谈登记权利人享有物权便难以具有说服力。相反，如果原因行为有效，登记因程序违法被撤销的，权利人却仍可要求对方当事人继续履行原因行为所设定的义务，协助办理登记手续并获得物权。可见，登记制度的实质在于公示，是国家为了维

---

① 在《物权法司法解释（一）》出台前，司法裁判受限于《物权法》规定的物权法定原则和债权形式主义的物权变动模式，一般不会认为隐名人享有物权。当然，也有不少"造法"判决，创制性地运用了学理层面的事实物权概念。可见，于仍认为该条规定仅适用于当事人确认享有物权的情形，不适用于执行中隐名权利的权利性质判断。参见肖建国、庄诗岳：《论案外人执行异议之诉中足以排除强制执行的民事权益——以虚假登记财产的执行为中心》，载《法律适用》2018年第15期。

② 所谓绝对公信力，是指在登记权利和实际权利不一致的情形下，优先保护登记权利，第三人也因此可以对登记簿绝对信赖。参见高富平：《物权法原论（第二版）》，北京，法律出版社2014年版，第404页；王洪亮：《论登记公信力的相对化》，载《比较法研究》2009年第5期。

③ 参见程啸：《不动产登记法研究（第二版）》，北京，法律出版社2018年版，第89页。

④ 参见孙宪忠：《进一步完善不动产登记制度的几点建议》，载《清华金融评论》2017年第2期。

护物权交易安全与便利提供的一项公共服务，该项服务本身不是对物权的行政管理或干预（充其量能为管理提供条件），更无法决定物权归属，物权的取得要么来源于民事主体自己的劳动创造，要么来源于交易和其他法律行为，而交易中的物权本来就只是意思自治的结果。物权变动的"权源"是当事人之间的基础法律关系而非登记机关的确认，这也是登记最为根本的民法属性之所在。

在规范层面，《物权法》第16条明确将不动产登记簿规定为物权归属的判断依据，但该法第17条和第19条又分别规定了"不动产登记簿确有错误"以及"不动产登记簿记载的事项错误"的情形，《物权法司法解释（一）》第2条进一步规定，登记簿表彰的权利状态与实体权利的归属并不直接相关，而仅是权利推定的拟制事实。在强制执行场合，由于其性质并不属于交易，旨在规范基于法律行为发生物权变动的善意取得规定就没有适用空间，已登记的权利人依据登记直接可以产生权利正确的推定力，但如果隐名人通过提供证据证明实质权利的正当性，就能够以真实物权排斥形式物权，或者以事实排斥权利表象，则外观权利应屈从于事实。[①]

在价值层面，登记簿解决的是当事人的真实意思和权利表征不一致时，第三人的信赖利益与交易安全价值保护和真实权利人保护之间的利益冲突问题，系"两害相权取其轻"的结果，在没有上述利害冲突的情况下，就不存在选择的问题。换言之，生效文书引致的执行程序（包括执行异议复议程序以及执行异议之诉）与交易引发的诉讼程序不同，后者倾向于追求外观主义和执行效益而进行形式审查，前者则侧重于进行实质判断，即真实权利而非权利表象。[②] 由于执行程序中没有第三人的信赖利益以及交易安全价值需要维护，此时真实权利人保护价值就应当得到彰显，以"实事求是"原则确定被执行财产的权属，是对真实权利人保护的应有之义。[③]

综上，登记簿仅产生权利的推定力，其效果仍然可以被反证所推翻。在交易

---

① 参见高富平：《物权法原论（第二版）》，北京，法律出版社2014年版，第403~404页。
② 参见肖建国：《执行标的实体权属的判断标准——以案外人异议的审查为中心的研究》，载《政法论坛》2010年第3期。
③ 参见崔建远：《论外观主义的运用边界》，载《清华法学》2019年第5期。

语境下，权利的推定力即使被击破，但基于对信赖利益与交易安全的倾斜保护，第三人具有善意时仍应得到保护。在执行情境中，如果权利推定力被反证所否定，同时又不存在执行申请人的信赖利益和交易安全价值的维护，此时就应以实事求是为原则保护真实权利人。进一步的问题是，所谓"真实权利人"应具有何种外延和内涵，隐名人应该具备何种要件才能成为真实权利人。

隐名人何以优先

在传统的物债两分的语境下，债权作为相对权仅有针对特定人的权利而不具有对外效力，但随着社会经济的高速发展，权利类型激增，物债两分的僵化性日益凸显，作为繁复多变的实践反映，处于物权和债权之间的中间型权利开始受到关注，"债权物权化"和"物权债权化"等问题也激发了广泛讨论。[①]

否认隐名人得以阻却执行的常见担忧是，如果承认隐名人能够阻却执行，则被执行人随时可以主张存在执行申请人根本无法知晓的借名登记协议，从而逃避强制执行。如此，会使得债权形式主义与意思主义毫无二致，登记外观保护交易安全的功能将荡然无存。[②] 上述担心颇有道理，主张隐名人能够成为足以阻却执行的真实权利人，必须履行正当性论证负担。[③]

首先，物权发生变动的根本原因在于当事人关于物权变动的原因行为，相对于当事人之间的基础法律关系，登记行为具有从属性。[④] 而之所以基于法律行为发生的物权变动具有正当性，主要是因为相对人之间达成了有效的物权合意（建立在合同有效的基础上），且此种有效合意具备正当原因。换言之，借名登记合同首先必须有效。当然，即便有正当原因的有效合同存在，仅靠一份借名登记合

---

① 诸如学界对于债权物权化、物权期待权、成员权等问题的研究。较为体系的考察，参见金可可：《债权物权区分说的构成要素》，载《法学研究》2005年第1期；温世扬、武亦文：《物权债权区分理论的再证成》，载《法学家》2010年第6期。

② 参见肖建国、庄诗岳：《论案外人执行异议之诉中足以排除强制执行的民事权益——以虚假登记财产的执行为中心》，载《法律适用》2018年第15期。

③ 在方法论上，如需要对一般原则进行突破，论者必须要承担充分且正当的论证责任。参见王轶：《民法原理与民法学方法》，北京，法律出版社2009年版，第38～49页。

④ 《执行异议复议规定》第28条、第29条都规定了权利人要排除强制执行需证明有出资事实，该规定进一步肯定了出资之于权利取得的根本性。

同也是远远不够的，毕竟案涉房屋仍然登记在显名人名下，要突破登记簿所记载的权利表征，必须继续强化隐名人阻却执行的正当化事由。

其次，除上述正当原因行为外，一方当事人的优势权利还来源于其在交易中的对价，即实际出资。从合同角度出发，出资是履行买受人的主给付义务，这是隐名人保有最终所有权的基础依据之一，所有权保留制度和物权期待权理论正是基于此种法理。① 以具备真实出资限制真实权利人的范围，也是防止出名人和隐名人串通，从而损害第三人利益的情况发生。② 但是，正当合同与支付价款尚不足以引起隐名人地位的根本性变化，因为这些要素仍然限于隐名人和出名人内部。③ 要正当化隐名权利人的对抗力，还需要有一定程度的对外公示。

较为理想的公示方式是隐名人占有财产。占有作为事实状态，不仅意味着标的物实际支配权的转移，也意味着一定程度上的公示，公示也是债权物权化的必要正当性依据。现有关于债权物权化的讨论中，强化债权效力的核心理由同样在于债权人对财产的占有。占有之所以重要，一方面是因为无论是不动产还是权利，占有即意味着财产的使用、收益等主要权能都由债权人所掌握，对于财产的控制力显著加强。另一方面，占有也在一定程度上对外作出了公示，虽然此种公示的程度不及登记，但占有作为一项确定性的事实，需要隐名人对此举证证明，人民法院正可以通过对占有事实的判断，防止恶意串通的产生。④

---

① 参见陶丽琴、陈永强：《不动产事实物权的适用与理论阐释》，载《现代法学》2015年第4期，第104～105页。

② 司法实践中，通常以严格的证据标准审查是否具有目的为购买案涉财产的出资。如在丁某华与被告丁某柱、李某物权确认纠纷一案中，法院认为：本案中虽然丁某华在购房之初有向丁某柱转账的行为，但综合全案，该款系资助借款还是房款性质不明，综合其他证据，丁某华举证并未达到证明双方当事人之间存在借名买房合意的高度盖然性，故对其主张不予支持。参见青海省西宁市城北区人民法院（2019）青0105民初2790号民事判决书。

③ 如有批评意见认为，出资本身是不确定的，比如是否要全额出资，或者出资到什么比例才能使得隐名人成为真实权利人，具有不确定性。参见陶丽琴、陈永强：《不动产事实物权的适用与理论阐释》，载《现代法学》2015年第4期。

④ 借名行为通常为熟人行为，为防止串通，人民法院倾向于全面审查房屋的资金来源和占有关系。如在赵某福与赵某威等所有权确认纠纷案中，法院认为，本案虽有隐名人付款事实的存在，但是因案涉房屋自购买后即用于出名人居住使用，仅付款事实并不足以证实房屋权属，故隐名人主张出名人无法处分房屋的证据不足。参见山东省威海市中级人民法院（2019）鲁10民终1692号民事判决书。

其实,《执行异议复议规定》第 28 条的设计便是基于上述法理,该规定以正当有效合同甄别真实权利人,以支付全款或者按照进度进行支付价款作为权利取得的对价,以占有财产作为公示手段以防止恶意串通。此时,利益格局是普通的债权与具备出资、占有要素的债权之间的冲突,如果再一概将后者当作普通的债权人,认为其并不具有阻却执行的效力,将面临其他金钱债权人请求就变价财产清偿债务的不测风险。[①] 但反对意见可能仍会认为,即使满足《执行异议复议规定》第 28 条的前三个要件,隐名人规避政策的行为也导致不满足第四个要件,从而隐名人仍然无法得到保护,该问题涉及政策目标应如何实现的问题。

政策目标实现的应然路径

在各种社会规范体系中,法律和政策作为权利和权力最典型的外在表现形式,无疑是社会规制的主导方面。但在现实生活中,法律和政策这两种社会规范体系既相互区别、相互依存,又在一定程度上彼此对立,这在社会调控中以何者为主的情况下表现得尤为明显。有关法律和政策相区别的学问也因而呈现出角度和方法的迥然有异。比方说,在公共政策理论中,往往采取成本—效益的方法来分析法律政策存在的合理性。按照科斯(R. Coase)的观点,政府的公共政策也只不过是一种在市场解决问题时社会成本过高的情况下所作出的替代选择。[②] 套用这种思路,从国家层面而言,物权法也无非就是通过制度配置和政策安排对财产的创造、支配(归属)、利用以及管理等进行指导和规制。相比之下,法律学则往往运用目的—手段的思考模式,以因果关系法则为前提,通过权利义务的配置达致效果。近现代以来跨学科比较借鉴的兴起以及不同法部门的科际整合的加强,大大改变了各专业领域各自为政的封闭状况,边缘性的学科及其方法论开始大行其道,诸如法政策学这样的研究部门应运而生。

政策背后所体现的公权力,可能先天与民法作为私法的属性构成紧张关系,民事政策将外在的价值判断导入体系之内,使体系的内在价值面向得以获得更新

---

① 参见江必新、刘贵祥主编:《最高人民法院关于人民法院办理执行异议和复议案件若干问题规定理解与适用》,北京,人民法院出版社 2015 年版,第 422 页。

② 参见 [美] R. 科斯:《社会成本问题》,载 [美] R. 科斯等:《财产权利与制度变迁——产权学派与新制度学派译文集》,胡庄君等译,上海,上海三联书店 1991 年版,第 3 页。

的机会。这很符合 20 世纪以来社会法学思潮。社会法学的基本设定是法律必须满足社会的内在需要，将法律的合理发展当作实现社会目标的手段。尤其是，就中国的情形而言，虽然国家的宏观经济体制已经从计划经济转向中国特色的社会主义市场经济，但不能否认的是，社会主义性质的政府宏观调控始终在国民经济发展和社会资源配置方面发挥着高度的决定性作用。

**政策作为法源**

《民法通则》第 6 条明文规定了国家政策作为法律补充的法源地位。虽然在《民法总则》制定过程中出现过继续将国家政策作为法源的呼声，立法者最终还是拒绝了将国家政策规定为法源。所谓"国家政策"，是指具有一定权威来源的非制定法，在我国语境下主要是指以有权机关制定规范性文件的方式表现出来的中国共产党的政策。参与制定《民法通则》的学者指出："国家政策是指党的政策通过国家立法机关或者国家行政机关的规范性文件表现出来。……在没有法律规定的条件下，国家政策就具有普遍约束力。遵守国家政策就是遵守国家法律。"[①] 较早地将政策作为法源，似乎出现在《中共中央关于废除国民党的六法全书与确定解放区的司法原则的指示》（1949 年 2 月）之中，其规定："人民的司法工作，不能再以国民党的六法全书为依据，而应该以人民的新的法律作依据。在人民新的法律还没有系统地发布以前，应该以共产党政策以及人民政府与人民解放军所已发布的各种纲领、法律、条例、决议作依据。目前，在人民的法律还不完备的情况下，司法机关的办事原则，应该是：有纲领、法律、命令、条例、决议规定者，从纲领、法律、命令、条例、决议之规定；无纲领、法律、命令、条例、决议规定者，从新民主主义的政策。"

国家政策作为民法的渊源具有特定的时代背景。"有的同志认为在《民法通则》中应只写'民事活动必须遵守法律'，不应当再提'遵守国家政策'。但是考虑到我国法律还不完备，有关民事方面的法律更是如此，城乡经济体制改革正在进行，许多问题一时尚难以法律形式固定下来，所以特意加上'法律没有规定

---

[①] 王家福：《民法的基本原则》，载顾昂然等：《中华人民共和国民法通则讲座》，北京，中国法制出版社 2000 年版，第 76 页。

的，应当遵守国家政策'。这里不存在政策大于法律或政策和法律具有同等作用的问题，依照立法精神，只有当法律没有规定时才可以援引国家政策。法律是第一位的，政策是第二位的，这样就可以补充立法不完备的缺陷。这种情况完全符合新时期法制建设的需要。"[1] 在1981年《经济合同法》中，国家政策被作为判断合同违法与否的根据，其第7条第1款第1项规定，"违反法律和国家政策、计划的合同"无效。该"国家政策、计划"的表述在1993年该法修正时被删除，代之以"行政法规"。其间，《民法通则》第58条第6项规定，"经济合同违反国家指令性计划的"无效。2009年该法修正时，上述规定也被删除。

在学说上，即使在《民法通则》出台后，通说似乎也未将国家政策列为民法的渊源，但同时承认国家政策可以"配合法律发挥作用"[2]。目前，多数学者否认国家政策作为民法的渊源[3]，少数学者则予以肯定。[4] 也有学者参照《引用法律文件规定》第6条的措辞，称之作为"裁判说理依据"的法源。[5] 笔者认为，在民事法律已经逐步健全和完善的条件下，由于国家政策不具有像法律一样的确定性，当事人无法根据国家政策准确预测其民事活动的后果，故不宜继续作为民法的渊源。但是，国家政策影响民事司法，其本质是以国家规制的公法效果落实于民事活动之中，以期实现国家社会治理的效果，未来应坚持以私法自治为基础，建立国家政策进入民事裁判的转介机制，将国家政策通过合法且合理的渠道引入民事司法，是实现国家调控民事生活、实现公私法融合的法治之道。[6]

---

[1] 孙亚明主编：《民法通则要论》，北京，法律出版社1991年版，第21页（江平教授执笔）。
[2] 佟柔主编：《中国民法》，北京，法律出版社1990年版，第29页。
[3] 参见李永军：《民法总论》，北京，法律出版社2006年版，第39页；朱庆育：《民法总论》，北京，北京大学出版社2013年版，第40～41页；李敏：《民法上国家政策之反思——兼论〈民法通则〉第6条之存废》，载《法律科学（西北政法大学学报）》2015年第3期。梁慧星教授、王利明教授在其各自的民法总论书中，均未提及国家政策的法源地位。我国《引用法律文件规定》第4条显然没有将国家政策纳入民法渊源的范围之内，其第6条规定："对于本规定第三条、第四条、第五条规定之外的规范性文件，根据审理案件的需要，经审查认定为合法有效的，可以作为裁判说理的依据。"
[4] 参见龙卫球：《民法总论》，北京，中国法制出版社2001年版，第38～41页；刘凯湘：《民法总论》，北京，北京大学出版社2008年版，第33页；张红：《民法典之外的民法法源》，载《法商研究》2015年第4期。
[5] 参见常鹏翱：《多元的物权法源及其适用规律》，载《法学研究》2014年第4期。
[6] 参见张红：《论国家政策作为民法法源》，载《中国社会学科》2015年第12期。

首先，国家政策原则上不得作为民法的渊源，但在特定场合下，即法律就特定事项允许（/认可）时，可以作为民法的渊源。例如，在国家有关土地承包经营权的物权法律出台之前，"当法律行为设定的'物权'已被党的政策所肯定时，亦可成为有效的物权。承包经营权以法律行为创设之后又被中共中央文件所肯定，在全国范围内倡导，在实践中获得保护"①。又如，《物权法》第153条关于宅基地使用权的取得、行使和转让的规定中的"国家有关规定"，即包括国家政策在内。究其原因，是"考虑到目前我国农村社会保障体系尚未全面建立，土地承包经营权和宅基地使用权是农民安身立命之本，从全国范围看，现在放开土地承包经营权、宅基地使用权的转让和抵押的条件尚不成熟。为了维护现行法律和现阶段国家有关农村土地政策，并为今后修改有关法律或者调整有关政策留有余地"②。

其次，国家政策宜一般性地作为准法源，对制定法的解释具有实质性的影响，即它天然地具有充实论证、支持解释的作用。例如，在"淮安清浦振昌金属制品发展有限公司与江苏沙钢集团淮钢特钢有限公司租赁合同纠纷上诉案"中，最高人民法院认为："'淘汰落后产能'尽管只是国家实施的一项具体的经济管理政策，但是它是国家为实现经济结构调整和经济发展方式转变而采取的关乎国家经济和社会健康发展的重大举措，直接关系到我国社会资源的合理利用和自然环境的有效保护等社会公共利益问题，亦符合《环境保护法》关于'国家采取有利于环境保护的经济、技术政策和措施'的原则规定。双方当事人所从事的租赁行为，违反了国家有关政策和法规的规定，损害了社会公共利益，租赁合同应当认定为无效。"③其中判断合同效力的根据，并非所谓"淘汰落后产能"的国家政策，而是"转换"为《合同法》第52条第4项规定的"损害社会公共利益"的无效事由，其性质属于经济的公序项下之指导的公序。

一个需要注意的问题是价值判断与政策（政治）考量之间关系的处理。有学

---

① 崔建远：《我国物权法应选取的结构原则》，载《法制与社会发展》1995年第3期。
② 王兆国：《关于〈中华人民共和国物权法（草案）〉的说明》（2007年3月8日）。
③ 最高人民法院（2010）民二终字第67号民事判决书。转引自潘军锋：《论经济政策的司法融入——以政策在民事审判中的介入机制为研究路径》，载《法制与社会发展》2012年第1期。

者直截了当地指出，所谓"价值判断"无非就是对于案件判决的政策性的甚至在功能上是政治性的判断，只是有学者可能为回避政治而愿意美其名曰而已。① 此话虽然刺耳却切中肯綮。这种情形在个案中尤为突出，在疑难案件中，法学外的价值判断与法教义学之间的关系显得更为紧张。法官如果固守法教义学，难免将有损于个案正义，若脱离教义学寻求于法外的价值判断，则又会走向法律虚无主义，批评论者便又会得出法律裁判无非政治、舆情等法外价值裁判的装饰的结论，动摇法的安定性根基。②

如前所述，以民事裁判落实政策目标，以管制思维指导民事裁判，会造成一定程度上的"误伤"，同时以追求以民事裁判实现管制目标，还存在可行性障碍。但是，这并不意味着借名登记行为就应当得到肯定，单纯私法无法彻底解决隐名人权利保护和政策落实之间的冲突与矛盾时，公法与私法的互动与共治便显得尤为必要。

在私法上，基于前述分析与论断，应明定违反政策时的自甘风险边界。对政策的规避，当然具有行为的可非难性，这是毋庸置疑的。但此种非难性具有程度上的区分，对其处理仍然要回归于私法本身的判断。如果政策违反导致公共利益的损害进而可以认定合同无效，则此时隐名人应当承担合同无效的法律后果，因此也就无法再依据借名合同主张权利。③ 如果规避政策行为并未达到导致合同无效的程度，则合同原则上有效。不过，如果在交易情境或者存在特定信赖的执行程序下，当符合善意取得要件时，第三人可以原始取得案涉财产，隐名人的权利同样会自此丧失，隐名人应承担相应风险，自不待言。再有，如果隐名人也具备

---

① 参见苏力：《法条主义、民意与难办案件》，载《中外法学》2009年第1期。

② 论者在探讨"规范拘束"与"个案正义"之间的矛盾与平衡时，认为可以通过以价值判断落实个案正义，同时价值判断的作出应受到规范体系的约束的方式，捍卫疑难案件裁判中法律属性的基本立场，最大限度地确保司法判决的确定性。参见孙海波：《在"规范拘束"与"个案正义"之间》，载《法学论坛》2014年第1期。

③ 典型案例是福建伟杰投资有限公司等诉福州天策实业有限公司营业信托纠纷案。在该案中，借名登记协议旨在规避保险公司持股限制，最高人民法院认为，违反部门规章规定的有关禁止代持保险公司股权规定的行为，还将出现破坏国家金融管理秩序、损害包括众多保险法律关系主体在内的社会公共利益的危害后果，故代持协议应认定为无效。参见最高人民法院（2017）最高法民终529号民事裁定书。《纪要》第31条也认为，违反规章进而违反金融安全、市场秩序、国家宏观政策等公序良俗的，应认定合同无效。

出资占有等行为，执行申请人没有特殊信赖，在私法上应当肯定隐名人阻却执行的权利，使其不会完全承担失去财产的风险，此为对隐名人权利的私法保护。但这不意味着隐名人无须承担公法责任，须知，公法时刻发挥着实现管制目的的作用。详言之，登记机关作为行政机关，在审查发现存在借名行为且属于规避政策目的时，不会同意将隐名人记载于登记簿，隐名人权利将持续受到限制。而且，公权力机关还可以通过公法上的多重手段，真正地落实政策目的。比如，通过主管机关对规避持股限制、逃避税收的隐名持股人进行限制分红，强制隐名人将股权对外转让等办法，均可迫使隐名人不仅无法取得收益，还要蒙受损失。① 再如，通过行政手段对规避限购政策的隐名人或者出名人进行罚款加限期改正等处罚，使得借名买房行为成本升高，以遏制"热钱"入市，所有这些，都有助于政策目的的实现。而且，运用行政手段实现政策目的，本来也是行政机关的应有职责。

总之，民事裁判贯彻大政方针固然义不容辞，但政策的违反会引致何种民法效果，还是需要依赖于民法本身的判断。还是那句老话，恺撒的归恺撒、上帝的归上帝，行政管制的问题建议交给行政机关进行处理，民法问题则留给民法自身判断，这才是保护真实的财产权利，同时又能贯彻落实政策目的的良好路径。② 毕竟，民商事裁判作为私权保护的最后一道防线，在捍卫和弘扬私权的道路上，永远不可或缺。

最后重申一下，外观主义仅是论证的结论而非论证的起点，其适用存在边界；执行程序中面对的利益关系繁复多样，"第三人"并非都是信赖利益所保护的对象，其范围应有所区分；以自甘风险说和法政策分析方法一概对借名行为进行否认亦缺乏精细化的考量。在执行程序中，面对执行申请人的执行依据以及隐名人所处的地位不同，应进行类型化的判断：当执行依据本身系基于对登记簿信赖产生，或者执行申请人在执行程序中能够证明其对于登记簿的信赖，此时应当

---

① 例如，对于规避保险公司股东持股限制的隐名持股行为，《保险公司股权管理办法》第 80 条至第 83 条规定了一系列的行政处罚措施，包括限制分红、责令转让股权、市场禁入等。

② 笔者一向主张，在面对民刑（行）交叉问题时，对于合同效力和物权归属等问题的判断，还是应回归民法本身。详细论述，参见姚辉：《恺撒的归恺撒、上帝的归上帝——最高人民法院（2016）民终 222 号判决评析》，载《月旦民商法杂志》2018 年第 3 期。

主要审查执行申请人是否具有善意；如果具有善意，隐名人权利无法阻却执行；当执行依据本身并不指向特定财产时，隐名人具备真实出资，同时占有合法财产时，能够阻却强制执行。

公共政策执行中的"一刀切"，本质上是以牺牲部分公正价值为代价，以换取政策的高效执行，系有限理性约束下的次优选择。法学作为一门科学，需要进行更为精细化的考量，避免将复杂问题简单化。需要说明的是，提出上述论调绝非认为应当对政策规避行为大开绿灯，更不是为所谓的私权神圣大唱赞歌，恰恰相反，以上分析旨在揭示，民商事案件事实本身具有多元性，事实不同引致出的利益关系亦有所差异，运用类型化思维处理繁复多变的利益关系，才是民商事裁判的魅力所在。

### 职业打假行为的裁判路径

职业打假系指以索赔为目的且以买假为业之行为。"职业打假"[1] 问题衍化于"知假买假"[2] 这一历久弥新的社会话题。其在法教义学上的展开乃基于《消费者权益保护法》（以下简称《消保法》）和《最高人民法院关于审理食品药品纠纷案件适用法律若干问题的规定》（以下简称《食品药品解释》）之中的相关规定，但在规范体系上又横跨传统民法中的合同法、侵权法，同时亦对《产品质量法》《食品安全法》及《广告法》有所关涉，而实践案例特别是近年骤增的职业打假纠纷所引发的对"消费者""欺诈行为""知假买假"等概念界定与行为评价的问题则尚处在方兴未艾状态，也因此成为法律适用研究当中近乎完美的标本。

2017年最高人民法院办公厅公开法办函〔2017〕181号（以下简称法办函

---

[1] 本书所称"职业打假人"，系指明知商品或服务存在缺陷，以营利为目的而购买、使用商品或者接受服务，之后根据相关法律规定，向行政机关投诉或者向司法机关起诉以获得相应赔偿，并以之作为职业的自然人、法人和其他组织。其中向司法机关起诉的案件，本书称之为"职业打假案件"。

[2] "知假买假"并非法律术语，有学者对其进行界定："所谓知假买假是指购买者知道将要购买的商品是假冒伪劣商品而仍然购买，之后以消费者身份依法主张惩罚者赔偿。"参见李仁玉、陈超：《知假买假惩罚性赔偿法律适用探析——对〈最高人民法院关于审理食品药品纠纷案件适用法律若干问题的规定〉第3条的解读》，载《法学杂志》2015年第1期，第50页。

〔2017〕181号），该函就引导和规范职业打假人提出了指导性意见。① 职业打假究竟被司法裁判所肯认的边界为何，值得探讨。

审查知假买假案件时，裁判者往往迷失于循环且混沌的裁判思路中，而作为知假买假的进阶模式，职业打假所带来的司法审查困境更是吸引了理论界与实务界的目光。而职业打假行为本身也正在悄然发生一些新的变化，例如，在某平台"双十一"狂欢节来临之际，商家在接受媒体采访时便直言，其不仅需要关注如何制定销售策略，还需要时刻警惕职业打假人，防止自身受到职业打假人的光顾。② 更有甚者，不少职业打假人以向工商管理部门举报假货威胁商家，要求商家支付巨额"封口费"③。此现象的出现，究竟是有利于商家提高注意义务，抑或使得商家无端提高成本；究竟是有利于消费者使之能够购买到更为安全的产品，抑或使得消费者必须接受商家的成本转嫁，都不无继续探讨的空间。

---

① 关于最高人民法院办公厅法办函的性质与效力，是需要明确的基础问题。就最高人民法院办公厅法办函〔2017〕181号而言，首先，其涉密级别为"同意对外公开"，不涉及保密问题。其次，根据《最高人民法院关于司法解释工作的规定》，司法解释的形式分为"解释"、"规定"、"批复"和"决定"四种，"法办函"显然不属于具有一般法源效力的司法解释。但该复函仍然在一定程度上代表了最高人民法院的态度，对下级法院具有一定的指导作用，且可能会逐步被确认为具有广泛意义。理由如下：第一，从该函的形式上看，为对全国人大会议提出建议的答复意见，但同意对外公开以表明最高院的态度，该函结尾处亦表示，将借助司法解释、指导性案例等形式，将该函的效力一般化。第二，对全国人大建议的答复意见有成为司法解释的先例。同为对第十二届全国人大五次会议的答复，最高人民法院办公厅"修订《婚姻法司法解释二》第24条"的答复改变了《婚姻法司法解释二》第24条确立的夫妻共同债务推定规则，要求债权人举证证明超出日常生活所需的大额借款系用于夫妻共同生活，答复函确立的该规则不久后以《最高人民法院关于审理涉及夫妻债务纠纷案件适用法律有关问题的解释》第3条的形式确认。最后，由于现阶段最高人民法院未出台相应司法解释，故法办函〔2017〕181号的内容仅为参考，本书仅将其作为一种论据或观点加以对待，而非作为规范加以引述。

② 不少职业打假人称将在"双十一"期间出手，调研后选定目标购买商品，进行购假索赔。"团队型"职业打假人王海称，2016年"双十一"期间，他的打假团队购假索赔额预计达1 000余万元。一些"独狼式"职业打假人，如职业打假人于某星则对记者称，2016年"双十一"，他的购假索赔额也将达60余万元。参见《职业打假人王海：瞄准'双十一'以及索赔1 000万》，载《南方都市报》2016年11月10日，A18版。

③ 目前已有多起此类案例的发生，不少商家不堪其扰，向有关部门投诉举报，一批专职勒索的职业打假因此被拘捕和判刑。参见朱丽萍：《一职业打假人被刑拘嫌疑人作案过程被监控拍下》，载"腾讯·大闽网"，http://fj.qq.com/a/20170309/011935.htm，最后访问日期：2018年8月17日。

**现实生态**

打假的职业化路径肇始于知假买假行为的超额获益,而根源则是利用了相关立法和司法解释对经营者售假行为科以惩罚性赔偿进而保护普通消费者、完善并净化市场环境的良好初衷。然而当打假成为一项职业后,其行为品格即产生了显著变异,在诸多因素的驱使下使之具有诸多异于普通消费者的特点。

职业打假人呈规模化、专业化态势

一般而言,普通消费者掌握的信息极为有限,没有实质损害时,其往往无法敏锐地发现购买的商品或接受的服务存在瑕疵;职业打假人则不同,职业打假人通过成立公司、建立信息交流平台的方式,共享信息,以打假为目的进行交易。[1] 同时,职业打假人对相关政策以及标准研究相当深入,具备远超普通消费者的专业能力和认知水平,如预包装食品的标识标注是否符合国家标准、食品原料是否在国家限定的范围内等都系属职业打假人的"基本素养"[2]。另外,职业打假人区别于普通消费者之处还体现该群体"深谙"相关法律专业知识。普通消费者通常不擅长撰写法律文书、固定案件所需证据,甚至缺乏以法律维护自身合法权益的意识[3];而职业打假人则或聘请专门的法律工作者或自身精通相关法律程序与实体,能够提交规范的文书材料,对所涉证据能够采取视频拍摄、公证等专业手段固定,进而可在短时间内批量发起维权诉讼案件。

---

[1] 根据统计,截至 2016 年,全国共有"职业维权"的 QQ 群 2 000 余个,每个群多则上千人,少则数百人,他们互相保持信息的高度互通,一旦发现某个网店的交易有可乘之机,便群起而攻之。参见杨立新:《消费欺诈行为及其侵权责任承担》,载《清华法学》2016 年第 4 期。

[2] 如在北京沃尔玛百货有限公司知春路分店与张某铭买卖合同纠纷案中,打假人张某铭提出"黑糖、赤砂糖、红糖属于不同的物质,分别执行不同的行业标准,两种糖在感官和理化指标等均有不同",进而认为"沃尔玛知春路分店销售的'老姜黑糖'未依据我国法律法规如实标注品名,沃尔玛知春路分店销售不符合食品安全标准的商品的行为,危害消费者的权益"。该案终审支持了打假人的请求,判决沃尔玛知春路分店退货退款并向张某铭支付赔偿金 1 000 元。参见北京市第一中级人民法院(2018)京 01 民终 5776 号民事判决书。类似案件还可见于北京市昌平区人民法院(2018)京 0114 民初 7084 号民事判决书(北京市第一中级人民法院(2018)京 01 民终 5933 号维持判决)。

[3] 普通消费者常常仅因证据缺失而输掉诉讼,无法维护自身的合法权益。例如李某与杭州朗姿贸易有限公司等买卖合同纠纷案中,原告因在淘宝中注册的姓名与其所持有的被告出具的发票上的姓名不符,在诉讼中无法证明产品系原告购买,故审理法院判决驳回了其诉讼请求。参见广东省深圳市宝安区人民法院(2015)深宝法民一初字第 2709 号民事判决书。

职业打假人多关注表面瑕疵

在过往的职业打假案件中,职业打假人的诉讼对象主要为日用品、食品、药品、电器、服务箱包等类型的商品,之所以此类商品易受到职业打假人的青睐,皆因其表面瑕疵较多,且易于发现——诸如根据卫生部公布的食药同源、保健食品等原料名单寻找其中是否存在"越级"使用原料的情况,打假人提起了大量的诉讼。① 同时,打假人洞悉商家宣传心切而易使用"顶级""最佳""无与伦比"等词语用于商品外观或功效的描述和宣传,打假人认为商家有夸大宣传和虚假宣传之嫌,故依据《国家工商行政管理总局侵害消费者权益行为处罚办法》(以下简称《处罚办法》)第 5 条、第 6 条及第 16 条之规定,打假人提出商家宣传行为构成欺诈,并以虚假宣传误导其作出错误意思表示而发起三倍索赔诉讼。②

此外,打假人还关注上述类型商品的标识、标注问题。相关统计显示,自 2014 年 7 月至 2016 年 6 月份以来,17 家大型商超企业和 1 家餐饮企业遭遇职业打假人索赔次数达到 6 022 次,其中涉及包装标签问题的索赔案例比例最大为 55.78%,其次分别是食品过期(19.51%)、发现异物(12.92%)和产品质量(11.79%)。③ 打假案件多发地法院的数据则显示,在当地打假案件中,有六到

---

① 在张某诉天猫有限公司买卖合同纠纷案中,原告认为在被告平台处购买的葡萄味饮料添加了非法原料,故要求十倍赔偿,法院支持了原告的诉讼请求。参见广州市黄埔区人民法院(2015)穗黄法民一初字第 480 号民事判决书。

② 在李某章与南京糖糖屋零食物语食品有限公司产品责任纠纷案中,原告称其在被告处购买了凤梨酥,而被告宣传其售卖的凤梨酥为严选顶级食材精心烘制,但原告品尝后觉得口感一般,故要求被告承担 500 元惩罚性赔偿金,一审法院判决驳回李某章的诉讼请求,二审法院维持了一审判决。参见宁波市中级人民法院(2015)浙甬民一终字第 979 号民事判决书。在王海诉深圳市尚优国度电子有限公司网络购物合同纠纷案中,王海认为被告宣传其手机壳为"4g 超轻,相当于一枚 5 角硬币",但经当庭对涉案产品进行测量,涉案产品重量为 7 克,故认为被告构成虚假宣传,要求三倍赔偿,法院支持了原告的诉讼请求。参见北京市朝阳区人民法院(2016)京 0105 民初 61207 号民事判决书。在夏某与沈阳于洪乐购生活购物有限公司买卖合同纠纷案中,原告诉称被告销售的金银花龟苓膏宣传中含有"青春不要痘"的宣传语,但使用后并没有祛痘功能,故要求被告承担 1 000 元的惩罚性赔偿金,一审法院驳回了原告的诉讼请求,二审法院维持了一审法院的判决。参见辽宁省沈阳市中级人民法院(2016)辽 01 民终 12285 号民事判决书。

③ 参见凤凰网资讯:《职业打假拐点或将到来?》(http://news.ifeng.com/a/20161017/50109246_0.shtml,最后访问日期:2018 - 08 - 02)。

八成的案件关注的是诸如轻微标识瑕疵和夸大宣传问题。① 而这些问题并不涉及产品本身安全，且非为广大消费者关注的重点。司法实践中常出现的一类案例是打假人聚焦于手机壳等没有标注产品、厂址、合格标准等信息的低单价物品，并依此诉请500元的最低惩罚性赔偿。②

职业打假的形式多种多样

职业打假的表现形式多种多样且变化不断，并不单纯限于发现假货—购买假货—诉讼索赔的模式。在实践中，有的职业打假人在同一商场或同一公司旗下的位于不同地域的商场多次购买相同或类似商品，并分开索赔③；有的职业打假人在同一商场购买多件产品并分开结账，以制造多个合同关系的方式期待获得多笔最低惩罚性赔偿④；有的职业打假人利用已经胜诉的判决，购买涉案产品以期再次获得赔偿⑤；实践中甚至出现了职业打假人以举报违法经营行为相威胁，向经营者敲诈勒索，以索取巨额"封口费"，此时"打假"的目的已荡然无存，相应

---

① 参见2016年11月2日在中国人民大学召开的"《消保法实施条例（征求意见稿）》学术研讨会"上北京市第三中级人民法院侯军法官和深圳市中级人民法院翟墨法官的报告。其中，北京三中院统计数据表明，在食品药品纠纷中，标签瑕疵占比达60%，深圳市中院的情况则是，所有职业打假案件中约有80%的案件关注标识瑕疵的问题。

② 类似案例司法判决不一，有的法院支持原告的请求，有的法院驳回原告请求。驳回原告诉讼请求的案例可见于熊某平与渝欧跨境电商有限公司产品责任纠纷案，由于进口奶粉没有中文标识，熊某平因此诉至法院，但法院最终驳回了原告熊某平的诉讼请求。参见重庆市沙坪坝人民法院（2015）沙法民初字第06058号民事判决书。支持原告诉讼请求的案例可见于郑某军诉苏州达毅网络公司消费者权益保障纠纷案，庭审中原告当庭出示涉诉产品，证实产品均无中文标签。法院因此判决支持了原告的10倍赔偿请求。参见苏州市吴中区人民法院（2015）吴民初字第102号民事判决书。

③ 参见沈阳和和堂大药房有限公司和张某军等买卖合同纠纷案，一审：沈阳市和平区人民法院（2017）辽0102民初3194号民事判决书；二审：辽宁省沈阳市中级人民法院（2017）辽01民终7572号民事判决书，再审：辽宁省高级人民法院（2018）辽民申1749号民事裁定书。

④ 上文所述王某里与徐州市鑫泰隆超市有限公司产品销售者责任纠纷案。江苏省高级人民法院（2018）苏民申2281号民事裁定书。

⑤ 如在大商集团大庆新东风购物广场有限公司买卖合同纠纷案中，一审判决支持了打假人10倍赔偿的请求，但在再审中，法院查明打假人丛某松本人在本案前已就食品标签瑕疵问题提起多起诉讼，与本案案情类似的（2016）黑01民终4985号民事判决作出时间为2016年12月9日，而本案买卖行为发生时间为2017年5月22日。因此被申请人丛某松在熟知法律法规并参与多起诉讼的情况下，依然购买涉案食品，由此判断本案涉案食品的标签瑕疵并不会对被申请人丛某松构成误导，故再审判决改变了一审判决，驳回了打假人要求10倍赔偿的请求。参见黑龙江省大庆市中级人民法院（2018）黑06民再21号民事判决书。

制度完全成为勒索人的工具。①

**内在驱使动力**

源于保护普通消费者、完善并净化市场环境的良好初衷的打假行为之所以异化为职业打假，背后有着诸多的驱使因素，概而言之有以下三点。

第一，法律规定的惩罚性赔偿金数额大幅提高，高额的回报和较低的成本是职业打假盛行的根本诱因。

随着《消保法》《食品安全法》的出台和更迭，对生产、销售不符合安全标准产品的惩罚性赔偿金大幅提高。相较旧《消保法》"退一赔一"的规定，新《消保法》第 55 条将提供商品或者服务有欺诈行为的惩罚性赔偿金提高到价款的三倍，同时还规定了 500 元的最低惩罚性赔偿金。2015 年 10 月 1 日起实施的《食品安全法》第 148 条第 2 款维持了旧法 10 倍赔偿的规定，同时将最低赔偿额规定为 1 000 元。与之相映照的是职业打假人规模化、专业化所带来的诉讼成本的大幅降低，故高额的回报率与较低的诉讼成本使得打假行为异化为职业打假人"一本万利"的"投资"行为。

第二，监管标准的模糊、汉语本身的多义性为文本的文义解释提供了空间，为职业打假人的生存提供了充分条件。

诚然，现行法律和行政法规加强了市场监管的力度，但由于监管标准较为模糊，在实体市场中对何种产品属于假冒伪劣的界定不够明确，这就导致大量没有实质安全问题的产品因为形式上的微小瑕疵而大量被诉。微小瑕疵却大量被诉的典型例证是关涉"虚假宣传"的诉讼，新《广告法》在第 9 条规定禁止使用诸如"国家级""最高级""最佳"等绝对化用语，同时在第 28 条对虚假广告的概念进行了界定。但在实践中，由于汉语词句丰富、语义多变，相同的词语在不同的人群之间会有不同的理解，加之司法机关对词语的语义通常从严解释，这也就为职

---

① 实践中，利用该类漏洞进行敲诈勒索的案件越来越多，并逐渐也开始呈现职业化、团队化的趋势，如广东近期便捣毁了专门从事此类敲诈勒索的团伙。参见"'职业打假'被列'扫黑除恶'对象，6 人被批准逮捕！"（https：//mp.weixin.qq.com/s/hcf6fvUqnd1nGqyTlk9VEw，最后访问日期：2018 - 08 - 17）。

业打假提供了"维权"的发挥空间。①

第三,《食品药品解释》确认了在食品药品领域对职业打假的"友好"立场,这是职业打假发展的重要助力。

《食品药品解释》第3条规定:"因食品、药品质量问题发生纠纷,购买者向生产者、销售者主张权利,生产者、销售者以购买者明知食品、药品存在质量问题而仍然购买为由进行抗辩的,人民法院不予支持",这意味着在食品药品领域知假买假进而请求惩罚性赔偿的行为受到法律的保护;而第15条规定:"生产不符合安全标准的食品或者销售明知是不符合安全标准的食品,消费者除要求赔偿损失外,向生产者、销售者主张支付价款十倍赔偿金或者依照法律规定的其他赔偿标准要求赔偿的,人民法院应予支持",这意味着消费者在主张适用惩罚性赔偿责任时不以人身权益遭受损害为前提。② 简言之,请求惩罚性赔偿不以"损害"为要件,且规定经营者不得以购买者"知假买假"作为抗辩事由。该解释的出台,使得职业打假的行为在食品药品领域有了法律依据,这更加激发了职业打假人的积极性,使得职业打假案件频发。③

---

① 对于此类案例,有的法院认为这系属职业打假人"钻空子"而索赔不予支持,但也有法院支持了职业打假人要求惩罚性赔偿的诉求。前者可见于何某诉海宁市迈菲恩服饰有限公司等产品责任纠纷案,浙江省杭州市余杭区人民法院(2015)杭余民初字第4383号民事判决书。后者可见于葛某玉诉广州百佳超级市场有限公司产品责任纠纷案,原告葛某玉诉称在被告处购买的咖啡营养成分表载明,每100克中含有能量445千焦(实际应为445大卡),但经计算后实际每100克能量为1 873千焦,故认为被告构成虚假宣传,被告辩称所标能量偏低并不会对原告造成误导,且原告计算能量所依据的规范性文件标准不清。一审法院支持了原告要求三倍赔偿的请求,二审法院改判仅支持葛某玉的退货请求,不支持要求三倍赔偿的请求。参见(2016)粤0106民初10751号民事判决书、(2016)粤01民终16688号民事判决书。
② 参见陈承堂:《论"损失"在惩罚性赔偿责任构成中的地位》,载《法学》2014年第9期。
③ 值得关注的是,虽然最高人民法院办公厅2017年公开法办函〔2017〕181号旨在将《食品药品解释》支持知假买假行为的适用范围仅限于购买食品、药品,以逐步限制职业打假人的牟利性打假行为。但该函发布后,司法实践却并未一边倒地驳回职业打假人的诉讼请求,相反,在适用法办函〔2017〕181号的裁判文书中,仍大量支持了职业打假人的诉讼请求,尤其是食品药品领域,这种司法导向更为明显,法办函〔2017〕181号被职业打假人解读为是进一步支持食品药品领域的打假行为,进而加以引用以佐证其诉求。北京市第一中级人民法院(2018)京01民终3282号案中,原告在案件审理时便提交《最高人民法院办公厅对十二届全国人大五次会议第5990号建议的答复意见》作为证据,用以证明在食品、药品领域,购买者即使"知假买假",也有主张并获得惩罚性赔偿的权利。类似案件还可参见北京市第三中级人民法院(2018)京03民终7946号民事判决书;北京市第二中级人民法院(2018)京02民终1903号民事判决书。

上述因素致使实践中职业打假具有较大的生存和运作空间，且职业打假人亦有暴利可图。这也催生了职业打假行为进一步规模化、专业化，职业打假团体愈发活跃，这引致的司法困惑和交易矛盾要求我们对此应予以更谨慎的关注，找寻对待职业打假的应有态度。

"社会效果"

从1995年"王海打假案"以来，知假买假以及由此衍生的职业打假案件开始进入公众的视野，如何评价与对待该种行为，不同时期、不同学者立场大相径庭。[①] 正如法办函〔2017〕181号所述，职业打假人自出现以来，对于增强消费者的权利意识，鼓励百姓运用惩罚性赔偿机制打假，打击经营者的违法侵权行为产生了一定积极作用，但就现阶段情况而言，职业打假人群体及其引发的诉讼出现了许多新的发展和变化，使其负面影响日益凸显。职业打假行为的两面性在实践中何以展现，职业打假的增益与弊病各有几何，下文将以法办函〔2017〕181号为依据展开，详细研判职业打假的利与弊，并为探求合适的裁判路径寻求价值判断基础与依据。

积极作用

如法办函〔2017〕181号所述，《食品药品解释》支持食品药品消费者知假买假行为有其特定的背景与目的，该司法解释产生于地沟油、三聚氰胺奶粉、毒胶囊等一系列重大食品、药品安全事件频繁曝出，群众对食药安全问题反映强烈

---

[①] 20世纪90年代，许多学者曾撰文对此问题进行讨论。当时，持支持意见的学者认为：支持知假买假，可以鼓励人们与恶意的制造者和销售者以及提供欺诈性服务的经营者进行斗争，虽然这种做法不可避免地具有消极作用，但其积极作用要大于这种消极作用，且副作用可以加以改造，变害为利。参见杨立新：《"王海现象"的民法思考》，载《河北法学》1997年第5期。也有支持意见认为：《消保法》惩罚性赔偿本就是为了保护处于弱势地位的消费者，并且知假买假行为可以铲假，而对社会没有损害，没有必要人为地将索赔人分为消费者和非消费者。参见沈幼伦、黄伟丰：《也谈知假买假索赔的"王海现象"》，载《法学》2002年第8期。还有学者指出，只要知假买假者不是为了下手，不是为了再次将其投入市场交易，就不应否认其消费者地位。参见王利明：《消费者的概念及消费者权益保护法的调整范围》，载《政治与法律》2002年第2期，第4～5页。反对意见主要认为："知假买假索赔"案件的原告，其订立合同的目的，不是"为生活消费的需要"。因此，按照《消保法》第2条的规定，应当肯定其不是消费者，权益不受消法保护。参见梁慧星：《消费者权益保护法第49条的理解与适用》，载《人民法院报》2001年3月29日，第3版。

的大背景之下,是给予特殊背景下的特殊政策考量。该文件规定的根本目的,则是为了保护人民群众的生命健康权。

学者在论及职业打假行为的积极效应时,主要从以下三方面进行展开:第一,职业打假有利于弥补分散的个体消费者诉讼动力缺陷,从而提高不安全产品的发现和追诉概率①;第二,职业打假行为属于私法上的治理手段,若其运用得当,可与行政法、刑法等公法形成多元治理机制,发挥合力的治理作用②;第三,虽然"保护消费者权益"和净化市场环境并不一定是职业打假者的本意,但其针对商家欺诈的诉讼活动却能够带来这方面的客观效果。③

职业打假的上述积极作用是否得到真正发挥呢?从法办函〔2017〕181号的态度看,在弥补诉讼动力缺失及打击经营者违法行为的层面上,职业打假的积极作用得到了一定发挥。但遗憾的是,理论上的其余期待并未得到实践的良好回应。

就《食品药品解释》的根本目的"保护消费者生命健康权"方面的效果而言,如前所述,由于职业打假人主要关注商品的表面瑕疵,即其主要精力集中于产品标签标识及说明方面,而标签标识及说明并未直接威胁到消费者的生命健康权,因此其打假效果与目的的契合性值得怀疑。此外,由于职业打假人打假的对象主要针对大型超市和企业,而大型超市的产品通常是经过严格的食品安全检验程序,管理较为规范,产品质量也相对有保障,因此职业打假的效果并未真正与《食品药品解释》的立法目的挂钩。诚如法办函〔2017〕181号所言,职业打假人对于真正对市场危害较大的假冒伪劣产品及不规范的小规模经营主体打击效果

---

① 参见金福海:《论民间打假法律障碍的消除——兼论惩罚性赔偿制度在我国相关法律中的完善》,载《烟台大学学报》2004年第4期;熊丙万、周院生:《诉讼效益的经济分析框架——以当事人诉讼动力的调节机制为中心》,载《制度经济学研究》2015年第1期。

② 参见张新宝、李倩:《惩罚性赔偿的立法选择》,载《清华法学》2009年第4期;肖峰:《论"知假买假"的反契约性及其克服》,载《行政与法》2015年第1期;刘保玉、魏振华:《"知假买假"的理论阐释与法律适用》,载《法学论坛》2017年第3期。

③ 参见奚晓明主编:《最高人民法院关于食品药品纠纷司法解释理解与适用》,北京,人民法院出版社2014年版,第54页;熊丙万:《法律的形式与功能——以"知假买假案"为分析范例》,载《中外法学》2017年第2期。

不明显。

就净化市场方面的作用而言，由于打假的团队化与规模化，实践中打假多异化为职业打假。而职业打假生命力依附于假货之存在——假货消失则职业打假人便会随之消亡的特点，决定了职业打假对于净化市场的作用微乎其微，因为净化市场并非职业打假人的目的，职业打假人并不希望看到无假可打的结果。详言之，无论前述多次购买分别索赔行为、分开购买以期多次获得最低赔偿行为、利用已胜诉的判决再次购买案涉商品以期再次获赔行为，还是趁机对商家"要挟索取"的行为，其皆是职业打假人旨在谋取自身利益，不仅未达净化市场环境的目的，反而扰乱了市场秩序。法办函〔2017〕181号便直言道，"越来越多职业打假人的动机并非为了净化市场，而是利用惩罚性赔偿为自身牟利或借机对商家进行敲诈勒索"。

综上可见，理论界对打假行为的殷切期待由于打假行为的异化而落空：实践运行当中不仅消费者群体从职业打假行为中获益甚微，市场也未因打假行为而受到净化。

消极影响

早于职业打假行为萌发之时，理论界就有观点直言反对纵容、保护甚至激励这种行为，并表达了对今后职业打假可能泛滥的担忧。多年的实践似乎逐渐证明，此种理论担忧业已成为现实威胁，任由职业打假发展滋生了诸多超出立法预测的隐患。

首先，职业打假行为的泛滥，加重了企业的成本负担，扰乱了企业的正常发展轨迹，亦无益于创造良好的社会营商环境。虽有观点指出，如若经营者自身销售的产品或者提供的服务不存在任何瑕疵，则根本无惧职业打假。然而如今的职业打假人呈现专家化、团队化和模式化的特点，在法律法规繁杂、更迭频繁且标准本身还存在模糊多义的境况下，经营者难以注意或者未及时更正的产品标签、宣传用语等轻微瑕疵却能够被职业打假人授之以柄——提起诉讼、索取加倍赔偿，经营者一旦遇到职业打假人的"光顾"，将或多或少面临损失，对此经营者疲于应付，人为地增加了经营成本。实践中，某炒货店因为使用了"最好吃的板

栗"的宣传,涉嫌违反《广告法》中关于禁止使用绝对化用语的规定,而被职业维权人购买、拍照、取证并以向工商行政管理机关举报为要挟条件,索求大额赔偿,而小店面临的20万元罚款显然超出了其可能的承受能力。① 诚然,违法应受责罚,但无论是巨额惩罚性赔偿金还是职业打假人的"要挟索取",都会给相关企业造成过重的经济负担,降低企业的运营活力、遏制企业特别是小商人(包括网络平台中的网络店铺)的生存环境,更遑论社会良好经营氛围的形成,这些不良后果绝非立法规定惩罚性赔偿之本意。

其次,职业打假行为不仅没有成为普通消费者的权益保护伞,反而在很多情况下沦为牟取个人私利的工具。实践中一些职业打假人在发现假货后,以向相关部门举报告发为条件向店家索取"封口费",而店家往往为了息事宁人,支付费用了事。目前已有职业打假人因类似的勒索行为遭到刑事制裁的案例。② 此时,惩罚性赔偿制度已然成为一项牟利工具,职业打假人受利益驱使,其希望的是假货越多越好,这样才能依靠惩罚性赔偿制度使其保持牟利状态的延续——这也是私力打假和公权力打假的根本区别所在,公权力打假由国家财政支持,当假货消失时,其任务即宣告完成,亦证明其已尽到自身职责。简言之,职业打假的生命力依附于假货之存在,而公权力打假则是以消除假货为终极目的。所以,从职业打假行为的主体看,其天然地缺乏正当性、合法性基础,即消费者既是一个个体概念也是一个群体概念,但无论从文义解释还是目的解释角度,职业打假人均非需要法律保护的主体,不应涵摄于消费者范畴,进而其作出的打假行为亦会背离普通消费者的维权初衷。

再次,职业打假行为浪费了大量的司法资源,导致资源的付出与取得的实际效用并不成正比,法办函〔2017〕181号亦从官方立场肯定了该种判断。如上所述,当"打假"成为一种职业时,其在实践中即业已异化——职业打假人具有团队化、专业化的特点,消弭了与经营者之间存在的信息不对称问题;同时,职业

---

① 参见《炒栗子店宣传"最优秀"被罚20万,你怎么看?》,http://news.sina.com.cn/o/2016-01-15/doc-ifxnqriy2881368.shtml,最后访问日期:2018-01-20。
② 参见《三名"职业打假人被批捕"? 最高法不支持职业打假!》,http://dy.163.com/v2/article/detail/D5D95VR90514CAR5.html,最后访问日期:2018-08-01。

打假人所关注的产品缺陷，多是轻微的标签瑕疵、容易引起歧义但不影响实质的虚假宣传以及形式大于实质的商品原料缺陷，这些缺陷通常并非为普通消费者所关注。在法官员额制背景下，人民法院本就面临"案多人少"的巨大压力，如若人民法院将大量的司法资源投入职业打假案件之中，则势必会造成资源的偏废，从而直接影响实质性产品质量问题与食品安全问题的有效解决。现如今，职业打假案件已经占用了大量司法资源，且资源分配并不合理，绝大部分的司法资源耗费在对普通消费者并无过分影响的商品表面瑕疵问题，致使对商品实质安全问题的关注备受忽略，简言之，有限的司法资源被非普通消费者所占用，却并不能切实对社会正义与法治提供增益。

最后，不断泛滥的职业打假行为破坏我国交易秩序、腐蚀社会诚信道德。法办函〔2017〕181号提及，职业行为严重违背诚信原则，无视司法权威。职业打假行为映射出社会中投机心理的滋长，实质违背的是诚实信用基本原则。以交易为主要调整对象之一的民法，将诚实信用原则纳入基本原则，并赋予其"帝王条款"之名，自然有其原因所在，即现代民法较之于任何时代而言，更为提倡与尊崇诚实信用，诚实信用原则已经成为交易秩序、经济氛围之本源。如前述，《食品药品解释》鼓励普通消费者参与打假行为本意为净化市场，而职业打假人针对同一商品的大量购买行为、针对同一次购买分开结账以期待获得多笔最低惩罚性赔偿行为、利用已胜诉的判决购买案涉产品以期再次获赔的行为甚至对经营者施加舆论压力，以举报、起诉为要挟条件而寻求"私下赔偿"的行为，皆为以诉讼打假之表行利用法律漏洞牟利之实，与诚实信用完全背道而驰，此类行为不应得到司法的支持与庇护。

**裁判路径及其类型化思维**

由于打假案件本身具有的多样态性，在既有判例中，案件的基本事实、原告的请求权基础、判决所依据的法律都不甚相同，故难以对其裁判路径一概而论。下文将首先探讨对待职业打假的基本路径取向，之后以现有案件为样本基础，对法院的司法裁判标准进行具体考察，并提出文本主义和功能主义的裁判路径，以探寻对待不同打假案件时的裁判标准。

价值判断

如前述,《食品药品解释》的发布如催化剂一般,为职业打假的繁荣发展提供了充足条件,而在意识到职业打假的诸多危害后,国家工商总局起草的《消费者权益保护法实施条例(征求意见稿)》(以下简称《消保法实施条例(征求意见稿)》)可谓踩了急刹车,其在第 2 条规定中对以营利为目的的购买、使用商品或者接受服务的知假买假行为作出了不适用惩罚性赔偿的规定,相当于对职业打假人宣判了死刑。而法办函〔2017〕181 号则采取了下面的态度,其措辞为"逐步遏制职业打假人的牟利性打假行为",究竟对待职业打假应采何种路径取向——是放任、禁止抑或中间道路,需要在价值上作出评判。

诚如《人民日报》所载文章指出的,知假买假行为的复杂性在于其背后涉及的多元主体,不仅包括打假人、经营者与广大消费者,还包括执法机构与司法部门,因此在制度设计中,需要作出更全面的考量。① 《食品药品解释》支持打假行为是基于假货泛滥、监管不足加之群众反映强烈的大背景,但现如今随着市场规则和监管体系的逐渐完善,运用私人力量打假的必要性受到了质疑,加之前述职业打假带来的诸多弊端,继续放任职业打假野蛮生长的态度并不可取。

虽然职业打假并未真正达到净化市场、保护消费者生命健康权的目的,但又如法办函〔2017〕181 号所言,私力打假制度的存在,不可否认地在客观上对于增强消费者的权利意识,鼓励百姓运用惩罚性赔偿机制打假产生了一定积极作用。一概否认打假行为,简单地将之概括为"扰乱市场秩序",必将中伤小部分真正具有崇高道德,不断追求社会公益之人。② 故《消保法实施条例(征求意见稿)》对待打假人的强硬立场,同样有值得商榷之处。

或许在大的发展趋势下,职业打假早晚将退出历史舞台,但当下的制度设计,在对之放任和禁止两个极端之间,仍存缓冲的中间地带。笔者赞同法办函

---

① 参见应飞虎:《"知假买假"不能一禁了之》,载《人民日报》2017 年 6 月 23 日,第 05 版。
② 通过对现有资料的分析,笔者认为打假人丘某东的所作所为便可以称为追求社会公益,其因打假维权行为曾获"全国首届维权十佳人物"称号、"中国 3·15 奖章"等,被称为中国公益诉讼的代表人物。代表案件为"丘某东诉龙岩市电信局价格欺诈"案,电信局答应对不规范之处进行整改;"丘某东诉福建省上杭县特快专递公司价格欺诈"案,使得当地特快专递价格由 20 元降为 10 元。

〔2017〕181号所持的观点与立场，即一方面鼓励具有良好社会效应的食品药品领域的非牟利性打假行为，另一方面对非食品药品领域的牟利性打假行为逐步进行限制，以发挥打假行为的积极作用，抑制职业打假的消极效应。

如此，在制度运行中，便需要作出更为全面的考量以达到逐步限制牟利性打假的效果。笔者认为，在现行法的解释适用上，大有可行空间，即通过文本主义的三步走裁判路径，结合功能主义的裁判方式，类型化对待现有案件类型，以达到鼓励良性打假、抑制恶性打假的根本目的。

**文本主义的裁判路径**

文本主义的裁判标准是指在尊重现有文本的基础上，对法律解释进一步裁判。在打假案件中，对打假能否获得惩罚性赔偿进行裁判，可具体依相关步骤测试，依序为"购买商品或接受服务者是否为消费者—产品是否存在瑕疵—经营者是否存在欺诈—经营者是否存在免责事由"，只有测试的结果均为"是"时，才能判决被告承担惩罚性赔偿责任；而当裁判食品药品纠纷时，只需在上述测试方法基础上设置例外即可。以下具体说明其中相关内容。

1. 购买商品者或接受服务者是否为消费者

首先判定购买商品或接受服务的人是否为消费者的目的有二：其一，确定该案件是否属于《消保法》和《食品安全法》的调整范围；其二，回答缘何要对消费者进行特殊保护的问题，这亦是适用惩罚性赔偿的前置条件。

关涉"消费者"这一概念的法律依据兹属《消保法》第2条，但对该条的含义，学界多有争端：一种观点认为本条界定消费者的三个正向条件：其一须是与经营者发生交易的民事主体；其二须以消费为目的购买；其三须为自然人。[1] 另一种观点则认为，《消保法》第2条并未界定消费者的概念，而是指明了《消保法》的适用范围，即只有在"消费者为消费行为"之时，方可适用《消保法》的规定。故如同"白马亦马""知假买假"的消费者同样也是消费者，只不过其属

---

[1] 参见郭明瑞：《"知假买假"受消费者权益保护法保护吗——兼论消费者权益保护法的适用范围》，载《当代法学》2015年第6期，第69～71页。

## 第八章 民法中的价值判断

于"非消费行为的消费者"而已,因此其不在《消保法》适用范围之中。①

两种观点的交集部分在于唯有"为消费行为"者方属《消保法》所保护的"消费者",这在学界并无争议。针对"消费行为"的界定,应当通过举证责任的分配加以研判。当经营者提出购买者不属于消费者时,应该举出相应的例证,诸如原告购买的产品不符合理性人的消费水平,其之前有过多次购买相同产品并起诉的先例等②;经营者完成举证责任后,购买者也应就购买产品确属于生活消费进行举证,诸如举出家庭成员众多,家庭消费能力富足等,之后再由法官根据两造提供的证据判定是否属于生活消费。

除却以举证责任判定"消费行为",以个案为样本进行具体认定亦不可忽视。全国人大法律委员会在对《消保法》进行修改时指出,"消费者权益保护法是保护市场交易中处于弱势地位的消费者的法律,体现了对消费者的特殊保护。至于平等民事主体之间的其他关系,则受合同法等法律的规范。同时,'生活消费需要'的表述涵盖范围较宽,可以为法律适用留有余地"③。这为司法实践留出较大的适用空间和解释余地,其态度亦从侧面证明对"消费者"概念的具体判定应当结合案件个例。例如打假人诉请惩罚性赔偿已经获得支持后,为了牟取更多利益,再一次购买若干相同商品,并以先例为由再次诉求索赔的情况,应当认定第一个购买行为属于为生活消费而得受《消保法》的保护,但之后的购买行为属于

---

① 参见税兵:《惩罚性赔偿的规范构造——以最高人民法院第 23 号指导性案例为中心》,载《法学》2015 年第 4 期,第 102 页。

② 司法实践中大量的案件采取了此种做法,即当被告经营者抗辩称原告属职业打假人不属于消费者时,法官要求经营者承担举证责任,如该举证责任无法完成,则由经营者承担不利后果。如在北京金泰恒业超市连锁有限公司海淀金沟河分公司与申某生买卖合同纠纷案中,北京市第一中级人民法院认为:金泰恒业公司上诉称申某生并非普通消费者,但申某生对此不认可,金泰恒业公司未对此提供相关证据予以证明,据此驳回了经营者的上诉请求。参见北京市第一中级人民法院(2018)京 01 民终 3282 号民事判决书。再如在刘某荣、揭阳市榕城区尚汇岛食品商行产品责任纠纷案中,食品商行提供了证据表明本案原告存在对某种商品已经胜诉获得赔偿,又购买该产品以图再次获利的情形,法院据此认为:刘某荣又购买冬虫夏草酒是以图再次获利,不是为了生活消费,不属于消费者。参见广东省揭阳市中级人民法院(2018)粤 52 民终 365 号民事判决书。

③ 《全国人民代表大会法律委员会关于〈中华人民共和国消费者权益保护法修正案(草案)的说明〉》,载李适时主编:《中华人民共和国消费者权益保护法释义》,北京,法律出版社 2014 年版,第 351 页。

明知瑕疵而仍然购买，且数量不属于为生活消费的范畴，就超出了《消保法》保护的范畴。

职是之故，关于消费者的界定，首先需要通过诉讼两造举证是否属于"消费行为"，其次法官应当结合个案，综合购买数量、实际需求等情况进行研判，切忌一概而论。

而在食品药品领域，关于消费者的认定则应遵从《食品药品解释》的规定以及参考最高人民法院指导案例"孙某某诉南京欧尚超市有限公司江宁店买卖合同纠纷案"的精神，即无须判别购买的数量、目的，只要有购买行为即可认定为消费者。① 之所以将食品药品领域的消费者认定与其他一般商品的消费者认定区分对待，是因为两者落入的是不同的法益保护范围，而法律对待不同法益的保护力度自然不尽相同，此点结论对于之后三步的分析仍然适用。

2. 经营者是否存在欺诈行为

《消保法》第55条使用了"经营者提供商品或者服务有欺诈行为"的表述，但缺乏对"欺诈行为"内涵的特别规定。故有观点认为，"欺诈行为"应当根据《最高人民法院关于贯彻执行〈中华人民共和国民法通则〉若干问题的意见（试行）》（以下简称《民通意见》）第68条进行认定，即如果经营者故意告知对方虚假情况，或者故意隐瞒真实情况，诱使消费者作出错误意思表示的，可以认定为欺诈行为。由于职业打假人购买假货的意思表示并非因经营者的欺诈行为而作出，即其购买假货的意思表示并非为"错误意思表示"，故在职业打假案件中不存在"欺诈行为"，也就当然地不发生惩罚性赔偿请求权。② 该种观点得到了法

---

① 实践中有大量案例支持此种观点，如在武汉璟泓万方堂大药房连锁有限公司、汇康生物科技有限责任公司产品责任纠纷案中，法院认为：本案中刘某明确实存在同一时期在不同商家连续购买涉案产品的行为，但依据《食品药品解释》的规定，该行为并非为现行法律所禁止的行为，故对汇康公司及璟泓万方堂公司认为刘某明存在恶意购买行为，其并非普通消费者的上诉理由，本院不予支持。参见湖北省武汉市中级人民法院（2018）鄂01民终3746号民事判决书。再如毛某冉与广州市言达资讯科技有限公司与广州原理化妆品有限公司产品责任案中，法院认为：被告广州言达公司提出的原告系职业维权人，属恶意诉讼不应得到支持的抗辩理由，根据《食品药品解释》第3条的规定，此抗辩理由没有法律依据，本院不予采纳。参见湖北省武汉市汉阳区人民法院（2018）鄂0105民初1369号民事判决书。

② 参见韩世远：《消费者合同三题：知假买假、惩罚性赔偿与合同终了》，载《法律适用》2015年第10期。

办函〔2017〕181号以及江苏省高级人民法院《关于审理消费者权益保护纠纷案件若干问题的讨论纪要》的肯认。①

相反观点认为，《消保法》作为民法的特别法，其"欺诈行为"与传统民法并不完全相同，《民通意见》中规定认定欺诈行为须具备故意要件，在实践中须受害人提供证明。如果在消费者保护领域坚持消费者在起诉请求惩罚性赔偿时要证明经营者存在故意的要件，确有强人所难之嫌，因此，在司法实践中应采用客观证明方法，即经营者提供的商品属于假冒伪劣产品，提供的服务与约定的服务具有质的差别，就应认定存在商品欺诈和服务欺诈并适用惩罚性赔偿责任。②

上述观点看似针锋相对，实则水乳交融。在争议案件落入《消保法》的调整范围时，应当严格根据《消保法》第55条和《民通意见》第68条的规定，认定经营者的"欺诈行为"，即应有消费者因经营者故意告知虚假情况或故意隐瞒真实情况作出了错误意思表示，而对于明知商品存在瑕疵的职业打假人而言，不存在其主观上受到欺诈的情形。

而在案件落入《食品安全法》的规制范畴时，由于《食品安全法》第148条第2款并未要求消费者受到欺诈，且《食品药品解释》认为消费者明知缺陷仍然购买不影响其索赔，故此时无须认定消费者是否受到"欺诈"以及是否作出了"错误"的意思表示。③

当然，无论是根据《消保法》还是《食品安全法》提起诉讼，在认定产品属

---

① 最高人民法院办公厅法办函〔2017〕181号：民法上的欺诈，按照《民通意见》第68条的解释，应为经营者故意告知虚假情况或故意隐瞒真实情况，使消费者作出了错误意思表示。而对于知假买假人而言，不存在其主观上受到欺诈的情形。江苏省高级人民法院《关于审理消费者权益保护纠纷案件若干问题的讨论纪要》：对于食品以外的普通消费领域，惩罚性赔偿的构成要件是经营者提供商品或者服务有欺诈行为。关于欺诈的认定，应当符合《民通意见》第68条的规定。

② 参见杨立新：《商品欺诈惩罚性赔偿责任适用范围争议之我见》，载《江汉论坛》2017年第1期，第119页；闫科：《消费者的界定及经营者欺诈的认定》，载《人民司法（案例）》2014年第8期，第11页。

③ 参见税兵：《惩罚性赔偿的规范构造——以最高人民法院第23号指导性案例为中心》，载《法学》2015年第4期。类似的观点还可参见韩世远：《消费者合同三题：知假买假、惩罚性赔偿与合同终了》，载《法律适用》2015年第10期。

于"假冒伪劣产品"或者食品属于"不安全食品"时，都涉及对产品瑕疵的认定，此时需要进入下一步，对产品瑕疵进行测试。

3. 产品是否存在瑕疵及其程度

产品瑕疵的界定，涉及专业问题。管见以为，秉承的总体态度应是：瑕疵的具体认定，应尊重国家和行业标准，参照《处罚办法》中的规定综合进行。对于不影响实质安全的轻微的瑕疵食品不应适用《食品安全法》的规定而只能适用《消保法》的规定。具体可依如下逻辑展开。

关于瑕疵的界定，首先应区分涉及产品的实质瑕疵和表面瑕疵，产品若具有实质瑕疵时，消费者请求惩罚性赔偿自不待言，但根据《消保法》第23条第1款的规定，实质瑕疵应当违反强制性规定，具体认定时应该尊重行业标准。[①] 其次，关于表面瑕疵，即标签和标识瑕疵以及宣传瑕疵的认定，则可参考《处罚办法》第5条第4项和第6条第1、2项的规定，只有当商品标签伪造或者冒用认证标志、采用虚假名称或标记，或者采用虚假或引人误解的商品说明、标准的，才构成瑕疵。[②] 如有关产品的成分、有效使用期等缺失，就应当认定为是标签瑕疵。最后，标签缺失并不必然导致惩罚性赔偿责任的适用，而应该具体判断缺失的信息是否会导致产品可能存在安全风险。根据《食品安全法》第148条第2款最后一句"食品的标签、说明书存在不影响食品安全且不会对消费者造成误导的瑕疵的除外"的表述，亦可以得出标签缺失也需要进行实质性判断的结论。因此，面对甄别瑕疵类案件，首先应当判断瑕疵的类型并结合相关行政法规判定瑕疵的内涵，之后判断是否得以适用《食品安全法》进行裁判，如果无法落入《食品安全法》的保护范围，则应适用《消保法》的规定（此时便需满足购买者

---

[①] 对于违反强制性规定的瑕疵，学者认为，为了扩大适用范围，尽量使瑕疵违反强制性规定，无论是管理性强制性规范抑或效力性强制性规范，均应包含其中。参见尚连杰：《"知假买假"的效果证成与文本分析》，载《华东政法大学学报》2015年第1期，第86页。

[②] 2015年3月15日施行的《处罚办法》第5条和第6条规定了19种经营欺诈的具体情形，分为实质性经营欺诈和宣传性经营欺诈两种类型。实质性经营欺诈行为，是行为人及经营者向消费者提供的商品或者服务，虚构有关商品或者服务实体方面的虚假内容，欺骗消费者的违法行为。宣传性经营欺诈行为，是行为人及经营者向消费者提供有关商品或者服务的信息违反真实、全面、准确的原则，具有虚假或者引人误解的宣传内容的违法行为。

为消费者与存在欺诈等要件）。①

功能主义的裁判路径

工具主义观的支持者始终主张，法官在裁判案件时应当关注社会后果，应当努力实现立法目的和社会政策。② 在审判实践中，法官裁断案件，往往并不仅仅根据现有文本进行裁判，其也会考虑裁判所可能带来的社会效用，即"阐释时不仅应尊重法律之安定性，亦应注意其现在性，俾法律能适应社会生活，发挥规范之作用"③。职业打假问题亦不例外，司法者在通过文义解释作出裁断时，大可考虑裁判的如下功能。

1. 裁判是否有利于塑造和谐的营商环境

部分打假行为在客观上发挥了打击假冒伪劣等违法经营行为的功能，担负了净化市场的些许职能。但如前述，由于职业打假人与假货本身的相互依存关系难以改变，便决定了以恶制恶毕竟缺乏统一的合法基础与纯粹的正当理据，无例外的默示甚至鼓励职业打假，只能对少数且独立的违法行为有一定的表面遏制作用，但却在更为广阔的消费者群体植入讹诈的基因，时间的演进与空间的纵深会愈发消弭净化市场的功效，"消费者"的吊诡心理与商家之间的恶性竞争会相继萌发并蔓延，最终使和谐的营商环境渐次崩塌。

法律的制裁功能固然重要，但其指引效果亦不可忽视，《消保法》、《食品安全法》以及《食品药品解释》最为根本的目的，在于通过惩治违法者，营造和谐良好的营商环境、推动市场的稳定运行，以求最终维护消费者的合法权益。因

---

① 近年来，司法实践亦体现上述裁判理念，北京市第三中级人民法院关于消费者权益纠纷中惩罚性赔偿适用情况的通报显示，在该院 2016 年审结的案件中，主张商品标签、说明书存在瑕疵的有 23 件，其中胜诉 5 件，败诉 18 件，胜诉率仅为 21.7%。在标签瑕疵中，涉及厂名、厂址、规格、尺寸等标注错误 15 件，胜诉 2 件；涉及漏标的 4 件，胜诉 3 件；涉及多个标签内容不一致（如服装内外标不一、超市价签与结算价格不同、中外文标签内容矛盾）的 4 件，全部被驳回。从中可以看出，对于不影响实质产品安全的瑕疵，法院多裁定驳回起诉，而对于标签瑕疵可能会影响到商品实际使用的（如漏标），法院则较多地支持原告的诉求。参见北京市第三中级人民法院 2017 年 3 月 9 日在消费者权益纠纷中惩罚性赔偿适用情况通报会上"关于消费者权益纠纷中惩罚性赔偿适用情况的通报"。

② 参见［美］布赖·Z. 塔玛纳哈：《法律工具主义：对法治的危害》，陈虎、杨洁译，北京，北京大学出版社 2016 年版，第 320 页。

③ 杨仁寿：《法学方法论（第二版）》，北京，中国政法大学出版社 2013 年版，第 138 页。

此，裁判者在对待职业打假时，也应将塑造健康营商环境之目的纳入裁判考量中，如发现前述针对表面瑕疵进行多次购买分开结账等行为以大肆索赔，尤其是以诉讼为手段对商家进行敲诈勒索的情况，虽然有不少经营者会选择向公安机关举报此类敲诈勒索违法行为，但司法机关亦需明确表达对于那些针对无实质安全问题的产品以及不存在实质误导消费决策的宣传发起的诉讼的否定性态度，以作出既维护当事人合法权益，又彰显法理价值、促进社会风尚的裁判。

2. 裁判是否践行诚实信用的民法原则

虽有观点从法经济学的角度认为在当今社会，不诚信行为的普遍化与公权机构矫正力的弱势化使得诸如职业打假的私力救济成本低廉且效果明显，应当予以激励。[①] 但更值得关注的是，这种以牺牲诚实信用而换得一时经济效用的私力救济无异"饮鸩止渴"，一如学者所担忧，"私人诉讼中的惩罚性赔偿制度打破了国家对惩罚权的垄断，由此可能带来的后果是，加害人因丧失刑事诉讼程序上的保护措施而可能遭受诸多不利，受害人因能够轻易获得不义之财而可能助长不劳而获的恶习"[②]。实践中打假人向敲诈勒索转变便是此种"以恶制恶"方式带来的后果。

无论是多次购买逐一索赔、同一购买行为分开结账以恶意制造出多份合同关系，抑或利用已经胜诉的判决再次购买以期再次获赔的打假行为，其皆为滥用诉讼权利背离诚实信用原则的行为，打假人据此提起的诉讼应属于恶意诉讼。所谓恶意诉讼，通说认为是指一方当事人恶意实施诉讼或双方恶意串通进行诉讼，利用司法程序获得法院裁判，以达到占有他人财产或损害公共利益的目的，其主要包括两类：其一是双方当事人恶意串通损害案外人的合法权益；另一类是一方当事人恶意提起诉讼，损害对方当事人的合法权益。[③] 而前述行为，名为"打假"

---

① 参见应飞虎：《知假买假行为适用惩罚性赔偿的思考——基于法经济学和法社会学的视角》，载《中国法学》2004年第6期，第120页。

② 朱广新：《惩罚性赔偿制度的演进与适用》，载《中国社会科学》2014年第3期，第124页。

③ 参见肖建华：《论恶意诉讼及其法律规制》，载《中国人民大学学报》2012年第4期，第13页；宋朝武：《新〈民事诉讼法〉视野下的恶意诉讼规制》，载《现代法学》2014年第6期，第191页。现行《民事诉讼法》仅于第112条和第113条规定了恶意串通损害案外人利益的恶意诉讼，并未规定滥用诉权恶意提起诉讼的恶意诉讼类型。

实则为谋私利,其不仅对假货的减少并无助益,反而对有限的司法资源造成了巨大的浪费,此类案件更加印证了职业打假人与假货之间的共存关系——假货越多打假人赚得越多,假货越少打假人便无利可图。因此,将此类以诉讼为手段,以法院为工具行牟利的诉讼行为,建议纳入恶意诉讼的范畴之中,对其不予立案或裁定驳回起诉。①

诚实信用理应成为民法中永恒关注并予以重视的原则,只是可能在一些特定时期的价值权衡体系中,将诚信原则置于某一价值下考虑,但无论如何,其内在意蕴与外化表征都不能被忽视或低估。法官在裁断具体案件时,也应充分认识并重视裁判结果对整个社会诚信度的影响,对于确有不诚信行为的经营者判决惩罚性赔偿自属应当,但处理以不诚信为内核的提起恶意诉讼的职业打假人,亦应发挥司法的指引作用,以达到限制部分不诚信的职业打假行为,节省司法资源的目的。

3. 裁判是否能够填补国家监管之不足

考究《消保法》第 55 条的规范目的,其应被视为"对于公共政策的私人执行",易言之,惩罚性赔偿在一定程度上是对公力救济之不逮的私力补偿。然而,将私法引入公法制度固有的弊端在于,无论是程序设计还是制度保障,私法与公法毕竟难以完全并轨,私法介入公法所应当承担的职责极易导致社会效果的偏离。一言以蔽之,将消除假冒伪劣、净化市场环境的公权职能与职责寄希望于目的难言纯正的职业打假者无异于缘木求鱼。当面对打假案件时,裁判者应当进行推演,即案涉知假买假并诉求惩罚性赔偿的行为是否符合以"私人诉讼弥补国家监管不足"的要求,从而严格把握惩罚性赔偿的适用条件。

综上所述,司法实践中裁判者在面对职业打假案件时,可以首先遵循文本主义的裁判方法,严格地按照现行法的规定,通过三步测试法对职业打假案件进行判定;而当法官运用文本主义的方法,陷入两难境地即得不出唯一的结论,或者得出的结论明显不符法的基本理念与社会道德价值判断时,则可以诉诸功能主义

---

① "以诉讼为手段、以法院为工具"的提法,见于刘某平与北京永峰恒发商贸有限公司产品责任纠纷案,北京市第三中级人民法院(2017)京 03 民终 13090 号民事判决书。

的裁判方法，考察判决是否益于市场环境、是否符合诚实信用社会价值观、是否有违立法初衷与功能，在此基础上进行综合裁断。

从现有审判实践来看，法官的"实践智慧"得到了充分展现。典型的例子是，在个案之中，打假人诉请惩罚性赔偿已经获得支持后，为了谋取更多利益，再一次购买若干相同商品起诉请求赔偿时，裁判者往往并不陷入概念法学的泥淖，其一般判法是仅仅认定第一个购买行为属于为生活消费而得受《消保法》的保护，对于之后的购买行为，由于属于明知瑕疵而仍然购买，且数量不属于为生活消费的范畴，遂判决驳回相应的起诉。[①] 还有诸多经营者提出购买者不属于消费者时，提供了原告购买的产品不符合理性人的消费水平、其之前有过多次购买相同产品并起诉的先例等例证，法院也会据此驳回原告的惩罚性赔偿请求。[②]

诚然，法律条文若能够始终在概念上前后融贯，对法律规则的稳定性和可预期性断然有益，但实践中对待知假买假能否请求惩罚性赔偿这一疑难问题的解决方案，充分说明了在概念语句的模糊性无可避免之时，裁判者在解释路径的寻求上就不得不倚赖于通过价值判断的方法进行补充，通过对个案中知假买假行为可能带来的社会效应作出评价，最终进行权衡与取舍。换句话说，面对诸如知假买假能否请求惩罚性赔偿等疑难问题的拷问，概念法学已然无法应对自如，此时，运用价值补充方法进行裁断，恐怕是切实可行的对策。

类型化的裁判规则

基于上述裁判标准的阐述，人民法院在面对职业打假案件时，需根据不同的案件事实进行区分对待。笔者认为，应结合打假人的不同主观心态，将职业打假

---

① 在王某某与镇江市八佰伴商贸有限公司产品责任纠纷案中，法院认定案涉茶叶存在稀土超标情况，支持了原告的诉讼请求。后王某某告知徐某从被告处大量购买同一种茶叶，并向同一法院起诉。但法院认为，原告应当知道该品牌茶叶可能存在稀土超标的情况，仍然购买并一次性买入32袋，其行为有违普通消费者的消费习惯，且不能作出合理性解释，可以认定是以牟利为目的的购买，故判决不予支持原告的诉讼请求。参见江苏省镇江市京口区人民法院（2016）苏1102民初2074号民事判决书、江苏省镇江市京口区人民法院（2016）苏1102民初4194号民事判决书。另见于"今日镇江"：《"知假买假、购假索赔"不适用于消法　市中级人民法院公布七起典型案例》，http://cmstop.zt.jsw.com.cn/chengshi/p/13922.html，最后访问日期：2019年3月19日。

② 参见黑龙江省大庆市中级人民法院（2018）黑06民再21号民事判决书。

案件分为以下四类：第一类是所提之诉符合惩罚性赔偿的所有要件时，无论身份是否为职业打假人，裁判均予以支持；第二类是当提起诉讼的争议标的为仅有表面瑕疵的产品或服务时，判决退还货款，不支持惩罚性赔偿请求；第三类是当确定职业打假人为"恶意诉讼"时，无须进入实质的审理程序中，应直接不予立案或者裁定驳回起诉；第四类是对于职业勒索类案件，可以向商品经营者或者服务提供者释明其有权提起反诉，并根据合法经营者的诉求，结合案件的具体情况，判决职业勒索人承担侵权责任。

1. 对符合所有要件的惩罚性赔偿请求予以支持

如前所述，无论是《消保法》抑或《食品安全法》，其立法意图皆是打击不法经营者，维护消费者合法权益。首先，当原告以《消保法》为请求权基础进行诉讼时，法院可以先根据前述的第一步，结合个案判断原告是否落入《消保法》的保护范围；而当原告以《食品安全法》为请求权基础进行诉讼时，则应界定《食品安全法》是否适用于该案，若是，则在主体和欺诈的认定上可以相对于《消保法》之认定更为宽松；其次，法院可以根据上文所述的对"欺诈行为"的认定标准对经营者的行为是否构成欺诈进行认定；最后，对经营者提供的商品与服务以及所做的宣传是否构成实质瑕疵进行判定；综上，只要案件符合法律规定的惩罚性赔偿的全部要件，就应当对诉求予以支持。

2. 对于仅有表面瑕疵的产品或服务的，应退还货款、不支持惩罚性赔偿

行为人以消费者的名义知假买假，进而请求商品欺诈的惩罚性赔偿，如果经营者出售的商品并不存在质量上的实质性经营欺诈而只是宣传性经营欺诈，或者商品仅仅存在一般的经营欠缺而不构成实质性经营欺诈的，对经营者适用惩罚性赔偿责任，将会造成经营者的权益损害，伤害经营者的经营积极性，对社会经济发展和交易秩序形成阻碍。如前所述，《食品药品解释》出台的目的在于打击市场危害较大的假冒伪劣产品，而对产品标签标识以及宣传等方面的打假行为并不能直接实现该目的，因此，建议在只有出现实质性经营欺诈行为时，法院才应支持职业打假者的惩罚性赔偿请求，否则仅仅应根据《合同法》的规定，判决退还购买商品或者服务的价金，但不支持惩罚性赔偿请求。

3. 对于职业打假人提起的恶意诉讼不予立案或裁定驳回起诉

所谓恶意诉讼，是指实践中出现的诸如恶意将购买行为拆分，并多次到多地人民法院起诉以期获得巨额的惩罚性赔偿。面对此类案件，若将之与普通案件等同对待，即人民法院准许其进行立案并进入实质审理程序，则势必带来案件诉累，导致司法资源偏废，影响司法系统的良好有效运行。对于已经胜诉并获得赔偿却又以相同或类似产品再次起诉，以及将同一购买行为拆分成多次起诉以图获利的行为，建议将其认定为广义的恶意诉讼。对此，人民法院可以直接不予立案或者裁定驳回起诉，如此既能节省司法人力、物力资源、提高司法系统运行效率，亦能警示职业打假人，发挥司法的指引作用。

4. 对职业勒索人提起的诉讼，可向经营者释明提出反诉

职业勒索的恣意妄为，归因于立法的"遁形"与司法的"默示"，这使得职业勒索者肆意于法律制裁之外。基于此，司法应当适当反向保护，即法院可以对本诉的被告释明，提示被告可以依据《侵权责任法》和《民事诉讼法》的相关规定提起反诉以保护自身的合法权益。总之，应进一步加强司法审判中对合法经营者的倾斜力度，在实体上赋予经营者提起侵权诉讼的权利，从程序上给予被勒索的经营者提示，维护公民的合法权益、稳定社会交易秩序。

《消保法实施条例（征求意见稿）》和最高人民法院办公厅法办函〔2017〕181号对职业打假人的态度转变，体现了当前司法裁判立场的理性回归，表征了审判理念的演进，具有一定的社会价值与意义。或许，职业打假人终将离我们远去，但其离去时何以挥手作别，仍值得商榷。

私力打假与公权力打假的根本区别，在于公权力打假由国家财政支持，当假货消失时，其任务即宣告完成。而私力打假难免受到利益驱使，当行为升级为"职业"之后，利益驱使下的逐利形态会产生假货越多越好的希望，此时假以正义手段的举动难免会走向其反面，因为打假人需要依靠惩罚性赔偿制度保持牟利状态的延续。简言之，职业打假的生命力依附于假货之存在，而公权力打假则是以消除假货为终极目的。从打假的主体看，职业打假人天然地缺乏正当性、合法性基础，寄希望于职业打假人具备崇高道德或者仅以一般消费者的维权心态对其

进行要求以避免职业打假行为带来的消极后果，是不现实的命题。相较于通过职业打假获利，职业打假人通过行政举报并获得一定物质奖励的方式则不失为一种替代。市场监督管理机关查处假货本是其职责所在，如此不仅可以有效避免实践中频现的职业勒索现象，亦能真正发挥其市场监督者的作用。

法律的滞后性本无可避免，而社会的日新月异更凸显与放大了这一弊端，《消保法》制定时立法者难以预料打假行为的实践异化，但包容性的设计与合理的解释则可以最大可能地填合、跨越立法与实践的鸿沟。时变境迁，异化的职业打假行为使得立法本意脱节于司法实践，并造成诸多消极影响，而采用更为细致与合理的裁判规则、运用愈发科学和妥适的类型化思维，是今后的立法和司法实践可能的路径与方向。

# 徘徊在研究的边缘
## ——后记

古希腊诗人阿基洛科斯（Archilochus）有句寓言诗："狐狸知道很多的事，但是刺猬则只知道一件大事。"有人据此将作家分成两类：一类是狐狸式的，以多变善变见长；一类是刺猬式的，以钻得深兼且固守立场取胜。比如，但丁是典型刺猬，莎士比亚是模范狐狸；卡夫卡应算作刺猬，博尔赫斯称得上狐狸；李白和杜甫，也大抵可依此划分……，诸如此类。①

法学界好像也大抵如是。如果自我感觉良好地比附，我本质上应该是狐狸，不幸却老想往刺猬那边靠，麻烦因此而生。按照伯林（Isaiah Berlin）的分辨，刺猬型的人喜欢把所有的东西都贯穿在一个单一的中心见解之内，他们的所知、所思、所感最后全都归结到一个一贯而明确的系统。狐狸型的人物与前一型正好相反，从事于多方面的追逐，而不必有一个一贯的中心系统。② 其实两种类型并无高下之分，适合自己就好。我的苦恼在于原本是个喜欢多重涉猎、兴趣广泛甚至不务正业的人，却又时刻抱有在某一个专门领域成为专家的"狼子野心"。结果就总是踟躅于选题的丰富多样和专业的深入细致之间。就像这本书的内容，几

---

① 参见黄灿然：《刺猬与狐狸》，载《书城》2002年第5期。
② 参见余英时：《章实斋的"六经皆史"说与"朱、陆异同"论》，载《余英时文集 第四卷：中国知识人之史的考察》，桂林，广西师范大学出版社2004年版，第425页。

乎所有的民法基本问题都想触及，但正统研究范式所要求的学术性并不允许这样海阔天空，更重要的是自己的修为也根本达不到宏大叙事的要求。好在方法论是一个宽容的舞台，容许我把这些触及民法多个不同领域的星星点点用法律适用的线索串联起来。

写文章是件痛苦的事情，虽然在某种程度上说这其实是我本职工作的一部分。崔健曾经唱道："世界上有两件事最容易／一个是吹牛／一个就是写字儿。"我不敢说我不会吹牛，可要我写字儿，那是真叫一个费劲。要我说，作为一个以"讲"课为职业的教员，老师的能力更多地体现在行为上，而不仅仅是在文章中。文章可以大同小异，甚至千篇一律，但是课堂讲授由于其即兴和偶然性，会比讲义多出很多让人意想不到的东西。我一直自认为讲课的功夫好过笔头，每每因为学术文章和"科研成果"字数太少而汗颜时，也拿这点聊以自慰。但其实骨子里是真的极度仰慕那些很"专"很高产的学人，也因此时常仰望星空，思忖一下形而上学；无奈总是做不到笔耕不辍，有时也挺沮丧。一般来讲小说家的话我比较听得进去，比如王小波谈他对小说的看法时，认为现代小说中为数不多的那些名篇总是包含了极多的信息，而且极端精美，让读小说的人狂喜，让打算写小说的人害怕。我读到这种言论时就颇为欣慰，觉得总算为自己写不出好论文找到了理由。试想，学术论文要能写到让打算写论文的人都害怕，那得多大能耐！想来这世上还是如我这般平庸的人，才代表了最广大的那什么吧。

总之自己是个极其不用功的懒人，一直徘徊在学术研究的边缘。一个以写字为生的人，最重要的能力是想象力，我天生没有。换个路数去写普法读物，搞一些喜闻乐见，亦非我所愿。更重要的是，我坚定地认为，当学者被要求必须学会讲常识讲笑话时，我们便注定生活于一个平庸的时代，我讨厌这样。

所谓天道酬勤，功不唐捐，但这话对我似乎并不适用。自认懒惰散漫的我绝对不敢自夸勤奋，非要找到什么长处，那就是我做事还算认真在意，因为在意，所以每件事都尽量做到最好，唯恐做出来的事情让人觉得没意思，唯恐受别人指责。这是处女座的天性，何况我还是 A 型血，变本加厉。不记得是哪位说过，"我们经常原谅那些无趣的人，但我们无法原谅别人觉得我们无趣"。我估计说这

话的仁兄跟我一个星座。

感谢教育部人文社会科学重点研究基地重大项目对于本书的支持。细心的读者会发现书中很多内容之前曾经零散发表过。因此我要特别感谢刊登那些"阶段性成果"的期刊杂志。本书所依托的研究项目的缓慢进度，导致研究周期较长的时间跨度。伽达默尔说，他写《真理与方法》几乎用了十年时间，当这本书出版的时候，他自己都不清楚是否太晚了、过时了，因为当时已经出现了新一代的理论工作者，有了太多的新思想。我在终于将本书作为项目成果交给出版社时也有同样的惶恐。这些年法学方法论成了显学，新人辈出、新思想层出不穷，让人欣喜的同时也倍感压力。法学犹如一个新陈代谢的系统，时时在创制、修订、增删、废弃。王国维的诗句"人生过处唯存悔，知识增时只益疑"，算是道尽了天下治学者的感受。

感谢中国人民大学法学院已经毕业以及仍然在读的博士和硕士研究生熊谐龙、梁展欣、周云涛、段睿、邱鹏、雷震文、焦清扬、李付雷、叶翔、阙梓冰、金骑锋等人对于本书的贡献，这里所涉及的大部分见解，都是与他们共同讨论和研究的结晶。

感谢出版社的郭虹和施洋编辑，他们倾注了全力以赴的专业精神，并且一再容忍我的拖沓。

姚　辉<br>
二〇二〇年春天于京西世纪城寓所

**图书在版编目（CIP）数据**

民法学方法论研究/姚辉著. ——北京：中国人民大学出版社，2020.6
（中国当代法学家文库）
ISBN 978-7-300-28174-2

Ⅰ.①民… Ⅱ.①姚… Ⅲ.①民法-法的理论-研究-中国 Ⅳ.①D923.01

中国版本图书馆 CIP 数据核字（2020）第 092045 号

"十三五"国家重点出版物出版规划项目
中国当代法学家文库
**民法学方法论研究**
姚　辉　著
Minfaxue Fangfalun Yanjiu

| | | | | | |
|---|---|---|---|---|---|
| 出版发行 | 中国人民大学出版社 | | | | |
| 社　　址 | 北京中关村大街 31 号 | | 邮政编码 | 100080 | |
| 电　　话 | 010-62511242（总编室） | | 010-62511770（质管部） | | |
| | 010-82501766（邮购部） | | 010-62514148（门市部） | | |
| | 010-62515195（发行公司） | | 010-62515275（盗版举报） | | |
| 网　　址 | http://www.crup.com.cn | | | | |
| 经　　销 | 新华书店 | | | | |
| 印　　刷 | 涿州市星河印刷有限公司 | | | | |
| 规　　格 | 170 mm×228 mm　16 开本 | | 版　次 | 2020 年 6 月第 1 版 | |
| 印　　张 | 38.5 插页 3 | | 印　次 | 2020 年 6 月第 1 次印刷 | |
| 字　　数 | 578 000 | | 定　价 | 168.00 元 | |

版权所有　侵权必究　印装差错　负责调换